C模式之一

# 应对机遇与挑战

## ——中国城镇化战略研究主要问题与对策
## （第二版）

仇保兴 著

中国建筑工业出版社

图书在版编目(CIP)数据

应对机遇与挑战——中国城镇化战略研究主要问题与对策/仇保兴著. —2版. —北京：中国建筑工业出版社，2008（2022.4重印）
（C模式之一）
ISBN 978-7-112-10515-1

Ⅰ. 应… Ⅱ. 仇… Ⅲ. 城市化-中国-文集 Ⅳ. F299. 21-53

中国版本图书馆CIP数据核字（2008）第179537号

本书是在2005年出版的《中国城镇化——机遇和挑战》基础上，经修订、补充而成的。内容涉及城市化模式的国际比较、城市规划、发展战略、城市化理论、城市经济、市政设施建设和市场化改革、历史文化遗产和自然遗产保护等领域。这些章节论述精辟、见解深刻、涉及面宽广，符合各地的实际情况，具有很强的指导性和可操作性。本书对主管城市规划和建设工作的领导者吸取经验，避免错误的决策具有指导意义；对城市规划设计人员、建筑师及有关城市研究部门和开发单位具有很好的参考价值；也可作为大专院校规划和建筑管理专业师生的参考用书。

\* \* \*

责任编辑：吴宇江
责任设计：董建平
责任校对：王　爽　关　健

C模式之一
## 应对机遇与挑战
——中国城镇化战略研究主要问题与对策
（第二版）

仇保兴　著

\*

中国建筑工业出版社出版、发行（北京西郊百万庄）
各地新华书店、建筑书店经销
北京天成排版公司制版
北京建筑工业印刷厂印刷

\*

开本：787×960毫米　1/16　印张：31½　字数：635千字
2009年2月第二版　　2022年4月第十一次印刷
定价：**68.00**元
ISBN 978-7-112-10515-1
（17440）

**版权所有　翻印必究**
如有印装质量问题，可寄本社退换
（邮政编码　100037）

# 自　　序

　　我国正进入前所未有的机遇期。就机遇而论，可分为两种，一是顺势的机遇，也被称之为外部环境的机遇。而且此类机遇一旦被认识和正确把握，就会形成正反馈的趋势，此时星星之火可以燎原。所谓"识时务者为俊杰"、"时势造英雄"就是此意。中国的城镇化正是这样一种史无前例的历史大机遇，而且我国的城镇化正与全球化、信息化、工业化等方面的机遇在时间上重叠并相互强化。

　　另一类是逆势的机遇。机遇之窗的开启不仅决定于外部环境，而且是相对随机的。这正是因为人类社会的造物中包括家庭、城市乃至国家民族都总是处于竞争和合作的状态。所谓"出奇制胜"、"逆势而为"、"人无我有"，指的就是采取与竞争合作对手相区别的策略，也能捕获通向成功之路的机遇。小至城市，大至城市群和国家的城镇化战略，都应在相互竞争与合作的过程中互补协同发展。在这个意义上说，某些机遇是竞争合作创造出来的。

　　但巨大的机遇，总是伴随着同等巨大的挑战。先行国家城市化的历史经验昭示：城市化的历程意味着经济起飞和社会进步，但也同步伴随着资源枯竭、污染加剧、生态退化、灾害频发甚至社会动荡和政权更替。城市化的确是人类创造的规模最大的矛盾体。难怪联合国助理秘书长沃利·恩道在为《城市化世界》一书作序时指出："城市化极可能是无可比拟的未来光明前景之所在，也可能是前所未有的灾难之凶兆。所以，未来会怎样就取决于我们当今的所作所为。"

　　毫无疑问，不同地区人们和政府的"所作所为"与当地的文化习俗、制度安排以及发展模式的选择有着密切的关系。当全球因"气候变化"将目光集中在减少温室气体排放和可持续发展议程上时，发展中国家的决策者们有时会盲目遵循发达国家的建议（这些国家已经完成了城市化历程），从而常常会忽视这样一个事实：选择正确的城市化模式是应对上述挑战的必由之路。没有可持续的城市化，也就不可能有可持续的发展。也就是说，快速城市化进程中的各种令人眼花缭乱的现象、观点、经验和学说，常常会诱使决策者做出令人痛心的错误决策。《崩溃——社会如何选择成败兴亡》的作者贾雷德·戴蒙德认为：导致群体性决策失误的因素可分为四类：首先，群体可能在问题确实发生之前无法预测它；其次，问题发生后，群体可能仍然无法觉察问题实质；再次，他们看到问题，可能没有设法去解决它；最后，他们可能努力解决，但没有成功。上述这些导致人类社会失败和崩溃的种种因素令人沮丧，但从另一方面来看，也可以作为通往成功的路线图。

对正处于空前绝后的快速城镇化浪潮之中的我国城市和区域决策者们而言，正确选择适合于国情和当地资源环境条件的城镇化模式（所作所为）已成为当务之急（所有的机遇与挑战几乎都指向这一选择）。正因为如此，本书在第二版的修订过程中，以较大的篇幅论述了以美国为首的西方列强作为城市化先行国家所采用的"A模式"之弊端，以及拉美、非洲一些国家盲目遵循"A模式"所致的困境。与此同时，此项研究也涉及以美国生态学家布朗教授为首的众多学者们所倡导的"B模式"对我国适应性。此项研究成果表明：作为世界上人口最多的大国，要实现和平崛起，必须摆脱"A、B"两种模式的诱惑，坚持走我国自己的道路——"C模式"。作为一个实践者而不是乌托邦的臆想者或学院派的研究者，本著作并没有给出"C模式"的全部涵义和基本框架（这方面的内容有待于从多学者和城市工作的 实践者们集体创作），但仍可以将对"C模式"的研究分为三个层次。宏观层次——中国城镇化战略研究的主要问题与对策；中观层次——中国典型城市规划、建设与管理的策略；微观层次——中国快速城镇化进程中的危机、问题与具体对策。本书作为"C模式"之一，以"应对机遇与挑战"为题，来阐述我国城镇化模式选择过程中的种种宏观战略问题是切题的。尽管此书的写作研究时间跨度几乎长达十年之久，但由于本人的学识和实践经验所限，更重要的是城镇化是一个动态的、多维的过程，涉及社会、经济、环境、政治制度甚至文化观念的变迁，著作的谬误和疏漏肯定不知其数。选择"C模式"这样宏大的课题来进行研究之目的，只是希望以抛砖引玉之办法来激发同事们的兴趣和争论。如果此目的能达成，我就心满意足矣。

**作者 2009 年元月于建设部大院**

# 序　言
## （第一版）

　　这一著作无疑是仇保兴同志的一部力作，综合反映了他的工作和研究成果。著作中所涉及的这几年时间恰恰是我国城市发展最快的几年，具有重要的历史阶段性，这一份比较完整的记录，其重要意义就不言而喻了。

　　及时发现问题，及时研究解决问题，应该讲是做好我国城市规划工作的灵魂。无论要做好政府工作、行业管理工作，还是学术研究工作，都必须是以问题为导向，用科学工作的精神和方法，才能求得真果，解决实际存在的问题。作者正是在这种思想基础上做了大量工作。本书就集中反映了作者从工作中提出的问题和探索求解的方法，读来自然具有分量。

　　仇保兴同志原学工程物理、经济学，后学城市规划，具有跨学科的知识面，所以不少文章体现了交叉学科研究的特色；而且既讲理论又有实际，符合理论结合实际以及规划学科的研究方法和研究方向，读来似胜于单一学科的伸展。

　　在行政领导岗位上要写好文章，一般是既有便利的一面，又有困难的一面。要针对城镇化的种种已经呈现或潜伏的危机和挑战，深入分析研究并提出对策，这一般是很难做到的。但是，仇保兴同志做到了这一点，也是难能可贵的。

　　本书还有一个特点就是有不少理论探索。特别是当前面临经济社会飞速发展，改革开放更加深入，新的问题层出不穷，如果没有一点理论性探索，要真正解决问题也是不大可能的。著作中对城市化和集群的研究、对城市管治的研究、对城市制度创新的研究等，都引用了西方经济学（新古典经济学）的研究思路，有一些独到的见解，值得参考和进一步探讨。

　　论文大体都有时效性，论来论去不一定都论出结论以至于论出完全正确的结论。著作中有不少涉及城市规划学和经济学的基本原理，如城市和区域、经济和社会、城市设施市场化问题等等，可待商榷的地方肯定还有不少。但只要提出了问题，有了一定的分析，为深化认识、进一步研究起一点铺路作用，我想也是贡献。

当前我国城市发展面临重要的历史机遇，有不少新问题有待我们提高认识、妥善解决。研究一些课题，撰写一些论文要求一锤定音，一举解决问题，恐怕是不大可能的。只有不断提出问题，不断总结研究，不断探索创新，才是正确的路子。这样来阅读、回味这一著作就会感到，确是引人深思，提高认识。

我国伟大的城市化发展是一个相当长的过程，目前还像是一部雄壮的史剧刚拉开序幕。著作本身好像是一部序言，写这序言，就算是序言的序言吧。

周干峙

# 目　　录

自序
序言（第一版）

**绪论：中国特色的城镇化模式之选择**
　　**——C模式：对A模式的扬弃和对B模式的超越** …………… 1
　　一、"A模式"之困境和"B模式"之困惑 ………………………… 1
　　二、资本属性对理想发展模式之干扰 ……………………………… 3
　　三、"C模式"的基本设想 …………………………………………… 5
　　四、我国坚持"C模式"的有利条件 ……………………………… 7
　　五、启动"C模式"的政策和策略 ………………………………… 8

**第一章　宏大的规模、空前的差异与复杂的动因**
　　**——中国城镇化的基本特点与国内外比较分析** ……… 12
　　一、三次城镇化浪潮的比较——A模式灾难式的后果 ………… 12
　　二、中国和非洲、拉美国家城市化的比较——遵循A模式的
　　　　困境 …………………………………………………………… 15
　　三、中国城镇化的基本特征——推行C模式的基本条件 ……… 22
　　四、当前城镇化的动力结构与规划调控——C模式的基础 …… 30
　　五、专题：美国城市化过程的教训与启示 ……………………… 41

**第二章　有序、协调的时序与紧凑、多样的空域**
　　**——实现健康城镇化的基本目标取向** …………………… 50
　　一、我国紧凑型城市发展模式的意义及统计悖论 ……………… 50
　　二、我国城镇化高速期面临的若干挑战与现行对策 …………… 55
　　三、城市多样性的真实意义和面临衰败的主要原因 …………… 74
　　四、实现紧凑度和多样性两大核心理念的对策选择 …………… 78

五、专题：欧盟移民政策对我国的启示 ············································· 80

第三章 全球化和工业化：实现有序城镇化的障碍还是契机
——借助新型工业化优化我国城镇化的新动力结构 ················· 87
一、面对全球化的我国城市发展战略 ············································ 87
二、发展企业集群是重构新型工业化与城镇化良性互动的
途径之一 ······························································································ 97
三、企业集群化与科技园区发展 ·················································· 106
四、城乡规划的适应性变革之道 ·················································· 115
五、专题：战略规划要注重城市经济研究——简论沈阳城市
发展战略 ···························································································· 118

第四章 城镇化拉力与推力的均衡
——生态文明背景下的乡村规划与建设的基本方针 ············· 128
一、乡村建设的生态文明时代大背景 ········································· 128
二、生态文明的机遇与挑战 ·························································· 138
三、城乡发展的经验与教训 ·························································· 151
四、城乡失衡的问题与成因 ·························································· 157
五、协调发展的对策与模式 ·························································· 164
六、乡村整治的方法与机制 ·························································· 170
七、小城镇发展的困境与策略 ······················································ 176
八、专题：如何统筹城乡发展的若干问题 ······························· 181

第五章 难以调和的基本矛盾：稀缺的资源与无限的消费欲望
——我国耕地保护和碳排放控制的难点与对策 ······················ 186
一、快速城镇化引发严重人地矛盾，耕地节约将成为我国可持续
发展的巨大挑战 ·············································································· 186
二、当前滥占耕地的主因不是城乡扩张，而是"计划外"
违法建设的失控 ·············································································· 188
三、"以租代征"是计划外违法占地迅速扩大的主因 ········· 191
四、"以罚代拆"是我国推行世界上最严格耕地保护制度的
软肋 ······································································································ 192
五、提高"征地门槛"政策选择不当反而会助长"以租代征"
的蔓延 ·································································································· 194

六、强化耕地保护的近期政策选择要点 …………………………… 194
　　七、有利于我国耕地保护的若干长期政策选择 …………………… 196
　　八、城市规划管理体制的适应性变革 ……………………………… 199
　　九、专题：英国建立低碳社会的经验 ……………………………… 208

第六章　超越近期利益：不可再生的"高等资源"的永续利用
　　　　——历史文化与自然遗产保护的意义与对策 ………………… 224
　　一、加深对高等资源特性的认识 …………………………………… 224
　　二、高等资源遭受破坏的主要原因 ………………………………… 230
　　三、如何有效保护和永续利用城市高等资源 ……………………… 233
　　四、保护高等资源的"三规划"、"四准则"和"三途径" ……… 237
　　五、历史文化名镇名村的保护和利用策略 ………………………… 243
　　六、风景名胜资源保护和利用的问题与对策 ……………………… 249
　　七、专题：法国、英国国家规划督察制度及对我国的启示 ……… 262

第七章　机动化时代的中国城镇化：从碰撞转向协同
　　　　——城市交通模式的选择与利弊分析 ………………………… 273
　　一、A模式："无序机动化"模式的初期"辉煌"与现实危害 … 273
　　二、B模式："消极机动化"模式的诱惑与面临的冲突 ………… 276
　　三、C模式：构建有机动能力的可持续性城市交通模式 ………… 278
　　四、公共交通优先发展的五要点 …………………………………… 285
　　五、城市公共交通周及无车日活动的意义与实施重点 …………… 292
　　六、专题：波哥大改善城市交通之经验 …………………………… 302

第八章　艰难的取舍：市场化变革对城镇化发展的双重效用
　　　　——市政公用事业改革和城市经营的趋利避害之道 ………… 306
　　一、启动市政公用行业市场化改革三要点 ………………………… 306
　　二、市政公用事业改革的理论简要 ………………………………… 315
　　三、我国市政公用事业改革的若干问题与对策 …………………… 321
　　四、当前城市经营的若干误区与对策选择 ………………………… 324
　　五、专题：西方城市政府公用行业管制模式演变历程及启示 …… 337

第九章　日趋严重的城镇缺水与水生态危机并存
　　　　——如何应对资源性和水质性缺水的双重挑战 ……………… 360

一、中国水资源的主要特点 ……………………………………… 361
　　二、我国水污染的现状、成因与趋势分析 ……………………… 365
　　三、应对水危机的基本思路和途径 ……………………………… 373
　　四、我国城镇水务若干优先发展的领域 ………………………… 378
　　五、污水和垃圾处理与再生利用 ………………………………… 388
　　六、专题：如何规划建设生态城市 ……………………………… 400

第十章　非均衡增长与区域协调发展能否共存
　　　　——城乡规划调控和管治的对策与措施 ………………… 406
　　一、充分认识城镇体系规划的重要性 …………………………… 406
　　二、提高城镇体系规划编制科学性的设想 ……………………… 413
　　三、切实强化城镇体系规划实施的可操作性 …………………… 418
　　四、城市管治的概念及其应用 …………………………………… 421
　　五、基于城市管治的城市规划变革 ……………………………… 424

第十一章　协同城市群的核心与整体的协调发展
　　　　　——区域发展战略和规划编制的案例研究 …………… 434
　　一、有关沈阳经济区发展战略的五点建议 ……………………… 434
　　二、我国中东部地区都市圈规划编制要点
　　　　——以武汉为例 ……………………………………………… 443
　　三、关于山东半岛城市群发展战略的几个问题 ………………… 449
　　四、珠江三角洲城市群协调规划要解决的问题 ………………… 458
　　五、杭州湾城市群规划编制的若干要点 ………………………… 463
　　六、海峡西岸城镇群协调发展的若干重点 ……………………… 469

主要参考文献 ……………………………………………………………… 484
后记 ………………………………………………………………………… 492

# 绪论：中国特色的城镇化模式之选择
## ——C 模式：对 A 模式的扬弃和对 B 模式的超越

城镇化对一个民族、一个国家而言，实际上只有一次机会。因为随着城镇化进程的结束，城镇和重大基础设施布局一旦确定后，就很难再改变。联合国的一份报告指出，虽然城市面积只占全世界土地总面积的 2%，但却消耗着全球 75% 的资源和产生了更大比率的废弃物。正因为如此，联合国助理秘书长沃利·恩道曾经感叹道："城市化极可能是无可比拟的未来光明前景之所在，也可能是前所未有的灾难之凶兆。所以，未来会怎样就取决于我们当今的所作所为。"❶ 我国正经历着空前绝后的城镇化，而且作为全球人口最多的我国城镇化的进程与全球化、市场化、信息化、机动化等相伴交织，从而使发展模式的判断选择方面更加扑朔迷离。正确选择城镇化和经济发展模式，不仅是落实科学发展观、推行生态文明的核心课题，而且也是确保我国国民经济长期持续、健康、有序发展之关键。

### 一、"A 模式"之困境和"B 模式"之困惑

美国地球政策研究所所长、生态经济学家莱斯特·R·布朗（Lester R. Brown）先生认为：城镇化和经济发展的模式可分为两种：一种叫"A 模式"，一种为"B 模式"。"A 模式"即是以美国为首的发达国家的发展模式，其主要特征为城市低密度蔓延、私人轿车为主导的机动化、化石燃料为基础、一次性产品泛滥等。其结果是：美国以占世界 5% 的人口消费了 1/3 以上的世界能源。❷ "A 模式"无疑是造成现在地球的"三高"，也就是高油价、高排放以及粮食价格不断攀高的主因。布朗先生因此开出"药方"，忠告中国的城镇化绝对不能仿照"A 模式"。他认为：中国如果走"A 模式"道路的话，到 2031 年，中国将消费 2/3 目前世界谷物产量；纸张的消费量将两倍于目前的世界产量；全世界的森林将荡然无存；中国将拥有 11 亿辆小汽车，远远超过目前全世界的 8 亿辆总数；为了

---

❶ 参见：联合国人居中心. 城市化的世界. 北京：中国建筑工业出版社，1999。
❷ 参见：[美] 莱斯特·R·布朗. "B模式" 2.0——拯救地球，延续文明. 北京：东方出版社，2006：1。

给这支庞大的车队提供普通公路、高速公路和停车场，中国必须铺砌的土地面积会相当于目前的稻田总面积，它一天需要9900万桶石油，可目前世界的石油产量为8400万桶。❶也就是说，届时需要三个地球的资源才能支撑人类的发展。由此推导出全球经济和城市化模式必须转变。

作为迫切希望强大富裕的发展中国家，往往难以抵御"A模式"的诱惑而陷入困境。20世纪90年代初，西方国家通过国际货币基金组织和世界银行为拉美国家提供了一揽子经济改革援助计划，按照他们所熟悉的"A模式"的思路，推行了以放松政府管制、加快大城市发展、削减社会开支、推行私营化等为主要内容的所谓"华盛顿共识"。仅仅十多年的实践，就使得原本繁荣的拉丁美洲经济体数次面临崩溃，也使得资源富饶的众多非洲国家饥饿人口上升到创纪录的2亿多，❷社会经济等方面的发展几乎倒退了数十年。

与此同时，塞奇·拉脱谢尔（Serge Latouche）等人提出"反增长计划"。❸该理论认为：为了增长而增长对生物圈承受极限造成了极大的压力，因而是不可持续的，生态危机尤其是温室效应的持续恶化，使得反增长对缩减我们的经济规模而言是必要的，也是值得的。因此，其目标应该是用一种非增长的社会来代替目前增长的社会。其基本措施包括：将物质生产规模恢复到20世纪六七十年代的水平；交通费用内在化；农业生产小规模化；减少能源消费等内容。他们反复强调：只要在社会与环境生命支持系统保持平衡的情况下，减少资产、人口及不必要的包袱，人类社会就可以在转折和衰退的过程中保持"繁荣"。❹

无独有偶，在《人类、资源与社会》（Man, Energy, and Society）（1976）一书中，厄尔·库克回顾了能源的状态与历史，并提出了"持续增长是不可能的，也是不可思议的"。库克预言在20～30年之内，人类社会将分三步"退回低能量状态"。第一步保护阶段，通过减少浪费和奢侈，提高交通运输工具和建筑物的有效利用。第二步是"关闭部分工厂"，减少服务项目，电视成为"完全的替代品"，从煤中提炼甲醇燃料代替传统燃料，药品和酒精的大量使用。第三步的特征是"大多数的工人回到农场"，出生率下降……

事实上，这种基于"A模式""肥胖症"国家所开出的药方——"B模式"或"反增长计划"绝不是什么灵丹妙药，尤其对尚处于"青春发育期"的发展中国

---

❶ 参见：[美]莱斯特·R·布朗. "B模式"2.0——拯救地球，延续文明. 北京：东方出版社，2006：1。

❷ 参见：联合国粮农组织年度报告《2006年世界粮食生产不安全状况》。

❸ 参见：[希]塔基斯·福托鲍洛斯. "反增长计划"能否超越增长经济，绿叶，2008，6(121)：24。

❹ 参见：[美]霍华德·T·奥德姆等. 繁荣地走向衰退——人类在能源危机笼罩下的行为选择. 北京：中信出版社，2002：4。

家而言，无疑是一剂毒饵，将会催化出一系列严重的危机。

首先是经济危机。事实上，全球化正在加剧国家之间的不平等。这种日益深化的不平等，并非只是简单地与经济增长的速度和规模有关，而是恰好与产生经济增长的经济体制密切相关——资本无休止地逐利性驱动结果。但是"B模式"和"反增长计划"并没有触及如何纠正资本贪婪的欲望，这无疑会使富国与穷国、富人与穷人之间发生更严重的发展不平等、社会保障在经济上失去可能性、高素质劳动力灾难性地减少等而加剧经济危机。

其次是政治危机。西方发达国家及其殖民地广泛存在的政治危机可以看作是政治精英手中的（以及这些精英们通过他们对大众媒体的控制而掌握的）政治权力不断集中的结果。这恰恰是跨国企业巨头们政治献金操纵的代议制"民主"体系中的动力机制。"B模式"和"反增长计划"要求这些经济巨头们放弃导致他们长期致富的传统垄断能源产业和生产方式，"革自己的命"无疑是"缘木求鱼"。而跨国企业对发展中国家原材料、能源等资源的盘剥和污染物转移更会加剧后者的政治危机和社会动荡。

再次是社会危机。随着新自由主义全球化的蔓延，这一危机突出表现为一个前所未有的强大的超级阶级、一个庞大的下层阶级的产生以及两者之间的鸿沟日益扩大。在"B模式"和"反增长计划"中，发展中国家再次成为发达国家不平等状态的输入国。事实上，由于许多原殖民地国家难以摆脱宗主国对其发展模式的控制，以至于世界上基尼系数超过 0.5 的国家全部是盲目接受西方发展模式的前殖民地国家。❶ 理论上，让发展中国家减缓经济增长来承担发达国家在前几个世纪工业化过程中排放的二氧化碳和污染物所致的今日发展高成本，这不仅是不公平的，而且还会造成后者深陷贫困而加剧社会危机。

## 二、资本属性对理想发展模式之干扰

早在公元 14 世纪，西方杰出的人文主义者、担任过英国首相的圣莫尔(St. Thomas More)在其名著《乌托邦》一书中，将理想之国描述成一个有秩序、有理性的社会：没有私人财产所导致的贪婪，也没有宗教派别所引发的争斗。他坚信这一可"实践"的理想模式是人类的福音。有趣的是，自亚当·斯密(Adam Smith)以来，主流经济学家也都认为，资本主义是一种直接追求私人财富而间接造就社会财富的制度。但事实无情地揭示了其第一个目的完全超越和篡改了第二个目的。资本的运动无情地粉碎了人类种种乌托邦的梦想。简言之，"A模式"之所以失败，"B模式"终将会失败，都可以归结于这两种模式所基于的制度都

---

❶ 诺贝尔经济学奖获得者，美国经济学家 Michael Spence 在中国 2008 城市发展与规划国际论坛上的演讲稿。

无法扭转资本无休止的逐利性对生态环境的破坏：

首先，资本的本质属性及其运动会尽可能地扩大对作为生产资料的自然资源的占有，想方设法地掠夺这些生态资源，加速利用各种自然资源直至其枯竭，显然才是最充分的、最合乎资本本性的。由此可见，发生于美国然后遍及整个西方世界的"城市蔓延"为何"一发不可收拾"，正是"资本"的魔力突破种种"技术"和"理性"限制的恶果。也就是说，现代经济生产和资本主导的城市化模式在很大程度上是基于利润而不是人们的基本需求而进行的。无限的利润需求自然会导致对有限的能源、资源竭泽而渔。

其次，它会"全力以赴"扩大生产规模。正如福斯特（John Bellamy Foster）所指出的，"资本主义是一种永不安分的制度，投资前沿只要不再扩张，利润只要不再增长，资本流通就将中断，危机就会发生。"❶ 最近发生的美国"两房"事件波及全球，从而被称之为1929年经济大危机以来最严重的经济危机就是最好的注解。由此可见，"资本不仅逐利，而且还无休止地逐利"必然会导致"资本与自然的冲突"。

再次，它会尽可能地提高劳动生产率和资源占有率并自动流向那些获利更多或资本更丰富的区域。这样一来，资本运动对自然生态的破坏和对能源资源的掠夺，就会通过全球化贸易和现代金融的流动性而被传播到全球的每个角落，尤其是那些欠发达和贫困国家更是如此，从而"让他们吃下污染"就成为资本拥有者破坏欠发达国家生态环境的一致行动的一种注解。❷

最后，更为重要的是基于资本运动规律的社会必然会加剧"适者生存"式的恶性竞争。当今世界，尽管在名义上国家之间的合作正在日益强化，但经济和文化方面的冲突却日趋激烈。在资本的驱使下，以美国为首的富国集团当然难以容忍任何发展中国家的崛起。正如英国剑桥大学发展研究中心副主任张夏准（Ha-Joon Chang）博士在《富国陷阱：发达国家为何踢开梯子》一书中所描述的那样：遵循"A模式"而暴富的当今发达国家，必然会以地球资源和能源短缺为借口，正在试图踢开那张能使发展中国家爬到顶端（发达繁荣）的"梯子"——即以"A模式"为样板的行之有效的政策和制度，并向发展中国家介绍所谓的"好政策、好制度"（即"B模式"），以此来阻止发展中国家的发展。❸ 但从另一方面来看，

---

❶ 参见：[美]约翰·贝拉米·福斯特.生态危机与资本主义.耿建新等译.上海：上海译文出版社，2006：69。

❷ 1991年12月12日，世界银行首席经济学家劳伦斯·萨默斯向他的几位同事递送了一份《关于鼓励更多的污染企业迁往欠发达国家》的备忘录，后来英国《经济学家》杂志于1992年2月8日以"让他们吃下污染"为题刊登出来，在学术界引发了一场对萨默斯的声讨活动。

❸ 参见：[英]张夏准.富国陷阱：发达国家为何踢开梯子.北京：社会科学文献出版社，2007。

以资本运动主导的全球化促使了几乎所有战略性资源、能源和粮食价格的飞涨，这比"B模式"更为有效地踢开了这张"梯子"。"蒙在鼓中"的发展中国家的人民还错误地认为由于能源与资源供给的不可持续性，这张"梯子"是自己断开的。

尽管"B模式"和"反增长计划"内容庞杂，但概括起来就是采取消极的城镇化、消极的机动化、消极的工业化，取消对资本运动的一切限制，以资本选择来替代民主活动，简言之，就是要让发展中国家减缓发展速度来补偿"A模式"所造成的资源枯竭和大气污染，为西方发达国家地位的巩固和强化作陪衬。让低收入阶层和许多中低收入者对自己的处境"安贫乐道"，压抑各种物质消费，为支撑富裕阶层的奢华生活作出牺牲，最终达到使"资本民主"在发展中国家通行无阻的目的。显然，这种"B模式"，我们是不能接受的。

然而，作为一个历史上饱受帝国主义列强侵略欺凌，而今初尝成长壮大滋味的民族，要抵御和超越数百年"修炼"而成且被无数强有力的宣传工具放大渲染的"A模式"和众多国际组织和权威专家所推崇的"B模式"的诱惑实属不易。由此可见，经历过遵循市场化取向改革30年并初获成功而备受国际赞誉的我国各级领导人，主动从初级的工业文明向生态文明跨越，跳出传统发展模式，提出并落实科学发展观，"而今迈步从头越"探求前无古人的"C模式"之路，实属难能可贵。

## 三、"C模式"的基本设想

虽然"C模式"并无先例可援，但通过总结"A模式"的历史教训和判断"B模式"现实缺陷，仍然可为我们提供初步的思维框架。

首先，"C模式"必须立足于提高民众的生活质量，促进社会和谐而不是资本的逐利，从而成为社会生产活动的根本目标和动力机制。这意味着无论是经济生产的组织，还是社会财富的分配，都将采用一种更倾向于以人为本与代际公平的新策略。市场体制仍将长期存在，但资本活动的负外部性将受到社会和民主的办法的有效约束。各种炫耀性消费、一次性消费、过度消费被适度消费所取代，充斥于当代社会的消费主义文化逐渐被传统的节俭适用美德所引导制约。"消而不竭"的资源利用新社会契约将逐步均衡"买断、卖断"的传统市场交易模式的缺陷。贯穿于生产和消费者之间的生产、消费、回收、翻新、提升再利用的循环经济真正确立。

其次，生态社会和经济可持续性将最终取代单一的经济发展成为各级政府首要的政策目标。也就是说，在城镇化的进程中应充分地保护物种多样性、生态自然、传统农业耕作方式、自然地形风貌、历史社区特色、文化遗产、能源储备等具有正外部性的不可再生资源与优秀的传统文化和经济模式。现代的生态文明意识将伴随"天人合一"的原始生态观在我国广泛觉醒和创新，并有可能成为全球

"第二次文艺复兴"的发源地。

再次，经济增长的推动力从传统的消费、出口和投资转向符合生态文明的绿色消费、内需为主和对可再生能源、循环经济、生态修复和环境保护的投资为主。"A模式"在全球的失败，直接的原因无疑是：经济竞争的"游戏规则"即将发生根本的变化。决定国家和民族富强或衰落的主要因素也在经历变化。这就意味着单位GDP的"含能量"与"含资源量"必须持续下降，并由此产生强大的"绿色竞争力"，从而有可能"战胜"和超越A、B两种模式。

第四，土地作为生态环境的"底板"，将在人类的自身需求与维护生物多样性之间进行公平的分配。从生态系统的角度来看，城市化所造就的土地短缺严重影响了清洁的水源、粮食安全、物种存留、生物多样性、自然遗产保护、废弃物处理能力以及整个生态系统的持续能力。从道德伦理来看，土地及其所承载的一切都只是由当代人暂时保管，人类应有责任完好地将其传承下去。当代人类作为托管者理应超越土地私有利益的诱惑，使公共权益超越私有利益。从人类史来看，无论是远古的农耕时代，还是当今的工业化社会，大规模的战争和政权的更替一般都与土地的占有严重不均直接相关。对自然界的一切生物和人类社会而言，土地分配的公平与否，不仅意味着资源的占有，而且也涉及生存空间的公平与否。作为财富之母的土地必然是"公平之母"。历史早已证明，作为自然资源和人类活动主要承载体的土地之社会所有模式，是抗衡资本对土地及附属于土地之上的各类资源和能源的掠夺与破坏的唯一途径。我国必须坚持、巩固并不断优化。

第五，可再生能源应用与建筑一体化将引发建筑革命。随着社会的进化，一个不可辩驳的事实是，建筑将占全部能耗和排放污染物、温室气体的50%以上。❶ 从家庭的载体——住宅到最大的人工构筑物——城市，一切建筑都应遵循与自然共生、社会和谐、对生态环境最小干扰的原则进行规划、设计、建造、运行和更新。建筑与它们所组成的城市将充分利用各种可再生能源和循环利用短缺的资源。能源消费主体与生产场所"合二为一"的"分布式能源系统"将与传统的集中式能源供给系统展开竞争。在此基础上真正意义的城市甚至"零排放"社区将蔚然成风。

最后，伴随着城镇化的深入推进，逐步实现出口导向型发展战略向内需消费和服务外包相结合的模式转变。资源、能源和初级产品的出口本质上是一种国家利益和权利的让渡方式（这对资源、能源稀缺的我国负面影响尤甚）。基于日新月异信息革命的"全球服务"应当比"世界工厂"更适应中国的资源禀赋。在此基础上，结合生态农业和柔性生产体系的勃兴，倡导农产品、农副产品和大宗基本

---

❶ 欧盟建筑师协会所提供的资料。

商品供求关系的就近均衡，从而有效节约运输能耗。

由此可见，"C 模式"是在坚持"发展"的前提下，既充分利用市场机制的高效，又能低成本地补偿其负面影响的新型城镇化模式。这种对 A、B 模式扬弃和超越的新模式，注定是一场涉及经济、政治、社会等诸领域的深刻革命。

### 四、我国坚持"C 模式"的有利条件

首先，"天人合一"的原始生态和传统文化价值观。在中国传统文化中充满了敬天、顺天、法天、同天的原始生态意识，天人同物、天人相付、天人一体、天人同性、天人同理、天人合一等生态文化思维引导着这个世界上人口最多的农耕国家经历了数千年的风霜雨雪。如果将人类与自然的关系分为"崇拜自然、利用自然和征服自然"的话，中华民族应该是世界上"崇拜自然"历史最悠久的民族。我们的先祖们早已学会以"克己复礼"、节俭勤奋、发挥集体主义和利他主义等价值观，在一个资源极其有限的生存空间中创造出延绵数千年的灿烂文明。"敬天法地"的传统生态观至今仍深深地烙刻在人们的记忆之中。更有国外的研究表明，东方民族的人文背景视野与西方人具有明确的区别。后者往往只将注意力集中在某个主题上，而东方人更注重背景和环境。这种视野的综合性自然会导致"修身、齐家、治国、平天下"的追求和以利他的方式来处理人与人、人与自然的冲突。这也是为什么在"A 模式"全球流行的今天，我国主动提出"生态文明"，以与自然和谐相处的方式来进行中国的城镇化和工业化之文化成因。这必然会导致中华民族的崛起会以和平的方式来避免盎格鲁—亚美利加体系国家"A 模式"勃兴所引发的文明冲突。

其次，无自身利益的政党与国家治理结构。西方某些敏感的政治家们毫不忌讳地认为：如果世界上真正发生"新能源"革命的话，发起国很可能是迅速崛起中的中国。这是因为在西方世界及其殖民地国家所实行的所谓"代理制民主治理"政治结构中，无论是掌握决策权的议会还是拥有执行权的政府，都不能摆脱代表旧能源企业利益财团的控制。后者决不能容忍这场革命损害自身的根本利益。只有在中国执政的共产党是世界上唯一没有自身利益的政党，除了人民群众的根本利益别无它求。正是这种"超然"的地位，才能真正肩负起发动和推进拯救全人类的新能源革命和城镇发展模式的转型。

再次，特殊的土地公有制度。在市场经济的发源地欧洲，关于适合的土地所有制争论几乎伴随着市场机制的发育从未停止过。土地作为基础性的特殊资源，不仅使大多数稀缺资源(有交换价值物品)的主要载体成为独特的公共品，而且更重要的是土地也是众多非稀缺性资源(有使用价值的物品)如淡水、生物多样性保持、气候形式与调节、废气废物的消化吸收、土壤形成、碳氮等基本元素的循环床、生态和人类社会系统等等的唯一承载体。难怪城市化的起源地英国就曾出台

法律，企图以某固定价格分期由政府买断全国的土地（后因为右派政党的上台，该法条被废止），❶但通过规划对其用途的管制始终处于强化过程之中。而美国在20世纪初的城市化进程中，土地私有制所导致城郊的土地拥有者竞相将土地出卖给房产商，再加上同期发生的机动化的推动，从而导致城市的低密度扩张一发不可收拾，至今仍无有效的对策。

最后，资本对自然资源的掠夺在中国尚未形成坚实的基础。《资本主义3.0——讨回公共权益的指南》一书的作者彼得·巴恩斯（Peter Barnes）认为"A模式"版的资本主义存在着两个重大的副作用：其一，它毁坏自然；其二，它扩大贫富差距。而且它持续不断地、自动地重复这两个副作用，并且不具备任何自我纠正的能力。❷但他也认为，较之美国，中国在防止被卷入资本主义化的"A模式"方面有两个优势：其一，中国加入自由市场游戏的时间较美国短得多，有可能吸取美国的教训；其二，中国政府尚未像美国❸那样已经被强大的私有企业所垄断。这意味着中国可能有机会为其经济发展另辟蹊径，从而在享有市场经济要义精髓的同时，避免资本主义的弊端。❹

显然，无论我国具有多么好的初始条件来坚持"C模式"，但"C模式"内涵的充实、实践和发展，最后在与A、B两种模式的竞争中胜出的整个过程，必须是全体中国人民丰富多彩、持之以恒的创造活动。生态文明观的全面觉醒和创造力源泉的充分涌流比任何既定的理论框框更为有效。由此可见，"C模式"必须是动态、开放的发展模式，必须善于吸收世界其他民族生态文明的成果形式并不断地自我更新与优化。当务之急是在践行阶段性目标——"小康社会"的过程中，对行进的路径作出正确的选择。

## 五、启动"C模式"的政策和策略

今后的15~20年是我国城镇化高速发展的时期，席卷全球的西方金融危机又对我国的发展带来了众多的严峻挑战和前所未有的机遇。在这一关键时刻，正确选择通向生态文明和其他文明和谐发展的路径，是"C模式"最终能否实践的关键。

---

❶ 英国针对城市化发展过程中城市地价高昂、土地所有权零散等问题，于1942年出台了厄斯瓦特（Uthwart）报告，提出了一个解决方案：由政府向现有的土地业主支付补偿金后统一征用土地开发权，补偿金额由政府制定，即所谓的"土地开发权国有化"。这一建议被纳入1947年的城乡规划法，其内容延续至今。

❷ 参见：[美]彼得·巴恩斯. 资本主义3.0——讨回公共权益的指南. 吴士宏译. 海口：南海出版社，2008：8．

❸ 实际上所有"A模式"的国家以及准备走"A、B"两模式的原殖民地国家都一样。

❹ 参见：[美]彼得·巴恩斯. 资本主义3.0——讨回公共权益的指南. 吴士宏译. 海口：南海出版社，2008：8．

首先，坚持与完善现有的城乡土地公有制，强化城乡规划调控，为有序城镇化铺设轨道。我国是以占全球7%的耕地来支撑占全世界21%人口的城镇化，这就意味着在城镇化快速发展时期，绝对不能低估资本对土地资源掠夺的强大能力，必须十分注重耕地的保护与节约，防止盲目拷贝"A模式"的土地私有化，一以贯之地落实"紧凑"和"多样性"的城镇建设方针。由此可见，要巩固并改善城市土地国家所有和农村土地集体所有、建设用地必须经"征用"才能进入市场交易、建设用地增值所得应归全民所有、确保18亿亩耕地的"底线"不容侵占等有效的中国特色的土地制度。所有新增城市和乡村的建设用地都应遵循节约用地、尽可能利用非耕地的原则。本书第二章和第五章对此课题展开了论述并纠正了当前在基层颇为流行的几种错误"土地改革"观点。

其次，以生态文明建设为指针，推进社会主义新农村建设，促进城乡差异化协调发展。要维持合理的城镇化速度和可持续发展能力，必须切实强化农村、农业和农民发展的基础地位。尤为重要的是要防止步"A模式"的后尘，有效杜绝石油农业、化学农业的"现代化"误区和以大城市模式为蓝本的村镇建设方式的蔓延。资源节约型、环境友好型的农业是我国农业现代化的必由之路。保存与弘扬农村优秀传统建筑和文化、自然生态的耕作模式、洁净水与土壤、粮食生产能力、优美的自然景观等资源，为城乡的可持续发展奠定基础。今后几年应加大财政对生态、无公害农业、有机农产品和"农家乐"旅游活动等的补助力度，并以"农产品原产地证明"和"一村一品"等组织形式，充分调动亿万农民群众的积极性，自下而上地形成有公信力和竞争力的农产品生产体系。这方面的内容主要体现在第四章中。

再次，规避全球化之弊并用其利，推进新型工业化，构筑健康城镇化新动力。在全球化这台空前的"推土机"的驱动下，城市之间对人才、资金、技术的争夺将日趋激烈。发达国家依据"A模式"所集聚的财力和资本，会促使发展中国家的城市更加边缘化。在这种情况下，我国城市领导人更要避免盲从"A模式"发展城市的不归之路，立足于以人为本和环境立市，着眼于加快以人力资本与信息技术相结合的新型工业化的发展，以此重构城镇化的新动力。当前，各级政府更要加大科技投入，大规模引进国外科技创新梯队和留学科技人员，并给予优厚的待遇和良好的生活工作环境，为奠定新一轮国家创新能力的勃兴创造条件。第三章以"全球化和工业化：实现有序城镇化的障碍还是契机"为题对此展开了论述。

第四，多方位推进可再生能源应用，积极推进绿色建筑和低碳城市建设，提升城市以及国家竞争力。在建筑层次上，全面推广绿色建筑(具有节能、节水、节材、节地，建筑全生命周期循环利用，室内环保性能优异的建筑)；在社区层次上，强调社区生态文明和特色魅力再创；在城市基础设施层次上，推行可步行街道、绿色交通等适用技术；在城市（镇）层次上，实践中小城市和小城镇协调发展，倡导生态城（镇）；在区域层次上，通过生态城市联盟和有效的区域规划管制促使生态环境共保、资源共享、绿色发展动力共构和基础设施共建，促使各类人工构筑物和生产、消费活动最大限度地节约资源和减少污染物排放，最大限度地与可再生能源的利用相结合，最终促使低碳城市和区域的蓬勃兴起。当前，要借助国际能源价格回落的有利时机，理顺我国能源商品价格体系，出台燃油税等环保税种，并对节能绿色产品实行减免税政策。这一方面的内容在第九章中以专题"如何规划建设生态城市"展开讨论。

第五，保护和开发利用历史文化与自然遗产。作为全球四大文明古国的中国，城市与村镇大量的历史文化遗存和秀丽的山川自然风貌，不仅是造就城镇和区域特色的主要载体，而且更是城乡可持续发展的宝贵资产。只要在城镇化的大潮中，提高全民的认识，抓住机遇修复和保护好此类不断增值的高等资源，就能使我们的子孙永续利用这些绿色的资源。由于旅游业对这些高等资源的保护具有双重性，扬其长而避其短，就必然会对各级决策者的能力带来挑战。全书第六章对这两类脆弱而具不可再生的高等资源的保护和合理利用给出了相应的策略，并提出借鉴英、法等国的国家规划督察制度来妥善保护历史文化和自然遗产的具体建议。

第六，从合理分配城市空间资源入手，强化交通需求管理，促进城镇化和机动化和谐发展。机动化对于有序城镇化历来是双刃之剑。我国城市交通的发展模式既要避免私人轿车和高架桥领先的"A模式"误区，又要防止陷入"B模式"的消极机动化。应充分发挥城市规划分配交通资源的作用，优先发展公共交通，弘扬我国传统的自行车出行的优势，构筑具有机动化能力的绿色交通体系。当前，应大力投资建设城市之间的高速客运铁路，以减少私人小汽车的出行比率。本书第七章较系统地分析了机动化时代可供选择的政策方案。

第七，积极应对日趋严重的水危机。在我国，水资源的空间分布不均以及水污染日益加剧，事实上已经形成了健康城镇化的巨大障碍。当务之急是要在城镇治水、供水策略的选择上，抛弃"A模式"主导下的"大截、大排、大调"的工程治理模式。积极倡导从开发—排放的单向利用转向循环利用转变；从单项治理向水生态的整体优化转变；从简单对洪水截排防与洪水和谐相处转变；从过度依赖远距离调水解决城市供水需求向就地循环再利用转变。只有这样，才能有效应对资源性和水质性缺水并存的严峻形势。当务之急是将减排污染物列入地方干部政绩考核，加大污水治理、中水回用的投资力度，迅速扭转水污染加剧和水生态恶化的局面。第九章以"如何应对资源性和水质性缺水"为题对此展开分析研究。第八章还分析了启动市场化改革来加速污染治理的办法与措施。

最后，正因为城市、村镇及其所依托的山川、河流湖海、原野、农田等都是区域的附着物。践行科学发展观和有序城镇化必须立足于区域整体来统筹资源利用、环境保护、产业布局和重大项目建设。其基本手段必然是将原先囿于城市内部的规划调控，扩展覆盖到城市群涉及的区域，合理布局对环境资源影响最大的人工构筑物——城市和城镇群，才能以最小的生态环境影响来获取最大的城镇化收益。本书第十章集中讨论了此课题，并在第十一章中给出若干实际案例。

总之，我国只能走自己的道路，就是新型工业化推动下的新型城镇化道路，即对内实践科学的发展观，对外实现和平崛起。这就要求我国的城镇化模式必须超越"A模式"的诱惑和"B模式"的泥淖，走自己特色的"C模式"。这种"C模式"，就是要处理好城乡和区域的生态环保、宜居和谐与经济、社会对外竞争力这三者之间关系。无论是城市还是乡村的发展，必须既是生态的，以人为本的（当代公平），又是对环境负责的（代际公平），同时又是具有竞争力的。只有这样，"C模式"才有自身的生命力。

# 第一章 宏大的规模、空前的差异与复杂的动因

——中国城镇化的基本特点与国内外比较分析

对于城镇化这一课题，虽然已经过众多学者系统、长期、深入的研究分析，涌现了无数学术成果，但仍还有许多具体的问题没有得到有效解决。本章力求不泛泛地谈，而是在前人研究基础上的进一步延续，承前启后，从务实的角度来分析我国在城镇化进程中必须面对哪些主要问题？国际上就其是同属发展中国家的拉美和非洲等地有什么经验、教训？应采取什么样的对策？为什么前殖民地国家较集中的拉美和非洲在推进城市化的过程中遭遇到一系列无法应对的困难，而东亚各国却能独善其身？中国转向 A 模式在其发源地的美国以及仿效者的教训中获得什么启示来应对本身面临的挑战？这些问题在本章中都可以找到答案。

## 一、三次城镇化浪潮的比较——A 模式灾难式的后果

对于我国的城镇化，一些著名的专家学者、名人政要发表了精辟的论断。其中首推 2000 年诺贝尔经济学奖获得者、世界银行首席经济学家斯蒂格利茨，他曾经说过一个著名的论断：影响 21 世纪人类进程的有两件大事，一是以美国为首的新技术的革命，包括生物基因技术、纳米技术、信息技术；二是中国的城市化。

联合国助理秘书长沃特·恩道也曾论述："城市化极可能是无可比拟的未来光明前景之所在，也可能是前所未有的灾难之凶兆。所以，未来会怎样就取决于我们当今的所作所为。"这段话有深刻的含义，把思维与行动、未来与现在简洁地连接在一起了。

2001 年诺贝尔经济学奖获得者麦克·斯奔尔斯，在我国第二届城市规划国际论坛的主题报告中讲到：能否实现有序城市化是对发展中国家政府的重大考验，尤其是对中国而论，更是如此。

2005 年，胡锦涛总书记在政治局关于国外城镇化发展的模式和中国特色城镇化道路的集中学习会后，作了总结讲话。他说：我国正处在城镇化发展的关键

时期，坚持大中小城市和小城镇的协调发展，逐步提高城镇化水平，对于扩大内需，推动国民经济增长，对于优化城乡经济结构，促进国民经济良性循环和社会协调发展，都具有重大的意义。他还在许多场合都说过，我们要把握21世纪初这个关键的时期，对于中国的前途命运尤为重要。我理解这个关键时期实际上是指城镇化快速发展的时期，它可能奠定我国的光明未来，也可能是陷入灾难的始发点。胡锦涛总书记专门作出指示，要研究中外城镇化的经验和教训为我国所用。

全球已经历过三次城市化浪潮。第一次浪潮发端于欧洲，以英国为代表，伴随着工业革命，1750年英国的城市化率为20%，1850年达到50%，到1950年基本完成城市化，整整历时200年；第二次浪潮是以美国为代表的北美洲的城市化。1860年美国的城市化率为20%，到了1950年达到71%。也就是说英国花了将近200年的时间完成了城镇化，美国仅用了100年时间就完成了。第三次浪潮发生在拉美及其他发展中国家，南美诸国在1930年的城市化率为20%左右，到2000年也已经基本完成了城市化历程。我国的城镇化发展从1978年的20%开始，目前正处于快速发展进程之中(图1-1)。

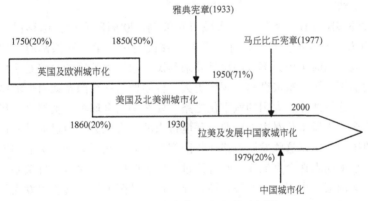

图1-1　全球城市化三次浪潮示意图

在全球城市化发展过程中，有两个里程碑：即《雅典宪章》和《马丘比丘宪章》。1933年的《雅典宪章》是针对英国及欧洲城市化过程中出现的众多问题，如公共卫生、瘟疫、环境污染及贫民窟等问题而提出的。但是该宪章因为过分地强调分区规划，把城市作为一个居住机器的扩大，盲目服从机动交通和功能分区等，又带来了许多新的问题。所以，1977年国际建协又在秘鲁的利马提出了《马丘比丘宪章》，该宪章的哲学内涵就是人类不仅仅只有西方文明的理性世界，还有其他文明和思维方式，世界是多样化的，应该把城市看成是有机的、流动的、复杂的空间，而不能仅仅划定居住、工作、游憩和交通四大功能，或者简单地机械分割为若干相互孤立的功能区。

我国的城镇化与全球前几次城市化浪潮相比，基本特征不完全相同(表 1-1)。

中国的城镇化与全球三次城市化浪潮相比　　　　　　表 1-1

|  | 第一次城市化浪潮 | 第二次城市化浪潮 | 第三次城市化浪潮 | 中国 |
| --- | --- | --- | --- | --- |
| 城市化人口规模(亿) | 2 | 2.5 | 10 | 6～8 |
| 城市化速度(年) | 180～200 | 100 | 40～50 | 35～45 |
| 对外移民数量(亿) | 0.2～0.5 | 0.5 | 0.6～1.2 | 基本为零 |
| 能源和原材料价格 | 低 | 低 | 高 | 极高 |
| 城市化动力与背景 | 工业化 | 工业化 | 工业化、全球化 | 工业化、信息化、全球化 |
| 环保要求 | 低 | 中 | 中 | 高 |

从城镇化的人口规模来看：第一次浪潮时为 2 亿左右，第二次浪潮为 2.5 亿，第三次浪潮达 10 亿左右，其中我国就达 6～8 亿人口。从城市化速度来看，一次比一次快。

从对外移民规模来看：第一次城市化浪潮，欧洲国家向美国移民总数达到 5000 多万人，如爱尔兰人，就有一半以上移民美国。第二次浪潮时，移民数量进一步扩大。当时美国大部分国民是外来移民，这种大移民的趋势是全球城市化在美国的缩影。第三次浪潮移民规模更大，仅墨西哥一个国家就向美国移民 4000 万人以上。这就意味着大国的城市化之路，要么是向全球掠夺资源来支撑自身的发展，要么迫于城市化对本国资源、环境带来的过大压力，通过向外移民来减轻城市化的压力。但是这些发展道路在我国都行不通，我国只能"关起门"来推进城镇化。小平同志在会见尼克松时曾说过：中美两国应该保持友好关系。如果西方资本主义国家对中国采取经济封锁，导致社会动荡失控，就会引发大量移民出境。如果向外移民 2 亿人，整个西方世界就将混乱。由此看，中国的稳定就是世界的稳定，这应成为两国的共识。为了"和平崛起"和全球的可持续发展，我国只能是"封闭式"推进城镇化，即不能向国外移民，这是有别于其他任何大国城市化进程的特点。

从国际市场能源和原材料的价格来看：第一次、第二次城市化浪潮时都比较低，第三次时资源类产品价格明显提高，到了我国城镇化快速发展期，国际上能源和资源的价格极高。美国开始推进城镇化时，原油价格只有 5 美元一桶，而近年来油价持续在高，2008 年 7 月最高突破了 147 美元一桶，标志着人类已经进入了高油价时代。

从城市化的动力来看：第一次、第二次城市化浪潮的动力完全靠工业化推动，第三次浪潮是工业化和全球化，而我国的城镇化同时伴随着工业化、信息化、全球化和市场化，城镇化动力与前两次相比，更为复杂。总结历史经验，我国的城镇化除了工业化推动以外，还可以发挥服务业的推动作用，不仅要成为"世界工厂"，也要着眼于"世界办公"，以减轻能源资源和环境的压力。

从发展的背景来看，即从生态环境的约束程度来看：在第一次城市化浪潮时，人类尚未认识到生态环境对城市化的制约，只要能住人就业，城镇就会就地铺开发展起来。当时许多新城镇都建在煤矿、铁矿、棉花产区，被称为蘑菇城，意谓城镇像蘑菇一样快速成长；第二次城市化浪潮时，对环保的要求就提高了。此阶段应运而生的现代城市规划学基本上基于公共卫生、生态环境保护和城市美化三大运动。第三次城市化浪潮对环保要求进一步提高。1972年联合国在斯德哥尔摩召开"人类与环境"会议通过了《人类环境宣言》，各国开始重视人类和自然环境的协调发展；1987年联合国世界环境发展委员会的报告《我们共同的未来》第一次正式在国际社会中提出了可持续发展的概念；1992年在巴西的里约热内卢召开的联合国环境与发展大会正式确立了可持续发展作为当代人类发展的主题。然而到了我国推进城镇化的时候，世界上所有的国家都面临着同一个问题，就是全球气候变化。气候变化正在深刻影响着全人类的命运。2007年召开的G8会议，一反以往的做法，并不是研究经济问题，而是主要讨论如何应对全球气候变化。

显然引发气候变化的主因是西方发达国家推进工业文明所排放的二氧化碳。20世纪初大气中二氧化碳的浓度已经从每百万体积含量为290增加到367单位。❶ 由西方列强开启的工业化，以不到300年的时间就将大自然经历无数地质纪元积累起来的资源消耗殆尽。这一方面引发了对全球气候变化的关注，另一方面，全人类必须面对资源日益枯竭的局面。美国科学院的报告认为，到1999年全球的需求已超过地球再生能力的20%，这一趋势目前还以约每年1%的速度增长。❷ 长期以来，美国以占全球人口5%却消耗了全世界1/3的资源。毫无疑问，人类所面对的困境，正是西方列强推行"A模式"所造成的恶果。

## 二、中国和非洲、拉美国家城市化的比较——遵循A模式的困境

中国城镇化与非洲、拉美的城市化基本上处在同一时期，都正处于第三次城市化浪潮的进程之中，比较这两个区域的城镇化特点具有现实意义（表1-2）。

---

❶ 参见：[美]霍华德·T·奥德姆等. 繁荣地走向衰退——人类在能源危机笼罩下的行为选择. 第一版. 北京：中信出版社，2002：17。

❷ 参见：[美]莱斯特·R·布朗. "B模式"2.0——拯救地球，延续文明. 第一版. 北京：东方出版社，2006：4。

**中国城镇化与非洲、拉美国家城市化之比较**　　　　　　　　　表 1-2

|  | 中　国 | 非洲或拉美 |
| --- | --- | --- |
| 城镇化速度(%/年) | 1~1.5 | 3~5 |
| 空间集中度 | 大、中、小城市基本均衡，一半以上进城人口集中在中小城市 | 60%~70%人口集中在大城市 |
| 城乡收入差别 | 基尼系数 0.41~0.43 | 基尼系数>0.5，社会动荡 |
| 就业 | 基本同步，候鸟式迁移 | 人口转移在先，就业安排在后 |
| 能耗 | 增长速度较快，世界平均水平的 1/7 | (非洲)增长慢 世界平均水平的 1/13 (拉美)增长快 |
| 污染 | 较为严重 | 一般 |
| 粮食安全 | 基本能保证(目前) | (非洲)大量难民出现 |
| 城乡人居环境 | 持续好转 | 大量贫民窟 |
| 卫生、教育 | 明显改善 | (非洲)疾病流行 (拉美)教育退化 |
| 不可再生资源保护 | 风景区、生态保护区等基本落实，但城市、镇、村历史文化遗产保护形势严峻 | 较好 |

（一）从城镇化速度来看：我国城镇化速度近 20 年以来是以每年 1%~1.5% 的速度增长，而非洲则是以 3%~5% 的速度增长。拉美城镇化水平虽然已接近发达国家，但经济发展水平只是发达国家的 1/10~1/20，甚至更低，城镇发展质量较低。从 20 世纪 90 年代末期始，拉美国家开始采取措施解决过度城市化问题，包括控制人口增长，增加对农业和农村的投入，重新调整城市布局，发展中小城市等。但由于城市化空间布局的刚性，使这些措施的效果都捉襟见肘。

（二）从空间的集中度来看：我国大中小城市发展基本均衡，一半以上进城人口集中在小城市和小城镇，也就是说小城市和小城镇分流了一半以上的非农劳动力。而非洲与拉美大多数国家，60%~70% 的人口集中在城市，有的国家甚至是 85% 的人口集中在少数几个大城市。而且由于缺乏产业支撑导致了过度城镇化。拉美国家城镇化的快速发展起源于 20 世纪 50 年代。战后拉美国家进口替代工业化战略的实施，加快了重工业的发展，而且资本密集型的工业集中布局于几个大城市，再加上盲目遵循发达国家的大城市优先发展战略，国家的城市建设投入也集中于这些大城市。20 世纪 70 年代，大城市的人口每 10 年就翻一番，而城市的重工业基础缺乏容纳这些人口的能力，造成了城市严重的贫困化现象。据统计，到 20 世纪 70 年代中期，拉美地区城市人口已占地区总人口的 60%，但工业人口比重却不及 20%~30%。拉美国家大约有 1/4 的城镇居民生活在贫民窟中，导致一定时期内城镇贫困人口比例甚至超过农村人口的贫困比例，从而出现"过度城镇化"现象。

（三）从城乡收入差距来看：我国基尼系数不断上升，现在已经达到 0.43（2005 年）。不少经济学家把 0.4 看成是社会稳定的警戒线，但是我国的基尼系数已经越过了警戒线。对于这条警戒线，国际上有不同的说法。如整个非洲、拉美国家的基尼系数都明显高于中国。拉美的收入分配不公是举世闻名的。美洲开发银行的一个专题报告显示，拉美占总人口 30% 的穷人仅获得国民收入的 7.5%。这一比重为世界最低（其他地区平均为 10%）。在拉美收入分配的另一端，占总人口 5% 的富人却获得了国民收入的 25%，占总人口 10% 的富人则拥有国民收入的 40%。这样的收入分配不公情况只有在人均收入水平只及拉美一半的若干非洲国家才能看到。若用基尼系数来衡量收入分配差距，同样可以发现，拉美的贫富悬殊非常严重，一些欧洲国家的基尼系数（用于衡量财富悬殊程度的国际标准）在 0.25~0.3 之间，而一些拉美国家则高达 0.6。美国和其他一些国家的基尼系数与我国相似，但没出什么大问题（图 1-2）。那为什么我们许多专家把 0.4 作为警戒线呢？我们暂且不去理论这些不同的认识，但确实要看到我国的基尼系数不仅数值较高，而且上升速率也较快，城市内部、城乡人群收入、贫富差距也正在趋大。要高度重视这些问题，这是社会动荡的重要诱因。

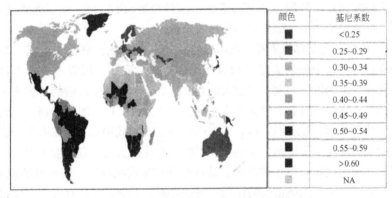

图 1-2　不同国家及地区的基尼系数

（四）从就业方面来看：我国人口转移与就业现在基本还是同步的，但出现了世界上独一无二的候鸟式的人口迁移现象，如每到春节，大批农民工返乡，春节过后，又有大批农民工回到城里工作。非洲与拉美国家，通常是人口转移在先，就业安排在后，几乎所有的大城市都被大量的贫民窟所包围（图 1-3），造成了大量社会环境问题。拉美城市公开失业率在 20 世纪 70 年代略低于 4%，20 世纪 80 年代上升到 6%，20 世纪 90 年代后半期超过 8%，2002 年创 9.1% 的历史纪录（有些国家超过 20%）。据拉美经济委员会统计，1994 年拉美贫困人口约 2

亿，2002年上升为2.21亿（占总人口44%）。另据世界银行统计，拉美贫困人口中的"赤贫"人口1987年为6370万，1998年则上升为7820万。20世纪90年代以来，失业率上升是拉美各国普遍存在的现象，其中大部分国家贫困人口不断增加（少数国家有所减少）。

图1-3 非洲国家城市贫民窟一隅

（五）从环境污染程度来看：目前我国环境污染还是比较严重的。因为我国的城镇化基本上是以工业化来推动的，所以大部分的污染物是由于工业污染造成的。而拉美和非洲大多数国家，其工业化的基础比较薄弱，同时由于城市内出现了大规模的贫民窟，致使投资环境恶化，国外投资（FDI）和民族工业裹足不前，相应的工业污染比较少，但生活污染比较严重。

（六）从粮食安全方面来看：我国粮食生产已基本能保证国民所需，联合国粮农组织已经不把中国列为需要粮食援助的国家。而非洲因农业劳动力过快流失，出现了严重的饥饿问题，目前大概有2亿多非洲人处于饥饿的境况之中。其中土地私有制导致农村农业衰退不容忽视。由于盲目推行土地私有制，导致出现大量的土地兼并潮。在农村地区，一方面，仿照A模式国家土地私有化和农业资本主义的发展强化了土地和资本的集中程度，农村在土地占有高度集中的基础上形成了以大型农牧企业为主的格局。这些企业加速向机械化、集约化方向发展，出现了将劳动力驱赶到城市去的作用。另一方面，不少资本持有者拥有农村大量的农地，目的在囤积资产，并不用于农业生产，造成了农产品产量和产值相对下降。以巴西为例，该国2003年拥有土地低于10公顷的农户占全部农户的31.6%，他们的土地占全部土地仅为1.8%；而面积超过2000公顷的农户只占农户总数的0.8%，但他们拥有的土地占全部土地的31.6%，造成巴西2000余万"无地农民"。这些"无地农民"要么强占闲置土地引发冲突，要么流入城市，成为无业游民。近20年来，巴西城市人口增长了24%，贫民窟人口增长了118%。此外，由于拉美、非洲许多国家对农业和农村地区的低投入造成了农业部门的衰退和农村生活环境的恶化。正是以上这方面的因素导致拉美、非洲的农村持续衰退,大量人口难以在农村维持生活。在此背景下,大量农村人口涌入城市,而且主要是集中在几个大城市中。一方面造成非洲、拉美各大城市的贫民窟成为难以治理的社会顽症;另一方面也使得食不裹腹的饥饿人口逐年增多和城市投资环境恶化、社会动荡不安(图1-4)。

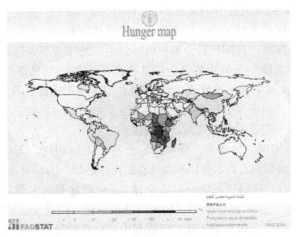

图1-4　世界饥饿人口分布

（七）从城乡的人居环境方面来看：我国的人居环境持续好转,无论是人均住房面积、公共绿地,还是污水处理率和燃气供应率,其改善速度可以说是人类史上少有的;而在非洲和拉美国家的一些城市出现了大量贫民窟,卫生设施不足造成传染病大规模流行,80%以上城市的70%的土地被贫民窟所占领。我国的城市公共卫生、教育已经得到明显的改善;而在非洲的一些国家,疾病流行,拉美国家的教育退化,大学教育质量不高,对我国学生出国留学基本上没有吸引力。虽然拉美的儿童入学率已接近100%,与我国基本相似,但是拉美国家的教育质量不如我国与东亚地区。例如拉美国家15岁以上人口的识字率上升率除了东欧国家之外,排在全球最糟的行列中。❶美洲开发银行的一个研究报告认为,"拉美人有理由相信,教育是该地区面临的最严重的问题之一。拉美教育事业问题的根源在于这样一个事实:较高的入学率并不能使儿童完成学业,更不用说进入中学了。因此受教育的平均年限低于世界水平。"

（八）在不可再生资源的保护方面：我国风景区、生态保护区基本落实,但是城市和村镇历史文化遗产的保护问题还比较严峻;非洲国家由于没有工业化的推动,其自然生态环境和文化遗产保护得比较好。但拉美地区人与自然的关系并没有呈现和谐发展的局面。地大物博的拉美拥有世界上40%的动植物和27%的

---

❶　中国社会科学院拉美研究所江时学提供,见《参考消息》2005年3月2日第12版。

水资源，而且全地区47%的土地被森林覆盖。但是，该地区也面临着生态环境恶化的问题。联合国粮农组织的数据表明，在1981～1990年期间，拉美平均每年损失740万 $hm^2$ 的热带森林。这一数字高于同期非洲的410万 $hm^2$ 和亚太地区的390万 $hm^2$。就森林生物量而言，1981～1990年全球共失去了25亿t，其中拉美占13t，非洲和亚太地区分别为4.8亿t和7.3t。

作为拉美地区最大的国家，巴西在保护自然环境和维系可持续发展方面遇到的挑战尤为引人注目。在国际社会和国内环保组织的压力下，巴西政府开始认识到保护亚马逊河流域生态的重要性，但乱砍滥伐依然司空见惯。1975年，亚马逊河流域只有0.6%的森林被砍伐，到1988年，这一比重已上升到12%。

在拉美地区，由于生态环境发生不利变化，在过去30年中，几乎所有国家都遇到过一次以上严重的自然灾害，损失惨重。

（九）我国与美国、加拿大、俄罗斯、巴西等大国相比，人口的密度高出几倍，而人均耕地面积、人均水资源和森林总面积却是最少的，只及其他国家的1/5甚至1/20（表1-3）。我国实际上是以占全球7%的耕地和淡水资源、4%的石油、2%的天然气储量支撑了占全球21%的人口的城镇化，而且又必须实行"关起门"来的城镇化。所以，我国在城镇化发展进程中所面临的挑战，从理论上讲，是比历史上任何一个国家都更加严峻，更加复杂。

**世界上其他大国与中国的资源比较** 表1-3

| | 俄罗斯 | 加拿大 | 中国 | 美国 | 巴西 |
|---|---|---|---|---|---|
| 人口密度（人/$km^2$） | 8.6 | 3.2 | 131.0 | 27.5 | 19.1 |
| 人均耕地面积（亩） | 13.10 | 25.90 | 1.41 | 10.90 | 5.51 |
| 人均水资源（$m^3$/人）（1995） | 30599 | 98462 | 2292 | 9413 | 42975 |
| 森林总面积（万 $km^2$） | 75.49 | 24.72 | 13.38 | 20.96 | 56.6 |

从经济发展来看，无论是拉美与非洲都呈现出经济处于长期低增长状态。20世纪80年代拉美因债务危机经济严重衰退（年均增长1.2%），不能作为参照。我们以1950～1980年期间为参照，当时年均增长率5.3%。1990～2002年年均增长率2.4%，仅及改革前增长速度的45%。其中1998～2002年年均增长率为1.2%，低于人口增长率，成为继20世纪80年代"失去的10年"之后又一个"失去的5年"。阿根廷最近4年经济连续衰退，GDP累计下降了20%，退回到1993年的水平，等于10年没有增长。

从人均国民收入来看，在20世纪60年代，拉美地区人均GDP比亚洲高50%，但到了2005年整个拉美地区人均GDP只是亚洲的1/4～1/3。这种财富的逆转只是近几十年出现的情况。因为在过去的50年里，拉美平均经济增长率徘徊在1%～2%低水平，而亚洲的人均收入达到年均5%的水平。也就是说过去的

40年里，拉美人均收入只是翻了一番，而亚洲的人均收入自1960年以来几乎增长了11倍。❶

亚、非两个大陆的比较就更具戏剧性了。当缪尔达尔（Gunnar Myrdal）在1968年撰写《亚洲的戏剧》（Asian Drama）的时候，大家还把东南亚视为落入贫困陷阱中的地区。据有关的历史统计数据（Maddison，2001，参见图1-5），在20世纪50年代，非洲的人均收入要高于亚洲，但由于中国的改革开放及亚洲四小虎的增长，到1998年，东亚地区的人均GDP就超过非洲1倍以上。

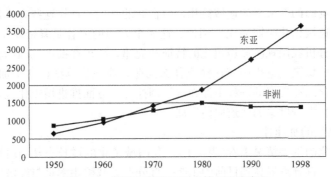

图1-5 非洲和东亚地区人均GDP对比

拉美国家经济发展的"陷阱"是由多方面因素造成的。除历史因素、宏观经济因素、税收政策、就业政策、工业化模式和土地所有制以外，它还与拉美各国政府调控城市化和治理经济的指导思想有关，其中最主要是盲目遵循"华盛顿共识"和新自由主义放任思潮的影响，在政府与市场关系上出现误导。新自由主义的特点之一是全盘否定国家干预和无限夸大自由市场的功能，被称为"市场原教旨主义"。这种观点同样对拉美产生误导。一些拉美国家曾一度以"自由化"、"私有化"和"非调控化"进行得快速、彻底而出名，受到西方舆论赞誉，而这些国家后来都发生了严重问题，使许多人认为在所谓市场化改革中受到欺骗。美国学者斯蒂格利茨认为，拉美国家第一代改革之所以失败，是因为"这场改革是以如何使市场经济发挥功能的错误观念和对政府功能的错误分析为基础的"。美洲开发银行行长伊格莱西亚斯也指出："市场经济本身变成了目的，为了实现这个目的什么都可以牺牲。"这样一来，大批由美国各名校培养出来的拉美各国决策人纷纷以美国为样板，遵循A模式，对大城市的扩张和中小城市的衰退放任不管，对农村土地私有化所导致的一系列弊端也听之任之，而且还减少公共财政对农村和小城镇的投入，以至于城乡差别进一步恶化，从而逐步陷入"拉美陷阱"

---

❶ 资料和数据来源：Angus Maddison, The World Economy: A Millennium Perspective, OECO Development Centre, 2001.

而难以自拔。

### 三、中国城镇化的基本特征——推行 C 模式的基本条件

本节主要商讨我国城镇化的特征、动力与规划调控等问题，全文共分三个部分：一是我国现阶段城镇化的若干特征。二是城镇化的基本动力，着重论述企业集群这一产业组织。因为就现实情况来看，要加快我国大部分地区的城镇化进程，关键是要培育一种合适的产业组织。过去，这些地区依靠重化工、重型机械、煤矿等资源的开采来加速城镇化，但在新的时期，再靠这些方式是远远不够的。三是高速城镇化时期的规划调控。这三个方面的内容是紧密联系在一起的。也就是通过分析我国现阶段城镇化的特征和规律，提出在推进我国的城镇化尤其是中部地区的城镇化进程中应该注意什么问题，应抓住哪些机遇来加速城镇化；如何在城镇化高速发展的进程中加强规划调控，一方面推进城镇化进程，另一方面保障城镇化沿着健康的轨道向前发展。

**（一）持续的加速性**

从城镇化的发展情况来看（表1-4），我国城镇化的增长率从 20 世纪 70 年代的年均 0.2 个百分点提高到目前的 1.7 个百分点。城镇化率是与经济发展的速度成正比的。

**1960 年以来我国城镇化发展的情况**　　　　表 1-4

|  | 1960 | 1970 | 1978 | 1980 | 1985 | 1990 | 1995 | 1998 | 2000 | 2001 |
|---|---|---|---|---|---|---|---|---|---|---|
| 城镇人口（万人） | 13073 | 14424 | 16030 | 19140 | 25094 | 30191 | 35174 | 36935 | 45600 | 48064 |
| 城镇化率（%） | 19.8 | 17.4 | 17.3 | 19.4 | 23.7 | 26.4 | 29.1 | 30.4 | 36.1 | 37.7 |
| 年均增长率（%） | 0.24 | 0.2 | | 0.7 | | 1.4 | | | 1.7 | |

我国的城镇化发展曾出现两个高潮，一是建国初期（1950～1960 年），年均增长率每年提高 1 个百分点左右；二是 20 世纪 90 年代（1990～2000 年），城镇化率年均提高 1.4 个百分点，这是我国有史以来最高的，城镇化发展也由此进入了加速期。城镇化率年均提高 1.4～1.7 个百分点，意味着每年有 1500 万左右的农民移居城市。

城镇化的加速性，符合以下几个特征：

一是美国学者诺瑟姆（Ray M. Northam）1979 年提出的城镇化 S 形曲线所揭示的加速期。该曲线有两个拐点，第一个拐点是城镇化率从低到高也就是城镇化加速期所形成的。如我国 1990～2000 年，城镇化率年均提高 1.4 个百分点。第二个拐点是城镇化率的变化从快到慢所形成的。当城镇化率达到 70% 以后，城镇化基本处于饱和状态。现在，在发达国家的城市里很少看到建筑脚手架，城市内新建筑非常少。据世界银行统计，当发展中国家人均 GDP 达 1000 美元，城市化

率达到30%时，城市化将进入快速发展期，也就是第一个拐点——从慢到快。我国目前正处于这样一个发展阶段。

二是从人口转移上来说，主要受到城乡收入差距的吸引。我国现阶段城乡收入差距明显，而且还在加大。假如农村劳动一天的价格为50元，而到城市打工的收入是120元，农民肯定愿意去城市打工。农民在城市打工半年的收入抵得过在农村干几年的收入。城乡收入的差距，客观上促使农民转移到城市来。这一趋势在我国已非常明显。一般国家在城市化过程中，城乡收入差距为1~2倍，而我国城乡收入差距，据世界银行估计约为4倍。某统计资料表明，2000年安徽省有600多万农民到外地打工，当年收入总计达370多亿元，人均5000多元。所以，城乡收入差异引发了民工潮的出现，民工潮的出现也促进了城镇化的加速。

三是城乡差别的历程。从城市化历史来看，世界范围内的城市化也在加速。英、法等欧洲发达国家城市化率从30%提高到70%，用了约180年的时间；美国的城市化率从30%提高到70%，也就是从19世纪的70年代到20世纪的70年代，用了100年的时间；日本城市化率从30%提高到70%，用了50年的时间。从中我们可以清楚地看到，达到相同城市化率的时间已大大缩短。为什么会出现这样一种现象呢？

全球城市化加速的背景和原因，主要有以下几点：①高速公路、铁路的普及，机动化的迅速兴起，使人口的远距离转移变得越来越容易。②教育的普及。到城市打工者必须有一定的文化水平。教育的普及，提高了年轻农民的文化程度，外出工作适应性提高，进城务工的农民也随之增多，促进了城市化。③信息化、现代媒体的普及。以前由于信息闭塞，不了解外面的世界，总觉得自己家乡是天下最好的。而现在随着电视、互联网等现代媒体的普及，才知道天外有天，都向往到城市谋求一个工作岗位，到城市旅游的人也越来越多。④新技术的应用。⑤经济全球化。⑥发展中国家的后发优势。发展中国家在推进城市化的进程中，吸取了发达国家的成功经验和教训，避免了再犯发达国家曾经犯过的错误，少走了弯路。正因为有了以上这些因素，使得后续国家的城市化率从30%提高到70%的时间大大缩短了。

我国城镇化率提高还有一个非常明显的标志，就是每年有1500~2000万人从农村移居到城市，与之相对应，每年就有近20亿 $m^2$ 的建筑完工。整个欧洲那么多国家一年工程量还不及上海市一年的工程量。因为欧洲国家的城市建设已基本定局，而且城市人口不增反降。面对我国巨大的建筑市场，国外建筑师、城市规划师、设计师都纷纷来到中国。所以，这是我们开放市场以一定的市场份额来与他们的高技术、先进管理经验和优秀的设计理念进行交换的好时机。

**(二) 极度的不平衡性**

一是从我国东、中、西部之间的差别看不平衡性(表1-5、表1-6)。从表1-5、

表 1-6 中可以看出，东部、中部、西部地区城市对 GDP 的贡献大不一样。我国三大城市密集区也就是京津唐、长江三角洲、珠江三角洲地区，户籍人口为全国的 9.29%，但产生的 GDP 占全国总量的 31%，其生产力水平要比全国平均水平高 3 倍。这三大城市密集区又是外商直接投资的主要场所，所吸引的外商投资占全国份额的 64.67%。由此可见，经济发展确实要以城市为载体。在表 1-6 中，如果珠江三角洲还包括香港、澳门的话，相应的比例将更高。

东、中、西部地区城市及经济总额分布情况（2000 年）　　　　表 1-5

| 地　　带 | 东部地区 | 中部地区 | 西部地区 |
| --- | --- | --- | --- |
| 面积（占全国比重%） | 28 | 15 | 57 |
| 总人口（占全国比重%） | 41 | 38 | 21 |
| 城镇数量（个数比重%） | 45 | 31 | 24 |
| 设市城市密度（个/10万 km²） | 22.4 | 7.4 | 2.7 |
| 城镇化水平(%) | 38.5 | 28.1 | 23.4 |
| GDP（万亿元） | 56 | 26 | 15 |
| 占全国份额(%) | 57 | 27 | 16 |

我国三大城镇密集地区主要发展指标（2000 年）　　　　表 1-6

| 城镇密集地区 | 人口（万人） | 面积（km²） | GDP（亿元） | 人均 GDP（元/人） | 外商直接投资（亿美元） |
| --- | --- | --- | --- | --- | --- |
| 京津唐 | 3097 | 48629 | 5402 | 17442 | 53.87 |
| 长江三角洲 | 6905 | 92937 | 14800 | 21433 | 104.01 |
| 珠江三角洲 | 2564 | 54747 | 7522 | 29336 | 104.67 |
| 占全国比重(%) | 9.29 | 2.04 | 31.0 | — | 64.67 |

二是从区域环境容量与功能定位看不平衡性。根据党的"十六大"报告，西部大开发主要抓三个重点，力求十年突破：一是基础设施建设；二是生态环境建设；三是走低污染、以人力资本为主导的新型工业化路子，不能重复东部的开发路子。因为西部地区环境容量较小，而且要以生态屏障作为主要功能为全国经济的可持续发展作出贡献。西部地区环境一旦受到污染，恢复时间相当漫长。这与东部沿海地区不同，因为东部沿海地区有浩瀚的大海，相当于一个天然的消毒池。许多经济学家和生态学家研究认为，西部大开发成功与否的标志，不是以西部地区的 GDP 增长率超过东部来衡量的，而是西部的人均生态资源和科技占有量超过东部，也就是人均生态资源和科技占有量的增长速度超过东部。西部地区应有自己科学合理的功能定位，东部、中部地区也要有自己相应的合理功能

定位。

三是从发展战略的正确选择来看不平衡性。发展战略一般分为两种：第一种是均衡发展战略。其代表是20世纪50年代法国经济学家保罗·罗森斯坦—罗丹（Paul Rosenstein-Rodan）提出的大推进战略。第二是不均衡发展战略。只能从某一区位优势最好的"点"上突破，从"点"到"线"、"网"，从"网"再到"面"，从不均衡到均衡有个过程；只能从某些优势的行业突破；只能让某一部分人通过合法劳动先富起来，以先富的榜样作用来推动。

为什么我国不选择均衡发展战略而选择了不均衡发展战略呢？因为均衡发展只是一个美好的梦想，从来没有在任何一国成功实践过。也许在短时间内有成效，而在长期内无效。所以，世界上所有国家都不约而同地选择了不均衡发展的道路。我国改革开放20多年来所走的就是不均衡发展的道路。这个发展战略的选择，不是任何人主观意愿所能选择的，而是社会发展客观规律和国情决定的。

**（三）与经济发展的相互依存性**

城镇化的快速发展，对经济的发展具有强大的促进功能。主要体现在：①城镇的集聚效应使工业的生产效率成倍提高。②第三产业只能依托于城市而发展，城市规模越大，第三产业的发展规模也越大。③第二、三产业内部及相互之间的高度分工与合作促进了经济的繁荣与发展，促进了社会的分工。产业发展的分工与合作的密度、细度、频度，只有在城市才能实现。④科学技术的创新与推广，就像现在工业、IT产业的发展一样。比如出国学习IT知识，就必定到美国的硅谷。因为那里是世界IT产业发展的领头羊，几百万科技人员聚集在那里，许许多多创意都在那里产生。许多回国创业的海外留学生，大都来自于硅谷，但他们每年有3个月时间仍在硅谷工作，进行学习充电。如果不充电，知识就会老化。城市对科学技术推广与创新的促进作用，不是其他任一地区能替代的。新中国成立以来，我国有许多从沿海迁入西部三线地区的军工企业、制造企业，企业的技术人员过去曾是相关领域的佼佼者，但是在那里由于信息不灵，相互交流非常困难，使企业的技术水平落后了许多年。再看经济发展，20世纪50年代我国的GDP总量还高于日本，但是到了70年代，日本的GDP总量是我国的9倍。根本的原因是不该发生的"大跃进"、"四清"运动及"文化大革命"，把知识分子的创造性和创业动机毁灭了，进而丧失了许多发展机遇包括城市化的机遇。⑤基础设施的高效利用。同样的基础设施投资所承载的人口越多，收益也将越高。⑥刺激内需、扩大投资的主战场。促进经济发展的动力，按统计角度可分为刺激消费、扩大出口、增加投资三种。前几年，由于消费市场比较疲软，扩大出口非常困难，我国选择了以增加投资拉动经济发展的策略，连续5年每年发放1300亿元国债用于基础设施建设。再加上各个城市对经营性土地的出让，通过城市经营所取得的收益大大高于国债投入。每年城市基础设施投资可达几千亿元，数目非常巨大，促进了城镇化和经济发展。据统计，城镇化率每提高 1 个百分点，就可拉动 GDP 增长 1.5~2 个百分点。

更重要的是：城镇化是工业化的结果。我国现阶段的工业化与城镇化的匹配存在三种情况：①城镇化落后于工业化。东部、中部地区，城镇化约落后于工业化 15%~20%（全国约 10%~15%）。表现为大量的农民早已脱离务农，但户口、身份未转，存在着"隐性"城镇化的现象。②城镇化超过工业化。主要表现在：西部及东北小部分地区，国家直接投资多，城镇建设规模大，但作为城市户口的林业工人干的却是农业的活；沿海工业搬迁至内地所形成的城镇；以矿藏资源开发为主的城镇，目前又遇到资源枯竭。如辽宁省阜新市，80 多万产业工人中有 30 多万人成了下岗职工，为寻求生活出路，从第二产业转到了第一产业，工人变成了农民，城镇化发展出现了倒退；20 世纪 50 年代由苏联专家帮助规划的某些北方城市，由于经济发展缓慢，规划的建设用地至今还未"填满"。③城镇化与工业化基本相匹配。出现这种情况，不外乎两种原因：一是政府有远见，预先作了安排。但这种现象在我国很少见。二是项目"计划"布点，垄断性资源开发的结果。如石油城市，矿区与生活区基本相匹配。项目定点以后，根据项目生产规模，确定生产工人的数量。按人均用地 100m² 的指标，来确定城镇建设规模、道路面积和供水多少等，将生活区的所有指标预先统统计算在内，使生活区与经济发展的规模相匹配。但这只是短期静态的匹配。

从以上三种城镇化与工业化的匹配情况可以看出：因为加快推进城镇化的发展，只对第一种情况，即城镇化落后于工业化，有大量"隐性居民"存在，才有促进发展的功效。所以，推进城镇化绝不能盲目，更不能玩数字游戏或者靠撤县建市等"行政措施"。不顾及工业化发展需求的城镇化，只能是拔苗助长，对经济的发展并没有明显的拉动作用，对资源也是一种浪费。20 年前我们不提倡城镇化，是因为当时工业化水平还很低，推进城镇化是冒进，而现在不提城镇化则是愚蠢的。但城镇化决不是一抓就灵，更不是万能的。如果城镇化落后于工业化，就会出现许多问题。没有城镇化，推进工业化也是低效的。

### (四) 城镇化与市场化的相伴随性

与西方和其他一些发展中国家不同的是，我国的城镇化起步是与计划经济转向市场经济同步发生的。所以，市场化必将伴随城镇化较长时期。①在资源配置上，由于市场化的过程需要市场主体的成熟和交易成本的下降，所以城市资源的配置必须由从上而下的计划经济为主转向市场经济为主。②政府在提供基础设施方面的作用，要从直接投入为主转向授予特许经营权、民间资本投入为主。在这方面，香港特别行政区做得最好。香港的电信、电力设施都是私人投资建设的，能收费的城市道路包括公交客运、跨海桥梁、隧道、污染防治设施等，也全部是民营的。有些设施，先期由政府投资建设，然后通过特许经营权转让的方式收回投资。③政府投资将从监管成本高、竞争机制能发挥作用的领域逐步退出。如把自来水厂、污水处理厂(不包括管网)进行公开转让、特许经营等。引进外商来投资建设自来水厂、高速公路、污水处理厂，但让他们与农民直接打交道征地，目前还是不合适的。必须先处理好征地拆迁等工作或者先由地方政府投资把高速公路、自来水厂建好，然后将有限期的经营权有偿转让给外商，让外商来经营，经营期满后由政府收回。④城市政府可借助市场机制，盘活存量资产，增加对纯公共品的基础设施的投入。正因为我国市场化与城镇化的同步性，所以全国各地都不约而同地选择了"城市经营"来筹集足够的城市基础设施建设资金，为城镇化提供必要的财力支持。

**(五) 解决"三农"问题的根本出路**

农村、农业、农民问题，始终是困扰我国经济发展、城市建设和社会稳定的重大问题。应采取什么样的措施来增加农民的收入，促进农业发展，保障农村社会稳定？①提价促增收：但单纯地靠提高农副产品收购价格来增加农民收入，将受到市场容量和财政压力的限制。某一农产品一提价，农民就会争相种植这种作物，由于农产品的需求弹性很小，结果导致该产品过剩积压，造成农民血本无归。②增加科技投入，提升农产品结构：但农民对此没有积极性。对农产品产业、产品结构的调整，受到单户农民经营土地规模过小及社会化服务体系不全的限制。目前的农村社会化服务体系呈现的是"老线断、新网破、人走散"的局面。③发展传统乡镇企业，受到生产力布局不合理及民间资本有限的限制：在市场规则基本形成，低价竞争非常明显的情况下，几乎所有产品都供过于求。在列入国家有关部门统计的近500种产品中，唯有棕榈油这一产品是短缺的。④降低农民税费负担：如正在实施农村费改税试点。但是减少农民税费也是有限度的，它受到维持基层政权组织运转费用和中小学九年义务教育经费的限制，还有教师、乡镇干部的工资支出及必要的城镇公益设施的建设支出限制等。⑤扩大出口来增加农民收入：进入WTO后，遇到了国外低价优质农副产品进口的冲击以及出口绿色壁垒的限制。现在，国外市场对我国农产品的出口限制得非常严格，如山东的大葱已经三次受到了日本和其他国家的限制；出口的茶叶，说含铅量太高；鸡肉、鸡蛋都受到了绿色壁垒限制。如我国的对虾出口就遭受了灭顶之灾，因为某项重金属元素超标，结果被全部退货。⑥单纯靠进城打工增收：受到城市失业人口增加，国有企业深化改革富余人员下岗增多的限制。所以，就"三农"来解决"三农"问题是没有出路的，只有通过城镇化的发展为农民提供足够的劳动岗位来吸纳农村剩余劳动力，进而减少农民，才是促进农民增收，实现农业现代化、农村现代化的必由之路。

目前，全国农村名义劳动力为5亿，按劳动能力计算达6亿多，实际富余劳动力为3~4亿(有些报告说是2亿，明显偏少)。同时每年新增2000~3000万新劳动力。全国农业占 GDP 份额已降为 15%，而农业就业份额仍高居 50% 以上，城乡劳动生产率差距高达 4.8 倍。从长远来看，解决"三农"问题，只能是通过城镇化，大量地减少农民的数量，随后才能开展土地适度规模经营，实行农业专业化、集约化生产，配之以完善的社会化服务体系，提高农产品的技术含量和产品质量，进而提高农民的人均收入。这本身是一条因果递进的链条，所以通过城镇化来吸纳农民，提高农业适度规模经营，是解决"三农"问题的必由之路。世界上所有发达国家的农业现代化，走的都是这样一条路。实现农村、农业、农民的现代化，不能囿于农村、农业这一范畴封闭地来解决，必须通过城镇化来解决。所以，城镇化不仅是工业化的载体，社会发展的动力，而且也是解决"三农"问题的主要出路。党的十六大的报告之所以把城镇化写在农村经济这一章节，是因为我国是农业大国，有 8 亿多农民，解决"三农"问题必须走城镇化的道路。推进城镇化与解决"三农"问题是紧密联系在一起的。

### (六) 资源保护和破坏的双重性

几乎所有国家的城市化过程都表现出对资源的巨大破坏性：

(1) 空气、水、土壤的严重污染。如在英国工业化和城市化的高潮之间，伦敦美丽的泰晤士河曾经臭不可闻，大量的污水排向河里，除了两三种抗污染能力特别强的鱼类幸存外，其余的全死光了。后来英国政府花了几十亿英镑来治理泰晤士河，所花的代价按现价计算，比当时工业企业所得到的利润还要高。经过 20 年的治理，现在水变清了，鱼类也开始生长，但仍没有人敢吃这条河里的鱼。

(2) 垃圾围城。许多新兴国家的城市被垃圾所包围，而且发生了垃圾山崩塌事故。如泰国某城市垃圾堆成了山，产生的可燃气体发生了爆炸，造成垃圾崩塌，压死了 62 个人。

(3) 体现传统文化特征的古建筑和历史街区大批消失，不可再生的旅游资源受到严重的破坏。欧洲的城市与我国许多历史文化名城一样，有着悠久的历史，但他们城市的建筑和布局都是古色古香的，二三百年前的建筑是什么样的，现在还是什么样的。1000 年前的道路和建筑风貌，现在还能看见。像德国的海德堡，其城堡已有 800 多年的历史了，600 多年前的市政大楼，现在还在用。而这样的历史古建筑，在我国已基本看不到了。我国的历史街区与国外相比相差实在太大了。或许有的同志会提出，我们古代的建筑大都是木结构，而国外的建筑是由石头砌成的，所留存的历史比我们要长。这个观点是错误的。如果是因为木头建筑无法留存的话，那我们可以去日本看看，该国的一些历史文化名镇，有许多是 300 年前江户时代的建筑，保护得非常好，风貌与原来一样，即使是草屋顶也还保存至今。

(4) 城市建设盲目模仿国外建筑、广场、花园的式样，"欧陆风"成灾，城市风貌个性丧失，千城一面。英国规划界认为，当时他们力主对历史文化名城进行保护时，并没有想到保护历史文化名城的意义和经济收益会那么高。现在这些被保存下来的古建筑，已成了世界性旅游资源。独特的古建筑展现出了巨大的魅力。例如苏格兰的爱丁堡，就是以古色古香的城堡、街道和建筑，吸引了世界上大量的游客，该市每年的 GDP 总额中，50% 是来自于旅游业的贡献，有的城市甚至达到 80%。他们想不到当年通过合理的城市规划把众多古建筑保留下来，使后代受到了那么多的恩泽。而我们却把大量的下一代可以享受的古建筑都毁坏了，代之以一些不伦不类的水泥"方盒子"，结果造成城市面貌千城一面。一些领导干部出国考察，对国外建筑特别感兴趣，拍了许多照片，回国后，就要求规划建设部门按照片上的建筑式样去设计建设。这些建筑不仅没有自己的文化根基，而且改变了城市的历史风貌。原来这座城市作为历史文化名城，国外游客来得还比较多，但现在已是寥寥无几。因为这些城市把自己的文化传统、独特的历史文脉和不可再生的资源给毁坏了，国外游客来到这里看到的是与他们家乡一样的现代建筑，领略不到东方文化的神韵。还有一些地方领导，热衷于自己在任时的城市建设尽快旧貌变新颜，根本没有搞清楚什么地方可以改变，哪些地方不能改变，认为只要把旧的改成新的就好，盲目地实施着"一年一小变，三年一大变"的城市改造计划。而实际上有的改造是盲目的，结果把子孙后代的饭碗都砸烂了，把旅游资源都毁坏了。这一类问题在国内许多城市普遍存在。

(5) 生态资源、土地资源浪费严重，郊区圈地风、开发区开而不发等。有的省级开发区，设区几年来，除了有当地几个厂商入区圈地以外，没有任何真正的外地投资者进入开发区投资办厂。

(6) 风景名胜资源遭受人工化、城市化、商业化的巨大冲击。各行各业都争相去景区建宾馆，设培训中心，有的宾馆就建在景区的核心区域，对不可再生的风景名胜资源造成了极大的毁坏。

虽然城镇化过程有可能带来上述问题，但从另一方面来看，城镇化的过程却是将人类对大自然的干扰和产生的工业污染、农业污染，从"面"上转移到了"点"上。通过有序推进城镇化，有望解决目前我国存在的以下几个问题：

一是森林覆盖率持续下降。由于盲目的开山造田和滥砍滥伐，我国森林资源受损严重。如按照林业部门的造林任务统计，新中国成立以来的植树面积总和可以覆盖祖国大地好几遍。但从统计资料上看，我国的森林面积减少了 38%。

二是草原退化、沙尘暴日趋频繁。15 年前，我国每年有 1000km$^2$ 的草原退化，近 15 年，每年草原退化的面积是 1500km$^2$，退化速度在加快，以至于北方地区的沙尘暴越来越严重。美国也曾发生这样的现象。20 世纪 30 年代，是美国沙尘暴天气的高峰期，牧民在草原上过度放牧，导致植被破坏，土地裸露，大量的腐殖土被风吹向空中，被称之为"黑色年代"。通过加快城市化进程，把大量的农民、牧民吸引到城市，使过度放牧得到有效限制，美国的黑色沙尘暴也就逐渐消失了。我国现在遭遇的是黄色沙尘暴。也有人说我们已经度过了"黑色沙尘暴"年代，因为草原上有的地方已经被风吹得得没有腐殖土了。近年来，南方沿海地区随着经济快速发展和城镇化进程加快，农民从山区转移下来，实行自然地退耕还林，植被有所恢复。

三是水土流失，物种消失过快。关键在于将生活在山区的农民转移到城镇。假如有50%的农民从山村里转移出来，将大量的土地退耕还林，让大自然有自我休养生息的机会，水土流失就能得到有效控制。

四是水资源枯竭。例如，塔里木河是我国新疆维吾尔自治区境内最大的河流，下游是罗布泊，但几万平方公里的罗布泊居然没有水，这仅仅也就是20年内的巨大变化。到底是什么原因造成罗布泊的干涸呢？水利部门认为是降雨量减少的原因，而气象部门则认为，这20年来恰恰是降雨量最丰沛的，年降雨量从不到5mm增加到10mm，甚至是几十毫米。科学家们经过长期分析后认为，根本的原因是由于错误地在塔里木河上游修建了许多水库，截流水源去搞农田开发，开发所谓"塞北水田"。大量的水源被截流，使得经塔里木河流入罗布泊的水也日渐枯竭。罗布泊的干涸，使得塔里木盆地的物种消失了500多种，即使现在重新有了水源，但这些物种再也不能恢复了。

五是大范围的农药、化肥污染。除了推行科学施肥和生物除虫之外，唯一的办法就是尽量减少农民，减少开垦面积，以减少人类对大自然的干扰。

六是土壤肥力退化。通过吸收农民进城、退耕还林还草、土地休耕，来减缓土地肥力的退化，通过持续地城市化来解决这些问题。

有序城镇化，一方面有可能在"点"上造成对资源、古建筑的破坏，带来污染增加，垃圾围城，空气质量下降等问题，但另一方面可以从"面"上减少污染、恢复大自然的生态平衡。所以，城镇化是一把双刃剑，可以把人类对大自然的干扰集中在城市，通过法治和技术手段优先在城市进行水污染、大气污染的防治，传统建筑风貌保护和垃圾治理，使城市和乡村沿着可持续发展的道路前进。

## 四、当前城镇化的动力结构与规划调控——C模式的基础

### （一）国内农村劳动力转移的四条途径及国际范围城市化三种模式的启示

从我国的实际情况来看，农村劳动力转移到城市主要有以下四条途径：

（1）工业和农业的生产效率差距（我国是4.8倍），带来了城市和农村劳动力的价格差距（我国是4倍）。正是因为存在着这样巨大的差距，所以吸引着大量的农民进城务工。如深圳市户籍人口到2007年底只有210多万，而常住人口就达860多万。

(2) 城市和农村的生活条件、商业、文化服务设施差距，吸引了一部分先富起来的农民进城居住。城市与农村教育水平的差距，吸引农民将子女送进城里读书，期望跳龙门。

(3) 城市巨大的消费市场、出口的跳板功能以及多样化的投资机会，使得部分农村专业户进城寻找商业机会。再加上大多数来自农村的大中专毕业生留在城市工作。

(4) 一些乡镇企业由于产品更新换代需要吸纳技术人员和市场销售人才，必须将企业总部和新产品开发机构或销售部门迁往大中城市。

从全球范围来看，按照著名的英国规划学者彼特·霍尔的观点，认为城市化有三种模式：

第一是东南亚包括中国的城市化。采取的是"正规就业"的方式，通过不同途径的工业化来吸纳农村劳动力，人口的转移较为稳定和持续，有多少岗位就吸收多少农村劳动力，从而促进了城镇化与工业化的良性互动。

第二是拉美、非洲一些国家的城市化。人口的空间转移在前，就业安排在后。大批农民认为城市霓虹灯闪烁，到处有工作机会，遍地是黄金，结果蜂拥进城。这种"非正规就业"为主的移民方式，造成了城市中的流浪汉、贫民过多。城市主要街道虽然非常整洁漂亮，但其他地方却是脏、乱、差，一些拉美国家贫民窟居民数量最高时占到城市总人口的60%，被称之为"假城市化"或"过度城市化"，由此埋下了这些国家的政治动乱、社会动荡和经济衰退的病根，产生了严重的城市病。虽然对这些流浪汉、贫民免费提供治疗和教育，但也无法消除城市病的根源。

第三是发达国家的一些城市人口减少或离开城市到农村定居的逆城市化。主要是完成城市化进程的日本和欧洲诸国。由于农村生态、生活环境的逐步改善，每年约有千分之几的城市人口（尤其是老年人）迁移到农村去居住。

农村劳动力转移的国内四条途径或国外的三种模式，归根结底就是要求城镇应为农民进城提供更多的就业岗位，否则城镇化的进程就会失控受阻或出现严重的"城市病"。所以，城镇化不是城市人口转移速度越快越好，更不是一大批农民进入城市，经济就会繁荣。像有些拉美国家，城市人口比重已占到了70%，但经济萧条，社会问题非常严重。如智利，全国70%的人口聚集在首都圣地亚哥市，尽管该国森林覆盖率高、资源丰富，但没有人愿意留在农村，大量的人口涌入城市，这就产生了严重的城市病。

(二) 从我国东、西部城镇化道路的差异性来看企业集群提供就业岗位的作用

我国东部的城镇化道路与西部城镇化道路有着很大的不同，表1-7对此作了分析比较。就城镇化的发展动力而言，东部的中心城镇因为有"企业集群"的存在而具有发展动力，而西部则缺乏这样一种动力。

东、西部城镇化道路的差异性　　　　　　表1-7

| 东部城镇化 | 西部城镇化 |
| --- | --- |
| 从下而上<br>大多数农村小城镇成长迅速<br>城市体系健全（珠三角、长三角的"几小虎"） | 从上而下<br>省会城市首位度过高<br>城镇体系缺中间层次 |
| 城镇化是工业化的结果 | 城镇化是工业化的陪衬，为工业企业提供载体和生活区 |
| 工业企业相互之间高度的分工与合作，在地理空间上成群存在 | 工业企业相互间相对独立，"大而全"模式，专业化程度不高 |
| 农民主动进入"集群"创办企业，自组织形成城镇化动力 | 农民被动地等待城市工业扩张征地转为工人 |
| 每个中小城镇都因为有"企业集群"的存在而具有发展动力 | 缺乏发展动力，或原有的动力（矿藏资源）衰退而导致城市发展动力衰退 |

　　企业集群是中小城市不可缺少的经济组织，是围绕特定的产业或产品门类，在某一地理空间形成相关企业与机构集聚并发生内部专业化分工与合作的产业组织。不仅我国西部地区的发展中缺少这个环节，在中部地区这也是一个薄弱环节。在走向以低污染、高技术和人力资本为主导的新型工业化的今天，矿产资源、重化工是无法推动城镇化的。贯彻落实党的十六大报告提出的加速发展城镇化的要求，就必须另辟新路。这就要找到萌发企业集群、促进城镇化的新路子。

　　企业集群真有如此大的促进作用吗？以例为证：20世纪90年代经济学界有一场争论，到底是浙江的"温州模式"好，还是江苏的"苏南模式"好。当时大家一致认为"苏南模式"好于"温州模式"，体现在三个方面：一是苏南企业的规模比温州大一倍。二是吸收的外资是温州的80倍，当时温州只有1亿美元，而苏南是80亿美元。三是苏南企业的技术装备比温州企业先进。但5年之后，浙江省乡镇企业产值、产品出口总额和财政收入增长率全面超过了江苏。两省的金融机构储蓄总额均达到1万亿元，但浙江是4000多万人口，而江苏有7800多万人口，人均收入浙江省要高于江苏省。后来经济学家重新统一意见，认为还是"温州模式"转型成本较低，综合效果更好。在浙江温州，上千家打火机、低压电器等产品的生产企业集中在某个镇，产量占到了全国的60%~70%，其中打火机占到了全球的80%。大量的优质低价打火机出口，不仅打败了俄罗斯、日本打火机厂，而且使得欧盟许多国家的打火机厂倒闭。欧盟向我国提出了两次反倾销，第一次反倾销以我们的胜利而告终，第二次是以中国产打火机缺乏安全装置危及儿童安全为由提出反倾销，而实际上欧洲产的打火机也没有安全装置，仅仅是为了阻止中国打火机的冲击而提出无理要求。温州人就将安全装置设计任务分散到几十家企业去联合研制创新，现在的打火机就配有安全装置，又大量向欧盟出口。在浙江，像打火机这样的企业集群有 650 多个，其产值占到全省工业总产值的 70%，每个集群在全国同类产品所占的市场份额最高的达 70%，最少的为 30%。这种企业集群模式所产生的效率优势，弥补了原材料缺乏、交通不便的劣势，如位于杭嘉湖平原的嘉善市，本地不产木材，但它每年生产 300~400 万 $m^3$ 的水曲柳复合板，在全国占有很大的市场份额。这些木材，一部分是从国外进口，一部分是外地长途跋涉运到这里来加工的。在浙江，几乎每个镇都生产独一无二的产品。如诸暨市的大唐镇，产十几亿双袜子，原料和机器都是意大利进口的，全镇只有 2 万多人口，而外来打工者就有 3 万多人。绍兴县柯桥镇有 3 万多台喷水织机，每台织机的价格都在 30 万美元以上，都是老百姓自己买的。国有企业 100 多台织机，还认为规模不够，但是农民家里 10 台织机、5 台织机就能产生效益。在浙江这样的专业村、专业镇可谓比比皆是，都是农民自己组织发展起来的，而不是国家定点的。他们每做一个产品，就把国内其他地方的同类产品生产厂家打败。为什么他们会这么成功呢？关键是形成了产品生产高度专业化分工、既竞争又合作的企业集群。像杭州桐庐县分水镇，家家户户做圆珠笔，2001 年产圆珠笔 22 亿支。农民就是善于"干中学"、"相互模仿"。提高人的素质有两条途径，一是通过大专院校系统地学习，二是在"干中学"。"干中学"最能够提高人的素质，高度的专业化使得技能的学习变得简单，学得非常快。

可把企业集群的这一生产模式概括为"三低三高"。"三低"就是很低的创业门槛、很低的技术创新成本、很低的污染。"三高"就是极高的生产效率、极高的外向度、高度的市场适应性。这样的生产模式对传统的城镇规划模式就提出了挑战。

**(三) 企业集群对传统城镇规划模式的挑战**

企业集群这一产业组织对传统城镇规划模式的挑战主要体现在以下几个方面：

(1) 创业初期加工与销售、家庭与工厂并存的"前店后厂"模式。浙江省温州的实践说明：农民创业的场所，往往是前店后厂，或楼上住人，楼下工厂，家庭和工厂是混合在一起的。这种极具经济活力的混合区模式，是温州模式发端的原因之一。这就对传统的工业区的规划设计模式提出了挑战。

(2) 工业生产的高效率与城市基础设施的低效率提供并存。在一个村、镇集中了上百家甚至上千家工业企业，相应的供水、供电和道路设施就成了问题。在温州某些地方工业用电价格曾高达 2.5 元/kW·h，但这么高的电价生产出来的产品也压倒了世界同类产品。所以，基础设施建设滞后于工业化的进程，在某些建制镇和县城里表现得尤为严重。如何为工业企业集中的村、镇提供一整套与新型工业化社会相适应的基础设施值得研究。

(3) 低污染的生产环节与高污染（积累性）的环境并存。虽然村镇企业大都是轻型的加工企业，低污染的产品结构。但众多企业长期的排污积累，对环境造成的污染还是非常严重的。在一些村镇，所有的河沟里都是化学产品，导致水稻绝收，鱼虾绝迹。那农民为什么还要种水稻？因为地不能荒，荒了要被政府收回。所以，工业化进程较快的村镇不仅存在着农民为了保住地而种田的问题，而且更重要的是如何规划建设与这种"分散化"的企业集群相适应的治污设施。

（4）企业集群对大城市社会资源的利用与空间距离并存。企业集群内的几百家、几千家企业都想靠近大城市，希望在大城市里找到企业生产所需要的工程技术人员、原材料、零部件、销售市场，可又要离大城市一段空间距离。为什么？因为他们不能接受现在大城市的那套管理模式。在长江三角洲、珠江三角洲地区的许多大城市边缘，都是密密麻麻的工厂，产生了相当严重的"城郊病"。像东莞市集聚了5000多家台资企业，漂亮整洁的市区与脏乱的城郊形成了鲜明的对比。除了管理问题之外，也说明了企业集群的兴起走的是"体制外"循环的路子。

（5）当地的"永久性职工"与外地的"临时性民工"并存。"永久性职工"是当地农民。大量的外来打工者为"临时性民工"，有的住半年、一年或两年，两种身份并存，所以为外来民工提供房子非常难。浙江省的城市人口中，1/3为外地人，而这些外地人不能享受经济适用房，子女也不能享受当地的义务教育。怎么办呢？当地农民的住房比较宽敞，一般都在 $300 \sim 500 \text{m}^2$，自己住不了就出租给外来民工住。还有一个办法就是工厂提供民工宿舍。2000年联合国提出了"没有贫民窟的城市"。我国在高速城镇化的过程中，如何避免其他发展中国家的弊端，值得每位城市领导者认真思考。

（6）零部件生产的本地化与技术引进和销售的全球化并存。这就要求投资环境必须与国际接轨。有的工厂本身就是花园式的，而且完全按照国际化的标准设计宾馆、饭店、俱乐部、游乐场，国外专家、客商在这里工作生活就十分方便。如义乌市的中国小商品批发市场，常年有2000位固定的国外客商来这里采购，就迫使其办事规则和服务设施要与国际接轨。

（7）集群内部企业间生产与交易行为并存。在集群内部，企业间需要经常交流先进的生产经验，宣传展销各自的产品，这就产生了中间性产品市场，所有的零部件在这里集聚、销售。这一类"有形"和"无形"的中间性市场，对村镇规划的要求就提出了挑战。

（8）每个集群内部的竞争与集群之间的互补合作并存。集群之间是互相配套的。这种配套不是规划布点形成的，而是通过市场调节逐步形成的相互之间的协作和分工。所以，一些地方希望通过城镇规划来规定这个地方应该发展或不能发展什么产业，实际上这样的做法是没有成效的。

综上所述，东部地区城镇化动力之所以强劲，城镇化发展和GDP增长这么快，关键是找到了一个新的载体——企业集群，一种分散化加工与现代化大生产相结合的新型产业组织。对许多农民来说都能够接受，依托于产业集群不仅投资成本、需要的技能和受教育的程度低，而且产品适应性很强，生产效率非常高。这就是中国特色的城镇化道路所要求的，而且从高科技产品直到非常初级的产品都可以适应。

**(四) 高速城镇化时期的规划调控**

(1) 城市规划的功能从限制大城市的扩张转向引导和调控大、中、小各类城市协调健康发展

我国历来控制大城市的发展，旧版的《城市规划法》中明确规定严格限制大城市，鼓励发展中小城市。而事实上，不同规模的城市组成了有机统一的、功能互补的城市网络体系，大城市是接收和辐射全球的跳板，中等城市是区域经济的领头羊(我国规定50万以上人口就是大城市，这里的中等城市指的是100万人口以下的城市)，小城市和集镇是服务于周边村庄的经济中心，互相之间是不能代替的。

在我国目前的城市网络体系存在着以下几类问题：一是大城市的外向度不高，只是计划经济时期项目聚大堆的产物，没有发挥对外开放桥头堡和跳板的作用。二是合理规模的城市数量过少。我国100万人口以上的城市集中度，比世界平均水平低5个百分点，比中等收入国家低11个百分点，比高收入国家低21个百分点。三是小城市不优。全国2万个建制镇，容纳非农业人口1.25亿，平均5000多人一个集镇。绝大多数集镇没有核心企业集群。而在国外，像德国展览名城汉诺威、印刷机械城海德堡；法国以盛产香水而著名的格拉斯、瑞士钟表之都洛桑……都以独特的产业和企业集群作为自身的核心竞争力，以弥补规模的不足，在全球产生了强大的吸引力和辐射力。

对具有高速增长能力的城市来说，规划要适应这种发展而不是限制。城市的发展动力越足，发展的轨道就越要精密，就像新干线高速火车的轨道要比慢车轨道的刚性、精密度高得多一样。

(2) 规划编制和管制的重点，从确定开发建设项目转向各类资源保护利用和基础设施的合理布局

城市规划要求刚性与弹性的有机结合。所谓刚性，就要突出对不可再生资源的保护。对此，我们拟制了"四线"：

绿线——管制城市绿地系统。城市绿地系统规划一经确定，谁也不能突破。这方面我们有深刻的历史教训。在北京城市总体规划中，城市三环与四环之间建设十个组团，各个组团之间以300多万平方米绿地相隔离，但随着城市摊大饼式的扩展，现在只剩下150多万平方米绿地了。所以说，绿地系统是构成城市良好空间形态的主要元素，也是城市最主要的生态资源，必须严格保护。

紫线——管制城市历史文化街区、文化遗产。城市历史文化街区和人文古迹

是城市发展的聚宝盆。如丽江大地震使得丽江古城80%的建筑倒塌，领导层在讨论如何进行丽江灾后重建时，有人提出要把丽江建设成为现代化的城市，道路要宽，要纵横交叉。这时候，丽江县委书记、县长在专家的指导下作出了正确的决策，要保护历史文化遗产，原来是什么样的建筑格局，重建后还应是什么样子，而且要把那些不符合传统风貌的建筑全部拆除，恢复古城的历史风貌。丽江古城也因此被列入世界文化遗产。特殊的建筑形态吸引着众多海内外游客到丽江旅游，其GDP的80%来自于与城市特色有关的旅游业的贡献。

蓝线——管制城市江、河、湖、海、渠等水系。城市水系对城市的发展非常重要。如城市河道具有防洪排涝、保护生态多样性、净化城市水体、城市形象的主要载体、调节小气候解决热岛效应的有效办法、城市历史文化的集中区域和城市最为珍贵的公共空间等六大功能。充分利用和发挥水系的这些功能就要用蓝线来强制性控制和保护。

黄线——管制城市主要公共基础设施布局。如高速公路、地铁所经的区域都要通过黄线予以管制。国外有一种称之为公共交通导向型开发模式，如要修建一条通向郊区的地铁，规划建设方案一经确定，政府就先将地铁沿线两侧的土地予以控制，正式开始修建时，就将预先控制的地块进行公开拍卖。如果是地铁出口附近的地块，其地价将上升十几倍。东部有一城市为了在老城区建设一广场，投资6亿元，拆除大片古色古香的建筑，建了一个4万$m^2$的广场。而由广场景观所产生的地价增值收益却被周边的房地产商所享有，政府没有得到任何好处，却把城市的文脉破坏了。但有的城市领导就很聪明，他们在城市脏乱差的城郊结合部，修建一个文化广场，方案确定后，就把广场四周的土地预先收购，等广场、绿地建好后，四周的地价就大幅增值了，政府再将这些土地进行公开转让，不仅可以收回广场建设投资，而且还有盈余。除了公共交通导向型开发模式外，还有绿地、大学城导向型开发模式。比如有的大学要搬到郊区去，等大学选址定点后，就将其周边的土地进行控制，作为卫星镇来规划，镇内有工业区、居住区、商业服务设施等，一切围绕着大学来建。这样的小城镇就有了第二、第三产业和高科技发展的动力。像英国的剑桥大学、牛津大学就是建在小城镇上的，这些小城镇非常漂亮，成为英国最有吸引力的地方。而我们对大学的搬迁，只管选址建设，而对周边土地的规划及增值就放任不管了。这是很可惜的。通过黄线管制，既要控制公共基础设施的布局走向，又要使其所产生的增值收益归政府和全体市民所有。

所谓弹性，就要求规划对充满不确定因素的未来有足够的适应性，对不同的开发项目有一定的宽容度。

城市真正的财富和效率隐藏在城市空间结构布局之中。城镇化的空间含义指的是已经配置了各类服务设施的地理空间。所以，如何合理配置空间结构，决定了城镇化的质与量。

因为风景名胜资源、古建筑和历史街区一旦拆除就无法再生，所以保护不可再生资源的规划监督要从事前和事中介入。国家批准了历史文化名城保护规划，但地方在具体的实施过程中违反了规划，如何进行监督？对此，我们可以借鉴法国的经验，建立国家规划师制度，向每一座历史文化名城派驻一名国家规划师，凡与历史文化名城保护相关的所有建设项目，必须经该规划师签字同意方可动工建设。如果规划师的意见与省长、市长发生矛盾的，应提交上一级的规划委员会或建设部审定。在一些城市的景区开发建设中，许多可以不断增值的不可再生的资源正在消失，而我们所损失的历史文脉和生态资源是无法以金钱来计量的。建立国家规划师制度，决定了对历史文化名城保护必须事前监督和事中介入。

（3）规划调控的目标从明确城市性质、规模和功能定位转向控制合理的环境容量和科学建设标准

在外部市场环境变化迅速，区域经济转向全球经济，传统经济逐步步入知识经济，财富和劳动力快速流动的今天，通过规划对城市功能定位一定终身是不合时宜的。传统的定位理论是从城市经济结构"向后看"的过程中推导出来的，容易助长发展过程中的产业结构锁定、制度模式锁定和产业组织方式锁定，使"超越过去成功的模式"难上加难。前面讲到的袜子生产专业村、打火机企业集群等，都是根据市场的需求产生的，并不是规划师和政府领导"闭门造车"推导出来的。超越过去成功的模式困难很大，但与时俱进的创新势在必行。

这样一来，控制和优化环境容量和建设指标，扬长避短，优化投资环境和人居环境，增强城市竞争力，就成为城市规划的主要目标之一。一个城市要吸引国外客商来投资，首先就要控制污染，搞好绿化，争取成为国家园林城市，继而创造一流的人居环境和投资环境。就现代经济而言，人才几乎是许多重要生产要素的载体。这是万变不离其宗的道理。

（4）城市规划调控和管理的范围要从局限于传统的城市规划区之内转向全区域调控和城乡一体化协调发展

美国规划学家刘易斯·芒福德（Lewis Mumford）认为："城市是区域个性的一种表现……城市的活动有赖于区域的支持；区域的发展取决于城市的推动。"所以，真正的城市规划必然是区域规划。

从全区域来规划建设城市，一是有利于协调各方，减少重复投资，实现生态环境共保、基础设施共建、优势资源共享、支柱产业共树。通过区域规划的合理调控，促使新型支柱产业和企业集群的形成，形成自己独特的竞争力。二是有利于协调城市之间的合理竞争和合作。日本最新的国土整治规划，就特别强调城市之间的竞争与合作，提出了大阪圈计划：商业的大阪，使大阪成为国际贸易城市；文化的京都，使京都成为表现东方文化最好的城市；港口的神户，把神户建设成为世界上最好最大的港口。通过实施大阪圈计划，将三座城市各自发展的核

心竞争力整合成更大的、更具优势的区域竞争力。

区域调控要求城市一级的规划调控权不能分散。设区的城市，区一级规划局的人、财、物要由市一级管理。北京市辖区的行政级别相当高，区党委高于正厅级，但区一级的规划权力已全部上收到市规划委员会。各类开发区、大学园区规划应统一协调，不能各自为政。要一张规划图到底，综合协调各方利益，不能多头规划。

城市连绵带、密集区要建立超越行政管辖权的规划调控机构。在长江三角洲城市市长论坛上，已提出要建立一个长江三角洲地区两省一市规划协调机构。周边大量密集的区域性中小城镇群也要建立超越都市圈管理权限的规划协调机构。国外在这方面有许多成功的范例值得我们借鉴。

"今天的农村也许就是明天的城市。"城市边缘区的快速变化和两种不同土地制度并存所造成的环境恶化、土地滥用、资源破坏、污染严重的状态，必须依靠强化规划调控去解决。在城市边缘区，控制性详细规划要尽快全覆盖，没有控规不能动土建设。

(5) 规划审批、管理和调整的过程要从行政手段为主转向依法治理、相互制约、强化监督、全民参与

城市规划不仅是一门综合的工程技术，也是体现市民长远利益和社会公正，依法强制实施的空间管制手段，更是从人治、权治走向法治，从专制走向民主，从少数人说了算到专家群体和市民表达自己意愿的过程，是一场全民参与、调动各方积极性的文明运动。

从规划审批、管理、调整的总体布局和依法监督方面来看：一是要形成党委、人大对政府的监督。行政首长负责制规定市长要对城乡规划的实施负行政领导责任。这就意味着党委和人大就可以对市长进行监督。市长对城市规划负责，并不是什么事都由市长决定，而是规划上出了问题，要追究市长规划失误的法律责任。二是规划委员会对规划局的监督。许多城市成立了规划委员会，而且规定委员中的本地政府公务员不能多于50%，其余的由规划专家、学者担任。规划委员会的职责是投票决定建设项目的实施与否，所作出的决定最后作为行政决策的最重要的依据。三是土地、建设等部门对规划局"一书两证"的互相制约。现在许多城市都成立了集中办事大厅，各个部门流水操作，相互制约监督，可以避免乱发证的问题。不能以党政联席会议和政府办公会议代替项目选址意见书。建设项目的选址，必须由规划局组织专家讨论决定。以会议方式决定项目选址，就会出很大的失误。四是社会舆论和民众对规划编制、审批和实施的监督。

规划局自身要公开行政，公开各类规划尤其是要突出强制性内容、控制性详规及审批调整程序，以利于各方的监督，减少自由裁量权。

要通过规范近期规划的编制来有效减少政绩工程、形象工程过多过滥与必要

基础设施短缺并存的问题。尤其要控制"形象工程"、"政绩工程"过多过滥的问题。一个只有5万人口的城市，居然要建120m宽的世纪大道、6万$m^2$的大型广场，显然就有问题了。历史文化名城内道路的整修改造，一定要注意保留宜人尺度的窄马路，要与两侧的建筑和谐、统一，而我们有些领导就喜欢排场和华而不实的工程。为了城市环境的美化，应该改善城市的形象，但不能过多、过滥，不顾一切地搞。城市领导往往忽视一些看不见的但对城市长期发展有益的工程，比如生态、治污和排水等工程。当前，污水处理厂的建设，由于污水管网建设看不见，管网建设滞后厂区建设。据有关部门统计，有些省污水集中处理率不到25%，75%的处理能力是放空的，污水处理厂也成了新一轮的形象工程。基础设施建设，必须明确功能定位、设施布局和合理配套。这些问题都必须通过编制近期规划来解决。

(6) 规划的实施机制要从政府为主导转向充分利用和适应市场机制，调动各类经济主体建设、管理和发展城市的积极性

现在，规划实施的目标已从为工矿企业配套提供生活区、完善城市基础设施转到了增强城市的竞争力和可持续发展能力。对增强城市竞争力和城市可持续发展有利的规划调控，我们必须持之以恒地贯彻实施，而不是仅仅提供配套。

规划实施的手段已从政府计划定点批项目转向优化创业、生活、投资和制度诸环境，使各种主体负责任地自主进行决策。例如，在珠江三角洲地区的一些城市，建有大量的标准厂房，科技人员要进行个人创业，第一年免费使用，失败了就退出来，如创业成功了，第二年厂房继续给你使用，但需付80%的租金。但在东北、中原等地很少看到这样的标准厂房，因为这里没有为个人创业提供一个良好的环境，没有那种创业者需要解决什么问题，政府就给予解决的氛围。苏州新加坡创业园区的标准厂房，既漂亮又合理，造价也很低，而且租金也很低，等于为科技人员创业提供了良好的孵化条件。

规划实施影响因素正从城镇化静止期的城市内部和上级政府转为快速期的全区域，每个城市都必须通过企业集群化等途径，将自己的产业融入全球产业链中去，并力求产业从低端向高端转变。我国IT产业、半导体产业发展最为成功的地方是珠江三角洲的东莞市和长江三角洲的昆山市，两市之间的竞争也非常激烈。全国由台商投资的IT生产企业的80%集中在这两个城市，已经基本形成完整的零部件生产配套体系。比如生产笔记本电脑需要200多个零部件，大约150个零部件可以在昆山或东莞周边找到生产厂商。

城市不仅是全体市民的城市，而且是整个区域全体农民的城市。因为每个城市的发展都要靠区域发展的推动，所以今天的农民可能就是明天的市民。

城市规划在某些西方专家那里已被称之为"联络性规划"。就是规划要协调不同利益主体之间的利益冲突，尤其要兼顾弱者和低收入阶层的利益，维护社会

公正，充分调动各方面的积极因素，为城市的可持续发展增添动力。

(7) 规划的空间管制功能从追求严格分区和秩序性空间转向兼顾生态优化和经济活力的多样性空间

从事城市规划的人，都认为《雅典宪章》和《马丘比丘宪章》是规划史上的两座里程碑。1933年在雅典通过的《雅典宪章》，针对第一次世界大战以后，工业发展迅速、城市布局混乱、污染严重、瘟疫频发的情况，主张将城市划分为四大功能，即居住、工作、休憩、交通，并实行严格的功能分区。严格的功能分区为城市的可持续发展奠定了理性的基础，也成为治疗第二次世界大战之后工业化国家环境污染严重、交通混乱、居住质量下降、瘟疫蔓延的一剂良方。但随着时间的推移，人们也发现严格的功能分区肢解了城市内部的有机构成，导致城市的发展缺乏活力。1977年在秘鲁通过的《马丘比丘宪章》，就主张不要为了追求分区清楚而牺牲城市的有机构成，要创造一个综合性的、多功能的空间环境。

20世纪中叶，西方国家由于人与货物的机动性大大增加而导致城镇建设分散化，带来了环境成本的上升(即对乡村景观、自然树种的破坏和水土的污染加剧等)和经济成本的提高(即供水、道路交通、排水、污染防治、电力通信、垃圾处理等设施建设的代价高昂)。针对这一情况，美国等国的规划师们提出了精明增长(Smart Growth)、紧凑型城市(Compact City)等规划办法。美国有着广阔的土地，还追求精明增长，而我国人多地少，这个规划办法就更有借鉴意义。他们提出：城市要有良好的可达性，土地混合使用，在社区内创造就业；不同收入阶层居民混合居住，利益共享；较低的开发成本和环境成本；保持开敞空间的开放性和自然特征。主张城市建设的格局应该集中，空间应该开敞，建筑群或城市组团之间有大片的绿地隔离。

发展企业集群和都市工业是与土地用途混合空间多样化相互强化的，有助于城市资源的有机集聚，提高城市的竞争力。

(8) 小城镇规划建设要从遍地开花转向突出发展重点，结合企业集群培育，优先发展中心镇和专业镇

从小城镇建设起步最早的苏锡常地区来看：建制镇的建成区面积平均已达到 1.53km²，但平均每镇常住人口只有6384人，人口密度4169人/km²，还不到国家标准的一半。城市规模理论认为，100万左右人口规模的城市集聚效益最高，20~25万人口以上的城市才能发挥较好的规模效益和较低的开发成本。但是以企业集群占主导的城镇发展模式，由于在某一特定的行业甚至是优势产品方面集聚了优势的人力资本、技术、信息和设备，所以城镇有效集聚规模可大大下降，企业集聚效率大大提高。就如前面所讲的，专门生产袜子的大唐镇，全镇只有2万多人口，而外来打工者就有3万多，因为有了企业集群，所以有很强的集聚性规模。我国的小城镇建设，不可能要求每个城镇都成为20万人口的城市，只能

走产业集聚化的道路，通过企业之间高度的专业化分工与合作，使生产效率大大提高，人口集聚成本大大下降。

要把开发区建设、企业集群培育与小城镇建设结合起来，城市规划的方式、方法要适应企业集群的发展。积极培育企业集群与党的十六大报告提出的"发展小城镇要以现有的县城和有条件的建制镇为基础，科学规划，合理布局，同发展乡镇企业和农村服务业结合起来"是完全一致的。有中国特色的城镇化道路必须注重影响小城镇发展的内在动力。日本某些地方在高速城镇化期间，不失时机地提出了"一乡一品"的口号，使每个小城镇成为具有很强竞争力的专业镇。这不仅为周边的农村、农业的发展提供了"火车头"式的作用，而且也为小城镇自身的企业集群化、产品高级化、城镇功能专业化奠定了基础，使小城镇的发展能超越"城市平均合理规模"的限制，找到自身可持续发展的动力。同时也为不同专业特征的城镇在更大的地理空间上组成功能互补、具有更大竞争力的"城镇集群"创造了条件。大城市的综合性和全面性与小城镇的专业化、独特性构成了稳定互补关系。

在培育有条件的中心镇和专业镇的同时，要积极进行历史文化名镇、名村的保护，使其逐步发展成为旅游专业镇、专业村。面对城镇化的高速推进，如何保护那些大量散布在城镇、乡村的文物和古建筑，将面临严峻的挑战。对此，建设部和国家文物局出台了历史文化名镇、名村的评选办法，够条件都可以申报，最后由专家评定、挂牌。历史文化名镇、名村成为旅游业发展的拳头产品，成为村民致富的捷径。当然，还要发挥模范镇的示范效应，稳妥推进生态移民、扶贫移民、开发建镇的工作。

总之，本节是在分析了我国城镇化的主要特征和中、东、西部之间经济发展，城镇化进程的不平衡性之后，提出城镇化发展的基本动力，抛开传统理论对城镇化动力的抽象分析，而是概括为农民进城的几种渠道，并分析了国际流行的三种城镇化途径会产生不同的城市化后果，在此基础上，提出中国现阶段新型工业化和中国特色的城镇道路，要以东部城市所取得的成绩为样板，通过集聚发展企业集群来代替传统的乡镇企业，从而增强城镇化的动力；最后提出在高速城镇化的过程中，如何通过规划调控的改革和完善，为城镇化的发展设置合理的轨道，使资源浪费最少，城市竞争力最强。

## 五、专题：美国城市化过程的教训与启示[1]

美国作为当今世界第一强国，其城市化的发展历程，联邦、州和地方政府的结构、体制及其演变过程，地方政府的职责及运行机制，土地利用、城市规划及

---

[1] 注：林雄、季建业、胡曙光、宋言平、杨佳木等同志参与了此专题的研究，在此表示鸣谢。

公共交通发展的政策，环境保护的政策和实施方法，以及加强城市信息化建设，提高政府效率的经验对我国城市都有一定的借鉴意义。美国政府运行机制和城市管理体制与我国有很大的不同，但美国150多年的城市化历程，有很多有益的经验值得借鉴，也有不少的教训需要我们汲取。

### (一) 注重城市群的协调发展

城市群在美国近150年来的城市化进程中获得了长足发展。20世纪，尤其是第二次世界大战之后，世界经济中心由欧洲转移到北美。美国迅速崛起三大城市带。纽约—波士顿—华盛顿等东海岸地区，集中了40多个比较大的城市，人口占全美20%左右，经济发达；芝加哥—匹兹堡等五大湖周边地区，100万人口以上大都市就有20多个，中小城市更多，是美国传统工业制造业最发达地区；旧金山—洛杉矶—圣迭戈等太平洋沿岸地区，大小城市几百个，信息技术产业发达，是加利福尼亚州这个世界上第五大经济体的主要载体。目前，美国有80%以上的人口生活在城市群中，其中居住在百万人口以上城市群中的人口超过总人口的一半。

美国是一个联邦制国家，历来有"地方自治"的传统政治文化，随着城市化发展，郊区不断扩展，行政区不断增多。在过去25年中，美国地方政府增加近8000个，美国现有地方政府8.7万多个。有县、市、学区、特别区等行政区，彼此都是平等而独立的政治实体。因此，美国各城市群内行政区划相当零碎(fragment)，如洛杉矶城市群内包含5个县、183个市。一个城市群内往往有众多决策中心，不同行政区之间又因为许多情况下存在利益冲突，往往合作非常困难。结果是区域规划方案难以实施；公共设施建设项目选址困难；工商业布局不合理；城市用地蔓延无法控制，造成社会资源的巨大浪费。此外，在自然资源和环境保护、经济发展，甚至州、县法案制定方面都会发生冲突。有时久议不决，有时执行困难，政治效率低，做事协调难成为行政割据条件下，城市群发展中面临的一大难题。

为解决城市群发展中面临的区域性矛盾和问题，美国在多方面作了探索。

一是市县合并。较典型市县合并的例子有迈阿密市和戴德县，哥伦比亚市、佐治亚市和马斯科吉县等。但决定是否合并需要公民投票表决，由于各方利益存在差异，所以实际上真正合并成功的是少数。第二次世界大战以来，仅有20个合并议案得以通过，被否决的却有100多个。可见在美国走市县合并这条路来实现区域协调管理是相当困难的。

二是建立有权威的城市群政府。为了协调区域性矛盾，解决单一城市政府无法解决的问题，有的城市群在城市政府之上探索建立了具有较高权威性的区域政府，如"波特兰大都市区政府"就是一个典型。波特兰城市群政府则是全美第一个直接选举产生的区域政府，其职能主要是会同地方政府制定区域规划，保护环境，提供区域性公共服务。经过几年的发展，这个政府组织已成为解决许多区域性重大问题的灵活而有效的区域性行政组织。

三是组建半官方性质的地方政府联合组织。事实上，如果没有更高层次行政组织的协调，城市群中有许多问题单个地方政府根本无法解决。在这种背景下，诞生了一种由地方政府自愿联合，获得联邦和州政府支持的半官方性质的、松散型的行政组织——地方政府协会。由于这类组织易被各方接受，且具一定协商、协调功能，因此发展较快。

四是设立功能单一的特别区及其专门机构。根据某种特定的管理需求，划出一定的区域范围，设立专门管理机构，实行区域协调管理。这种模式在美国非常流行，被称为"以物为中心的行政区划"。这种特定的区域及其专门管理机构在美国统称为"特别区"，如大气质量管理区、水区、学区、海岸保护区、图书馆区等等。其中许多由民选产生，因此，特别区管理机构具有相当权威性。目前，美国共有3.3万多个特别区，其职能可以概括为两个方面，一是协调利益冲突；二是提高资源共享性。

五是政府间签订合约。这也是美国城市群区域协调管理中普遍采用的一种方式。主要是公共设施方面的使用，按市场法则进行。合约方式把市场法则引入行政管理领域，普遍受到欢迎。

改革开放以来，我国城市化步伐加快，崛起一批城市群，如长江三角洲城市群、珠江三角洲城市群、环渤海城市群等就是其中的典型，也是经济发展最具活力的地区，国际上已经把以上海为龙头的长江三角城市群视为世界六大城市带之一。城市群是城市化发展到较高级阶段的产物和标志。城市群内部各个城市之间和不同城市群之间的竞争是必然的，是规律。要增强城市群的竞争力，必须整体发展、共同提高。因此，城市群内部的协调发展是非常重要的现实问题。

与世界上几大城市群相比，我国城市群的发展还处于起步阶段，无论是城市数量、产业等级和分工协作程度、城市现代化水平等，都存在相当大的差距，也存在许多问题，如缺乏整体和大局思维，习惯行政模式思考，城市各自为政，宏观指导不足，协调力度较弱，产业趋同，基础设施重复建设严重，无序发展，恶性竞争，有的城市群中心城市龙头带动作用不明显，发展不均衡等。

因此，我国城市群的发展必须走协调发展之路。一是要解放思想，更新观念，从行政主导思维转向经济主导思维。二是有必要建立权威和有效能的区域协调机制。三是要加强区域的统一规划，合理布局。区域内各城市要服从大局，在城市特色、功能、规模、基础设施建设乃至行政区划等，应统一规划，优势互补。四是要充分发挥中心城市的龙头作用，这在城市化初期和中期尤为重要。

**(二) 建立以公共交通为导向(TOD)、可持续的城市发展模式**

第二次世界大战以后，随着人口的增加和经济的发展，美国的城市或社区不断向外扩张,大量挤占农田,被称为城市蔓延。城市蔓延具有三个突出特征:①低密度的分散发展和每户住宅占用较多的土地;②生活的基本地点如工作地、居住地、学校和购物地在地理上是分开的;③几乎全部靠汽车出行。

城市蔓延是在经济增长和家庭所有权、政府补贴与高速公路建设、商业业态创新(Shopping Mall)、郊区基础设施的投资增长等因素驱动下而形成的。随着私人交通的发展,越来越多的富人和中产阶级离开了环境状况较差、拥挤的市中心,迁移到环境优美、房屋土地价格相对便宜的郊区居住,导致市中心区税源流失,投资环境、居住环境不断恶化,这样又使更多的人迁移到郊区,而市中心由于没有税收来源,无力进行改造,形成恶性循环,导致了城市蔓延。私人小汽车的发展促进了城市郊区化。美国是当今世界上头号汽车王国,被称为建立在汽车轮子上的国家。全国现有人口约3亿,拥有汽车2亿多辆,平均每1.2人拥有1辆汽车,每1.4人拥有1辆轿车。同时,20世纪50年代,出于冷战的需要,美国修建了纵横交错、遍及全美的高速公路网,加上美国文化崇尚个人主义与自由精神导致美国人对小汽车的依赖程度相当高,自己驾车是不少家庭上下班、出游的首选形式。由此繁衍而生的汽车文化更是渗透美国生活的方方面面。可以说汽车就是美国文化的一个重要组成部分。

城市蔓延造成了一系列经济、社会问题。首先,郊区的发展占用了大量的土地,包括森林、湿地、野外游乐场所与农田。1982~1992年,美国平均每年有$5670km^2$的农业用地转化为城市用地。2000年则上升为$9320km^2$。其次,基础设施重复建设,一方面中心城市原有的市政服务设施空置而未能充分利用,另一方面,大量社会资源又流向新区,重复建设公路、上下水道等市政设施,付出巨大代价。第三,城市内部出现明显的阶层与种族分化现象,不同社会阶层、族裔居住分割。郊区孤立,缺少社区氛围。街上车多人少,人与人之间变得越来越隔膜,街上变得越来越冷清甚至危险。第四,过度依赖汽车,也导致严重的健康问题,美国肥胖的人特别多,导致糖尿病和心脏病等健康问题,目前已成为美国各级政府严重关注的问题。城市蔓延还造成了交通拥挤,环境污染,公共交通逐步萎缩等问题。

可见,城市蔓延是一种低密度土地利用、依赖小汽车而发展起来的居住模式。这种不健康和不协调的城市发展模式,引起社会各界的广泛关注。近十多年来,美国从政府官员到学者,都在大谈"精明增长"(Smart Growth)。所谓"精明增长",主要是为控制城市蔓延而提出的,其要点是:①混合利用土地;②采用紧凑式的建筑设计;③创造广泛的住房机会和选择;④创造适宜步行的邻里和社区;⑤造就有特色、有吸引力的社区,增强人们的归属感;⑥保护公共空间、农田、自然美景和对环境有重要影响的区域;⑦强化和指导对现有社区的开发(在旧城和新区之间取得平衡);⑧提供多样的交通方式选择(更多的选择,而不仅仅是小汽车一种方式）；⑨使开发决策更公平，符合成本效益原则；⑩鼓励社区及利益相关者在开发决策上进行合作。美国至今已有20多个州采用这种发展战略，其中一些州有立法措施，使实施"精明增长"法制化。

俄勒冈州法律要求州内的240个城市建立"城市拓展界线"。城市开发只能在界线内进行。在界线外不允许进行城市开发。划定"城市拓展界线"时，应确定在界线内需有20年的土地供给以予以保证。向农用地扩张只能作为最后的一个手段，如郊区建房用地，必须是城市内所有用地都征完以后才能征地。通过划定"城市拓展界线"，俄勒冈州农用地保护取得了进展，停止了跳跃式的发展，提高了在城市拓展界线以内的土地利用效率。

为了实现"精明增长"，美国在城市规划和开发上特别强调了提高人口密度、混合使用土地和发展公共交通的重要性。研究表明，人口密度越高、公共交通越方便的地方，小汽车的人均使用率越低。将住宅、办公、商业、学校规划在一起，避免过去把这些功能分开，无论做什么都要开车，将减少小汽车的使用。

特别需要一提的是美国的公共交通，尽管美国人均小汽车的拥有量很高，但仍十分重视城市公共交通的发展。实际上，现在越来越多的地方政府开始制定控制增长与可持续发展的规划，建立以公共交通为导向（TOD）、适宜于自行车和行人的城市开发政策，同小汽车交通进行竞争，尽可能减少小汽车的使用量。在公交的规划与建设上，力求做到方便、快捷、准时、舒适，步行5分钟可达。为此，联邦、州和地方政府都加大了对公共交通的投入，更新车辆装备，实行公交低价政策，对公共交通实行政府补贴，城市公交企业大多列入政府序列，按政府一个职能部门进行管理，享受公职人员待遇。通过这些措施，公共交通萎缩的局面在一定程度上得以扭转，2000年美国公共交通系统运送的乘客增加了3.2亿人次，总计达94亿人次，创40多年来公共交通的最高水平。过去5年中，美国公共交通系统的客运量增长了20%。

在大力发展公共交通的同时，一些大城市也采取政策性措施，限制小汽车进入市中心。如波士顿就已经决定，在市中心停止增加停车位，芝加哥也在讨论这个问题。纽约曼哈顿则限制汽车的进入，许多街道，只有持特殊牌照的车辆才能停车上下货和上下客，其他车辆停车就予以罚款。

当然，美国在促进"精明增长"和城市交通可持续发展方面仍然存在着许多障碍：联邦政府、州、地方政府在解决城市蔓延问题时，职责分工很不明确；缺乏有效的制度保障，对小汽车的补贴仍然在鼓励人们使用小汽车；一些人认为，"精明增长"意味着侵犯了个人的自由与权利，因此也引起了反"精明增长"的浪潮；汽车制造业的既得利益非常优厚，而且郊区蔓延这一现象已经在人们的心中根深蒂固，很难改变。

美国是一个土地大国，人少地多，资源丰富。我国则不同，虽然国土面积比美国还大，但人均面积较少，优质耕地少。改革开放以来，我国城市化快速发展，美国城市化过程中出现的郊区化现象在我国已经显现，因此必须吸取美国城市蔓延的教训，在城市发展中防止城市低密度无序扩张。城市蔓延的代价连美国人都感到难以承受，对我们人均土地资源相对较少，生态环境脆弱，资源相对短缺的国家来说，就更难以承担。

此外，在我国的大城市，小汽车已开始大规模进入家庭，而且有加速之势。因此，当今中国面临着一个历史性的选择：是发展公共交通，还是变成一个私人汽车的社会？从美国等西方国家的发展历程中可以看出，这些国家都毫无例外地从最初崇尚"小汽车家庭化"到现在无可奈何地实施"公交优先"的交通模式。

中国人与生俱来的"共生性"，以"群体为本"的文化渊源决定了公交优先是中国唯一可持续发展的交通战略，再加上中国的城市居住密度普遍很高，也为大力发展公交提供了可能性，这一切决定了优先发展公交这一战略不可动摇。如果说美国在城市蔓延中有许多教训可以借鉴的话，那么最重要的就是在动摇之后重新认定公共交通的地位。

### （三）改革和完善土地制度

美国的土地有两种所有制形式，即私有和公有。主体上实行私有制，私有土地约占全国土地的58%，公有土地约占全国土地的40%，其中美国联邦政府拥有34%，另有6%为州、县、市拥有土地，另2%保留为印第安人托管的土地。土地在美国财富中所占的比重是：土地资产占政府总财富的11.5%，占个人财富总额的12%，占工商业全部财富的18%。美国国民财富有一半以上是房地产，而房地产价值中75%是土地。美国联邦政府的国有土地的出卖、出租的收入，是仅次于税收的第二大财政来源。税收也是政府管理土地的有效方法之一。

美国的土地利用实行完全的商品化。无论是政府还是个人，要使用不属于自己的土地都通过购买或租赁。尽管联邦政府根据有关法律规定，在合法的程序、合理的补偿、公共使用的目的的前提下可以行使国家对私产的征用权，但联邦政府对州政府或地方政府的土地也没有平调或处置的权力。如果联邦政府为了国家和社会公益事业兴建铁路、公路及其他基础设施，需要占用州属公有土地或私人土地，必须通过购买、交换或捐赠来获得各种土地上的权益。

区域划分（zoning）是美国各地方政府土地利用控制的最主要的方法，这种方法缘于德国，1891年引进美国。20世纪20年代末期，几乎所有州都授权给地方政府进行区域划分，因此，区域规划管理主要由地方政府负责。美国的区划是以"保护公众的卫生、健康和福利"为出发点的，但实际上，它是一套保护和管理地价的法律机制，是对土地经济利益的严格控制。区域划分对开发建设的主要控制包括：①允许的用途；②地段的设计要求（如地块的最小面积和面宽、红线后退、容积率等）；③建筑物的设计要求（如限高、层数、建筑面积等）。总之，美国的区域划分对每一个影响地价的重要变量都在规划立法中得到了明确的控制；相反，并没有对视觉美感的直接控制。区域划分一经确定，就具有法律性质。

美国私人土地的使用较自由。政府对私人土地的使用除了要求符合区域划分外没有什么特殊的规定。私人土地若改变用途，主要由业主自己对土地周围环境的影响程度作周密的考虑，一旦对周围环境有影响进而带来损失的，政府要依法惩罚。所以，私有土地利用的原则是要与政府制定的土地利用规划协调起来，不发生冲突。

美国的土地利用政策有几个特点：一是美国宪法对财产权，特别是土地财产非常注重保护，虽然这种保护适用于各种财产。二是土地利用政策基本上是地方政府的政策，具有非常特殊的地方应用性。三是土地利用政策上的公民参与意识非常浓厚，其规划过程更多的是一种政治协商。四是高度重视农田和土壤保护、农业生产、环境价值和富有生气的乡村社会的维护。

土地资源在所有资源中是最重要的资源，当前我国如何合理和珍惜使用土地资源是一个需要引起高度重视的问题。这不仅仅是因为我国人口众多、土地资源稀缺，而且在土地资源的管理体制、方法、观念以及实际工作中都存在一些迫切需要解决的问题。一是计划经济的影响犹存，土地管理工作仍然受到束缚。二是同为土地所有者的国家和农村集体在土地产权流转上缺乏利益协同机制。三是土地管理制度的出台滞后于经济发展，相关配套政策欠缺。四是土地管理制度缺乏弹性，灵活运用的空间十分有限。五是土地市场建设启动伊始，制度支持尤其欠缺。六是土地执法受到干预过多，面临两难境地，违法建筑十分严重。七是耕地保护形势仍然严峻，需要加大制度保障力度。

针对上述不足和问题，为深化土地使用制度改革，促进经济社会可持续发展，我国有必要采取以下举措：①深入研究新形势下的土地管理问题，为制度设计奠定基础；②加大制度创新力度，促进土地管理制度深化改革；③建立相关部门协调机制，实现制度设计的全面性和一致性；④建立国家与农村集体间的利益协同机制，实现双赢；⑤建立责、权、利明确的土地管理体制，提高办事效率；⑥强化土地执法权威性和相对独立性，加强外部监督；⑦建立耕地预警体系，适时冻结征地。

**（四）重视地方政府的负债问题**

进入21世纪以来美国加利福尼亚州政府正陷入罢免州长的危机，这是一场由财政问题引发的政治危机。2002年该州预算支出1300亿美元，发生赤字380亿美元，作为美国50个州中最大的也是最能带动趋势、引领潮流的一个州，发生如此严重的财政危机，使得全州乃至全美舆论哗然，导致了罢免风波的发生。

加利福尼亚州政府财政危机的发生与州经济发展状况变化有关。加利福尼亚州是美国经济总量最大的一个州，是信息产业的基地，闻名世界的硅谷就位于该州。20世纪90年代以来，信息产业高速发展，州财政收支状况良好，但也导致了预算盲目乐观，随着信息产业跌入低谷，加利福尼亚州连续3年发生财政赤字，从预算情况看：州政府收入中52%是来自于个人所得税，33%是来自于销售税。个人所得税主要依赖于高收入家庭状况，最高层1%的纳税人缴纳的个人所得税占所得税收入的40%。而近几年美国经济不景气，失业率增加，高收入户减少，相应地减少了政府收入，而支出仍然居高不下，直接造成了财政巨额赤字。

通过对加利福尼亚州财政危机案例的解剖，使我们感到，如何控制地方政府过度负债，合理调整公共财政支出，是稳定经济秩序，保障经济健康、稳定、持续发展，保持地方政府稳固运行的重要课题。

应当看到，我国各级地方政府都坚持发展是第一要务，都有让本地区发展得快一点、好一点的良好愿望和热情，这是应该鼓励的。但在发展过程中，一些地方政府一味负债投入，负债经营，甚至借机大搞华而不实的"政绩工程"，给财政留下包袱；一些地方不顾财政收入来源，允诺许多支出项目，为日后财政收支平衡带来隐患；上级一些部门转移负担，乱开口子，也为地方政府财政平衡"釜底抽薪"，这些现象要引起高度重视。因此，应从政策导向，制度规范等方面加以调控，加强风险管理，控制地方政府的负债规模和负债结构，保持各级政府财务良好运行。

政府为了加快发展，适度负债是必要的，美国允许地方政府发行债券，建立基金，问题是控制在什么规模和负债的结构，还款期限是否合理，在这方面我国已有教训，20世纪80年代后期至90年代初期一些地方为了上项目，进行群众集资，有的地方政府为企业集资担保，形成政府债务，政府负全部责任，这个问题已经和正在解决，但教训非常深刻。现在一些地方投资规模过大，项目缺少资金，向银行借债，让后人来还，留下财政隐患。借鉴美国一些成功的做法和教训，一是要控制一定的负债规模，坚持量力而行的原则，负债的规模要控制在地方可用财力的一定比例以内；二是允许地方政府在一定规模内发行建设债券，或建立投资基金；三是民主审议并经一定程序批准建设项目；四是谁举债谁负责；五是在负债结构上要调整长期负债的预期手续，人民币负债和外币负债，政府直接负债和间接性负债的比例关系，这样建立一套风险控制机制，强化投入产出机制，避免集中还贷，避免经济风险，避免过度负债。

同时要建立政府首长任期责任制、离任审计制等问责制度。政府行政首长是政府的法人，是城市管理的主要责任承担者，在赋予权力的同时要明确责任，一届政府任期要明确任期内在经济发展、公共事业、关注民生方面的责任目标，在政府运作过程中建立健全政府财政收支、负债的监督机制，并完善人大法律监督制度和群众监督。在考核政府政绩时，不仅要看当前做了什么，也要看今后做了什么，不仅看创造了多少业绩，也要看留下的债务是否合理。要综合考察一任市长、一任政府的工作业绩，在离任时，要进行离任审计，给群众一个明白，发现问题及时弄清责任，严重渎职者可追究行政责任甚至法律责任。

# 第二章 有序、协调的时序与紧凑、多样的空域

## ——实现健康城镇化的基本目标取向

城市发展近代史昭示：城市规划不是万能的，但是在高速城市化阶段，没有城市规划却是万万不能的。宏观方面，我国的城市化与市场化、信息化是并行的。在现阶段，我国城市化的主要推动力来自于工业化，也伴随着机动化和全球化。与此同时，城市规划的管理体制也经历着法制化和民主化的历程。

我国的城市化必须面对这些宏观层面的历史性变化，结合本国国情，从而探索出应对机动化时代带来的城市蔓延、历史文化遗迹遭受破坏、城市形象千城一面等一系列严峻的挑战。然而微观层次的决策也非常重要，应当从解决城市的现实问题出发，或者说从影响我国城市可持续发展的众多具体问题的对策和成功经验中，提炼出来两三个值得珍惜、坚持，也值得继续创新、发展的理念加以宣传和推广。

本章从国外城市化的历史经验或我国国情出发，集中论述并明确提出建设用地的紧凑度和城市的多样性应该是我国城市可持续发展的核心理念并给出如何保持和发展这两大核心理念，防止我国的城镇化步入"A模式"陷阱的具体对策措施。最后以"欧盟移民政策对我国的启示"作为专题来说明城镇化过程中对我国合适的"移民"政策有哪些。

## 一、我国紧凑型城市发展模式的意义及统计悖论

### （一）紧凑型城市发展模式的意义

该模式的意义，第一，在于我国的耕地总量非常稀少。全国现有耕地18.37亿亩(1996年为19.51亿亩)人均耕地拥有量只有1.413亩，仅为世界人均水平的37.3%。更为严重的是，我国耕地后备资源已近枯竭，许多省份坚持"占补平衡"往往只能在破坏生态环境之后再"退耕还林"，得不偿失。

第二，为数不多的优质耕地在地理空间上分布非常不均。从图2-1可以看出，城镇化高速发展与耕地资源在地域空间上是高度重合的。我国适宜人类居住

的地方只占全部国土的百分之十几,把二类宜居地区也算上去只有26%。而这占我国面积26%的空间,正是我国城镇化发展最快和优质耕地所在的地区。

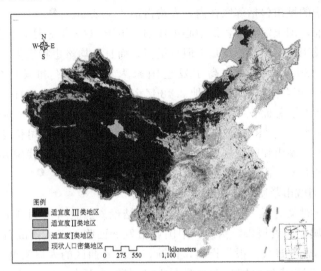

图2-1 我国国土适宜度与现状人口密度分布

第三,我国耕地减少速度加快,粮食安全将受到威胁。在过去的十年中减少了整整1亿$hm^2$耕地,仅2003年全国净减的耕地就达253.74万$hm^2$,其中生态退耕223.73万$hm^2$,而新增的建设用地42.78万$hm^2$,占当年耕地净减少量的7.8%。❶

第四,城镇的土地利用模式的选择对能源、资源消耗量的影响非常巨大,而且刚性度很高,一旦形成就难以改变。这也是为什么美国的"精明增长"对策对该国的城市蔓延基本无效的原因。美国规划学家们经过反思后,总结出的沉痛教训在于城市空间的布局是不可逆的,过度的郊区化所造成的城市密度持续下降、城市中心退化等弊端难以纠正。

因此,在中国推行紧凑型的城市发展模式能够综合地体现节地、节能、节水、节材为目标的资源节约型、环境友好型社会发展的总体目标,也就是和谐、理性、健康的城市化所要追求的目标。

**(二)我国城市紧凑度过低论**

建设用地这一重要数据,在我国却面临着统计上的悖论。例如,2007年7月13日,中科院院士、中国地理学会的会长陆大道院士在给国务院领导的信中运

---

❶ 参见:《2003年度全国土地利用变更调查结果》,国土资源部2004年2月23日公布。《"十一五"时期中国城镇化若干战略问题》,国务院发展研究中心调查研究报告第41号(总2311号),2005年4月7日,第10页。

用了国土资源部的数据，全国城市建设用地24万km²，人均城市建设用地130多平方米，远远高于发达国家人均82.4m²和发展中国家人均88.3m²的水平，世界上最繁华的城市包括郊区在内，人均占地才112.5m²。❶

在这之前，国土资源部咨询中心主任刘文甲于2007年3月6日在文章中说：我国城市建设用地突出的特点是不但总量多，而且人均量也特别多。城市人均建设用地已达130多平方米，高于发达国家人均82.4m²和发展中国家人均88.3m²。2004年全国村庄建设用地2.48亿亩，按当年农业人口计，人均村庄用地218m²。而香港总面积1068km²，人口约600万，建设用地200km²，人均仅30m²。❷ 2006年6月28日，国土资源部土地利用司束可欣副司长发表文章也指出，据北京大学城市和区域规划系董黎明教授所提供的数据，我国人均城市建设用地130多平方米，比发达国家和发展中国家都高出了许多。❸

### (三) 我国城市紧凑度过高论

然而，同时又有另一组数据指向相反的结论。2004年3月1日，《2002～2003年中国城市发展报告》指出，中国城市发展面临的五大挑战首先就是中国城市群的人口密度过大。报告指出，目前，上海浦西区的人口密度为3.7万人/km²，北京、广州市区分别是1.4万人/km²和1.3万人/km²，而目前世界上主要大城市的人口密度，如东京只有1.3万人/km²，纽约、伦敦、巴黎、香港只有8500人/km²。这个报告专家团的首席科学家、中科院可持续发展战略组的组长牛文元先生在报告首发式上指出：中国城市的人口密度过大必然会给城市的可持续发展带来挑战。❹

### (四) 对36个城市人均用地实际统计结果

上述两组统计数据对应两种截然不同的结论。那么，实际真实的数据应来自具体的一个个城市建设用地的统计。据中国城市规划设计研究院对委托编制总体规划的36个城市的统计：70%的城市人均用地控制在90～110m²之间，22%的城市为110～150m²之间，8%的城市为80～90m²之间，平均为100m²，也就是1万人/km²左右。图2-2所示数据和表格说明了这些具体到每一个城市的用地水平。将这些城市的现状用地和原规划2005年人均用地分别进行统计，这两大指数无论是过去，还是现在的平均值，均为1万人/km²，这说明只要坚持即有的成功方针策略，我国城市的紧凑度保持在1万人/km²是可能的。

---

❶ 参见：权威专家上书国务院直陈城市化"大跃进"隐患. 南方周末，http://biz.163.com/06/0713/15等网站。

❷ 参见：刘文甲委员：我国城市化中的非健康与土地利用不合理. 中国网 [2006-3] http://www.china.org.cn/chinese/zhuanti/2006ih/。

❸ 参见：警惕浪费土地的四种现象. 经济日报，2006-6-28。

❹ 参见：中国城市发展报告列举未来中国城市发展面临的五大挑战. 新华网，2004-3-2。

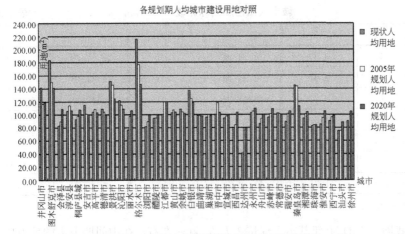

图 2-2 我国 36 个城市各规划期人均城市建设用地对照

**(五) 影响紧凑度统计的主要误差因素**

为什么会有权威的数据居然相差那么大呢？而且会有完全不同的结论呢？我们发现，影响紧凑度统计的主要误差来自三个方面：一是城市人口数据的准确程度，比如是否计入了流动人口；二是城市区域的界定，如是基于建成区还是都市区或城市规划区进行统计；三是昼夜影响因素（表2-1）。

三大城市昼夜人口　　　　　　表 2-1

| | 1995 年 | 面积 (km²) | 夜间人口 | 夜间人口密度 (人/km²) | 白天就业人数 | 白天人口 | 白天人口密度 (人/km²) |
|---|---|---|---|---|---|---|---|
| 东京 | 中心 4 个特别区 | 60.33 | 518809 | 8600 | 2835105 | 3306646 | 54809 |
| | 中心外 4 个特别区 | 49.51 | 757447 | 15300 | 1136161 | 1648621 | 33299 |
| | 外围 15 个特别区 | 506.51 | 6658955 | 13100 | 3296664 | 6236078 | 12312 |
| | 23 个区总计 | 621.15 | 7935211 | 12800 | 7267930 | 11191345 | 18017 |
| | 曼哈顿 | 61.39 | 1487536 | 24200 | 2071019 | 3389200 | 55208 |
| | 纽约 | 833.47 | 7322564 | 8800 | 3726760 | | |

注：白天人口数为白天就业人数加居住人口。
（资料来源：http://www.mid-tokyo.com/map.e）

通过国际比较可知(表2-2)：洛杉矶、华盛顿、旧金山、亚特兰大等是世界人口密度最低的城市，也是人均能源消耗量最大的城市群，所以美国以占5%的世界总人口却消耗了30%的世界总资源。❶

---

❶ 参见：节约：我们的唯一选择. 人民日报，2005-8-25。

城市人口密度国际比较(万人/km²)　　　　　　　　　表 2-2

| 城　市 | 人口密度 | 城　市 | 人口密度 | 城　市 | 人口密度 |
| --- | --- | --- | --- | --- | --- |
| 孟　买 | 3.89 | 新加坡 | 1.07 | 纽　约 | 0.40 |
| 香　港 | 3.67 | 突尼斯 | 1.02 | 洛杉矶 | 0.22 |
| 汉　城 | 3.22 | 墨西哥城 | 1.01 | 华盛顿特区 | 0.21 |
| 莫斯科 | 1.82 | 巴　黎 | 0.88 | 旧金山 | 0.19 |
| 巴塞罗那 | 1.71 | 华　沙 | 0.67 | 芝加哥 | 0.16 |
| 北　京 | 1.45 | 伦　敦 | 0.62 | 休斯敦 | 0.11 |
| 圣彼得堡 | 1.21 | 曼　谷 | 0.58 | 亚特兰大 | 0.06 |

(资料来源：Alain Bertaud，2003，"Order without Design")

我国过去的 50 年基本上保持 1 万人/km² 左右，在中间凹下去的地方曾经低于 1 万人，这主要是大规模的开发区建设，随着开发区的清理整顿，城市建成区土地利用密度重新超过了 1 万人/km²。而美国的城市发展 100 年过程中，城市的人口密度持续下降了近 3 倍(图 2-3)。

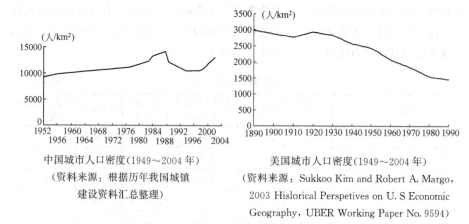

中国城市人口密度(1949~2004 年)
(资料来源：根据历年我国城镇建设资料汇总整理)

美国城市人口密度(1949~2004 年)
(资料来源：Sukkoo Kim and Robert A. Margo，2003 Hislorical Perspectives on U.S Economic Geography，UBER Working Paper No.9594)

图 2-3　中美城市紧凑度历史变化比较

**(六) 未来影响我国城市紧凑度的主要因素**

紧凑度是资源节约型、环境友好型城市最主要的条件，国际组织也把紧凑城市作为健康城市化的主要表征和优先向发展中国家推荐的发展模式。但在我国城市化高速发展时期，影响城市紧凑度的因素将会增加。

第一，各类园区开发失控。据 2005 年统计，开发区整顿前我国各类开发区有 6866 个，规划面积 3.86 万 km²，而全国所有的城市建成区面积只有 2.4 万 km²，即开发区的总面积几乎是我国全部城市建成区面积的 1.5 倍。整顿后，国家级开发区 222 个，规划面积 2323.33km²；省级开发区 1436 个，规划面积

7878.25km², 总共为10201.58km², 只有原来的1/3。❶

第二，过多的高速公路网。我国高速公路总里程已达3.68万km，比2001年翻了一番还多，总长度仅次于美国，居世界第二。据最近公布的数据，2035年前，我国将建成8.48万km的高速公路，届时中国将成为全球高速公路占地面积第一、交通耗能第一的国家。❷ 美国农民户均占用耕地200hm²，我国仅为0.5hm²；美国人均石油储量是全球平均的1倍以上，我国仅为1/10。从用地效能来看，与铁路比较，每公里高速公路单线占地为25亩，复线占地为40亩，而四车道（双向）占地为120亩。依据《全国土地利用总体规划纲要（2005～2020）》（送审稿），2020年前各项基础设施用地需求量超过300万hm²。其中，公路用地预计需求大于200万hm²，年均约为1997～2004年年均增量的1.8倍；铁路用地预计超过20万hm²，年增长是1997～2004年年均增量的2.7倍。美国交通部长曾经反思：如果美国联邦政府在20世纪初叶将投资于高速公路的巨额资金拨出20％～30％用于城市公共交通，美国的城市蔓延就不会像现在这样严重。

第三，近郊农村建设用地的"以租代征"。在一些城市郊区，"以租代征"占用耕地，其数量比计划内用地指标高出3～5倍。尤其是沿海地区，有的城市计划内指标只占总用地指标的20％，也就是说80％的实际建设用地是通过"以租代征"非法占用的，国家保护耕地的"严格政策"几乎被架空。

第四，独立工矿区用地模式粗放。"十五"期间，我国新增建设用地3285万亩，其中，新增的独立工矿区用地1315万亩，占40％，而新增城镇建设用地618万亩，占18.8％。两者相比，真乃小巫见大巫。

第五，城市居住密度呈现下降的趋势。这个趋势伴随着机动化进程的到来将越来越严重。因为广大市民拥有私家车后，地理空间的选择权就能加大，从而"触发"郊区化。据中规院对36个城市的分析，居住用地比例占总用地的比例保持在25％～35％，平均高出国家标准（20％～32％）近5个百分点。❸

## 二、我国城镇化高速期面临的若干挑战与现行对策

城镇化是当前我国的一个热点问题。2000年，美国经济学家、诺贝尔经济学奖获得者斯蒂格利茨（Stiglitz）曾经说过：影响21世纪人类社会进程两件最深刻的事情：第一是以美国为首的新技术革命，第二是中国的城市化❹。新技术革命对人类社会进程的影响实在是太深刻了，几乎没有人不能体会到新技术革命给

---

❶ 参见：国家发改委关于全国各类开发区设立审核工作的总结报告. 2006-9。
❷ 参见：全国土地利用总体规划纲要（2005～2020）（送审稿）. 2006-7：3。
❸ 参见：中国城市规划设计研究院. 部分城市总体规划情况分析。
❹ 参见：吴良镛. 面对城市规划"第三个春天"的冷静思考. 中国城市规划学会2001年年会论文集：5。

我们带来的生活方式和社会进程的变革。但是中国的城镇化为什么将影响全人类21世纪的社会进程呢？

举几个简单的数字为例，西方所有发达国家总的劳动力不到4亿人，但中国农村的剩余劳动力就超过了4亿人，而且每年新增劳动力2000万人。在中国高速的城镇化进程的30年时间内，这么多剩余劳动力中的80％以上要从农村转移到城市，也就是说总量超过西方劳动力总和的这样一支劳动力大军，要从低生产力水平向高生产力水平转移，这是对人类社会进程的一个巨大促进。正因为如此，斯蒂格利茨认为，中国的城市化不仅决定中国的未来，而且也决定着世界的发展进程。所以，把城镇化问题看得如此尖锐、复杂和紧迫，是不足为奇的。中央领导反复告诫各级党政军的领导同志，中国能不能屹立于世界民族之林，获得一流强国的位置，决定于21世纪的前20年，而这20年恰恰就是城镇化高速发展的时期。从国际城市化的规律来看，这个高速发展期是史无前例、空前绝后的。高速城市化对一个国家、一个民族来说，在历史上只有一次机会，抓住机遇，并以最小的代价获得最大的成功，那就是国家的成功，民族的成功，也是人类的成功。所以，把城镇化的问题提到这样一个高度，是有理由也有历史背景的。

**（一）片面的城镇化率决定论导致过度城市化**

1. 定义

城市化的英文为urbanization，实际上其前缀urban就是指都市。我国为什么不直接提城市化，而提城镇化？说明中央在考虑这个问题时，注意到了城镇发展的均衡性，强调城市、农村、大城镇、小城镇都能协调发展。城镇化的本质，就是就业方式、居住方式、交往方式的一种改变。它涉及经济、社会、文化等一系列的变革，也就是说人类聚居模式、工作模式和经济模式发生了重大改变，出现了从小农经济过渡到工业经济，从自给自足经济转向开放经济，从技术含量低转向新技术革命，社会主导文化从乡村文化转向都市文化等一系列变化。所以，城镇化的内涵是非常复杂的。各个学科对城市化都有自己的定义。人口学家往往把城市化定义为人口的空间转移，即从农村转移到城市的过程；经济学家认为城市化是由分散的农村自然经济转变为集约的城市工商业经济的过程；社会学家认为城市化是人的生活、行为和社会活动由农村转变为城市的过程；地理学家认为城市化是在劳动地域分工条件下农村地区转变为城市地区的过程；生态学家认为城市化是人及其生存环境由农村向城市演化的过程；系统论者认为城市化是物质、能量、信息、废物等输出由农村转向城市，从无序到有序的过程……

2. 城镇化与工业化两种匹配情况

一是城镇化落后于工业化。如东南沿海地区，工业布局分散，村村点火，户户冒烟，乡镇工业发展基本上以村为单位来展开，以至于一些乡村80％的农民甚至全部的农民都已经转成工人，但其身份还是农民。温州有一个奇特的现象：温州人外出经商要讲温州话,因为温州商人遍布世界各地,大约有260万温州人常年在外地经商做小老板,温州方言就成了他们商业交往的信用工具之一;回到温州则要讲普通话,因为现在温州各乡镇种地的、宾馆的服务员、出租车司机、菜场卖菜的等都是外地人,所以回到温州不讲普通话是寸步难行,出外经商不讲温州话也是寸步难行。由此可见,东南沿海地区的隐性城镇化现象非常严重。

二是城镇化超过工业化。如吉林、内蒙古、黑龙江包括东北、西北一大片地区都是城镇化等于或超过了工业化,因为这些地区有相当一部分人口是在农场、矿山、林区工作。矿山开采虽然属于工矿企业,但是没有细密的专业化分工运作和交易交往,还是一种自给自足的单一经济模式,经济主体之间发生的联系比较少。农场、林区居民点更谈不上城镇化,因为它的社会交往、居住模式、经济模式、就业模式尚停留在自然经济状态。这实际上决定了该地区城镇化超过了工业化。像辽宁阜新市,城市人口有80万,但80万人口中大部分为煤矿工人,现在近25万人失业。为解决就业问题,这些失业工人转向了第一产业,一下就退回到农业社会去了。所以,这样的城市本质上只是煤矿工人居住区,而不是真正意义上的商品、文化、信息交流中心的城市。

3. **城镇化对工业化的促进作用**

学术界对这一问题论述得比较多。城镇化对工业化的作用,主要有五个方面:①产生分工和合作效应。因为只有通过细密的社会分工,才能产生知识积累的高速化。只有分工,才能产生高效率的城市经济,才能建立现代化的工业体系,才能使创新的成本降到最低的程度,才能形成不同产业之间的协同。在古代,只有人口在空间的集聚才会出现分工与合作。②第三产业发展的载体。没有城镇,就没有第三产业的发展。第三产业本质上是消费产业,是人类聚居模式改变后所带来的。③技术和管理创新之源。现代的重大技术和管理创新往往发生在大城市。因为技术和管理创新需要城市规模、人才的梯队与质量、资本来支持。实际上,任何一项现代技术的创新都必须要有一大批人才,要有一定的技术积累。城市是技术人才的集聚地,也就成了新技术的孵化器。④基础设施的高效利用。⑤增加需求,刺激消费。城市最大的功能就是消费。没有消费,就没有对工业品的需求;没有消费,就没有经济发展的动力。但是,以上这些功能只有在第二、三产业发展与城镇化相匹配时才能实现。所以,城镇化与工业化是互为依附的,工业化推动了城镇化,城镇化要适应工业化,两者不能本末倒置。现在,有的同志片面认为只要推进城镇化就可以拉动工业化,这是错误的。

4. **历史的教训**

非洲、拉美等国殖民式城市化导致的过度城市化所带来的教训值得注意。拉美国家都曾是西班牙、英国、葡萄牙等国的殖民地。当时,这些强国的城市化程度已相当高,城市的发展水平体现了一个国家的发展实力,所以就在殖民地大肆进行城市化,建设大城市,把殖民地国家80%的人口迅速集中到城市里来,城市化远远超越了实际的需求。这种按照殖民模式、统治者的意志来进行的城市化,称之为殖民式城市化。这样的城市化并没有带来拉美国家经济的飞速发展。我国经济界专家喜欢用"多国发展模型"来解释城市化与工业化的关系。这个发展模型是由美国学者钱纳里和塞尔比根据拉美等国家在20世纪50～70年代20年间城市化率与GDP的关系变化研究得出的,提出当一个国家的人均GDP达到1000美元,城市化率应该是在63.4%,制造业占国内生产总值的比重为34.7%。按照这一模型,我国的城镇化水平相差25个百分点,吉林省相差15～20个百分点。但是,"多国发展模型"基本上忽视了第三产业对城市化的贡献,而且这些作为样本的发展中国家的制造业本身就非常弱,制造业占国内生产总值的比重长时间停留在30%。这些国家的城市化主要靠第三产业来支撑。近来,国内有的研究者也发现,运用钱纳里模型进行比较时,必须对美元进行折算❶,否则将会出现较大的误差❷。所以,简单套用这一发展模型会对实际工作带来误导。城市化发展也有其规律,在经济发展水平较低的城市化初期,主要靠制造业来带动城市化,但是到了城市化的中高级阶段,必须以第三产业的发展来带动城市化。城市化阶段越往后,第三产业对城市化贡献也越大,70%～80%的就业人口集中在第三产业。多国发展模式的误导在于:一是城市化是靠单纯的工业化来推动,工业化就是制造业,工业化水平提高了,城市化率必然会提高。这实际上是一个错觉,这个错觉也导致我们误解了我国的城镇化。二是只要把城市化率提高了,自然会带动工业化水平的提高。

5. 结论

根据以上分析可以得出这样一些结论:①城镇化决不是简单的人口转移;②城镇化决不能靠行政手段来推动,它是一个经济发展的自然过程;③不能依靠行政的手段,通过撤并城镇或者户籍放开来实行城镇化。如石家庄市实行户籍放开政策,预期增加人口30%,而实际上只增加了5%;④城镇化率每提高1个百分点,GDP增加1.5～2个百分点。这是城镇化与工业化相互匹配的结果,而不是人口集聚的简单产物。在城镇化落后于工业化的情况下,推进城镇化可以拉动GDP的增长;如果城镇化已经高于工业化,提高城镇化率就没有这个效应。

**(二)大城市摊大饼式发展孕育严重的城市病**

1. 成因

现在,全国各地对大城市建设非常热衷,学术界也基本上认为"大城市短

---

❶ 1964年的1美元相当于2001年的4.9988美元。

❷ 参见:张颖,赵民. 论城市化与经济发展的相关性. 城市规划汇刊,2003.4:10～18。

缺"是我国城镇化的主要问题❶。为什么会出现这样的情景？

一是首位度误区。首位度是指一个国家、地区或一个省的首都或省会城市人口占总人口的比例。如韩国汉城占韩国总人口的25%，日本东京圈占全国人口的20%，非洲、拉美小国家首都人口占总人口的比例达到30%，最典型的是智利，其首都圣地亚哥的人口占全国总人口的70%，但该国家经济社会发展还很落后，虽然它的城市化率高达80%，但工业化发展滞后。

二是大城市决定论。认为只有大城市才有规模经济效应，才能推进区域经济发展，这种观点有一定的道理，但不全面。根据城镇体系功能，大城市要成为与国际接轨的跳板，中等城市成为区域发展的龙头，小城市主要是为周边的村庄和集镇服务，各自的功能是不能相互替代的。这一功能排序是市场分工逐渐演进的结果，决不是领导人主观意志能决定的。事实证明，中小城市也可以进入国际市场，参与全球产业间的分工与合作。

三是城市等级制的推动。我国城市的行政级别和经济社会管理权限是不同的，有县级市、地级市、副省级城市，还有直辖市。沿海发达省份的有些城市从县级市升格为地级市，就是由于城市等级制的推动，导致认为把城市做大就可集体升官，这类动力很强。现在，企业的等级制已经取消，但城市等级制仍处强化过程中。

四是大城市本身的集聚能力。大城市本身的集聚能力非常强，如不有效控制，其无序蔓延是必然的现象。所以，规划调控的难度和强度都集中在大城市。近代城市规划重要功能之一就是控制大城市，引导大城市健康发展。大城市的发展存在极化和扩散两个阶段，在极化阶段，它会像海绵一样把周边人、财、物吸收到大城市来，当大城市的势能提高到一定程度后，就会出现扩散效应，那些不适应在大城市发展的产业将向外扩散。目前，除了香港外，我国所有大城市都尚处于极化阶段，如上海每年从浙江吸纳的资金大约是500~600亿元，最近十几年浙江省向上海转移了十多万家企业。所以，大城市先是集聚周边的人财物，这种集聚能力使得城市自身有很强的向外扩张的动力。

五是现行的财政、税收体制的弊端。现行财政、税收体制是分灶吃饭，地盘越大，税收越多，城市政府可用的财政开支就越高。所以，谁都不愿意把自己的城市行政区域边界变小。我在杭州工作时，就通过行政区划调整，将萧山、余杭两个市辖县级市变为城区，城区财政就不再独立了，纳入了杭州市级财政。原来杭州市与萧山、余杭两市之间，政治上是父子的关系，财政上是兄弟关系，现在都变成了父子关系。在规划管理上，以前它们作为城市，是独立的执法主体，而

---

❶ 参见：唐茂华. 走以大城市为主导的城市化道路. 中国城市化期刊，2003年4、5月合刊；中国城市发展报告. 北京：西苑出版社，2003。

现在变成了城区，由市级规划部门统一管理。土地管理更是一本账。所以，现行的财政、税收体制决定了城市必然要扩张，必然要以大吃小。

2. 问题

那城市盲目扩展所带来的主要问题有哪些呢？

一是经济成本提高。变成超级大城市后，城市内部的交通运输活动包括基础设施的投入成本就高得出奇。如来北京出差的外地人，一天只能办一件事情，还要看交通阻塞的情况怎么样。在上海这样的特大城市，职工上下班每天平均要花两个小时在汽车上待着，这每天两个小时的累计损失是很大的。有效劳动时间的缩短，意味着生命资源和财产的巨大浪费。

二是资源的利用成本非常高。京津唐地区现在正处于大扩张期，城市水的问题变得更加突出。水资源短缺怎么办？南水北调。花5000亿元巨资，把南方水调到华北，南方的生态随之也将受到影响，这将产生一种巨大的不平衡。在南水北调工程开工仪式上，温家宝总理引用了恩格斯的一段名言：我们不要过分陶醉于我们人类对自然界的胜利。对于每一次这样的胜利，自然界都对我们进行报复。这句话就隐含着南水北调工程的环境影响，要我们引起重视。

三是生活舒适度的成本。特大型城市并不适于人类的居住。发达国家每一次评选最适宜人类居住的城市，大多是5万、10万人口以下的中小城市，没有一个特大城市能被列入最适宜人类居住城市的名单。

四是环境成本。城市实际上是把人类活动从空间上凝聚在一点上，所以点的污染是非常大的。1个大城市人口的排污量相当于10个农村人口的排污量。农村人口的排污问题，可以通过大自然的有机循环来解决，而城市人口的排污只有通过人工工程来完成，这个成本是非常高的。重庆市区400万人口在三峡地区，其污染量是库区其余2000万人口污染量总和的几倍，污染治理成本非常高。

五是管理成本。外国有人说过一句我们不中听的话：对中国共产党最大的挑战是管理城市，特别是管理特大城市。他们认为，因为历史上共产党是农民的政党，是农村包围城市取得胜利的政党，而西方城市化有300多年的历史，城市公共设施的提供有5000年的历史。中国的发展历史进程中几乎很少有公共设施工程。现在面临的主要挑战是管理城市，而不是管理农村，所以城市管理水平能否跟上高速发展的城市化，这是中国政府难以承受的挑战。

3. 启示

(1) 伦敦和北京的绿带控制失效。伦敦在20世纪大规模扩张时，就有人提出用三条绿带对伦敦城市进行隔离，引导城市多组团式发展，这一思路很好，但最后60%的绿带消失了。北京市在三环和四环之间，原来有200km$^2$的绿带，通过绿带把北京分隔成10个组团，但现在只剩下40%不到的绿带，10个组团也变成了1个"大饼"。市委书记刘淇今年初在首都绿化委员会的一次会议上说，北京要在五环以外设绿化隔离带，问题是绿带建设时间不能过长。不然绿带没建设好，地皮却被占完了。要求花两年时间先把 200km² 的绿带建设好，把树种上，力求再次以绿地建设来调控城市的空间形态。所以，在法治尚不健全的情况下，以绿带控制来遏制大城市、引导大城市的发展往往是失败的。

(2) 德国的城市化模式。德国只有一个城市是超大城市——柏林，其他都是 50 万左右人口的城市，全国 65% 的城镇人口居住在 50 万人口以下的城市。它是以中小城市为主的城市化模式，但是没有一个人说德国不是经济强国，它是世界上第三大经济强国，而且其经济和社会发展的持续度和协调度较好。德国的城市化模式对我国是有启示的：①同样是人多地少；②同样是历史悠久；③同样是大陆性的法律体系。所以德国的城市化模式给出了中小城市仍然可以实现经济发展的佐证。

(3)《雅典宪章》和《马丘比丘宪章》。1933 年，来自世界各地的规划师集中在希腊雅典，针对西方工业化以后出现的城市环境恶化、污染加剧、疾病蔓延的现象，提出了《雅典宪章》。《雅典宪章》的主要内容，就是按交通、居住、就业和休憩四种功能，对城市实行严格的功能分区。所以，自 1933 年以后的城市规划学就强调功能分区。但是后来人们发现功能分区肢解了城市的有机组成，导致城市缺乏活力。到了 1977 年，规划师们在秘鲁的马丘比丘又召开了另一次大会，制定了《马丘比丘宪章》，认为城市各个组成部分是有机联系的，城市应该创造一种综合的、多功能的空间环境，增加人的各类活动交往。所以，《马丘比丘宪章》对《雅典宪章》的部分内容进行了修改，提出城市规划的动态特征和公众参与规划设计的全过程等意见。

(4) 美国的"精明增长"。20 世纪 80 年代随着石油价格的猛涨，美国规划学者提出了"精明增长(Smart Growth)"的理论。该理论是针对美国城市化高速发展所带来的都市蔓延，导致经济成本、社会成本、环境成本非常高昂，城市景观非常单调而提出的，认为城市规划建设应该相对地集中，就是密集型的组团，组团与组团之间应该有较开阔的绿地相隔离，一个组团里生活和就业单元应该适当地混合，混合的过程中应该注意到生态平衡和生活的舒适度。"精明增长"现在已成为美国现代城市规划的立法指导原则。美国的"精明增长"也是总结了德国、荷兰的经验后提出来的。在某些问题上，过去美国人与我国某些大城市优先发展论学者的观点似乎一样，如城市发展先以摊大饼式扩展，然后再治理，走的是先发展后治理的路子。但摊大饼式扩展所带来的损失和浪费(所有基础设施重新布局)是巨大的，特别是对生态的破坏，有些需要几百年才能恢复，这样的代价太大了。现在美国规划师们终于从德国、荷兰的城镇化模式看到，人类应如何与自然和谐相存。借鉴人家的经验，总结了自己错误，就来个"精明增长"，力求结束和避免"愚蠢增长"。

(5) 城市最佳规模与城市产业特征和城市间的相互作用有关。什么是城市最佳的规模？这是一个难题。城市规模与城市的产业特征关系极大。如德国、英国、意大利一些城市的产业，是高度化的第三产业。像瑞士的日内瓦是个国际城市，人口只有二三十万，洛桑更是个很小的城市，但不能说它没有辐射能力，实际上它们在某些方面的辐射能力比我国的上海还强。因为它做到了服务的专门化、高度化，所发展的越是高度化、专门化、紧密化的产业，城市之间的互补关系就越紧密。城市的服务功能是互补的。如果该城市与其他城市之间没有互补关系，那它只好自我称"霸"。城市最佳规模受许多因素的影响。在德国、意大利，最佳的城市规模是10~20万人口，美国是20~50万人，而在我国则有人提出是100~200万人口。所以针对不同产业而论，最佳规模是不同的。

根据联合国相关机构提供的数据，全世界从1970~1990年间，小城市人口增长最快(平均达4.2%)，特大城市最慢(平均为2.3%)，全球65%的城市居民生活在中小城市❶。这进一步说明了大中小城市就像森林中的乔木、灌林和草本植物，都占有自己适应的生态位。虽然，大城市和特大城市能为某些企业提供合适的人才、信息、资本等生存发展环境，但仍有许多行业和企业更适宜于在中小城市成长发育。所有规模等级的城市都能得到不同类型企业的青睐和不同类型经济组织的支撑。而且，从市民的实际满足感方面来看，小城市中低工资、低生活费用的工人与大城市地区工资和生活费用比他们高出1~2倍的同行们同等富足。

**(三) 城市间的恶性竞争愈演愈烈**

密切城市间的合作对我们是一个挑战。拿破仑曾说过："一个法国人和一个中国人打，法国人吃亏；三个法国人和三个中国人打，中国人肯定会被打败。"说的是中国人缺乏合作精神，恶性竞争比合作来得快、来得猛。

1. 现象

一是零地价吸引外资，造成珍稀的土地资源和国有资产大量流失。

二是重复投资造成公共设施的浪费。浙江有两个城市，相距只有18km。一个城市投资5000万元造了一个电视塔，另一个城市市长想：你造电视塔，我也造个电视塔。这两个电视塔完全是形象工程，一点用处都没有。一个城市按每天运送2万人建了一个火车站，另一个城市造了一个比前者更大的，而每天运送旅客却不足1000人，这些都是重复建设的浪费。另一个典型是珠海机场，总投资大概有70~80亿元，但是在珠海周边，除了最近的澳门机场外，还有广州、深

---

❶ 据 UNDIESA 所编的《1998年世界城市化前景》一书的数据表明，从1970~1990年20年间，全球小城市(人口不到50万)人口增长最快，年平均为4.2%；大城市(人口在100~500万之间)次之，年平均约为3.4%；中等城市年人口增长约为3.2%；特大城市(人口在500万以上)人口增长最慢，年增长率约为2.3%。(注意该书所指的各类城市人口规模标准与我国现行标准不同：市区人口，特大城市100万人以上，大城市50~100万人，中等城市20~50万人，小城市20万人以下)。

圳、香港那么多的机场，现在珠海机场只好搞航空展览，这就浪费了。

三是产业结构的雷同，城市之间的分工合作程度低。每个城市都提出要发展信息通信、机械制造、生物医药等产业，其结果是城市之间没有形成产业分工，而是恶性竞争，甚至发展到在城市边界上进行产品封锁，制止其他城市产品进入本市，以政府投资来设置城市间商品流通的障碍。

四是城市污染日益严重。城市之间只要存在恶性竞争，城市的过度污染就不可能制止。如在珠江三角洲地区，珠江上游地区排污不考虑对下游地区带来的影响，从上游到下游，排污一个比一个厉害，恰似一江污水向东流。在珠江的江心岛上，建有接待外宾的别墅，环境非常好，退潮后，潮间带的污泥所散发出的气味实在是臭不可闻。

2. 成因

一是缺乏相应的制度安排，外部性问题难以解决。

二是政府投资体制缺陷，市场机制尚未发挥作用。应该是投资者对投资效果负责。政府的投资应该由谁来负责，没办法控制。

三是片面追求增长目标和领导干部的任职期过短。广东有一地级市经济增长非常快，所建的政府大楼达 25 万 $m^2$，整个广场比法国的巴黎新区还大，投资非常之巨大。但是该市没有污水处理厂，而城市自来水厂有 200 个。政府应该做的事情没有做，不该做的却做了。为什么不把 200 个自来水厂统一起来，实行可靠的网络化供水？建一个大型污水处理厂，一般需要好几年的时间，而且污水处理厂最重要的配套管网设施建设是看不见的工程。领导的任期通常只有三年时间，在三年时间里，领导想做的就是那些人们都能看到城市大变样的工程，在任内留下自己的"政绩"烙印，而不顾后任还债及公共开支是否合理。

3. 对策

一是要完善城市群之间的协调规划。首先是要编制好区域协调发展规划，明确哪些是应该做的事，实行区域内的资源共享、环境共保、基础设施共建、支柱产业共树。

二是基于"互利"的区域协调机制重建，收到 1+1 超过 2 的效应。

三是建立排污权、水权等外部性资源交易制度。上游地区的水流到下游，如果是污水，不仅收不到资源费，而且还要被罚款。如果上游把水治理好，向下游收取水资源费就好办了。而现在这些资源都是免费的，浪费和污染就在所难免了。

(四) 各类园区与大城市空间有序扩展相脱节

1. 问题

一是园区数量过多，面积过大，引发土地资源大量浪费。目前，全国各类开发区面积达 3.6 万 $km^2$，相当于一个台湾省，但是实际利用只有 30% 左右。

二是以条条为标准设立各类园区，导致功能单一、布局不合理、经济活力不强。如教育部批准设立大学城，旅游局、科技部、外经贸部等部委分别审批度假区、高新技术开发区、出口加工区和经济技术开发区等，各类园区标准不同、功能单一。如当时设立经济技术开发区，提倡"三为主"，即外资为主、制造业为主、出口加工为主，是为了解决对外开放初期不能解决的工业化污染问题和担心资本主义文化会侵略我们社会主义等政治"问题"而制定的措施。随着改革开放和经济社会发展，现在当然不合时宜了。

三是肢解了城市整体布局。开发区建设与城市空间的有机扩张相分割，结果造成开发区一到晚上就成为"死城"。工作在开发区，居住在城区所带来的钟摆式交通，是最不合理的空间布局模式。这种现象在我国已经出现了，而且在城市高速发展期间，所付出的代价是十分巨大的。所以，必须加强各类园区规划的统一调控，其中城镇体系规划的调控尤为重要。通过城镇体系规划调控，就是把城镇发展的各种力量调控到增加城市活力和改善居住环境上来，以最低的经济代价来获得区域整体的可持续发展。

2. 国外的经验

一是土地混合使用，经济活力较好。根据新的工业增长模式，无污染或污染比较轻的工业可以与居住区适度混合，居住区与商业、工业、展览业适度混合，经济活力比较好。哪个区域混合使用土地，哪里的经济效益就比较好，这是经实践所证明的共同经验。之所以美国追求精明增长，荷兰提倡紧凑型城市，就是基于这个道理。

二是合理的企业密度。经验表明，每平方公里有32个以上企业，是形成企业间分工与合作的前提。只有达到合理的企业密度，才能促进专业化分工的进程。

三是英国霍华德提出的"田园城市"。霍华德之后的"新镇运动"的实践者总结认为，城市大规模发展，必须要有一些具有居住、就业、商业、娱乐等功能的20~50万人口规模、环境非常优美的综合性的卫星城，来平衡大城市的摊大饼趋势。英国就在第二次世界大战之后的新一轮城市化过程中制定了新镇开发法律。第二次世界大战以后，大量的英国军人回乡，英国及时地提出了新镇开发法律，建立了38个新镇，疏导了大城市20%以上的人口。这不仅对英国的生产力布局和城镇化带来深刻的影响，而且为全球的城镇化发展带来了有利的启示。

四是卫星镇模式进化的三个阶段。第一代卫星镇是卧城（Sleeping City），只是那些白天在城市工作者的住宿地，功能十分单一。现在，卧城模式基本取消了。第二代卫星镇是半独立功能的新区，除了居住活动外，有了一部分工商业活动，但是没有功能完整的混合工商业区。第三代卫星镇是独立功能的卫星城，人口在10~20万甚至更大规模，能为城市居民提供大部分就业岗位。对卫星镇的发展，要注意把握三条：①土地控制；②一定的规模；③复合功能。这三条经验是经过 200 年的城镇化历程总结出来的。

**(五) 城市防灾功能衰退，人居环境恶化**

1. SARS 的启示

一是深圳的"夹心饼干"效应。深圳规划采取的是多组团模式，共有 16 个组团，700 万人口分散在各个组团中，每个组团的居住、就业、娱乐、生活具有相对独立性，组团之间人流量不大，再加上外地来深圳的务工人员就居住在紧靠工厂的宿舍区。所以，在 SARS 流行期间，即使采取隔离措施，对居民和务工人员的工作、生活影响也比较小。在南边的香港、北边的广州 SARS 病例都有几千例的严峻形势下，而深圳 SARS 病例只有 15 例。这就是所谓的深圳"夹心饼干"效应。从深圳的空间布局来看，农村是绝对的分散，相对的集聚；城市是绝对的集聚，相对的分散，能有效地控制组团间的人口流动，经空气传播的传染病发病率就比较低。所以，深圳的规划模式是一个比较成功的模式。而广州、香港为什么做不到？因为它们没有按照深圳的规划模式去做，城市摊大饼式发展到一定程度后不可收拾了，才去小补小修一下。深圳城市总体规划是由建设部两院院士主持编制的，规划实施取得的效果比较好，获得了国际金奖。所以，在防止 SARS 这类传染病的流行方面，像深圳这样的城市形态就具有一定的防灾防疫能力。

二是城市规划的三大来源。城市规划实践的起源来自于卫生防疫、建筑理论、生态与环境保护。可以说卫生防疫是城市规划的老祖宗。100 多年前，英国的城市规划是由卫生部主管的。当时为什么要提出编制城市规划？因为所有致命疾病的流行，如黑死病、伤寒病等大都发生在大城市。伦敦发生黑死病时，伦敦街上到处都是猫狗的尸体。由于对发病原因的无知，错误地认为是猫狗传染过来的，无知又带来恐慌，人类的恐慌就把猫狗全杀了，丢在大街上，猫狗的减少带来了老鼠繁衍，结果使得黑死病流行更加严重。人们对城市灾害进行反思之后，才有了城市规划，通过预先规划来解决城市的下水道修建、垃圾堆放、城市布局和绿化带问题，解决这些问题的目的都是为了卫生防疫。历史发展到今天，不少人把城市规划的老祖宗忘掉了。结果 SARS 使人们重新认识到城市规划应该注重卫生防疫功能。

三是城市是人类自我发展的脆弱系统。城市从空间上把人口集中到了一个非常密集的点上。人口集聚，一方面能提高经济社会活动的效益；另一方面，也会放大人类自身的脆弱性。人类与生物存在很大的不同，例如一窝蜂群，蜜蜂的数量多达几万只，这么多的蜜蜂集中在一个很小的蜂巢空间，并不影响其生存繁殖。蜜蜂分泌出来的蜂胶具有抗菌、抗病毒的功能。现在很多人服用蜂胶，就是为了提高人体免疫力。蜜蜂已是经过了几亿年的进化，如果没有抗病毒的蜂胶，蜜蜂早就被传染疾病淘汰掉了。但人类只有200万年的进化史，真正进入文明时代只有5000年，城市化更只有几百年的历史，所以人类系统自身是非常脆弱的。蜜蜂群高度密集而不脆弱，则是经过了几亿年进化选择的结果，我们应当从蜜蜂的进化生存中得到一些启示。这方面，日本人值得我们学习，日本的城市空间虽然非常拥挤，人口密度很高，但是流行病却很少。为什么？日本的国民非常讲究卫生。人类居住方式越密集，越要讲究卫生。日本公共汽车上的把手、电梯上的按钮，许多都是采用防病菌材料制作，可以说是具有蜂胶功能。另外，人类的心理活动是脆弱的，面对具有不确定性的危机就会引发极度恐慌。这也是城市防灾系统必须应对的问题。

2. 城市的污染日趋严重

一是污水处理设施建设赶不上污水量的增加。因为人口从分散的空间集中到点以后，人的消费对环境造成的污染就会大大提高。发达国家人口不足世界总人口的20%，但却造就了全球80%的污染。正是因为消费水平越高，废弃物就越多，污染就越大。耗能就是污染，耗能越多，污染就越重，所以城市人口对自然环境的污染能力大大高于农村人口。尽管有大量国债资金的支持，但我国城市污水处理设施建设赶不上城市污水量的增加，就是一个实例。

二是城市垃圾危及城市的可持续发展。泰国就曾发生垃圾山产生的沼气爆炸事故，导致数十人丧生。我国城市中共有900多个垃圾填埋场，但只有15%是达标的，存在的主要问题就是沼气防爆和渗滤液治理措施没有到位。垃圾堆积所产生的渗滤液，必须排入污水处理厂进行处理，否则渗入地下，对地下水造成的污染几个世纪也解决不了。

三是全球十大污染城市我国就占8个。外国有人认为，中国的城市化如果搞得不好，将是一场灾难。为什么？中国城市化水平在30%左右时，全球的十大污染城市就占8个，随着城市化的高速发展，污染更难以控制。

四是热岛效应严重。现在，城市内外的温差非常明显，像上海市最高相差6℃，北京最高相差近10℃。

3. 对策

一是科学的城市可持续发展评价体系。评价一个城市的市长、市委书记任职期间的政绩，应以城市是否是可持续发展为标准，而不是某些"冠冕堂皇"的形象工程建设或GDP的短期增长。要建立科学的城市可持续发展的评价体系。

二是生态园林城市和健康城市。这是国家园林城市和卫生城市的升级版。一般的城市成为国家园林城市后，还要发展成为生态园林城市，要朝这个目标前进。

三是城市应该是有机疏散、有机循环。只有做到空间的有机疏散，经济运行的有机循环，城市才能实现可持续发展，而不是简单地就污染而治理污染，这是消极的。

四是建立城市灾害危机管理系统。在未来的发展进程中,除了面对日趋严重的环境污染外,中国还面对着世界局部战争中可能使用生物武器的危险。一个小小的实验室制造的生物武器就可以毁灭一个国家,所花的代价很低,而事先却很难防。通过基因工程,生物武器可以做到只针对黄种人或某一种人,这些都已不是秘密。如SARS病毒,对部分俄国人就没有作用。像艾滋病毒,只有5%的人不会被感染。当遭遇可选择性的生物武器进行大规模袭击时,我国城市的应急处理系统将面临一场严峻的考验。

### (六) 交通拥堵,市民出行日益困难

#### 1. 汽车时代对城市交通的挑战

汽车时代对我国城市交通的巨大挑战,正呈现五个方面的特色:

一是快,私家车每年以超过30%的幅度增长,2007年全国机动车保有量超过1.5亿辆,私家车占所有车辆的50%以上。仅北京市汽车保有量就超过了300万辆。

二是少,我国大城市的人均用地面积和人均道路面积均过少,与国际标准相差很大。如东京人均道路面积$15m^2$,新加坡人均道路面积$98m^2$(表2-3)。

我国36个主要城市与国际比较　　　　　表2-3

| | 我　国 | 国　际 |
|---|---|---|
| 人均用地面积($m^2$) | 72 | 110 |
| 人均道路面积($m^2$) | 6 | 10 |

三是乱,交通死亡率3倍于国外城市。2002~2007年间平均每年约有8万人被车祸夺走了生命。

四是慢,行车速度慢,36个主要大城市市区道路包括环线平均时速20km,内环线核心区内道路行车时速5km。再一个是公共交通发展缓慢。

五是怪,出现了道路越多交通越堵的怪现象,也就是当斯定律:道路越多越宽直,进入这一区域道路的车辆就越多,结果反而堵车。所以,道路越多并不能解决交通问题。如北京已把环线建至六环了,但高峰时段三环之内堵车情况依然日益严重。外面的车流量越大,马路越宽,交通条件越好,核心区越堵。对于英国伦敦的城市交通,科学家们进行计算机模拟测算,得出这样的结论:即使把市区所有的建筑架空,下面全部改建为道路,也解决不了伦敦的交通问题。也就是说,如果大城市摊大饼式发展,即使道路面积等于城市面积,交通问题还是不能解决。这是人类给自己制造的陷阱。

#### 2. 对策

一是城市规划的合理化。一定要采用新城模式,组团式发展。

二是实施公共交通优先发展战略。公共交通发展得比较好的发达国家的城市，虽然90%的家庭拥有汽车，但只有10%的居民日常出行用车。他们的汽车主要用于度假，日常出行仍然选择公共交通。我国则相反，家用汽车全都用于日常出行。

三是控制交通需求。新加坡是人口密集度比较高的城市，在这么个小岛上，居住有400多万人，却是全球交通管理最好的城市之一。新加坡城市内设立了几个特别区域，车辆一驶入这些区域，电子收费系统就予以高额收费。新加坡就是通过控制交通需求，保持了城市交通的畅通。

四是智能交通系统。智能交通主要是通过计算机与人工对话，随时随地告诉驾驶员，走哪条路是最佳选择，可以避开阻塞的道路。如果按照计算机的模拟导航来控制车速，一路遇到的将都是绿灯，而不会是红灯，也就是所谓的"绿波控制工程"，实现了计算机与人的复杂系统对城市复杂交通系统的综合管理。

五是库里蒂巴经验。巴西的库里蒂巴市是联合国推荐的示范城市，该市在生态、环境、交通、城市发展四个方面都做得非常好。城市交通基本上是地面交通，以快速干线交通来代替地铁，投资只有地铁的1/20，而交通疏通量可达地铁的一半以上。但是，库里蒂巴的经验为什么在世界上难以推广呢？库里蒂巴市有一位市长，任职时间长达12年，在任期间，他一以贯之要把该市建设成为世界的典范。但是我国一些城市的市长，本身知识储备不够，加上任期过短，缺乏解决长远问题的眼光，以致于难以全面学习和推广库里蒂巴经验。

### （七）投资渠道分散，小城镇增长乏力

#### 1. 问题

一是乡镇企业增长缓慢，效益滑坡。

二是建制镇过于分散，经济特色不明显。

三是小城镇生活条件远不如大城市。

四是文、教、卫、体等公共品投资不足，难以服务农村。SARS的流行给了我们一个启示：小城镇应该是农村疾病防疫的节点。

五是金融资本倒流回城市。四大银行在小城镇设立的金融机构全都撤销了，小城镇的金融资本都回流到了城市。

六是现行财政体制和管理机构不合理。目前，小城镇的规划建设无人管理，而各类"条条站所"发展得很多。小城镇既是一个经济体系，又是现代文明扩散的源泉。现在小城镇是垃圾遍地，路边厕所，到处都是苍蝇、蚊子，这些问题解决不了，谈什么文化？文化内核是文明的进步，没有文明的生活体验，空谈文化是没有意义的。所以，应当设立规划建设小城镇的机构。但在我国有一种怪现象，就是"条条专制"，谁和高层领导关系好，谁就可以设立机构。如果让群众来选择，群众当然是选择把清理环境卫生、提高小城镇的服务功能、创造小城镇

基本的生存发展环境放在第一位。

2. 对策

一是帮助农民自己创造就业机会。小城镇和大城市不一样，联产承包责任制、乡镇企业是中国农民自己创造的。中国农民自己创造了自己适应的经济组织机制，自主创造小城镇和工业化相促进的道路，自己创造了就业模式、人口空间转移模式。但是这个就业模式遇到了挑战，因为现在是大工业发展，国际贸易增加，资本有机构成大大提高，20年前每增加一个就业机会，只需要投资2万元，现在则需40万元，资本有机构成大大提高了。所以，小城镇农民自己创业的过程中，政府必须给予必需的帮助。

二是合理布局，明确重点镇的强化扶持。比如说吉林省确定了100个重点镇，就应把相应的财力集中投放于这些城镇。

三是合理规划，分类指导小城镇建设。根据城镇体系规划和现有小城镇的实际情况，采取新建、扩张、撤并、推进经济转型、实施环境整治等措施，分类指导小城镇建设。

四是推进产业的集群化、专业化，倡导"一镇一品"。为什么有的小城镇也可以进入国际产业大循环并且参与国际分工？关键在于企业集群与小城镇相结合而促进了有核心竞争力的专业镇的诞生，这在我国东南沿海极为普遍。我国其他地方就没有专业镇的概念，小城镇实际还是一个农村集市、农副产品的定期交易场所，或一般的乡镇工业区，没有集中自己的力量，专门生产某一类商品，在某一个生产环节上融入国际生产链。

五是评选中国历史文化名镇、名村。历史文化名镇、名村资源，是具有无穷增值能力的高等资源，同时也是不可再生的脆弱资源。

六是加强村镇规划指导，强化公共卫生等设施建设。

七是协调各部门对小城镇的优惠政策。将各方面支持的村镇建设资金用到刀刃上，尽快优化村镇生态人居环境。

**(八) 中小城市缺乏核心竞争力，城市功能不健全**

1. 问题

一是城镇体系不合理。我国大城市不强，小城市不优，众多中小城市中有能力成长为100万人口的大城市过少。

二是移民门槛太高。农民移民需要解决一系列的问题。因为推进城镇化，不仅要有拉力，还要有推力。明确农民对承包土地拥有长期稳定的经营权是城镇化的推力之一。农民离开农村去城市打工或向城镇移民，按照我们现行的政策，其承包的土地将被集体收回，重新发包。这样的话，农民就不敢离开农村，因为到城市打工有风险，而土地上劳作的风险较小。如果农民离开农村，其承包土地的使用权仍属农民所有，他就可以对使用权自由转让。对承包土地的两种处理方式,所产生的城镇化推力是完全不一样的。目前不少地方政府所采取的方式就是告诉农民不要离开农村,农民临时进城打工了,本应属于农民的承包土地就没有了,农民自己没有自主权来处理土地。

三是合理规模城镇的发展速度是不合理的。据联合国统计,城市人口增长最快的是100万人口以下,5万人口以上的城市。而我国的情况刚好相反,我国是100万人口以上的城市发展最快,这就说明我国的中小城市发展缺乏活力。

四是地区间城镇化的差异日益扩大。东部和西部地区在城镇体系、产业组织模式、城镇化的动力等几方面的差异非常明显。

五是资源型城市的接续产业不明确。一批资源型城市陷入了衰退的困境。

2. 核心竞争力的概念与特征

核心竞争力一般具有以下几个特征:一是有长期作用。二是有市场需求。三是有比较优势。四是有渗透性(延展性)。这种核心动力会带动其他产业发展。五是有不可替代性。按照这五个特征,我们去反思资源型城市的发展为什么不能持久?就是因为一般矿藏资源不可能是长期有效的,不具延展性,没有比较优势。如燃煤过程产生的污染过重,可用石油或天然气取代;本地矿藏开发成本过高,价格不如进口便宜,可以被其他化工新产品替代等。

**(九) 城市风貌千城一面,特色丧失,建筑风格单一**

1. 成因

一是旧城改造方式不当,力度过大。

二是部分领导对城市面貌一年一小变、三年一大变的求变心理。

三是对城市文脉、历史遗迹等不可再生资源保护缺乏认识。

四是领导干部个人成见,再加上乱指挥,导致许多城市建筑欧陆风成灾。有些领导同志到国外考察拍了许多照片,回国后交给建设部门,要求按相同样式建设,结果使城市自身独特的个性风貌被毁灭了。

五是设计人员作品的相互"克隆",粗制滥造成风,优秀作品自然就十分稀少了。

2. 启示

一是法国的国家规划师制度。第二次世界大战以后,法国对所有的城市建筑进行重修,为此建立了国家规划师制度,国家向每个城市派驻一位城市规划师。在这一城市里,哪些房子该建,哪些房子该拆,必须先经派驻的规划师签字同意后,再由市长签字。所以,法国的历史文化遗存保护得非常好。英国规划师协会的负责人在对我国规划师的演说中,自豪地讲述英国在第二次世界大战后,对城市建筑的修复是如何的精细,讲究原汁原味,保持了英国传统文化。现在这些具有传统风格的城市和小镇成了英国的宝贝,有的城市居住人口只有20万,而每年的外来游客超过300万人。所以,注重对历史文化、传统风貌的保护,就会获得意外的可持续发展之道。

二是罗马保留的"墨索里尼"建筑。墨索里尼非常喜欢建筑,在法西斯政权统治时期,他在罗马建了很多大而无当的建筑,这些建筑至今没有一个拆掉的,都保留了下来。因为建筑是城市历史的见证,是文脉的继续。在吉林、长春,伪满时期的建筑和日本人的建筑也应该保留,这是历史的见证,也是一个时代建筑文化的凝聚。我们中国应该更大度些。在日本的京都,所有的建筑都不超过10层。日本的京都佛教协会,不欢迎从高楼大厦里出来的人进入佛教圣地。日本的京都现在号称"东方文化之都"。"东方文化之都"不在中国,在京都,这有些说不过去。

三是中世纪城市的繁荣与堪培拉、巴西里亚等新城的萧条。这形成了鲜明的对照。中世纪时期的城市如欧洲的一些中小城市,现在都非常的繁荣,而澳大利亚的堪培拉、巴西的巴西利亚等世界著名的新城却非常萧条。因为这些城市的规划思路完全按照《雅典宪章》,强调功能分区,强调城市形态的舒展,崇尚技术美,结果把城市的有机构成肢解了,造成了经济萧条。

3. 对策

一是对旧城的改造应采取有机更新的策略,不能推倒重来。

二是对城市独特风貌要重新认识。黄山市决定,市区新的建筑必须是徽派风格,老建筑必须改建,名山配名城,才能把旅游资源发挥到极致。

三是制度保证——对历史性建筑拆除的一票否决。

四是紫线管理。对历史文化街区实行强制性保护。

五是恢复控规的建筑风貌控制。控规是城市规划调控中的最重要的武器。我国的控规编制方法是从美国学来的。德国的控规强调对建筑风貌控制。但美国只有300年的历史,一度认为几乎没有什么建筑是值得保护的,所以其控规省略了建筑风貌控制的内容,以至于我国编制的控规,也没有建筑风貌的控制,现在应该恢复。

六是对历史文化名城,定期公布濒危历史文化名城的名单,建立黄牌警告和淘汰制度。

**(十) 城市居民收入差距日益扩大,就业率降低,犯罪率上升**

1. 美国经济学家托达罗认为城市具有三种引力

一是城市与农村的工资差距,国际上是1∶2.5,我国是1∶4,差距很大。预示我国的城镇化可能比国外过去的历程更迅速。

二是城市提供的就业机会。

三是移民对未来的预期收益,如子女教育、社会保障、生活便利等,吸引着农民去城市定居。

2. 基本观点

一是提供"正规就业"岗位是城镇化健康发展的关键。"正规就业"岗位的提供必须是劳动密集型的，解决就业问题是城镇化的重中之重。

二是我国现存的"民工潮"说明对农民进城的身份认同、公平待遇等方面存在问题，才会出现大规模的民工潮，因为不能被认同，所以农民才大规模地流动。

三是消除子女入学、社会保险、住房福利、户口限制、技术评级等歧视政策，是提高农民进城预期收益的重要措施。

### （十一）必要的基础设施严重短缺和形象工程过多同时存在

1. 国际经验比较

一是快速城市化过程中基础设施短缺是一个长期问题，不是一下子能够解决的。有时还需要灾害性的事件推动才会引起重视。例如19世纪欧洲爆发大规模霍乱之后，才发生了城市公共卫生革命，政府才开始投巨资解决穷人的住房、自来水、下水道以及排水设施。印度苏拉特和阿默达巴德的城市设施改良也始于1994年鼠疫的爆发。当时，鼠疫对经济的影响超出了各城市，威胁到印度整个国家的旅游业，其结果迫使市政管理当局马上开始关注城市固体垃圾的收集与处理。他们行动的结果把苏拉特从脏乱差的城市变成了印度最干净的城市之一。

二是世界银行认为：发展中国家人均GDP达1000美元之后，公共投资超过私人投资应达GDP的5%以上。我国普遍不足，通常只有3%，有些年度还低于2%，只有上海等城市达到了5%以上。

三是城镇化过程伴随市场化改革，充分利用市场配置资源的高效率来加快基础设施建设是关键。所以，政府与企业应该是伙伴关系，共同来承担基础设施建设。

四是城市土地升值是由于政府基础设施投资渗透带来的，应收回用于全体市民改善生活、生产环境。这是城市经营的基本理念之一。

2. 基本对策

一是推行城市基础设施投融资体制改革。

二是改革原有的城市管理机制，进一步提高效率。

三是城市政府统一规划、统一管理、统一出让城市土地。这非常重要。我国东北、西北和中部大部分城市，这方面的收益都比较低。1999年我刚到杭州工作时，杭州市的土地出让收益是5亿元，但真正用于城市建设的只有2000万元。建立严格、完备和统一的土地储备制度之后，到我2001年离开杭州时，土地出让金则达到了35亿元，2002年是65亿元。这65亿元土地出让收益，扣除成本50%，全部可以用于城市建设。

四是推行公共交通设施导向开发模式（TOD），最大限度地收回渗透在土地中的政府投资，用于公共基础设施再投资。如政府要修建城市快速道路或地铁，道路两侧及地铁出站口附近的土地应全部由政府先进行控制并作好规划，道路或地铁一开始建设，就可将预先控制的土地进行拍卖，拍卖收益可以弥补道路或地铁建设的投资。这就是公共交通设施导向开发模式。公园、高尔夫球场、运动场的建设，同样可以采用这样的模式。这些土地是因为公共设施投资的渗透而增值的，如果土地增值由别的单位或私人所垄断，那政府就白投了，应该由政府通过事先的规划调控手段把它收回来。

五是改进干部考核机制。强调必要的城市基础设施齐备和正常运行是衡量城市领导干部是否合格的前提条件。

## （十二）违法建筑屡禁不止，城乡结合部混乱不堪

### 1. 问题

一是违法建筑日益泛滥，城乡结合部混乱不堪，规划管理权被架空，使健康的城市形态无法保障，国有土地资产严重流失。规划没有法治权威，土地市场的公平交易就无从谈起。

二是大城市的辐射力被城乡结合部截流。受城市集聚经济的辐射影响，大多数城乡结合部的农村经济发展较快，集体土地未经征为国有即进行开发建设，农业用地以使用权流转、合作开发等形式转为建设用地，不仅导致了建设布局混乱、基础设施严重短缺，制约了城市的发展，而且也造成了违法建筑屡禁不止、愈演愈烈的趋势。

三是城市被"城中村"和边缘杂乱的建筑所包围。这些地方乱搭乱建泛滥，被称之为中国式的贫民窟。

四是城市环境卫生、形象被严重玷污。

### 2. 成因

一是旧版《城市规划法》被规划区范围所限制，导致城市规划区范围之外土地无法进行规划管理，以至于造成城乡结合部基础设施建设、环境保护和产业布局的失调，破坏了城市发展的良性循环。

二是土地制度一城两制，管理主体不同。市区土地国有和郊区土地集体所有两种制度并存，在实际管理上往往采用规划部门与土地管理部门分而治之的办法，其结果是城郊结合部成了"两不管"的地带，造成了中国特色的城郊病。

三是拆除违法建筑缺乏执法的决心和队伍。

### 3. 对策

一是城镇体系规划要进一步落实。用城镇体系规划来强化总体城市规划区范围外的规划定点、规划实施等责任。结合城镇体系规划、土地利用规划、城市总体规划来编制城乡结合部的控规、详规，没有控规和近期建设规划，不能动土。

二是《城市规划法》改为《城乡规划法》。城市规划要为未来的发展留下充

分的空间，城乡应该协调发展。规划法的管理范围不能局限于城市市区，要在法律上确立城市与乡村的规划关系，明确区域规划的法律地位及相应规范。一方面是解决城市与农村在法律适用上的"两张皮"，制止城郊结合部建设活动的无序和混乱；另一方面，是统筹安排区域内城镇体系的合理结构与布局，明确重点发展和优先发展的中心城镇和地区，以合理的开发时序来获得城乡协调发展和较好的空间开发效益。

三是严格追究、坚决纠正违法占地、乱搭乱建的现象。

四是改革征地办法，征地补偿费主要用于失地农民的社会保障。通过用地单位支付足额的社会保障资金来消除失地农民的后顾之忧，而不能再用增加集体土地收益、投资办厂来养人。

## 三、城市多样性的真实意义和面临衰败的主要原因

### (一) 多样性与城市可持续发展能力

如果说紧凑型城市是以对生态环境干扰最小的城市化空间模式必由之路，是一种着眼于区域和国家整体长远利益的"外向型"可持续发展模式的话，那么具有多样化特征的城市，则是一种着眼于城市自身活力的内向型持续发展的城市成长模式。紧凑型城市主要着眼于减少占用耕地，节约资源和能源，而多样性可以提升城市自身的活力，创造就业机会和增强城市的竞争力。

可持续发展有两种内涵，第一种内涵是众所周知，也就是布伦特兰委员会在1987年提出来的：人们在满足当前需求的情况下不以削弱子孙后代满足同样需求为代价，这就是可持续发展的。但是与此同时，又有人提出另一种可持续发展的内涵：留给子孙后代的机会应该与留给我们自己的一样多，如果不是更多的话（撒拉格尔丁，1996）。如果前一内涵指的是人类与大自然应平等相处，人们面对大自然是无奈的话，那么后一种内涵对人类自身来说，就不是那么力不从心，也就是有主观能动性的。当全球进入城市世纪以后，城市将成为创造绝大多数机会的载体，其创造机会的能力，也就是撒拉格尔丁定义的可持续发展能力的大小，在很大程度上取决于城市文化、资源和产业的多样性。

刚刚去世不久的著名美国城市规划学家简·雅各布斯(J. Jacobs)曾经说过，城市作为最大的"共有体"(Togetherness)，其本质在于能将各种背景、互不相识的人聚集在一起，能够在文明的、带有基本尊严和保持本色的基础上平等相处，容忍——允许他们间存在着巨大的差异，这种差异要远远大于肤色间的差别……这是城市的可用资源之一，并且很有可能是最大的一个。❶

来自生物界的信息也给了我们这样的启示：越是具有生物多样性的生态系

---

❶ 参见：[加] 简·雅各布斯. 美国大城市的死与生. 金衡山译. 南京：译林出版社，2005.

统，其稳定发展的特征和抗外界干扰能力就越强。在一个生态系统中，多种多样的生物往往处于共生状态，这种不同种类的生物之间相互依存的关系已经存在了几千万年甚至上亿年，生物种类越丰富，生物量越大，系统的稳定性越高，越能保持可持续发展的状态。

因此，来自各种学科的科学家已经达成以下的基本共识：人类应当珍惜和保护所有的物种，尽可能挽救濒危物种。因为科学家们已经从许多物种里面提炼出影响人类健康的、治疗恶性传染病、癌症、心血管等疾病的药物，但是更巨大的宝藏有待发掘。人类应对未来危机的所有信息和工具，可能都存在于这些物种之中，如果这些物种消灭了，就等于毁灭了人类自身光明的未来。

在人类社会中，呈现多样性的城市远比单一型的资源依赖性城市更有活力，这已经成为最普遍的常识。美国硅谷城市群的兴起，与其富含多样性直接有关。经过半个多世纪的发展，硅谷的经济实力，如按"国家"来衡量，已经超过了法国、意大利等世界强国，位居世界第五位。硅谷经济的发展，缘于存在诸多的集群所呈现的多样性：全球IT产业人才集群；模块化的技术创新集群；占全美60%的风险资本集群；数万家中小企业组成的企业集群；数十个相关产业集群相互分工与合作；几百个中小城市在集群内相互竞争和协同……

对硅谷进行长期研究的斯坦福大学的青木昌彦教授在几年前出版的《比较制度分析》一书中指出：在任一城市中，帕累托最优的产业结构的特征是组织形式的多样性。只有一种经济组织形式的城市，是难以创造可持续发展能力的。❶

无独有偶，以国家和地区竞争力研究而誉满全球的哈佛大学商学院教授迈克·波特(Michael E. Porter)也曾明确地提出：国家或地区的竞争力往往不是由显眼的指标，如汇率、利率、政府赤字或廉价资源优势所致，而是由众多不起眼的经济"马赛克"即产业集群所决定的……此类产业集群很少个别独立出现；它们一般会形成地理上的集中现象。一个有竞争力的产业会带动另一个产业的竞争力，彼此之间又进入相互强化的过程……越健全的产业集群，就意味着众多的专业化供应商，更多元化的相关产业，以及更广泛的支援性法人结构。❷

**(二) 多样性的自身特征**

(1) 城市多样性既存在于明显的物质结构之中（如城市建筑、街区风格、地形地貌和可利用资源的多样性等等），又根植于无形的社会资本（如文化习俗、创业精神、包容能力、社会网络、法规制度、政府行为等）。

(2) 多样性自身所具有的动态性和自组织性，很难用传统的方法去清晰地、

---

❶ 参见：[日]青木昌彦. 比较制度分析. 周黎安译. 上海：上海远东出版社，2001：145。

❷ 参见：[美]迈克尔·波特. 竞争论. 高登弟、李明轩等译. 北京：中信出版社，2003：193、216。

完整地描述和界定，或对其效用进行精细的测量。

（3）多样性作为一种社会资本，它与实物资本的不同点在于，对它的使用不会消耗它，而不使用才会使它消耗。也就是说，多样性具有信息资源的特征。

（4）多样性作为城市的一种内在素质，很难通过外部输入得到丰富和发展。没有任何两个城市的"多样性"是相同的。著名的波兰籍城市规划学家沙里宁曾说过：城市如同一本打开的书，从中可以读出市民们的文化气质和抱负。这种文化气质也是决定多样性和城市之间差异性的重要方面。

（5）用复杂科学的观点来说，多样性就是一种自组织的状态，是高级有序的，各级政府的决策会强烈影响城市多样性的滋长或消亡。因为城市政府是社会资本的重要组成部分，它的所作所为影响多样性建立的制度安排和文化氛围，影响到培养多样性方向和前景。

（6）"城市的多样性无论是哪种类型，都与一个事实有关，即城市拥有众多的人口，人们的兴趣、品位、感觉和偏好五花八门、千姿百态。"❶ 容忍并激励这些产生多样性的元素，无疑有利于培育多样性，从而增进城市的活力。

在计划经济年代，为什么中国的城市没有活力？因为它不具有多样性。那时人们的兴趣、品位、感觉和偏好被计划经济搞成格式化了。而市场经济则是众多分散决策和自负盈亏的经济主体的集合体。有了市场经济，就意味着诞生了多样性的温床，多样性会增长，城市乃至整个国家就会有活力。

**（三）城市多样性受到扼杀的主要原因**

简·雅各布斯认为：要想在城市街道和地区发展出丰富的多样性，以下四个条件不可缺少：

第一，地区以及其可能多的内部区域的主要的功能必须要多于一个，最好是多于两个。这些功能必须要确保人流的存在，不管是按照不同的日程出门的人，还是因不同的目的来到此地的人，他们都应该能够使用很多共同的设施。也就是说，一个城市的功能必须是多功能叠加，而不是单一的，这些功能必须要确保人的生存和发展，而且要兼顾到各种人群、阶层的需求均衡。因为这些人的偏好、奋斗、梦想、所作所为等等，就是构造城市多样化的最基本的源泉。

第二，大多数的街道必须要短，也就是说，在街道上能够容易拐弯。城市的空间特征一般是由街道的空间组成的，街道的丰富性、多样性决定了城市的多样性，如果所有的城市街道都是"以车为本"进行设计建设，行人不能上或者不能下，不能方便转弯进入他们感兴趣的空间，城市就会失去多彩的商业氛围，就会丧失活力。例如，北京有很多封闭的、衙门式的大院，有人设想把这些大院改造成丰富多彩的街区，整个城市的活力和就业的机会就会大大增加。

---

❶ 参见：[加] 简·雅各布斯. 美国大城市的死与生. 金衡山译. 南京：译林出版社，2005.

第三，一个地区的建筑物应该各色各样，年代和状况各不相同，应包括适当比例的老建筑，因为在经济效用方面可各不相同。这种各色不同建筑的混合必须相当均匀。也就是说初期的企业尤其是创新的企业，必须先在简陋的、低价格的建筑中得到成长，硅谷几乎所有的大企业在其婴儿期都是在车库诞生出来的。如果没有不同年代、不同租用成本的建筑来满足创业者各式各样的需求，城市经济的活力就无从谈起。

第四，人流的密度必须要达到足够高的程度，不管这些人是为什么目的来到这里的。这也包括本地居民的人流也要达到相等的密度。❶

这四个条件的结合能产生最有效的经济资源。虽然即使有了这四个条件，也不是所有的城市地区都能产生相同的多样性。不同地区的潜能因种种原因而表现不同。但是，只要能在这四个方面有所改进（或在实际生活中能做到符合这个方向去改进），那么一个城市的城区不管其位置在于何方，是应该能够发挥其最大潜能的。

另一方面，也应该看到，城市发展过程中存在几种多样性的自我毁灭机制。

一是"成功"的多样性产生过程中，会自动伴随产生"垄断"机制，从而扼杀了创造这种成功的多样性基础。例如零售业的竞争过程中，最后会产生一个"技压群芳"的胜利者，在此之后，一种在经济和社会层面上互为支持的错综复杂、最成功的机制在这个过程中被毁灭了。这就是著名经济学家马歇尔（Alfred Marshall）百年前提出的马歇尔困境（Marshall's Dilemma）。他指出，任何一个经济体，其规模的经济与竞争的活力始终是矛盾的，要追求规模经济，就可能造成寡头经济，最终结果是一个产业内只剩下一个胜利者。这样一来，由竞争所引发的创新都将湮灭，反之亦然。这就是为什么要设置反托拉斯法的起因。要追求多样性、竞争活力，就要维护众多企业同时竞争的形势。

二是许多成功的开发模式使众多街区群起效仿，结果导致城市的闹市区不停地改变位置，永远处在迁移状态中。这种过程造成的一个后果就是，一方面拷贝出了许多似曾相识的景观；另一方面也使城市内部出现停滞和衰败。更重要的一点是，我们有许多地方的规划师盲目追求华盛顿、堪培拉等震撼人心的城市景观，或者纯粹的技术美，或者用土地的单一用途的僵化观念来替代传统历史文化所形成的多样性的相互联系，从而肢解了有利于产生多样性的复杂机制。比较一下充满活力的中小城市与巴西利亚、堪培拉等这些能够产生震撼人心景观的城市，前者充满各种各样的就业机会，后者非常的萧条；前者具有丰富的多样性，后者呈现功能的单一性。在这些具有活力的城市里面，没有那些领导人和外来参观者所偏好的大广场、宽马路和庞大的纪念碑式的建筑。这些宏大的建筑场面，

---

❶ 参见：[加] 简·雅各布斯. 美国大城市的死与生. 金衡山译. 南京：译林出版社，2005.

在具有几千年封建传统影响的我国,往往会成为官员们所追求的梦想。

三是推倒重来,喜新厌旧式的错误的旧城改造政策,造成了大批历史文化名城风貌的丧失和多样性的消亡。在中国几千年封建历史中,一个朝代推翻另一个朝代时,不仅要在制度上改朝换代,而且要把体现那个时代文化特征的表征物全部拆除,建立新的。再加上十年"文革"的浩劫和改革开放之后急功近利式的旧城改造,摧毁了大批历史建筑。所以,尽管我国拥有 2000～3000 年建城史的城市为数不少,但是完整的历史街区和传统建筑却难以保存。

四是过多的创业场所限制和土地、建筑的用途管制,扼杀了多样性的本源——人的主动性和创造性的发挥。新加坡的裕朗工业园区是单一的土地使用模式,它的经济活力、创造的就业机会还不如新加坡城市边缘那些比较混杂的、呈现出多样性的街区好。苏州的新加坡工业园区就没有完全按照裕朗工业区的模式进行建设,而是注意到土地的混合使用,倡导多样性,取得了较好的效果。

## 四、实现紧凑度和多样性两大核心理念的对策选择

(1) 倡导土地混合使用的新理念。土地的混合使用,有利于增强城市各相关产业和服务机构之间的联系,促进多样性的成长,有利于住宅和就业岗位的均衡分布,减少钟摆式的交通引发的能耗和污染,使交通设施的占地面积大大减少,有利于改善生态环境,也有利于推广环境绩效规划(Performance Zoning),提高整体人居环境质量。

国家环保总局推出的环境评估没有把城市总体规划纳入进来。这是因为,城市规划是我国比较成熟的环境评估手段,城市规划的基本原则和过程都是着眼于环境评估的,当然在某些方面还不够,应该强化。决定一个建筑是否能够在一个地方建设的因素,除了容积率、与周边环境的协调以外,更重要的是看它有没有产生水、空气、噪声等方面的污染。如果通过环境绩效评估,不管建筑的使用功能是什么,都可以由业主自行调整,但是必须在环境评估允许范围之内。环境影响是第一位的,而使用功能会随着时间而动态改变,这就有利于多样性的培育和城市创新能力的提高。

(2) 构筑符合多样性的交通体系和可步行城市。汽车意味着更好的运力,但是城市道路资源的有限性导致汽车和城市之间存在着内在的冲突性。当汽车数量超过某个临界点之后,汽车所提供的将不是动力或便捷,而是滞留。

哥伦比亚波哥大市的经验是:市长不应只考虑去改善 30% 有车族的生活,而是要为占人口 70% 的无车市民做些什么。所以该市兴建了数百公里的自行车道和步行道,将高峰交通量减少了 40%。这是世界银行和联合国推荐的示范项目。

巴西的库里蒂巴市所建立的"双零换乘"、低成本、对乘客友好的巴士公交

系统，也具典范意义。这个具有300多万人口的城市，没有地铁，就靠发达的、零换乘的公交网络系统来取代私家车，该市2/3的市民出行是依靠公交系统。从1974年以来，该市人口已经增长一倍，而小汽车的交通量却下降30%。同时，该市成功推行TOD模式，实现交通走廊与紧凑度城区发展的有效耦合，创造出了一种符合于汽车时代的紧凑型并呈现多样化的城市发展新的模式。

(3) 推广低冲击式(Low Impact Development)城市开发模式，促进水资源循环的利用。水污染、水资源短缺是影响中国城市发展关键因素之一。可以通过推广低冲击式的发展模式将对雨水的"一冲了之"的传统思路转为截流利用；把对工业、生活用水"直线式"的消费污染和排放转为循环利用和零排放；从以末端治理为主转为节约用水、源头减污为主。通过编制城市群协调发展规划，实现区域和城市间的资源共享、环境共保、设施共建、产业共树的协同发展。

(4) 将城市看成是一个具有完整生态功能的系统。城市应该被融进当地的生态环境之中，而不是凌驾于它们之上，城市应该轻轻地放在整个生态的系统中间，而不应造成整个生态系统的毁灭。在具体实施上，要充分利用蓝线、绿线和黄线管制保护开敞的田园、森林、公园绿地、湖泊、河流、海岸、湿地以及其他自然斑痕。要用多种形式的绿化来增加城市绿化量，并构成多物种的绿色生态系统，同时要尽快恢复原有的城市河流水系。

(5) 尽可能保护历史文化遗产和风貌，传承历史文脉。这要求我们用有机更新的办法来进行旧城改造，而不是推倒重来。有机更新的旧城改造，类似于修补牙齿，而不是不论好牙坏牙全部拔光，换成牙托。后者相当于将祖传唐伯虎、张大千的名画换成了一幅廉价的水彩画。有着上千年或者数千年历史的现存的历史街区和历史建筑，实际上是几百甚至上千年无数的文人墨客、工匠们精心制作和历史积累而成的，其多样性是无法用当代任何单一的规划和开发模式所能比拟的。如果用一个建筑师，哪怕他再聪明，哪怕他是世界巨匠，在一个短时间建成的街区，也只能造成单调呆板，无法形成多样性。

(6) 创建简洁明了、有公信力的城市规划管理体系，真正做到对本地历史文化、普通民众和大自然的尊重。当代中国规划师肩负着神圣的职责。城市规划不仅仅是一门技术，规划师应该融入决策的程序，向权力阐述真理，全力证明什么是可持续发展和培育多样性应该遵从的原则。通过构建技术决策和行政决策双重均衡体系，实现以权力制约权力。完善规划督察员制度和公民听证制度，以法规和舆论约束权力。

(7) 消除创业的限制因素，倡导创业文化和激励创业型就业的模式，充分发挥城市自身作为技术创新、孵化器和市民创业服务器的功能。

(8) 从绿色建筑、绿色基础设施、绿色小区规划建设入手，使城市逐步成为构建资源节约型、环境友好型社会的坚强支点。

总之，回顾历史，我们已经成功建立了与城镇化基本相适应的规划调控体系，坚持了紧凑式的城市发展的模式。但无论是中国传统讲究礼教和等级观念的儒家文化，还是以"还原论"和工具理性为主线的西方文化中，城市规划经常被误认为是长官意志的蓝图，是为了满足某些人为的"功能"而常常忽视了社会实际问题的解决。1933年《雅典宪章》将功能主义推到了极点。在这套传统的规划理论体系中，充满着人类改造自然的宏图大略，并没有多少紧凑性和多样化的自发因素。接受过多四大功能分区规划教育的规划师们，如果不是从中国城镇化丰富多彩的实践出发，来自觉地进行理论创新，我们将愧对这个伟大的时代。先行国家的历史教训证明，城市紧凑型和多样性，不仅是城市可持续发展的两大核心理念和活力之源，而且也是实现健康和谐的新型城镇化的必由之路。同时，紧凑型和多样性两者具有共轭、互动的功能，保持我国城市的紧凑度，丰富城市的多样性是当代我国规划师的历史使命。

## 五、专题：欧盟移民政策对我国的启示❶

"欧洲的历史一直在被人口流动所改变。几个世纪以来，商人、手工业者和学者穿越欧洲大陆进行贸易，或开启新的生活。数百万移民从欧洲，首先向殖民地，然后向美洲和澳洲迁移。"伴随着世界上最早的工业化和城市化，以及欧洲一体化的过程，欧洲除推行殖民政策时期外，主要是国际移民的迁入地。人口在国际间的迁移既为该地区的兴起提供了急需的劳动力和知识技能，也缓解了城市化所带来的诸多环境和资源压力。特别是2004年5月1日欧盟实现东扩以来，欧盟内跨国服务对经济和就业的整体影响日益突出。大量来自欧盟新成员国的劳动力在给当地经济带来明显效益的同时，也使欧洲经历了前所未有的就业、社会结构和文化等诸多方面的挑战。原欧共体成员国纷纷采取相应对策，力求在减少就业市场限制措施的同时，理性对待移民潮。借鉴欧盟的一些行之有效的经验，对实现我国大量"农民工"有序流动，促进健康的城市化进而实现和谐社会无疑是十分重要的。

### （一）欧洲跨国流动劳动人口的特点

总体而言，欧洲国家跨国流动的劳动人口或称劳工移民均是从发展水平落后国家向主要发达国家的转移，在此基础上，呈现以下几个显著的特点。

1. 层次较低

从现状来看，欧洲各国来自中东、北非和地中海国家的劳工移民85%都没有高等学历，这些地区高技术人才只有5%愿意前往欧洲，而低技能甚至非法移民则有85%身在欧洲。欧盟东扩后涌向西欧的东欧移民，虽然改善了某些行业就业人员不足状况及雇佣"黑工"现象，但多数从事的都是本地居民不愿意从事的体力劳动。

---

❶ 注：路和平女士参与此专题的研究，在此表示感谢。

2. 流动性强

大部分来自欧盟成员国的劳动人口在迁入地区停留的时间较短。据调查，自 2006 年 7 月到 2007 年 6 月，欧盟内部跨国流动的工人少于 3 个月停留时间的百分比为 56%，而没有明确时间的占了 26%，两项相加为 82%，其中多数从事三个月左右的临时性工作。

3. 处于"边缘化"境地

大量跨国流动人口并不具备与本地劳动力竞争的能力和条件，往往在劳动力市场上处于边缘地位。他们多为吃苦耐劳的工人，收入普遍偏低，在各个城市形成了"移民小区"，展现其独特的文化和习俗的同时也与当地社会、文化难以融和，自身利益和政治权利得不到有效诉求。

4. 引发了诸多冲突

由于这些跨国流动人口得不到平等机会，必然会引发不稳定因素。如：英国伦敦、法国里昂及巴黎郊区近年来都曾发生过多起移民冲突事件，或由移民引发的社会动荡。特别是来自欧盟内部的移民对当地社会和政治权利的诉求日益明显化，也成为各国政府面临的新挑战。

**（二）原欧共体各国对劳动力跨国流动的态度**

欧盟内部实际上既存在着对跨国劳动力的需求，又忧虑其对当地社会文化造成冲击的矛盾心理。由于欧洲的历史和文化等原因，欧洲国家曾一度不愿承认需要移民。但在出生率下降和人口老龄化导致各国普遍出现劳工短缺问题后，原欧共体各国意识到，多年来实行的零移民政策已经不合时宜。因此，开始以理性的方式促进劳动力市场的开放。

从需求的角度而言，20 世纪 70 年代末期开始，欧洲人口出生率逐年降低，老龄化的趋势日益明显。人口总量的下降使欧盟国家普遍面临劳动力供给不足。据预测，到 2050 年欧洲 65 岁以上的人口将占总人口的 30%，劳工总数将减少 2000 万人，特别是在高技术领域人才匮乏的现象非常严重，直接威胁到欧洲在国际经济中的竞争力。因此，尽管经历了由移民引起的社会骚乱事件，欧盟各国政府并没有放弃寻求外来劳动力的努力。一方面，在欧盟东扩时规定了 2011 年必须在欧盟内部实现劳动力自由流动、建立欧洲单一劳动力市场的目标；另一方面，又以发布政策建议、制定条约、提出议案等多种方式，推动成员国立足于缓解人口老龄化压力和增强国家竞争力，从长计议、有选择性地从世界各地引进适合自身经济和社会发展需要的新劳工移民。与此同时，大部分成员国对非欧盟国家的劳工移民制定准入条件的同时，也采取措施推动其与欧盟公民享受共同的基本社会经济权利。

实践证明，欧盟东扩后大批波兰劳工移民的涌入，对改善英国经济起到了正面作用，他们与其他劳工移民一起已为英国创造了 60 多亿英镑的税收。目前，波兰的"管道工"已成为英国人日常生活不可或缺的一部分，从酒店餐馆到医疗护理，波兰人也都作出了巨大贡献。爱尔兰在欧盟东扩后涌进了 85000 名劳工移民，仅此一个因素，就使该国去年的经济增幅达到 4.75%，是欧元区平均水平的 2 倍。西班牙的一份研究报告表明，过去 10 年来由于大量劳工移民的涌入，推动该国经济平均增长了 2.6%。目前，劳工移民对欧盟经济增长起到正面作用越来越成为各国的共识。

**（三）欧盟各国对劳工移民的管理**

1. 根据经济发展需要调整劳工移民政策

一是积极推进欧盟内部劳动力自由流动。目前，英国、爱尔兰、瑞典及西班牙、葡萄牙、芬兰、希腊等 7 国已经取消一切限制，实现了欧盟内部完全开放劳动力市场；法国、比利时、意大利、卢森堡等国已开始减少对东欧国家流动人口的行政限制，逐年增加进入这些国家的劳动力配额；德国、奥地利两国虽然对从东欧国家引进劳动力仍持谨慎态度，但也开始有条件地引进劳动力。

二是制定计划引进非欧盟劳工移民。近年来，在坚持欧盟公民就业优先原则的前提下，各成员国也从国情出发制定了从其他国家引进劳工移民的行动计划。如瑞典对持有护照的外国人，在签证有效期内，原则上允许其与本国人一样在该国劳动力市场登记并寻找工作，一旦获得工作岗位后，即可以向移民局申请工作许可。由于移民政策的调整，近三年来，从欧盟以外迁入的人口已经增加了 300 万人左右。

2. 立足于吸引更多的高素质人才通过合法程序进入欧洲劳动力市场

欧盟司法和内政事务委员佛朗哥·弗拉蒂尼认为："为了维持和提高欧盟的经济增长，至关重要的是让欧洲成为吸引高技术工人的吸铁石。"为此，欧盟计划在未来 20 年内再从亚洲、非洲和拉丁美洲引入 2000 万高技术人才。目前一些国家已经建立了相应制度。如英国的计分制，将移民分为高技术人才（Highly Skilled）、技术人才（Skilled）、低技能人员（Low Skilled）、学生和专门人才（Students and Specialist），实行分类管理；法国设立了"能力与才干"卡，旨在专门吸引经过政府挑选的科学家、计算机专家、艺术家等高端人才。德国决定从 2007 年 11 月开始，向来自中东欧的新成员国机械制造和电气工程师开放劳动力市场。

在此基础上，2007 年 10 月 23 日，欧洲委员会通过了两项有关经济移民的立法议案。其一是推行欧盟"蓝卡"制度。持有"蓝卡"者可优先获得家庭团聚签证，在迁入地居住满两年后，可到欧盟其他国家工作，并可享受与欧盟公民同等的社会保障福利、提供进入劳动力市场的便利等。这些工作、生活和福利方面的优惠，旨在吸引高技术人才进入欧洲劳动力市场；其二是简化移民居住和工作许可的申请程序，向取得合法居住权的非欧盟移民提供国民待遇，以保护其免受劳动力市场的不公平竞争,推动劳工移民更好地融入当地社会。

3. 在"堵"和"疏"二者之间,选择以"疏"为主的策略,引导通过合法途径实现跨国流动

在需要劳工移民的同时,欧盟也面对着大量非法移民的严重问题。各国政府已经意识到,严格的移民控制并不能抑制移民现象,充其量只能改变移民潮的地理流向,甚至引发更多的非法移民问题。因此,移民问题已经是一个无法在一国范围内单独处理的问题,必须采取跨国行动。

在欧盟内部,一是在立法上赋予了欧盟公民有权自由迁徙,保证其在入境、居留、进入劳动力市场及社会福利等方面与接纳国居民享有同等待遇;二是在实践上采取了循序渐进协调、推动的措施,如设置过渡期及对居住时间作出规定等,逐渐打破人口流动的国界限制。目前,签订申根协议的国家之间,到2007年底已取消海陆边检,并于2008年3月完成取消空中入境检查。与此同时,建立健全申根成员国信息联网系统(SIS),使各国安全部门实时掌控出入境人员、物资或车辆的信息,做到在申根区域内,任何一国的警察在实施逮捕或检查车辆时都可随时查证。也就是说,"虽然取消了内部边检,但SIS联网的每一个警察都是一道电子边检。"最近,欧盟又决定将指纹等生物特征也纳入信息管理系统。此外,还联合建立了"欧盟边防局"(FRONTEX),监视欧盟南部及东南部边界,以加强边境控制。

在欧盟外部,则在继续实行签证制度的同时,积极探索新的管理手段。如近年欧盟委员会建立了"信息协调网",以便欧盟各国及时秘密交换有关非法移民的早期预警信息,特别是人蛇活动的最新动向、偷渡路线和手段的新变化。同时,促进各成员国移民管理机构之间的合作,确保迅速及时地掌握欧盟范围内有关非法移民活动的第一手资料。另外一项较为有效的措施就是与劳工移民输出国签订双边管理协议。如西班牙为做好双边协议签署工作,专门制定了协调劳工移民的"全面计划",包括接收标准、岗位需求、遴选机制及劳动条件和权利保障、家庭团聚等内容。目前,该计划已实行6年多,取得了积极的效果。2007年10月23日,欧盟同马里签署双边移民管理协议,并向其提供1367万美元以建立移民信息和管理中心(CIGEM),通过该中心挑选技工和季节性农工,以合法雇用的方式,减少来自撒哈拉以南地区的非法移民。如果该中心取得成功,欧盟可能还要在其他非洲国家建立类似机构。

4. 建立低价住房机制,为劳工移民创造居住条件

如法国自第二次世界大战后一直保留了廉租房制度,各级政府筹资占住房建设资金达70%,并对住房困难户及低收入家庭提供个人住房补贴,使大批外国劳工移民进入该国劳动力市场后,得到了相对稳定的居住条件。这一制度被称为法国的"首席稳压器"和"社会稳定剂"。英国布朗政府上台后,十分重视公屋政

策,并表示政府有责任建立更多的公屋来"冲击市场",以分流房市上的"非理性购买力"。公屋的对象针对具有英国国籍而无住房产权的人口,力求使买不起高价房的中产阶级及低收入者居者有其屋。英国住房署认为:所有新建的私人住宅都必须拿出15%的房源以成本价售给地方政府,以分配给轮候的低收入家庭。

5. 提供面向公众的社会福利服务

欧盟各国的基本社会福利和公共服务是向所有居民提供的。如未成年人义务教育、对贫困家庭的住房津贴、国家提供的基本医疗服务等,跨国流动的劳动人口也可得到与常住人口一样的保证。如英国建立了以初级护理为导向的国家医疗保障系统,由全科医生在社区诊所随时向患者提供服务。这个系统的特点以防病为主,治病为辅,将长期保健与短期治疗相结合,以医生指导和提供健康建议为手段,成为国民健康问题的第一道防线和国家医疗保障体系的第一道关口。每年接诊量达患者的80%,会诊量达25000万次。国家每年向其增加4亿英镑的疾病预防支出。通过初级医疗护理系统承担疾病预防任务,不仅使大多数人口受益,而且减轻了医院的门诊压力,降低了医疗成本。

6. 努力协调各国社会福利保障政策

由于缺少强有力的收入再分配手段,欧盟至今还没有统一各成员国的社会保障制度和政策。但各成员国的社会保障制度都相对成熟,目前,以德国为代表的欧洲大陆模式、以英国为代表的国家福利模式,以及北欧全民福利和南欧国家的地中海模式等四种福利保障模式,已经能够覆盖本国居民。

目前,欧盟各国正在开展深入而广泛的合作,努力寻找共识,使现有制度彼此接近。欧盟《第1408/71号条款》确保了在欧盟内部流动的欧盟公民享有社会保险的权利。2003年,这一条款进一步扩大到在欧盟居住5年的第三国移民(不包括难民)。此外,欧盟各国还与世界上其他许多国家签署了社会保障双边协定,以保证养老金的可携带性。多数国家的双边协定容许移民直接从其工作和缴费国家的社会保障机构获得养老金,不要求社会保险缴费必须在社会保障机构之间转移,如果转移,也是一次性结清。如:比利时虽然规定任何受雇者都须参加该国的社会保险体系,并按规定缴费,但与其签订双边社会保障协议的国家的移民,则可免缴5年。英国则对来自印度和菲律宾劳工移民缴纳的社会保险费在回国时一笔结清。

7. 倡导多元化文化城市及不同民族和人种的融合,防止单一民族聚居地的形成

以英国伯明翰市为例,这座老工业城市在20世纪80年代遭受了经济衰退的严重打击,经过经济结构调整的历练加上新移民的涌入,目前这个百万人口的城市中30%为少数族裔,25岁以下的人口占总人口的比例为37%,成为欧洲最年轻的城市,也是英国文化最多元化的城市。近年来,经过大力改造,这座以前被称为英国最"丑陋"的城市正在焕发出新的活力。

上述管理措施，旨在开放劳动力市场的同时，确保欧盟制定的引进高技术人才战略的实施，并努力实现移民的有序流动。实践的结果表明，现行移民政策保证了欧盟成员国劳工移民的来往自由，保障了跨国流动人口享受移入国当地居民的社会福利，实现了扩大就业政策的目的，弱化了老龄化的负面影响，为保持欧盟在全球经济中的竞争力发挥了作用。

### (四) 对我国"农民工"有序流动的启发

欧盟的劳工移民与我国近20年来兴起的"农民工"浪潮，在流动方向上都是从落后地区向发达地区的转移，经济因素起着决定性的作用。虽然前者是国际间的流动，而后者则是一国之内从农村到城市的流动，但我国区域经济的不平衡，又使得这种人口迁移与欧盟内部的劳工移民有一定的相似性。因此，欧盟各国对待劳动力跨国流动的态度与做法对实现我国"农民工"有序和谐迁移，仍然有着重要启发。

(1) 当前我国"农民工"的特点与欧盟劳工移民层次低、稳定性差、被边缘化等方面有着诸多相似之处，是政府制定经济社会政策时不可忽视的重要方面。同时，"农民工"又是我国经济中的活跃因素，对经济持续稳定发展起着积极作用。

所不同的是，我国"农民工"虽然来到城市，但基本处于一种"候鸟式"的流动状态，城市对于他们而言还只是年轻时赚钱的地方，多数人尚存在"叶落归根"的观念，家乡的土地和房产才是最终的保障。因此，目前我国在制定"农民工"政策时，必须与保障其土地承包权一并考虑，慎重对待土地使用权的流转。在此前提下，积极采取以"疏"为主的策略，保证"农民工"进退有路，减少因"农民工"流动造成的社会不稳定性。

(2) 借鉴欧盟的做法，在坚持城乡劳动力自由流动的前提下，采取措施做到有序流动，即：在"农民工"流出地与流入地之间开展协同管理。如建立政府部门联系制度，就劳动力市场需求、"农民工"就业状况、流动趋势等进行交流；或借鉴欧盟的做法，由东部沿海地区到西部地区开办职业介绍所或培训基地，有目的、有选择地招收"农民工"，以最大限度地保证输出的"农民工"满足流入地的需要；与此同时，制定循序渐进协调、推动的措施，积极推进城乡统一的户籍管理制度，对在城市工作一定期限（大城市期限长一些，小城市则短一些）的"农民工"提供类似欧盟就业许可证的合法身份。

(3) 妥善解决"农民工"社会保障问题，减轻人口老龄化压力。一方面，应积极推进立法工作，使"农民工"社会保障有法可依；另一方面，应在加强管理上下工夫，真正建立起适应高度流动性的养老、医疗、工伤保险制度和管理方法。中央政府应加大宣传力度，使地方政府真正认识"农民工"参加社会保险对减轻老龄化压力的作用，敦促地方政府之间签订协议，确保"农民工"在流入地参加当地社会保险，并做好社会保险关系的衔接，认真解决社会保险待遇的可携带性问题。

(4) 在医疗保障方面，应通过加强城市社区基本医疗服务网络建设，使"农民工"得到与当地居民相当的基本医疗服务。为此，可考虑将农村基本医疗保险与"农民工"在城市社区的基本医疗相衔接，即：将农村基本医疗缴费随"农民工"的流动结转到城市社区，与其在城市参加医疗保险的缴费合并管理，使个人缴费与政府投入有机结合，确保"农民工"真正纳入初级医疗保障系统，促进公共卫生体系和疾病预防系统更加有效运转。

(5) 重视"农民工"子女的教育问题。欧盟面向居民提供公共服务的做法值得借鉴。因此，应在立法上规定由流入地政府提供"农民工"子女公平接受义务教育的权利，采取措施敦促地方政府切实提供并积极利用各种教育资源，使"农民工"子女得到与城市居民一视同仁的教育机会。

(6) 妥善解决"农民工"的基本居住条件问题，防止形成"贫民窟"式的自发聚居地。可以考虑借鉴英、法等国的廉租房政策，并结合我国实际，在大城市以城乡结合部为主，在中小城市以周边地区为主，建设面向工薪阶层、可供低价出租的房屋及经济适用房，使"农民工"与城市无房居民一样均有权租用或购买，逐步形成稳定的居住环境。

在此基础上，还应采取积极措施倡导文化认同。如通过建立企业、社区文化、开辟政治诉求的渠道（推选人大代表）等方式，促使企业或社区将"农民工"凝聚在一起，形成团结向上的社会氛围，逐步促成具有稳定工作的"农民工"向城市居民的转化。

党的十七大报告指出："深入贯彻落实科学发展观，要求我们积极构建社会主义和谐社会。""构建社会主义和谐社会是贯穿中国特色社会主义事业全过程的长期历史任务，是在发展的基础上正确处理各种社会矛盾的历史过程和社会结果。"因此，解决好"农民工"有序流动是保持社会稳定、经济又好又快发展的重要方面，我们要在今后的工作中继续深入研究和探讨，理论联系实际，扎扎实实地解决好这一课题。

# 第三章 全球化和工业化：实现有序城镇化的障碍还是契机

## ——借助新型工业化优化我国城镇化的新动力结构

影响我国城镇化有序、健康发展的因素众多，其中全球化与工业化及其相互作用显然是两大主要影响因素，近代史证明：当人们能正确认识全球所带来的众多机遇与挑战时，它能够创造巨大的利益，不仅能带来经济增长和社会进步，而且还能促进有序的城市化和区域协调发展。但如果认识与掌控不当，它也能造成严重的危机。本章从简要的历史回顾入手进而阐述面对全球化的我国城市发展战略，纠正、批判了一些"流行的"错误观点，并力求阐明：发展企业集群是重构我国城镇化与工业化良性互动的重要途径，同时也对传统的科技园区开发模式进行了修正，使其更加地服务于我国的有序城镇化和新型工业化。最后列出我国城乡规划如何适应全球化与工业化的改革途径。在专题中给出了沈阳市发展战略研究案例来强化通篇的论述。

## 一、面对全球化的我国城市发展战略

正处于加速期的我国城镇化不仅要受市场化、工业化的牵引和推动，而且随着我国加入 WTO，也不可避免地受到全球化的影响。一方面，经济全球化为我国各级别城市的发展带来了国际资本、先进技术与理念、人才资源，有助于在全球范围合理争取和配置资源，使城市的生产体系纳入全球生产链，从而实现国际大循环。另一方面，也使得城市面临的竞争白热化和广域化，并迫使城市经济结构转型，打破了历史上形成的一整套经济社会运行规律和市场范围。如何应对全球化对我国城市发展的影响，已成为我国各级政府和经济界日益关注的课题。本章节正是基于这样的形势要求，分五个方面就这一紧迫性的问题展开讨论，并从总结国内外城市化历程中存在的成功经验和教训出发，着重论述全球化背景下我国各类城市发展战略制订和调整的一些概念和新策略。

### （一）人类永恒的追求——理想城市

美国著名的城市历史学家和人文学家刘易斯·芒福德（L. Mumford）最负盛名的著作是《城市发展史》，而另一本名著就是《乌托邦系谱》，该书从古希腊柏拉图的《理想国》到托马斯·莫尔的《乌托邦》，共列出了24位哲学家、科学家和社会学家对理想城市的描述，可以说囊括了中外历史上所有的科学巨匠和社会活动家对理想社会的描述，他们对理想社会的描述最后都归结于城市。因为城市是人类的创造物，也是人类想象力的聚集点，是人类社会发展的方向。纵横上下5000年得出的共同理念："把田园的宽裕带给城市，把城市的活力带给田园。"也就是城市也应充分拥有农村生态的、悠闲的景观。人类的进化始于农业社会，人类基因对农村的适应性远远高于城市。联合国副秘书长、人居中心主任安娜博士认为：最好的城市就是景观看上去像农村一样的城市，人与自然、城市与自然、社会与自然能实现和谐统一。只有这样的城市才有资格获得联合国人居奖。

而城市的产生来自于集聚经济效益。有了集聚，就有了专业化的社会分工。有了专业分工，才使得人的知识积累速度大大加快。柏拉图可以说是古希腊一位无所不晓的天才，但由于当时社会没有办法实现有效的分工，所以柏拉图所拥有的知识只是他个人的积累。现代社会是高度的专业化社会，电子技术、城市规划、建筑设计、医学等有着众多不同的专业分类。如哈佛大学设计学院最著名的专业是大地景观。专业分工越细，人在相当狭窄的专业领域中便可以越迅速获得知识。同时，获得各种不同知识的人聚集在一起进行交流，可以迸发出巨大的能量。城市使人类的能力提高了千百倍。城市作为人口的聚集地，各种不同文化背景、宗教信仰的人聚居在一起，使人类自身的精神理念和创造能力迅速得以提炼，促进了文化的高度发展，呈现出文化的多样性。城市又是商品的交易中心，根据交易范围的不同而分成不同的等级。大城市是国际商品交易平台，中等城市是区域性的商品交易中心，小城市是周边集镇的交易中心，而小集镇是周边农村的服务中心。不同等级的城市在相互竞争的过程中，会形成相应的经济生态定位，不同的交易范围，有着不同的交易成本。所以，"把城市的活力带给田园"，引入到农村，就会带动城市和农村的一体化发展。

在城市规划史上，英国的霍华德可谓是城市规划的开山鼻祖，1898年，他针对工业化时代英国城市的贫穷、混乱、污染和疾病流行的现实，满怀着社会责任感，提出了田园城市的概念。这一概念至今仍在运用。可以说到目前为止，现代规划师的想象力还没有能超越霍华德当时的设想。他认为，从空间目标上来说，田园城市应实现以下六大目标：①城市控制在一定的规模，对建成区用地扩张进行限制。他绘制了著名的三磁铁图，用三块磁铁来分别说明"城市"、"乡村"、"城市—乡村"的复合体，这三种引力同时作用于"人民"，并提出了一个耐人寻味的问题："他们何去何从？"②几个田园城市围绕一个中心组成系统，保持城市有机性。例如浙江省台州市就是这样的空间结构，它由椒江、黄岩、路桥三个城区组成，城区之间通过干线相连。③用绿带和其他开敞地将居住区隔开。

④合理的居住、工作、基础设施功能布局，就近就业。⑤各功能间有良好的交通联结。⑥市民们可以便捷地与自然景观接触。

田园城市对城市规划理念的影响十分深远。第二次世界大战以后，英国根据霍华德的田园城市的概念，兴起了新镇运动，在全国一共建设了 38 座新镇，新镇人口从刚开始的 5 万人发展到后来的 20 万人，并经历了三个发展阶段：第一阶段是卧城(Sleeping City)，只是那些白天在城市工作的人的住宿地，功能十分单一，城市与卫星镇之间的"钟摆式"交通现象十分严重。第二阶段是半独立功能的新区，除了居住活动外，有了一部分工商业活动，但是没有功能完整的混合工商业区。第三阶段是独立功能的卫星城，人口在 10～20 万，甚至更大规模，能为城市居民提供大部分就业岗位。英国的新镇运动对世界规划界带来了巨大的影响。

过了 100 年以后，美国针对城市的过度郊区化所带来的巨大浪费提出了城市发展的精明增长(Smart Growth)的方针，共有六大目标：①倡导紧凑式的城市空间，促进城市、郊区和城镇的繁荣。②居住的舒适性、可承受和安全。③更良好的可达性，土地混合使用，在社区内创造就业；美国大规模的郊区化，带来了很大的交通问题，尤其是对老人和小孩的生活带来了极大的不便。④混合居住，利益共享；美国自 20 世纪 50 年代开始，富人居住区与穷人居住区截然分隔，加剧了社会矛盾，进而导致社会的动荡不安。只有所有不同阶层的人聚居在一起，相互交流协作，人类才会进步发展。⑤较低的开发成本和环境成本；过度的郊区化，不仅造成了环境污染和生态破坏，而且也带来了水、电、路等基础设施投资的巨大的浪费。⑥保持开敞空间的开放性和自然特征。使人与自然相互交融，充分享受自然风光。

将美国的精明增长与霍华德的田园城市作一比较，虽然时间相距整整一个世纪，但是我们仍可以发现两者在许多方面是一致的，精明增长可谓是田园城市的翻版。这 100 年是人类历史上城市化发展最快的时期，从中也可以看出霍华德的田园城市对城市规划发展的影响之深远。

**(二) 全球化背景下的城市发展**

1. 全球化的特征

(1) 不同经济、技术、信息、文化的融合和冲突的加剧过程，其基调是在承认差距基础上的兼容并蓄。当今美国犹如当年的罗马帝国，在世界上拥有绝对的权力。但绝对的权力也就会导致绝对的腐败。在全球化时代，各种不同文化应该是融合而不是冲突。美国如果坚持推行单边主义就是一种走向没落的前兆。

(2) 跨国公司、外国直接投资以及世界银行等国际组织对城市发展的影响越来越大。为了引进国外资金，资金接受国相应的工作程序就该适应和满足跨国集团的偏好。所谓与国际惯例接轨，实际就是与制定规则的利益集团接轨，也就是与跨国公司熟悉的游戏规则接轨。发展中国家出现的殖民式城市化，实质上就是因为接受了这些规则而导致现在的后患无穷。

(3) 国际贸易、旅游和技术移民持续增长,一浪高过一浪。连对外国移民最保守的德国也派出他们的总理专门到印度的班加罗尔访问,希望引进 10 万名软件工程师到德国。美国加利福尼亚州曾是墨西哥的一块飞地,因认为这是一块不毛之地,没有矿产资源而被无偿地送给了美国。随后,因为先是在这里发现了金矿,后是大面积地种植柑橘,再是建立了斯坦福大学和伯克利大学导致了硅谷的兴起,短短 80 年的时间,硅谷从过去的一块不毛之地,如今成为世界 IT 产业发展的中心。如将硅谷作为一个国家来衡量,其所创造的 GDP 位于世界前 5 位,仅次于美国、德国、英国和日本。加利福尼亚州 15% 的人口是亚裔,由于各种不同文化背景的人聚居在一起,创造了世界奇迹。世界上确实存在这样一种奇怪的现象,一个民族在本地区没有活力,而到了另一个文化背景不同的地方,却焕发出巨大的工作活力。不同文化的交流与融合,可以产生巨大的力量。我国 3000 万海外华侨所产生的经济实力就不可低估,有许多国家经济的骨干行业离不开华侨的贡献。

(4) 城市和企业在国际贸易中的分工不断拓展和深化。在国际贸易领域也出现了城市之间的分工。有的城市从事某生产链的高端产业,有的城市从事低端产业,产业不断地分工与激烈的竞争既带来了发展的机遇,同时也带来了挑战。不少城市因抓住了机遇而繁荣,也有一些城市因没有应对全球化发展的战略,而在分工的过程中失去机遇而衰退。

(5) 国际流动资本的影响范围不断扩大和流动速度大大提高。国际流动资本事关城市经济的安全,与城市的竞争力和城市发展周期的波动性密切相关。

2. 全球化对城市发展的影响

(1) 商业选址和生产的全球化。商业的选址关系到交易成本。城市越大,交易成本越低。同时,产业的全球分工,使得所有的生产环节可以在全球范围内布局。诺贝尔经济学奖获得者、美国经济学家斯蒂格利茨预言:在全球化的进程中,中国将成为世界的制造中心是不可抗拒的潮流,任何国家只能是顺应这一潮流而不能阻挡。

商业选址,地价是必须考虑的因素。城市地价的高低主要由哪些因素决定呢?一是公益投资。城市基础设施投资价值全都渗透在土地之中,土地的开发成本体现在地价上。二是区位优势。不同区域的区位优势,地价完全不同。如在杭州,临西湖商品房的价格每平方米在 4000 美元,而背湖的仅几千元人民币。三是供求关系。四是交易成本。如北京的房价相当高,但还是有很多人愿意在北京购房而没有到内地城市去。这是因为内地城市的交易成本比北京高,如在这些城市发展要付出高额的交易代价。而在北京,虽然房价高,但是交易成本非常低,企业经营所节省的交易成本远高于房价的支出。商业选址是朝着交易成本低的地方迁移,全球化时代的生产企业总是朝着生产成本低的地方流动。

(2) 信息传送基础设施迅速改善。20世纪30年代兴起的福特式生产线,使得人和机器零部件一样,成了生产流水线的组成部分,极大地提高劳动生产率,降低了监督成本。随着信息传送基础设施的完善,这种大规模制造的生产模式已转向了大规模定制模式。如日本的丰田公司,在同一条流水线上可以生产多种不同类型的汽车,也就是采用了柔性生产技术。在整条流水线上,什么规格、多少数量的零部件,在什么时间到达哪道工序进行组装,全部由计算机网络进行控制,实行了零部件的零库存。这种"Just in Time"的生产方式,不仅能通过因特网把所有的零部件供应商连在一起,而且使生产效率大为提高,生产成本进一步降低,更重要的是对城市空间布局和发展带来了极大的影响。

(3) 全球金融交易和资本转移便捷。1997年底,全部外国直接投资余额超过3万亿美元,其中80%以上由跨国公司拥有。相对于生产的全球化和贸易的全球化而言,金融的全球化步伐迈得更快,覆盖面更广。从理论上说,在几秒之内就能实现成千上万亿美元的交易❶。但这样一来,国际资本流动所导致的金融危机的可能性也大大增加了,特别是对发展中国家而言,由于存在市场发育不完全、信息严重不对称、政府对金融行业监管的制度和经验都不足的情况,短期资本不受控制的大规模快速转移势必会对一国的社会经济以及城市化发展带来破坏性的后果。

(4) 技术创新活动的结节式集聚。技术创新需要大规模的资本、人力投入,需要创新的场所或范围。在全球化、信息化时代,信息的远距离传输成本几乎为零,商品的远距离交易成本也大大下降。有人认为,在这样一种背景下,城市和乡村工作已经没有什么区别,城市似乎可以不必存在,人们在自己的住所就可以通过信息网络控制一切,就像有的房地产商提出的"SOHO"模式的房产一样。但实际上恰恰相反,在信息传输和商品交易成本大幅度下降的趋势面前,城市的地位显得越来越突出。这与人类的知识构成有关。联合国教科文组织将知识分为两大类:一是显性知识,如出版物、网上的文章、专利等等;二是沉默知识,也就是留存在人脑海里但不能"显性化"的知识,这类知识必须通过人与人之间的相互交流讨论中才能产生,这种"头脑风暴"需要许多人聚集在一起。300年前一位学者提出,大学就是一群聪明绝顶、具有不同文化背景的人聚集在一起讨论交流的地方。在一个人的知识构成中,90%的知识属于沉默知识,显性知识只是冰山一角,所有可以表达的出版物等,只是沉默知识的升华和提炼的结果。更重要的是沉默知识是创新的源泉。这种沉默知识必须通过在一定地理空间内人与人之间面对面的交流才能产生和发挥。沉默知识的相互交流共振,使人类的能力提高了几千倍,原因在于知识专业化和互相交流、启发、学习和发挥。在当今知识爆

---

❶ 参见:孙放主编.全球化论坛2001.北京:北京邮电大学出版社,2001.

炸时代，沉默类知识更需要互相交流激荡。美国的硅谷就是一个奇妙的地方，中国留学生回国创业后，每年都要回硅谷几次，因为只有融入硅谷交流讨论的环境，才能获得最新的行业发展动态和知识。在全球化、信息化时代，城市的地位越来越重要，就是因为人的沉默知识需要相互交流碰撞，不然的话，大学也可以不存在了，大家都上网学习就可以了。而事实上，现在世界上科技最为发达的国家，恰恰是大学最多的国家。在两个世纪以前许多技术创造确实是源自农村，如胶圈、照相机等，就是欧洲的一群有钱人躲在乡村的城堡中研究发明出来的。而现在的技术创新活动则需要大量的资本和人才在空间上结节式的集聚共振才能产生。

总之，商业、制造业、技术创新、资本运作和信息的产生与传播，越来越呈现"网络节点"化，某些城市因为成为"节点"城市而受益，而另一些城市将被边缘化。具体表现在：

——人、财、物进一步向区位优势突出的城市集中，"赢家通吃"使弱者更弱，强者更强。北美、欧洲包括亚洲一些国家都出现了人才的空间大规模转移，边缘化的城市由于人才的流失而走向衰败。

——城市地方产业的竞争对手倍增，原来"熟面孔"的竞争对手中，加入了强大的国际集团。如北京牛奶业的发展不仅受到内蒙古奶业的威胁，而且进入WTO后还受到国际奶业集团的冲击。上海国营的商品零售业之所以损失惨重，原因就来自于沃尔玛等国际大型超市的冲击。国际集团所采取的全球化的商品采购、仓储式的销售方式，不仅商品种类多、质量好，而且价格便宜。

——许多城市企业赖以生存的区域市场被无情地打破。以前可以采取行政手段实行区域性的市场保护，现在随着市场保护被打破，许多企业或产业从此将一蹶不振甚至消亡。

——苦心培养的人才和优势企业将转移栖息地。

**(三) 城市发展战略及其研究方法**

1. 城市发展战略

美国经济学家赫希曼20世纪50年代在其《经济发展战略》一书中第一次提出了城市发展战略。他认为，城市发展战略对城市发展的方向、目标、措施等起决定性作用，具有全局性、长期性、层次性和根本性等特点，事关城市的定位、发展重大策略等。与城市规划体系相应的城市发展战略就是概念性规划。自1960年新加坡开始编制无限期的概念性规划对城市发展的各类重大问题进行系统研究以来，概念性规划从此风靡全球。城市发展战略研究方法的变革，对城市规划编制方法的影响非常巨大。英国城市规划自20世纪60年代末进行变革，将原定的三层次规划（即区域规划导则、郡结构规划和地方发展规划）改为两个层次规划（即区域空间战略规划和地方发展框架规划），提出了城市发展战略目标和措施，就是受了这一风潮的影响的结果。

## 2. 城市定位理论与城市核心竞争力

运用多年的城市定位理论是城市发展的核心，但是在全球化时代，城市定位理论存在着三大缺陷：①注重研究与城市原有主导产业、自然资源相关的外部环境因素，而对城市内部的因素分析仅局限于针对"定位"而展开的协调安排，容易顾此失彼。②大部分城市都采用类似的分析方法追求几乎相同的目标定位，其结果是造成各个城市产业之间严重同构、重复建设盛行、大量企业产能过剩、区域城市之间恶性竞争、城市建设千城一面。如我国许多城市的产业发展导向都是什么IT产业、机电产业、生物工程、化工医药等产业。③以竞争对手城市为参照构思的战略，可能导致方向性错误。面对激烈变化的信息时代，如果忽略现代科技创新特性对城市发展的影响，结果往往会与原来的竞争对手一起被"创业型城市"的迅速崛起而取代之。所以，提出了城市竞争核心力的概念。

定位理论与城市核心竞争力理论的区别　　　　　　　　表 3-1

|  | 城市定位理论 | 城市核心竞争力理论 |
| --- | --- | --- |
| 理论来源 | 城市组织经济学 | 基于资源(知识)的竞争力理论 |
| 理论假设 | 城市内外环境不确定性低，组成环境和城市的单元之间差异性小。单元的变化节奏基本相似同步 | 城市内外环境变化快，偶尔还有质变，不同的单元是异质的，这种异质性可持续较长时间 |
| 中心战略问题 | 定位在什么发展目标 | 应该培养什么样的城市组织应变能力 |
| 战略目标 | 明确定位 | 形成独特的竞争力 |
| 战略参照物 | 自身(过去成功模式) | 城市竞争力 |
| 战略步骤 | 识别一个有吸引力的目标；选择一个有利的定位；采用相应的保护性策略 | 确立一个战略意愿或蓝图，积累战略资源和培养核心能力；在不同的环境和机遇情况下，运用独特的战略资源和核心能力进行争夺 |
| 竞争优势来源 | 独特而准确的目标定位 | 独特不宜模仿的战略资源和竞争能力 |
| 内在风险 | 很难随环境的变化迅速改变目标定位 | 培养战略资源和竞争力对环境变化应有的适应性 |

从表 3-1 中可以看出，按照城市定位理论，不论外部环境如何变化，总是以自我为主确定目标。而城市核心竞争力理论，讲求的是城市在未来可以获得多少机遇，如何应对外部环境的变化抓住机遇，城市的组织方式包括空间结构和制度安排面对机遇应有充分的把握能力。也就是说未来的发展机遇只垂青于有准备的城市。

## 3. SWOT 分析法

SWOT 分析法以前主要应用于人文科学，现在已广泛应用于其他领域。分析一个城市发展的现在和将来竞争能力，国际上也流行 SWOT 分析法，S—Superiority(优势)，W—Weakness(劣势)，O—Opportunity(机遇)，T—Threat(威胁)。这种方法，实际上是对全球化时代复杂多变的城市外部环境的高度抽象概括。

### 4. SWOT分析法的深化

从图3-1中我们可以看出，经济、人口、技术、社会和公共政策五大因素转变成城市政府面临的机遇和威胁，并作用于城市竞争定位和城市政策的选择方面，而后者又与城市竞争定位相互作用。公共政策、政府背景下的规划系统（城市真正的财富蕴藏在城市空间结构之中，政府编制规划是为了弥补市场调节之不足）、环境、输入（土地、劳动力、资本）、社会凝聚力和排斥、市政设施这六大因素反映了城市的优势与劣势，这些因素不断地循环发生和加强，进一步提炼，最终集中于城市政策的选择上，并由此延伸出城市竞争的定位，并在经济增长、就业与竞争力，可持续发展的环境，社会凝聚力，有效的市政设施等方面形成正向反馈❶。

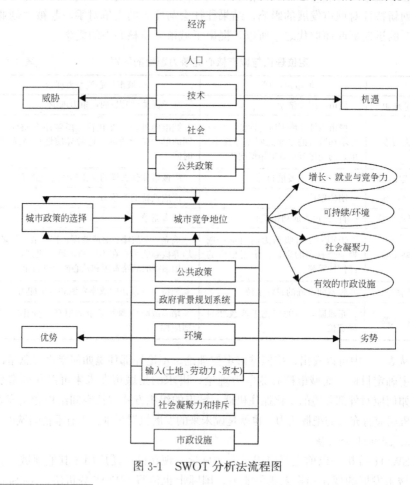

图3-1 SWOT分析法流程图

---

❶ 参见：剑桥大学公共经济顾问中心（PACEC）1999年报告. Department of Environment. Interim and Final Enterprise Zone Evaluations. PACEC, Cambridge.

## (四) 历史文化、自然遗产保护与城市发展关系

在全球化背景下，城市公共政策的制定、城市规划和城市建筑风格受到全球化的影响，但是有个性的城市，才最具有争夺全球资源的能力，也最能捕捉到发展机遇。有个性的独特的城市与历史文化沉淀是密不可分的，就像人的气质来自于教育、文化的熏陶和自我修养一样，城市的气质来自历史与文化的积累，城市的魅力体现于不同时代建筑的有机结合，包括城市的硬环境与软环境。城市的硬环境主要是人工空间功能、环境技术系统；城市的软环境则由城市的文化氛围、创新和创业精神、诚信、尊老爱幼、守法遵纪、卫生整洁等因素构成。

城市的形象取决于五大要素，也就是美国麻省理工学院凯文·林奇提出的：①路线——纵向展开的城市景观，如道路、走廊等。②边缘——城市的轮廓线、天际线（立体或平面与自然的融合）。③节点——路与路、路与河、路与林，相互交叉之处。例如，北京的城市特征在于"大气"，城市纵横道路的交叉口四周应是开阔的绿色空间，而不是在此进行填平补齐，建起高楼大厦。否则，城市景观就会类同于发达省份的农民城。城市景观应像中国画一样，注重留白，要留出空间。④区域——内部展开的城市景观，是变化的多节奏的景观。⑤标志——有空间感染力的构筑物或自然物。如杭州市的标志性建筑就是建立在西湖北边宝石山上的保俶塔，距今已有1300多年的历史，山不高不低、湖不大不小、距离不远不近、塔不胖不瘦，在西湖的衬托下显得非常美。杭州再建什么标志性建筑，也无法与保俶塔相媲美。标志性建筑是历史的积淀，不是凭着某个市长的万丈雄心说建就建的。

城市的景观在于"依山傍水"，讲求与自然环境和谐相处。中国园林艺术的表现手法与西方园林有着极大的不同：中国园林讲究的是内敛、曲折、混沌、意会，所谓师法自然，虽为人工，宛如天成；而西方园林讲究的是开放、直观、对称几何美。我国古代著名的戏剧家，被西方国家誉为东方莎士比亚的李渔曾说："山水者，情怀也；情怀者，心中之山水也。"意思就是说，观赏山水体现了一个人的才情，一个人的境界和审美能力。如果市长、书记和规划人员心中有山水，就会自觉依据"它们"来规划、建设城市，就能引景入城，借景造城，使人造景观与自然美景珠联璧合。世界著名的规划师沙里宁曾说过，城市是一本打开的书，从这本书中可以看到这座城市市民的抱负。

城市的舒适度，体现在以下几个方面：

（1）充分保留和利用自然痕迹。美丽的河流、湖泊、公园、植物群落、富有魅力的自然景观、洁净的空气、适宜的气候条件。

（2）良好的人工环境规划建设。杰出的建筑物群，城市布局的有机和明晰，道路与绿化的和谐组合，人性尺度的广场，丰富的街道艺术，富有魅力的人工景观（主题公园），便捷的交通、商业服务设施。而我国一些地方，5万人口的集镇

居然建成了 6 万 m² 的大广场。国外的广场讲求的是人性空间，如著名的美国纽约时代广场只是 3 条街的交叉地，而我国不少城市却是以大为荣，许多广场的景观只有天上飞行的鸟类才能看清，这显然是一种浪费。

(3) 丰富的文化传统及设施。优秀的博物馆，负有盛名的学府，独特的历史遗迹，众多的图书馆、剧院、音乐厅、体育馆，琳琅满目的艺术走廊，风味独具但又可口的地方佳肴，游乐场，多种参与游憩的机会，多样化的邻里等。

总之，在城市化高速发展的过程中，对城市的规划和建设的挑战是多方面的，人类的无限愿望与有限的资源、城市的舒适与繁荣是城市规划要解决的两大矛盾。

**(五) 城市发展战略的适用条件**

1. 时间轴

根据城市分工及城市支撑产业的演进，城市可以分为农业、矿业、重化工业、创新与销售、信息文化城市。城市规划应适度超前，应当考虑到后工业化时代的城市竞争力诸要素。城市发展战略必须研究城市的核心竞争力。城市核心竞争力资源的基本特征：①长期作用。②市场需求。③比较优势。④渗透性(延展性)。如 IT 产业就具有极强的渗透性。⑤不可替代性。城市的核心竞争力随着时代的不同而有所不同❶。

2. 空间轴

就是从独立的城市、组合城市、城市群一直到协同组合的城市群，都应加强战略研究，尤其是城市群的战略研究。如日本的国土整治规划，为了平衡东京经济圈与关西经济圈，提出了"文化的京都、商业的大阪、港口的神户"计划，以各座城市的独到的竞争力构成关西经济圈的区域竞争力。京都城内所有的建筑都不超过10层，有 350 多座庙宇，15 处世界文化遗产，号称"东方文化之都"。大阪是商业繁华的城市。神户的规划建设目标要超越鹿特丹，成为世界上效率最高的港口。

3. 项目轴

美国提出了公共交通导向(TOD)开发模式，实际上是城市群或城市内部某一特定区域与项目联动的发展战略，就是政府投资建设城市交通干线或其他骨干工程，在项目规划实施前，政府在发展战略的指导下，预先对交通干线两侧包括换乘中心附近的土地进行控制，待项目正式启动实施后，政府将这些土地进行公开拍卖，所得收入归政府所有。也就是说，政府投资公共交通和道路所改善的当地区位条件表现出来的土地价值的提高，应由政府收回。同样，我们还可以由此延伸出大学园区导向开发模式、公园绿地导向开发模式、城市景观走廊导向开发模式等。

---

❶ 参见：仇保兴. 城市定位理论与城市核心竞争力. 城市规划，2002.9。

## 二、发展企业集群是重构新型工业化与城镇化良性互动的途径之一

企业集群(Cluster)❶是企业按行业或相关产业在地域空间集聚的现象,是产业组织在地理空间的表达形式。这一现象在全球广泛存在,并与工业化和城镇化之间有着相互促进的功能,但以往的研究文献基本上是以描述企业集群的性质、自身的运行规律为主。本节尝试从这三者的相互作用分析入手,从而阐明培育企业集群与走新型工业化道路,促进我国城镇化健康发展之间的关系。

1. 从城镇化的阶段性与差别性来看企业集群的作用

(1) 城镇化与集群化

工业化与城镇化的内在本质是一致的,具体体现在专业化分工和集群化。实现专业化的分工,这就需要空间系统,需要一个交流的平台。人们的思想在相互之间的交流中产生共振,进而得到提升,我们称之为"头脑风暴"。唯有拉近空间距离,把人聚在一起,人与人之间才能相互交流思想。人类之所以比其他动物强大得多,就是因为相互之间产生了思想上的交流,使得人类的技能大大提高,知识快速积累,人类的进化也大大超过其他动物。人类的聚居,从乡村走向城市,是交换思想、拓展智力和自身发展的唯一途径。

工业化(Industrialization)是指国民经济中一系列重要的生产函数(或生产要素组合方式)连续发生由低级到高级的突破性变化(或变革)的过程。工业化的过程不是孤立的,不是企业数量、生产产值或企业员工的增加,而是与农业的现代化、服务业的发展、国家法治的健全包括贸易的发展、市场范围的扩大和交换成本的下降、产权制度的完善等联系在一起。

对西方发达国家而言,工业化是文艺复兴的产物,其本质可谓是一场革命。工业化既是人的专业化分工,加快了人的知识积累和技术的创新,又是物的专业化分工,如产业、区域、产品、工序、技术等方面专业化分工。这与农业时代是完全不同的。农业是以家庭为单位,是全方位的集中型的生产方式。而工业必须是纵向分工与横向分工相结合,纵向分工指的是生产流程(产品设计、生产、销售)每个环节的分工,横向分工是指各种不同的产品、各种各样的技术与知识,并由各种各样的技术工人、发明家来管理。

城市经济的特征是空间密度高、商品和服务生产专业化,在家庭、企业和政

---

❶ 美国哈佛大学商学院教授波特是首位系统使用"产业集群"概念的学者,在 1990 年出版的《国家竞争优势》中第一次使用"产业集群"概念,意指"一国之内的优势产业以组群的方式,借助各式各样的环节而联系在一起,并在地域上集中";在 1998 年发表的一篇题为"集群化与新竞争经济学"的论文中,波特初步表达了他的产业集群思想,而在 1999 年出版的《竞争论》中的"产业集群与竞争"一文,波特系统地阐述了他的产业集群理论。但本节所用的"集群"是更为基本的概念,是与"集群"——他组织的、有外在强制力作用的组织相区别的集合体。详见:仇保兴. 小企业集群研究. 上海:复旦大学出版社, 1999 和追求繁荣与舒适. 北京:中国建筑工业出版社, 2002。

府之间以及各种群体内部存在紧密的相互依赖性、高水平的技术革新和管理。工业化必须突出人的专业化与物的专业化，而城镇化必须把人聚在一起，又产生了各类产业组织、社会团体等人类组织之间的专业化分工与合作。所以，工业化的结果使得人与人、物与物、企业与企业之间都产生了相互依存、依赖的关系。这个关系的总和就是各类集群和他们的载体——城市。无论是工业化还是城镇化，都是各种各样事物、人相互之间的联系，没有城镇化，就难以产生高度的专业化分工，也就没有科学技术的发展和现代文明进步。

(2) 城镇化三阶段特性及工业化的作用

美国著名经济学家诺塞姆通过对城镇化发展规律的研究，提出了S曲线（图3-2）。

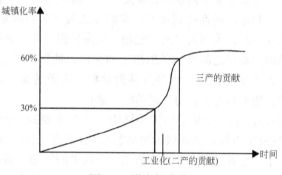

图3-2 诺塞姆曲线

诺塞姆认为，在城镇化率从低到高的发展进程中，会出现两个拐点。城镇化率没有达到30%之前，城镇化的发展比较缓慢，每年大约增长0.2%左右。如我国从1949~1970年，每年的城镇化率在0.1%~0.2%。当城镇化率超过30%时，城镇化的发展出现突变，城镇化速率从原来的0.2%提高到1.5%~2%，城镇化也进入高速发展期，大量的农民向城市转移。在这一阶段的城镇化发展为什么如此之快？核心的问题是工业化的推动，工业化推进了农村人口向城市转移，城镇化率从30%提高到60%。在任何一个国家，工业化的启动必然伴随着城镇化的推进，而城镇化的推进又扩大了工业化的进程。如我国目前每年的建筑量在20亿$m^2$，基础设施投资5000亿元，房地产业发展对GDP的贡献在5%左右。城市基础设施建设、房地产业和建筑业对GDP的拉动力非常强，大约占GDP的15%~20%。当城镇化率达到60%以后，城镇化增长率趋于缓慢，人口流动的减少，城市基础设施建设、房地产业和建筑业等产业规模必须相对收缩，这就可能导致经济泡沫的出现。如日本前几年大量的人口从农村移居大城市，对住房、城市基础设施的需求特别旺盛，相应的投资也非常巨大。由于日本政府当时没有进行有效的调控，导致城市房价飞涨，许多公司也因此赚了一大笔钱，这时就隐含着泡沫的危机。到了日本城镇化基本完成时，房地产、城市基础设施和建筑业的供需链突然中断，后继乏力，经济泡沫也就破灭了，导致日本的房价连续20年下跌。总之，城镇化率从30%提高到60%，靠的是工业化的推动，属于工业化阶段；当城镇化率达到60%以后，则属于后工业化阶段，主要靠第三产业来推动。所以，在城镇化的不同阶段，需要不同阶段的工业化来推动。

(3) 我国东西部地区城镇化道路的差异性分析

我国东部地区的城镇化与西部地区的城镇化有着很大的不同。东部的城镇化是从下而上推进的，大多数农村小城镇成长迅速，城镇化比例较大，有的小城镇已经发展成为中小城市，进而发展成为大城市，形成了宝塔形的城市结构体系。而西部的城镇化是从上而下推进的，省会城市的首位度过高，全省30%~50%的人口集中在省会城市，中等城市缺乏。所以大城市对农村的辐射没有链条的传递，虽然大城市比较繁荣，但中、小城市却较为萧条。中等规模城市的缺乏导致整个城镇体系的不合理。

东部的城镇化是工业化推动的结果；而西部的城镇化，很大一部分是由于沿海大企业向内地迁移而形成的，这些与大企业配套的生活区所形成的城镇的基础设施服务功能是极不完整的。

东部地区的工业企业相互之间高度的分工与合作，在地理空间上成群地存在。如就广东而言，东莞是台资企业的集中地，顺德是家电工业的集聚地，深圳是高新技术产业的集中地。浙江广泛地存在小企业集群；而西部地区的工业企业相互相对独立，是"大而全"的模式，专业化程度不高，生产效率也比较低。

东部地区的农民是主动地进入"集群"创办企业，自组织式形成城镇化的动力。许多地方整座城镇就是农民自主组织创业发展起来的，如农民城是农民招商引资建立起来的，农民创造了城镇；而西部地区的农民是被动地等待城市工业的扩张征地转为城市工人。

东部的每个中小城镇因为有"企业集群"的存在而具有发展的内动力，而西部地区因为缺乏这种动力或原有的动力(如矿藏资源)衰竭而导致城镇发展动力衰退。如1980~2000年间，全国城镇化比率提高最快的省份是广东省和浙江省，城镇化率分别达到42.3%和37.87%，而这两个省均是我国企业集群最为发达的省份。

2. 发展企业集群是重现新型工业化与城镇化良性互动的途径之一

(1) 企业集群与迎接全球制造业转移相适应

诺贝尔奖获得者、美国著名经济学家，也是世界银行首席经济学家斯蒂格利茨，曾做出一个重大的预言。他认为：中国在全球制造业中的作用将越来越强，成为制造业的统治力量，其他国家要与之相适应，产业结构要随之高度化。制造业的大转移不可避免。

全球制造业向中国转移，是基于中国存在着以下五大优势：①低工资。中国的劳动力优势是世界上任何国家无法与之竞争的。按照世界银行的估计，在城镇化的过程中，一般国家的城乡收入差距在1.5～2倍，而我国的城乡收入差距是4倍。也就是说一个农民要成为工人，生产效率要跳跃式提高4倍。近年来，我国每年有约2000万人从农村转移到城市。目前农村剩余劳动力在5亿多人，每年新增劳动力约2000万，也就是说在近20多年的时间内，我国将有近8～10亿劳动力从农村的低生产力状态转移到城市高生产力状态，这将对全球产生极大的冲击。斯蒂格利茨认为：世界上所有西方国家的劳动力总和也只不过3～4亿人，而中国农村剩余劳动力却近4亿人。②高生产率。我国许多企业处于集群状态。③资本富余，储蓄率居世界首位。④企业家精神，特别是海外3000万华侨资本总额相当于某些大国。⑤巨大的市场需求。

中国将会成为世界制造中心，是全球化的一个大趋势，但对于我国不同的地区来说，因产业结构、经济体制、地理区位优势和市场发育程度不同，抢抓这一机遇的能力也有天壤之别。这就要求我国的生产制造模式实行转变，即从20世纪30年代福特式的大规模制造转向符合现代新需求和产业组织方式的大规模定制。表3-2列出了大规模制造与大规模定制方式的区别。

大规模制造与大规模定制的区别　　　　　　　表 3-2

| 旧的大规模生产模式 | 新的大规模定制模式 |
| --- | --- |
| 低成本、稳定的质量、标准生产 | 买得起、高质量、定制产品 |
| 统一的市场 | 多元化细分市场 |
| 稳定的需求 | 需求分化 |
| 忽视了很多顾客的需求 | 对变化的客户需求快速响应 |
| 以操作效率为主 | 以整个流程效率为主 |
| 规模经济 | 规模经济加范围经济 |
| 大批量 | 单件批量 |
| 刚性生产 | 柔性生产 |
| 库存大；按计划生产 | 无库存；按订单生产 |
| 高成本多样化 | 低成本多样化 |
| 缺乏对工人技能的投入 | 对工人技能的高利用和高投入 |
| 与供应商之间的关系差 | 与供应商相互依存 |
| 管理费用高 | 管理费用低 |
| 产品生命周期长 | 产品生命周期短 |
| 产品开发周期长 | 产品开发周期短 |
| 突破性创新 | 渐进创新并形成突破性创新 |
| 创新与生产相分离 | 创新与生产相结合 |

从表 3-2 中可以清楚地看到，两种生产模式在产品生产的组织方式方面是完全不同的。大规模制造方式是大批量的刚性生产，而大规模定制是少批量、多品种的柔性生产。如发端于日本丰田公司的 JIT 生产模式，采用的就是柔性生产方式，其基本思想用现在广为流传的一句话来概括，即"只在需要的时候，按需要的量生产所需的产品"，这也就是 Just in Time(JIT)一词所要表达的本来含义。这种生产方式的核心是追求一种柔性的无库存的生产系统。在丰田公司的汽车组装生产流水线上，什么规格、多少数量的零部件，在什么时间到达哪道工序进行组装，全部由计算机网络进行控制，实行了零部件的零库存。同时在同一条流水线上还可以生产多种不同类型的汽车。这样一种生产方式在过去是不可想象的。

大规模制造与大规模定制在产品的开发创新上也有着极大的不同，大规模定制模式突出创新与生产相结合，是一种集群化的技术开发创新。在一次美国电子产品展销订货会上，一欧洲客商需要订购一批新型笔记本电脑，但对产品的技术性能有着特殊的要求，而且交货时间紧，许多大型笔记本电脑供应商和生产厂家都不敢承接这一订单。一台湾供应商在详细了解了客户对产品性能的具体要求后，即将这些要求通过电子邮件发送到台湾岛内的集群创新联合体企业，联合体将这些技术要求分解到几十家企业进行创新，而后进行集合总成。最后的结果是，本次电子产品展销订货会还没有结束，符合客户要求的由台湾地区生产的新型笔记本电脑已呈现在这一欧洲客商面前。正是这样一种"集群式"技术创新活动，使得台湾的电子产业发展名列世界前茅。大规模定制生产模式能够应对任何的需求和变化，所以我国的产业要参与全球分工、切入全球生产链，就必须依靠企业集群的核心竞争力。

(2) 企业集群能充分发挥市场机制的基础性调节作用

从宏观的生产力布局来看，前 20 年由于特区优惠政策的存在，使区域之间的竞争不公平。从微观经济领域来看，国家单纯对国有大企业集团给予扶持，使不同所有制和不同企业组织结构的经济之间的竞争不公平。但是因特网的快速发展，使企业集群能实现跨国界、跨各种所有制和各类企业组织进行资源的有效配置。因特网是与市场经济相配套的，这使得全球范围内的交易成本大大下降。集群可以充分发挥市场机制在宏观和微观领域对资源配置的基础作用。如为了降低生产成本，我国曾全面推广邯钢的倒逼成本法，即对生产的每一个环节都与市场价格进行人工核算，以降低生产成本。只有产品最终环节的生产成本低于市场价格，才会有利润空间。邯钢的倒逼成本是通过人工核算确定的，而在企业集群内，生产的每一个环节是由不同的企业来完成的，生产成本是通过市场来决定的，所以这种生产方式降低成本最有效，生产成本也最低。同样的摩托车汽缸套，采用倒逼成本法生产的要比浙江永康五金品市场销售的价格还要高 1/3。这也说明倒逼成本法还有许多成本因素没有考虑，而通过集群化生产、市场化竞争可以使得生产成本大大下降，这也是浙江许多产品能够进入国际市场的重要原因。

（3）发展企业集群是扭转乡镇企业发展连年滑坡的必由之路

近年来，乡镇企业由于产品结构、产业组织形式没有发生多大变化，专业化的分工与合作比较薄弱，导致乡镇企业的发展出现了滑坡的现象。如2000年乡镇企业个数比上年减少50万家，增加值增长仅10%，是乡镇企业发展史上增长率最低的一年。就业人员逐年下滑，1997年、1998年两年之内减少近1000万就业人员。"八五"期间农业劳动力总量减少1001.9万人，也就是说有近1000万人的农村劳动力进入了乡镇企业，而在"九五"期间，却是农业劳动力总量增加了465万人，这也说明乡镇企业吸纳农村劳动力的能力在减弱。乡镇企业在我国经济和社会发展中具有举足轻重的地位，2000年全国乡镇企业增加值占GDP增加值的35%，占农村社会增加值的63.6%，占农民人均纯收入的34.5%。所以，乡镇企业的兴衰对10亿多人口的县域经济的发展和城镇化、工业化的推进具有决定性的影响。只有通过集群化对原有的乡镇企业生产组织结构和组织体系像广东、浙江那样进行脱胎换骨的改造，乡镇企业才具有核心竞争力，才能在迎接世界制造业的大转移中赢得机遇，从而发展壮大。

（4）企业集群可以促进大、中、小城市和城乡协调发展

当前，我国进一步推进城镇化需要解决三类问题：

一是大城市空间结构优化。城市摊大饼式的发展，不仅破坏了城市的空间结构和城市可持续发展的能力，而且导致了人居环境的恶化和交通的拥堵。必须通过城市空间结构的优化，发展卫星镇和各类园区，使目前拥挤的城市空间得到有机疏散。世界卫星镇的发展可以分为三个阶段：第一代卫星镇是卧城（Sleeping City），只是那些白天在城市工作者的住宿地，功能十分单一，存在严重的"钟摆式"交通问题。第二代卫星镇是半独立功能的新区，除了居住活动外，有了一部分工商业活动，40%的居民就地就业，但是没有功能完整的混合工商业区。第三代卫星镇是独立功能的卫星城，人口在10～20万甚至更大规模，80%的居民在卫星镇就业。只有居民的就地安置，并与企业集群形成独特的核心竞争力，才能为大城市的有机疏散提供空间，从而优化城市的空间结构。

二是中小城市核心竞争力培育。我国城市的人口规模不小，但国际竞争力却不强。而世界上的许多城市，如德国展览名城汉诺威、印刷机械城海德堡、意大利服装名城米兰、瑞士钟表之都洛桑等人口规模都在几十万，有的甚至只有几万人，但因具有独特的产业和企业集群作为自身的核心竞争力而影响全球。

英国有一小镇,因销售旧书而闻名全球。所以,城市的发展能力不在于规模的大小,而在于其是否具有独特的核心竞争力。

三是小城镇发展动力再造。乡镇企业的滑坡,导致了小城镇发展的衰退,给大中小城市协调发展的中国新型城镇化道路带来了障碍。小城镇发展动力再造,实质上就是乡镇企业生产组织方式再造,核心就是培育企业集群,培育小城镇发展的核心竞争力。

(5) 企业集群可兼顾技术密集与劳动密集型产业的发展

就如何推进我国的新型工业化道路问题,许多经济学家提出应走劳动力密集型产业发展道路。劳动力密集型的发展道路,虽然可以有效解决就业问题,但不能促进知识经济的发展和新技术革命。走新型工业化道路,必须要有技术创新。以加工业为主的企业集群符合资源节约产业的特征。美国硅谷的企业集群就实现了技术创新和就业增加的双赢。美国硅谷所在地加利福尼亚州,原属墨西哥,是一块荒芜的飞地,因这里自然条件恶劣,没有矿藏资源,且时发地震,墨西哥政府就把它无偿送给了美国。后来美国人在这里发现了金矿,引发了淘金热,进而发现这里的自然环境非常适宜种植葡萄、柑橘等水果。至20世纪中叶,在这里诞生了硅谷。经过半个多世纪的发展,硅谷的经济实力,如按国家来衡量,已经超过了法国、意大利和中国,位居世界第五位。硅谷经济的发展,缘于存在以下六大集群(图3-3)。

图3-3 硅谷的六大集群构成

一是300多个中小城市在加利福尼亚州地区的城市集群内相互竞争。每个城市的人口在5万人左右,有的只有三四千人。城市间高度竞争,迫使每个城市创造更好的人居环境和提供优越的服务条件以争夺人才和资金。在美国的这些中小城市中,市长的权力是非常有限的,通常是高薪聘请专业的城市运营商来经营管理城市。由行家来管理城市，以展现城市独特形象和竞争力。城市群内城市之间的竞争促使了城市投资和人居环境的持续优化。二是数十个相关产业集群相互分工与合作。在硅谷创业，制造商、信息商、法律顾问、资本及房地产的提供都十分便利。三是数万家中小企业组成的企业集群，人才、知识和资金可以快速流动。四是占全美60%的风险资本集中在硅谷。五是模块化的技术创新集群。新产品和新技术的边界非常清晰，高度专业化。创业者一旦有了新的创意，就可以像积木一样，把其他与这一创意相关的成果拼接起来，形成集成式的技术创新商业成果。所以，在硅谷的创新速度非常快，这也是硅谷成为全球IT产业发展的发动机的原因之一。六是全球IT产业人才集群。来自不同国家、不同文化背景的人在硅谷集聚，中国、印度等亚裔人占35%，还有意大利人、俄罗斯人。意大利人主要从事工业设计，亚裔人则从事硬件、软件的开发。在城市化与新型工业化的进程中，不同的集群组合在一起可以形成地区的经济活力，可以带动国家的经济发展。

3. 促进新型工业化与城镇化良性互动发展的若干策略

(1) 地方政府应从单纯扶持大企业集团转向注重培育企业集群

要下大力气扶持企业集群的发展，途径之一就是创造良好的投资环境。美国GM公司是世界上最大汽车制造企业，该公司到海外投资选址，首先考虑的是当地汽车零部件提供配套的程度，因为能否在当地找到合适的汽车零部件供应商，将影响生产总成本的25%，而我国许多地方就不具备这样的配套条件。

(2) 各类园区的规划应与城市卫星镇、新区、重点小城镇建设相一致

无论是从城市规划理论分析还是国外的实践，都证明了土地适度混合使用并有企业集群存在的园区，区域发展活力最大。我国以前兴建的经济技术开发区、大学园区，都是单纯的工业区或大学集中区。当初我国建立开发区，是为了防止外来文化侵略腐蚀我国社会主义的性质而设立的隔离带，所以开发区的建设坚持以"以引进工业项目为主、引进外资为主、产品出口为主"的方针，这与城镇化健康发展的规律是背道而驰的。实践证明，这样的园区缺乏活力，不可能形成集群化生产模式，而且造成了主城区与开发区的"钟摆式"交通。必须结合大城市新区或新卫星镇建设开发模式统筹安排。

(3) 高新园区发展应充分注重促进企业的集群化，培育自身的核心竞争力

我国的高新技术开发区，在项目的引进上都突出了产业或产品的高技术性，如高技术的化纤、化工、制药、光纤、IT产业等，而忽视了产品的相互关联性。这样的园区就不能形成集群而只是不同企业或产业的扎堆拼盘，企业与企业之间产业链上不配套，无非是为投资者提供了便宜的土地和劳动力而已。我国建立高新区的蓝本来自于美国硅谷，而世界上模仿硅谷发展得最为成功的是台湾的新竹

工业园区，该园区内 99% 的产业是 IT 产业，园区内企业之间高度混合竞争，组成了紧密的企业集群，形成了园区的核心竞争力。

（4）政府的主要职能应从"计划产业"发展转向优化投资和人居环境，促使生产力要素自由流动

一家新的企业到何处投资发展，是由市场决定的。只有找到合适的投资场所，有便捷高质量的零部件配套供应，才能健康发育成长。就像一条大鱼在合适的池塘里，应有一系列大大小小的鱼虾类为伴，形成大鱼吃中鱼、中鱼吃小鱼、小鱼吃虾米的生物链一样，企业集群是形成完整高效的生产体系的必由之路。而我国一些城市在引进国外技术的一些大项目后，周边没有相应的中小企业与之配套，这就是"计划产业"布局的结果。

（5）产业布局是由企业根据"成本—效益"原则在大中小城市和农村之间自主选择进行

总体来说，企业比政府聪明，而市场又比企业聪明，所以必须摆正政府在市场中的位置。政府要做那些企业做不了或做起来不合算而政府又应该做的事。各级政府必须将自己定位在弥补市场不足或失效的那些领域中，城市和地区的经济活力才会显现。在我国市场发育不足的阶段和地区，政府还要发挥培育市场以及破除制约市场机制发挥作用的障碍的功能。而产业的空间布局，是由企业根据"成本—效益"原则在各类城市和农村之间自主选择进行定位落户的结果，决不能由政府"越俎代庖"。

（6）发展新兴科技产业应充分发挥企业集群孵化器的作用

孵化器就如一个"鸟巢"，一项新的创意进入"鸟巢"成功地孵化成为"小鸡"。尽管目前我国建立了很多的孵化器，但其功能距真正意义上的孵化器还相差很远。孵化器的本质是为创业者提供资金、人才、设备和场所等所有服务，使创业者只要带来创意就可以梦想成真。世界上的孵化器以美国硅谷的企业集群最好。无数事实都已证明，凡是有企业集群存在的地方，孵化器的效应就最为突出。如浙江省乐清市有全国最大的低压电器生产集群，像正泰、德力西那样全国最大的低压电器生产集团都来源于这里。20 年前，这两家公司创业之初，还是一家合伙企业，如今已成为年销售产值达 60 多亿元的企业集团。在乐清这片企业集团的沃土中，已产生了 100 余家国家级的大型企业集团。这就是企业集群孵化器的作用，使得小企业自由成长为大企业。而我国其他地方的一些企业集团却是通过行政手段拼凑起来的，内部企业之间面和心不和，不要说是在市场的大海中，即使是在小河里也会翻船。企业集群之所以是最好的孵化器，是因为它是某一产业或技术特长的孵化器。这样的孵化器就会有引发该领域新技术创新的可能性。只有充分认识到这一点，才能真正领悟到硅谷发展的奥秘。

## 三、企业集群化与科技园区发展

企业集群❶，英文表述有两种，一为 aggregation，二为 cluster。美国哈佛大学教授麦克尔·波特(M. E. Porter)在论文集中采用了后一种表述。全球华人经济的优势，就在于华人企业在世界各地呈 cluster 分布，聚集在一起发展产业，使得许多小企业、小资本能够放大、生存和发展进而占领国际市场。因此，讨论科技园的可持续发展，也必须从企业的集群化开始。就这一课题，可从以下三个方面来展开论述。

### 1. 企业集群化现象及其作用

如果从城市的角度来分析企业集群化现象及其作用。城市与科技园存在这样的关系：科技园是企业创新的孵化器，而城市是科技园的孵化器。传统研究科技园，往往仅局限于科技园本身，把它当作孤岛来研究的话，就有可能出现失误。因为，科技园只是城市经济或城市群经济的有机组成部分。同时在科技园政策上，既有区内企业，又有区外企业，经认定的区外高科技企业的产值，可以列入科技园区的总产值。所以说，把科技园的研究严格限定在边界之内显然是不合理的。另外一方面，科技园本身与所在城市及周边城市有着千丝万缕的联系，存在着信息、人才、经济、科技之间的交流，如果不从城市的角度来研究这些交流，就不可能发现科技园可持续发展的特征。对此，可以北京、上海、深圳三个城市为例作一些分析。

（1）京、沪、深三市高新技术产业发展的比较

从三市高新技术产品产值及其增长率来看（表3-3），虽然北京高新技术产品产值较低，在三个城市中排位最后，但其近期的增长率是最高的。深圳市高新技术产品产值，近10年来高速增长，年均增长近30%，持续增长率最高。而上海市的高新技术产业，近年来有了大幅度增长，高新技术产品绝对值位居第一，但在较长时期内的平均增长率还是比较低的。

**三市高新技术产品产值及其增长率**　　　　表3-3

| | 高新技术产品产值(亿元) | | | 增长率(%) | | 占全市工业总产值比重(%) | | |
|---|---|---|---|---|---|---|---|---|
| | 1999 | 2000 | 全国排名 | 99/98 | 00/99 | 1999 | 2000 | 全国排名 |
| 北　京 | 565 | 867.7 | 3 | 26.7 | 48.7 | 27.15 | 37.8 | 3 |
| 上　海 | 1130 | 1427.2 | 1 | 16.3 | 26.3 | 22.97 | 20.6 | 11 |
| 深　圳 | 819.7 | 1064.5 | 2 | 25.1 | 29.8 | 40.47 | 42.3 | 1 |

（资料来源：《深圳市科技统计要览》1991~2000；《深圳第三产业》2001；中国科技统计网站；1999年我国高技术产品进出口统计分析）

---

❶ 在生物系统中，我们常见的植物昆虫、灵长类动物、鱼类等都存在集群现象。小至病毒细菌，大到包括人类自身，也都是以集群现象生存、发展的。企业集群的研究正是受到生物界的启示而发展起来的。详见：仇保兴著. 小企业集群研究. 上海：复旦大学出版社，1999.4。

从三市高等学校和中等专业学校学生情况看（表3-4），北京、上海的高等学校的毕业人数均超过深圳的20倍左右，深圳的研究生毕业人数可以说是微不足道的，仅有深圳大学有研究生院，博士研究生几乎为零。

三市高等学校和中等专业学校学生情况　　　　表3-4

|  | 高 等 学 校 | | | 中 等 专 业 学 校 | | |
| --- | --- | --- | --- | --- | --- | --- |
|  | 学校个数 | 在校生（人） | 毕业生（人） | 学校个数 | 在校生（人） | 毕业生（人） |
| 北　京 | 64 | 235140 | 50307 | 112 | 123379 | 27266 |
| 上　海 | 41 | 186307 | 40316 | 87 | 130609 | 25905 |
| 深　圳 | 2 | 10568 | 2146 | 8 | 3689 | 1203 |

（资料来源：《深圳统计信息年鉴》2000；《中国统计年鉴》2000；《中国科技统计年鉴》2000）

从三市对科技投入来看（表3-5），北京第一，上海第二，而深圳由于没有传统意义上的国有科研机构和高等院校，所以这两方面的投资可以忽略不计，总量也与北京、上海相差较大。

三市对科技投入比较　　　　表3-5

|  | R&D支出（亿元） | 占全国比例（%） | 占GDP比例（%） | R&D支出在各部门的比例分布（%） | | | | | |
| --- | --- | --- | --- | --- | --- | --- | --- | --- | --- |
|  |  |  |  | 科研机构 | | 大中型工业企业 | | 高等学校 | |
|  |  |  |  | 1998 | 1999 | 1998 | 1999 | 1998 | 1999 |
| 北京 | 121.61 | 17.91 | 5.59 | 81.0 | 80.9 | 8.1 | 6.1 | 10.9 | 9.6 |
| 上海 | 51.05 | 7.5 | 1.26 | 41.9 | 34.6 | 43.5 | 47.6 | 8.4 | 14.3 |
| 深圳 | 32 | 4.7 | 2.23 | — |  |  | 69.4 | — |  |

注：1. 深圳数据为科技经费筹集总额。
　　2. 三种研发机构所占比例之和不为100%。
（资料来源：《中国科技统计年鉴》2000；《相关城市统计年鉴》2000年）

从三市GDP的增长情况来看（表3-6），深圳排第一位，北京次之，上海第三。据1990～2000年的资料分析，三市GDP平均增长幅度的排序情况同样如此。我们不禁要问，从技术资源优势上来讲，北京、上海大大超过深圳，为什么深圳的经济增长速度反而比北京、上海高呢？斯坦福大学城市规划学院罗文教授，对硅谷的成长进行了专门的研究，他用八个要素来描述硅谷成长的主要特点：①硅谷的生产企业结构是开放的，许多原始构件都是积木结构的。②硅谷的人才频繁地流动。③硅谷的法律是既保护知识产权，又不限制人员的跳槽，更不需要跳槽者签订商业秘密保护书，知识创新的共享程度非常高。④硅谷文化是鼓励尝试，允许失败。⑤风险投资起着知识共享的集聚功能。⑥外国移民特别是世界精英的集聚。⑦完善的资本市场，创新企业在纳斯达克市场的进出较为容易。⑧有斯坦福大学和伯克利大学这两所在美国称之为作风异端的另类大学。自由的环境催生出硅谷文化。北京、上海的科技园区虽也包含了硅谷的八个主要特点的大部分，但却忽略了其他更重要的因素。

三市 GDP 比较　　　　　　　　　　　表3-6

| | GDP（亿元） | | 人均 GDP（元） | | 2000年副省级以上城市排名 | | 1999～2000年GDP增长率（%） |
| --- | --- | --- | --- | --- | --- | --- | --- |
| | 1999 | 2000 | 1999 | 2000 | GDP | 人均GDP | |
| 北　京 | 2174 | 2460 | 19848 | 22000 | 2 | 6 | 13.1 |
| 上　海 | 4034 | 4551 | 30728 | 34560 | 1 | 3 | 12.8 |
| 深　圳 | 1436 | 1665 | 35896 | 39739 | 4 | 1 | 15.9 |

（资料来源：《相关城市统计年鉴》2000年；《深圳第三产业》2001）

这是因为高新技术企业的形成有三种途径：①各级政府投资，成为国有企业。②外部引入，引进外部的资金、人才来创办。作为城市来讲，引进国内外500强企业、研发中心等。③园区内部原有企业"裂变"产生。在20世纪80年代，硅谷曾召开了一次半导体产业工程师协会大会，共有400多名工程师参加，结果发现其中有300多名工程师都曾在一家名叫费尔柴德的公司工作，后大家从这一公司相继跳槽，一代一代不断地自主创业，分裂衍生，才逐步形成了今天的硅谷❶。

对照以上三种途径，深圳市高新技术企业的形成，以第一种形式的几乎为零，第二种、第三种形式占绝大多数。北京市以第一种、第三种形式占大多数，尤其是第三种途径，最典型的就是中关村科技园。中关村的科技企业规模比较小，无法与上海、深圳相比，大都是个人自主创业形成的企业群，并不断地分化，目前已形成了IT、生物医药两大产业，形成了民营经济的两大区块、两个集群，在全国高新技术产业开发区中占有很大的比例。如单以科技园区来作比较，中关村可算是科技园区的佼佼者。上海市高新技术企业的形成以第一种、第二种形式占大多数，第三种形式正在起步，其萌发点就是正在实施"聚焦张江战略"的张江高科技园区，同时还有几个大学的科技园区正处在萌芽状态。

从全球科技园发展的历程来看，成功的科技园区几乎都有一个显著特点，就是必须以集群化和个人创业的分裂衍生（Spin-off）而发生企业之间的有机联系。从高新技术企业形成的三种途径来看，以第二种、第三种途径产生的高新技术企业集群化程度较高，尤其是第三种途径。对于第二种途径来说，引进外部的人才、资金等，投资创业者也会以当地有否形成集群来作为投资环境优劣的评判标准。但在我国53个国家级高新技术产业开发区中，真正已经形成集群的还比较

---

❶ 参阅：[美] 埃费雷特·M·罗杰斯，朱迪思·K·拉森. 硅谷热. 北京：经济出版社，1985：62.

少，而在其他少数区域却是无心插柳柳成荫。如东莞市，国家一开始并没有在这里批准设立国家级的高新技术产业开发区，但这里有5000多家台资企业集聚在一起，从初期的加工贸易、来料加工，进一步发展到引进研发力量自主开发，所形成的区域性科技园区的竞争力比一些国家级的开发区更强。就三市科技企业的集群化程度来说，深圳最高，北京其次，上海较低。可以这样认为，集群化程度过低是影响上海高新技术产业发展的主要障碍。

(2) 集群的概念和定义

从产业组织结构来讲，集群是由一群彼此独立自主、相互之间又有特定关系的企业所组成。所谓特定关系，就是在企业之间形成信息、资金、半成品、零部件、人员、科技、商业信用等资源之间的交换。麦克尔·波特认为：产业在地理上的集聚，能够对产业的竞争优势产生广泛和积极的影响。从世界市场的竞争来看，那些具有国际竞争优势的产品，其产业内的企业往往是群居在一起而不是分居的。虽然波特是以一般企业作为研究对象的，但其所得出的结论对高科技企业同样也是适用的。因为高科技企业更具有空间集聚的特征。

市场与专业化分工交互作用过程中所产生的生产力和技术创新的内生的绝对优势，比外生的自然禀赋和技术条件更具优势。如北京、上海，高校密集，技术资源条件非常好；另外珠海市的外部环境非常优越，整座城市是按照旅游城市来规划建设的，但是其高新技术开发区的各项发展指标曾一度在全国居于末位[1]。其原因就在于自然资源、技术资源作为外部条件，对高新技术产业发展的影响是有限的，而内部的因素实际上起决定性作用。从这个意义上说，城市是放大的科技工业园，科技工业园是缩小的城市。城市是科技园的孵化器，科技园是个人创业的孵化器。集群化是一种产业集聚现象。凡是呈现这一现象的科技工业园都会得到长足的发展。

与台湾新竹科技工业园相比，我国大陆大多数科技园并没有形成企业集群。究其原因，是因为我国大多数科技园区的发展过程存在以下几大弊端：

一是高科技企业大都由政府和国有大企业投资兴办。这就意味着资产、人才不能流动。如上海的国有高科技企业如想到外地发展或在某个区域集聚，都必须经过政府有关部门批准。所以，国有投资的高科技企业的各类生产要素是固定的、本地化的，极难自主流动。

二是企业裂变现象并不普遍，企业人才跳槽自办企业困难重重。

三是企业之间缺乏交流，老死不相往来。企业发展往往是以小而全、大而全

---

[1] 1995年，顾朝林等人用13个相关的指标体系对我国科技园区进行分析表明，得分最高的是北京中关村，为24分，最低的是珠海高技术园，为−3.15分。详见：顾朝林，赵令勋. 中国高新技术产业与园区. 北京：中信出版社，1998：200～201。

的形式和"摊大饼"的形态发展。

四是在绝大部分高新技术产业开发区内没有形成产业集聚，而只是提供土地和优越的景观环境，不论是化工、医药，还是生物工程、IT产业，统统引入科技园区，认为把园区填满就可以了，扩大产值成为最主要的任务。由于入园各产业和企业之间没有协作和专业化分工的关系，许多园区看上去是集中了一些企业，但只是"成堆"而没有"成群"。

据资料介绍，1994年，台湾新竹工业园区的产业集中度已达到90%，其开始时的定位就是发展IT产业，紧跟世界发展潮流，并不断地升级演变，产业集中度越来越高。而国内的高新技术开发区先天不足，大量的是属于企业"拼盘"，因此也不可能产生集群化，也就不可能产生产业内部的升级，更不可能形成高新区整体揳入世界产业链。离开了世界产业链，就不可能持久地站在世界产业技术的最前沿，信息交易成本将会非常高。脱离了国际大环境，就导致了高新技术产业的不可持续发展，这是我国高新区发展的最大弊端。据初步估计，我国高新区产业集中度平均只有45%左右，最低的甚至只有20%，与国际上成功的高新科技园区存在着巨大的差异。

2. 企业集群化对科技创新的促进作用

(1) 分散创新风险，降低创业成本

因为专业化分工协作网络的存在，创新者可将其注意力和资金放在关键技术上，从而可以节省许多投资，而将有限的人力、资金集中在自身高度专业化分工范围内的创新。可以按照协作网络企业分摊创新成本和市场开发成本。如日本丰田公司JIT体系(just in time)，在一定的地理空间范围内，有上百家企业围绕丰田公司，形成一个企业群。丰田公司的每一项创新，由公司总部提供思路，把创新的任务分解到总成、零部件生产企业去完成，最后由总公司集成。这样的模式，创新的成本比较低，总公司往往只承担总成本的40%左右，其余60%则由下属公司承担。而对于重大的、核心技术创新，由总公司自主来完成，从而形成了分级的金字塔形的创新体系。而其他类型企业集群内部的创新体系则不同，尤其是华人圈内所形成的企业集群，基本上是没有领头企业，虽有几个主导企业，但企业之间是平等的，是相互买卖协作的关系。这种现象，在我国台湾地区、意大利等国普遍存在。

集群内部存在"从上而下"、"从下而上"及横向的创新体系，只要某个协作环节出现创新成果，整个集群就会发生连锁效应。因为大家彼此之间非常了解，其中一个企业有了创新成果，其他企业就会跟着采用、模仿，否则，创新成本就无法下降，企业也就难免会被淘汰。

集群内同类企业间的竞争有助于推进新技术的标准化。有了标准，其他企业就可以立即应用，才可以迅速组织大规模的生产，才能形成配套的零部件并广泛推广。如果竞争对手间采用相同的技术,这就有助于加速技术规范化或使其成为标准的过程。在集群内部,标准的推广是非常快的,有时甚至只是几天。而我国大量的科研成果一经技术鉴定,除了用于评定职称发表几篇论文以外,大都束之高阁。这正是因为我们还没有形成技术创新的集群体系,尽管许多技术产品的性能优越,经济成本较低,但由于没有及时形成标准和规范,导致应用单位在图纸设计时就不能被设计单位所采用,这明显地制约了创新。

(2) 获得互补结构,增强整体竞争能力

创新是一种互补行动。创意往往从相互联系作用的群体内部看似混沌无序的自我组织的交互过程(Self Organizing Interaction)中交流碰撞而产生并得到实施的。由于企业与企业、订货单位、政府之间相互交流,突然之间会产生机会窗口(Opportunity Window),但过了几天以后,这一窗口会突然关闭,创新的机会就会丧失。

同一类企业在地理上集中,能够使得创新者得到供应商更有效率的服务,容易招聘到符合技术创新要求的技术人员,能及时获得本行业竞争所需要的信息与较容易地得到配套的产品和服务。因为,科技人员总是朝着能发挥自身最大价值的地方流动的,如要真正学习和把握 IT 产业发展的知识和趋势,就必须到美国硅谷一样。我国许多海外留学归国人员,从硅谷回国工作后,每年都要回硅谷几次,与在硅谷工作的同行进行交流,了解产业发展的潮流和信息,他们称之为"充电"。这些留学生从实践中认识到,如果不这样做,他们的知识就会退化。因为硅谷是 IT 产业技术创新观念和前沿思想不断涌现的地方。

企业的集聚会促使相关服务企业及配套机构的集聚,而后者的集聚又为创新企业的加盟进一步创造了条件。浙江省义乌市大陈镇,共有 600 多家衬衣生产企业,年产衬衣 6 亿件。在衬衣生产流程中,纽扣锁眼这道工序比较烦琐但又非常重要。有一种国外进口的全自动锁眼机器,生产效率很高,但价格非常昂贵。一般的中型生产厂家没有达到一定的衬衣生产规模,也买不起这样的设备。而大陈镇因为年产 6 亿件衬衣,锁眼专业厂也就应运而生了。所以,单个企业或企业集群如果规模小,就没有能力增添新的技术设备;只有企业规模大,服务客户多,昂贵的高技术专业设备才有用武之地。这种设备的应用,又促进了其他更多的一般企业加入到这一领域,享受这一专业设备的服务。这就使新技术的推广应用进入良性循环。

(3) 减少交易成本,降低创业门槛

未来学家托夫勒在 30 年前就曾预言:21 世纪是个人创业的爆炸时期。个人创业如同"爆炸"般出现,必须得到相应的服务。这种服务的功能就是为了降低创业门槛或者称为创业成本。集群化是新企业诞生的孵化器。由于集中的顾客群和配套商降低了设立新企业的投资风险,投资者容易发现市场机会。创业者能更容易找出产品或服务的缺口来创立相应的新企业。

我国有许多孵化器，其建立的目的都是为了促进个人创业，顺利孵化。但是现阶段90%的孵化器只是提供了一个场所，并没有为个人创业降低交易成本或创业成本，而企业集群具有这样的特征。在集群内部，创业者所需要的市场信息、配套商、技术支持、服务机构以及重要的客户都十分容易找到，所以集群就成了创新的温床。科技人员从企业集群中可以找到许多创业的机会，有大量的信息在集群内涌现，而非集群化企业就没有这种现象。

从全球范围来看，华人经济之所以如此繁荣，就在于它是地域经济。西方人的行为与华人有着本质的区别，西方人较早领悟法律面前人人平等，所有的交易趋向于依法而行，签订严格的合同，包括父子、配偶、兄弟之间都呈现契约关系，所以其交易的范围就较东方人更为广阔。而华人社会则不同，毕业于英国剑桥大学获得博士学位的费孝通先生，对华人社会的特点作过深入的研究。他认为，华人的社会结构，就如一块石头投入水中所产生的一系列同心圆，最里面一圈是血缘关系，在这一圈内，可以不计成本和报酬，说干就干；次一圈是亲属关系，进而是同事、同乡、师生、同学关系等等，一圈一圈地向外延伸。华人之间的生意往来，往往比较讲究人缘关系，你只要进入这个圈内，就有人为你证明或担保信誉，一系列的经商路子就打开了，就可以以最低的成本、最低的门槛进行创业。有人认为，华人企业的规模做不大。虽然华人的企业规模不大，但做得非常专业，并在某一地域内发生相互之间的交换，形成网络化，所以整体竞争能力很强。这也是几十年来华人企业不断前进，紧跟时代潮流取得很大成功的主要原因。集群化与华人文化特征有着密切的关系。

在当今世界上，华人和意大利两大企业集群是非常明显的，而且这两个民族有一个共同的特点，就是以家庭为中心。由于在一个集群内部，人与人之间彼此了解，所以交易不仅有法律上的约束，而且还有人文关系的约定。这种双重约定，使基本的交易只要口头承诺，一个电话就可以解决。这也是华人做生意比西方人的高明之处。一位台商曾讲过这样一件事，他的产品参加美国某展销会，有客户来订货，但觉得产品在某些方面不配套，如作若干改进后，该客户就会大量订货。此时，西方展商一般会先要求客户提供详细的产品生产标准和合同定金，再在一年左右的时间后将新产品交付。而台湾展商则不同，在了解了客商对产品的要求之后，就通过电话和因特网将产品的具体要求分解到企业集群中各个协作企业去创新和生产，而后进行集成，展销会还没有结束，生产的样品已经摆在客商面前。这就是集群协作网络的优势。总之，集群的成本交易优势在于：较少的运输费用，较低的市场搜索成本，较高的交易频率。

(4) 利用知识外部性，加速学习的过程

创新的基石——知识具有不可替代性、不可相加性、不可逆性、非磨损性、不可分割性、可共享性和无限增值性等特点。从经济学上来讲，知识是一种外部性很强的资源。一旦某个个体拥有了知识，在集群内部就可以供很多人分享。人人可以享用是不是就不承认知识产权了呢？当然不是。在集群内，人们彼此之间非常熟悉，相互之间需要协作，所以就把某些创新知识特别是不太成熟的知识提供给大家分享，相互进行交流，进而萌发进一步的创意。这种非正式的交流就促进了创业。国外有些学者专门对成功科技园区的主要特征进行了研究，认为人员的流动是第一位的❶。因为只有人员的流动，知识交流才会便捷。硅谷之所以成功，就在于废除了"跳槽"科技人员一般性的商业秘密保护，使知识交易的成本降到最低。

在工业经济时代，要使一个集群具有生命力，资本和产品的交易成本是最主要的，而到了知识经济时代，知识交易成本成为最主要的因素。深圳高新技术产业的发展之所以较为成功，就在于创造了新制度平台，使得知识交易成本比国内其他城市都低。集群化是以较低知识交易成本促进技术创新的集合体。

集群化触发了企业家的集体学习。在集群内部很容易出现"干中学"和新知识"传染扩散"的过程，它不同于新技术的单方面传播扩散，而是一种新知识和技术的重组、改进和再创造的过程。集群化有助于隐性知识通过大量非正式的交流在技术人员间传播、交流与共振。联合国教科文组织将知识分为显性知识和隐性知识两大类。显性知识，指的是可以表达、出版，在网络上可以传播的文字化的知识；而隐性知识，指的是隐隐约约的尚未形成体系的知识。隐性知识有时只能是意会的，表述时是呈片段状而不完整、不合逻辑的。任何一个科技人员所拥有的显性知识只是隐性知识的 1/10 甚至是 1/100。隐性知识不断提炼上升才能成为显性知识。所以，隐性知识几乎是一个人知识积累的全部财富，是一个人创新的真正潜力，而显性知识只是其在某个阶段的成果。隐性知识是显性知识的孵化器，是创新的源泉。但这一源泉有时是通过非正式的交流、闲谈、聚会，在对某一问题的讨论、争论中涌现出来的。如有人为某一问题冥思苦想不得其解，后与同行聊天闲谈，突然间灵光一闪，恍然大悟，犹如佛学上所说的"顿悟"。

正因为隐性知识需要大量的非正式交流、碰撞才能产生共振，所以当今世界上就出现了如此奇特的现象：低技术的传统工业在地理空间扩散，而高技术企业却高度集聚。如化工、炼钢和一般的加工业等已经成型的生产流程可在世界各地生产，通过因特网进行生产控制，采用大运力的交通工具实行低成本运输。而高科技创新企业却在某一区域集中，以便于隐性知识相互碰撞而产生共振，进而形

---

❶ 鲁格和高德斯汀（Luger and Goidstein）在《Technology in the Garden》一书中，将科研人员的流动性作为评价高技术园区八个指标中的首要指标。在美国硅谷高技术小企业集群中，每年人员的调动率为 25.23%。

成整体竞争优势和加快技术创新。这也是低技术的传统工业分布越来越分散，而高技术企业越来越集中的原因。

3. 促进科技园区企业集群化的基本策略

(1) 科学选址创办科技园区

建设科技园区，有三种较为成功的模式：

一是在大城市周围建立科技园区，并将其作为卫星城之一，与大城市进行商业服务、信息、零部件供应、生活设施等方面的交流。在离城市近百公里的区域设立科技园，通过便捷的交通系统与城市相连，科技人员可住在城里，在科技园上班。这已成为科技园区建设的重要模式。日本的筑波科学城和前苏联西伯利亚科技城之所以在较长时期内没有取得成功，主要原因是园区离大城市太远，不能利用城市这一平台，也就不可能站在巨人的肩膀上获得创新成果。

二是在小城市群中设立科技园区，并区别功能分工定位，与周边的城镇形成互补关系。在法国70多个科技园区中，最为成功的就是索菲亚科技园区。索菲亚科技园区有着奇特的地理条件，它位于地中海北岸，正处于旅游之城摩纳哥、休闲和商业之城尼斯以及文化传媒之城戛纳之间，成为众多科技工作者向往的地方。索菲亚科技园与摩纳哥、尼斯和戛纳三个专业特质非常明显的城市构成了紧密的互补关系。相互配套的城市群的存在，促进了索菲亚科技园的成功发展。

三是在区域性企业集群周围设立科技园区。如江苏昆山科技园位于台商投资区附近，正处在IT产业的企业集群之中。这一集群所缺少的生产力要素正好由昆山科技园区来弥补；而昆山科技园则可以利用台商投资区产业群已揳入世界生产链的优势，加快技术创新的步伐。如在台商投资区，许多IT产业的零部件产量已占全球市场的30%，许多先进技术正在这里涌现。

(2) 在土地使用上，倡导混合区

1933年的《雅典宪章》，将城市规划区域划分为四个功能区，交通、工业、休闲、生活区之间边界分明。到了1977年制定《马丘比丘宪章》时，人们发现这样的分区割断了城市的有机构成，不仅对传统产业的发展带来影响，而对新经济的发展有可能是致命的。因为，对于新经济产业来说，科技、工业生产和商业等概念的区别正在淡化，而且在同一区域，生产、研究、展示、商住等用地适度混合，可促进企业集群内部交易成本的降低。现代科技工业园区作为全天候的生活和工作地点正在成为新的开发范式。

(3) 增强区域性认同感，促使外地企业在当地结网

创新企业的本地化，降低了创新成本，提高了整体竞争力。按照波特理论就是形成了钻石结构，就具备了全球的竞争力。本地化是为了全球化，全球化也促进了本地化。本地化与全球化的作用是一致的。创新企业一旦与本地企业建立紧密关系，将自己的研究开发、生产、销售都置身在周边企业的联系之中，就能形

成强大的全球化竞争能力。

(4) 创办和引入与集群关联性强的技术源

技术源包括理工类大学、研究机构、大企业总部和研发中心等。如浙江宁波为了发展 IT 产业，准备投资 10 亿元，引入我国著名的西安电子科技大学。该校的教师也非常愿意把学校迁往宁波去发展，后来受到当地政府的劝阻。因为学校一迁走，也就把西安的技术源带走了，当地高新技术产业的发展就会受到重大影响。而学校认为，如果不到沿海去，将会失去发展的机会，就不可能成为国内一流的大学。最后的结果是学校不迁往宁波，但派一部分教师到宁波去成立研究机构。

(5) 完善公共服务机构

包括管理、技术等咨询机构，公证、法律、财务、会计等服务机构，零部件供应商，产品检验认证以及教育、卫生等设施。正是香港这些配套的第三产业使深圳的高新技术产业发展速度快于北京与上海。

(6) 突出宣传集群化优势，在招商过程中选择关联性强的外地企业入园

这也是台商为什么选择东莞、苏州投资的理由。因为在这里存在相关企业集群，可以得到他们所想得到的任何配套的零部件，可以成功地在这里进行再创造、再创业。吸引关联企业入园而不是无关企业堆积。在硅谷，虽然地价、房价相当昂贵，但创新还是源源不断。由此可见，房价、地价只是影响创新创业诸多因素中的一个，而不是全部。

(7) 借鉴新加坡园区的网络化，使集群内高科技企业的低成本产品有序扩散和转移，使有限的园区土地资源无限化

新加坡裕廊工业园区，土地非常有限，为使有限资源变为无限，新加坡分别在中国和其他国家设立了 5 个工业园，使得新加坡工业园成为网络。任何一项创新，一旦在裕廊工业园区成为标准规范化的生产，就被指导转移到其他几个园区。裕廊工业园区内的企业不断升级，脱胎换骨，从而使裕廊工业园区始终保持技术创新高地和强大的竞争力。形成整体的网络，利用合理的资源，通过集群化不断地升级，以此掷入当地和全球的市场，才能保持科技园的可持续发展。

## 四、城乡规划的适应性变革之道

### (一) 促进企业集群化的城市规划创新

企业集群化是城市集群化的基础，城市规划要符合企业集群化的内在规律。

一是适度的土地混合使用。国外城市化的实践已经证明，适度的城市混合区，其经济活力最强。以前我们只能用统计数据来表述，找不到活力强的原因。由企业集群理论分析可得出：适度的土地混合使用，能使得同质与异质企业之间

能够就近互相交流，促进专业化分工与合作机制的建立。这正是企业集群化的初始条件之一。

二是尊重原有城镇空间的有机构成。任何城市在历史的演进过程中，其空间结构都是已经被证明有效率的，包括城市的老城区。如保护修复以后的丽江古城，成了经济增长的亮点。为什么？因为丽江古城的街坊、民宅、店铺、景观和能源的供应与消耗构成了最低成本的生产模式。我们要尊重这种布局构成。20世纪30年代以来，人们把巴西的巴西利亚、澳大利亚的堪培拉作为城市发展的榜样，这两座城市的总体规划都是在《雅典宪章》功能分区理论的影响下通过国际竞标设计产生的，城市具有广阔的街道、草地和广场，有一种非常壮观的技术美，但都有一个基本问题，就是经济萧条。其原因就是没有注意到城市的有机构成。我国一些城市在旧城改造中，把老城区全部推倒重来，实际上是破坏了城市原有的有机构成。

三是对集群化具有正向外部性作用的技术源和其他社会资本提供优惠。系统的任何基本单元对集群化的作用因素都有正向与负向之分，凡是具有正向外部性作用的单元，在规划、土地供应上应给予优先。如深圳市从外延式发展转向内涵式发展，这就需要改变原有的优惠政策，因深圳没有足够的技术源，于是该市就花费20多亿元资金，引入清华、北大等著名院校和科研机构来深圳设立科技园区，这些大学和科研机构具有很强的正向外部性，对该市的高新技术企业集群的发展起到了互补性很强的技术源作用。所以，深圳市在规划选址上，就把科技园区设立在环境相当优越的麒麟山庄旁边。

## （二）通过城市规划与经营的协同性来培育城市竞争力

一是多组团、指状式空间结构与紧凑型城市模式间的协同。在过去的城市规划上，我们也曾注意到城市的多组团布局，但为什么许多城市组团没有活力呢？这是因为功能单一或纯属居住或工业区的城市组团不符合集群的生存和发展，就不可能形成城市物质空间紧凑型组团式发展和开阔的生态空间相协调的格局，到最后，城市只能是摊大饼式发展。

二是具有自我发展能力的卫星镇模式。这是有效解决大城市有机疏散的一个手段。许多城市都想按照卫星镇的模式来发展，但都失败了。关键的问题是卫星镇没有形成比原来的主城区有更强大的反磁力。如果卫星镇不能在某一核心产业方面超越主城，卫星镇就没有自身发展动力。卫星镇内的产业组织必须以集群化的模式来发展。主城要为卫星镇的发展提供扩散源，而且卫星镇的动力源在某一专业领域内要比主城强，那么相当一部分同类企业和产业就会向卫星镇集聚。所以，卫星镇的发展大多以专业集群化的模式存在，有可能是企业集群，有可能是大学城的模式。如牛津和剑桥都是伦敦的卫星镇，它们不仅没有被伦敦所吞没，而且还具有强大的生命力，因为牛津和剑桥大学的存在赋予了这两个卫星镇经济发展的营养源,保持了牛津、剑桥镇的繁荣和持续发展。我们对卫星镇的经济产业发展模式缺乏认真研究。

三是控制城市发展的经济成本与环境成本。发达国家城市的快速郊区化,导致经济成本——基础设施投资费用比紧凑型城市提高了8倍,同时因为城市向郊区蔓延,对大自然的干扰大大增加,造成生态失衡和生物种类的锐减。针对这些问题,美国规划学者提出了精明增长(Smart Growth)理论和规划导则。我们也要通过合理的规划调控手段,降低城镇建设的经济成本和环境成本。这对于我国城镇化的健康发展至关重要。

四是以主动经营来取代消极经营。城市规划要与城市经营协同,这在国外的TOD开发模式上表现得淋漓尽致。如要修建一条从主城通往卫星镇的地铁延伸线,我们必须对地铁延伸线两侧的土地预先控制好,一旦延伸线建成,这两侧的土地就会升值。这时政府对这些土地有意识地进行调控经营,就会促进基础设施建设的良性循环。同样的经营理念可以延伸到公园、大学、体育馆等大型基础设施与城市公共品。

五是建立具有内部制约机制的分权管理系统。目前我国城市规划调控体系还不完善,计划经济年代所创立的从上到下的规划编制、管理和监督体系已经基本失效,而城市内部的制约机制还没有建立。所以,我国现在的城市规划管理模式,既不是英法等国的从上而下的监督管理体制,又不是美国那样每个城市都设立的行政、司法、立法"三权分立"的制约机制,可谓漏洞百出、调控无力。当前,在我国城镇化过程中所出现的城市历史街区消失、城市生态环境恶化、建筑风格千城一面等诸方面问题,已经印证了现有城乡规划管理体制的弊端。如果规划管理纯属地方事务,那地方政府就要学美国,也搞"三权分立",但我国的政体决定了我们不能这样做。而且我国土地少,资源也不丰富,较有借鉴学习意义的是欧洲的管理体制,但我们没有学到欧洲城市规划管理体系的精华,只是对欧洲现在的管理体制感兴趣。欧洲现在的管理体制是在城市化完成以后建立起来的,如果完全照搬,就有可能与我国当前的高速城镇化相冲突。因为欧洲城市化完成以后,城市的建设量非常之少,目前整个欧盟的年建设量不足我国上海一个市。所以,要学欧洲的城市规划管理模式,就应学习欧洲城市化高速发展时期的管理模式或第二次世界大战以后的城市重建的管理模式,这才能与我国现时高速城镇化过程的管理相配套。我们千万不能去克隆已经完成了城市化的发达国家的规划管理模式。

(三)重建城市群整体协调发展的调控机制

一是要超越行政区划的限制,形成协调城市间生态环境、基础设施、产业协同和资源共享、机制共建,把各自为战整合成整体竞争力。

二是创立基于法治与尊重个体利益的调控机制。目前,我国的城市规划既缺乏法治的权威,又缺乏尊重个体权益的利益机制。如对水资源,国外就引入了水权的概念，通过市场可以交易。拥有水资源的城市，就会注重对水质的保护，只有水质好，才能卖出好价钱。而在我国许多地方，是无偿使用水资源，处于水域上游的城市根本不注重对水体的保护，甚至是有意多排污水以影响下游的环境，迫使已在下游投资的投资者向上游转移。在珠江三角洲的一个地级市，可以花巨资建设一座27万 m² 的办公大楼，几十亿元建设一个展览馆，却不愿投资建设污水处理设施。

三是强化从上而下的行政监督来均衡自下而上的城镇化力量，减少城市间的恶性竞争，制止形象工程攀比与基础设施重复建设的行为。

综上所述，我们可以得出这样的结论：企业集群化模式是农民自主进行城镇化的基本模式，这是中小城市、小城镇发展动力再造的基本模式；立足于培育企业集群才能有重点地发展小城镇和增强中小城市的竞争力。没有企业集群，就没有中小城市和小城镇发展的动力，大、中、小城市就不能协调发展，就如彼特·霍尔所讲的，城市"非正规就业"人口比重过高，导致严重的城市病；城市群内外协同的基础和实质是资源互补和企业集群间的协同。如果城市之间的产业不互补，城市群中各城市功能的合作互补就无法实现。城市群内外的协同机制，是由企业集群内在的经济地位决定的；城市规划的变革必须尊重城镇有机成长的自组织特征。研究城市的最佳规模，主要取决于以下两个条件：一是产业种类与属性。生产不同类型的产品，是属于第二产业还是第三产业，在第二产业中，是劳动密集型的，还是技术密集型的，都决定了城市规模经济。二是城市之间的相互作用。如果城市产业是开放的，与周边的城市存在互补关系，其城市最佳规模就比较小。如果城市之间不是互补关系，城市规模必须很大，才有规模效应。所以，在我国西部地区，由于城市之间相互作用较弱，必须发展单个大城市，才具有规模效应。而在长江三角洲地区，城镇规模都很小，但由于城镇之间的相互作用强，也有规模效益。意大利研究表明，城市最佳规模是5万人，德国是8万人，而我国的研究结果却是100万人口以上的城市才有规模效应。最佳规模理论为什么失败，是因为它忽略了许多有效的影响因素。

通过企业集群结构的分析，用复杂系统的理论推导出企业集群与城市集镇群的演进规律，找到一种顺应这一规律的调控办法对城镇化的过程加以调节，促进中小城市和小城镇的发育以均衡大城市过分扩张的负面效应。这是我国城镇化过程中确保大、中、小城市协调发展的一条道路。

## 五、专题：战略规划要注重城市经济研究——简论沈阳城市发展战略

从我国城镇化的大背景来讲，三大城市群特别引世人注目，第一个是珠江三角洲城市群，第二个是长江三角洲城市群，第三个就是环渤海湾包括东北三省的

城市群。从广域的范围来看，这三大城市群实际上已占有全国 GDP 的 60％以上，财政收入的 70％以上，第三产业增加值的 80％以上，引进外资总额的 85％以上。从一定程度上看，在全球化时代的世界产业、资金和技术的大转移过程中，我国能够分得多少财富的"蛋糕"，能不能抓住这个机遇，成为和平崛起的强国，主要就看这三大城市群的发展，以及未来的发展趋势和发展的可持续性。而能不能在全国范围内实现较均衡的地区发展，则取决于环渤海湾和东北城市群的发展，其中作为该城市群的核心城市之一，沈阳的发展尤为重要。

### （一）从三大城市群优势的比较看沈阳城市发展

珠江三角洲城市群的优势：①最大限度地利用了香港的资本、人力资源和世界贸易自由港等优势，使自己率先走向世界。②最先利用了市场机制，也就是在中国最早把大量的制度从香港直接拷贝过来。仿造技术是困难的，若涉及专利技术更是违法，但仿造制度则非常容易，成本是较低的，尤其是在文化背景底蕴相同的地区。③以最快的速度把自己原有的产业融入世界产业链之中，成为其中的一个环节，使自己的产品与世界先进技术和市场需求变化同步。④最大限度地吸引了全国的人才，而且在这一地区生根、开花、结果，为三角洲的快速发展提供了强大的动力。这与海南的情况大不相同，当年海南设省引发了人才流动的浪潮，全国各地的许多人才纷纷涌入海南，但去了以后扎不住根，最终又离开了。

长江三角洲城市群的优势：①充分利用了我国最大中心城市上海的扩散和集聚的效应。②最大限度地利用了最密集的民间资本。江浙沪历来是我国民间资本最密集的地区。香港的兴起也与此因素有关，当时有那么一帮人为避战乱到香港谋求发展，香港银行给予零担保贷款的支持，结果就促成了香港产业的兴起。所以，把民间资本与外来资本和技术结合在一起，就能形成新一轮的工业化阶段的发展动力。③最大限度地利用全国最密集的技术人才群体。在全国排名前六位的大学中，长江三角洲就占了四所，几乎一半的名牌大学都集中在这里。这是珠江三角洲所无法比拟的。④即将朝着最适宜居住的区域目标前进。因为，这一地区具有良好的气候条件和配套完善的服务设施。最适宜居住环境的创造，相对全国其他地方来说就更具有竞争力。而最适宜居住的城市与最有创新能力的城市，事实上往往是可以互补强化的。

环渤海湾和东北城市群的优势：①全国最大的原材料基地、最古老的工业基地。这一地区原来的经济发展基础很好，但其处于基础地位的重工业，现正面临着结构转型和产业升级的挑战。重工业的发展必须紧靠原材料产地，所以就重工业的发展来说，应该还有相当的优势。但对于工业结构转型而言，反而形成了一种不利的模式锁定。②东北亚产业扩散的最近途径。日本、韩国的技术转移和产业扩散，是我国产业兴起的主要技术来源和信息、贸易途径之一。基于东北城市群所处的地理位置，其所接受辐射的范围、力度、深度都将可能是最大的。③最丰富的土地和森林资源包括富裕的环境容量。水、土地、生态资源的稀缺性和脆弱性，制约着城市的发展。但在环渤海湾城市群中，除了水资源以外，其他的都不是主要问题。这与珠江、长江三角洲地区形成了鲜明的对比。在长江三角洲地区，土地资源尤为缺乏。例如杭州市为了取得土地指标以满足经济发展的用地需求，只得先在省内相对偏僻的地方购买土地，以实现"占补平衡"，取得用地指标，或者与别的省份换土地指标，每年在这方面的支出达数亿元。杭州市郊的征地价格也相当高，征一亩地的代价是 30 万元，而在环渤海湾和东北城市就较为便宜。

从三大城市群的优势分析来看，环渤海湾和东北城市群也有自己的优势，但在后工业化时代发展的过程中，应防止这一地区步入三个模式锁定。

一是产业结构的锁定。如果东北的城市不能顺利地从重工业结构转向与大规模制造相适应的工业组织结构和高技术产业，将会带来巨大的就业压力，GDP 的增长和第三产业的发展也将受到制约。按国际通行标准，一个工业就业岗位可以产生 1.5 个甚至 3 个第三产业的就业岗位。但在东北目前的重工业结构中，一个工业就业岗位只能产生 1 个甚至是零点几个第三产业就业岗位，这对于整个城市群和工业基地城市的产业转型是很不利的。

二是制度模式的锁定。为什么会产生制度模式的锁定？这是由于传统的思维定式造成的。如沈阳曾经是全国最大的工业基地，人们一直以来就顺着这条路子走，认为纯国有、大企业、大集团、重化结构是发展工业的最好模式。这就是一种制度的锁定。制度的锁定框定了人的思维和创新行为，就看不到其他"活蹦乱跳"的、高效益、高技术的产业新制度。尤其是单一的产权结构锁定了其无法跳跃式发展，使国有企业产权改革整体滞后，效益日趋低下，一而再地失去技术升级改造的机会，最终陷入停滞的境地。"超越过去成功模式"是最难的，也是最有必要的。

三是产业组织方式的锁定。在东北的工业经济结构中，大企业所占的比例很高，而小企业数量少，没有形成大中小企业的自然序列，大、中、小企业之间缺乏相互支持与有机联系，这是整个东北工业组织结构中的致命弱点。企业之间没有联系，就不会有高度的专业化分工与合作。我国东北地区不少城市的产业门类曾经非常齐全，计划经济时代的"优势"无助于形成全球化时代所需的独特的竞争力；企业摊子很大，但是企业之间没有网络的联系，没有形成细密的专业化分工。这种"大而全"的产业组织方式，在面对未来的挑战中，适应性就比较差。

整个环渤海湾和东北三省的城市群能不能承担起走向世界的重任，能不能借助过去的优势，摆脱结构、制度和产业组织方式的锁定，在世界产业大转移的过程中争到一块应得的蛋糕，这对于均衡我国的地区性发展，跳出经济效益徘徊不前和就业状况日趋式微的恶性循环的圈子，重新走上第二次创业的道路，是一个非常紧迫的问题。正因为如此,沈阳市精心研究与编制城市发展战略规划,是非常必要的。

**(二) 城市发展战略规划要实现的几大超越**

1. 超越规划的有限期

城市发展战略规划没有期限的限制,像新加坡政府就做 X 年的规划,可以展望 50 年以后的发展。而我国城市通常做的城市总体规划,期限为 20 年,配套的远景规划内容十分简单。这样一来,往往就使编制者满足于此期限的现实性选择,缺乏对更长远目标的导向性选择,就难以避免因"短视"而产生的错误。发展战略规划本身可以做到该城市环境容量的极限、城市成长所能达到的终极目标,与之相关的许多因素都可考虑在内。所以,通过编制战略性规划,能够使城市决策者看清自己现在的决策对未来发展的影响。

2. 超越行政管理的空间

城市的发展和城市之间的相互作用实际上已超越行政管理的范围,市场交换成本起着决定作用。如在沈阳市与国内其他城市的联系交往中,以沿海城市居多,与周边的城市即使是相距最近的阜新市,也没有密切的协作关系。城市的发展潜力还取决于与周边城市的协同程度,这就决定了新的城市发展联盟必须超越城市空间。按照现有法律,编制城市总体规划不能超越城市行政区域。但是,概念性规划、战略性规划就可以跳出这一限制,从更大的范围来审视自己的优势、劣势和发展空间,从而能较为精确和高效率地进行大型基础设施的布局和建设。

3. 跳出单一学科来编制规划

传统上城市总体规划的编制,往往强调应由城市规划的专业人士为主,而以前的城市规划专业又是列入建筑专业范畴的,再吸收一部分经济地理的专家参加,这是远远不够的。城市规划的定义,包含了三个层次的含义:其一,规划是一门专门的工程技术,而这门工程技术几乎包含了所有的学科,特别是经济学、社会学甚至是政治学。所以,规划已不是一门单纯的工程技术,而是多学科的综合体。其二,城市规划是在法律治理下的一种政府行为,以法律作为依据来展开管治,把民众的注意力、产业发展的动力引导到与规划相适应的发展空间和发展方向上。其三,城市规划又是一种文明行为,是一场从人治走向法治的社会运动,应是一个由全体市民参与的、综合协调各方面各阶层利益和兼顾长短期目标的实践过程。正因为城市规划所包含的内容广泛,所以,过去以单一学科的专家来编制的规划往往缺乏科学理性,单一的视觉很容易造成偏见。

4. 超越单一物质空间的摆布

正因为过去人们把城市规划仅仅作为一门单一的学科来认知,在实际应用中,就用放大了的建筑学观念来编制城市规划,以至于城市规划仅仅成为一个空间的建筑布局。这样的布局是远远不能适应从发展理念、发展战略、发展政策所描述、决定的现代城市发展空间的有机结构。发展空间是发展战略的投影，但是以传统办法编制规划，却是忘记了战略的本身而只注意投影。就像对一个人的描述一样，忘记了有血有肉的人体，而只注意了人的服饰与外表，这是本末倒置。而发展战略规划不囿于城市物质空间的描绘，重在发展新理念的启迪，使后继的城市总体规划对多变的未来有足够的前瞻性和适应性。这种以现实的物质空间为冲击对象的新规划模式，必然会立足于突破和创新。

5. 超越计划经济模式的束缚

计划经济最大的一个缺点，就是让城市发展处在外部作用力之下。中国的城市发展与城市化正面临着三种情况：一是城市化落后于工业化。像我国沿海地区基本上处于这一种状况。因为工业化程度远远超过了政府的计划能力，城市化滞后于工业化约20个百分点。二是城市化超过工业化。我国北方部分地区的城市化已超过了工业化。在这些地区，当年由苏联专家帮助编制的城市规划，至今还没有"填空填满"，相当一部分的城市人口分散在林区，实际上是把林业工人全部作为城市人口来计算的。再加上沿海工业大搬迁到三线山沟、"文革"时期的知识青年"上山下乡"所形成的集镇，许多地方还是××连作为镇名。此外还有部分煤炭资源城市如阜新等。城市化的本质是产业提升和产业积聚，而不是单纯以城市人口比例来衡量的。但在过去的计划经济时期，把国家给城市定性和上级政府给项目作为决定因素，而忽视了城市化的内在动力，以至于造成了这样的弊端。三是城市化与工业化进程相协调。这种协调又分为两种情况：第一种是政府做出卓越的规划，使工业化与城市化相匹配。第二种是由于过去计划经济时期采取城市居住区面积与工业区面积相匹配的计划办法，使现在的发展还比较协调。沈阳市就属于第二种情况。目前沈阳的城市化与工业化还比较协调，并不是决策者在10年前、20年前的远见，而是计划经济按照指标分配的结果。这种分配的结果表面上是和谐的，但实际上内在是有冲突的。因为城市是一种自组织体系，而不是被组织体系。计划经济是被组织体系的典型代表。在这种旧体制的作用下，认为中央政府比省政府聪明，省政府比市政府聪明更能够洞察一切，应该拥有更大的城市建设决策权，但实际上应是倒过来才对。所以，只有跳出原有的计划模式，重新寻找沈阳这座城市发展的内在组织体系，并顺应这个组织体系发展的内在规律，逐步形成有活力的产业体系，才能使城市规划与未来的工业化相配、相适应。

6. 超越原有的规划、政策、提法、口号等限制

研究城市战略性规划，就要跳出原来所设定的一切框框，朝着生态文明时代的可持续发展的方向进行探索前进。也许有些新理念还很难理解接受。这些很难接受的东西，就是超越传统做法的结果，而不是在原来的口号、观念、政策上延续的结果。这就是战略规划的另一套功效，它对城市的未来不是被动式、连续性

地进行推断,而是强调以开放、创新的理念去生成城市未来发展的多种可能途径。

7. 跳出由单一部门垄断性编制规划的限制

城市政府垄断性编制总体规划、分区规划、详细规划这三级规划,这样一种编制方式,就使得城市规划在高层次上没有多方案的比较,缺乏思路和创新的竞争,也就容易对城市未来的发展失去准确的判断。科学的城市规划是建筑在对未来信息的准确把握、对城市发展可能走向路径的分析基础之上的。但是,如果仅由一个机构垄断规划编制,就不能跳出原有思路的框框。现在,沈阳城市发展战略规划由三个不同的专业组来编制,对沈阳城市未来发展的空间走向,分三种模式、三种可能路径进行利弊比较分析,最后选择某一利大于弊的方案。这样所编制的规划就可能比较合理,对城市未来发展的预测也会比较准确。为什么一些城市规划不能较好地把握未来?就是因为传统规划编制时漏掉了许多信息,因为没有进行多方案的比较。这正是因为总体规划是由单一机构长期垄断性编制所导致的恶果。而由"外部介入"来编制战略规划就有可能打破原有的僵局。

**(三) 城市规划要与经济结构升级和产业集聚相适应**

现代城市战略规划,特别是像沈阳这样的城市战略发展规划,在发展阶段要适应工业化向后工业化的过渡,在发展的空间上要注重城市自身与东三省和环渤海湾城市群的相互作用。北京、天津、沈阳作为环渤海湾城市群的三大核心城市,其将来的走势决定了这个城市群能否与长江三角洲、珠江三角洲城市群发展相均衡。所以,应非常重视城市化与经济结构升级、产业集聚、人口转移之间的关系,充分认清城市化是结构升级、产业积聚和人口转移的结果,同时也是它们之间相互作用的动态过程。

但是,在推进城市化的过程中,要高度注意产权结构、产业组织与城市空间结构这三者之间的关系,这往往是容易忽视的问题。乡镇企业起步最早的江苏省,在发展速度稍为落后时,就曾经对其原来引以为豪的经济模式进行反思,并得出了两个结论:一是产权结构要改,不能以小国营的模式发展乡镇企业,应该改成经营者持股的股份制,并与外资嫁接,然后壮大经济。二是注意企业集群的发展。对产权结构的改革,江苏采取了"切三刀"的办法。第一刀,所有的大企业都要逐步与外资嫁接合作或与优势企业合股,而且经营者要持一定股份;第二刀,中型企业由经营者买下;第三刀,小企业私营化。经过 3 年时间的转型,这几年江苏经济又上来了。但直到最近江苏才认识到浙江经济快速发展的另一个法宝——产业集群。浙江省的经济发展之所以比较快速、平稳,两大奥秘就是产权结构的优化和产业集群的集聚,并逐步从浙江的南部向北部延伸扩展。浙江省现有各类产业集群 600 多个,其中最小集群所生产的产品总量占我国同类产品的 30%,最大的集群占到世界同类产品的 70%。这 600 个产业集群的产值占了全省工业产值的75%，而这些产业集群主要分布在县城以下的集镇。浙江经济的发展就依靠了这两大秘密武器，现在可以说还将持续增长很长时间。从另一个角度来分析，浙江省的技术资源在全国排行第15位，但是GDP在全国排第4位，以第15位的技术资源取得GDP第4位的经济实力地位，靠的就是产权结构和产业结构这两大优势。

再看东北地区，沈阳市曾经是全国最大的重工业基地，但正因为是重工业基地，所以转型就比较难，融入世界产业链就更难。这是因为：

第一，城市之间产业结构雷同，没有很强的互补性。沈阳市包括周边大城市的产业门类非常齐全，从钢铁到化工，到纤维，再到汽车，几乎什么产品都能生产。但是什么都不专，缺乏产业竞争力，也就不能形成强大的城市核心竞争力。这对一个城市的发展来说是很危险的。而珠江三角洲和长江三角洲城市群中的城市之间就形成了非常明显的地区功能分工。像深圳形成了高新技术产业群，广州是与新型工业、IT产业相配套的中心城市、商业城市，东莞是台商密集区，佛山、顺德是中国最大的家电加工业基地，而珠海则突出了旅游业和软件业的发展。珠江三角洲所形成的各具特色的区域性城市群，互补性强，因而具有强大的整体竞争力。所以，我国北方经常感到"南货北上"的威胁。而环渤海地区的所有城市，基本上都是同一个发展模式，产业门类都很全，都没有各自的核心竞争力，所以不能形成互补。这就是环渤海地区与珠江三角洲的最大差别。只有具有独到优势的城市相互形成联合体，才能产生地区性的综合竞争能力。但是，环渤海和东北地区就缺少像长江三角洲、珠江三角洲城市之间自然形成的内在分工和有机联系。

第二，企业之间没有形成专业化的分工与合作关系。沈阳市的工业企业规模都很大，但都是建筑在"大而全"的基础之上，许多零部件都是企业内部加工，这就大大削弱了企业的市场适应能力、制造能力和创新能力，并导致加工成本的提高。企业能否在未来的市场竞争中生存和发展，关键取决于企业的适应性。谁能适应未来的快速变化，谁就能制胜。而企业集群对外部环境的变化有非常强的适应能力。如温州的打火机企业集群，年产值将近百亿元，产品种类繁多，高质低价，几乎冲垮了包括日本、俄罗斯以及欧洲在内的所有老牌打火机生产企业。为此，欧洲对我国提出反倾销起诉，提出中国产的打火机没有安全装置，容易危及儿童的安全。这一项规定将会使得温州所有的打火机生产厂家濒临倒闭。但温州人一下子就想出了改造方案。他们将安全装置设计任务分散到几百家企业，让大家都来动脑筋，结果不到几天，许多设计方案就出来了，而成本又十分低廉。如果这样的事例发生在国有企业，其创新成本将很高，但是在一个企业集群里，可以将某项具体的创新产品分解成几十个部件，扩散到上百家企业去完成，最后进行集合，这样的创新成本就非常低。

这个例子说明沈阳还缺乏与后工业化时代相适应的新型工业化道路的明确的政策和战略。什么是新型工业化道路？必须是人的潜能得到最大限度地发挥，每一份资产的能量得到最大限度地释放和最大可能地利用最适宜的先进技术并走可持续发展的道路。如杭州的国有资产总量在浙江省是最高的，约 500 亿元，只有沈阳市国有资产总量的一半。几年前，这 500 亿元国有资产的年产值只有 300 亿元，且每年亏损 5 亿多元。后经过一系列的改制后，500 亿元的资产发挥出 700 亿元的产值，实现利润 5 亿元。同样这份资产，其产出、效益、自我繁殖能力、自我成长能力与以前完全不一样了，这就是由于产权结构改变的结果。事实已经反复证明：没有产权意义上的所谓改革只是"空改"和"白改"。所以，沈阳市要痛下决心，进行产权结构的调整改革。

第三，缺乏小企业发展生存的空间。推进产权结构的改革，必然涉及企业资产的重组优化，该扩散的生产环节就应扩散出去，进而在周边形成产业链，形成企业群体。这些企业群体的形成，就需要城市规划来加以引导。但在沈阳这样一个大工业基地城市里，就我国现有的城市规划、配套政策和人文环境而言，只适合大企业的生存，而不适应小企业的发展。这是影响沈阳经济发展的一个薄弱环节。

第四，现有城市规划建设模式的适应性差。只适应国有企业、合资企业的先确定企业规模，后批地建厂房的过程，而不适应民营企业规模从小到大、实力从弱到强、技术从低到高、交易从近到远、产业结构从单体到群体这样一个过程。民营经济与外资企业、国有企业最大的区别，就在于民营企业的规模是从小到大，而国有经济企业规模往往一定终身。民营经济的技术力量、技术结构是从低到高，而国有经济建厂之初是什么样的技术水平，以后就很容易"锁定"。而依据这一"锁定"习惯而派生的一系列规划建设的原则，显然是与民营经济诞生发展所需要的高度灵活、适应性相冲突的。

第五，缺乏科技人员个人创业、创新的空间。专业化交易扩散的范围从近到远，企业的分工与合作从个体到群体。这些都是沈阳工业企业所缺乏的。正因为如此，就需要在城市规划上为他们开创空间。西北地区的许多城市，人才密度非常高，在 20km$^2$ 建成区之内聚集了许多大院大所，但是科技创新成果、高新企业产值及效率却相当低，就是因为违背了一条原则——人的能量没有得到最大限度地释放。在这一地区，只准大企业、大院大所生存，却不许个人创业，以至于许多技术人员一旦萌发了好点子、好创意，首先是"孔雀东南飞"，到其他地方创业去了。这样怎么能留住人才呢？西部地区某城市最高年份曾经流失了 20％的科技人才。这 20％的人才，平均一个人的能量要比留在当地的能量至少大几倍。我认为，实施西部大开发，振兴东北经济，当前最主要、最根本、最紧迫的任务，就是要通过适当的策略为科技人才提供一个能够以任何形式进行个人创业的机会,把那些想要离开的人才全部留下来就地创业。如果做不到这一条,就是空谈发展。

**(四) 沈阳市未来发展需要注意的几个问题**

1. 发现和培育最有希望的都市工业产业群

都市工业属轻型结构,是高技术、低污染的,能充分调动人力资本的优势,是与党的十六大提出的新型工业化一致的。如杭州萧山的钢铁网架产业群,大约有50多家骨干生产企业,就是近几年才发展起来的。这一产业群包揽了全国50%的大跨度网架结构生产,像深圳高新技术展览会的场馆建设,采用的就是萧山的钢铁网架。萧山最初只有一家网架生产企业,是与浙大的几位教授合作兴办起来的,然后这个企业产生裂变,分离出许多企业,并互相竞争合作,最后就形成了一个企业集群。如加上配套企业,大约有300多家企业,形成一个年产值150亿元、年递增达到35%的这样一个集群。在杭州市区,计算机软件开发企业有300多家,年产值80多亿元,其开发的金融、证券、保险、财政、税收软件在全国市场的占有率达到60%。而东大阿尔派是一艘我国软件业的航空母舰,但"生态不平衡",在一个大企业下面没有众多的小企业来支撑,因而不能形成一个自适应强的产业群体。所以,在城市未来的发展过程中,应注重寻找都市工业产业集群中的好苗子加以培养,以加快产业结构的转型。

2. 开发区建设要摒弃原来的绝对的功能分区

从沈阳市的工业布局和城市布局来看,工业区和居住区以前在大尺度上是混杂的。这种混杂曾经造成了环境污染严重,城市功能布局混乱,生态恶化,交通困难。但是,在重化工向轻型工业和后工业化转化时期,开发区的建设模式不应该像过去那样,搞纯粹的出口加工区、工业区、外资投资区,这必然会削弱新区的竞争能力,必须引入混合区的概念。因为现在产业的性质、技术含量和对环境的污染程度与以前大不一样,许多是"零污染"产业。所以,不能照搬《雅典宪章》的模式,而应该向充满活力的适度的混合区转化,使区内的产业群能够相互依托。在浙江省,如果规划部门也是机械地照搬工业区和居住区的严格分离,就不可能有产业群的形成,也不可能有温州模式,也就没有浙江的现在。温州模式,从城市空间结构布局上来说,就是适应了初期的"前店后厂"模式,离开了对前店后厂的宽容,初期的一切发展就都停止了。但对沈阳这样一个特大城市和"工业化后期"的发展阶段,就不能采用前店后厂的模式,而应倡导适度混合区的模式。

3. 卫星城的发展应与产业群的形成相结合

北京、天津、成都包括沈阳这些人口比较多的城市,为什么发展卫星城失败,最后被主城外扩的大饼所吞并?这是因为过去的卫星城设计思路往往只是居住的集中地,而不是自我增长的有强大发展动力的产业群的所在地,这些卫星城不能成为主城的反磁力中心，就只好等着主城的扩展吞并，只有吞并了才能发展。因此，必须在产业群转移的过程中来选择卫星城的发展，使卫星城能够自我裂变，自我繁殖，成长速度上快于主城高速地成长，从而形成独立的增长极，在卫星城中提供就业、学习、生产、生活和商业等完整的配套环境，把卫星城看作一个巨大的创新的孵化器。如果不是这样，城市发展就不能超越"摊大饼"式的发展模式。孵化器是个人创业的摇篮，东北城市最缺的是个人创业的空间和环境，应积极把孵化器的理念扩展到整个城市，至少在卫星城里面加以实施。如果某个地方不能容纳、不能接受、不能让新的创意成为现实生产力，形成产业集群，这个地方就永远没有前途。

4. 把城市的发展与城市网络的发展整合在一起

要在城市网络中，把城市自身的优势、核心竞争力与其他城市的核心竞争力，互补强化形成整体的地区竞争力，这样才是一荣俱荣，才可能共同进步。没有一个地方不是因为整个区域的繁荣才导致领袖城市的崛起，不可能是单兵突进的，因为广义的产业结构调整本身是分散而又有机联系的。为什么台湾地区客商的高技术产业、具有核心竞争力的产业只选择在苏州和东莞两个地方投资，而不管其他城市地价多便宜，财政给予多少补贴，也不去投资？这是因为只有苏州和东莞这两个地方才具有较完整的、优秀的配套能力。假如一台笔记本电脑有200个部件组成，也许就有150个部件可以在苏州找到合适的供应商。如果在当地只能提供5个零部件，其生产成本将非常高，企业也无法在激烈的竞争中生存。而在苏州、东莞投资的企业还可以通过计算机的管理网络，把这150多个零部件厂商都纳入计算机管理网络，形成一个集散的、敏捷的生产调度系统，使得仓库的零部件库存达到零，这就是地区产业分布所产生的优势。这在其他地方能做到吗？所以，如果不关注这样的产业群，不从城市规划上去保护、发展、支持这样的企业集群，而放手让别的城市去关注，不仅台商不会来投资，连韩国人和日本人的投资也将转移，因为他们得不到应有的"生存环境"。就像一条大鱼的存在，必须有小鱼、虾、水草、虫子等成系列的生物链。只有一块低价的土地而没有完善的配套环境，城市就失去了发展动力。

总之，要从新型工业化产业的集聚、产业发展的内在规律来认识城市化的动力，从城市化的动力来刻画城市化的空间布局，使城市空间布局适应城市产业的发展。只有这样，才能完成一个大战略规划实践的全过程。

# 第四章 城镇化拉力与推力的均衡
## ——生态文明背景下的乡村规划与建设的基本方针

一段时间以来，学术界对乡村建设研究日益活跃，但与国外研究不同的是，国内学者对乡村建设之类的基本概念尚未进行基本的讨论，进而建立相应的共识。受此影响，基于对当代中国乡村建设实践观察与反思的理论性论著也尚未出现。更进一步说，就当今中国乡村建设实践本身的观察与理解而言，其中有待理清的问题尚多，比如，各地乡村建设的区域性比较，近20余年来乡村建设的发展历程、运作机制、农民的生存状态及其意愿等问题都有待深入地实证研究。

我国社会是以乡村为基础，并以乡村为主体的，农村是解决问题的起点，着眼于农村即着眼于根本，农业、农村和农民问题一直是我国经济社会发展各种问题的重中之重。在城镇化快速发展的今天，我们实现了经济上的高速增长与繁荣，整个社会愈来愈趋于现代化。处于这种急速变化中的农业、农村问题，尤其是建设社会主义新农村提出后，更是成为研究的焦点。其实，当前对这个问题的研究，我们强调一方面要看到乡村建设大背景的变化，另一方面也要看到持续了近7000年的农村社会文化，保持着自身的惯性，其本质精神依旧作用于当下的社会。也正因为如此，本章对生态文明时代乡村建设的研究更多的是从实践和技术层面展开的，主张一方面要看到生态文明时代乡村建设的特点，另一方面也不能无视乡村社会的特色。传承这两大特点才能构筑具有中国特色的城乡互补协调发展道路。

## 一、乡村建设的生态文明时代大背景

党的十七大提出建设"生态文明"的新理念。生态文明是继原始文明、农耕文明和工业文明之后社会发展到一定程度的产物，是人类在发展物质文明过程中保护和改善生态环境的成果，它表现为人与自然和谐程度的进步和人们生态文明观念的增强。从原始文明到农耕文明，从农耕文明到工业文明，从工业文明到生态文明，文明总是以社会生产的积极成果展示着社会的进步和发展。原始文明时代，人类匍匐在自然的脚下，大约经历了2~5万年的历史发展进程。现在我们提出建设生态文明更多的是建立在对农耕文明和工业文明反思的基础之上的。

(一) 对农耕文明的反思

迄今为止，人类与自然的关系一直处于不平衡状态。在人类的原始文明阶段，刚刚从大自然母体里分娩而出的人类，与自然的关系是一种完全的依赖关系：一方面，人类对大自然犹如婴儿依赖母亲；另一方面，自然对人类则如同暴虐的主人对恭顺的奴隶。此时，人类与自然处于混沌的原始统一状态，人类将自然神化，对其顶礼膜拜，感恩、祈求、恐惧混为一体。初始而脆弱的原始文明还不足以使人类把握自己的生存命运，还必须服从自然。原始文明的出现预示着人类为了生存和发展，必将走向与自然日益分离、对立的文明形态。

农耕文明的出现，意味着人类与自然的关系进入了"公然"对抗的阶段。种植业保证了人类的生存和族类延续，从命运莫测的依赖自然的生存而变为自主生存和延续，为此，人类不断地扩展、开发、占有自然。随着人类驾驭自然的能力日益增强，对自然的原始敬畏渐趋消失。这一时期，人类各民族创造了辉煌灿烂的古代文明，如古埃及文明、波斯文明、玛雅文明以及黄河流域文明。然而在追逐物质(农业)文明的道路上，由于过度垦殖、肆意放牧以及乱砍滥伐等人为的破坏，致使生态失衡，最终导致自身的衰落甚至覆灭。这一时期，人类从自然的奴隶变成了自然的对抗者，人类在逐渐地"征服"自然。

美国学者弗·卡特和汤姆·戴尔在其合著《表土与人类文明》中，考察了历史上20多个古代文明的兴衰过程，包括尼罗河谷、美索不达米亚、地中海地区、希腊、北非、意大利、西欧以及印度河流域文明、中华文明和玛雅文明等，得出的结论是：绝大多数地区文明的衰败，源起于赖以生存的自然资源受到破坏，由于强化使用土地破坏植被，表土状况恶化使生命失去支撑能力，导致所谓的"生态灾难"。其他因素如气候的变迁、战争掠夺、道德失范、政治腐败、经济失调或者种族的退化对文明的衰败有至关重要的影响，但还不至于造成一个民族或文明从根本上衰败或没落。❶

依照卡特等人的解释，真正使文明衰落的根本原因是一个民族耗尽了自己的资源，特别是表土资源，因为只有表土资源才能决定初级生产者所能生产的剩余产品的数量，而这些剩余产品，才是维系文明发展的自然条件。卡特认为："文明人主宰环境的优势仅仅只持续几代人。他们的文明在一个相当优越的环境中经过几个世纪的成长与进步之后迅速地衰落、覆灭下去，不得不转向新的土地，其平均生存周期为40～60代人(1000～1500年)。"❷ 玛雅文明的消失就是例证。生活在5000年前中美洲危地马拉高原西北地区的玛雅居民，因森林茂密，雨水充足，有发达的灌溉农业和肥沃的土壤。根据考古发现，玛雅人曾建造了雄伟壮观

---

❶ [美] 弗·卡特，汤姆·戴尔. 表土与人类文明. 北京：中国环境科学出版社，1987。

❷ [美] 弗·卡特，汤姆·戴尔. 表土与人类文明. 北京：中国环境科学出版社，1987：4～5。

的神殿庙宇，发明了象形文字，并掌握了只有少数早期文明所拥有的高深的数学等，被称为文明史的奇迹。不幸的是，这一灿烂文明很快就因人口激增、过度开发造成生态系统失去生命支撑能力而衰败。印度河流域文明的衰落也是如此，由于人类无节制地开发，森林植被遭到毁灭性的破坏，无情的雨水冲跑了已经疏松的肥沃表土，河流中淤积的泥沙越来越多，洪水泛滥的次数也越来越频繁，大片土地变成沙漠或不毛之地，文明所赖以生存的自然环境遭到了灭顶之灾。因而，卡特等人推论："人类最光辉的成就大多导致了奠定文明基础的自然资源的毁灭。"❶ 文明越是灿烂，它持续存在的时间就越短。文明之所以会在孕育了这些文明的故乡衰落，主要是由于人们糟蹋或者毁坏了帮助人类发展文明的环境。难怪卡特等人引用一句简洁的话来勾画人类社会历史发展的简要轮廓："文明人跨越过地球表面，在他们的足迹所过之处留下一片荒漠。"❷

卡特等人对文明与表土资源、自然环境关系的论述是建立在考察文明变更的事实基础之上的。一个民族无论多么强盛，只要在短时间里耗掉自己的资源，尤其是表土资源，衰落是必然的。文明的形成、维持与生长不仅需要意识形态方面的条件，更重要的还需要物质资源方面的条件。在物质资源诸多要素中，表土资源也许是最重要的，它能提供人类最基本的生活必需品。这一研究提醒我们，即使是人类最早采用的"刀耕火种"的农业技术，通过砍伐和焚烧森林，破坏了地球上的植被，同样使千里沃野变为山穷水尽的荒凉土地。由于乱砍滥伐，改变了许多物种在地球上的分布和性质，改变了生物圈的面貌，使地球生态系统失衡，失去生命支撑能力。所以，农耕文明是人类对生态系统的一次重大冲击。

**(二) 对工业文明的反思**

在工业文明时代，人类取得了前所未有的辉煌成就，创造了巨大的物质财富，促进了人类社会的进步与发展，但也遇到了前所未有的生态危机。由于科学技术和生产力的高度发达以及其特有的制度建设，造成了以鼓励消费和奢侈浪费来维持生产规模，以过度追求利润为目标的社会发展模式，生态系统与人类社会的发展相对立，各种生态环境要素只是生产原料，以是否能产生利润确定其价值。人类毫无节制地开发自然界的矿藏、石油、天然气和水资源，任意垦殖砍伐草场森林资源，大规模地污染破坏自然生态环境，给人类社会带来了一系列生存发展问题，引发了人类深刻的反思。

工业文明是指近代 16 世纪以来，以机械化、电气化、自动化为标志的工业生产所带来的人类文明，至今已有 400 多年历史。工业文明造就了人类征服自然、改造自然的巨大社会生产力，把人类社会从农业时代推进到工业化时代，促

---

❶ [美] 弗·卡特，汤姆·戴尔. 表土与人类文明. 北京：中国环境科学出版社，1987：1.
❷ [美] 弗·卡特，汤姆·戴尔. 表土与人类文明. 北京：中国环境科学出版社，1987：3.

进了人类社会的进步与发展。然而,伴随着对社会物质财富的极大满足,特别是从20世纪初开始,全球在经济社会、生态方面遇到了前所未有的危机,主要表现为巨大的地区贫富差距、环境污染、资源短缺、生态破坏、人口剧增、不公正的国际经济秩序、难民危机、地区冲突、国际恐怖主义等,直接威胁着人类的生存与发展,影响着人类的生活状况与质量。更为严峻的是,上述危机并不孤立地表现出来,而是以相互作用、相互影响的整体性表现出来。这些危机并不是今天才有的,而是从工业文明诞生那天起就因其弊端而成为许多思想家反思和批评的对象。卢梭曾对使工业文明过分膨胀的工具理性侵蚀人的道德理性、破坏人与自然和谐的可能性和危害性发出警告。马克思、恩格斯也对资本主义工业文明所导致的人与人、人与自然的"异化"现象,做出过深刻的反思。如恩格斯在《自然辩证法》中所说的,"我们过分陶醉于我们对自然界的胜利。对于每一次这样的胜利,自然界都报复了我们。每一次胜利,在第一步确实都取得了我们预期的结果,但是在第二步和第三步都有了完全不同的、出乎意料的影响,常常把第一个结果又取消了。"并且指出:"要实行人与自然关系的协调,仅仅认识是不够的。这还需要对我们迄今存在过的生产方式以及和这种生产方式在一起的我们今天整个社会制度的完全的变革。"❶

工业文明的根本缺陷在于完全忽视了自然资源的再生产能力。它的前提是自然的开发可以不受约束,以及自然环境对废物的降解能力具有无限性。这样,在社会发展过程中不考虑自然再生产的因素,也不考虑经济活动和消费后果对自然环境的影响,从而违背了生态规律,导致了今天人类赖以生存的基本环境正受到严重威胁,经济的再生产也越来越难以为继的局面。不少人曾以为生态问题是社会发展到一定阶段的产物,必将随着社会发展和科技进步得到解决,这是将生态问题的实质归结为科技不发达的问题。但是,20世纪30~70年代发生在发达国家的"八大公害事件",❷ 以及20世纪80年代末臭氧层损害的证实和全球气候变异的出现,证明这种看法只是过于崇拜科技力量者的天真而已。事实上人与自然的矛盾不仅表现在劳动力密集的"夕阳工业",而且来自技术密集的"朝阳工业"。联合国环境规划署公布的1989年《世界环境状况》指出:高新技术为改善环境提供了极大潜力,但又引起了新的环境污染问题,传统的污染物质变为更复杂的污染物质。美国硅谷的污染就是一个高新技术区污染的典型。早在20世纪80年代,硅谷就出现了严重的水质污染,引致多起不正常分娩。据加利福尼亚州劳工统计与研究处的调查,电子工业的职工发病率比美国工业总的职工发病率

---

❶ 马克思,恩格斯. 马克思恩格斯选集. 第3卷. 北京:人民出版社,1972:517.
❷ 八大公害事件,指八起因环境污染造成的在短期内人群大量发病和死亡事件。分别为马斯河谷事件、多诺拉事件、洛杉矶光化学烟雾事件、伦敦烟雾事件、四日市哮喘事件、米糠油事件、水俣病事件和疼痛病事件。摘自何苑. 走向生态文明. 开发研究,1996,4.

要高得多。由此可见，人与自然的矛盾非但没能随着科技的迅猛发展而有所缓和，反而越来越尖锐起来。危机的根本就在于工业文明的整个体系是建立在人对自然的掠夺的基础上的。正因为如此，德国发展合作部前部长 E.埃普勒尔说："一种经济，若是破坏了它自己赖以建立的基础，它本身也不可能持久。如果仅限于对我们给大自然造成的破坏搞点修修补补的工作，那么无论是对大自然还是我们的经济，都于事无补，对大自然来说，上述补救工作在许多情况下都做得太迟了；对我们的经济来说，它将过量消耗大自然的资源，并将在破坏和补救之间所进行的这场毫无希望取胜的竞争中输掉。"❶

### （三）建设生态文明

1. 生态文明的定义和内涵

生态文明是对农业、工业文明的扬弃，把自然界放在人类生存与发展的基础地位上，实现人类生存与环境的共同进化，是可持续发展的文明形态，是一种实现人口、资源、环境生态相协调的新的社会结构模式。人类文明的延续、发展和进步注定了生态文明的产生。它是人类社会高度发展进化的一个新阶段，是一种工业文明之后的高级文明形态，是人与自然关系的一种全新状态，它标志着人类在改造客观物质世界的同时，不断从主观上克服改造过程中的负面效应，积极改善和优化人与自然、人与人的关系，建设有序的生态运行机制和良好的生态环境，体现了人类处理自身活动与自然界关系的进步。

事实上，早在1866年，德国科学家海克尔就首次提出"生态学"的概念；1935年，英国学者坦斯勒进而提出"生态系统"的概念，开始从更宏观的角度认识自然生态环境，20世纪50年代以后，生物学的研究范围日益扩大，给生态学赋予了很多新内容；特别是20世纪60年代，卡逊的《寂静的春天》揭开了全球对人与自然协调发展、建设生态文明的探索历程。1972年斯德哥尔摩人类环境会议，标志着人类对环境问题的觉醒，世界各国由此走上保护和改善生态环境的艰难而漫长的历程。1983年联合国成立了世界环境与发展委员会，1987年该委员会在其长篇报告《我们共同的未来》中，正式提出了可持续发展的模式。1992年里约热内卢环境与发展大会通过了《21世纪议程》，使人类社会认识到环境与发展是密不可分的，环境问题必须在发展中加以解决，可持续发展的理念被各国广为接受，实现了人类认识和处理环境与发展问题的历史性飞跃。2002年8月，约翰内斯堡可持续发展世界首脑会议再次深化了人类对可持续发展的认识，确认经济发展、社会进步与环境保护相互联系、相互促进，共同构成可持续发展的三大支柱。

在"里约会议"的影响下，我国也相继制定了一系列实施可持续发展战略的

---

❶ 参见：欧阳志远. 生态化——第三次产业的实质与方向. 北京：中国人民大学出版社，1994.

重要举措，如《中国 21 世纪议程》(1994 年)、《全国生态环境保护纲要》(2000年)、《可持续发展科技纲要》(2000 年)等。在此期间，成立了以牛文元为组长的中国科学院可持续发展战略研究组，在国际上独创了可持续发展的系统学研究的理论与方法，将国家或区域可持续发展总能力分解为生存支持系统、发展支持系统、环境支持系统和智力支持系统贡献的总和，并且发表了《中国可持续发展战略报告》，指出人口战略是中国可持续发展必须实施的战略，是中国成功迈上可持续发展道路的"第一个台阶"。1995 年 9 月，党的十四届五中全会将可持续发展战略纳入"九五"和 2010 年中长期国民经济和社会发展计划，明确提出"必须把社会全面发展放在重要战略地位，实现经济与社会相互协调和可持续发展"。这是在中国共产党的文献中第一次使用"可持续发展"概念。进入新世纪后，对可持续发展的认识不断提高，先是在党的"十六大"报告中把建设生态良好的文明社会列为全面建设小康社会的四大目标之一，随后在党的十六届三中全会中又提出了"以人为本"为核心的全面、协调、可持续的科学发展观，标志着对生态文明的认识又迈上一个新的台阶。❶

生态文明同以往的农耕文明、工业文明具有相同点，那就是它们都主张在改造自然的过程中发展物质生产力，不断提高人的物质生活水平。但它们之间也有着明显的不同点，即生态文明遵循的是可持续发展原则，它要求人们树立经济、社会与生态环境协调发展的发展观。它以尊重和维护生态环境价值和秩序为主旨、以可持续发展为依据、以人类的可持续发展为着眼点。强调在开发利用自然的过程中，人类必须树立人和自然的平等观，从维护社会、经济、自然系统的整体利益出发，在发展经济的过程中，既要慎重对待资源问题，科学制定资源开发战略，使自然资源的消耗不能超过其临界值，又要坚持生态原则，讲求生态效益，不能损害地球生命的大气、水、土壤、生物等自然资源，把发展与生态环境紧密联系起来，在保护生态环境的前提下发展，在发展的基础上改善生态环境，实现人类与自然的协调发展。"生态文明既强调对自然权利的维护，致力于恢复包括人类在内的生态系统的动态平衡，同时也反映了对人类及其后代切身利益的责任心和义务感，力图用整体、协调的原则和机制来重新调节社会的生产关系、生活方式、生态观念和生态秩序，因而其运行的是一条从对立型、征服型、污染型、破坏型向和睦型、协调型、恢复型、建设型演变的生态轨迹。如果从维护人与自然的共生能力出发，从人与自然、人与社会以及人际和代际之间的公平性、共生性的原则出发，从文明的延续、转型和价值重铸的角度来认识，生态文明必将超越和替代工业文明。"❷

---

❶ 参见：李景源，杨通进，余涌. 论生态文明. 光明日报，2004-4-30。

❷ 参见：李英. 生态文明建设：全面建设小康社会的新举措. 辽宁党校报，2004-4-15。

人类发展至今，已经深深意识到没有生态安全，人类自身就会陷入最严重的生存危机。从这个意义上说，生态文明是物质文明、政治文明和精神文明的基础和前提，没有生态文明，就不可能有高度发达的物质文明、政治文明和精神文明。另一方面，人类自身作为建设生态文明的主体，必须将生态文明的内容和要求由内而外地体现在人类的思想、意识、伦理、道德、教育、法律、制度、生活方式、生产方式和行为方式中。

2. 生态文明的标志及构成

生态文明的基本价值理念是生态平等。生态平等包括人地平等、代际平等和代内平等。人地平等，就是要抛弃"极端人类中心主义"，使人与自然平等相处，人类有意识地控制自己的行为，合理地控制利用、改造自然界的程度，维护生态环境的完整稳定，保持生物的多样性。代际平等，即当代人与后代人共同地享有地球资源与生态环境，其实质是当代人对环境资源的利用不能妨碍、透支后代人的环境资源的利用，建立有限资源在不同代际间的合理分配与补偿机制。现在代际不平等现象十分严重，联合国环境署、开发署、世界银行和美国世界资源研究所联合发表的《1996～1997年度世界资源》报告向人们提出警告：全球都市化正在改变人类的物质和社会生活环境，加剧了全球的资源危机和环境恶化。报告列举了许多数据，如在过去的20年中，世界的能源消耗增长了50%，而到2020年，全球能源消耗还将比现在增长50%～100%。世界有近10亿人口主要依靠鱼类资源获取蛋白质，但过度的消耗已使全球海洋鱼类资源减少了1/4以上。据美国矿产局估计，按1990年的生产速度，世界黄金储备只够用24年，水银为40年，锡为28年，锌为40年，钢为65年，铝为35年，石油探明储量最多只可供开采44年，天然气为63年。以上数据说明，工业文明的发展造成对自然资源的过度利用，已严重威胁到子孙后代的生存发展。人类应站在可持续发展的高度，从"黄色文明、黑色文明"走向"绿色文明"。代内平等，就是当代人在利用自然资源满足自身利益时要机会平等，任何国家和地区的发展都不能以损害其他国家和地区的发展为代价。代内平等的宗旨是实现国与国之间、民族与民族之间、地区与地区之间的共同发展，最终实现人类的进步与繁荣。在当今世界，代内不平等的现象也举目皆是。美国以不足世界人口的5%，消费掉占全球25%的商业资源，排放出占全球25%的温室气体，每个人的资源消耗量相当于3个日本人、6个墨西哥人、12个中国人、33个印度人、422个埃塞俄比亚人和1147个孟加拉人的消耗量，其婴儿的能源消耗量则相当于一个第三世界国家婴儿的30～40倍。❶更有甚者，发达国家还利用发展中国家的经济困难和外汇短缺，把大量的高污染工业和高毒害的工业废物输往发展中国家，严重危害发展中国家的生态环

---

❶ 参见：屯慧敏. 对建设生态文明的思考. 学习论坛，2003，8。

境和人民的生命健康。

当前,生态文明的兴起有如下几个标志:

(1) 生态环境的改善。环境问题直接关系到人民群众的正常生活和身心健康。新中国成立以来,特别是改革开放以来,中国政府采取一系列政策措施,有力地促进了生态建设和环境保护事业的发展。但是,由于自然、历史和认识等方面的原因,中国在取得巨大发展成绩的同时,也造成了严重的环境污染和生态问题,生态环境压力巨大。建设生态文明,必须以对人民负责的精神,着眼于让人民喝上干净的水、呼吸清洁的空气、吃上放心的食物,在良好的环境中生产生活,加强水源污染治理,进一步改善流域水环境质量;加大工业污染治理力度,加快新型工业化进程;加强城市生态环境建设,促进中心城市发展;推进污水垃圾处理产业化,全面提高环境质量;加强环境监测,提高环保监管水平,切实加强生态环境保护。

(2) 生态政治的兴起。目前,人们对生态环境危机的反思主要集中在哲学、经济学、科学技术的层面上,创建了生态哲学、环境经济学、环境科技等知识体系。但仅有这些还是不够。人类目前所面临的生态环境危机主要是由人类在制度框架下进行的社会活动引起的。有什么样的制度框架,就有什么样的物质生产和人口生产,也就有什么样的环境影响。因而,当今世界范围的环境危机是与政府的政治决策紧密联系在一起的,不仅环境问题的产生、解决与政治有关,环境问题的存在也会引发政治冲突。特别是当前,全球环境问题正日益渗透到国际政治之中,成为国际政治的一部分,需要各国政府重新审视传统的国际政治关系,建构满足可持续发展要求的政治体系,将人类社会推向前进。否则,环境问题只能仅仅停留在经验的层次上,甚至不能成为一个话题,[1] 生态文明建设也就成了一句空话。

(3) 生态经济的发展。工业化的经济增长模式缺乏环境观念,经济行为缺乏环境意识,甚至仅仅按供求关系来分析经济发展和指导决策,走的是一条不可持续发展的道路,因而在处理经济与环境协调发展这个重大问题上显得无能为力。生态文明社会规范的基本特征是强调可持续发展,合理配置资源,对资源的开发要投入补偿,补偿强度和有效性必须使生态潜力的增长高于经济增长速度,实现良性生态循环;社会物质生产方式向着"生态化"的新形式发展,一切现有的有害环境技术向无害环境技术转变。生态文明要求经济观念必须由单纯追求经济目标向追求经济——生态双重目标转变;从现代科学技术的整体性出发,以人类与生物圈的共存为价值取向发展生产力,资源的正确配置与综合利用必须

---

[1] People and Environment: Development for the Future. Edited by Stephone Morse and Michael Stocking and Contributors. 1995:3.

在宏观、微观经济活动中落实；必须摆脱为增长而增长的发展模式，走可持续发展的道路，从而建立生态化的生产力和生产方式以及生态经济新秩序。

（4）生态文化的繁荣。生态文化是以人为本，协调人与自然环境和谐相处关系的文化，它代表了人与自然环境关系演进的潮流。它的出现，首先引发了人的价值观的革命，即用人与自然和谐发展的价值观代替人统治自然的价值观；其次引发了人的世界观的革命，即用尊重自然、敬畏生命的哲学，代替极端的人类中心主义哲学，用关于事物相互作用、相互联系的生态世界观代替机械论、元素论；再次是引发了人类思维方式的革命，即整体的生态学思维将代替机械论的分析思维。这一系列转变已经在各个领域中表现出来：在发展方向上，它强调多要素系统的协调并进，而不是片面的单一的发展，注重内涵和质量，全面提升国民经济的整体素质和人们的生活质量；在发展动力上，它主张用生态建设的科学知识武装群众，使广大人民群众从衣食住行等日常生活中不断认识到生态保护和建设的重要性，唤起群众的生态意识，提高群众生态环境建设的积极性、主动性、创造性，从而形成具有强大群众基础的生态保护力量。因此，生态文化一旦形成就凝聚成一个区域的精神力量，激发公民热爱大自然、拥抱大自然、与自然和谐进化的情感，激发公民自觉为生态经济建设贡献自己的聪明才智和热血汗水，推进生态文明建设。

生态文明作为一种独立的文明形态，是一个具有丰富内涵的（理论体系）系统。按照历史唯物主义的观点可以分为四个层次：

（1）第一个层次是意识文明（思想观念）。思想意识是要解决人们的哲学世界观、方法论与价值观问题，其中最重要的是价值观念与思维方式，它指导人们的行动。以生态科学群、可持续发展理论和绿色技术群为代表的生态文明观，主要包括以下三个方面的内容：一是树立人与自然同存共荣的自然观。生态文明观认为，人是自然界的有机组成部分，是万物之一员，自然之一分子。人类对自然的利用与改造，必须以保证整体生态系统的动态平衡为前提。人类干预、改造自然及其运动过程，必须以不破坏自然界物质循环和能量有序流动为限度。人类不能只是开发自然、利用自然、索取自然，还要保护自然、补偿自然、按自然规律办事，与自然和谐相处，走与自然同存共荣的发展道路。二是建立社会、经济、自然相协调、可持续的发展观。生态文明观认为，"人类要彻底改变自然资源可以取之不尽、用之不竭和环境可以无限容纳污染的旧观念，摒弃长期以来国民经济增长不计资源消耗和环境成本的做法，摒弃把GDP作为发展的唯一指标的做法，用社会、经济、文化、环境、生活等各个方面的指标来衡量社会的发展，从而把资源节约、环境治理、生态保护、人口数量的控制与素质的提高都包括在发展概念之中，以实现社会、经济、环境的可持续发展。"三是选择健康、适度消费的生活观。"生态文明观的诞生，是人类文化战略的转变，是人的思维方式、价值观念的转变,是人类的生活方式、消费观念的转变,因此需要自然科学与人文社会科学工作者携起手来,共同为建设生态文化,塑造生态文明作出贡献,需要全社会、全人类的共同努力"。[1]

(2) 第二个层次是行为文明(行为方式)。生态文明观认为,盲目地高消费并不利于人的身体健康,而且浪费资源,污染环境。每个人的消费都直接或者间接地消耗各种能源、原材料和水资源,同时产生各种排放物和废弃物。因此,人类应改变过去那种高消费、高享受的消费观念与生活方式,提倡勤俭节约,反对挥霍浪费,选择健康、适度的消费行为,提倡绿色生活,以利于人类自身的健康发展与自然资源的永续利用。同时,生态文明作为一种处理人与自然关系的新型文明,应通过政府、企业、公众等的行为,运用包括政治、经济、科技等多方面手段,通过确实有效的方法,解决人类可持续发展过程中面临的各类问题。

(3) 第三个层次是制度文明(社会制度)。社会制度是要解决人与人的关系。为了维护良好的生态环境必须进行制度建设,以规范与约束人们的行为。如中国建立了保护生态环境的环境保护部;制定了保护生态环境的法律与政策;环境保护法和退耕还田还草政策;采取树立生态意识的教育措施;诸如编写有关课程、教材,建立教师队伍,出版环境报,举办电视讲座等。

(4) 第四个层次是产业文明(物质生产)。物质生产是要解决人和自然的关系。进行物质生活资料的生产,是任何社会、任何文明生存与发展的基础。生态文明的物质生产就是进行生态产业的建设。生态产业可以分类如下:一是生态农业,以生物为对象,它的生产过程与自然界有不可分割的联系。二是生态工业,以非生物为对象。三是生态服务业,即生态旅游业,这是一个特殊的为提高人的生活质量服务的经济部门,它与自然界有直接联系。四是环保产业,这是生态经济的一个特殊区域,指以实现环境可持续发展为目的所进行的各种生产经营活动。

总之,我们不难看出,在原始文明时期,人们惧怕自然;在农耕文明时期,人们顺应自然;在工业文明时期,人们挑战自然;在生态文明时期,人们要和自然和谐相处。中国传统文化中有"天人合一"、"物人同一"的观念,这有助于中华民族在生态文明的时代潮流中再次复兴。也就是说,我国传统文化中天然就包含着生态文明的因素。现在许多西方科学家、经济学家都在反思,不约而同地认为应该转向东方的思维方式。所谓东方的思维方式,就是"天人合一"式的整体宇宙观,人类不能把自己作为主宰地球为所欲为的唯一主人,应该学会与人类赖

---

[1] 参见:章汝先.论生态文化、生态文明.转引自 http://archives.hainan.gov.cn/gov/hnskl/sktx/200204/13.htm.

以生存的地球和谐共存的整体思维。生态文明作为一种实现人口、资源、环境生态协调的新的社会结构模式，不仅仅是经济发展的模式，也包含了技术、文化习俗、法律制度、政治结构等方面，是整体性的革命性的社会变革。生态文明对整个社会变革的影响如此声势浩大，我国的乡村规划和建设方针应该如何变化？众所周知，我国的社会主义新农村建设又是处在"五化"的大背景之下开展的，即城镇化、工业化、市场化、信息化和全球化。我国乡村的规划建设管理只有在充分考虑这些复杂因素的基础上才能取得成效，能否取得成效、取得多大成效也是对政府能力的重要考验。

## 二、生态文明的机遇与挑战

2001年诺贝尔经济学奖获得者麦克·斯宾塞（A. Michael Spence）在我国第二届城市规划国际论坛的主题报告中讲到，能否实现有序城市化，是对发展中国家政府的重大考验，尤其是对中国而论，更是如此。就我国来说，这方面的考验就在于能不能把握住机遇，迎接挑战。

### （一）挑战

1. 挑战之一：有序城镇化

城镇化不是城市单方面的作为，是城市和乡村相互作用的结果，必须综合考虑城市和农村不同发展环境所导致的推力和拉力对人的影响，统筹考虑城乡的协调发展，才能保证城镇化有序健康发展。

有序城镇化的关键是拉力与推力的均衡（表4-1）。是富余劳动力有序地从农村移民到城市的过程，这个过程应当是一个自然和谐的过程。之所以有许多人从农村涌入城市，也有一些人选择离开城市，就在于城市和乡村都存在拉力，又有推力。从拉力方面看，城市的就业机会多，预期的收入高，还有生活的自由度较高，医疗条件较好，交通便捷，子女可以得到良好的教育，有丰富的文化生活等等。这些因素，有的适应于老年人，有的适应于年轻人。从推力来说，城市社会治安混乱、较高的房价、较为严重的空气污染、高昂的生活费用、拥堵的交通以及文化歧视等因素，使得有一些人在城里难以生活，只得离开城市迁居到乡村。乡村因具有良好的生态环境、清洁的空气和水、良好的邻里关系、低廉的生活费用、还有传统文化习俗，对城市人有吸引力。现在，上海有许多老人愿意住到农村去。浙江省有一些县就在山清水秀的农村设立老人公寓，一套公寓10多万。银行提供反担保式的社会保障，直到居住人去世，担保机构才将房屋产权收回。这在发达国家较为流行。现在日本每年约有0.5%的城里人搬到乡村居住，主要是因为有这五个方面的拉力。当然，乡村也存在推力。比如生活相对贫困、就业机会少（据统计，农村人口的隐蔽失业率实际上占50%~60%以上）、低下的教育水平、低劣的医疗条件、贫乏的文化生活，这些都导致了年轻人纷纷往城里跑，有人说现在农村种田的称之为"7086 部队",基本上是老的老、少的少、残的残。这意味着我国农业和农村的环境发展将面临极大的挑战。

城市和农村的拉力与推力均衡表　　　　　　表 4-1

| | 拉　力 | 推　力 |
|---|---|---|
| 城市 | 就业机会 | 社会治安混乱 |
| | 预期收入 | 过高的房价 |
| | 生活自由度 | 空气污染严重 |
| | 医疗卫生条件 | 生活费用高昂 |
| | 交通便捷 | 交通拥堵 |
| | 子女教育 | 文化歧视 |
| | 丰富的文化生活 | |
| 乡村 | 良好的生态环境 | 贫困 |
| | 洁净的空气和水 | 就业机会缺少 |
| | 良好的邻里关系 | 低下的教育水平 |
| | 低廉的生活费用 | 低劣的卫生医疗 |
| | 传统文化习俗 | 贫乏的文化生活 |

2. 挑战之二:生态环境退化

生态环境退化是指由于人类对自然资源过度和不合理利用而造成的生态系统结构破坏、功能衰退、生物多样性减少、生产力下降、水土资源丧失等一系列生态环境恶化现象。特点是:一旦生态环境遭到破坏,生态平衡失调,恢复起来就非常困难,而且有些破坏甚至是不可逆转的。我国单位农田使用的农药比发达国家多出 30%～50%,化肥使用量高出 1 倍,有机肥的使用量逐年减少,再加上不适当的开垦耕作和灌溉模式等等,造成了日益严重的水土流失,土壤和水体污染加剧,这些现象都是有目共睹的。具体来讲,主要表现在四个方面。

(1) 水土流失日趋严重。我国是世界上水土流失最为严重的国家之一,几乎遍及所有大的江河流域。最新资料表明:我国目前水土流失面积达 367 万 $km^2$,占国土总面积的 38%,而且每年还在以 1 万 $km^2$ 的速度递增,全国每年因水土流失损失的土壤 50 亿 t,带走的氮、磷、钾营养元素超过了全国年产化肥的总量;因水土流失而毁掉的耕地达 4000 多万亩,年均损失约 100 万亩;由于泥沙淤积,全国湖泊面积缩小了 1.86 万 $km^2$,占现有湖泊面积的 40%,使得江河引洪能力降低,灾害频发。我国水土流失的特点是:流失面积大,波及范围广,发展速度快,侵蚀强度高,泥沙流失量大,危害严重。

(2) 土地荒漠化加速发展。我国是世界上受沙漠化危害最为严重的国家之一。荒漠化土地面积大、分布广、危害严重。全国荒漠化面积262.2万km², 占国土总面积的27.3%,遍及13个省市区的598个县(区),近4亿人口受到影响,每年造成直接经济损失达541亿元。目前荒漠化发展速度还在进一步加快。研究表明:在20世纪50~70年代,我国沙漠化土地平均每年扩大1560km²,进入20世纪80年代每年增加到2100km²,目前沙漠化土地则以每年2460km²的速度发展,因此而造成的草场退化达138万km²,耕地退化7.7万km²,扬尘天气迅速增加,造成了巨大的经济损失和严重的生态后果,治理速度赶不上破坏的速度,甚至形成了一处治理,多处破坏;点上治理,面上破坏;一边治理,一边破坏的恶性循环。

(3)淡水资源严重短缺。我国人口占世界总人口的22%,而淡水资源仅占世界7%,约2.8万亿m³,人均拥有水资源仅及世界人均的1/4,居世界109位,是世界公认的贫水国。我国水资源的特点是缺水严重、水利用效率低、水资源浪费严重、开采利用不合理。除城市、工业缺水严重外,全国农田平均受旱面积由20世纪70年代的1.7亿亩,增加到1997年的5亿亩。每年因缺水造成的粮食减产750~1000亿kg;每年有14亿亩草场缺水;有约8000万农村人口和4000多万头牲畜饮水困难。目前我国农业灌溉水的利用系数仅为0.3~0.4,水的粮食生产效率为0.8kg/m³,不及发达国家的一半。开采不合理加上河流上、下游用水缺乏科学规划和统筹调度,近年来,争水、断流经常发生,导致环境退化严重,旱化加剧,生物多样性受损。对地下水的掠夺性开采,引起了一系列的生态退化问题。此外,水污染没有得到根本控制也是一个很大的问题。我国每年从城市、工矿、企业排出来未经处理的污水达300~400亿m³,已使七大江河、五大湖泊20%~30%的水体遭受污染,仅黄河流域Ⅳ类水污染河段12000km,占干支流的60%以上。

(4)环境污染不断加深。环境污染的加剧,已成为制约我国经济健康发展的因素之一。污染源不断增多,除工业及城市三废对农村污染即外源性污染的种类和数量的不断增多外,农药、化肥、农膜、兽药、粪便及秸秆引起的污染即内源性污染的种类和数量也在不断增加。水源污染导致饮用水不符合卫生标准,鱼塘、农田污染事件不断发生;大气污染导致酸雨面积不断增加,全国酸雨面积已经超过国土面积的29%;工业固体废弃物和生活垃圾共同污染着水源、污染着农田。化肥、农药使用量的不断增加,形成了农村新的污染物,造成土壤板结、有机质含量减少、土地质量下降、农产品品质低劣、市场竞争能力差;农膜的大量使用,所带来的"白色"污染,使农田土壤结构破坏、养分减少、地力下降。环境损失造成的经济损失逐年递增。

由此可见,化肥、农药使用量过多、有机肥减少、不适当的开垦耕作和灌溉模式等造成了水土流失,土壤和水体污染严重。我们从对已经灭绝的古代文明废墟的考古学结论中可以得知,走向衰败的最初标志不是经济而是环境。首先往往是森林树木的过度采伐,接着是水土大量流失,导致农作物减少,最后是文明自身不可逆转地衰落。著名经济学家布朗认为:"许多早期文明都走上了让自然无法承受的经济道路。"❶ 我们目前也同样走在这条道路上……而今天的形式更具挑战性,除了森林缩小、土壤被侵蚀之外,我们还需解决地下水位下降使农作物枯萎以及热浪频繁、渔业衰败、沙漠扩张、牧场退化、海平面上升、物种消失等问题。

3. 挑战之三:城乡收入差别扩大

在经济增长过程中,城乡之间、地区之间出现一定的发展差距是很正常的。但如果这种差距过大,就不可避免地会影响整个经济的发展速度和质量,并带来政治、社会等很多方面的问题。新中国成立以来,我国城乡经济基本保持一种非均衡的发展态势。这种非均衡的发展,对建立现代工业基础,培育整个经济的强力增长点,发挥了极为重要的作用。但在我国整个经济已具有相当基础后,城乡非均衡发展还继续惯性推进,城乡之间的差距还有进一步扩大的趋势,这不能不引起关注。

2007年国家发改委发布的《2006年中国居民收入分配年度报告》显示,2005年,各地区的"城乡收入差"比上一年扩大500元以上,全国农村居民人均收入不到城镇居民人均可支配收入的1/3。东部地区与中部地区的收入差距比上一年扩大462元,东部地区与西部地区的收入差距扩大545元。2000~2005年的5年间,城镇居民中10%最高收入组与10%最低收入组的收入之比从4.6倍上升至9.2倍,扩大了一倍。最近,中国劳动学会公布的数据显示,2002~2006年,全国在岗职工工资连续4年实现两位数增长,但不同行业、不同群体之间收入差距不尽合理,部分行业及企业普通职工工资增长缓慢。其中行业工资差距问题尤为突出。2000年,行业最高人均工资水平是行业最低人均工资水平的2.63倍,2005年增加到4.88倍。这些数据所反映的,正如人们普遍所感到的那样,城乡之间、区域之间、行业之间、群体之间的收入差距仍在进一步扩大。

目前,反映城乡居民收入水平的最主要指标分别是城镇居民家庭人均可支配收入和农村居民家庭人均纯收入。从我国城乡收入差距曲线图(图4-1)可以看出,城镇居民家庭人均可支配收入与农村居民人均收入之间差距的喇叭口越来越大。作为描述收入整体差距程度重要指标的我国基尼系数也不断上升,2005年已经达到0.43。国际上通常认为,当它处于0.3~0.4时表示收入分配比较合理,处于0.4~0.5时表示收入差距过大,超过0.5则意味着出现两极分化。因此,不少经济学家把0.4看成是社会稳定的警戒线,照此标准,我国已经越过了警戒

---

❶ 参见:[美]莱斯特·R·布朗. B模式2.0:拯救地球,延续文明. 第二版. 林自新,暴永宁等译. 北京:东方出版社,2005:12。

线。其实，从现实来看，世界各国对基尼系数的运用并不完全一致。很多国家都是把它与其他因素结合起来，综合判断收入差距。在不少国家，基尼系数有不同的标准和界线。基尼系数只可参考，不能绝对化。世界各国的发展事实证明，基尼系数并不是影响社会稳定唯一的决定性因素。我国是一个典型的二元经济结构国家，城乡差距大的特殊国情，决定了不能简单地套用基尼系数的一般标准来衡量我国的收入差距。但我们确实应该看到，我国的基尼系数不仅数值较高，而且上升速率也较快，城市内部、城乡人群收入贫富差别也正在扩大。最近两年，我国城乡收入差距的喇叭口扩大的趋势有所缩小，但仍未形成稳定的势态。从绝对数来看，按照我国现行标准，2006年末，农村人均年收入低于693元的绝对贫困人口还有2148万；年收入在694～958元之间的农村低收入人口有3550万。如果按照世界银行每人每天消费1美元的标准，我国贫困人口还有上亿人。

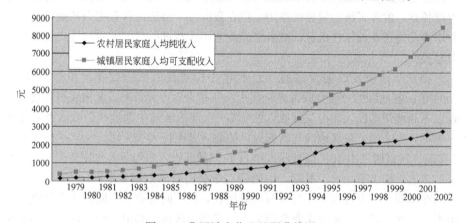

图4-1 我国城乡收入差距曲线图

4. 挑战之四：耕地和水资源短缺，粮食和基本农产品价格上涨过快

2008年农村工作会议提出的第一个工作任务就是确保农副产品的供应，稳定农副产品价格。我国人均耕地和水资源稀缺的程度很高。人均耕地面积不到1.4亩，不及世界平均水平的一半；人均水资源占有量仅为世界平均水平的27%，被列为全球水资源最为稀缺的13个国家之一。简而言之，我国是以全世界7%的耕地、7%的淡水资源来支撑占全球总人口22%的中国人的生存、发展需要。

我国快速城镇化地区与高产耕地在地理空间上呈高度重合。高产耕地基本上分布在沿海一带。农业上有一术语叫复种指数，即同样的耕地，除在沿海这一带，其复种指数是2.5～3，就是说一块地一年最多可以种三次，粮食产出比其他地区高出3倍。那些高寒地区，复种指数只有1点多，同样面积的一块农地，与沿海地区相比，产量相差好几倍，但我国沿海城市承受了60%的城镇化压力。此外，我国宜居的一类地区只占国土面积的19%，加上二类地区，宜居土地只占26%左右，大部分地区从理论上说并不适宜人类居住。美国、澳大利亚及欧盟的城市化结果与我国不同，这些国家的绝大部分地方都适宜于人类居住，而我国只有一部分土地适宜人类居住，地理上又与耕地高度重合，耕地保护的任务极其艰巨。我国政府提出的18亿亩耕地保护目标的底线，也是国家粮食安全的底线，谁都不能突破。据当前的调查统计，大部分违法占用耕地的案件是由"以租代征"和"以罚代拆"引发的。我国城郊农村"以租代征"现象随处可见，不少城市近郊的农民说，现在由于燃料、化肥等生产资料的持续涨价，种什么庄稼都不合算，现在只有"种房子"最合算。"种"了房子，只要一年不被拆掉，就可收回本钱；两年不拆，就有利可获。"以罚代拆"的存在是违法建筑蔓延的另一重要因素，有的地方还补发土地证。"以租代征"和"以罚代拆"的弊端如果不解决，耕地保护就成了一句空话。越是在城镇化高度发展、耕地复种指数越高的地方，恰恰是违法占地问题最严重的。从疏导方面来看，要节约土地，就要积极推行土地的混合型使用和紧凑型的城市。混合用地模式实行居民就地就业，不需要大流量的区间交通。但是我国目前一些部门为了便于管理和统计，还是硬性规定单一的用地模式，这是必须要加以解决的问题。耕地资源短缺直接导致的是粮食安全。从总体上讲，城镇化与改进农业生产力和粮食安全紧密关联的，最重要的变化就是农业土地使用方式的改变。城乡移民改变了农业格局，从农民在小片耕地上耕种有可能逐步转变成现代农业，后者汇聚了大量资源，投资于土地改良、耕作机械化和提高人力资本。受教育程度高的农民更容易接受新技术，选择更好的农作物品种和其他投入，并能更好地理解市场供需情况。韩国是一个值得学习的范例，其农业条件贫瘠，粮食和谷物安全是一个重要的政策问题。自1975年起，韩国农民已经由1320万减少到340万，稻田面积减少了9%，农业用地总共减少了16%。与此同时，谷物产量却增加了61%。其成功的关键在于同步改进技术和提高农民教育水平，实现土地合理集中和耕作机械化。为了提高粮食产量和保障粮食安全，有两个关键改革就是改进农村教育、改革金融部门以实现更多的农业投资。

我国水资源的空间分布极不平均，58%的水资源分布在其人口仅占全国人口1/3的西南部，与此相关的是我国又是世界上"水浇地"比例最高的国家，淡水有效资源的80%以上被用来浇地了，造成了北方地区40%以上的河流为季节性河流，绝大部分自然河道的水生态严重衰退，而且气候变暖的总趋势使水资源更为稀缺，这对我国未来农作物产量的影响将是巨大的。从某种意义上讲，水资源短缺对我国增强粮食综合生产能力的制约，可能大于耕地面积的影响。我国的水资源短缺和水资源浪费都比较严重；今后工业化、城镇化的发展，还将导致工业与农业之间、城镇与农村之间的水资源竞争日趋激烈。因此，在普及科学的发展观、增强全社会节水意识的同时,应加大对水资源等紧缺资源利用技术的研究开发、组装集成及其推广应用力度,提高耕地质量和基本农田的产出能力,加强农业基础设施建设、提高农业的抗灾减灾和可持续发展能力。

5. 挑战之五:务农劳动力过度流失

我国有2.5亿农户,户均经营规模不足半公顷。农业兼营化、农村空心化、农民老龄化日益严重,农村劳动力总量过剩与结构性短缺、素质下降等问题并存。近年来,农村剩余劳动力的转移对于推进城镇化、第三产业的发展和农村自我发展资金积累起到了积极作用,但是无序和过度的流动也造成了农村人力资源的匮乏,务农劳动力短缺。这种短缺的不利影响主要在于,其一,使得新农村建设缺乏建设主体。其二,使得农村经济发展失去"两驾马车",即居民消费和政府支出。转移出的劳动力的衣、食、住、行、用消费远比在农村居民消费高,农村企业少、经济交易活动少、征税对象自然少,乡镇财政成为无源之水,更谈不上为农业发展提供财力支持。其三,新农村建设失去后劲。留守的劳动力年龄结构老化,文化程度偏低,不利于农业科学技术的普及、良种的推广,不利于农业产业结构的调整和农业深度、广度的开发,不利于农业的持续发展。其四,引发一定的社会问题,尤其是留守儿童教育问题凸显。现在留守子女教育存在的三难——"管教监护难、安全管护难、引导成长难",就是很好的例证。

## (二) 机遇

在面临诸多挑战的同时,我国乡村建设发展也迎来了许多新的机遇。这些新的机遇是在构建生态文明的框架下,重新思考农业、农村和农民问题的解决思路所带来的,也是构建我国整体健康发展的生态屏障,建立更稳定的粮食和农副产品供应体系的重要机遇。

1. 机遇之一:生物质能源的发展

生物质是指通过光合作用而形成的各种有机体,包括所有的动植物和微生物。而所谓生物质能(biomass energy),就是太阳能以化学能形式贮存在生物质中的能量形式,即以生物质为载体的能量。它直接或间接地来源于绿色植物的光合作用,可转化为常规的固态、液态和气态燃料,取之不尽、用之不竭,是一种可再生能源,同时也是唯一一种可再生的碳源。生物质能的原始能量来源于太阳,所以从广义上讲,生物质能是太阳能的一种表现形式。目前,很多国家都在积极研究和开发利用生物质能。生物质能是世界上最为广泛的可再生能源。据估计,每年地球上仅通过光合作用生成的生物质总量就达1440~1800亿t(干重),其能量约相当于20世纪90年代初全世界总能耗的3~8倍。但是尚未被人们合理利用,多半直接当薪柴使用,效率低,而且污染环境。现代生物质能的利用方式之一是通过生物质的厌氧发酵制取甲烷,用热解法生成燃料气、生物油和生物炭,用生物质制造乙醇和甲醇燃料,以及利用生物工程技术培育能源植物,发展能源农场。

我国生物质能资源主要有农作物秸秆、树木枝丫、畜禽粪便、能源作物(植物)、工业有机废水、城市生活污水和垃圾等。全国农作物秸秆年产生量约6亿t,除部分作为造纸原料和畜牧饲料外,大约3亿t可作为燃料使用,折合约1.5亿t标准煤。林木枝丫和林业废弃物年可获得量约9亿t,大约3亿t可作为能源作用,折合约2亿t标准煤。甜高粱、小桐籽、黄连木、油桐等能源作物(植物)可种植面积达2000多万公顷,可满足年产量约5000万t生物液体燃料的原料需求。畜禽养殖和工业有机废水理论上可年产沼气约800亿$m^3$,全国城市生活垃圾年产生量约1.2亿t。目前,我国生物质资源可转换为能源的潜力约5亿t标准煤,今后随着造林面积的扩大和经济社会的发展,生物质资源转换为能源的潜力可达10亿t标准煤。从发达国家来说,美国到2030年的目标是,生物液体燃料(酒精、甲醛)至少要替代30%的石油,至2050年时要替代50%的石油。从美国最近的实际进展来看,比规划速度几乎快1倍,预计到2020年时就可以达到预定目标。美国现在25%以上的玉米产量用来做燃料,提炼酒精。欧盟和日本到2050年时可再生能源将占总能源供应量的50%以上,而由农业提供的生物质能源占30%。巴西目前已经有15%以上的工业、交通业的燃料来自农作物。作为一个贫油的人口大国,依靠农业生物质能源的发展,巴西成功地解决了石油需求问题(图4-2)。目前,我国用甘蔗、鲜薯、高粱制酒精成本每吨低于4000元,相当于现在进口石油成本。但是我国发展生物质能源也要避免过多地占用农田,可以在"不与地争粮、不与田争水"的前提下,采用荒坡地栽种麻风树、油棕、黄连木、石栗等木本油料林来替代,而且提炼液体燃料的成本也较低。

图4-2 巴西通过甘蔗提炼甲醇替代石油

人类社会进入工业化以后,催生了石油和能源危机,造成了二氧化碳排放量过大所引发的气候变化。农业能不能部分替代化石能源产业?地球表面大部分的能源储藏来自于太阳,我们现在所使用的天然气、石油、煤炭等商品能源,都是数亿年前太阳能转化成的碳化合物,是远古时期的太阳能转化成动植物,然后因为地层结构的变动,在地底下形成的化石燃料。也就是说,工业文明把地球几亿年甚至几十亿年间储存的二氧化碳一次性释放出来，造成了全球气候异常变暖。而农业所产生的酒精、油料，为什么被称为是"零排放"？因为农作物是在一个年度或者几个年度中，通过叶绿素把太阳能转化为碳水化合物，然后人类把这些化合物提炼成酒精或油料，再把它们燃烧。农作物在利用太阳能转化为碳水化合物时吸收了二氧化碳，用碳水化合物提炼出的燃料在燃烧时又将二氧化碳排放出去，也就是说在这个过程中，二氧化碳的吸收与排放实现了均衡，实现了碳的"零排放"，不像燃烧石油、天然气、煤炭等化石燃料，把远古时代的二氧化碳的储存一次性释放。另一方面，目前世界上太阳能转化率最高的太阳能电池，其转化率也只能达到20%左右，但是一般的植物通过叶绿素参与的光合作用，最低太阳能转化率也在35%以上。这也是地球在几十亿年的进化过程中自然界竞争淘汰的结果。目前人工技术还没达到这么高的太阳能转化率。

我国是一个人口大国，又是一个经济迅速发展的国家，21世纪将面临经济增长和环境保护的双重压力。因此改变能源生产和消费方式，开发利用生物质能等可再生的清洁能源资源对建立可持续的能源系统，促进国民经济发展和环境保护具有重大意义。开发利用生物质能对中国农村更具特殊意义。中国80%人口生活在农村，秸秆和薪柴等生物质能是农村的主要生活燃料。尽管煤炭等商品能源在农村的使用迅速增加，但生物质能仍占有重要地位。1998年农村生活用能总量3.65亿t标准煤，其中秸秆和薪柴为2.07亿t标准煤，占56.7%。因此发展生物质能技术，为农村地区提供生活和生产用能，是帮助这些地区脱贫致富，实现小康目标的一项重要任务。1991～1998年，农村能源消费总量从5.68亿t标准煤发展到6.72亿t标准煤，增加了18.3%，年均增长2.4%。而同期农村使用液化石油气和电炊的农户由1578万户发展到4937万户，增加了2倍多，年增长达17.7%，增长率是总量增长率的6倍多。可见随着农村经济发展和农民生活水平的提高，农村对于优质燃料的需求日益迫切。传统能源利用方式已经难以满足农村现代化需求，生物质能优质化转换利用势在必行。生物质能高新转换技术不仅能够大大加快村镇居民实现能源现代化进程，满足农民富裕后对优质能源的迫切需求，同时也可在乡镇企业等生产领域中得到应用。由于中国地广人多，常规能源不可能完全满足广大农村日益增长的需求，而且由于国际上正在制定各种有关环境问题的公约，限制二氧化碳等温室气体排放，这对以煤炭为主要商品能源的我国是很不利的。因此，立足于农村现有的生物质资源，研究新型转换技术，开发新型生物质商品能源及其装备既是农村发展的迫切需要，又是减少排放、保护环境、实施可持续发展战略的需要。

2. 机遇之二：碳汇林的大规模开发

虽然"碳汇"一词在绝大多数人的眼里，还仅仅是个陌生的名词。但是因为《京都议定书》的正式生效和我国碳汇造林项目的启动实施，碳汇和我们生存的关系越来越紧密。碳汇造林项目不再只是国家和护林人的事情，它应是全社会每一个公民的责任和义务。碳汇，一般指从空气中清除二氧化碳的过程、活动和机制。森林中的树木通过光合作用吸收二氧化碳，放出氧气，把大气中的二氧化碳以生物形式固定下来，这个过程称为"汇"。通俗地说，是指森林吸收并储存二氧化碳的多少，或者说是森林吸收并储存二氧化碳的能力。森林的这种碳汇功能可以在一定时期内对稳定以至降低大气中温室气体浓度发挥重要作用，并且以其巨大的生物量成为陆地生态系统中最大的碳库。我们都知道，碳源是指产生二氧化碳的源头。自然界中碳源主要是海洋、土壤、岩石与生物体。同时，工业生产、生活等都会产生二氧化碳等温室气体，它们都是主要的碳排放源。这些碳中的一部分，累积在大气圈中引起温室气体浓度升高，打破了大气圈原有的热平衡，导致全球变暖。另一部分则储存在碳汇中。树木通过光合作用吸收了大气中大量的二氧化碳，减缓了温室效应，这就是通常所说的森林的碳汇作用。有资料显示，全球森林面积虽然只占陆地总面积的1/3，但森林植被区的碳储量几乎占到了陆地碳库总量的一半。所以说，森林之所以重要，是因为它与气候变化有着直接的联系。

目前，我国温室气体的排放占到发展中国家排放总量的50%，全球排放总量的15%，因而成为整个世界最为关注的焦点之一。近年来，随着我国经济社会的高速发展，我国正在由一个低能源消耗国家迅速转变为高耗能国家，随之而来的将是二氧化碳的大量排放。据相关数据推测，如果盲目遵循发达国家现代化的路子，到2050年，我国的能源消耗将占到全球能源总消耗的60%左右，这对中国、对世界都是一个很大的挑战。进入21世纪，国际社会对森林吸收二氧化碳的汇聚作用越来越重视。2007年秋，胡锦涛主席参加了在德国海利根举行的"八国首脑峰会"。世界上最大、最强的八个国家的首脑出席了该会议。原定会议主题考虑的是全球化时代的经济贸易，但结果该峰会最终确定的议题是应对气候变化。在各种积极应对的方法中，胡锦涛主席提出了建立碳汇森林的建议，因为森林固碳比工业固碳成本低得多，如果通过工程技术把二氧化碳重新固定，成本会非常昂贵，而通过植物光合作用来固碳，成本就非常低。在澳大利亚的力推下，《悉尼气候宣言》把这条写进去了，要求亚太地区发展2000万$hm^2$以上的碳汇森林。其实我国在"十一五"规划中就已经要求到2020年森林覆盖率从现在的18.5%提高到23%，也就是要新增4400万$hm^2$森林，新增碳汇400万t/年，减排二氧化碳1500万t/年，比整个亚太地区在《悉尼气候宣言》中提出的2000万$hm^2$高出1倍多，可新增碳汇400万t以上，累计10年可以吸收1.5亿t的二氧化碳。由此可见，如果在农村采取生态改良的办法增加森林覆盖率，有可能借此拯救和延续城市文明。因为75%以上的二氧化碳排放源于城市。现代城市是工业文明的产物，更是工业文明的摇篮，同时也是温室气体排放的主因。

3. 机遇之三：社会主义新农村建设

建设社会主义新农村，是在全面建设小康社会的关键时期、我国总体上经济发展已进入以工促农以城带乡的新阶段、以人为本与构建和谐社会理念深入人心的新形势下，中央作出的又一个重大决策，是统筹城乡发展，实行"工业反哺农业、城市支持农村"方针的具体化。"社会主义新农村"这一概念，早在20世纪50年代就提出过。20世纪80年代初，我国提出"小康社会"概念，其中建设社会主义新农村就是小康社会的重要内容之一。十六届五中全会提出建设"社会主义新农村"，是在新的历史背景中，在全新理念指导下的一次农村综合变革的新起点。数据显示，城乡居民收入差距自1997年之后连年明显扩大，目前仍维持在3.21：1。即使2004年农民人均纯收入达到2936元，终于走出"八年徘徊"，也只是恢复性增长。但是，建设社会主义新农村，绝不仅仅是加快农村经济发展，反哺之义也不止于增加农民收入。十六届五中全会强调，要大力发展农村公共事业，这意味着在加快经济发展的同时，农村教育、文化、医疗、社会保障、基础设施等社会事业，也将进入加速发展期。"新农村建设"的关键是要树立统筹城乡发展的新观念。要跳出"就三农抓三农"的传统定势，打破城乡分割的体制障碍，把农民业发展放到整个国民经济的大格局中，把农村进步放到整个社会的进步中，把农民增收放到国民收入分配和再分配中，进而统筹规划政策、公共资源、基础设施及产业布局。

建设"社会主义新农村"，也是实现我国有序城镇化总体战略的一个重要组成部分。胡锦涛总书记曾经指出，我国正处在城镇化发展的关键时期，坚持大中小城市和小城镇的协调发展，逐步提高城镇化水平，对于扩大内需，推动国民经济增长，对于优化城乡经济结构，促进国民经济良性循环和社会协调发展，都具有重大的意义。在城镇化快速发展的大背景下，我国农业现代化的真实含义在于：要用全世界7%的耕地、7%的淡水资源来支撑中华民族的生存和发展，就必须留得住农民，留得住农业生产和生态空间，即农村的耕地、林地、水源地等，建立起能与自然生态环境和谐相处的农业农村发展新模式，也就是生态文明时代农业农村发展的新路子。这是我国根本的和长期的战略任务之一，也能为我国农业、农村、农民问题的解决带来许多新的机遇。从先行国家的经验来看，也可以得出同样的结论。比如，日本在1980年制定的"农改基本原则"主张农村要发挥五大功能，即供给粮食，适度配置人口；维护社会均衡；有效利用资源，提供就业场所；提供绿地空间，形成自然植被；维护文化传统。新农村建设影响的广泛性由此可见一斑。

4. 机遇之四："农家乐"的迅猛发展

当经济发展到一定程度之后，人类的消费重点将由产品和服务向体验转移，这是人类发展的一种自然境界。著名未来学家托夫勒在《未来冲击》一书中写道：服务经济的下一步是走向体验经济，商家将靠提供这种体验服务取胜。"农家乐"正是体验经济的重要表现之一。以"住农家院、吃农家饭、品农家情、购农家物、观农家景、习农家活"为主要内容的"农家乐"旅游的兴起，是在市场经济条件下，发挥农民市场主体作用，促使农民进入旅游市场和参与旅游事业发展的重要标志。这种旅游方式最早出现在距四川省会成都仅 10 多公里的郫县，后来随着社会经济的发展和人们生活水平的提高，在许多城市附近也迅速发展起来，形成了巨大的旅游市场。现在四川、广东、重庆、浙江、上海、江苏、江西、安徽等省市，包括北京的郊区都已大量涌现"农家乐"。我国现在每年外出旅游的人数达 10 亿多人次，其中相当一部分被"农家乐"所吸引，而且每年的数量呈翻番的速度增加，这一方面是因为我国传统的文化来自于农耕文明，就如晋朝田园诗人陶渊明所描述的"采菊东篱下，悠然见南山"，许多人都有一个回归田园的梦想；另一方面是因为节地型、高密度的城市建设模式，促使居民向往农村。在我国城市建成区每平方公里平均有 1 万居民，是世界上平均密度最高的国家。最近国际某学术组织统计了世界上 20 个人口密度最高的城市，中国在其中就占了 5 个，还有 5 个在印度。高密度的城市发展模式能节约土地，但也正因为这样，在城市里才很难见到田园风光，所以许多风貌依旧的村庄就成了城市人向往的地方。此外，村庄的人均住房面积比城市大得多（据浙江省统计大约是 43$m^2$），与城市的住房相比居住剩余量较大，许多生态良好，住房宽裕的村庄无疑是"居住的天堂"。

虽然，目前初期发展阶段的"农家乐"存在许多问题，比如盲目修路建楼，"一窝蜂"式开发，导致民族历史文化内涵丧失，失去开发的深度与广度，直接影响旅游景区发展的生命力；吃野味、吃珍稀动物也时有发生，严重破坏了当地资源环境和文化生态；重自然风光，忽视人文资源的挖掘；基础设施建设不到位，清洁卫生有待改善等。但"农家乐"的开发运营推动了当地经济的发展，"农家乐"的兴起与发展首先在一定程度上解决了农民增收难的问题。其次，促进了农业和农村产业结构调整。中国传统农业以种植养殖业为主，经济效益低，经营风险大，而"农家乐"的开发是在充分利用当地旅游资源的基础上，结合当地的文化风俗，从而脱离单纯使用土地生产的现状，可大幅提高农业经济效益。从整个社会经济发展的角度看，"农家乐"旅游不仅对第三产业中的商业、饮食服务业的发展具有极大的促进作用，而且能带动一、二产业的发展，有助于形成供产销、旅工农、科工贸的产业化，从而带动整个地区产业结构的调整和优化。[1]再次，推动了农村剩余劳动力的有效转移。"农家乐"属于劳动密集型产业，对

---

[1] 参见：胡卫华，王庆．"农家乐"旅游的现状与开发方向．《桂林旅游高等专科学校学报》，2002，3．

其进行开发能够有效地吸纳农村剩余劳动力,实现剩余劳动力就地转移。如武汉市黄陂区共有"农家乐"旅游接待点300余户,直接从业人员就近2000人,为当地农村剩余劳动力转移作出了巨大贡献。

农村大量的传统文化和自然景观遗产成为吸引人的因素之一,再加上农副产品"一村一品"的推行❶,促使大量的城里人到农村去采购优质的农副产品。浙江的长兴县1年增加了7000多户"农家乐",主要吸引上海人。三口之家夫妇俩带着孩子周五到长兴,仅1个小时左右的车程,住两三天的花费约为300元,还能以便宜的价格买一篮子当地的农副产品,一家子一周的食品蔬菜就解决了,非常合算。以前认为农村要经历工业化才能现代化,所以要发展乡村企业,然而由于环境污染严重、缺乏技术人员以及运输成本高昂等问题,现在乡村企业在农村衰退较快,但是,"农家乐"的兴起说明了农业、农村也可以直接发展第三产业,而且有些成为绿色可持续的产业。

5. 机遇之五:可再生能源在农村的推广与复兴

能源是经济和社会发展的重要物质基础。工业革命以来,世界能源消费剧增,煤炭、石油、天然气等化石能源资源消耗迅速,生态环境不断恶化,特别是温室气体排放导致日益严峻的全球气候变化,人类社会的可持续发展受到严重威胁。目前,我国已成为世界能源生产和消费大国,但人均能源消费水平还很低。随着经济和社会的不断发展,我国能源需求将持续增长。增加能源供应、保障能源安全、保护生态环境、促进经济和社会的可持续发展,是我国经济和社会发展的一项重大战略任务。可再生能源包括水能、生物质能、风能、太阳能、地热能和海洋能等,资源潜力大,环境污染低,可永续利用,是有利于人与自然和谐发展的重要能源。20世纪70年代以来,可持续发展思想逐步成为国际社会共识,可再生能源开发利用受到世界各国高度重视,许多国家将开发利用可再生能源作为能源战略的重要组成部分,提出了明确的可再生能源发展目标,制定了鼓励可再生能源发展的法律和政策,可再生能源得到迅速发展。可再生能源是我国重要的能源资源,在满足能源需求、改善能源结构、减少环境污染、促进经济发展等方面已发挥了重要作用。但目前可再生能源消费占我国能源消费总量的比重还很

---

❶ "一村一品"发端于日本大分县,是由日本大分县前知事平松守彦于1979年倡导的。大分县位于日本西南部,面积6337km²,人口约124万,由于境内多山少地,自然条件差,人口流失现象非常严重。平松守彦上任伊始,就到县内各地视察,所之处尽是"我们村里没有资源"、"我们没有学校"、"道路条件太差"等叹息声。平松守彦认为,无论怎样抱怨都摆脱不了贫困,于是提出将一个村子或一个地区值得骄傲的东西,如已有的土特产品、旅游资源,哪怕是一首民谣,无论什么都行,开发成在全国以至全世界都能叫得响的产品,这就是著名的"一村一品"运动的开端。"一村一品"就是一个村子或一个地区,根据当地的特点,按照国内外市场需求,生产具有当地资源优势特色的品质优良、特色明显、附加值高的优势农产品,通过专业化、规范化、标准化的开发,建立健全服务体系,在技术上不断完善,使之成为畅销全国乃至世界的品牌产品。

低，技术进步缓慢，产业基础薄弱，不能适应可持续发展的需要。

传统农业本身就是一种可持续的循环经济，但如果对农村盲目进行城镇化改造，也像城市一样会产生大量废物与消耗大量商品能源。正确的策略是对农村房子进行节能改建，如北方农房朝阳面装上一个玻璃取暖窗，或在屋顶装上太阳能热水器。山西、陕西的窑洞是最简单的地热能利用方式，只要改善通风采光就可以了。生物质能、太阳能、风能、地热能、小水电、沼气等，这些都是应该在农村推广的可再生能源。农村人口转化为城市市民后，人均能源消耗一般增加3.5倍。如果农村将可再生能源加以推广利用，保留和改良传统的农业循环经济模式，农村人均的能源消耗和二氧化碳排放量可以减少到城市居民的1/5，甚至更低。此外，可再生能源在农村的应用将会成为一个发展迅猛的大产业，也可以成为促进农民就业和发展乡村服务业的支柱产业，开发利用可再生能源是建设社会主义新农村的重要措施。农村是目前我国经济和社会发展最薄弱的地区，能源基础设施落后，全国还有约1150万人没有电力供应，许多农村生活能源仍主要依靠秸秆、薪柴等生物质低效直接燃烧的传统利用方式提供。如果按旧思路让这些地区的农民用上城镇商品能源，将会造成能耗和温室气体排放的剧增。农村地区可再生能源资源丰富，加快可再生能源开发利用，一方面可以利用当地资源，因地制宜解决偏远地区电力供应和农村居民生活用能问题；另一方面可以将农村地区的生物质资源转换为新型商品能源，使可再生能源成为农村特色产业，有效延长农业产业链，提高农业效益，增加农民收入，改善农村环境，促进农村地区经济和社会的可持续发展。

从以上五个方面的挑战和机遇分析中可得出，在新农村建设的过程中，城市反哺农村，但是农村也支持着城市，农业与农村在几个方面挽救了城市和工业；工业支撑农村，农业也援助了城市，市民帮助了农村，农民也惠及了市民。"农家乐"的兴起和发展就是一个很好的证明。在城乡互动的过程中再造符合生态文明原则的现代农业、农村应成为我国长期坚持的重要战略。

### 三、城乡发展的经验与教训

几乎世界上所有的发达国家和有作为的领导人都曾思考过如何实现城乡的协调发展，许多先行国家都经过了大量的试验。从城市化的历史来说，伴随着工业革命，以英国为代表的欧洲的城市化到1950年基本完成，历时整整200年；美国为代表的北美洲的城市化率从1860年的20%快速发展到1950年的71%；拉美和其他发展中国家、南美诸国1930年城市化率20%左右，到20世纪70年代就达到了63%。也就是说，英国用了200年才完成了城市化的进程；美国完成这一进程约用了100年；而随后的南美洲等国城市化的速度更快，一般仅用50年就可完成进程。

**(一)城市化发展模式的利弊及其适应性**

理论上可将城乡统筹发展划分为四种模式,即城乡相互封闭式发展、城市优先发展、城乡同质化发展和城乡差别化协调发展。从城乡协调的角度来看,先行国家在城市化进程中所采用的发展模式都各有利弊。

1. 第一种模式:城乡相互封闭式发展

在美国伯克利大学城市规划学院里有一个名为"马克思主义地理学"专业,那里的教授们就曾提出城乡必须相互封闭发展。他们认为,城市像一块巨大的吸铁石,随着城镇化的推进,城市会把周边农村的人、财、物、资源包括水、矿产、农产品等都吸收到城市里来,像一个贪得无厌的"吸血鬼",城市的发展导致了传统农村的衰败。要想保持农业和农村的良性发展,维持农村的繁荣,就要通过孤立来杜绝城市的吞并,必须把城市与农村相隔离。他们提出的这一理论具有很强的逻辑性,有理论上的说服力,并形成了一个独立的学术体系,但从来没有在哪个地方成功地实践过。

2. 第二种模式:城市优先发展模式

在非洲和拉丁美洲的城市化进程中都接受过世界银行经济学家所开的药方。这些"专家们"认为,一国的经济要摆脱贫困,首先要发展大城市,只有大城市才能提供足够的就业,才能促进农业现代化等等。所以,在非洲、拉丁美洲,不少国家80%的人口都集中在一两个大城市里。但村镇体系并不健全,中等城市和小城市寥寥无几,村庄大量地被吸收,农民迅速地涌入大城市,结果找不到就业岗位,形成了大片的贫民窟。

在这些地区,一般城市70%的土地面积被贫民窟所占据,这是非洲和拉美国家的普遍现象。城市就这样被毁掉了,因为城市被大量贫民窟所包围而没有良好的投资环境,脏乱差,疾病流行,治安恶化,使投资者望而却步;在农村,因为农村劳动力基本上跑光了,没有人种地而粮食欠收,造成非洲一地的饥民总数就达2亿人之多。英国著名的规划学家彼特·霍尔教授认为,世界上的城市化模式可划分为三类:第一类是失败的城市化,发生在非洲和拉美国家,劳动力转移在前,就业安排在后,造成国家和地区的经济发展不可持续;第二类是以中国和东亚为主的有序城市化,也就是劳动力转移与就业的安排基本匹配;第三类像日本、欧盟,正呈现逆城市化现象,每年都有不少老年人,甚至一些年轻人回归乡村生活。

3. 第三种模式:城乡同质化发展

最典型的是美国。因为美国在城市化过程中正好伴随着机动化,就像目前我国一样,形成"车轮上的城镇化"。人们一旦有了私家车,就有了地理上移动的自由度,可以在广大的地理空间选择自己认为适合的居住地,这时城市就开始蔓延了。美国的城市蔓延发生在20世纪的30年代,到现在也没有遏制住。这种城市的过度郊区化导致了美国的城市人口密度从 1890 年时的每平方英里 8000 人下降到 1990 年每平方英里 4000 人不到，现在还在持续地下降(图 4-3)。

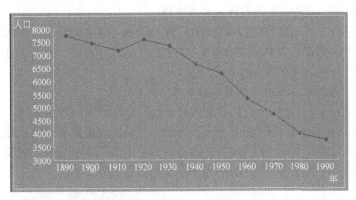

图 4-3　美国城市人口密度变化

城市完全呈摊大饼式蔓延，造成了一系列的危机。其一是生态环境破坏严重，资源的利用成本非常高。在许多地区城市和城市连在一片，几乎看不见原生态的田野，动物找不到栖息的场所，生物多样性就被严重削弱。其二是经济成本提高，生活舒适度降低。不仅城市的运输活动包括基础设施的投入成本高得出奇，人们的经济成本和生活成本也大幅增加，而且由于每天都要花数小时待在小汽车中从而严重影响到生活舒适度。城市的蔓延导致人们不能步行和自行车出行，几乎全部出行都要依赖小汽车。在美国西南部，连买一包烟一瓶酱油都要开着汽车前去，没有汽车几乎寸步难行，因为没有可供行人步行的道路。这就导致了人均 GDP 和欧盟一样的美国，人均汽油消耗却是欧盟的 5 倍。美国人在车中度过的时间全世界第一。洛杉矶市驾车人每年因交通拥堵平均所消耗的时间达 70 多个小时，造成了美国的肥胖病增长速度是世界最高的，从而引发了慢性病的快速增长，也造成了世界第一的医疗保险支出。2006 年美国医疗保险支出高达 6000 多亿美元，年均增长 35%，日益成为国民经济沉重的包袱。正因为如此，前美国副总统戈尔在与布什竞选时就提出以"精明增长(smart growth)"作为竞选纲领。落选后的戈尔选择了一条与城市蔓延和气候变化作斗争的道路，因投身环保运动于 2007 年获得了诺贝尔和平奖。

城乡同质化发展实际上是主张通过农村的城镇化，把农民转换为市民、农业转换成工业、农村转换成城镇，也就是通过消灭"三农"来达到同质化发展的目标。在这种发展模式指导下，有可能引发农村建设的大拆大建。发展实践证明，城乡同质化的发展模式只适应于我国 5% 左右的农村，也就是大城市的近郊区或西部牧区。这些村庄的农业用地很快或已经转化为建设用地或者工业用地，牧区是因退牧还草的政策需要大批转移人口，只有这些地区适应于这种发展模式，而在我国绝大多数的农村是不能推行的。就我国而言，这种模式的适用性很有限，如不顾条件地推广，所带来的后果难以设想。这是一种以城市人的眼光来看待农村、看待农民、看待农业的片面的政策选择。

必须指出的是，来势汹汹的全球化浪潮已经成为城乡同质化发展的最强有力的动力。全球化正在发挥"推土机"的功能，正在"抹平"城乡之间的各种差别，而这些差别是两者协调的基础。

4. 第四种模式：城乡差别化协调发展

如图 4-4 所示，法国的村庄看上去都是农居建筑的布局较为密集，而且围绕教堂聚集在一起，四周被田园和树林所环绕。其他欧盟国家和日本、韩国的农村也都呈现出与城市景观的巨大差异，这些农村的生活条件非常好。世界上连续几年评出的最佳人居环境的地点，一般都是在小镇和农村。

图 4-4　法国、日本的乡村景观

100 多年前，现代城市规划学的奠基人、英国社会学家霍华德曾经说过：城市和农村必须结为夫妇，这样一个令人欣喜的结合将会萌生新的希望、焕发新的生机、孕育新的文明。❶ 所以他提出了田园城市的概念，就是为了如何让城市与农村和谐发展。霍华德的这段论述隐含着这么一个概念：就是城乡本质上是有区别的，认识这种区别，差别化规划建设，才能互补发展。

### （二）村庄整治工作是社会主义新农村建设的基础性工作之一

村庄整治工作是社会主义新农村建设的基础性工作之一。党的十六届五中全会提出"生产发展、生活富裕、乡风文明、村容整洁、管理民主"二十字方针，这既是我国新农村建设长期奋斗的目标，也包含着新农村建设的深刻内涵，同时又是新农村建设的途径。这二十字方针是目标、内涵、途径的统一，所涵盖的五个方面是相互联系、互为因果的。其实，提出社会主义新农村建设的决策意图就

---

❶ 参见：Ebenezer Howard. Garden Cities of Tomorrow. Cambridge, MA: The MIT Press, 1965: 33-35.

是要解决当前我国城乡、工农业发展的不平衡,解决社会城乡公益事业投入不均、城乡收入差别过大的问题,要结束牺牲一部分人的利益来满足另外一部分人的利益的状况,尤其是要缓解目前城市和农村发展的非均衡状态。而这种非均衡性不仅仅体现在生产发展上,在很大程度上还体现在公共服务的不均衡上,这种不均衡,造成了农村基层政府公共服务职能薄弱。目前,从硬件看,农村基础设施建设严重滞后。据有关方面统计,全国有 1/2 的行政村未通自来水;6%的行政村还没有通公路;2%的行政村还没有通电;6%的行政村还没有通电话;60%以上的县没有标准的污水处理场等。在某些山区,还存在着"宣传靠吼、交通靠走、治安靠狗"的现状。因此,如何从二十字方针出发,切实优化公共资源配置,注重向农村或欠发达地区倾斜,解决城乡之间、地区之间发展不平衡,以及公共产品和公共服务供给差距过大的突出问题,扩大公共产品和公共服务的覆盖范围,是各级政府职能转变的重点。村庄整治工作是这其中的基础性工作,社会主义新农村建设的二十字方针与之密切相关。

1. 从"生产发展"来讲,村庄环境是经济发展的前提条件

生产发展必须依靠好的环境,只有广大农民实现安居,才能乐业、创业,才能逐步实现农业产业化和现代化。如果我们村庄的路难行、水难饮、环境"脏乱差",造成疾病丛生、缺医少药的话,这样的地方,人们惟恐避之都不及,还谈什么创业,发展经济和解决"三农"问题就更无从谈起。城市需要优质的投资环境,农村也需要良好的创业条件和安居环境。

2. 从"生活富裕"来讲,村庄整洁是农民生活富裕的要义之一

我们要减小城乡收入差别,实现城乡共同富裕。村庄的人居环境的改善是富裕的要素之一,传统的计划经济简单地用 GDP 来衡量农村富裕的程度,实际上是一种误导。大家都知道,GDP 是指某一国家所有产品与劳务的货币价值的总和。❶ 生产出来的产品或劳务必须在市场交换中来体现价值,然后才能被计算到 GDP 里面去。这样的统计办法所得出的结果,在很多场合是非常荒谬的。例如,在农村,某农民家里有一只母鸡产生了一个鸡蛋,如果在市场卖了,就计算到 GDP 里面,如果自己吃了,就不计算到 GDP 里面。自己家里的田地,如果是家庭成员如老婆、儿子自己种,劳动力消耗就不算入 GDP,而雇用外人种田,付了工资就算到 GDP 中,请了保姆就增加了 GDP……这种 GDP 的计算本身就充满了矛盾,更不适应以家庭经营为主的农村,所以联合国早就提出应以"人文发展指数"或"绿色 GDP"来核算财富的增长。对于农村,发达国家普遍认为应用"富裕指数"来代替 GDP,如果村庄人居环境改善了,富裕指数就大幅度上升了,尽

---

❶ 参见:[美]斯蒂格利茨. 经济学. 第 2 版. 北京:中国人民大学出版社,2000:521。斯蒂格利茨将 GDP 定义为消费+投资+政府支出+进口-出口,或用收入法变更为出售产品的总收入。

管以货币计算的农民收入不比城里人高,但农村的实际购买力以及与自然环境紧密结合的居住条件就比城里好,从而形成了一种均衡。村庄整治所产生的效果是让农民直接受惠、感受生活质量的富裕。

3. 从"乡风文明"来讲,村庄整治是乡风文明的载体

环境好了,文明的程度才能提高。环境能够塑造人,人能够改造环境,人与环境是相互作用、相互促进的,也会引起良性循环发展的。抓乡风文明,应该从看得见、摸得着,让农民真正得到实惠的文明抓起。另一方面,文明程度与教育水平密切相关。根据我国第五次人口普查资料,在全国 15 岁及以上人口中,城镇的文盲率为 5.22%,农村则高达 11.55%;在 15~64 岁劳动年龄人口中,农村地区初中以下文化程度的劳动力比重高达 91%,而且教育质量与城镇的差距日益扩大。在日本、韩国等提出向"人才农业"进军的今天,不改变农民素质是无法推行我国农业现代化的。由此可见,在乡村规划建设中注重完善乡村中小学何等重要。长期的实践证明,如果我们的村庄污水横流、道路泥泞、垃圾遍地,造成人畜得病,我们去跟农民讲文明,就没有环境的支撑,就很难有说服力。从历史教训可知,"封建"实际上来自于农民实际生产和生活中的许多"无奈",迫不得已选择传统"封建宗法"的统治来求太平;而"迷信"则来源于农民们对众多大自然灾害和疾病的恐惧。所以,不去消除农民的无奈、无知和恐惧来塑造文明,往往是不会奏效的。

4. 从"管理民主"来讲,村庄整治是农村民主管理的一种实践,是一种农民自主从"干中学"的过程

成熟的民主体制始终伴随着永不停顿的成功实践。村庄整治是培育农民管理民主意识的重要实践活动,是在农民自主、村民自治、自我决策过程中所形成的民主决策的新内容,而且这种民主决策直接给农民带来利益,管理民主之习惯才会真正育成。从某种程度上说,村庄整治的过程,是实践我国农村民主体系的过程,是农村民主体系逐步发育、成长、成熟的过程。所以,离开这些与农民利益相关的实践过程,谈民主管理往往就是空谈。

综上所述,正在开展的村庄整治及其社会主义新农村建设关系到我国城镇化的健康发展。有人曾说过,"中国城市像欧洲,农村像非洲",这样的情况再也不能持续下去了。城镇化的健康发展需要拉力和推力的均衡。城镇化并不是越快就越好。目前,世界上城镇化速度最快的地区是非洲。据联合国统计,非洲的城镇化率每年达到 3% 左右,但非洲的许多国家也正是世界上最贫困、最混乱的国家。许多非洲国家由于照搬了原宗主国的土地私有制度,一遇到天灾人祸,农民为了求生就将土地一卖了之,继而在村庄里就呆不住,大量的人口涌入城市,几乎所有的城市近 30%~50% 的区域被贫民窟所包围,贫民窟中生存环境恶劣,传染病流行。城市本身也因贫民窟的存在,致使投资环境不佳、治安混乱,造成了经

济衰退；而农村因大批农民的离开，劳动力不足，农作物产量急剧下降，导致了大面积的饥荒。所以，健康城镇化的关键是推力和拉力的均衡，是需要富余劳动力有序地从农村移民到城市的过程，这个过程应当是一个自然和谐的过程。如果城镇化不和谐、不健康，那么整个社会的和谐也就无从谈起。我们要缩小城乡的差距，关键也是要通过整治村庄，改善生产和生活环境，加快城乡经济发展，改善农村的人居环境。要实现工业反哺农业，城市支持农村，就要先从村庄整治抓起。就像霍华德指出的那样："理想的城乡结构，就是让城市的活力和文明涌向农村，而让农村的田野风光在城市驻足。"我们所倡导的村庄整治策略，实际上就是踏踏实实地让城市的文明和活力涌到农村去，使农村焕发生机，从而改变农民、农村和农业的现状。

## 四、城乡失衡的问题与成因

通过对我国乡村建设中出现的问题及成因进行梳理，能有针对性地选择应对策略和模式，明确乡村建设的中国特色。社会主义新农村建设在我国已经实践了两年，在这两年中，成绩是巨大的，但是问题的存在也是客观的。

### (一) 问题

1. 问题之一：盲目撤并村庄，片面理解城镇化

城镇化，或称城市化（Urbanization），是当今世界上重要的社会、经济现象之一。尽管国际学术界对城镇化的研究已有数十年的历史，但是，由于各个学科对城镇化的理解不一，迄今为止，关于城镇化的概念还没有一个完整统一的解释。传统城镇化的内涵包括以下三个方面：人口变化，即人口向城镇集中，城镇人口规模和人口密度的不断增加；经济变化，即非农产业从业人员及非农产业产值比重不断增加；社会变化，即城市文明和城市生活方式的传播和扩散。其中，前两个因素是衡量城镇化的基础，后一因素则是衡量城镇化的核心。由于人口向城镇集中或迁移的过程包含了社会、人口、空间、经济转换等多方面的内容，加上可以采用比较简单易行、有一定可比性的以城镇地区人口占全地区总人口的百分比这一指标衡量城镇化水平，故这一衡量城镇化水平的方法受到不同学科的普遍接受。其实，从空间上看，城镇化是多种要素向特定地区集聚的过程，特别是经济要素和人口要素。但是，城镇化的本质应该是人的城镇化，即从产业上实现由从事农业向从事包括工业和服务业在内的非农产业的转换，从居住和生活质量上实现由差、贫、乱向富裕、幸福和保障度高转变。长期以来，为了将有限的资源集中在城市，我国实行了城乡分治的管理模式，削减对农村的公共服务投资，通过城乡户籍制度严格限制农村人口转变为城市居民。一方面使得我国人口的城镇化过程严重滞后于产业的非农化过程；另一方面导致本来就处于发展劣势地位的乡村迅速与城镇拉大了距离，城乡二元结构日益明显，并由此引发了包括"三

农问题"在内的一系列问题。目前,为了化解城乡二元结构所引致的一系列矛盾,我国在积极推进城镇化进程。但是,由于对城镇化认识的偏差以及体制、机制等方面的制约,我国在推进城镇化过程中也出现了一系列的问题,影响了城镇化的健康发展。其中盲目撤并村庄就是问题之一。

在某些省市,撤并村庄是一种普遍的现象,美其名曰撤并村庄乃"一石三鸟":一是可以节约耕地;二是可以集中居住减少基础设施投资;三是可以推进"城镇化"。现在土地指标都压的很紧,在每一个县直至省区都追求耕地的"占补平衡","占"是很容易的,"补"从哪里来?一是造假,二是反复。所谓"反复"就是把过去退耕还林的地重新开垦,然后统计为新开垦地,过几年又把它退耕还林。还有一种较为普遍的错误认为,把村庄撤并看作是既可以推进"城镇化",又能"创造"耕地的"良方"。有人认为,平均每户农居占地半亩左右(300多平方米),而城市居民人均只占用100m²,通过撤并村庄,将农村居住密度提高到城市水平,地方政府可用的耕地转建设用地指标就增加了。所以,目前基层干部对撤并村庄的积极性非常高。这种大撤大并浪费了巨大的资源(一般搬迁一个中等规模的村庄需要3000万元投资,而整治只需要500万元左右),消耗了大量建筑材料,破坏了众多文化遗产,也忽视了农业生产的特性。农村的生活和生产应该是组合在一起的,"庭院经济"的效能非常高。苏南地区所做的农村规划中,把许多村庄合并成一个村庄或合并到镇,传统农居也被城市常见的多层楼宇所取代。但据我们的调查,这些地方因农业生产所需的农机具和粮食、种子没有地方搁置,农民只得在楼房下面搭建大量的棚子,实际上占地面积并没有减少,所以农民并不欢迎。北方某省也出现这样的情况,农民上楼后,每年要交4000元钱的取暖费,农民舍不得,又不能在新房里烧炕,就只能挨着冻过冬。

一般来讲,只有在以下情形存在的条件下才能对村庄合理地重新进行规划、合并迁建:一是近郊村庄的自然形态已经消失,没有值得保护的古迹了;二是原来因为错误的规划,导致农民多次迁移,至今仍未确定永久定居点的;三是农民本身生产模式已经转变,这些近郊农民大部分已经不务农,生活方式已经是城里人了。只有这几种条件并存的情况下的村庄,我们才可以采用并村的办法来进行改造。那种所谓的土地"浪费",在大部分农村其实并不存在。农民每户150多平方米或者200多平方米占地是事实,但它包括了庭院和宅基地的面积,大家都知道院头院尾、屋前屋后是高效益的菜地,庭院经济的产出比大块的农田还高。

还有一种撤并现象发生在山区县,被称之为"下山脱贫"。这项工作对于那些生态退化、原住民无法生存的石漠化、沙漠化、盐碱地地区的生态恢复、脱贫致富十分有效,但不少地方正呈现扩大化的负面效应。与此相反的是同样人多地少的日本,在1992年出台的《山区振兴法》之后,又在1993年出台《特定山区活性法》,加快山区村庄的就地繁荣发展。日本山区的国土面积、乡村数量、耕地面积、农村人口分别占全国国土面积的 70%、乡村总数的 55%、耕地面积的 40%、农村人口的 40%，而其农业产值仅占全国的 37%。但是，日本在政策上并不强调山区的农业产值，而是强调其公益功能，强调其对"国土保全"的重大社会意义。鉴于山区的多样性，日本政府的山区支农政策也追求"精细化"。从 2002 年起，对山区农业的补助金实行"直接支付制度"，即根据山地的可耕地规模、耕者与弃耕者状况、山地与平地收入差别等具体情况发放补助金。其目标是将农民植根于土地，强调人与自然的协调、共存，坚决杜绝主张将山区农民迁移到平原的"大迁移政策"。

2. 问题之二：盲目对农居统一改造，片面追求"新形象"

农村居民住房改造是从 20 世纪 80 年代逐渐兴起的，在建设社会主义新农村的今天，各地纷纷开始了对农居的改造。这其中有经过规划的，也有没经过规划的，有计划好的，也有盲目进行的。事实上，农民住宅和旧村的整体改造，必然要经过一个过渡阶段，不可能一步到位，因此决不能搞"一刀切"，必须依据各地、各村的经济发展水平循序渐进，在实践中摸索出一套适合当地情况的、切实可行的办法。

有许多干部非常热衷于统一发放"农宅标准图册"，国家部委发、省里也发，大城市发、小城市也发。许多图册完全忽视了农民收入的差别化，完全忽视了不同地方的民居特色，也完全忽视了传统民居的节能特性。不论是陕西的窑洞，还是山西的半窑洞，这些传统农居因充分利用了浅表地热能，冬暖夏凉，非常节能。而现代农居标准图册看上去很漂亮，但是并不能节能节材。其实，农民在经济宽裕后，改善居住等生活环境条件的行动，政府应以引导为主，不必强行推动，政府可以通过提供图纸或样板房，让群众根据自己的实际情况选取自己满意的。某些地区兴建"文明生态小康示范村"，提出集体供暖、自来水入户、物业、门卫、娱乐、文化设施等一应俱全。一些地方要求农家在墙面贴瓷砖，在门口建喷泉，违背群众的意愿，这是出现在当前新农村建设中应该切实避免的问题。

3. 问题之三：盲目进行牲畜的集中养殖，片面进行人畜分离

当前猪肉价格的猛涨与部分地方盲目推行人畜分离有一定的关系。因为农民散户养殖约占猪饲养总数的 70%。农民家庭养猪是充分利用菜梗、菜叶、剩菜、剩饭，猪是农户生产、生活循环生态链中的一个关键环节，扮演着分解者的角色。在城里被当作垃圾的剩菜、剩饭、烂水果和菜叶梗等，都是猪的饲料。许多农副产品的废物也都可以用来喂猪。而把猪集中饲养，那些剩菜剩饭不可能再端到几百米外的地方喂猪（图 4-5）。原来猪粪一家一户堆砌起来，成为堆肥，然后再施回农田。集中养殖后，各户的猪粪混在一起，把整个分配循环链条打碎了，农民会因养猪成本的提高而放弃养猪，许多已建的沼气池也会因缺乏原料而废弃。

图 4-5　村庄家禽集中饲养区

许多早已在城里居住的老年人,现在还想着养猪。他们常常为城里人把许多食品垃圾扔掉的行为感到可惜,觉得应该用来喂猪。现在不少地方片面追求"人畜分离",把猪和家禽集中起来养殖,原来占猪存栏数70%以上的散户养猪就受到了影响。正是因为一些城里所谓专家夸大了散养可能引起人畜疾病交叉感染,认为猪养在农户住宅旁边可能会引发传染病的流行。其实这是一种观念上的误区。正如城里人养宠物那样,只要切实做好防疫工作,人与动物混居是安全的。

4. 问题之四:盲目进行城乡无差别化能源系统建设

国电公司"十一五"规划中写明,计划投资236亿元,解决老少边穷地区120万农户的用电。这是一项艰巨而又光荣的任务,估算实际投资将达500亿元,也就是每户农户要平均投资2~4万元,几乎能给每户农民安装一套太阳能光伏电池系统,或就地建设小型风能发电站。以城市供电模式用这么长的线路把电送到边远农村,70%~80%的电能都消耗在线路上面,农户电灯实际只耗费了20%~30%。电费和效能怎么算?这是一个值得思考的问题。现代农业对能源的消耗会有较大的需求,这必然会加大国家的能源紧张程度,必须将节约能源和发展可再生能源作为建立社会主义新农村的重要内容予以考虑。无论是水、电等传统能源还是生物质能等新型能源,对其使用的城乡无差别化,都会导致大量的浪费。

5. 问题之五:盲目安排村庄建设整治时序

北方某省市组织了一次教授下乡调查,教授们回来编了一个顺口溜:村里的路还是土的,农田里却铺上了水泥路;村民饮水困难,而玉米地里却有了"自来水管"喷灌管道;河渠里水已经严重污染,河岸上却糊上了水泥;村小学校舍仍属危房,"××活动室"却一个个盖起来……农田铺上水泥路是因为进行了所谓的"标准基本农田"改造。玉米地里有了"自来水管",河渠两岸上糊上了水泥是因为推行了所谓的农田"水利化"。经调查,一个100多户农户的村庄,各种从上而下设定的"活动室"就达16个。实际上,各类名称繁多的活动室,除了一个社区卫生站外,农民都不需要。但是每一个"室"都是上面带钱来建的"钓鱼工程",建设程序常常与农民现阶段的实际需求相脱节。

**(二) 成因**

从社会发展的整体出发,产生这些问题的原因主要有以下几点。

1. 成因之一:我国传统封建文化中的"为民作主"、"替民办事",扼制了"农民自主性"的提高,扼杀和阻碍了农民的创业自信心和民主意识的提高

从中西方发展的不同历程可以看出,与权力单一的专制体系迥异,多元社会下的国王企图为所欲为极其困难,在各种势力裹胁下,常常被迫听取各方意见,寻求妥协,从而催生出议会制度。而我国传统社会结构的致命缺陷在于长期保留着非常强大的中央集权的宗法专制政治体系。我们知道,中国的政权和教化大权是合一的,君师合一,合级统治者都是师。思想和教育成为统治者思想统治的工具,把圣贤的教导、传统文化特别是皇帝的"圣谕"灌输给子民,让他们服服帖帖做顺民。而民众也已经习惯了政府的一切包办行为,农民产生了这样的依赖思想,认为只要上面派来一位"青天"就可以为他们包办一切。其必然后果是民众思想的自由空间非常狭窄和民主意识的薄弱。

现阶段农民群众不成熟的民主意识以及沉默的习惯,也助长了一些干部"将政绩刻在地球上"的热忱,其共同之处是希望用国家的权力为农民的劳作习惯、生活方式、林容风貌、文化习俗、世界观带来巨大的、乌托邦式的变化❶。对于干部来讲,留恋或习惯于管制型的政府是一种长期以来形成的常态,"红头文件治天下,只与官知不与民晓"。无论是1958年的"大跃进"还是20世纪70年代的"学大寨"、90年代"普九"达标的深刻教训,都是管制型政府的恶果。不少基层政府习惯"为民作主",替农民当家,包括在村民自治中仍然扮演"领导"而不是"服务"的角色,违背农民意愿。在新农村建设中,如果仍沿袭这种模式,不尊重农民的意愿,超越现实,强迫命令,是不可能实现目标的。不少政府官员不愿也不会民主行政,不会做群众工作,不善于运用协商、民主、对话、沟通的治理方式,因而不能充分发挥农民民主选举、民主决策、民主管理、民主参与的作用。

2. 成因之二:决策者以城里人的观点、思维进行乡村规划和村庄整治建设,错误地认为城里人所拥有的东西才是现代化的,才是优越的

城乡是有差异的,建设社会主义新农村,就是要逐步缩小城乡生活质量方面的差距,建设起空气清新、环境优美、绿色生态的"让城里人向往"的新农村,让农民过上"令城里人羡慕"、"让乡下人自豪"的健康生活。要考虑农民的生活习惯,不能用城里人的思维方式安排农村的建设。新农村建设不是将农村城市化,而是要实现农村生态园林化,实现农村生活现代化。社会主义新农村不仅包括美好的居住环境,还包括持久延续的生产发展和健康民主的社会生活。为新农

---

❶ 参见:Control in Bangladesh Environment Management 14,No. 4(1990):419-428。

村建设所做的规划应该具有广阔的视角：不仅包括村容村貌、自然村落的"市政基础设施"建设，还应涵盖经济社会环境的协调发展，涉及农村生产和经济前景的展望及可持续发展能力。

而现在很多地方决策者的认识往往存在这样的误区，即认为一切城里人拥有的东西才是现代的，才是优越的，所以在新农村建设中才会出现以城里人的观点、思维来进行乡村规划建设和村庄整治的事情。事实上，这是一种工业文明的思想。城里人认为乡下人笨，需要用城里的一套办法来灌输给农民以改造农业和农村。工业文明的思维模式保证了人类从神话、宗教和迷信中解放出来，但同时也将滥用权力和人类本性的黑暗面释放了出来❶。在这方面，前苏联的"农业集体化"实践可被看成反面教材中的典型。前苏联的农业工程师们一度认为：现代农业应该是大规模的，规模越大越好；它应该是高度机械化的，按照科学的泰勒制原理等级分明地运作；耕作者不再是原来的农民，而是有高度技能和纪律的无产阶级。1928年5月，斯大林写到，集体化的目的在于将小的、落后和零碎的小农场转变为联合的、大的公共农场，它们具有现代科学的机械和科学的数据，可以为市场大量生产谷物❷。但后来的实践结果表明，集体化农场使用了10%的劳动力（更不用说大量的投入和土地了），但其可怜的生产量只占农产总量的2.2%❸。前苏联的"计划"模式在我国运行过几十年，我国各级干部或多或少地受到该模式的影响。

3. 成因之三：片面追求政绩和偏好"大工程"的习惯思维，试图"再造乡村面貌"

正确的政绩观是我们党在无产阶级世界观和价值观指导下所形成的对政绩的根本看法和系统观点，是党的领导理念和执政理念的实践体现。在发展观上出现盲区，就会在政绩观上陷入误区；在政绩观上出现偏差，发展观就会与现实需求产生偏离。为谁谋求政绩、依靠谁创造政绩、由谁评价政绩，是政绩观的基本问题。坚持正确的政绩观，就要坚持为人民谋求政绩、靠人民创造政绩、由人民评价政绩。为民，是正确的政绩观的本质和灵魂。然而，在以经济数据、经济指标论英雄的片面政绩观的引导和驱使下，城市和乡村建设中出现了贪大求洋、浪费资源等问题。在城市建设中的突出表现是脱离地方实际，大搞"形象工程"、"亮丽工程"、"夜景工程"；而在乡村建设中尤其是社会主义新农村建设中的主要表现是追求乡村再造，求大求新求同。

前段时间，某省有几个城市里的干部为村庄整治活动编了一本书，书名就叫

---

❶ 参见：Harvey. The Condition of Post-Modernity. 12。

❷ 参见：Quoted in Fitzpatrick, Stalin's Peasants. 39。

❸ 参见：Davis. The Socialist Offensive. 6。

《再造乡村面貌》，充满了旧貌换新颜的雄心壮志和工业文明时代挑战自然的豪气。与他们热衷于推行城市化、规模化的家畜集中养殖完全不同的是，美国"世界观察研究所"于2006年1月11日发表的"2006年世界现状年度报告"指出：封闭式的大规模生产反而为家畜疾病的传播提供了绝佳条件……对全球肉类工业的重新思考，不仅意味着采取安全措施可防止疾病的爆发，更重要的是转变禽畜产业的生产模式和观念，大力提倡小规模的农户养殖。一个可悲的事实是：规模越大、资本越密集、越是中央集权的项目所要求的权力就越大，追随者也会越多……❶，其结果是对充满实践性、主动性、随机性、多样性和非线性的农业农村的真实生产和生活模式的破坏。

4. 成因之四：片面理解"城乡二元经济"，盲目追求"一元化"

"二元经济"最初是伯克（Booke，1933）提出的，他在对印度尼西亚社会经济的研究中把该国经济和社会划分为传统部门和现代化的荷兰殖民主义者所经营的资本主义部门，他当时的研究仅仅限于对二元经济的一种单纯的描述。1954年刘易斯发表了一篇著名论文《无限劳动供给下的经济发展》，刻画了后起国家存在的二元经济特征：在一定的条件下，传统农业部门的边际生产率为零或成负数，劳动者在最低工资水平上提供劳动，因而存在无限劳动供给。城市工业部门工资比农业部门工资稍高点，并假定这一工资水平不变。由于两部门工资差异，诱使农业剩余人口向城市工业部门转移。经济发展的关键是资本家利润即剩余价值的使用，当资本家进行投资，现代工业部门的资本量就增加了，从农业部门吸收的剩余劳动力就更多了。当剩余劳动力消失，劳动的边际生产率也提高了，与工业达到一致，这时经济中的二元结构也消失了。刘易斯模型包含了以下两种含义：一是认为现代城市部门的资本积累能带来固定比例的劳动力就业的增长，意味着不存在劳动力节约型的技术进步，资本积累越快，创造的就业机会增长也越快；二是认为农业只是工业化中的一个消极部门，忽视了农业发展的重要性，忽视了农业发展与工业发展之间的关联。这两点大大地削弱了该模型的现实意义并且也是后人对其批判的主要依据。

其实，二元经济（Dual Economies）是对发展中国家早期发展阶段的一种描述，是发展中国家在社会经济发展过程中最基本的经济特征，是指经济从完全依赖于农产品的生产状态向生计农业部门与现代工业并存的二元状态的转变，这一过程的实现是经济发展的一个里程碑。当经济发展到一定程度，二元结构逐渐转化为一元，正如钱纳里所说的二元经济结构的转化具有显著的增长效应。我国在经济发展的过程中也不可避免地出现了二元结构，二元性在1970年达到最大，因为此时二元对比系数最低，为16%；改革以后系数上升，意味着二元结构有所缓解

---

❶ 参见：James K. Boyce. Birth of Megaproject：Politics Economy of Flood。

和改进,但是改进的速度缓慢,并且有再度拉开的趋势。这都表明中国经济的二元结构并不是一直朝着一元化的方向迈进,具有一定的刚性。

"二元经济"在我国好像是洪水猛兽,不少学者一提到二元经济就好像忍无可忍,非要把它消灭干净不可。实际上,这是一种极大的误导,是没有从中国经济发展的实际出发,忽视了中国经济二元结构的刚性。作为一个传统的农业大国,工业化、城市化起步较晚,农业人口多,我国的城乡二元经济结构仍将长期存在,并在很长时间内会表现出强二元经济结构和强二元社会结构。尽管二元刚性的加固会对我国的工业化进程造成严重障碍,会对社会的稳定造成一定的压力,我们还是应该正视这个问题的存在,从政策制定上采取措施防止人为地扩大,而不能不顾现实盲目追求一元化。

5. 成因之五:GDP挂帅,忽视农民真实富裕程度的提高和农村人文素质的发展

一段时间以来,一些干部在"发展"问题上产生了很大的误区,把"发展是硬道理"片面地理解为"经济增长率是硬道理",把经济发展简单化为GDP决定一切。在这种片面发展观的指导下,很多地方上级对下级的考核指标主要以GDP为主,甚至成为领导干部升迁去留的唯一标准,导致GDP或GDP至上的误区。与GDP崇拜相联系的是"极端现代主义"。历史表明,那些持极端现代主义倾向的官员往往以简洁的美学观点来改造农村、农业。在他们看来,一个有效率的、被理性地组织起来的村庄、农业生产体系,是一个在几何学上显示出标准化和有秩序的村庄或农场。他们所热衷的农村改造计划、"农业现代化"方案,往往与基层干部在有限任职时间内尽快出政绩的强烈愿望和自身利益密切相关。

GDP挂帅的片面发展观,在实践中会导致形象工程的大量出现,而不去考虑在乡村建设中农民所真正享受到的富裕程度和农村人文素质的提高。新农村建设是一项极其复杂的系统工程,既包括硬件建设,也包括软件建设。而不断提高农民的综合素质,转换他们的观念和意识,才是顺利推进新农村建设和巩固建设成果的关键。

## 五、协调发展的对策与模式

英国200年前就开始了城市化,也是追求城乡协调发展模式最早的国家,同时也是城乡发展比较协调的国家。现代城市规划学的创始人、社会学家霍华德当时就提出:城市和农村必须结为夫妇,这样一种令人欣喜的结合将会萌生新的希望,焕发新的生机,孕育新的文明[1]。但是我们现在不少地方的工作思路是把农

---

[1] 参见:Ebenezer Howard. Garden Cities of Tomorrow. Cambridge, MA: The MIT Press, 1965:33-35。

村改造成城市,把农民转变为市民,把农业"进化为"工业。这种以消灭"三农"来达到城乡同质化发展的做法,早已被历史的实践证明是本末倒置。本节从分析城乡之间真实差别的存在,韩国"传统题目农村建设"出发,总结出符合生态文明观的乡村规划建设的原则。

**(一)城乡之间的区别**

如果在城市和农村采取同样的发展模式,城乡协调就根本无从实现,是忽视城乡发展差异的做法。从世界各国的发展经验来看,城乡之间的差别在于几个方面(表4-2):一是从生产方式来看,农业、农民是以家庭经营为主,即使人均收入已超过1万美元的丹麦、北欧、英国等国家的农村,其农业经营模式也还是以家庭经营为主;而城市和工业是以企业经营为主,属专业化分工与合作日益深化的社会化大生产。二是从消费方式来看,农村、农业是低成本、循环式的利用模式,每一生产环节紧扣下一环的化解利用,生产、消费、分解三者是平衡的。但在城市或工业的生产、消费模式是不同的,从农村进来的原料经过城市消费最后就变成废物,并直线性排放。在城市生活垃圾中,50%是过剩变质的食品和残渣,即农村的食品运到城市里消费后有近一半都变成了垃圾。而在农村,过剩的食品和残渣都可以喂猪、喂牛,粪便又用来肥田,从而实现了循环经济。真正的循环经济发生在传统的农村和农业中。三是从公共品提供来看,农村的自来水、道路、桥梁等基础设施,大都是自主互助合作建设的,是以自主合作为主,上级补贴为辅;而城市的基础设施是政府包办的,所以几乎所有的城市政府都成立建设局、市政公用局这一类机构。四是从景观特征来看,农村的景观是自然的、开放的、情趣的、传统的;而城市是现代的、文化的、娱乐的和多元的。五是从空间关系上来看,农村是生产、生活、生态三者在空间上不可分离,属于同一个空间;而在城市里面,这三者几乎是绝对分离的。现代城市规划学里面还提出了功能分区的概念,把城市空间分割成不同的功能区去发展,这与农村的生产生活规律显然是不同的。

城 乡 主 要 差 别　　　　　　　表 4-2

|  | 农村、农业 | 城市、工业 |
| --- | --- | --- |
| 生产 | 家庭经营为主 | 以企业为主 |
| 消费 | 低成本、循环式 | 高成本、直线式 |
| 公共品提供 | 自助合作为主 | 政府包办为主 |
| 景观特征 | 自然、宽旷、情趣、传统 | 文化、现代、娱乐、多样 |
| 空间关系 | 生产、生活、生态空间合一 | 分离 |

**(二)韩国农村建设的经验**

韩国的新农村建设经过了"新村培养工程"、"新村运动",到如今的"传统题目农村建设"过程。

经过20世纪60年代的两个五年计划,到1970年,韩国农村贫困落后,粮食自给不足,劳动力老龄化、弱质化严重,部分地区的农业濒临崩溃的边缘。为解决农村社会问题,时任总统朴正熙在1970年4月道长官会议上提出了"新村培养运动"的建议。此次会议后,韩国农村立即展开了试验性的强调环境改造的"新村培养工程"。由政府出资给全国33267个村庄每村提供335袋水泥,用于各村庄自我拟定的改造项目。各村的改造项目要参照政府提出的10项内容:在周围山上植树造林;拓宽连接村庄和主要公路的道路;修整村庄周围的河岸;建设粪肥库;修整水塘;修理灌溉水塘;清理村庄道路和沟渠;修建公共水井;建立公共洗衣设施;控制鼠害。水泥的使用和项目安排,由村民通过民主程序决定。这些措施大大改善了农村面貌,激发了农民自主建设新农村的积极性、创造性和勤勉、自助、协同精神。"新村培养工程"增加了政府改造农村的信心。在此基础上,建立了领导全国"新村运动"的中央协议会,以协调中央各部门,并负责新村运动的政策制定工作。政府从中央和地方各级机关中抽调大批干部派往农村,直接指导运动,正式称之为"新村运动"。与"新村培养运动"相比,"新村运动"提出了更宽的任务。

第一个任务是"农村启蒙"。韩国农民缺乏个性和开创精神,带有浓厚的宿命论色彩。为此,韩国政府通过一些具有感召力的活动和国民喜闻乐见、易于接受的形式而不是政治宣传口号,使国民长期受抑制而潜在的良好社会伦理道德迸发出来,释放出了无穷无尽的效能。政府专门成立了一个新村培训院,其主要职责就是培训"新村领袖"。其培训方法和内容主要是:强调"精神"培养、请成功者介绍经验、政府官员进行政策说明、实地考察、研究讨论、制定计划等。另外,他们把参与相关工作的公务员也派到研修院,与"新村领袖"同吃、同住、同培训。培训院是新村运动中一个成绩非常突出的机构。第二个任务是"经济发展",完善农业基础设施和增加家庭收入。基础设施包括道路扩展、小规模浇灌工程等。增加农民收入项目包括家畜饲养、推广经济耕作、发展专业化生产区以及建立各种"新村工厂",并在全国范围内推广水稻新品种,对新品种水稻的价格,国家给予财政补贴。在采取这些措施的同时,政府还采用了新型的实施方式:1972年,韩国政府从开展运动的34665个村庄中选出16600个作为榜样,发给每村500袋水泥和1t钢材,用以改善农村环境。1973年政府把全部农村按发展程度分为基础村(落后的,18415个)、自助村(发展中的,13943个)和自立村(先进的,2307个)三类,按各类村庄的实际情况规定运动目标,政府只给自助村和自立村分配支援物质,而将基础村除外,以刺激基础村兴办自助事业。出乎意料的是,1973年,基础村中的2/3主动依靠自身力量参加"新村运动",到1978年,基础村基本消失,约有2/3的村升格为自立村。第三个任务是"社会发展"。包括三个方面：一是环境改善，修建卫生的供水系统、改造排污系统；二是住房改善，包括房屋维修和村庄重建；三是公共建设，包括扩张农村电网、通信网等等。

最近两年韩国提出"传统题目新农村建设"项目，是韩国人在重新反思20世纪他们新农村建设的利与弊基础上的又一次创新，也被称之为婀美尼体（Amenity）理论的具体实践，是指农村历史、文化与自然生态资源，包括农耕文化景观、田园景观、农村风土人情等有形和无形资源，既包括原生态的资源，如原始林、空气、水源、土壤和无噪声的环境，也有自然生态和人类加工相结合的资源和景观，如树林、公园、田园、水塘等，还有与历史文化相关的土特产品、文化景观和风土人情，如民俗、节日、纪念馆、有机食品、农村旅游等。也就是说，新农村必须要与城市差别化发展。为发展这一项目，2007年韩国计划在春川、平昌等五个所（县市一级农业科研技术推广组织）投入5亿韩元。城乡交流与合作共存，在韩国叫"都农相生"。此项扶持项目自2002年开始实施以来，仅在江原一个道就已经扶持了12个郡。仅2006年，到农村旅游的人数就达到6万名，通过民宿、体验农村生活、品尝和销售当地特色农产品，已经获得10.1亿韩元收入，这项发展计划，已经成为增加农民收入的稳定渠道，取得了与我国"农家乐"一样的成功，与我们选择差别化城乡协调发展的模式是不谋而合的。

### （三）符合生态文明观的乡村规划建设原则

综合以上分析，我们可以总结出符合生态文明观的乡村规划建设原则。

1. 第一个原则，村庄得以维持的基本自然资源直接来自于它的周边区域

乡村规划应尽可能保留乡村原有的自然地理形态、生物多样性和这两者之间的联系。乡村规划与城市规划的重要区别就在于，应该尽可能地保留乡村原有的资源地理自然形态以及人与自然生物之间紧密不可分离的共生共存关系。而大规模的"集中居住"式村庄重建模式，"规模化"的单一农作物种植计划，"工厂化"的盲目推行机械化、电气化都会破坏村庄、田野与周边自然生态环境的多元化、有机的共生关系。正如长期从事农业研究的耶鲁大学教授詹姆斯·C·斯科特所说的那样：工业化农业和资本主义市场实践清楚表明了大规模的资本主义加上政府的力量，成为均质化、一致化、坐标化和大刀阔斧的简单化的推动者[1]。其结果往往动摇了农业可持续发展的基础。

2. 第二个原则，乡村生活与生产在土地与空间适用上的混合性是一种有效率的存在

比如，猪、家禽的散养，必须养在房子旁边，这才能构成生活生产循环过程中不可缺少的分解者环节。如果一定要按照城里人的眼光搞集中饲养，那肯定是

---

[1] 参见：[美]詹姆斯·C·斯科特. 国家的视角——那些试图改善人类状况的项目是如何失败的. 王晓毅译. 北京：社会科学文献出版社，2004：9.

经济上不合算的，也是没有效益的。所以，应该尊重传统的饲养模式并加以"拾遗补缺"式的优化，而不能按城市"规整"的模式将它们推倒重来。从种植业来看，所有农作物的栽培都发生在特定的空间（农田、水源和作物）、特定的时间（气候类型、季节、害虫周期），为了特定的目的（有自我需求或特定的交易对象）。不顾这些特殊性、机械地运用城市规划、工业文明的模式改造农村、农业，只能导致失败。

3. 第三个原则，乡村居民的生理健康在很大程度上依赖于周边环境的健康

维持干净的水、土壤、生态良好的生态系统将成为脱贫致富之后农民的第一需求，也是乡村规划的主要目的，更是吸引城里人下乡旅游定居的主要因素之一。村庄周边的区域对农民的资源供应能力和废物吸收能力是确定的，所以乡村规划必须更加重视"生态承载力"。因为良好的生态环境是农业之本，是农民的生存之本，它与城市的情况不同。城市是通过技术和工程手段改造出的一种人工和生态相结合的环境，农村、农业则要通过保留、保护的办法来维护与人类共生的生态环境。早在20世纪30年代，前苏联大规模推行"集体农庄"所带来的失败，清晰地说明了实践中疯狂的不切实际的规划与乌托邦抽象的幻想相匹配的恶果。那时"专家们"往往只要有地图和很少几个关于规模和机械化的假设就可以编制规划，无需参考地方条件。一个典型的例子是根据上级指示，12位农学家要在20天内为一个县制定出操作层面的生产计划。他们完全不离开办公室，也不到实地考察，将8万$hm^2$的土地分成32个相等的正方形，每个正方形$2500hm^2$，每个正方形就是一个集体农庄，根本不管土地上的实际村庄、定居点、河流、山丘、沼泽等自然地形特征❶。类似的错误也正在我国重现，必须基于因地制宜、因村制宜的原则认真纠正。

4. 第四个原则，农民的心理健康，如对社区的认同感、友好感和安全感，建立在他们所熟悉的传统文化场景之上，村庄的规划建设要尽可能地向历史学习

村庄的设计、建设、整治应该保留和传承他们熟悉的传统文化场景，村庄的规划和建设要尽可能地向历史学习，尊重与保护村庄文化遗产、地域文化特征及其自然特征的混合布局相吻合的文化脉络（图4-6）。这不仅应成为规划师参与村庄整治建设的守则，也不仅是村庄整治建设的重要内容，更是吸引游客、发展农村第三产业的主要资源。不按照这种方法去整治村庄，如果把老房子、街区都推倒重建，把传统文化建筑和分布格局破坏了，就没有人愿意去农村了。实际上，村庄的发展像语言进化一样，是成千上万年中村庄的使用者所逐渐创造的。从这个意义上说，只有当村庄规划是由当地农民每个人参与的时候，才有能力为所有的农民提供他们所需求的东西。

---

❶ 参见：Fitzgerald. Stalin's Peasants：105-106。

图 4-6　安徽宏村与四川雅安上里村

5. 第五个原则，乡村生态的循环链、乡村生活与生产混合等特点必须加以完整细致的保护

尽可能应用小规模、微动力与原有生态循环链相符合的环境保护技术和能源供应方式，而不能盲目照搬城市大型污水垃圾处理设施或盲目追求所谓的"高新技术"。如在村庄整治中，着眼于市场和个人做不了或做起来不合算的村庄基础设施和农村生态环境的改善。在农村能源系统建设方面，首先应推广太阳能或其他可再生能源，但是不一定是价格昂贵的太阳能光伏电池。在发达国家，太阳能电池在农村已经普遍推广。我国目前可先利用太阳能热水器或太阳房，也就是在农居朝阳面装几块玻璃把太阳光的热量引进来。第二是地热能利用。第三是生物质能源，压缩秸秆等。第四是沼气、小型风能、小水电等再生能源。不应把陕西、山西等地的窑洞式传统农居推倒重建成"大江南北一个样"的农民小别墅。窑洞冬暖夏凉，是一种利用浅层地热能的好办法(图 4-7)。但传统的窑洞通风不好，只要装一个通风道，自然通风的问题就解决了。

图 4-7　日本、德国的太阳能村庄与陕北窑洞

6. 第六个原则，村庄的"建成区"往往叠加在比它大几十倍的农田之中，农业和生态用地的保护(特别是基本农田、湿地、水源地、生态用地的保护)应成为乡村规划管制的重点

农业和生产用地的保护，特别是基本农田、湿地、水源地、生态用地的保

护,其中某些对村庄日常运行和安全有关的地域,应该成为乡村规划管制的重点。浙江省武义县的郭洞村被评为第一批国家历史文化名村,这个村里保留了大量的明清建筑,更重要的是这个村有座郁郁葱葱的山头,森林茂密,有树龄达1000年的红豆杉、针松、银杏树等珍稀树木。这座山保持良好原生态的原因就在于1000年前这个村庄建立的时候,人们发现这座山是乱石堆积形成的,很容易坍塌,而这个村就建在山坡下,这座山上的植被一旦被破坏,水土流失造成泥石流的话,整个村就会被毁掉。所以,当地人在1000年前就定了一个规矩,山上不能动一棵树、一棵草,如果谁到山上砍了一棵树,就要给予砍掉一只手的处罚。这块禁令石碑至今还立在村头,这就是一种最原始的规划管制,就是规定了哪些地方是禁止开发的,所以这个村庄就得以完整地保留了。由此可见,乡村规划与城市规划的不同很重要的一点在于村庄与自然环境是共生的,破坏了自然环境就等于破坏了村庄的生存发展环境。1000年前人们就懂得这个道理,但至今我们不少城市规划师在村庄规划设计时却往往无视这个基本道理。

## 六、乡村整治的方法与机制

### (一)要明确"三先行"的工作方法

1. 乡村整治规划编制先行

"规划的节约是最大的节约,规划的浪费是最大的浪费。"没有规划的村庄整治,就是瞎整治;不编制规划的建设,就是乱建设。所以认真科学地编制好规划是最重要的基础性工作。这个规划与城市规划要有所区别,区别性要体现在这几个方面:一是要城乡统筹。村庄整治规划是城市文明涌向农村的桥梁,是城市支持农村、工业反哺农业的蓝图。二是要因地制宜,注意有针对性地解决所规划村庄的大部分实际问题。三是要延续特色,延续文脉,保护整体景观。四是要节约用地。五是要体现生态优先。生态是三农的命脉,不仅关系到当代人,还关系到下一代人。六是要群众参与。规划编制必须充分尊重村民的意见,倡导和鼓励农民自治。七是要简单明了,让农民看得懂。八是突出重点,明确建设的时序。规划一定要尊重自然,因为村庄是与自然相依为命的;要尊重历史的传统文化,只有文脉的延伸,才能带来村庄的活力;要尊重普通农民的利益和愿望,不能用城里人的观念来编制农村规划。好的村庄整治规划和实施机制,要适度超前,量力而行搞建设,先易后难来整治。在城市化的过程中,会有很多的村庄消失,这是不可避免的,尤其是深山老林中资源条件非常贫乏的村庄,现在许多已经消失了。那么这些村庄数量要根据村镇体系规划逐步自然地加以裁减。在乡村整治规划的编制中,首先要依据各地城镇化和工业化的水平、居住环境、风俗习惯、收入水平、自然资源、经济社会功能方面的基础条件,区分城市近郊区、工业主导型、自然生态型、传统农业型和历史古村型等不同的村庄性质类型,依照"保护、利用、改造、发展"相协调的原则进行规划的编制。不仅要贯彻"先规划后建设整治"的法定要求，区别对待，而且规划编制时要遵循上文提出的六项原则。尤为重要的是由于大部分农村居住人口仍以从事农业和相关产业活动为主，其耕作的半径一般在1km左右，这就要求我们必须防止盲目推行大撤大并"集中居住"式的规划建设模式。仅少数城中村或基本上没有农业活动的城市郊区，才能推行"集中居住"模式。

2. 历史文化名村评选先行

每一个县、市、省都要建立名镇名村的评选机制，县一级的名镇名村是基础，要把历史文化名村评选出来。那些古建筑多的、村庄建筑布局与自然环境协调、建筑风貌有地方特色的村庄都可以参选。然后是市一级、省一级，再到国家级。不要认为我国已经评选出近百个名镇名村数量就很多了，像英国这样面积不大的国家就有30万个历史文化遗迹，而且成为巨大的旅游资源。我们国土面积这么大，文明史如此悠久，起码应该好几倍于英国才是。现在建设部已经与国家发展和改革委员会联合对评上历史文化名村的村庄给予资金扶持。在"十一五"期间中央拿出10亿元，省里、地方上再拿10亿元，这20亿元投资既可以保护一大批"原生态的村落、小城镇"，又能有效地促进社会主义新农村建设。但村庄整治之前，必须要编制历史文化名村的保护规划，在整治规划中一定要突出保护历史风貌和优秀历史建筑，文化遗产的保护要讲究整体性、可持续性、原真性，防止有历史价值的建筑和体现传统风貌的村落被拆毁，要抢救性保护不可再生的文化遗产资源，弘扬传承优秀的历史文化，发展旅游产业，增加农民的收入，发展无烟产业，推动地方经济的发展。浙江金华市管辖的兰溪市有个诸葛村，在明末时诸葛亮的一批后裔聚居在这个村庄，这个村庄基本保留了当年的规划形态，空间布局像一个八卦图。记得当时从省里只拨给了80万元，把村庄整治了一下，原来连县级文物都不是的村庄，后来成了国家级重点保护单位。现在每年村民仅门票的收入就有360万，而且收益每年递增30%，这80万元的整治费就起到了这么大的效果。所以说，村庄整治只要科学规划、方法对路，就会"四两拨千斤"。如果当时我们用推土机开路，把村庄拆了，不仅浪费了巨额国家财政资金，还毁了宝贝。而且这些都是世世代代增值的资源，只要守住这个，就会财源滚滚。所以，发展经济应该有不同的思路。苏南有两个镇，一个是毁掉旧镇建筑，引进一个大型的计算机组装厂，产值100个亿，但当地村民只得到包括农民工资在内的2亿元的收入；另外一个镇原汁原味地保留下来，每年的游客带来的收入就有3个多亿。前者毁掉了大片的土地，留下来的是很多的污染，说不定明天这个厂一关门，那2亿的收入就没有了；而后者会越来越兴旺。因为一个是不可持续的，另一个是可持续发展的；一个是资源浪费的，另一个是集约利用的；一个是说不定明天就倒闭的，另一个是世世代代增值的；一个是给少数农民带来利益的,另一个是给大多数农民带来利益的。最后的结果截然不同。

3. 自下而上明确整治建设重点先行

村庄整治的重点和时序一定要根据农民生产生活的需要,逐村进行村民自行投票确定,不能从上而下下指令。应让村民主动提出他们所生活的村庄目前最突出的影响人居环境的问题是什么,特别要防止以城里人的观念,把城里人熟悉的办法简单带到农村去。要强调先公后私、以公带私,即要将投资集中在公共品的提供方面,突出一家一户无法提供的公共品。比如有一个村的村民提出走平坦路、饮干净水、用平价电等,这是最起码的生活保障,如果做到了,那是真正的为民办事。至于房子要不要粉刷、猪牛羊要不要集中饲养等,现阶段不应该管。据对北京市 519 户农户的调查表明,74% 的被调查农户对居住现状满意和比较满意,不满意的仅占 26%,满意程度较低的村庄基本集中在山区。南方某省的调查也证明了农民对住房的满意度最高❶。建设和提供公共品也要注意量力而行,梯次推进,不能一次整治太多太全的项目,应渐进式展开。尽管我们说农民提出的走平坦路、饮干净水、用平价电是最起码的生活条件,但从现实出发,在许多经济欠发达的省区不可能一年内就全部解决,也应逐步推进,将好事办实,不能盲目求多求全。

(二) 要设立村庄整治的底线

在整治工作中,一定要设立村庄整治的底线,即不劈山、不砍树、不填池塘河流、不拆传统文化建筑、不破坏历史文化名镇名村的风貌、不改直道路、不截弯河道。这几项对村庄整治工作底线的要求也是与上文所述的六项原则相联系的。

首先要考虑城乡之间与农村的产业布局合理化。农产品生产布局应该一镇一品、一村一品,在家庭经营的基础上形成"地区规模经济"。其次是城乡之间与公共品结构合理化。除了城郊农村的供水、污水处理、垃圾处理以及燃气和公共交通可由城市联网辐射提供服务之外,城市的公共品提供模式不能作为一种固定模式向农村推广。第三是城乡之间与农村的市场发育程度合理化。在我国大多数农村,市场发育程度目前还较低,不可能完全依靠产业化的方式来提供公共品。在农业技术推广社会化服务方面有良好的前景,但也不能一步就到位,需要政府持之以恒地加以培育。第四是城乡景观要素结构要合理化。城乡景观特色应该互补。浙江省、上海市、成都市等地的一些乡镇干部提出,新农村建设要造就的景观应是城市里没有的,如庭园菜地、丝瓜藤、葡萄架、竹林小径等,完全与城市进行差别化建设、整治,吸引了大量城里人到农家去度假,发展了"农家乐"。仅浙江省长兴县就有几千户农户发展"农家乐",一年的时间内,

---

❶ 韩俊等. 引导农民集中居住区存在的问题与对策思考. 国务院发展研究中心. 第 254 号:9. 2006-11-26。

农民的收入翻了一番。

再如浙江省安吉县的村庄整治，采取的是"不拆一座房、不拓宽一条路、不填一条河、不砍一棵树"的"四不"原则，房屋外墙的粉刷都是农民自己完成的，整治后的乡村面貌优美和谐（图4-8）。县政府采取"以奖代拨"的方式给村庄整治予以支持。事实证明，如果简单套用农田基本建设的模式去整治村庄，就难以避免"大拆大建"式的恶果。而湖州市把村庄整治任务交给了建设局，按照城乡必须互补发展的工作思路，采取"四不"的原则，创立了节约型的村庄整治新模式。与之相反的是有的地方热衷于模仿华西村的别墅群，以"再造乡村"的雄心壮志来重建新农村（图4-9），这是将华西村这个已经充分工业化的特例盲目推广的浪费模式。

图4-8 浙江安吉村庄整治后的面貌

图4-9 易引发误导的"华西村"式的新农村

结合湖州市的经验，作为社会主义新农村建设内容之一的村庄整治应突出"四个抓手"：一是历史文化名镇、名村保护利用；二是村镇人居生态环境的治理；三是逐步规划建设最必要的基础设施包括安全饮水、污水和垃圾处理；四是推行可再生能源在农村中的应用。

浙江湖州的村庄整治为什么不像其他地方那样大拆大建，也不是像其他地方那样搞村庄搬迁集中来"节约耕地"。湖州基层干部的回答很简单，尽管农村多是老房子，但旁边有空地、宅基地，这些屋边地可以发展庭园经济，每单位土地产出的绿色食品价值高过大田收益5倍以上，为什么要把村庄合并？同时，乡村景观多元化、特色化所形成的良好的宜人环境，吸引了大量城里人来农村度假。湖州的村庄整治，有其他地方所没有的副产品——"农家乐"，村庄和农户变成了旅游景点，增加了农民收入。

湖州各级政府为什么没有把农民的房子进行整修、翻修，实施人畜分离，集中建什么猪、羊的"招待所"呢？这说明基层干部还应该学些传统文化的知识。长期以来，我国农村，一个村一般就一个姓氏，长期处于宗法管理的状态。旧社会乡村宗族中开明的族长们都知道,在农村里做好事就是利用"祠堂田"的收益来修桥铺路,别干涉村民"私事"。"修桥铺路"隐含的概念就是要提供一家一户做起来不合算的事情即"公共品"。以前封建的宗族都知道,要讨好村民就要着眼修桥铺路,提供"公用品"。但我们有些当代的干部反倒糊涂起来,这也是我国许多乡镇政府行政行为错位造成劳民伤财的大拆大建和村镇人居环境退化的根本原因。

当然,村庄建设中还存在另一类问题,就是农村的建筑质量还没有标准规范和严格的管理制度。提高建筑质量,必须通过有效的质量管理,不仅是新农村建设,即使是当地日常的建筑改造,这也是非常需要的。

**(三)要建立四种长效机制**

1. 建立乡村基础设施、公益事业改造维护的长效机制

要通过农民自立、村庄自治、村民自筹、上级补助、乡规民约管理、村民投票、理事会决策、公开账目,让农民相信社会主义新农村建设过程中的村庄整治完全是为了农民的自身利益,为了农村、农民、农业的复兴,为了生态文明的建立。这不仅涉及农村的风貌,还涉及每个农户人居、居住生态环境的改善,也涉及每个农民家庭生活条件的改善。对于城市郊区的农村,应尽早规划统筹城乡市政公用设施项目建设,促进公共品投资规模化和服务区域化,实现共建共有、互联互通、等级配套、功能互补、共管共享的局面。但在大部分农村应充分根据农民的意愿来确定整治或建设项目。

2. 建立统一规划、各方参与、城乡联动、持续帮扶的长效机制

城市支持农村、工业反哺农业,其实是城市政府和企业反哺"三农"。这除了传统的筹资机制以外,要鼓励政府机关、企业帮扶农村,如"一企一村"、"一局一村"长期帮扶,与村委会或农民自治整治组织签订契约,明确职责,公之于众,防止短期行为"打一枪换一个地方"。但是结对帮扶一定要按照规划进行,不能认为结对单位擅长什么专业,农民就得承受此类专业服务。一定要根据村庄整治的近期目标和农民的意愿,帮扶单位出钱出力出关系为农民解决实际困难,提供实际帮助,而不是"替"农民解决"问题"。韩国就有这方面的经验。如三星公司有30多个子公司帮扶了195个村,去年一年投入相当于人民币4000多万元。各部门和企业应有钱出钱、有技术出技术、有物资出物资、有信息出信息、促进整治、促进发展。

3. 建立从规划、建设整治和管理上下联动、左右协调的协同机制

规划应成为一个完整的过程,要实行规划编制一张图、审批一支笔、建设一盘棋、管理一个法。一方面通过规划的编制,建立一种机制,把规划、建设、管理和整治有机糅合在一起,而不是零敲碎打;另一方面要通过规划来捆绑各种渠道的资金和物资,投到关节眼上去,投到刀刃上去,让有限资金发挥出最大的效

益,而不是"天女散花"或体现部门政绩。要运用规划统筹城乡协调公共品的提供和优化服务,比如垃圾收集、污水处理、公共交通、医疗、教育等,这些都要通过规划来统一协调。要有基于反映农民心声的反馈修正机制,时刻关注农民的真实利益所在,修正各种错误的决策。要通过规划明确底线是不能侵犯的,要注意保护好各类不可再生的资源和节约搞整治。乡村规划绝对不是一次性就完成或一劳永逸的设计,而是一个反复循环修订的过程。规划师不能够也不应该成为算命先生,修编规划无法预测出 10 年、20 年以后的变化,规划必须每几年进行反馈修订。

4. 建立长期稳定的以奖代拨的城乡财政转移支付的投入机制

城市支持农村、工业反哺农业,是一个规律性的大趋势,是农村工作创新性转折,这就必须要通过建立制度来落实。对农村的公益事业、公共服务设施的建设和营运等问题,不可能通过市场机制一步到位来解决。市场机制是从城市发源的,许多在城市都无法实施的市场机制,要在农村去实施,近期是难以办到的。市场机制也是一种经济文明,也有一个从城市到农村逐步扩散的过程。所以我们不能苛求农村能立马引进市场机制。在市场机制不足的情况下,就要通过长期稳定的政府财政转移的投入来补偿。要对村庄整治资金进行捆绑,引入竞争机制,奖勤罚懒、奖廉罚贪、以奖代拨、以补促投,以政府的补贴来促进社会的投资,发挥"四两拨千斤"的作用。韩国新农村建设中也出现了部分新村运动主席贪污腐败损害了运动形象的教训,但是前面我们已经了解,韩国的村庄整治办法总体上比较有效,没有采取从上而下确定整治项目的办法,而是首先发放水泥等实物进行援助,每个村庄 335 袋,村民自己决定建设用途,但是不能私分到户。第二年再发 500 袋水泥,再发一些钢筋。1970~1978 年间,平均每村获得水泥 84t,钢筋 2.6t。这样,从第四年起,各村都提高了积极性。而我国有些地方盲目进行村庄整治,不管农民需要不需要,都统统给他们建活动室或盲目进行"××化"等等,这实际上是资源的极大浪费。

总之,当前全国各地社会主义新农村建设正如火如荼地开展,如何因地制宜选择正确的乡村建设模式已经成为当务之急,关键的问题在于必须尽快制止简单套用城市建设和工业发展的模式来推进城乡同质化的乡村建设。认真探索和研究符合生态文明发展观和有序城镇化原则的城乡互补协调的科学发展模式,树立乡村治理的正确方向和目标,把握城镇化发展高潮中乡村建设的机遇和成功应面临的挑战。以全球的视野科学分析总结以往农村建设和乡村治理的经验和教训。理性地剖析当前村庄规划建设中存在的问题和产生的根源,从而有针对性地提出乡村建设的对策与模式。确立生态文明观的乡村规划建设的六大原则。在具体整治建设的方法途径方面提出规划编制、历史文化名村评选机制和村民自主选择"三先行"和四种相应的"长效机制"来提高乡村规划建设和管理的可持续性,促进社会主义新农村建设的健康发展。

## 七、小城镇发展的困境与策略

我国正处于城镇化高速发展的关键时期,要贯彻党的十六大提出的"要逐步提高城镇化水平,坚持大、中、小城市和小城镇协调发展,走中国特色的城镇化道路"的发展方针,就要高度重视小城镇在城镇化进程中的地位和作用,认真研究解决当前村镇建设中存在的突出问题。本节首先分析了加强小城镇工作与我国城镇化协调发展的关系,然后提出当前影响我国小城镇发展的十个方面的问题,最后有针对性地给出了若干对策。

### (一)加强小城镇工作的重要意义

目前,不少经济学家都倾向于中国的城镇化应该走发展大城市的道路。光从短期的效率上看,这是有一定道理的。但从长期的效率上看,放在历史长河(如50~100年时间的尺度),或者从发达国家的城镇化历程或城镇化比较成功的国家和地区的历史发展来看,这种观点就站不住脚了。这是一个很普通的常识问题。如果按照大城市具有绝对效率、绝对优势的理论,那么在市场经济为主导的国家中,在经过数百年的城镇化历程之后,小城镇数量肯定逐步减少直至灭绝。然而,事实是大多数国家小城镇在城镇总量中还是占了绝大多数,如美国的人口比我国少得多,但现在美国的小城镇数量与我国差不多,也是2万个左右;德国、法国、意大利等国家也是以小城镇为主体。因此,从实践上看,这些经济学家的理论是站不住脚的,包括我国的一些著名经济学家。为什么小城镇特别是一些重点镇也是具有效率的?这是当代很重要的研究课题,也是突出重点镇工作的意义所在。

按我的理解,这里主要有六个方面的原因:

一是小城镇的中间传导作用。解决"三农"问题,传递大中城市向农村的辐射,城市与农村之间物质与信息的交换,都离不开小城镇。目前,不少经济学家也逐渐认识到了小城镇的这种中间传导作用是大中城市所不可替代的。

二是小城镇的分工作用。大中小城市和小城镇是合理分工的,小城镇一般更接近于大自然和原材料产地,农产品加工优势明显。城镇的建筑风格特色及与周边自然风貌结合更为密切,不少城镇更是以这方面独特的优势引人注目,有的还是国家重要的旅游服务基地。

三是小城镇的示范作用。改变农村的落后面貌,提高农民素质与农村的文明程度,都需要小城镇作为辐射媒介,需要小城镇向周边的农民提供直观的"样板"。通过小城镇的示范带动,有利于促进农村经济社会全面发展。

四是小城镇提供了低门槛、低成本的创业与就业环境。在农民非农就业中,有60%以上是由农民依托小城镇自己努力创造的就业门路。目前,大城市新增一个就业岗位大约需要投资40万元,而在小城镇也就是两三万元,优势非常明显。

五是小城镇的引导分流作用。近年来,全国每年有约1300万人从农村转移出来,小城镇已成为分流农村富余劳动力的重要渠道。1978~1999年,我国城镇人口增加了2.1亿,扣除自然增长部分,全部城镇共吸纳农村人口1.4亿,其中小城镇吸纳了8000万左右,约占城镇吸纳农村劳动力的近60%。这等于给了农村富余劳动力以多种选择的进城机会。如果不是小城镇分流了60%左右的人口,我国大中城市早就不堪重负。非洲、南美等一些原殖民地国家在这方面是有深刻教训的。由于领主国家照搬本国的模式,不顾条件地推行殖民地式城市化,从而使这些国家的人口主要集中于少数大城市,有的甚至高达70%~80%。按照一些经济学家的观点,这应该是具有效率的,但实际上这些国家仍然很落后,有的还出现了严重的"城市病"所引发的经济衰退和社会动荡。

六是小城镇的服务功能。农村产业与就业结构调整,农业社会化服务,都需要一个相对集中的基地。这个基地必须要有一定规模和辐射范围,小城镇特别是重点镇非常符合要求,能够满足这种需要和提供相应服务。

总体上看,小城镇的这六大功能与作用,都是大中城市不可替代的。这就是为什么即使大城市在人均收入、经济效益和服务功能等多方面占有绝对优势的情况下,小城镇不但没有消失,而且还在不断发展,世界上多数国家特别是发达国家仍然有相当数量发展得不错的小城镇的重要原因。

**(二) 目前小城镇发展中存在的主要问题**

(1) 缺乏统一有效的扶持小城镇发展的政策。中央历次会议都强调要重视小城镇建设问题,但许多政策落实却不够到位。其中的一个主要原因,是学术界以及中央政府各部委之间对城镇化道路的分歧很大,形成不了有效合力。有关小城镇发展对我国城镇化道路的影响、地位、功能、作用等问题,认识和重视程度均不够。另一方面,长期以来,我国实行的是城乡分割的体制,不少同志至今仍然认为,小城镇的经济社会功能与农村没有多大差别,农民自理口粮、自谋职业、自担风险,自购住房进入小城镇,政府的管理方式、投资渠道仍在可以维持不变,以至于在中央和地方政府财政转移支付、国债发放、政策优惠等方面越来越向大中城市倾斜,而把小城镇建设丢在了一边。

(2) 乡镇企业效益连年下降,提供就业岗位逐年减少。从实际情况看,小城镇在经历了改革开放初期乡镇企业推动下的大发展时期之后,近两个五年计划以来,由于乡镇企业的发展出现了萎缩,吸纳劳动力就业的能力在下降。"七五"期间每年平均增加761万个工作岗位,"八五"期间减少到平均每年增加495万个工作岗位,而到了"九五"期间,每年平均只增加436万个工作岗位。近两年来,乡镇企业每年创造的就业岗位更不到300万个。小城镇的发展速度在减缓。更为严重的是小城镇传统的工业化模式尚未能与十六大提出的新型工业化道路相衔接。

(3) 环境污染严重,人居环境恶化。从规划理论分析来看,小城镇最易实现人与自然的和谐相处。从发达国家的实际情况看,小城镇一般都是该国最漂亮的地方。在美国,连续多年被评为居住环境最优的城市都是小城镇。而我国的情况正好相反,"过了一镇又一镇,镇镇像农村"成了我国大多数地方小城镇的真实写照。

(4) 历史文化资源受到了严重的破坏。在我国村镇中,广泛散布着各个历史时期遗留下来的古建筑和建筑群,其中相当部分具有较高的历史文化价值。近年来,这些历史文化古村、古镇受到了不同程度的破坏。在经济较发达地区,有的因经济社会发展需要,对旧村、旧镇进行盲目改造,导致了历史文化遗产的开发性破坏。在经济落后地区,有的农民将古建筑的一些部件拆卸下来,卖给城里人作装饰品,也使部分历史文化资源遭到破坏。

(5) 缺乏对多元化小城镇经济发展道路的分类指导。小城镇经济和社会发展模式与大城市应有很大的区别,小城镇是农民自己创造就业岗位的场所。目前,小城镇发展中的一些重要问题如产业转型、产业组织方式、产品链的构造,怎样进入全球经济,如何应对WTO,如何服务和辐射周边农村等,都缺乏相应的研究,基本上是任其自生自灭。

(6) 小城镇管理体制存在明显问题。全国经济发展不平衡,小城镇规模的差异性也很大,有的城镇如广东省东莞市的长安镇和虎门镇人口都超过60万,而有的则只有1000多人,差距如此之大,而小城镇的规划、建设和管理体制却是同一的,这是一件非常不合理的事情。如许多经济发达地区的小城镇中,违章、违法乱搭乱建的问题十分严重,但镇一级没有执法主体资格,只能由县市职能部门管理,而这些上级部门又是"看不见、够不着",以至于造成应该管的事情没有人管,不该管的事情却设了很多机构,加重了农民负担,提高了农民进城的门槛,这与我们的管理体制不明确和僵化有着很大关系。

(7) 非农土地的流转和农居房的管理体系比较混乱。从我国历史来看,没有经历过工业化是影响我国小城镇发展的主要原因。现代许多农民仍与几千年前的祖先一样有着强烈的土地情结,他们有了钱后会买地、建房,并进入这样的循环——认为土地和房子是最终的财富,不愿意将钱投到工商业经营方面去。从制度建设方面来说,由于土地缺少产权保障,房产权没有证券化,也就不具有流动性,就不可能以此作为抵押物向银行借款投入到工商业方面去,造成当前我国农村工业化的资本短缺。这些问题与没有发放房产证和集体土地使用证、非农土地的使用产权不明确有着很大关系。这类问题不仅涉及农民利益的保护问题,更是影响农民的原始积累、促进农村工业化的一个重要问题,应当引起重视。

(8) 必需的公共品提供严重不足。如公共卫生防疫体系链条断裂,公共服务包括教育、文化、生态绿地、卫生和科技等设施严重不足,垃圾和污水处理设施严重不足,供水质量和数量难以满足日益增长的人居环境需求,导致小城镇没有成为向广大农村辐射现代文明的区域性中心。另一方面，由于缺乏区域协调机制，部分基础设施重复建设，浪费严重。更为严重的是，不少建制镇领导不顾可持续发展的需要和财力的许可，热衷于盲目攀比大中城市，修建豪华办公楼、大广场、宽马路等形象工程。

(9) 金融资本片面向大城市集聚。总的来看，目前大、中城市掠夺了农村的储蓄，许多商业银行撤销了在农村的分支机构，现有的机构体制不够灵活，农民自己的存款很难在当地进行流转放贷，影响了农民的致富和农村的发展，妨碍了"三农"问题的解决。据贵州省企业调查队最近的调查，毕节地区乡镇及以下的农村商业银行营业网点最多时达142家，现在已几乎全部撤并，农村金融的提供全部由农村信用社承担。由于部分农户将存款转存城市商业银行，农村信用社到2002年末的存款余额大幅下降。据不完全统计，流入城市资金约为信用社资金的1/3左右，结果导致当地高利贷盛行。在被调查的125户农户中，有64户贷过私人高利贷，占总户数的51.2%；有29户获取资金的主要渠道是高利贷，占23.2%。

(10) 卫星镇的发展缺乏必要的制度支撑。解决大城市过度膨胀和摊大饼式发展的根本出路在于合理规划、建设卫星镇。西方发达国家在这方面有着许多经验与教训。例如，英国在第二次世界大战之后发起的新镇运动，不仅成功地疏散了20%的大城市人口，而且还深刻地影响了全球城市化的理论和实践。我国卫星镇建设起步较早，但相应的规划、建设和发展机制的理论研究滞后，其结果，一方面是各类蓬勃发展的开发区、科技园、大学城与卫星镇的发展相脱节；另一方面，许多大城市设立的卫星镇，因没有相应的产业中心，不能为居民提供就业岗位，造成了城市钟摆式交通等城市病，起不到优化大城市空间结构功能的作用。

(三) 具体对策

(1) 建立强有力的协调机制。各级政府要有综合协调各部门协同动作促进小城镇发展的办事机构。但更重要的是要在中央政府层面建立部际协调机构，突出核心部门及城乡规划在促进小城镇发展方面调控的主导地位，完善协调机制。增强各部委促进小城镇发展的政策合力，及时解决基层工作中出现的问题。

(2) 构筑综合性的政策平台。立足于鼓励小城镇公共品发展、促进产业转型和产业组织转型的角度，制定一系列推进小城镇发展的政策。针对小城镇的发展前景，分别提出新建、扩大、兼并、转型和环境整治等不同的发展策略和扶持政策，防止对小城区研究的肢解和片面所造成的政策偏见与低效。

(3) 建立科学的重点镇评选机制。科学地选择重点镇进行扶持，可以分一期、二期、三期进行。选定第一批重点镇是最重要的。按以往的工作方式，重点镇先是由基层申报，而后由上级审批，主导权在下面，"跑部钱进"，这种做法是不可取的。因此，要科学合理地确定全国重点镇，必须打破单纯由地方申报的传统做法，而是采用客观测评与地方意见相结合的方法。建设部在委托清华大学利用国家统计局的有关统计数据开展"全国小城镇发展潜力研究"的基础上，结合国务院批复的省域城镇体系规划中确定的中心镇，结合各省已正式确定的重点镇，坚持有争议的暂时不上的原则，综合考虑各省的实际情况，初步提出了第一批全国重点镇名单。

全国小城镇发展潜力测评的基本思路是：按照评估目的，从国家统计局小城镇基本年报表中选取适当的统计指标（实际选取了33项），运用层次分析法（AHP）构建出包含6类33个指标的层次结构模型；然后，采用德尔斐法邀请相关领域的12位专家参与调查，在取得各个指标的权重意见的基础上，进一步计算出各个指标的权重；最后，将各个指标无量纲化并按照上述指标权重，通过综合积分法计算出每个小城镇的发展潜力指数，即可进行相应的排序。从建设部组织的两次校核情况看，该模型的计算结果总体上符合我国小城镇发展的实际情况，可以作为确定全国重点镇的客观依据之一。有了这个工作平台，该项工作就会处于主动地位，每年根据情况的变化进行调整。对重点镇政府的规划管理权限、项目审批等实行一定的政策倾斜。在符合省和区域体系规划及产业政策的前提下，重点镇政府的经济和社会事业管理权限、编制都应与经济发展规模相适应。今后重点镇升级为城市的，也可以用这个工作平台进行科学评估。

（4）对历史文化资源包括生态资源要有强有力的保护手段。当前，对小城镇的历史文化资源保护，应有科学合理的评选办法，也就是通过基层申报、专家评审、部门联合核准来确定国家级的历史文化名镇、名村。下一步应制定条例，用一套法规体系来保护这些不可再生的宝贵资源。

（5）要对小城镇行政管理体制进行系统研究后实施分类指导，区别重点镇和非重点镇，对镇政府必设的管理机构提出指导意见。

（6）抓紧研究集体土地流转、非农土地流转的问题。这项工作，中央可能要出台重要政策，国土资源部门已经投入了大量的人力和财力进行研究。对集体土地房产证的问题，也要抓紧研究，明确什么样的小城镇发放什么样的房产证，每户以合理建筑面积来确权发证，以此作为投资资本。

（7）完善更新村镇规划法规和技术标准。目前，有关村镇规划法规和技术标准明显滞后，有的已经9年未变，不适应高速发展的城镇化形势，应当尽快完善更新。

（8）要在政策平台上考虑长期建立五个方面的扶持，即金融扶持、财政转移扶持、技术扶持、文化教育和卫生防灾等方面的专项扶持，这些扶持政策都要有长期的目标和短期的有效政策。

当前有一个很重要的问题，就是小城镇公共品的提供和完善的机制问题，突出的是农村的公共卫生、公共管理问题，尤其是SARS事件之后，更是农村防疫体系中的重中之重，应结合小城镇的社会事业发展同步考虑。

## 八、专题：如何统筹城乡发展的若干问题

当前，解决我国"三农"问题，并不是要不要城乡统筹的问题，主要是如何进行城乡统筹发展，正确实施城市反哺农村、工业支持农业的战略。这就需要我们在以下五方面深入研讨，立足于全局来寻求解决的方案。

### （一）关于城乡发展模式的差异性

统筹城乡发展要深刻吸取历史的经验和教训：

（1）防止以城市的办法、观念来建设农村。近几年，有些地方盲目撤村并户，大拆大建，集中建设"新农村"，让农民住上城市般的住宅小区，却没有给农民带来实惠，反而造成农村畜牧业衰退和农民收入下降。这是因为农村政策的最终决策者往往是城市人，难免会锁定在"农村生产和生活模式必须以城市来取代"的"一厢情愿"的习惯思维之中。

（2）防止以工业的思路来改造农业。从我国农村发展的历史方面来看，诸如大办食堂、人民公社、大炼钢铁、机械化、电气化、农业学大寨等冒进的政策，其结果都是劳民伤财或不了了之。众多历史经验表明，那种认为城市发展和工业生产模式是先进的，应无条件适合于农村、农业就会犯冒进式的错误。

（3）防止以城郊农民的现状来要求所有的农民。我国农村发展十分不均衡，可分为三个"世界"，即富裕城郊农村、一般农村、贫困农村，它们之间的差别比城市间更大。但我们想问题、出政策，又常会"就近"从"第一世界"农村的现状出发，其结果往往会忽视占农村人口90％以上的"二、三世界"农村和农民的实际情况。后两者才是我们真正需要加以关注的领域。

（4）城乡一体化发展，要尊重城乡不同的发展规律，尊重差异性互补发展。现代城市规划的奠基人霍华德总结英国城市化的经验教训之后提出了"田园城市"的理念，他认为"人们过快涌进城市"不仅会对城市地区构成威胁，而且还会把农村地区榨干。因而不应将城市和农村建设成为没有区别的区域，而应让两者形成共生关系。在此基础上他提出："城市和农村必须结为夫妇。这样一个令人欣喜的结合将会萌生新的希望、焕发新的生机、孕育新的文明。"❶ 城市、工业与乡村、农业之间的固有差异是巨大的，具体可见表 4-3。解决我国的"三农"问题，应遵循农业和农村自身的发展规律才能奏效。我国改革开放 30 年的实践也表明：立足于我国大多数农村的特殊性和实情，不照搬城市的发展模式而采取的惠农政策和措施，往往都是成功的。例如联产承包制、减免农业税、林权制度

---

❶ 参见：Ebenezer Howard. Garden Cities of Tomorrow. Cambridge，MA：The MIT Press，1965：33-55。

改革等等。

城市、工业与乡村、农业之间的差异　　　　表 4-3

| | 城市、工业 | 农村、农业 |
| --- | --- | --- |
| 产业特征 | 直线式<br>原料、生产、消费、废物排放 | 循环式（传统） |
| 生产模式 | 专业化分工与合作<br>企业化经营为主 | 互助合作情况下，家庭经营为主<br>人均 GDP 2 万美元的发达国家也是如此 |
| 景观特点 | 现代、文化、多样化、快变性 | 空旷、传统、历史、自然的 |
| 空间性质 | 生产、生活、生态<br>三空间分离 | 生产、生活、生态<br>三空间合一 |
| 公共品提供方式 | 政府包办、公共性强 | 互助合作、社区性明显 |

**（二）关于农村土地制度变革**

1. 农村农用地

（1）应采取延长和保障农民土地承包权的政策。

（2）城市建设、基础设施建设(包括铁路、高速公路、水利工程等)征用农村土地，应以土地换足额保险，以防止农民在失地的情况又陷入失保和失业的困境。

（3）在不改变农用地性质的条件下，扩大农用地流转。鼓励采取自愿、有偿、多样化的形式，走面积数量型外延式的规模经营与社会服务型内涵式的规模经营(公司加农户)两条腿并举、集中与分散相结合的新路。

2. 宅基地

（1）从农村实际情况来看，农民住宅旁边的宅基地不是空地，而是农村庭园经济用地；城郊农民的宅基地，更是"农家乐"用地，其单位面积的产出和效益比大田还高，并不需要以行政的手段对其进行整合和人为调配来追求形式上的耕地面积的增加。

（2）在经济较为发达的农村，宅基地在村庄规划的指导下，同村进行交易和交换早已存在，可强化村庄规划的约束引导作用。

（3）宅基地属于农民初次空间分配，应在确认其私人权益的基础上，对交易和交换进行规范引导。

3. 集体建设用地

（1）在相当长的时期，农村集体建设用地入市流转、作价入股、抵押贷款，都只能适用于城郊农村，无助于 90% 的农村和农民。

（2）沿海大城市的城郊农村集体建设用地收益很高，但由于以往对这块收入监管不严，在一定程度上被掌权者所占用，一些村长坐大奔驰，农民们并没有得到实惠，应通过立法加以改进。

（3）由于我国实行最严格的耕地保护制度，农村土地制度改革应遵循小变、渐变、试点后规范推广为主的道路。因为一旦农地变成了建筑或构筑物，就没有回头路。

值得注意的是，无论从国际经验教训还是我国人多地少的特殊国情来看，农村土地制度改革的目的，绝不能是鼓励农民们"种房子"，而是确保他们种庄稼的自主权和利益。当前我国正处于城镇化高潮期，农村土地制度改革的重点应放在放开搞活农业用地周转、合理分配和明晰农房用地和宅基地、严格规范和限制集体建设用地和坚定不移保护基本农田上，否则就难以与城镇化和市场化力量相抗衡。

**(三) 关于农村金融**

近几年来，农村农民存储在各类银行中的资金，70%外流到城镇，在这方面应采取有力的措施加以改进。

1. 当前大多数农村金融业有公共品的性质

由于我国大多数农村市场机制的发育尚处于初级阶段，金融对"第二、第三世界的农村"来说，外部性较强，仍具有公共品的性质，这就需要各级政府采取主动介入、积极扶植的政策。

有所不同的是，城市是陌生人的社会，减少金融借贷风险，主要依靠抵押品；而农村是熟人的社会，可以学习借鉴印度的经验，利用熟人之间信任关系的"微循环"有效解决无抵押品的贷款。

2. 多模式发展

扶持"草根式"农村信用社的发展，使其真正成为农民自己的银行。城市金融机构入驻农村要有任务、指标。采用城市带（反哺）农村的办法来设立分支机构。值得注意的是，目前在我国，大多数农村土地、房产作为金融贷款抵押品的条件尚不成熟，这不仅因为农房、宅基地存在产权边界不明晰的问题，而且由于市场可交易性差的问题难以解决，"第二、第三世界"农村的农房、宅基地事实上无法转让，难以成为合格的抵押品。

3. "以城带乡"设立农村金融分支机构

各商业银行应通过内部化的办法，将其在城市设立营业点与在农村设立营业点的数量相挂钩，两者利润差异内部化。

农村中心镇教育、医院也可以采取设分校、分院的办法（内部化发展），来保证质量和管理的高水平。这方面正如连锁店的经营模式扩展。

当前，除城郊农村之外，我国大多数农村市场机制作用尚非常薄弱。对城市来说，金融机构应商业化、企业化的经营，对"二、三世界"农村就可能是不可缺的社区公共品。

对此类农村公用品机构：政府先兴办，此时政府的进入是为了替代市场，然后培育专门化市场，最后待市场成熟之后，政府再退出。显然，对农村金融领域，政府的扶植或进入是为了日后的"退出"。但政府的扶持政策应注重造就公平竞争的环境,防止阻塞农村信用社和其他形式的民间金融机构成长发展的道路。

**(四) 关于农村流动人口政策**

(1) 我国每年高达1亿多农村流动人口的全国性"候鸟式"转移,这既是中国特色,又构成了对城市管理上的巨大挑战,但经济上利大于弊。我国尚有30余年高速城镇化的时间,已经成为世界上最大的建筑市场和相配套的产成品生产体系,吸收了大约60%的农村流动人口。农民工的流动对劳动力余缺调剂起到了不可替代的作用。

(2) 不能急于断农民工的后路,强制入城,应多给予实惠。例如,可学习欧盟的经验,社会保障体系的变革应适应农民工的流动性。此外,城乡二元体制形成的历史已久,也不可能一次性全部消除。当前最重要的是要防止产生新的二元制度。

(3) 立足于培训的提高和就业门路的拓展。通过多途径、低成本的职业培训,引导帮助农民融入城市,更要为他们回乡创业提供服务,与此同时,也要为市民体验农村生活(农家乐)创造条件和机会。依据国际经验,城镇化率一旦超过50%,逆城镇化与城镇化会双向联动,并行发展。

近几年,浙江、广东、上海城市一些老年人定居农村,已日益成为新风尚,也为农村山区农民增加了固定收入。

韩国、日本等国的新农村建设经验也说明,推行与城市互补发展的"乡村魅力"计划,不论是通过发展"农家乐"、"乡村旅游"增加农民收入、促进城市居民对"三农"的理解和帮助,还是强化对历史文化名镇名村的保护,都会发挥重大的作用。

**(五) 关于新能源和适用技术的推广应用**

*1. 积极推行可再生能源*

据统计,占全国30%的城市居民消耗的商品能源占总量的75%,而占人口总量70%的农民仅消耗25%的商品能源,但近几年农村能源消费增长明显加快。盲目在边远农村照搬城市能源消费模式是不可行的。例如,国家电网计划投资200多亿元,来解决老少边穷地区120万农户的用电问题,估算实际投资将达500亿元。也就是每户农户要平均投资3~4万元,几乎能给每户农户安装一套太阳能光伏发电池系统,或就地建设风能发电站。以城市供电模式用这么长的线路把电送到边远农村,70%~80%的电能都消耗在线路上面,农户点灯实际只消耗了20%~30%,今后收费和维护的成本也非常高昂。

由此可见,当前应结合新农村建设,以较大的力度提供财政专项补贴,加快推行太阳能、风能、小水电和沼气能及其他生物质能源的商品化,激励农民使用可再生能源。这样既能惠及农民,又能兼顾全局,缓解商品能源增长过快的局面。

*2. 充分利用信息化丰富农村文化生活*

当前世界已经进入信息化的时代。从技术上来说,农村的图书馆、文化馆、广播影视等，只需用一个光纤或无线因特网终端就可全部解决问题，可以解决部门分割、多头投资、效率低下的问题，应加以大力推广。而且"多用信息少用能源"也应是能源短缺的我国必要的策略。

3. 及时推行水污染治理

随着抽水马桶、洗衣机等进入农村，再加上乡镇企业的污水排放，农村污染形势日益严峻。而且水体污染一旦越过临界点，恢复水生态将投资巨大，耗时长久。当前应在农村大力推行低成本、小规模、微动力、易维护、长寿命的生活和生产污水处理设施，确保农村饮水安全和水生态的持续性。

4. 坚持循环经济

充分应用本地生物质能源（国家补贴）和大力推行生态农业，应成为改善农民生产、生活条件的主要着力点。值得指出的是，我国用占全球 9% 的土地消耗了占全球总量 32% 的化肥，单位面积施用化肥量是世界平均水平的 3 倍多，而大量传统的有机肥被弃而不用，造成土地肥力下降，农作物品质降低，环境污染加剧。必须尽快通过政策措施确保和恢复农业的循环经济本质。

总之，我国农村和农业的发展现正面临重要的十字路口。如果盲目沿用城镇、工业发展的思路和模式来建设"新农村"，违背现阶段农业生产规律，盲目推行农民集中居住、大规模采用商品能源、不顾条件兴办工厂化的农场或盲目推行"机械化"，都将会造成巨大的能源消耗和资源浪费，可能会危及国家能源安全、生态安全和粮食安全。实践证明，统筹城乡发展，要尊重现阶段大多数城乡发展规律差异性的基础，以城乡规划为手段，合理布局，科学发展，形成城乡发展模式的互补互惠，最终实现缩小城乡居民生活质量差距的目标。

# 第五章 难以调和的基本矛盾：
# 稀缺的资源与无限的消费欲望

## ——我国耕地保护和碳排放控制的难点与对策

在我国快速城镇化过程中，耕地保护正在遭受前所未有的挑战：一方面，每年1300~1500万农民的进城不可避免地要扩大城镇范围；另一方面，能否守住人均1.4亩的耕地底线，有效扼制滥占耕地的行为，确保国家粮食安全，不仅关系到民族的安危和国民经济的稳定持续和健康发展，而且也决定了土地和信贷两个宏观调控"闸门"的效能。本章首先从当前诸多滥占耕地的现象中归纳总结出主要的矛盾，即从超越计划土地管理的"以租代征"和"以罚代拆"等现象的判断入手，然后论述形成"两代"现象的基本原因，以及对现有的对策所形成的悖论和低效进行分析和预测，最后基于这些分析而提出近期与远期的基本对策。与此同时，与资源、能源消耗直接相关的二氧化碳气体排放也已成为中国需要认真应对的重大挑战。由于能源结构（煤炭为主）和代替发达国家排放（加工贸易为主）的工业结构，我国也已成为世界头号碳排放大国，这就需要我们借鉴英国的经验，推行低碳城镇，并将此挑战转化为机遇。

## 一、快速城镇化引发严重人地矛盾，耕地节约将成为我国可持续发展的巨大挑战

我国快速城镇化地区与高产耕地在地理空间上呈高度重合。高产耕地基本上分布在沿海这一带。农业上有一术语叫复种指数，即同样的耕地，处在沿海这一带，其复种指数是2.5~3.0，就是说一块地一年最多可以种3次，粮食产出比其他地区高出3倍。那些高寒地区，复种指数只有1.0多，同面积的一块农地，与沿海地区相比，产量相差好几倍。我国沿海城市是承受了60%的城镇化压力（图5-1）。此外，我国宜居的一类地区只占国土面积的19%，加上二类地区，宜居土地只占26%左右，大部分地区并不适宜人居住（图5-2）。美国、澳大利亚及欧盟的城市化结果与我国不一样，这些国家的绝大部分地方都适宜于人居住，而我国只有一部分土地适宜人居住，地理上又与耕地高度重合，耕地保护的任务极其艰巨。

 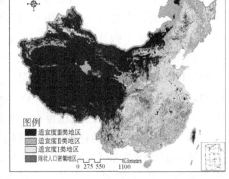

图 5-1　我国城镇群分布状况　　图 5-2　我国宜居地区分布图

根据土地资源承载指数（LCCI）❶及其人粮平衡关系分析，基于分县单元❷，可以将不同地区划分为土地超载地区、人粮平衡地区和粮食盈余地区 3 种不同类型地区。

——土地超载地区。土地资源承载指数（LCCI）高于 1.125，粮食缺口较大，人口超载严重。现有 1087 个分县单元属于这类地区，土地面积约占全国的 43.5%，相应人口 6.19 亿，约占全国的 47.4%。除去 391 个城市单元外，主要分布在西北干旱区、青藏高原、黄土高原、云贵高原和华北山地，这些地区人地、人粮关系紧张。

——人粮平衡地区。土地资源承载指数（LCCI）介于 0.875～1.125，人粮关系基本平衡，发展潜力有限。现有 473 个分县单元属于这类地区，土地面积约占全国的 25.5%，相应人口 2.54 亿，约占全国的 19.4%。这类地区分布在土地超载地区和粮食盈余地区，相对集中在东南部地区，或粮食平衡有余，或人口临界超载，多属人口与土地、粮食均衡地区。

——粮食盈余地区。土地资源承载指数（LCCI）低于 0.875，粮食平衡有余，具有一定的发展空间。目前有 802 个分县单元属于该类地区，土地面积约占全国的 31.0%，相应人口 4.34 亿，约占全国的 33.2%。集中分布在东北平原、华北平原、长江中下游、四川盆地、河套平原、河西走廊和天山南北麓地区，人口与产业集聚、农业发达，发展潜力较大。

---

❶　土地资源承载指数（LCCI）是指区域人口规模（人口密度）与土地资源承载力（或承载密度）之比，反映区域土地、粮食与人口之关系。LCCI≥1.125 为土地超载区；0.875≤LCCI<1.125 为人粮平衡区；LCCI<0.875 为粮食盈余地区。

❷　对同一城市地区中的县域单元归并为城市单元，归并后全国共有 2362 个分县单元。

到2030年，中国将达到人口高峰，将有人口16亿人。西方发达国家的人均粮食消费水平都在1000kg上下，东亚地区的日本、韩国和我国的台湾省由于亚洲膳食结构的特点要少一些，在人均500kg左右。我们按东亚地区现代化经济体的粮食消费水平下限计算，人均450kg，16亿人口就要7.2t。日、韩和台湾地区等的粮食进口依赖率都很高，在70%~90%之间，但中国是人口大国，不可能全靠世界市场养活，进口依赖率会低得多。目前世界谷物贸易量在每年2亿t上下波动，设想中国可以从中获得1/4即5000万t，这已经是很多人认为是不可能的上限，中国自产的粮食总量也要有6.7亿t。

到2003年，中国的耕地面积只剩下18.5亿亩，按国土资源部的规划，中国的耕地保护底线是18亿亩耕地。20世纪90年代后期中国粮食产出高峰时，亩均产出量为390kg，改革开放前"以粮为纲"的时代，粮食播种面积最高曾占到78%，2003年已下降到65%。我们按为保护粮食生产，未来耕地使用中有75%用于种植粮食，到2030年粮食亩产水平要达到558kg才能保6.7亿t的总产出，即与20世纪90年代的粮食单产高峰相比，全国平均的单产水平要提高168kg。

改革开放之初，中国按耕地计算的粮食亩产在280kg，与20世纪90年代的高峰相比，25年间提高了110kg。现代农业科技认为，在大面积的土地谷物单产突破350kg是很困难的事情。根据世界粮农组织统计，2001年世界平均单产水平只有207kg，世界单产水平最高的北美洲，也只有310kg，其中美国为392kg。只有一些以耕地面积衡量的中小国家，单产已经突破了450kg，如日、韩、德、法等国，其中荷兰为世界单产最高，是512kg。由此看来，中国虽然仍有提高粮食单产的余地，但已经不多了。

设想到2030年，中国的耕地面积保留17亿亩，其中用于生产粮食的耕地占75%，则平均亩产必须达到525kg才能使粮食总产量达到6.7亿t，即在进口5000万t的前提下达到人均粮食占有量450kg。在过去的25年中，中国的粮食单产曾经提高了110kg，未来25年依靠科技进步再提高135kg也是可能的。如此，从目前到2030年中国人口高峰和基本完成工业化时，只能再占用1.5亿亩耕地，这就是中国在未来工业化、城镇化过程中占用耕地的最大限度。❶

## 二、当前滥占耕地的主因不是城乡扩张，而是"计划外"违法建设的失控

据国土资源部的权威资料，我们可以发现两组相互矛盾的数字。一方面，

---

❶ 资料来源：中国宏观经济学会课题组课题——《到2030年中国空间结构问题研究》。

1997～2004年，全国非农业建设年均占用耕地面积20.24万$hm^2$，比1991～1996年年均29.33$hm^2$降低了31%。到2004年底，全国耕地总面积保持在12244.43万$hm^2$，基本农田稳定在10594.57$hm^2$，保障了粮食综合生产能力，维护了国家粮食安全❶。另一方面，仅2003年，全国就"发现"各类土地违法行为17.8万件，立案查处12.8万件；涉及土地面积102万亩（其中耕地49.5万亩），属当年新发生的有10.38万件，涉及土地面积53.55万亩（其中耕地26.7万亩）❷。如果将第二组数字换算成同口径单位，我们可以得出：2003年当年"发现"的违法占用耕地的面积竟高达"十五"期间年均合法审批耕地总面积的1/6以上。但另据国土资源部对北京市及其他一些省份的遥感实测表明，近几年每年实际建设用地量都是计划批地量的3倍多。仅据2006年头5个月国土资源部的统计，当年已立案土地执法案件25153起，涉及的土地面积达12241.7$hm^2$，同比上升近20%❸。一方面是计划内批地的辉煌成绩，另一方面则是滥占耕地"面广量大、花样迭出"，已发现的案例仅为实际违法占用土地的"冰山一角"❹。值得深思的是无论抽查全国哪一个省、市、自治区，各类建设占用土地尤其是耕地的占用，不仅能控制在上级批准下达的年度计划数之内，而且还稍有盈余。不少省市国土管理局还因此被评为土地管理优胜单位。

从对近年来我国新增建设用地的统计来看，"十五"期间我国新增建设用地3285万亩，其中新增独立工矿用地1315万亩，占40%，包括各类园区在内的独立工矿用地是新增建设用地的主要部分；新增城镇建设用地618万亩，占18.8%；新增交通用地546万亩，占16.6%；新增村庄用地477万亩，占14.5%；新增特殊用地、水利设施建设用地等329万亩，占10%。

国土资源部最新公布的2005年全国土地利用变更调查结果显示，2005年度计划内耕地面积净减少542.4万亩，与"十五"前4年年均减少2175万亩相比，耕地减少有所减缓。其中，在2005年减少的耕地面积中，因农业结构调整减少耕地18.5万亩，比上年减少94%；生态退耕595.5万亩，比上年减少47%；灾毁耕地80.2万亩，比上年减少15%；建设占用318.2万亩，其中当年建设占用208.1万亩，比上年减少4%。以上四项共减少耕地1002.4万亩。以上统计调查结果表明，城镇建设占用耕地不是我国耕地减少的主要原因，对山东烟台市、日照市的调查结果也印证了这一点（表5-1）。

---

❶ 参见：全国土地利用总体规划纲要（2005～2020年）送审稿，第1页。
❷ 参见：国土资源部汇报提纲，2004年2月26日，第3页。
❸ 参见：国土资源部执法监察局局长张新宝的讲话，新华每日电讯2006年7月6日，《地方违法滥用土地伎俩大揭秘》。
❹ 同上。

"十五"期间全国和典型城市新增建设用地情况分析　　　表 5-1

|  |  | 全国 | | 烟台 | | 日照 | |
|---|---|---|---|---|---|---|---|
|  |  | 数量（万亩） | 比例（%） | 数量（万亩） | 比例（%） | 数量（万亩） | 比例（%） |
| 新增建设用地 | | 3285 | 100.00 | 18.15 | 100.00 | 5.51 | 100.00 |
| 其中 | 独立工矿建设用地 | 1315 | 40.03 | 9.14 | 50.36 | 2.31 | 41.85 |
|  | 城镇建设用地 | 618 | 18.81 | 5.52 | 30.41 | 0.75 | 13.56 |
|  | 村庄建设用地 | 477 | 14.52 | 0.65 | 3.58 | 0.65 | 11.89 |
|  | 交通用地 | 546 | 16.62 | 2.75 | 15.15 | 1.80 | 32.68 |
|  | 特殊用地、水利设施建设用地 | 329 | 10.02 | 0.08 | 0.44 | | |

就城镇建设用地而言，虽然其新增用地占我国建设用地的18.8%，但由于逐步改进、加强和规范了城市规划编制与审批制度在内的城市规划工作，以及采取了其他各种措施，占全国44%人口、80%经济产出的城镇的发展总体上是良性的。以城市的发展为例，1994~2002年我国城市市区GDP增加了106%，人口增长接近40%，城市建成区面积增加了44.8%，城市用地面积增长速度远低于城市经济增长的速度。由此可见，受到计划内土地审批和城市规划双重控制的城市建设用地增长是基本合理的，从数量上来看也不是耕地减少的主因。从我国城市建成区平均人口密度来看，我国已达117人/hm²，远远高于巴黎88人/hm²、墨西哥城95人/hm²、里约热内卢101人/hm²，也高于岛国新加坡的人口密度107人/hm²。我国是世界上城市建成区密度最高的国家之一。值得一提的是，这一密度已经保持了40多年了。即使近些年建成区人口密度有稍许下降，也是由于开发区规划管理模式摆脱城市规划管理的原因所造成的（图5-3）。由此可见，当前滥占耕地的主导因素并不是计划内的城市建设用地扩张，而是"计划外"的违法建设失控。

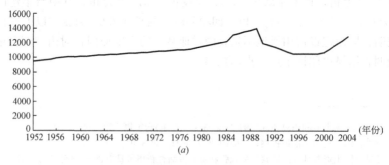

图 5-3 中国、美国城市人口密度对比变化（一）
(a)中国城市人口密度（1949~2004年）

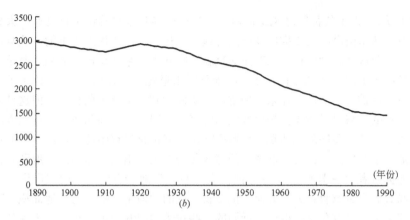

图 5-3　中国、美国城市人口密度对比变化(二)

(b)美国城市人口密度(1949～2004 年)

## 三、"以租代征"是计划外违法占地迅速扩大的主因

在各种违法占地的行为中，数量最多、增长最快、危害性最大的行为无疑是"以租代征"。其原因可简述如下：

一是因为"以租代征"的行为与农民自发的毁田建房行为不同的是由地方政府有组织大规模推动下进行的。因其实现了"五个规避"而具有巨大的即期"地方利益"，既能规避计划内土地审批管理，能迅速毁田搞建设、落实开发项目；又能规避依法缴纳新增建设用地有偿使用费，还可以美其名曰将上缴国家和土地部门的出让金以租金的方式"藏富于民"；还可规避依法缴纳征地补偿费和安置补偿费。这样一来，地方政府可大大加快占地建设的速度和降低开发成本；同时还规避了"耕地占补平衡"的责任与经济费用；最后还能规避因实施土地部门省级以下垂直管理所失去的土地审批权力，使土地使用的决策权回归。

二是似是而非的"合法依据"。近年来，不少部门的领导的讲话，乃至一些权威文件都强调"土地征用制度改革"，其方向是：缩小征地范围，即除公益性之外的经营性土地逐步淡出征地范围❶；正是依据这样的理论背景，前些年，在有关部门的授权之下，不少省市都推行了所谓的"土地新政"❷❸。再加上新闻媒

---

❶ 参见：《中共中央国务院关于促进农民增加收入若干政策的意见》(2004 年)，国家发改委推进 2004 年经济体制改革的意见。

❷ 参见：《广东省集体建设用地使用权流转管理办法》(2005 年 5 月 17 日颁发)。

❸ 参见：大连集体建设用地可自由买卖，在全国尚属前列，http//www.sina.com.cn，2004 年 2 月 24 日。

体的推动,"以租代征"之风迅速蔓延。当前已经从零星建设项目迅速扩大到成片开发,从东南沿海逐步推广到全国各地。原先已经停止用地审批的一些县级开发区、工业区都因"以租代征"而又重新活跃起来。毫无疑问,此项"改革"的方向是以土地产权"私有化"或"明晰化"来避免"公地的悲剧",让千千万万的农户像保护自己房产一样来保护耕地,从而达到国家节地的目标。但这种貌似合乎逻辑的思路早已被先行的西方发达国家和发展中的非洲和南美洲等地方的实践无情地粉碎。美国的土地私有化制度在快速城市化过程中使"农庄主"们竞相将土地卖给开发商,促使了低密度的郊区化的蔓延。南美、非洲的土地私有化也使土地拥有者"一卖了之",一方面使大多数"失地"农民涌向大城市形成了贫民窟和农业产量歉收;另一方面,也使新一批的"地主"拥有的土地面积,高达数十甚至数百平方公里,以至于近期的一些拉美国家开始新一轮的"土地革命",强制把"地主"们囤积的闲置土地重新分配给农民。

尤为危险的趋势在于,"以租代征"还能起到触发其他各类违法占地搞建设的行为。例如,当农民、基层干部目睹社会上各类企业和政府机构,甚至国土管理部门都推行"以租代征"降低经济成本,绕过审批搞建设❶,他们也纷纷加入这一行列,于是乎,只要农村一建公路,道路两边的"铺面地"全都会被租走,结果"一条水泥路,二片卷帘门"的景象都席卷大江南北了。此外,最近河北省某些地方和北京郊区"村证房"热销也证实了"以租代征"的快速发展趋势。❷

一个不争的事实是,长期以来,我国实行通过征地才能获得"国有土地使用权证"从而能进入土地市场交易的政策,是"计划内"土地审批管理办法的主要依托,是我国实施"最严格土地管理制度"的核心内容。一旦将量大面广的工矿企业、交通、房地产开发、旅游等"经营性用地"脱离征地范围,我国从上而下运行已久的"土地计划审批管理"制度只能是"无疾而终"了。

事实上,"以租代征"还隐藏着一系列社会隐患。由于租地合同是村委会与企业或个人签订的,农民的权益会因企业的经营风险与败德行为而无保障。与政府签订的合同也因政府换届、人员调动而得不到承认,而耕地破坏的恶果却要让农民及其下一代承担。这一系列的矛盾一旦激发,势必成为社会不稳定因素。

## 四、"以罚代拆"是我国推行世界上最严格耕地保护制度的软肋

尽管"以租代征"有"土地征用制度改革"和各地"土地新政"的推动,但

---

❶ 江苏常州国土局违规兴建枫泽山庄,http://fc.jxcn.cn/news_view,常州武进国土局局长朱国成承认,该局所属的枫泽山庄事实上只拿到39亩地的"计划"审批指标,剩下的400多亩是"以租代征"租用周边村民的,按每亩每年700元付给村委会。

❷ "村证房"、"集资房"引争议;房是一把双刃剑. 市场报, 2006-7-14: 9。

迄今为止，所有中央涉及土地管理的文件和法规都明令除了乡镇企业和农户自用房建设用地之外，禁止农用地非经征用直接转为建设用地的行为。不少地方城市规划部门和国土管理部门都将"以租代征"列入违法用地的范畴。但由于以下四方面的"利益推动"和现行法律方面的缺陷，"以罚代拆"不仅助长了"以租代征"，而且也推动了其他各类违法占地建设行为的蔓延。

一是违法占地者"得利"。只要不拆除违法建筑，违法者毁田建房的成本就会大大低于违法建筑的收益；二是土地部门可增加罚款的收入。而且违建越多，财源越丰；三是地方政府低成本、快速度"发展经济"增加税收得利；四是所谓"群众"得利。土地承包者可以从违法占地者手中获得长期的租金（当然这些收益都是以损害国家的粮食安全、可持续发展能力、农民的长远利益和土地闸门的宏观调控功能为代价的）。

世界上各国保护耕地的主要手段就是无条件地拆除违法建筑，并追究违法者的法律责任，使违法建设成本高不可"违"。但我国各地国土管理部门每年查处的10多万件违法占地案例中，以拆除为手段来严肃处理违法建筑的比率寥寥无几。我国现有《城市规划法》没有明确授权行政部门对违法建筑采取强制拆除的权力。在现行《土地管理法》中第七章"法律责任"中多次提到"没收"在非法转让的土地上新建的建筑物和其他设施❶，但由于在农村地方人际亲缘关系密切，国土部门无法将没收的房产转让，反而成为包袱。而通过司法程序进行强制执行则需要至少8个月繁复的程序和管理部门大量人力、物力的消耗，从而导致了执行最严格的土地管理制度的我国，却有着最低的违法毁田搞建设的风险。

另据建设部近期对南方某城市进行的调查显示：该市共有30多万农户，农民住宅却有90万栋，平均每户3栋左右，造成明显的"一户多宅"现象。而对一个镇的抽样调查显示，该镇已建成的8000多栋农民住宅楼中，仅60%经过了用地审批，大多数未经城乡规划的审查。同时，自该镇由于"节约土地"的原因停止单家独户式农居房审批6年来，已经出现了300余栋未经任何审批的此类浪费土地的农民住宅。

与此有所区别的是，近几年来，全国各地城市规划部门，在规划区的范围内，综合运用《城市规划法》、《土地管理法》等法规，并发动群众举报，对违法建筑采取了集中拆除的措施并取得了很好的效果。如深圳市、合肥市各拆除了1000多万平方米的违法建筑❷。杭州、海口等城市也各拆除了300多万平方米的违法建筑。

---

❶ 参见：《土地管理法》，1998年版，第七十三条、七十六条。
❷ 参见：合肥市依法拆除违法建筑的做法和启示，http://www.cin.gov.cn。

## 五、提高"征地门槛"政策选择不当反而会助长"以租代征"的蔓延

正是由于地方政府推行"以租代征"的基本动机是"五个规避",其手段是绕开与征地相依托的"计划内"土地审批。所以,如果我们采用新增建设用地取得成本为主的政策来抑制地方政府的土地扩张冲动,其直接的结果可能就是"计划外"的"以租代征"的土地"有病",而让服从"计划内"管理的土地开发者"吃药"。诸如提高被征地农民的补偿安置费用;新增建设用地土地有偿使用费收取标准在现行基础上提高1倍;将城镇土地使用税征收标准在现行基础上提高2倍;从地方收取的土地出让金中划出不少于30%比例的资金用于建立地方国有土地收益基金,又规定其原则上不得列入地方政府的当年预算开支,或将地方土地出让金划归上级政府等等政策选择,都将进一步驱使地方政府"五个规避"、推行"以租代征"的积极性。

从另一方面来看,已经走过50年历程的我国城市规划体系,尽管存在着诸多的问题和亟待修改的残缺不齐的《城市规划法》,但仍可依据其较为精细的规划管理图则和标准规范(与土地利用规划相比较而言)在城市规划区内对违法建筑的蔓延实施有效控制。值得探讨的是,在我国实施城市土地招标、拍卖制度和与之相联系的城市土地储备制度近10年来,已经取得抑制土地审批方面的腐败蔓延、为城市基础设施提供资金等方面的成绩,但也出现了促使城市政府扩大建设规模、提升房价、过分追求土地收益等方面的弊端。必须承认,这种扩张的动机尚不及GDP、外资、财政收入等增长带来的刺激,否则怎么会有如此多土地出让金收入微薄但扩张冲动强劲的二、三线城市?事实上,只要严格规范城市政府土地出让金收入的支出范围,使其只能用于城市污水治理管道建设、廉租房和其他必要的基础设施建设,就可以"化害为利"。此外,适当的土地出让金收益,可以促使地方政府对各种"计划外"违法占地现象采取主动制止的措施。杭州市政府于日前发出《关于严格土地管理坚决制止非法占用农用地建设农庄等违法用地行为的紧急通知》❶,严令下属县区立即停止"以租代征"就证明了这一点。

## 六、强化耕地保护的近期政策选择要点

近期政策的要点在于迅速有效地扼制"计划"外违法建筑的蔓延,纠正"以租代征"、"以罚代拆"的行为,并使保护耕地的目标与强化土地闸门的调控能力一致化。其核心的政策在于,在不助长地方"五个规避"的前提下,尽可能利用多种现有的政策手段和经济杠杆,强化土地管理。

(1)以最高权威的文件重申,严格限制"以租代征"的范围。凡属与农户个

---

❶ 参见:杭州市政府紧急封杀集体土地"以租代征".《新华每日电讯》,2006-7-1。

人从事农业生产无关的建设占地行为，均应被视为非法占地。新发展的各类工商企业都不能采用"以租代征"来规避用地审批。(原乡镇企业大幅度萎缩后，有大量的土地资源，应收回重新安排。)

(2) 对各类违法建筑应采取以拆除为主的办法进行严厉处罚。对原有违法建筑也应以拆除为主，杜绝"以罚代拆"。确因各种原因无法拆除而给予保留的，经济上的处罚应高于违法建设预期的市场效益。

(3) 凡属与农户个人从事农业生产直接有关的"以租代征"建设占地行为，应视同耕地占用，必须上交土地复垦金，以提高农用地转非农用地的成本。

(4) 对已开展"以租代征"试点的地区进行全面总结，并严格控制新闻报道，以防媒体炒作而引发误导。在人均拥有耕地低于全国平均线以下的省、市、区，不宜推行"以租代征"、农民承包地入股搞建设等"改革"试点。

(5) 强化土地利用总体规划和城乡规划的协同管理功能，直接将"永久性"的基本农田保护范围落实到地块、详细的地理坐标和小于或等于 1/500 比例尺的规划用图之中(目前在我国诸多的各类规划中，仅有城市和村镇规划能普遍做到这一点。土地利用总体规划，一般尚只能依据 1/10000 或更小比例尺的规划图进行粗放管理，难以据此来鉴定违法建筑行为)。土地利用总体规划应侧重于基本农田、生态用地和耕地保护，而城乡规划应侧重于建设用地与非建设用地的鉴定、分界与控制。基本农田应受到这两类规划的双重保护。这方面现有的土地管理法是含糊不清的❶。

(6) 加快出台针对别墅类低密度土地利用建设的物业税(财产税)。以税收的杠杆作用抑制已经初露端倪的"郊区化"现象(指私人轿车大大增加后，中等收入阶层大举迁移到郊区，居住在别墅区或低密度住宅区的趋势)。此外，也可以制止少数地方干部和富裕阶层直接向城郊、风景区农户购买农房的行为(而以往以土地计划控制的办法，停止别墅类供地，反而会造成"供不应售"而使别墅开发商大获暴利，这也是此类滥用土地的行为屡禁不止的原因之一)。

(7) 对新增建设用地发放土地使用权证进行分类专门编号，并进行计算机联网统一管理。凡所发的土地使用证与计划内审批的土地指标和城乡规划、土地利用总体规划不相符的土地使用权证应视为非法而作废。这样可进一步杜绝非计划审批的土地进入市场所引发的扩张性建设冲动。

(8) 对国务院、省政府审批的城市总体规划派驻城乡规划督察员，就地接受群众举报，就近视察建设和开发地块，制止违法建筑，并监督地方政府未经批准

---

❶ 《土地管理法》，1998年版，第三章第十九条规定：土地利用总体规划按照下列原则编制：①严格保护基本农田，控制非农建设占用农用地；②提高土地利用率；③统筹安排各类、各区域用地；④保护和改善生态环境，保障土地的可持续利用；⑤占用耕地与开发复垦耕地相平衡。由此可见其调整范围之广与重点不明。

擅自修改城市总体规划。这种派驻到城市的规划督察员,与国土资源部派驻到省的土地督察员制度可以互相强化。

(9)出让金收入与支出应全额列入地方人大的年度预算审查,上级政府尽快对地方政府的土地出让金进行用途管制式审计,严禁土地出让金用于各类形象工程、政府办公大楼、大面积的广场、标志性大道、干部住房等工程建设。对违规者进行公开严肃处理。

### 七、有利于我国耕地保护的若干长期政策选择

未来的30年,正是我国处于城镇化高速发展的时期,每年都将不可避免地新增1000km² 左右的城镇建设用地。土地管理的核心课题是:如何使这些不可避免的建设用地尽可能少与优质耕地在空间上重合。另一方面是在机动化和城镇化双重作用的过程中,如何保持世界上最密集的城镇人口密度。我国城市建成区的规划设计标准是每平方公里人口密度为1万人。实测表明,这一密度标准40年来在我国绝大多数城市中一直得到较好地执行,但在集镇、村却存在建成区人口密度明显下降的趋势,这与农村人口减少的趋势是背道而驰的,这也验证了我国现有城市规划体系的有效性和村镇规划的薄弱,这就需要我们尽快进行以下的长期性、战略性对策研究。

(1)由于土地资源尤其是耕地在我国相对的稀缺性与空间不可移动性,以及在国民经济中的基础地位,决定了我国土地资源和管理不能仿照美国、加拿大和其他地广人稀的大国那样采取市场化为主的配置办法。要坚定地维护城镇建设用地通过征用国有化后再进入市场的成功做法,不能在大方向上举棋不定而造成政策动荡。"土地征用制度改革"在相当长的一段时间(城镇化快速期的30年内),只能是在通过以土地换保险来完善对"失地"农民的社会保障上下功夫,而不能动摇这条"底线"。

(2)充分利用城乡规划和土地利用总体规划将"十一五"国民经济规划确定的四种功能区落实到具体地界上,以多种手段强化对基本农田的保护。人多地缺的英国在城市化高潮中,采取了利用城乡规划法规划定"农业保护区"、"生态保护区"和城镇工业建设用地的界线,协调好城市扩张用地与耕地、生态资源保护的矛盾,取得了实际的成效。我国现有的三类综合性规划中,国民经济和社会发展规划是原则性、指导性的"母规划",不应自行"空间化"。土地利用总体规划已实行了15年,尚未真正落实到地块,可见新开创一种空间规划的成本有多高昂!而城乡规划与土地利用规划在职能划分上,应既各有侧重,又有相互制衡的功能,并应对不可再生的基本农田、生态保护区、风景区等实行双重保护。

(3)针对我国沿海地区优质耕地与城镇发展用地高度重合的现状,应尽快在气候条件尚可、环境容量较好、土地资源相对丰裕(不是指优质耕地)的地区,如

充分利用天津、河北沿海的盐碱地，内蒙古、宁夏、新疆的沙化地和贵州、云南的石漠化等地区规划扩建现有的大中城市或布局新的城市。中央政府加强对这些城市基础设施的扶植，人为造就数个如同美国亚里桑那州凤凰城那样的超大城市❶，这不仅能使我国耕地得到人口分流式的保护，还能使这些经济欠发达地区尽快形成经济的发展极。

城市建设也可以不占耕地，美国的凤凰城、拉斯韦加斯和阿联酋的迪拜就是几个成功的范例(图5-4)。凤凰城和迪拜市现在已成为人口增长最快的城市，它们基本上是在沙漠里建成的。这类城市的成功证明了人类可以用自己拥有的技术，在不适于其他生物居住的地方，构建了一个人造空间能够让人类居住。这对于人多地少、城镇化与高产耕地基本重合的我国是非常有借鉴意义的。我国有大量的盐碱地、戈壁滩、沙漠、围海造地、石漠化地区、河滩地，都可以成为"中国凤凰城"的选址。美国人口只有中国的1/5，已建有3个类似于凤凰城的大城市，我国建设15个这样的城市也不为过。

图 5-4 美国凤凰城(左)和拉斯韦加斯(右)

---

❶ 凤凰城，亚利桑那州(Arizona)首府，位于美国西南角，也位于著名的索尔特河谷西南部，和加利福尼亚州及墨西哥交接壤。该地区面积839km²，地区人口350多万，其中市区人口140万。凤凰城于1881年设市，相对于美国其他城市晚了100多年。1891年铁路贯通，1911年罗斯福水坝和水库建成，该州的灌溉农业兴起；随后是附近金属矿开发。第二次世界大战后，工业迅速发展，城市人口激增。主要工业有炼铝、轧棉、飞机部件、电子计算机等，为全州工业中心。重要的运输枢纽，国家和州际公路的交点，南太平洋铁路经该市，国际机场位于东南郊。冬季温暖晴朗，是避寒和疗养胜地。旅游业较盛。城内有大峡谷大学和美国印第安人学院等8所高等学校。城郊有沙漠植物园和霍霍卡姆印第安人遗迹。近几年来，英特尔公司在凤凰城设立了全球两总部，将全球的后勤中心设在这里，并且斥资30亿美金兴建承载其核心最先进技术的FAB32基地，并雇用了1万多人从事相关工作。美国运通，Wells Fargo等公司也分别雇用了7000人和10000人在凤凰城地区。该城市的人口每年以10万人的速度递增，在过去三年来经济持续保持高速增长达到9.39%，2004年经济总量为1228亿美元，2005年达到1408亿美元。经济高增长率与著名的赌城拉斯韦加斯交替保持全美第一或第二。

(4) 对县市级地方政府实行土地审批权限动态性管理和分类指导。对计划内外土地管理工作做得好的县市，适度下放土地审批管理权限，一旦管理恶化又可收回，促使地方政府在耕地保护方面进入相互良性竞争的局面，同时也有利于落实科学发展观。值得一提的是我国自古以来，都是依靠"乡绅"和地方政府来管理土地的。有效的土地管理是将具体管理权力和责任同步下放，而将督查权保持在上级政府手中。在乡镇一级应将土地管理和村镇规划管理机构合二为一，强化现场发现和处置违法建筑的能力。

(5) 抓紧修订《城市规划法》和《土地管理法》，赋予城乡规划和国土管理部门自行拆除违法建筑的权力。司法部门应对此项权力的运用进行严格的法律监察和纠正，并保留最终仲裁权，而不是像现在那样绕开行政执法部门直接面对每年几十万件违法建设案件。

(6) 适度控制高速公路和一般公路的建设进度和空间密度，以铁路和城际轨道交通来取代高速公路。据统计，我国每公里铁路建设用地（单线）占地为25亩，每公里铁路建设用地（复线）需占地为40亩，而每公里高速公路建设用地（双向四车道）需占地120亩。这就意味着以城际轨道交通适度取代高速公路，不仅可节约大量耕地，而且也有利于保持紧凑型的城镇发展模式。

(7) 积极推行土地的混合型使用和紧凑型的城市。自1977年国际建协的《马丘比丘宪章》倡导土地混合使用以来，世界上几乎所有的开发区都已经规划成综合性的新城区，有居住、教育、工业，还有其他用地混合布局，无非是工业用地的比重稍微高一点。比如说，一般的城市中，工业用地占15%，那么开发区的工业用地可能占20%~25%左右。苏州工业园区工业用地占25%左右，是一个综合发展的园区，用地比较节约，人口密度也较高。区内道路面积一般占工业区的面积10%左右，比一般纯工业区节约交通用地30%左右。因为混合用地模式实行居民就地就业，不需要大流量的区间交通。

但是，目前我国有一些部门颁布的规章还是硬性规定单一的用地模式，据说主要是为了便于本部门的管理。用便于管理、统计来代替土地和能源的节约，这是十分危险的倾向。最近，天津滨海新区准备新建一个$30km^2$的港口城市，某部门仍然坚持单一用地，不能混合用地。但是所有的规划方案都强调港区必须是综合用地，这样才会成为多功能的、宜居的港城。《马丘比丘宪章》形成的共识至今已30年了，但人多地少的我国的某些管理者却还没有醒悟过来，这真不应该。可见城市规划师和管理者们应率先遵照胡锦涛同志的批示：要从世界城镇化的成功经验和教训中获取智慧。

由此可见，无论从近期还是远期来看，都必须有的放矢抓住滥占耕地违法建设的主要矛盾，有针对性地提出对策，并对这些对策执行的主体行为——地方政府的利益动机进行分析，从而使中央政府保护耕地的艰巨任务和强化"土地"闸门的宏观调控作用等目标落到实处。只有这样，才有可能扭转我国耕地失控的趋势。

## 八、城市规划管理体制的适应性变革

正如有些专家所说的那样，城市规划确实是一门遗憾的艺术，需要规划师与决策者们不停地反思过去的失误之处，不断地总结经验教训。这些遗憾虽不可能彻底清除，但应努力减少到最低程度。因为这些遗憾本身包含着人民财产的巨大浪费，生态建设的巨大失败，或成为可持续发展的巨大障碍，同时也是不可再生资源不可挽回的损失。有些损失是无法计量的。如有的地方为争取国债资金乱报项目，最终却造成几十亿元的损失是可以计算的。但是如果生态资源、历史文化遗存和自然景观资源等不可再生资源遭受破坏，城乡规划出现失误，其所造成的不仅是难以计量的巨大损失，而且还是一代一代不断积累不断叠加的，因为这些资源是不断增值的。如何在我国高速城镇化过程中，处理好区域与城乡协调、经济发展与资源保护协调、城市发展与生态环境的协调，必须改革现行的城市规划管理体制，确保城镇化的健康发展。本节从现行城市规划管理体制中三种缺位的分析入手，分别就如何改革国家住房和城乡建设部、省规划建设管理机构和城市规划管理部门的管理体制提出要求，并对推进改革中要处理好的几种关系进行了分析。

### （一）现行城市规划管理体制的若干缺陷

城市规划学认为：城市的财富蕴藏在城市的空间结构之中。空间结构不合理，就会导致财富的减少。这些财富是谁的？是人民的财富，先人遗留和后代可继续享用的财富，却很有可能在我们这一代人手里化为泡影。为什么我国各地城市规划的遗憾有那么多？反思城市规划管理体制的现状，确实存在着许多缺陷。在城市化、全球化、工业化和市场化的浪潮中，规划管理的不适应性，集中表现在以下"三个缺位"上。

一是省和地市（州）两级政府对下级城乡规划的指导、协调、监督的职能缺位。

当前，我国沿海一带存在区域的城镇化与城镇的区域化并行发展的现象。城镇越来越密集，区域越来越像一个大城市或称之为"城镇连绵带"（图5-5）。这种现象导致了城市之间的竞争日趋白热化、基础设施建设重复化、产业结构同构化、环境污染交叉化等问题。实现区域协调发展，就需要在更广阔的空间范围、更长的发展周期来统筹安排城乡、城市、城镇群区域各种资源要素，这就要求城乡规划体系要比过去更讲究刚性与柔性管制的结合。

众所周知，在小尺度的建筑设计方面，规划完全是刚性的，建筑形态、结构和功能等，基本没有什么弹性可言，有时仅仅为了抗地震等少数原因才考虑安装一些柔性结构和可以移动的支点。到了小区和城市的尺度，就必须考虑许多弹性

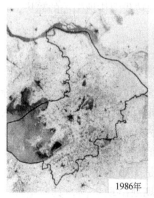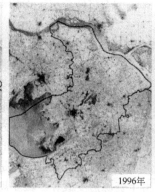

图 5-5　太湖地区城镇化发展对比

的因素，因为一切都变得难以准确预测了。城市是一种复杂有机体，而建筑只是无机体。当视野从无机体扩大范围到有机体时，规划的弹性就要与之相适应。到了区域这一层次，不可控的、不可预测的因素就更多，更需要规划柔性地适应各种随机出现的问题和变化的形势。所以，编制高层次的规划、大范围地理空间的规划，描述性的条文、提纲性的条文就越多；而小尺度的小城镇、村庄规划，蓝图性的、刚性构件的要求就越多。

　　英国等欧洲国家在城市化过程中，曾划定三类保护性地区，一类是生态、自然文化遗产保护，就是划定生态保护区、国家公园的地界；二类是基本农田、永久性基本农田；三类是重要的港口资源、矿产资源。其他都是允许城镇化发展的区域。对后一类区域，则由充满弹性的提纲性规划来引导工业区、开发区和新城镇建设。

　　按现行的管理体制，上级规划管理部门根本就不可能对下级进行有效监督，这就使规划工作者们常处于无法可依、无规可循的困境之中，更说不上如何增强规划的适应性与联动性来约束城市之间的恶性竞争。

　　二是在城乡规划的实施过程中，有效的事前、事中的监督职能缺位。前面讲的是对规划的编制、审批和协调管理的监督职能缺位，后面讲的是在规划的实施过程中，事前、事中的监督职能缺位。按照规划界流行的语言是："各类违反《规划法》的案例往往是报纸上登了、电视台播了、上级领导批了，规划师们才知道。"各地的建设厅、规划局也是这样，基本上都是被动的。但是有一条不能忘记，其他的损失是可以弥补的，包括贪污盗窃等，可以通过秋后算账弥补损失。审计的作用就是这样，审计部门一审计，小金库转移的资金都得收回来。但是，生态资源、历史文化资源一旦毁坏，就是不可再生的。所以，规划管理必须要在事前、事中进行监督。这就像法院对犯人作出死刑判决，执行了死刑了的人还能复活吗？历史街区毁了，还能恢复原貌吗？一切都毁灭了。美国50年以上的典型建筑、七八十年以上的公共建筑的任何修复和改建，都要上报美国内政部批准。如美国加利福尼亚州一个叫卡梅尔的小城市，该城市有一座73年前建的教堂需要维修，维修资金由当地负责，但建筑维修的所有细节都必须经内政部审批同意。美国采取的是联邦体制，城市规划按理应由各地自行管理，但是美国的体制是三权鼎立，从中央政府到哪怕是2500人口的小城市，都是三权鼎立，立法、司法和执法互相制约，谁也不能独断专行。我国则不同，有些城市的一把手"牛气冲天"，"一手遮天"为所欲为。所以必须实行有效的事前、事中监督，在不可再生的资源遭受破坏之前，如在建筑被拆除之前，要有"刀下留情"的审批制度，这与法院有死刑复核制度一样。事关古建筑、历史文化建筑、历史街区、风景资源的建设行为，都必须进行事中、事前严格审查。

三是对"长官意志"、"乱指挥"制约的缺位。现在，各地对编制城乡规划的积极性很高，并实施了舆论监督、群众监督、专家监督、上级监督、同级人大监督，但对监督中所发现的规划上的问题该由谁来负责呢？现状往往是没人负责，乱拍板造成重大损失也没有责任追究制度，结果却可能是规划局当替死鬼。如果城市规划局拒绝省建设厅的监督（城市规划局局长大多有这种心态），一旦出了问题，自己则承担全部责任包括刑事责任。他们没有想到这一系列的监督都是保护自己的。规划界有一句名言："规划是向权力阐述真理"。规划的实际决定权掌握在书记、市长手中，他们认为应在这儿建个什么标志性建筑，那里要架设一条高架路，规划局长往往"胳膊扭不过大腿"，又没有建立制度去保护自身合法权益，那怎么可能向权力阐述真理？真理和权力本身是不平等的。而且偏偏有一些长官意志表现得特别出格的城市领导人。如有一位市长到日本考察却学了歪经，他看到东京银座的景观很漂亮，街道两侧没有行道树，回国后就要把城市道路两侧的行道树都砍掉，这种荒唐的决策导致该城生态的大破坏。要纠正这类无法无天的行为，规划必须建立法治体系。所谓法治，就是对权力的有效制约。如果规划管理规则的建立和所有的改革措施不是为了监督制约权力，那高速发展的城镇化对资源的破坏是不可挽回的，规划局局长就是喊破嗓子都没用。

**（二）省级城乡规划管理体制的改革重点**

1. 建立省一级的规划委员会

建立省规划委员会必须把握五个要点：

一是省和省会城市的规划委员会不能合一。如果合并，就永远开不了会，办公室设在建设厅也会被架空。《规划法》规定各级政府主管本行政区域内的城市规划工作，省域范围内由省政府负责，所以省政府要有一个规划委员会，这个委员会就是代表省政府对省域范围的城乡规划进行审批监督。市规划委员会就是管理市域范围内的规划事务，两者不能混合。

二是专家、学者在委员会中所占的比例一定要超过公务员。这一点很重要。

如果是行政人员比例很大,所导致的教训就是:既然规划委员会是以行政干部为主的,那么如何与省政府常务会议或省委常委会的决策功能错位互补呢?正因为是规划委员会是专家学者占了多数,所以规划审批管理必须通过规划委员会。

三是规划委员会的职能要从咨询功能转向预决策,最后向决策过渡。第一步先是预决策机构。凡是在省域范围内重大规划的编制、调整、修改、审批,必须经过规划委员会的预批准,然后报省委常委会、省政府常务会议审议决定。一般的事项,规划委员会自己决策。如在香港,一般的事项经规划委员会决策后,直接报特首签字批准。大事预决策,小事决策,千万不能把规划委员会搞成咨询机构。

四是规划委员会应下设专家委员会。因为规划专家的种类很多,如风景名胜、历史文化街区等资源保护类的专家,城镇体系、宏观调控类的专家等,而且要充分吸收人大、政协的专家。这样,省建设厅就掌握了规划委员会运作的调控权。

五是对下级规划委员会的纠纷进行仲裁。这样逐步地形成机制后,就可以部分解决缺位问题。

2. 在各类规划中明确对各种不可再生资源的强制性保护

明确对不可再生资源的强制性保护,是规划体系改革中的重要内容。包括风景名胜类资源、历史文化街区类资源、文化名镇(村)、重大工程建设导致的土地增值资源、生态环境资源等,这是任何一级规划都必须明确的强制性保护内容。另一方面,绿线管制生态,蓝线管制水系,紫线管制历史文化,黄线管制重大的基础设施所产生的土地增值效应和生产力的布局,这"四线"管理非常重要。以往规划部门只管了一条红线,太片面了。省一级应该强调省域内不可再生的各类资源的强制性保护,离开了强制性保护就是无的放矢了。政府行政保护的能力也不能胡椒面一样随便撒。

3. 健全省域城镇体系规划管理

每个省都已编制完成了省域城镇体系规划,但如何落实?一是因为省域城镇体系规划是《规划法》以及最近中央下发的一系列关于开发区、土地管理等文件中都明确要求的,所以其法律地位已经具备。二是实行"一书两证"的制度。在城市规划区内,按城市总体规划和控规核发"一书两证";在城市规划区外,则应按城镇体系规划核发"一书两证"。规划管理可以延伸到规划区范围以外,所以"一书两证"要走出去,走出规划区以外,这一点已经很明确了。违反的要纠正,未建立的要重建。三是做好城镇体系规划本身的完善工作。城市总体规划五年一修订,城镇体系规划起码也应五年一反思,一充实。目前各省的城镇体系规划编制质量参差不齐,有的相当好,有的很糟糕,所以省建设厅要参照编制得比较完善的省域城镇体系规划来及时修编。城镇体系规划必须体现不可再生资源强制性保护的内容,体现生产力的布局,不然就是废纸一张。规划司要提供几个城镇体系规划编制较为规范的样本,各省根据这些样本进一步深化、修改,从而提高可操作性，提高覆盖率。四是强化城镇体系规划管理中的协调职能。因为有了城镇体系规划，协调的地位就已经确立。在整个省域范围内，以城镇体系规划为蓝本，协调各方按照蓝本进行规划建设，特别是重大工程的建设。如"西气东输"工程江苏段的布局走向，由于当时没有依据省域城镇体系规划来选址，江苏省建设厅报告了建设部，建设部发文要求必须按省域城镇体系规划进行调整修改。各类建设项目布局与城乡规划、城镇体系规划发生冲突的，必须按照城镇体系规划来实施。如果确有更高明的选址方案，也必须按程序先调整城镇体系规划。

4. 建立省级下派规划师的制度

比较美国与英、德、法等欧洲国家，同样经历了城市化，同样经历了小汽车的时代，但是英、德、法没有出现郊区化的蔓延，而美国却出现了严重的郊区化蔓延。除了城市化与机动化在时段上有差别外，也与欧洲各国采取有力的中央政府干预是分不开的。郊区化的过度蔓延带来了三大成本的居高不下：一是生态成本，环境污染严重；二是经济成本，基础设施投入是紧凑型城市投入的3~7倍，基础设施分散型的投资量大大增加；三是社会成本，工作和居住地的远离，任何事情都得用车，美国人平均每人每天在车上的时间是2~3h，这是一个巨大损失。再加上，社会不同阶层分开居住，贫富差距和冲突越演越烈。除此之外，郊区化的失控还极易引发能源危机。美国人口是我国的零头，而能源储藏量却比我国高几十倍，人均能源占有量巨大，但他们仍然提出了精明增长的理念，这从另一方面也说明以前是愚笨增长，现在聪明起来了，提出开始着手解决郊区化蔓延的问题。为什么在同样的西方规划制度下，英国、德国、法国没有出现城市郊区化蔓延呢？因为英、德、法等国都有上级向下级派驻规划师的制度。国家向各城市派驻规划师，工资由国家来发，城市的各项建设必须先经派驻的国家规划师签字同意后，才能上报市长审批。派驻规划师与城市规划局互相结合、互相支援，规划局的工作也好做了，也在无形中抬高了规划局的地位。正因为有了这套制度，英、德、法等国家的古建筑和历史街区保护得很好，城市也没有蔓延扩张。同时通过跳出老城建新镇的办法，有机疏散老城区的功能。我国应学习英、德、法的派驻规划师制度，但不能一竿子插到底，建设部只向省和省会城市下派规划师，其他城市由省建设厅负责落实，这样就把两级政府的关系和责任界定得比较清楚。这样一来，城市规划局的底气就足了，等于派了高级规划官员帮助其伸张权力，帮助他们一起向权力阐述真理，出了问题共同分担责任，相当于为城市规划局撑起了一把"保护伞"。

5. 明确重点镇并出台扶持政策

村镇工作的重点是明确重点镇和出台扶持政策，同时还要评选和保护历史文化名镇、名村。重点镇的评选打破了单纯由地方申报的传统做法，而是采用客观测评与地方意见相结合的方法，应用"全国小城镇发展潜力研究"计算机模型，结合国务院批复的省域城镇体系规划中确定的中心镇和各省已正式确定的重点镇，初步提出了第一批全国重点镇名单（约 2000 个左右）。针对这些重点镇，每年都要出台相应的扶持政策。对被评为全国历史文化名镇的城镇，将享受全国重点镇的待遇并实行动态管理，如果保护得不好，将取消其全国历史文化名镇的称号。

6. 建立风景名胜区和历史文化名城动态监测系统

在数据采样方面予以资助，中央部委负责遥感数据的采集与分析比较并向下级部门下达现场核实通知书，从而充分形成工作合力，共同管理保护好风景名胜区和历史文化名城。由国家统一建立风景名胜区和历史文化名城动态监测系统比地方单独建立，权威性要高得多，成本要低得多，效率要高得多。

### （三）市级规划管理改革工作的重点

1. 近期建设规划

规划体系可分为空间轴和时间轴。空间轴一直以总体规划为龙头，控规为基础，分区规划、远景规划等为补充；时间轴中的总体规划的期限是 20 年，控规是近期的，20 年和年度建设计划间的时间断档，必须由近期建设规划来填充，5 年为期进行修编。所以，近期建设规划主要是把空间轴的规划管理序列化，保证时间轴规划管理连续性，从而使整个规划管理体制合理化。近期建设规划的作用：

一是可以强化规划的可实施性。没有近期建设规划作为补充，城市规划很容易两头落空，总规和控规成为两张皮，规划可操作性不强，长官意志会起很大作用。所以，通过近期建设规划的编制，既可以解决依据总规管理太粗、编制时间太长、需要调整的地方太多却又不知调整什么的问题，又可以解决控规空间视野太窄、具体要求太细，要求修改的东西太多等问题。而且控规直接以总规为依据也有问题，在时间轴上跨度过大。

二是强化城乡规划的综合协调性。因为只有近期规划可以与当地的国民经济发展计划相协调，期限都是 5 年，可以把发展计划落实到空间上，也能与土地利用总体规划相协调，与城镇体系规划以及其他专业规划如水利、交通等规划相衔接。这些规划在城镇化快速发展中变化速度都很快，不可预见因素众多，而城市总体规划期限是 20 年，跟不上它们的变化，所以必须通过近期建设规划来顺应变化，以变应变，把合理的内容吸收到近期建设规划中来，变成具体可以操作的内容，对其他规划进一步制约协调，这就把整个规划体系逐步完善起来，突出了城乡规划的综合性和协调全面的功能。

三是完善了城乡规划对市场缺陷的弥补功能。城市规划是一种中观和微观相结合的政府调控手段。随着经济体制改革的深化，政府不再拥有计划经济时期传统的调控手段，凡是计划审批的，都要向市场和企业下放。但在完善市场经济体制的过程中，城乡规划是各级政府弥补市场不足、平衡市场力量的主要手段。所以，开展城市经营，必须与城乡规划匹配。市场力量就像火车头，是动力，规划就像钢轨，火车动力越强、速度越快，轨道就要越精密，刚度越高，否则将会翻车。所以，市场力量很强，规划调控力不足，就要出大问题。具体来说，从项目的审批看，原来是超过一定额度的投资项目要报中央批，额度以下的投资项目报省里批，现在都下放给企业了。政府对项目的审批将会简化到只是对土地承载力的许可、环境容量的许可和土地空间资源配置的许可，这就落到城乡规划上了；从时间上来看，通过近期建设规划的有效安排，就能有效地防止突击上项目，突击上长官意志的"形象工程"，突击上那些破坏资源的"砍头"工程。

总之，近期建设规划实际上是城市宏观发展的目标与具体项目衔接的桥梁，是城市整体发展与局部建设之间的连接器。所以，近期建设规划从城乡规划体系来讲是改革的重点之一。

2. 推行城乡规划阳光工程

阳光工程的本意是将规划实施管理工作公之于众，接受民众的监督。具体做法：一是体现民主，以民主制约权力；二是通过舆论和向民众公开来制约权力；三是用程序制约权力。通过民主、公开、程序来制约权力，城市规划局的地位就提高了。对权力的实施制约，可以大大提高对错误的修正能力。另一方面还可以提高工作效率，因为阳光工程的内涵与深圳实施的法定图则有密切的关系，只有把规划不确定的内容减少了，这样才可以公开，在公开的过程中修订规划存在的错误，有利于规划的法制化。所以，只要符合规划条件的项目就可以备案式审批。如香港有些项目的审批是立等可取的，具体可分三类：一类是许可的，一类是限制的，一类是禁止的。建设项目只要属许可范围内的，马上就可以备案式审批；限制类的项目，需要经过研究论证；禁止类项目，则没有商讨的余地，即使特首批了也不行，这就大大提高了规划审批效率。通过控规公开，公众对哪些项目不能建设，哪些项目可以建设了解得一清二楚。规划局对那些符合许可标准的项目审批是立等可取的，建设单位可以尽早开工，这样的规划就可以捕捉任何发展的机遇，这样的规划就具有高效率，领导和投资者必然也会满意，同时也体现了公正公平。通过城市规划布局，体现了近期与远期利益的公正，不同群体之间的公正，当代人与下代人间的公正，环境污染与生活舒适度、经济发展之间的公正。

3. 提高控规的覆盖率和控规的质量

阳光工程的基础是控规的公开。城市总体规划公开，实际上难以避免形式主义，因为总规是发展战略和策略，是阳春白雪，普通老百姓才不关注这些呢，他们关心具体的，影响自身周边生活环境的问题。而控规和具体规划方案的公开是实在的。控规的公开，首先要提高覆盖率，现在控规的覆盖率很低。有些城市控规编制的质量也很差，有的只是找两个刚毕业的大学生来编，编完后又随时调整,失去了科学性和权威性。在编制控规时,有些重要地段先要搞城市设计,再把城市设计中有利的方面吸收到控规中,这样编制的控规就比较合理,再通过法律程序,将控规变成地方法规。为什么总有人提出要求修改控规?因为控规直接涉及产权的界定,控规明确的容积率、绿化率就是钱。控规在美国就是法律,一旦颁布后,是谁都不能随意修改和违反的。而我们的控规像是一根橡皮筋,这是我国规划制度最大的缺陷之一。所以,控规的地位不提高,不科学化,不法制化,阳光工程、近期建设规划方面的改革都会受到阻碍。前面讲到规划的遗憾,许多遗憾就是原来控规没有编制好,规划部门批准建六层楼,业主要求建设单位建十一层楼,而周围老百姓和媒体并不知道规划部门到底允许其建设多少层,就无法监督。控规制定后,要在每个小区公开。如香港每个小区都有小区周边地块的法定图则公示栏,人人可以监督。规划局代表政府做解释工作,也提高了规划局的权威。现在,有些规划局长,听说市里来了几个投资大户,规划局长就溜走了,怕书记、市长要求其为几个大户审批土地容积率指标。但他是逃得了和尚跑不了庙的,没有控规的法制化公开化,责任全由规划局长承担。还有一个规划局长说:"什么控规,我不要,规划都在我脑子里"。这样的规划局长迟早要进班房,一点也不冤。

4. 统一上收市辖区、开发区、各类园区的规划管理权力

对市辖区和各类开发园的规划管理,必须上收到市级规划管理部门统一管理。现在,要把开发区、各类园区作为城市扩展建设的有机组成部分,特别在大城市、特大城市要作为城市有机疏散的组成部分,作为城市的新区、新镇来建设。如搞成单一的土地开发用途,不仅解决不了交通问题,而且还会造成土地极大的浪费和城市功能的肢解。

5. 严格执行"一书两证"制度

"一书两证"具有法律地位,而且实施已久,比较规范,现在要进一步明确"一书两证"的法律地位。尤其是选址意见书的地位,不能通过市长办公会、五套班子联席会议代替项目选址。"一书两证"是规划作为法律的一种表达形式,是制约权力的具体表现。

## (四) 建设部应该承担的责任

第一是要研究整体的城市规划管理体制改革。虽然以前研究过这方面的工作,但要继续完善。研究中一定要强调多样化、多路子、多阶段,因为我国地域辽阔,发展水平不一样,比如以深圳现在的经济发达程度,内地一些地方再过20年可能也赶不上。所以各地要先试,不要等。建设部出台的政策都是全国性宜用的内容。只有各地大胆试过后,中央机关才能总结提炼。

第二是要健全法制。应在有法可依的前提下,切实做到违法必究。各省市应该争取省人大立法。

第三是要完善总体规划的审批。现在城市总体规划审批周期太长，程序太复杂，必须进行调整改革。

第四是强化对省、市规划部门工作的支持。

第五是加强培训，加强交流，特别是针对市长进行城乡规划知识的教育。

第六是推动全面改革，提高城乡规划的地位。

第七是建立全国范围内派驻规划督察员或国家规划师的制度。

第八是出台城市规划建设的评价制度。有些城市对城市规划编制经费投入不足，污水处理、绿化率很低，污水管网、煤气管网破旧。这些基础设施建设项目，组织部门在考察干部时是看不见的，但却是与老百姓的生活质量及城市可持续发展能力密切相关的，必须纳入城市规划建设的评价体系，以此来评价城市是带病运转还是健康发展的，从而对书记、市长的政绩作出客观评价。再也不能由"形象工程"来片面决定书记、市长的升迁了。先给城市这方面的绩效进行科学评价，再交给组织部门。

### (五) 城乡规划管理体制改革必须处理好的几个关系

#### 1. 处理好上下级政府之间的关系

要合理划分事权，确定制度执行中的相互关系，充分调动各级政府的积极性。现在不少同志有几种担心。就省厅的同志来说，一是担心自身权威不够。这要靠自己的工作做好了以后，再逐步建立权威，有所为才有地位。因为城镇化涉及方方面面的许多工作，十分复杂，应该抓住规划编制实施这个总龙头来展开工作，才会得到各方面的认可。二是担心下面反对。实际上建立这套制度是相互强化和支持的，是对城市政府规划工作的智力支持，下面应该是欢迎的。三是担心省领导不重视。其实城乡规划作为成熟的空间规划，只要科学编制就能因"有用"而引起领导的重视和支持。四是担心如果真的管起来后，又管不过来。这就要发挥规划委员会、专家委员会、派驻规划师等几个方面协同的作用，必须靠系统整合。

就市规划局而言，一是担心省里乱干预。事实上，事权划分是明确的。二是担心改革后办事麻烦影响效率。实际上通过改革是要公开行政，而且把落脚点放在控规上，这样就会提高办事效率。三是担心招商引资受阻。如果控规没做好，就没有准备好迎接投资的机遇，控规做好了，就已经为土地转让和招商引资做好准备。

#### 2. 处理好相关部门与相关领域改革的关系

城乡规划管理体制的改革，不是可以单兵突进地改革。一方面我们要遵循市场的规则，要以价值规律为载体；另一方面更要主动弥补市场的不足，集中精力管市场管不了的事情。一是市场管不了资源保护，所以通过制定紫线、蓝线、绿线管制办法，来保护资源。市场的动力是要占有、消耗或破坏资源，编制规划就是为了保护某些不可再生的资源。二是市场管不了产权界定，必须通过控规来界定。控规中的容积率确定就是对土地产权的界定之一。三是市场解决不了空间的合理布局，就要通过城乡规划来解决。四是市场也解决不了"形象工程"过多过滥的问题，通过近期建设规划和控规分别约束。所以，规划与市场是互补的，同时要做好与国民经济和社会发展年度发展计划的协调，与土地利用规划的协调，指导各项专业规划的落实，同时要把专业规划中合理有用的内容吸收到城乡规划中来，使城市规划成为其他规划的落脚点。如果城市规划落实不到具体空间上，让其他专业规划落实到空间，那整个城市规划空间布局工作就被动了。要通过改革使城乡规划主动合理化，主动科学化，主动可操作化。

## 九、专题：英国建立低碳社会的经验❶

党的十七大报告强调，必须"加强能源资源节约和生态环境保护，增强可持续发展能力"；"加强应对气候变化能力建设，为保护全球气候作出新贡献"。这就要求我们必须着眼于低碳社会的构建，减少能源、资源的消耗，减缓温室气体排放的速度。与此同时，作为发展中的大国，还要抓住机遇，同步提升国家竞争力，促进发展。本节着重对英国在节约能源、减排温室气体、应对气候变化尤其是建立低碳社会等方面的已有实践和未来规划，进行了较系统的分析，并对其在创建低碳社会过程中所获得的优势与成效进行总结，从而提出对我国应对气候变化、建立低碳社会、提升国家经济竞争力方面的启示与建议。

### （一）英国创建低碳社会的主要做法与特点

1. 明确目标，尽快形成全社会节能减排的共同行动

早在2003年，英国政府即提出建立低碳经济和2050年减排60%的目标，主张将英国建成世界上最先进的低碳经济体，成为低碳和资源节约型产品、过程、服务和商务的典范。❷ 英国首相布朗将环保与充分就业、稳定增长并列为政府的三大经济目标，主张利用节能环保创造更多的财富和就业，吸引投资和扩大出口，有效应对能源安全等挑战。

根据英国最新的《国家温室气体排放清单报告》统计，2005年英国温室气体排放总量为6.554亿t二氧化碳当量(包括土地利用、土地利用变化和林业的排放)，较1990年水平(7.743亿t二氧化碳当量)下降了15.4%。在目前的基础上，不用再增加任何措施，预计到2010年，英国温室气体排放量将比1990年降低19.4%，将较好地履行《联合国气候变化框架公约》以及《京都议定书》所规定

---

❶ 本文是在2007年11月第三期赴英国牛津、剑桥大学的"当代经济与社会全面协调发展"专题研究班的报告上改写而成的，国家环保总局副局长李干杰博士提供了本文稿第一、二部分的一些数据，在此表示感谢。

❷ 根据欧盟内部的"减排量分担协议"，英国在《京都议定书》下承诺的具有法律约束力的减排目标为：2008～2012年间排放水平在1990年的基础上减排12.5%。

的义务，走在发达国家的前列。此外，英国政府在 2000 年《气候变化计划》和 2007 年《气候变化法》草案中，提出了本国更加长远的减排目标：2010 年要在 1990 年的基础上减排 20%、2020 年减排 26%～32% 和 2050 年减排 60%。英国首相布莱尔不久前甚至提出，如果专家认为合适的话，英国政府将考虑把 2050 年减排目标从 60% 提高到 80%。法案还规定，政府将通过提前 15 年制定每 5 年一次的"碳预算"，使投资者和政策制定者有明确的目标和方向。

2. 加强立法，落实有法律约束力的减排任务

2002 年加入《京都议定书》以后，英国颁布了一系列强制性的温室气体减排的法律法规。2002 年颁布的相关建筑法规，规定了建筑行业能耗标准；2005 年出台的《公路运输可再生燃料法》，要求交通燃料供应商必须出售一定比例的可再生能源燃料。

2007 年 3 月 13 日，英国政府推出了《气候变化法》草案；11 月 19 日正式公布了该法案，现已进入议会立法程序。预计明年夏天将正式审批通过和发布实施。从现在情况看，英国很有可能成为世界上第一个通过立法进行强制减排温室气体的国家。

《气候变化法》确立了清晰、可计量的减排要求，明确了更切实可行的措施。比如：政府将成立一个法定机构——气候变化委员会，负责研究减排目标落实情况，向政府提供独立的专家建议和指导；政府要每 5 年至少向议会提交一份报告，说明气候变化的现实影响和未来影响等等。

2007 年 5 月，英国贸工部发布了《2007 年能源白皮书》，计划在其长期能源发展战略中，大力发展可再生能源，将其能源组合的比重从 2005 年的煤炭、石油和天然气、核能、可再生能源分别占 35%、40%、19% 和 6%，逐渐过渡到 2020 年的 20%、40%、5% 和 35% 的目标；其中，也明确提出了在 2010 年将二氧化碳减排 20%，到 2050 年将二氧化碳减排 60% 的目标。这不仅能减少大量二氧化碳的排放，而且也减少了对进口能源的依赖压力，确保了国家能源安全。

3. 多管齐下，建构比较完备的减排政策措施体系

英国按照"行政手段先行、经济政策主导、技术措施跟进、配套工程保障"的总体思路，形成了一整套相辅相成、较为完备的温室气体减排政策措施体系。

(1) 在行政手段上，通过制定行业规范和标准，明确各行业减排目标、任务和标准。要求电力行业供应商自 2003 年开始 3% 的电力来自可再生能源，此后逐年提高，2010 年要达到 10.4%、2015 年增加到 15.4%。要求政府部门到 2010 年只有 15% 的电力来自化石燃料热电厂。要求建筑行业严格执行"欧盟建筑能耗标准体系"，通过执行这一标准，2006 年全英新建房屋的能耗较 2002 年前下降了 40%。同时，还在全国家庭中以能耗和用水两个指标，提出了"可持续家庭标准"概念。为配合建筑标准的实施，2005～2008 年，政府每年投入 4.4 亿英镑用

于技术创新和旧房改造；2007~2009年间，将再对25万个家庭建筑保温隔热改建提供补贴。

(2) 在经济政策上，制定了开征气候变化税、实施政策性补贴、建立碳排放交易体系等措施。从2001年起，英国开始在企业中征收"气候变化税"，征收对象包括使用能源的工业、商业和公共部门。自2001年向除住宅用户以外所有能源用户征收，迄今已取得减排6000万t二氧化碳的效果。同时，为了鼓励减排，政府又采取了一些税收减免措施，比如，与政府签订气候变化协议的企业，若完成规定的减排目标，可以减免80%的气候变化税。同年，英国还将机动车消费税直接与二氧化碳排放挂钩，在此基础上，为提高能效，先后于2003年和2006年分别对商用车的燃料税、机动车消费税进行了调整。

此外，英国积极培育和推动碳排放交易市场，抢夺市场创新的先机，努力将英国和伦敦打造成全球碳市场的中心，提高英国在全球碳市场的地位和作用。早在2002年，英国就建立了碳排放交易体系(UK ETS)，该体系是世界上第一个国家碳排放交易体系。从2005年开始，英国的碳排放交易体系已经完全纳入欧盟碳排放交易体系(EU ETS)。政府还敦促所有的办公楼、超市、商业和公共机构，自2010年起全面参加"碳减排承诺(CRC)"的排放交易机制，预计每年减排二氧化碳420万t。近两年来，英国一直是欧盟成员国中碳交易的领头羊，全球碳交易总额的80%在伦敦完成。

(3) 在技术措施上，通过加大对可再生能源以及低碳排放技术的投入，夯实温室气体减排的技术基础。在2002~2008年间，英国政府每年提供5亿英镑用于可再生能源的研发。2004年8月，贸工部宣布成立海上可再生能源开发基金(MRDF)，以支持海浪和潮汐能的利用和商业化推广。2005年6月，英国政府决定提供1500万英镑支持氢能和燃料电池技术示范项目。将"气候变化税"的部分收入(每年6600万英镑)用于设立"碳基金"，旨在促进有关节能减排的技术开发，侧重向企业提供节能咨询，充分发挥低碳投资孵化器的作用。投资3.7亿英镑成立国内"环境变迁基金"，推动环保技术产业化。投资10亿英镑成立"能源技术研究所"，重点研发可再生能源技术，计划2020年前对可再生能源项目的财政支持达到20亿英镑。

4. 突出重点，分行业推进

英国政府对重点行业的能源使用状况及节能潜力等进行详细评估和定量分析，并根据分析结果制订节能降耗目标，然后将这一目标分解到各个行业部门。

(1) 能源领域是英国温室气体排放量最大的行业，占全国总排放量的36%。实际上，英国前期温室气体减排任务得以顺利完成的主要原因之一，就是从1990年起，逐步使用天然气取代煤炭发电，导致了二氧化硫和二氧化碳排放迅速减少。其中二氧化硫排放已经减少到1990年的1/7左右。英国1990年天然气发电仅占 0.05%，而 2004 年达到了近 40%。目前这一领域减排的重点：要求电力企业承担更多的可再生能源义务；政府增加对可再生能源研发的投资，大力发展可再生能源；通过发展热电联产、微热电联产技术，提高能效。到 2020 年，将能源使用效率提高 35%，减少电力消耗 8%～15%，减少天然气消耗 13%。英国支持欧盟提出的到 2020 年通过高能效率达到节省能源的目标。

（2）建筑和家庭占英国能源使用总量的 30%，占终端用户二氧化碳排放量的 27%。❶ 为了降低新建建筑物能耗，英国政府实施了严格的能耗标准体系，新建建筑物的能耗得以显著降低。在家庭层面，英国政府在 2007～2009 年间，将提供 2000 万英镑，与地方政府和能源提供商紧密合作，启动提高家庭用户能源使用效率的项目，平均家庭每年可减少 0.5t 碳排放。英国"西格马"住宅建筑公司 2007 年 6 月推出一套新型绿色建筑，被授予英国目前第一张"零排放"住宅证书。这套"零排放"住宅拥有一系列环保特征：①可再生能源发电。住宅屋顶装有太阳能热水器和涡轮式风能发电机。②废水循环利用。洗衣、洗澡、洗手等产生的废水首先用来冲洗厕所，然后经过过滤处理循环利用，从屋顶收集的雨水用于浇花和灌溉。③水龙头和花洒一律采用低速流动水，降低水的流量。④采暖耗电少。由于朝南窗户一律安装三层真空玻璃，墙壁夹层一律填充羊毛隔热层，住宅所散发的热量比普通住宅少 2/3，因此在采暖上所耗能源更少。⑤通风自动控制。热量感应器控制通风孔自动开关，以确保室内温度适宜。由于该住宅的墙体和屋顶部分采用的是预制框架式设计，与传统的砖结构住宅相比，大大缩短了建造周期。据初步估算，这种住宅每年可节省能源开支 80%。以一个四口之家的英国普通家庭为例，一年至少可节省 800 英镑的能源开支。

2007 年 4 月，英国政府颁布了"可持续住宅标准"，对住宅建设和设计提出了可持续性新规范，其最大特点是节能环保。在具体操作层面，政府 11 月宣布对所有房屋节能程度进行"绿色评级"，分 A～G 七个级别，A 级为节能效果最优，G 级为节能效果最差，并颁发相应的节能等级证书。被评为 F 级或 G 级的住房（目前估计约占所有住房的 20%）的购买者可由政府设立的"绿色住家服务中心"帮助采取改进能源效率措施，这类服务是免费的或是优惠的。

英国政府将从 2008 年 4 月起开始给所有新建住宅和房地产市场上销售、出租或建造中的商品房发放节能等级证书，到 2008 年 10 月，英国所有公共建筑都将拥有可出示的证书。从 2016 年开始，英国所有新建住宅都必须实现"零排放"，这种环保住宅将享受免缴印花税的政府优惠。

---

❶ 这里所指的能源使用量和二氧化碳排放量只计及建筑的运行与建造，未包括建材的开采、加工、运输以及建筑物拆除回用等。如以"全生命周期建筑"所耗的能源或排放的二氧化碳来计算，约占全社会的 50% 和 48%。

英国环境、食品和乡村事务部最近还公布了一项家居节能退税计划。根据计划，希望获得地方政府退税优惠的家庭必须先通过英国煤气公司安装保暖墙。每个家庭安装保暖墙需花 175 英镑（约合 2625 元人民币），然后可申请退税 100 英镑（合 1500 元人民币）。改装后的家居更加暖和舒适，每户年均可节省 110 英镑（合 1650 元人民币）能源开支，同时也大大减少了温室气体的排放。此外，英国政府还大力推行家用电器"能效标识"、推广智能计量表和实时能耗显示等措施，减少家庭能源消耗。

（3）交通行业也是一个能耗较大的行业，其二氧化碳排放占 23%，且其中 85% 来自道路交通。为减少交通行业温室气体的排放，政府除了通过采取机动车税收手段以及配套政策实现向低碳交通的转变外，目前英国还在欧洲国家中对新车燃料的使用效率有较严格的规定。欧盟要求新购车辆在 2012 年后行驶每公里减少 100g 二氧化碳的排放。2007 年 3 月，英国政府启动一项气候变化交流运动，以提高公众和驾驶员减少车辆尾气排放的意识。增加对地方公共交通基础设施的投入并加强交通网络的管理，促使更多公共交通的利用。

（4）其他行业，如农业、林业和土地以及其他公共部门的主管部门同样制定了类似的行业减排政策和措施，并得到有效实施。例如，2007 年 5 月，英国政府公布了废弃物战略，主要内容包括以更多优惠鼓励家庭减少废物、扩大废物回收范围、提高废物回收率、提高垃圾税。11 月，英国政府宣布，允许 5 个地方政府试行鼓励人们减少、回收和循环利用废物的计划，对家庭垃圾实行"按量计费"。

英国地方政府协会为英格兰和威尔士地区设计了按垃圾袋大小、垃圾重量和垃圾箱大小三种可能的收费方案。英国环境、食品和农村事务部表示，"扔多少垃圾交多少费"的目的就是要鼓励人们少丢垃圾，减少垃圾积存，提高资源回收。同时政府也在研究是否对那些在回收利用废物方面表现出色的家庭给予物质奖励。

英国地方政府协会最近进行的调查显示，64% 的受访者支持家庭垃圾和水电费一样"按量计费"。英国政府的目标是，希望通过鼓励措施，家庭废物回收率到 2010 年提高到至少 40%，到 2020 年进一步增加到 50%，从而使填埋垃圾量降至 1220 万 t。

5. 统一协调，部门分工合作

英国环境、粮食与农业事务部是气候变化政策制定和实施的总体牵头部门，财政部、商业企业与监管改革部、交通部、社区与地方政府部、外交部、国际发展部等部门参与，分工合作，以行业执行的方式开展各项减排工作。

首先，各行业主管部门统一在环境、粮食和农业事务部的总体协调下制定和实施各自的政策措施，但各有侧重。环境、粮食与农业事务部主要负责气候变化法草案、欧盟碳排放交易体系、气候变化协议等框架性政策的制定和指导，并负责能源行业、家庭建筑以及农业林业和政府相关行业的配套政策的制定和实施；财政部负责气候变化税的管理；商业企业和监管改革部主要负责可再生能源义务的加强和修改、微热电联产战略的实施，并参与建筑终端能效方面的服务条例和测量方式改进等工作；交通部负责与交通领域相关政策的制定与实施，如可再生交通燃油义务、低碳交通创新战略等；社区与地方政府部主要负责建筑能耗条例以及和家庭排放义务相关的标准制定和相关协议活动。

其次，为了进一步推动各相关部门的通力协作，英国政府于2006年设立了气候变化办公室（OCC），作为跨部门战略研究提出与推动实施的单位同时向七个政府部门和首相负责，专司应对气候变化政策执行和协调。

英国设立的由综合部门统一牵头、相关行业主管部门分工合作、气候变化办公室居中协调落实的运行机制，为英国减排工作顺利实施提供了有力的组织保证，这也是英国建立低碳社会取得显著成效的关键之一。

6. 地方政府积极努力，充分发挥节能减排主导作用

地方政府的态度和作为，对于推动节能减排、应对气候变化十分关键。其中尤其是城市政府，因为大约有3/4的温室气体是来源于城市。

在英国，围绕应对气候变化，中央政府当前的作用主要集中在制定外交内政方面形成创造低碳社会的意识形态和社会风尚、确定二氧化碳价格、通过调整政策鼓励分散式能源、更快更大规模促进可再生能源开发、制定气候变化法案等几个方面，其他节能减排措施则主要靠地方政府制定和落实。地方政府尤其是大城市政府不仅积极响应中央政府的号召，而且形成超越国家目标的二氧化碳排放标准和减排目标，形成务实的并且具有持续性的工作措施。

**（二）英国在低碳社会创建过程中获得的初步优势与成效**

英国是应对气候变化的先行者，也是全面创建低碳社会的积极实践者。迄今该国在应对气候领域创造了许多"第一"：发达国家中第一个完成并有望大幅超越《京都议定书》第一阶段减排目标；第一个提出2050年可减排60%～80%；第一个征收"气候变化税"和拟定《气候变化法》；第一个制定涉及整个经济领域的碳排放交易制度；主要大国中第一个设立有关气候变化的巨额国际合作基金。英国首相布朗从国家战略高度对待气候问题，认为应对气候变化的努力堪称"第四次技术革命"，是类似"马歇尔计划"的"命运抉择"，可为英国提供"巨大机遇"，主张英国成为应对气候变化的"全球领导者"。

1. 理念和先行优势

英国对气候变化的敏感度和应变力强，推动低碳社会创立的工作措施扎实，对减排的承受能力和把握度也较大。经过多年的努力，英国大体掌握了气候变化全球议程的主动权，许多理论和实践走在各国前列。英国较早提出气候变化的主因是人类活动，认为气候变化是全球性威胁，称气候问题也是非传统安全问题，

强调减排孕育无限商机，主张减排可与经济增长和扶贫并行不悖，这些观念已逐步为国际社会所接受。

2. 制度和标准优势

英国于2003~2006年实行的"排放交易制度"（UK ETS）为世界首创，为欧盟排放交易制度提供了经验。英国将现行的欧盟排放交易制度、将于2010年实行的"碳减排承诺"制度及与主要能源用户签订的"气候变化协议"（CCA）确立为减排三大制度基石，对其他国家有较强的示范作用。例如建筑物"能源绩效证书"，规定2016年后新建筑物必须达到零排放、2011年前废止非节能灯泡，提高家用电器节能标准、2012年后小汽车每公里二氧化碳排放新标准等等，正形成一系列英国版的"气候标准"，出现了通过欧盟向世界推广的趋向。

3. 技术和研发优势

由于政策导向明确、支持力度大，英国企业对投资研发低碳技术很积极。目前，英国在清洁煤、海上风电、潮汐与波浪发电、生物质能发电、建筑节能等领域拥有一批世界领先的技术。主要能源研究机构和科学家实力不凡，正在招标的商业规模碳捕存（CCS）技术煤电厂示范项目亦属世界领先。仅在国际市场增加销售清洁煤技术的商业机会，对英国而言，可能的市场机会大约在510亿英镑。

4. 节能和能源安全优势

由于英国石油资源逐渐枯竭，进口石油价格飙升，不得不考虑能源的多样化供应和大力发展能源新技术，其中重要的一项计划是研究洁净煤技术。英国原为产煤大国，但到了20世纪80年代，由于国内煤开采价格上扬和环境污染问题，英国在1999年发布了"洁净煤技术计划"，即后来的"清洁化石燃料计划"。其目标是鼓励发展具有国际竞争力的洁净煤产业，提升相应产品在主要出口市场的竞争力和技术水平；鼓励在大学开展基础性煤炭科学研究，鼓励与英国煤炭利用研究协会合作，为提出前瞻性建议提供支持，研究开发英国煤层气资源和煤炭地下气化技术。这项计划的资助重点是煤炭处理方法、发电系统的研究以及一系列相关技术，从而减少因燃料燃烧而产生的各种废气排放。目前，计划的大部分工作都集中在提高锅炉效率、改善煤炭气体和减少氮氧化物排放等技术上。英国煤产量不断下降。2006年，全国煤产量只有1860万t，进口5000万t。由此可见，英国的煤炭技术与生产能力已经成为低成本的能源储备与能源安全的重要保障。

5. 资金和金融优势

英国大企业和金融财团抓住"气候商机"，大笔投资节能环保和新能源产业。伦敦金融城充分发挥金融服务领域的资金、信息、人才和网络优势，成为全球碳融资和碳交易中心，伦敦证交所创业板为许多参与碳交易的企业提供了便利的融资渠道。碳交易还催生了碳中介、管理、登记、核查等新职业，为英国培养了一批精通碳融资和交易的国际性人才。由于英国在构建低碳社会方面占了先机,抓住了机遇,从而使伦敦超越美国纽约坐上全球金融市场头把交椅。

6. 核能和平利用优势

核能也是现阶段实现无碳排放发电的重要来源。英国目前共有12座核电站,核能发电占全国发电总量的18%左右。英国将充分地考虑发展核能的广泛不确定性,并提高核废料安全处理能力,使民众信服核电发展的安全性。

7. 新支柱产业优势

发展可再生能源,创建低碳社会能构建新的国民经济发展支柱产业。根据能源战略规划,英国政府将引入可再生能源等级制度,以区别支持不同的可再生技术。这将鼓励加大开发和部署更广泛的可再生技术。新的等级制度有望于2009年实施。目前,英国全国已有7000家涉及环保行业的技术开发公司。现在可再生能源市场每年创造2.8亿英镑产值,预计到2020年将达到190亿英镑。建筑节能、发展绿色建筑,每年可创造上百亿英镑的产值。随着低碳社会日益广泛发展,英国的国民生产总值的大部分将由低碳新能源、新材料和新技术等支撑,能大大增强英国的对外经济竞争力。

8. 国际形象和软实力优势

碳排放影响的对象是涉及全球安危的大气层,需要世界各国的共同应对才能奏效。较之其他欧洲国家,英国对发展中国家的气候外交注意发挥表率作用,强调先予后取,循序渐进和先易后难。布朗任财政大臣时即在幕后运筹《斯特恩报告》,推动安理会和世界银行讨论气候变化问题,重视调动舆论和民意,将科研报告与政治需要巧妙地结合。《斯特恩报告》即为政府策划和推动,近两年几乎每两个月出台一份气候问题报告,努力维持和升高气候问题的"热度",为应对气候问题的国际努力规划原则和方向。将应对气候变化列为外交重点之一,推动2005年八国集团鹰谷峰会以气候变化为主题,领导人外交政策演讲和重要出访必谈气候问题。在近期国际会议上,一再呼吁发达国家在第二承诺期继续率先减排,重点做美国和新兴大国工作。斥资8亿英镑创立国际"环境变迁基金",用于向发展中国家提供相关援助。此举大大强化了英国的"软实力",提升了英国在国际社会的形象。正如新首相戈登·布朗在任财政大臣时提出:"世界和平是无法分割的状态下维系的,只能在共享状态下实现。繁荣也是如此。"在他看来,创立低碳社会类似于"马歇尔计划"的措施,其实并不是传统意义上的救助,而是对未来的投资。❶

英国地方政府,特别是作为首都的伦敦,非常重视节能减排工作,采取了一系列积极行动,并收到了明显成效。

---

❶ 参见:戈登·布朗. 今后50年的马歇尔计划. 华盛顿邮报,2001-12-17。

(1) 将节能减排确立为市长一号工程，并领先于国家规划，制定了地方政府的减排目标和措施。2007年2月，伦敦制定和发布了该市温室气体减排工作规划。根据该规划，伦敦到2025年要达成60%的减排目标，即比全国目标提前25年实现。针对伦敦城市二氧化碳排放主要来自民用(38%)、商业及公共机构(33%)、陆地交通(22%)、工业(7%)等几个领域的突出特点，市政府拟实施四个绿色计划，即绿色家园计划、绿色组织计划、绿色能源计划、绿色交通计划，以确保2025年减排目标的顺利实现。

(2) 政府机关和领导率先主动落实减排的各项措施，为民众作出表率。如英国皇室出资3000万英镑对白金汉宫进行了节能改造；查尔斯王子发起了"生态村"项目；伦敦市政府将新政府大楼建成节能率达65%的绿色建筑；对家庭安装太阳能、沼气能发电装置的，采取所得税返回等措施进行鼓励；积极推进建筑节能和绿色建筑，因为建筑节能是减少碳排放最廉价的措施。

(3) 充分发动市民群众和各类社会团体，开展绿色消费活动，倡导消费低加工度农副产品和本地产品以减少运输排放。在工商企业中推行节约包装、绿色原料、节能生产和废物回收利用等措施。

(4) 推动城市经济结构转型，淘汰高排放产业。鼓励技术创新与合作，将碳减排目标落实与加快企业技术改造和提高地方产品竞争力相结合，以提高国家经济整体竞争力。

(5) 实施交通需求管理(TDM)，加大公共交通的投资，市长亲自带头乘公交上下班，以减少公务用车，倡导自行车和步行等绿色交通方式。英国许多中小城市，如牛津、剑桥等都已颁布法令限制大学生拥有小汽车。大幅度提高公共场所的停车费。为解决严重的交通拥挤和高污染气体排放问题，伦敦从2003年开始收取交通拥堵费，驾车司机需根据每月行驶的路段、时间和路程缴纳此费。每年收取的1.3~1.5亿英镑则主要用于发展伦敦的各种形式的绿色交通设施，包括人行道、自行车道、公共汽车和轨道交通。据统计，5年来，有超过5%的人由驾驶私车上班改为了乘坐公共交通工具。

(6) 推行新的城市规划理念，倡导紧凑型城市(Compact City)、土地混合使用和生态城市(Eco-city)等发展新理念，达到城市建设既节约土地又减少温室气体排放。对城市进行"生态化"改造，最大限度地利用各类可再生能源。2007年9月，英国首相布朗宣布将在2020年以前在全国建设10个生态镇。根据政府设想，每个生态镇可容纳1~2万户住户，生态镇住宅必须实现低碳和无碳排放目标，生态镇内应配套商店、中小学校等设施。目前政府已收到50份开发生态镇的申请。政府对生态镇建设的基本要求是：①规划设计合理，建筑物与周围环境相协调，房间光照充足，通风良好；②房屋围护结构要有较好的御寒隔热功能，门窗密封性能及隔声性能符合规范要求；③供暖、制冷及炊烧等要尽量利用清洁能源、自然能源或再生能源,全年日照在2500h以上的地区普及安装太阳能设备;④饮用水符合国家标准,给排水系统普及安装节水器具,10万$m^2$以上新建小区应当设置中水系统,排水实现深度净化,达到二级环保规定指标;⑤室内装修简洁实用,化学污染和辐射要低于环保规定指标;⑥要有足够的户外活动空间,小区绿化覆盖率不低于40%,无裸露地面。

当然,英国在应对气候变化方面也存在一些问题和挑战,主要是可再生能源比重低,在低碳能源技术和投资上面临美、日、德等国的激烈竞争。对英国将气候问题政治化、安全化的做法,不少国家亦不认同。但英国社会各界对积极开展节能减排和应对气候变化已形成共识。英国多数政治家认为,即使其他国家不响应,英国单方面采取行动,也非常必要,有利于其实现多元战略目标并获得重大利益。第一,英国发挥带头作用,有利于支撑其国际地位;第二,对保障英国能源供应安全将起到一定帮助作用;第三,率先采取行动,有利于取得技术和经济竞争优势;第四,有利于在全球更大范围内和更大程度上获得经济利益。

总之,英国创造低碳社会、减排温室气体的模式较好地处理了减排与经济发展的关系。事实上,在1990~2002年期间,英国经济增长了36%,而温室气体降低了近15%,在这段时间里,排放强度也降低了35%。英国大力推行的低碳经济发展模式值得我国学习借鉴。

(三) 对我国推进低碳社会的启示和建议

依据联合国近日颁布的"巴厘岛线路图",发展中国家也应承担明确的温室气体减排任务。积极应对气候变化,不仅可以树立我国负责任大国的形象,更重要的是参与制定低碳经济这一重新分配全球财富的游戏新规则。国际上主要强国主动减排根本原因还是为了抓住机遇,提高其国家竞争力。这对于发展中的我国尤为重要。

1. 推行低碳发展模式,促进生态文明的建立

伴随着我国城镇化、工业化、机动化的快速推进,能源资源的消耗和对环境的污染也变得越来越严重,降低碳排放将是我国建立中国特色的生态文明必须面对的主要挑战。英国在发展经济和减排温室气体方面的成功经验表明,低碳经济发展模式是可行的。首先应将低碳社会的建立看成是消费模式、消费文化习俗的革命,彻底转变那种炫耀式浪费旧习惯,防止城市消费模式向农村的蔓延。其次是国家有关部门应认真研究英国发展低碳经济的经验,从法规标准、行政政策、经济政策、产业政策、财税政策、环境政策、贸易政策和科技政策等方面入手,深入分析和研究建立具有中国特色的低碳经济发展体制和机制。更为重要的是,英国经验表明,一旦某种高碳排放发展模式已经建立或固化,再减少每吨二氧化碳气体排放的平均成本将高达85英镑以上。这比国际碳排放权交易价高出10多

倍。根据日本 AIH 经济模型测算，在日本境内减少 10t 二氧化碳的边际成本是 234 美元，美国为 153 美元，欧洲国家约为 198 美元。当日本要达到在 1990 年基础上减排 6％温室气体的目标时，将损失 GDP 发展量的 0.25％。而发展中国家每吨二氧化碳的平均减排成本仅几美元至几十美元。处于城镇化和机动化初中期的我国，有条件领先于世界各发展中国家率先建立低成本和低碳的城市、社区发展模式。

2. 下大力气改变能源供应结构，提高能源使用效率

英国完成《京都议定书》的减排指标，其核心手段就是改变了能源结构，提高了能源效率。我国温室气体排放主要在能源生产和能源消费行业，解决问题必须从这些行业入手。必须采取更有力的政策措施，大力发展可再生能源；严格控制燃煤电厂的建设，关停小火电，改造高污染电厂；大力推动清洁燃料发电，促进科技创新，加快应用低成本的固碳发电技术、高效冷热电联产、分散式终端电源等。依据国家《可再生能源中长期发展规划》，到 2020 年，可实现减排 20 亿 t 二氧化碳。

另外，要在农村大力倡导沼气、太阳能和秸秆燃料等可再生能源的应用，推广吊炕、节煤灶、节能建筑等适用技术。切实防止农村能源利用方式的城市化、商品化，对整个国家减排计划的落实有着重要的影响。同时还要积极推行农村荒地绿化和城市园林化计划，大规模建造碳吸收林，因为这比西方国家倡导的碳捕获和存储技术的成本低得多。

3. 推行生态交通，创建低碳机动化模式

目前，我国正处于机动化的高速发展阶段，由于人口基数巨大，人们要求改善交通出行方式的需求迫切，私家车拥有量以每年 20％以上的速度递增，目前已成为全球第三大汽车需求国，交通能耗和温室气体排放快速增长。根据国际经验，私家车依赖型的出行习惯一旦形成，不仅再改变的代价极其巨大，而且还会引发城市的低密度蔓延。

首先，应推行城际轨道交通为主、高速公路为辅的交通模式。从能耗方面来看，火车每吨公里的能耗只有 118kcal，大货车是 696kacl，中小卡车（家用）达 2298kcal。也就是说，同等货物，铁路的运输碳排放仅为高速公路的 5％～20％，而且单位运输用地可节约 20～30 倍。

其次，在城市交通方面应下决心保留和扩展自行车道和步行道，大力发展包括地铁、BRT（快速交通）、公交专用道、普通公交等，抢在大多数市民私家车出行习惯形成之前，以"快、准、廉、优"为目标来优化公交出行方式，减少交通的碳排放和城市空气污染。

最后，由于我国的城市都属于"紧凑型"城市，比较适宜推行的是 BRT（快速公交系统）和 TOD（交通导向开发）模式。这两种模式的推广都要求城市

规划提前作出安排。实践证明，一旦在城市中系统应用了这两种模式，一般就能够获得生态、土地节约、经济发展、便利出行和社会等几方面的均衡，用最少的交通用地和能耗来解决机动化的问题，而且不论是富人、穷人，还是外来人，在公共交通服务方面一律平等，有利于实现生态、社会和经济效益的相统一。

**4. 倡导绿色建筑和生态城市，转变城市发展模式**

城市作为温室气体的主要排放源，其空间结构、功能、产业性质和运行机制直接决定着我国碳排放目标能否实现。尤为重要的是我国正在经历快速的城镇化，今后 30 年内将新建 400 亿 $m^2$ 的新建筑，城市建成区面积还将翻番。能否推行低碳城市发展模式，不仅是我国空前绝后的机遇，也是全球温室气体减排的决定性战役。

首先，应建立国家财政补贴制度，直接补助节能达 60% 以上的高等级绿色建筑和促进既有建筑绿化改造，并对北方地区推行供热计量改革实行强制推广和以奖代拨式的财政补贴，限期对耗能大的公共建筑进行改造。仅此几项建筑节能措施就可以在 2020 年前达到减排二氧化碳 6 亿 t 之多（相当于英国的总排放量）。

其次，推行绿色城市基础设施，在交通、供水、供热、污水和垃圾处理诸方面采用节能减排新技术和经济激励政策，如直接将污水处理费返回污水处理厂与实际 COD 削减成效挂钩的办法，促进企业采用节能新技术。

再次，积极开展生态城市的国际合作和老城市"生态化改造"。目前，我国正与英国政府合作在上海崇明岛建设一座生态城市。胡锦涛总书记与布莱尔首相见证签订了一个协议，中英合作在上海的崇明岛东滩建立一个 50 万人口的生态城市。到 2010 年，初步形成一个 5 万人口的示范城镇。与新加坡合作在我国天津滨海新区建立一座 30 万人口的生态城市。还有与意大利商谈合作在河北规划建设生态城市。与瑞典合作在内蒙古建立生态镇。可以说，每一个发达国家都希望与我国进行这方面的合作。毫无疑问，不久的将来，中国的生态城镇建设将领先于世界上任何一个国家。

当前，我国正处在快速城镇化过程中，有条件大规模建设生态城市来获得"后发优势"。而发达国家的城市化进程都已经完成了，已失去了此项优势。城市化结果是刚性的，对处于停滞扩张的大城市大规模地进行重新建设的经济和生态成本都将十分高昂。在现阶段，如果在我国建立一个生态示范城市，那将有几百个甚至上千个城镇可以仿照学习。而如果在欧盟、美国等发达国家进行同样的投资，可能只有十几个城市能仿效。整个示范推广建设过程所带来的二氧化碳的减排效率，在中国和在发达国家的差距是巨大的。

**5. 充分运用经济手段和市场机制，加大对节能行为的激励**

英国的经验表明，市场经济手段是推进节能减排最为有效的措施。建议综合运用价格、税收、财政、信贷、收费、保险等经济手段，大力推动全社会走低碳经济发展之路。当前，一要尽快开征燃油税并对能源企业开征能源税和环境税，使市场价格真正反映能源供求关系和环境代价；二要对节能设备和产品的最终购买者以补贴或减税，使之较使用传统产品更划算，更有吸引力；三要对汽车和住房采用区别化信贷，依据节能减排的性能差别制定对购买者的优惠政策；四要启动政府资助重大基础性节能减排技术的投资计划。

此外，英国和其他发达国家的经验证明，排放权交易市场是一个保护全球环境有效可行的手段，它可以从整体上降低减排的成本，提高减排的效率，在保护环境的同时还可以促进金融、投资和贸易的发展，创造新的金融业务，发展经济，促进就业。据国际排放交易协会于 2007 年 12 月中旬分析，本年度碳市场交易超过 700 亿美元，而且每年增长速度极快。据英国首相布朗预测，到 2030 年，全球碳减排量的市场交易量将增长到 6000 亿美元。❶ 到目前为止，尽管我国已经成为发展中国家 CDM 项目发展最快的国家之一，❷ 但由于体制僵化、信息不对称等问题，实际的交易成果与减排大国的地位很不相称。因此，充分借鉴英国等发达国家碳市场的成功经验，开发具有中国特色的碳交易和排污交易市场机制，利用市场手段，通过交易的方式，低成本、高效率地促进节能减排工作的开展，并力争成为亚太地区的碳排放权交易中心，对构建低碳社会和提高我国的经济竞争力都将有益。

6. 充分发挥地方政府在节能减排工作中的关键作用

完成国家温室气体减排目标的关键在于地方政府的响应和努力。正如改革开放 30 年来，我国地方政府在中央的号召下，结合当地的实际情况，实施改革开放，促进经济社会发展方面发挥了关键性的作用。在落实科学发展观的今天，我们借鉴英国的经验更应关注地方政府的行动，最大限度地发挥他们的积极性与创造性尤为重要。

如果中央和省级政府出台有利于地方政府形成良性竞争机制的温室气体减排（或节能减排）行动目标计划和相应的经济激励政策，科学合理地评估地方政府的节能减排行为和绩效，激发基层干部的积极性，减少盲目性。党中央、国务院确

---

❶ 参见：广州日报，2008-1-22：8。

❷ 虽然中国的国情和英国不同，中国作为《京都议定书》的非附件一国家在 2012 年之前不承担减排温室气体的义务，但是，按照《议定书》的规定，中国可以通过清洁发展机制（CDM）项目，与发达国家合作自愿地减排温室气体，同时促进中国的可持续发展。清洁发展机制（CDM）和联合履约（JI）是《京都议定书》规定的自愿项目合作机制，由发达国家从发展中国家的 CDM 和 JI 项目中购买碳减排指标。由于通过碳交易既可以降低减排温室气体的成本，低价高效地完成其国家、欧盟和国际公约规定的减排义务，又可以通过碳市场中心的有利地位，获得碳排放交易和金融方面（现货、期货交易、碳基金投资等）的经济利益。

定的二氧化碳减排或节能目标就能顺利实现。

当然，也必须清醒认识到，由于各种原因，在推动节能减排工作中，我国当前一些地方政府对中央政府的各项政策、要求认识尚不到位，执行力度明显不够。其实，英国在前几年也存在类似情况。为了解决这一问题，英国中央政府采取的是定期对地方政府执行中央政府节能减排政策和要求，及其实施效果进行全面评估，并对外公布结果的办法。建立这样一种低碳社会绩效评估机制，对促进地方政府认真履行职责，发挥主导作用，强化社会公众舆论监督有着重要作用。同时，也有利于各地方政府部门之间学习借鉴成功的经验。这一做法值得我们学习，为构建环境友好型社会，要切实强化对地方政府的激励和约束。

建立并实施科学、统一的节能减排统计指标体系、监测评估体系和信息发布制度；将地方完成节能减排任务情况与中央对地方的财政支持进行挂钩；并将"限批"措施进一步固化和规范，使其充分发挥积极作用；建立宣传、教育、监督、问责并举的绿色政绩考核体系，使地方领导在思想上从被动环保向主动环保转变，在执政理念上从自己的眼前政绩向百姓的长远利益转变，在决策上从单纯的经济增长向全面可持续发展转变。

7. 大力加强气候变化方面的基础性能力建设，提高科学研究和技术开发能力

英国的经验表明，应对气候变化，节能减排除了需要制度上的保障，还需要大力推进技术创新。如大力加强温室气体减排和应对气候变化基础工作，例如气候变化的观察、纪录和分析，未来气候变化的预测研究，气候变化对中国的影响评估等。同时，要在深入调查研究，特别是具体监测的基础上，全面掌握我国的温室气体排放情况，认真计算和编写最新的国家温室气体排放清单，为我国应对气候变化打下一个良好的科学基础，也为国际谈判提供技术支持。另一方面，加快开发和推广各种低碳技术。例如，可再生能源及新能源、煤的清洁高效利用、油气资源和煤层气的勘探开发、二氧化碳捕获与埋存、清洁汽车、纤维素合成分解技术、低成本太阳能光电池与建筑一体化等等。

未来的经济竞争很可能是低碳发展模式的竞争，如果谁能超前进行技术、体制、增长模式等方面的主动创新和发展战略的超前部署，谁就有可能在未来经济竞争中获胜。因此，要把应对气候变化的核心技术作为我国自主创新体系的重要领域，加强具有低碳经济特征的前沿技术的研发，力争取得重大突破，以大幅提升我国相关技术和产业上的国际竞争力，促进国民经济更好更快发展。

8. 倡导新的消费观，促进循环经济模式的推广

创建一种新的文明和社会结构，必须大力弘扬全社会的创新精神，以全球的眼光、全人类的安危为出发点，及时把握机遇，促进社会消费模式、文化、习惯的转型和创新。创建低碳社会意味着所有的公民都应超越个人私利和当代人的利

益，代之以天人和洽、天人合一的生态文明观，彻底摒弃传统封建社会和工业文明中固有的炫耀式、奢侈浪费的方式和一次性消费模式。推广"合约使用"（相对于传统的买断、卖断的市场交易方式)，通过回收、翻新、提升、再造、循环使用来保证资源的循环利用。这方面，各级政府应该带头，利用政府消费巨大的购买力和影响力来引发市场和公民的响应。除此之外，还要推行商品的耐用、修理和实用的概念，反对过度包装以达到"消而不耗"的目的。总之，要反对消费主义，以"节俭为本"，在不耗尽人类生存之本的前提下满足消费需要，而不是让物欲无限膨胀。

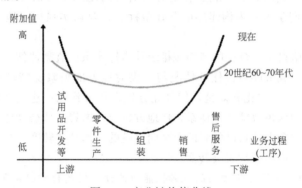

图 5-6　产业链价值曲线

9. 大力推进服务业发展，促进产业结构转型

与英、美等发达国家不同的是，我国正处于工业化的高潮期，再加上改革开放之后大量国外投资的进入，造就了我国"世界工厂"的现状。而创建低碳社会的关键之一就是有效率地降低 GDP 的"含能量"和"含资源量"，也就是减少创造单位 GDP 所需的能源与资源消耗。从国家竞争力提升的角度来看，由于产业链价值已经遵循"微笑曲线"，❶ 属于产品研发、科技创新、标准制定、品牌经营及销售、售后服务等服务业环节的企业获利水平和竞争力明显高于制造环节。这就意味着我国必须顺应国际产业转移的规律，大力推进服务业的发展，不能将低能源、资源消耗的"世界办公"让给其他发展中国家。尤其是"十五"规划期间我国服务业占 GDP 的比重不升反而降低了 5 个百分点，❷ 更应引起我们的重视。必须积极利用信息化、流程外包、加快金融资本市场发展、充分依托城镇化，尽快形成物流、信息、研发、设计、创意、软件业、商务服务和文化等辐射集

---

❶ 在当今世界的产业链中，研发、生产、流通诸环节的附加值曲线呈现两端高而中间低的形态，即研发和流通环节附加值高、制造加工环节附加值低，大体呈"V"形，很像人笑时嘴的形状，所以俗称"微笑曲线"。

❷ 参见国家发展与改革委员会专题报告。

聚效应较强的服务产业群体，促进产业结构的整体升级转型，奠定低碳社会的基础。

总之，在工业文明时代占优势的西方经济社会模式——以化石燃料为基础、小汽车为中心、一次性产品泛滥、污染物和二氧化碳排放大幅度上升……显然在我国是不可行的。21世纪全球文明的延续，不仅取决于发达国家能否率先建立低碳社会，也取决于人口最多的中国和印度生态文明的进程。这场新的生态革命也和工业革命一样，立足于旧能源利用模式向新能源的转变，它也会像先前的农耕文明和工业革命一样，将深刻地影响全人类的发展。但这三场革命在规模、时机和源头上还是有区别的，生态文明——创建低碳社会的革命不像前两者，它必须在几十年内紧锣密鼓地完成。前两种革命是由许多新发明驱动的，靠的是技术的进步和文化的变迁。构建低碳社会虽然也要大力借助于新的技术和创新，但主要驱动因素却是人类要与自然和谐相处的迫切要求和自觉性。更为重要的是这场新的革命将无一例外地波及全球所有的国家和组织。在这场生态文明的革命中，有些善于创新的国家将会成为赢家，有此则会被边缘化而成为输家。正如"B模式"的提出者莱斯特·R·布朗认为的那样；那些参与构建新模式的国家和企业将成为赢家，那些墨守成规的国家或企业将被历史所淘汰。[1] 而具有"天人合一"、"物人合一"自然生态观文化传统的我国，理应在创建低碳社会和构建生态文明的进程中奋发勇为，主动创新，抢抓机遇，力求全面提升国家的整体竞争力，也为全球文明转型贡献出中华民族的智慧与力量。

---

[1] 参见：[美] 莱斯特·R·布朗. B模式2.0. 林自新，暴永宁等译. 北京：东方出版社，2006：285.

# 第六章　超越近期利益：不可再生的"高等资源"的永续利用

## ——历史文化与自然遗产保护的意义与对策

在我国城镇化和旅游业高速发展的今天，作为旅游业发展和人居环境最主要载体的城市、村镇历史文化和风景名胜资源的保护与开发利用，既受到了前所未有的重视，也因为思想认识的不统一及工作方式方法的偏差，出现了大规模的破坏现象。本章从加深对城市历史文化名镇名村和风景名胜区高等资源特征的认识入手，分析此类不可再生资源的价值以及面临被无知者拆毁的种种挑战，介绍现存的各类资源的特征和保护开发的例子，并力求吸取国内外的历史教训，探索在新时期如何处理保护和利用好此类资源的基本手段与方法。

### 一、加深对高等资源特性的认识

所谓一个地方的某些资源等级比较高，一般具有以下五个特征即独特性、垄断性、稀缺性、脆弱性和不可再生性。这五大特性决定了这些资源与一般性资源的差异，不像农业资源、人力资源或者其他的可再生资源，损失了可以恢复，或者这类资源可以被别的资源代替。城市高等资源概括起来有以下几个方面。

1. 城市古建筑和历史街区

欧洲许多国家，像意大利、法国、英国以及丹麦、挪威、芬兰等，其中任何一个国家留给游客的基本印象就是这些国家的城市历史建筑保存非常好，而正因为这些历史建筑，使她们成为世界各地游客游览观光的地方。英国城市规划协会会长认为：两次世界大战使得欧洲许多国家城市的80％建筑被毁坏，但是第二次世界大战以后，这些国家的城市规划师们，在城市的恢复重建上，不约而同地选择了同一条修复之路，就是按照原来的图纸进行修复性建设，把这些历史性建筑恢复到第二次世界大战以前的风貌。想不到半个世纪以后，这批历史建筑观赏价值越来越高，成为城市不可估量的宝贵资产，也成为许多国家和城市赖以生存和发展的主要资源。他认为，其他的资源都会枯竭或贬值，唯独城市的风貌、历史古建筑、历史街区等资源，一年比一年值钱，来这里的游客越来越多，相关产业赚的钱也越来越多，这是规划师们当时实施保护时所没有想到的。随着全球化的推进和旅游业的兴起，现在这些体现地方化的独特资源增值潜力越来越大，而且可以世世代代地增值下去。

欧洲国家之所以较好地保存了城市历史建筑风貌，缘于当时有一个制度起了重大作用。法国、意大利、英国都适时建立了国家规划师制度。第二次世界大战结束以后，如何进行城市的恢复重建？法国就在全国所有的规划师中，经过考试选择了350名规划师作为国家规划师，由法国建设部负责把这些国家规划师派驻到历史文化古迹比较多的城市规划局工作。该城市所有的建设项目，必须先经派驻的国家规划师签字同意，再上报市长批准后才可以动工建设，所以这些城市的历史风貌、古建筑保存得非常好。到了城市化和城市修复完成后，350名规划师中有一半转到了文化部，因为这时主要的任务是对古建筑的维护而不是修复。迄今为止，法国经历了三次国家规划调控权力下放的过程，唯独这个权力始终没有下放。法国、英国、意大利等这些国家的城市，尽管遭受了战火的蹂躏，许多城市被摧毁了好几次，但是现在游客还能在这些城市中清晰地看到几百年前甚至是1000年前的建筑及其历史脉络。当时他们的市长、规划师们为他们的子孙后代留下了不可估量的、不断增值的、不可再生的资源。

在我国的历史上，许多文人志士对中国的古建筑，也是非常珍惜的，都认识到其价值的无限性。鲁迅先生曾经说过：有个性的，才是美的；是民族的，才是世界的。他这句话非常深刻。所谓"有个性的"，就是代表了城市的个性，代表了地方的个性，这才是真正独特的美。而现在，我国一些城市的领导，看到国外某个城市的高楼大厦好，就把它拷贝下来，模仿建设，结果造成了千城一面，每一个城市都是一个模样，这就是没有个性，没有美感。所谓"是民族的"，就是体现了东方美，体现了中国特有的美、特有的建筑、特有的文化。如果每一座城市都能保留自己的特色，都能展示自身悠久的历史文化传承和绚丽多姿的人文风貌，这才是属于世界的，世人也才会赞扬。如果外国游客到中国来，看到的城市尽是欧式风格，他们会乘兴而来，扫兴而归，他们想要看的是凝结着东方美的建筑。

世界著名的美国规划师沙里宁说过，城市是一本打开的书，从这本书中可以看到这座城市市民的抱负、市长的抱负。也就是说从城市的外在表象，就可以判断该城市市长文化境界的高低和城市居民在文化上的追求和文化品位。许多人都到过云南的丽江古城，10年前的大地震使得丽江古城基本毁坏，当时丽江四套领导班子在讨论灾后重建时，有相当一部分人主张填平城内3条小溪，修建宽马路，学东南沿海地区，建设现代化建筑，搞高楼大厦，以体现丽江的现代化气派。当时，云南省建设厅组织了一批专家指导丽江的灾后重建工作，并指出，丽江如要申报世界文化遗产，灾后重建的建筑，一砖一木都应按照原来的式样。丽江四套班子的领导最后统一了思想，原汁原味地按照原有的格局、风貌进行恢复建设。现在，丽江GDP的85％以上来自于旅游业的发展。如果当时按照他们原来的设想，把古城改建成高楼大厦，宽马路，与其他城市没有任何区别的话，还会有85%的GDP存在吗？旅游业收入占GDP的85%意味着什么？城市居民的收入提高了3倍。所以，从这个案例可以看出，是不是真正贯彻"三个代表"，体现在科学正确的决策上，体现在对城市高等资源的可持续利用上。历史往往是最终的仲裁者。

又如美国，只有300年的历史，城市中高楼大厦林立，基本没有什么历史悠久的东西，150年前的建筑就可以成为国宝级，其修复工作的任何细节都要受联邦内政部的严格审查。例如美国加利福尼亚州沿海小镇卡梅尔，这座小镇居民只有4000人。在这座小镇内，100多年前的古街道格局一点都没有变化，所有的建筑都延续着原来的风貌，小镇附近的海岸建筑风貌、道路建设全部按照加州海岸规划局制定的详细规划来进行建设，所有的楼房不得超过两层。我国极为有限的黄金海岸也应学习借鉴。例如三亚市海边是建高楼好还是矮楼好，如专家们参观了卡梅尔小城以后，所有的争论将随之平息。因为卡梅尔小镇海边的建筑不超过两层，使得建筑与海岸线及周围的自然风貌完全融合在一起，给人以浑然一体的感觉。如果在海边建几座高楼，与自然风光争奇斗艳，那就没有卡梅尔小镇了。一座只有4000人的海边小镇，每年的游客达100万人，小镇98%的收入来自于旅游业，就是因为保持了这个古老小镇的原有风貌，尽可能保留大自然和祖先们的遗存，房子的外貌也必须依照历史原貌装修。这样的房子转让价格至少是200万美元，最高的达1000万美元，成为全球艺术家休憩和创作的地方。如何创造绿色财富？如何实现可持续发展？可以从只有300年的历史小镇的实践找到答案。所以，除了历史文化名城，还应积极保护历史文化名镇、名村。一些小镇乡村一旦被评为中国历史文化名镇、名村，很可能就会成为宝贵的旅游资源，就可吸引游客。如果再加上管理得当的话，就会产生经济和社会良性循环的发展机制。但现实上我国不少城市建设的实际过程中，有时拆除的是宝贝，建起来的却是假古董或是"垃圾"。

古建筑和历史文化街区的特征：①历史的积累性。古建筑和历史文化街区是经过几百年甚至上千年的历史积累，是一代一代人智慧的结晶，而不是现在某个"聪明绝顶"的当权者在一年之间可以重建完成的。对任何古建筑和历史街区以推倒重建的方法进行旧城改造，只会破坏其历史积累性，导致历史信息的丢失。②创作的艺术性。古代建房哪像我们现在一年半载就可以建成一座高楼，古时建一座建筑，经常是一群艺术家和建筑师的长期创作过程，再加房主当时也有闲情逸致，建设周期可长达5年；一些复杂的建筑，需要几十年甚至上百年才将它研磨成功，而且参与创作的这些人都是当时的艺术大师。③鲜明的时代性。每幢历史建筑都体现着不同时代的风格，所谓的唐风、明风或清朝建筑，都有着不同的特色风貌。④文脉的继承性。一座城市的历史文化是不断延续的。巴黎塞纳河中的西岱岛，巴黎最古老的古建筑大都集中在该岛上，有着 800 多年历史的巴黎圣母院就建在这个岛上。西岱岛是巴黎的发祥地，然后是螺旋式地发展扩大，最早开发的那个区域最为神圣独特。在这里可以找到巴黎城市的起源、文脉的起点，找到那个时代最辉煌的一笔。再如，在意大利的罗马，从两千年前的斗兽场到第二次世界大战时期意大利统治者墨索里尼执政时所建的建筑都保存着。如在中国，这样的建筑早被拆除了，但是罗马人胸怀开阔，他们认为这些建筑不是墨索里尼个人的，而是罗马人民的，它反映了一个时代特征，所以那些建筑现在都保存得非常好。罗马城 2000 年前、500 年前的城市风貌，包括法西斯统治时代的建筑，不同时期的文化脉络非常清晰，所有对不同历史感兴趣的人，都可以在这里找到自己心仪的文化景观，找到自己对艺术的崇敬和值得临摹的对象。

2. 自然景观

古人选址建城，都是将城市建在风光秀丽、山水环抱的地方。有人说中国建筑讲究风水，实质上是追求人与自然的和谐相处。杭州西湖三面环山，一面临城，城与西湖之间的关系处理得非常好，山不高不低，离城不远不近，湖不大不小、不深不浅，经过 2000 多年来的不断研磨，相互之间的尺度连接可以说是没有更和谐的了。以至于有人感叹，杭州美啊！你们的市长、书记当得好啊！我认为市长们不能太贪前功和天功为己有，西湖这颗明珠已研磨了 2000 多年，到了我们手里无非是拿块抹布再擦了一擦。广州以前叫云山珠水，古人曰"六脉皆通海，青山半入城"，形容这座城市非常美。被国外称之为"东方莎士比亚"的我国古代戏曲学家李渔曾说过："山水者，情怀也；情怀者，心中之山水也"。前一句说明什么叫山水？就是你心中对他的描绘和领悟能力。后一句指的是一个人的品位高不高？用心中有没有山水来说明一个人的境界和审美能力，这句话印证了现代美学的观点：美是客观和主观的统一。城市规划建设，经常说要依山就势，讲究的就是人工建筑与自然环境的和谐相处。这需要很高的文化素质。

美国旧金山市市长曾对他管辖的城市有一番评价。他说，旧金山这座城市的可爱之处在什么地方？200 年前美国西部发现黄金，当时全世界的人涌到旧金山来，旧金山成了进入美国的一个大门，旧金山是全美华人所占比例最高的城市。就是因为受不同文化背景居民的偏爱，尤其是东方文化的影响，旧金山所有的建筑都是沿小山包而建，城内 44 个小山包没有一个被推平，整座城市呈现波浪形的地理特征，融合了湖泊、河流、海滩、沙漠、森林、大洋、山丘所有的大自然特性，所以这座城市就是世界上独一无二的，每年吸引着众多的游客。如果按照大开发的建设哲学，先用推土机把 44 个小山包全部推平，那就没有独特的旧金山了。

自然景观特点：①生态特征。联合国专家们曾提出，城市要尽可能保留自然的痕迹，哪怕是一个水塘、一条沟渠、一片林地，因为它是没有经过人工改造的自然斑痕。这种自然斑痕是独一无二的，其独特性是因为这是大自然的创造，而不是人工创造，人工创造是互相可以临摹的。②高度的可观赏性。③无限的增值性。自然景观资源已是越来越少，尤其是与城市临近的国家级风景区和省级风景区等自然景观，有些是与城市重叠的，更是宝中之宝。如杭州、桂林、金华等城市，风景区与城市连在一起，这就使得这些城市有一种非常独特的美。金华城因背靠金华山而得名，婺江穿城而过，城市的地理特征非常丰富。金华山就是国家级风景名胜区的双龙风景区，城市与风景区相邻，名山、名城、名景三者珠联璧合，像这样的城市，在我国是相当普遍的。以前因为古人选址选得好，那么现在就要看当代人是怎么去保护它的了。

3. 城市的园林与河道

不少决策者对城市绿化的功能与作用认识片面。实际上，城市绿化有以下六个方面的作用：①视觉美感。它对好的建筑，可以起衬托作用，所谓"绿叶扶红"；而对丑陋的建筑，又可以起遮掩作用。②空气过滤。国外许多城市为什么种那么多银杏树，因为发现银杏树的气味对人类有好处，可以过滤有害气体，增强人的抵抗力。每棵成年的行道树其每年的"生态价值"就达到3000美元以上。③生态空间。绿化地带是生态多样化的载体，是人类活动的相对隔离空间，也是城市应急系统的重要组成部分。④文化积淀。中国的园林绿化与国外的不同，中国人讲究天人合一、师法自然，就是向自然学习，虽为人工，宛如天开。⑤调节气候。城市的热岛效应只有通过绿化来调节，一片绿林就是一个巨大的水分蒸馏器，起到降温作用。⑥城市基础设施的载体。城市大量的管网都建在绿地下面，这也是城市绿带之所以比较宽的原因。

再说城市的河道，现在很多人没有注意，但这却是非常值得发挥的地方。城市有水，就有了灵气。北京投资20多亿元，以恢复城市河道水系，而大建设历史上错误填埋了多少城市河道啊！城市河道不仅仅是用于泄洪排水，还有其他许多功能，如城市备用水源、防灾，更重要的是它是历史的遗存。每一座城市都是先有河、后有城，许多城市就是因为河运的发展而兴起的，城市所有的历史痕迹都印刻在河道上。有的城市河道名字非常漂亮，如杭州市区有一条河道名叫浣纱河，"西施浣纱"，多美的河道啊！可惜被填埋了，变成了如今的浣纱路了。河道是城市最主要的公共空间。这个公共空间所构成的景观是最丰富多彩的。河道又是城市生态的结合点。水陆交接处是物种多样化和生育繁殖的最主要的环境。所以，城市河道和城市绿化都属城市的高等资源。对于这样的高等资源，应利用城市规划严格地加以调控。建设部出台的《城市绿线管制办法》、《城市蓝线管制办法》就是空间资源管理手段的实例。蓝线管制就是调控城市的河网水系，绿线管制就是调控城市绿地，保障这两类资源不断地增值。但是，我国有的城市为河道治理投资了几十亿，两岸护坡是整齐划一的水泥驳坎，看上去如刀切一样，这样的河道除了排洪泄洪，几十公里的河道两岸景观没有任何变化，看不到任何多样化的景观，这就违背了高等资源可持续利用的原则。

4. 城市的总体形象

美国规划师凯文·林奇（Kevin Lynch）是这方面的祖师爷，他所著的《The Image of the City》（中译为《城市的意象》）一书流传非常广。他把城市主要景观分为五种元素（道路、边缘、区域、节点、标志）来表达。一是城市道路，道路两边的景观与道路之间的关系，是城市景观的主要元素。二是城市边缘，就像我们说的城市入城口、城市与其他自然物的边缘带，是城市主要的形象交会点。三是城市不同的区域。如城市商业区、文化区、旅游区、步行街不同的区域，每个区域就是城市螺旋式发展的硬件。四是节点。交通道路与河道、森林与山脉、城市与海洋等直接的交叉口，这是最主要的景观。芝加哥城市为什么美？最根本的原因是将湖泊、高楼群、绿化三者处理得非常协调。五是标志物。通常是一个定义简单的有形物体如雕塑、建筑、山峦等。在这方面我国城市的决策者们最容易犯错误，如许多城市动辄就要建什么标志性建筑。杭州就有很多人提出，杭州应该搞一些标志性建筑物，但是搞得再好，也不可能超过保俶塔。伫立在西湖北边宝石山上的保俶塔，距今已有1300年的历史，成为杭州城市久立不衰的地标。为什么？因为：①历史形成的；②自然的，是人工建筑与自然山体环境的完美结合；③尺度是和谐的；④独特的。城市标志、地标和标志性建筑，并不是以体形是否高大为标准的。

5. 人造景观包括主题公园

人造景观、主题公园对城市发展的促进作用不小。像洛杉矶的迪斯尼乐园、好莱坞电影城已成为当地经济的一个增长点；深圳的华侨城、世界之窗也历久不衰，管理者对公园的品位、内容的更新等方面都精益求精，每次去参观都有些变化。还有城市博物馆，凡到英国伦敦去的人，都要到大英博物馆、国家自然博物馆去参观。现在，英国政府对这两个最主要的博物馆实行免费开放。为什么？就是为了吸引更多的游客到英国来，他们关心的不是博物馆自身，而是看重博物馆带来的周边效应，整座城市的效应。如在美国哈佛大学，每年来校参观的游客达五六百万人。为什么？因为在哈佛大学的校园里，遍布着数十个博物馆。城市规划讲究在城市中形成景观走廊，就是把一座城市的中轴线建成一条景观集中的走廊，而不是一条开阔的道路，将公园、广场、博物馆、雕塑、市场、历史古迹等景观要素串接起来，并在设计、修建中着重尺度的宜人和步行的需要，而成为城市的景观高潮。单纯开阔的道路安排在历史文化之中建设，就像一张破相的脸一样难看。有些城市配合景观走廊建了步行街，效果就非常好。

6. 城市的历史事件

城市历史事件同样可以给一座城市带来财富，这是许多人没有想到的。如到法国的游客,一定会去参观著名的滑铁卢战役的发生地,就是那么一个小城,一堆土包,有什么东西好看呢?但是每年却有成千上万的人到这里瞻仰参观,就是因为这个地方充满着神秘感,大家都是好奇战无不胜的拿破仑为什么最后兵败滑铁卢,来这里看地形风貌,就把钱撒在这儿了。40年前,美国黑人活动家马丁·路德·金在华盛顿发表了一个著名的宣言——《我有一个梦想》,这一梦想的发表地现也成为旅游的热点,而且每年的宣言发表纪念日都举行集会,约有50万人参加,那几天该地的旅馆住宿费成倍涨价。在这方面,我们就做得不够好。如杭州雷峰塔的重修,当时就犯了一个错误,认为雷峰塔底没有地宫,就开始挖掘。金华有座万佛塔,从地宫中挖出来的东西不少。塔底的地宫与坟墓不同,坟墓容易被盗挖,因为荒山野岭的也许一个月都没有人去。而塔则不同,每天都会有人去游览,况且塔底地宫也不是一天能挖穿的,所以一般塔底的地宫保存得比较好。雷峰塔的地宫打开后,里面宝贝确实非常多,但是新闻价值就少了。如果当时开挖地宫时有一个比较好的策划方案,新闻效果就大不一样了。如先人已给世人以白娘子镇压在雷峰塔底下的悬念,然后逐步仔细地开挖,或许挖掘5年,那每年就陆续不断地有人因这一悬念的轰动效应到这里来。雷峰塔开挖本来可以为当地带来无穷的财富,却没有很好地加以利用。应在进行城市建设时,避免犯这样的错误。

除了城市历史事件外,还有城市文化特征。有的城市就是一出戏,如纽约的百老汇剧场,可以演上100年而经久不衰;巴黎的红磨坊,一天到晚就是一出戏,同样的场景,同样的内容,就是不断地有人来观看。还有我国的丽江也有一台戏,就是一位名叫宣科的老先生的"创造",其"三老"(老人、老乐器、老曲子)是丽江的一宝。这些活的文化遗产,具有少数民族本地特征的文化都是无价之宝。对这些由城市历史事件、地区文化特征构成的高等资源,都应该很好地去认识、保护和开发。

## 二、高等资源遭受破坏的主要原因

近些年来,社会各界对历史文化名城保护的呼声日益高涨,不少城市政府也在名城保护与当地经济、社会、文化的结合方面探索出了有实效的新路子。例如,苏州的古街坊保护、丽江古城地震后的修复、浙江临海长城、杭州的清河坊、胡雪岩故居重修和北京的国子监保护性整治等等。但从全国整体情况来看,历史文化名城的保护态势仍非常严峻。在当今经济建设和城市化高速发展的进程中,由于城市建设欠账太多,再加上城市行政官员急功近利、盲目攀比的思想,历史文化名城和城市特色正在遭受新一轮的破坏。与建国后前几轮破坏浪潮(即建国初期城市工业化大发展,拆旧古城墙,1958年"大跃进"时期全面拆除古建筑和"文革"时期文物古迹的灭顶之灾)不同的是,这一轮的破坏是行政手段、市场机制双重作用的结果,在某些城市更表现为官、商、民一起上的局面,其持续的时间更长,破坏的力量比前几次更大。尤为危险的是当前城市个性、历史和特色的丧失往往是在各种貌似正确的口号和政策下推进的。本节从造成历史文化名城丧失自身文脉的原因剖析入手,结合国内外在保护历史文化名城风貌方面的成功经验,提出复兴城市历史文化特色的三项基本策略。

大批的文物古迹被"建设性"地破坏,众多的文化名城在"经济开发"的浪潮中失去特色而变得千城一面,这正表明了居住在历史文化名城中的人们,尤其是主宰城市命运的官员们的追求发生了偏差。其原因就在于:

首先在于对城市发展的理解肤浅。相当多的政府官员,将城市中的历史古迹看成是加快城市发展的障碍,是市政工程建设的"钉子户",是城市现代化建设不协和的音符,是追求自己"政绩"的拦路虎……他们并没有想到,历史文化名城中的古迹和风貌是各个历史时期城市发展留下来的实物,是研究、借鉴该城市经济社会发展、文化艺术发展的重要例证和源泉,是发展旅游业的重要物质条件。珍惜和保护每个城市的历史文化这份先祖传承给当代人和子孙们的独特风貌和遗物,就是保护不可再生的发展资源。尤其重要的是,如果保护得法,城市文化遗产所具有的信息资源特征将是永不枯竭的。在这个意义上说,保护历史文化名城的风貌与内涵就是保护生产力发展的高等资源。

其次是对改善城市居住环境的误解。不少人的确是出于对居住在旧城区的居民不能享受现代城市居民应有的生活居住条件而担心,习惯于将人均居住面积、绿化面积作为衡量人居环境的简单尺度,总认为"旧城"就是过去岁月留下的烂摊子,不少是属于亟待拆除的"危房"。要旧貌变新颜,出政绩,就要"破旧立新",就要"快刀斩乱麻",于是将旧城区的老宅旧居全部拆除。再加上房地产开发商对寸土寸金的旧城中心土地资源的垂涎,大规模的"旧城改造"计划在这两股力量的合击下,不约而同地在各城市蓬勃启动起来了。城市的旧城部分是构成城市特色的基本肌理,历史悠久的街区老房子,大多数都有数十年甚至上百年的历史,在这些石头和木头的"史书"中记录着古城丰富的历史文化信息,一旦被拆除,历史文化名城的风貌将荡然无存。即使保留了少数已列入各级文物保护名录的老房舍和院落,也会因为被现代风格的高楼大厦的层层包围而显得孤立突兀。实际上,这些被剥夺了整体历史文化环境的"文物保护点"已失去了绝大多数历史文化信息。

历史的经验表明,世界上许多发达国家在经济起飞的阶段,在不同程度上犯过同样的错误。这一时期,城市领导和民众往往急于改变物质生活条件,极容易忽视城市历史文化遗产的保护,而待到经济发展到一定的水平,重新追求丰富的精神生活、重视城市的文化渊源时,大批的历史街区和文化遗产已遭受彻底的破坏而无法挽回。国际上诸如伦敦、巴黎、慕尼黑、莫斯科等历史悠久的大城市,当时都曾在市中心拆除大批被战争毁坏或者"式样陈旧"的老建筑，进行"城市更新"，取而代之为各种被标榜为"现代派"的国际化楼宇。然而，焕然一新的建筑和城市空间带给城市居民的却是一种单调乏味、与别的城市雷同的感觉。例如，莫斯科的"新阿尔巴特街"，被斥之为"莫斯科的假牙"。第二次世界大战被称之为对城市的第一次破坏，而"城市更新"运动后来被许多学者称之为对城市的"第二次破坏"。人类具有思想和感情，需要在环境中体味自己过去的历史、寻找生活的记忆、抚摸过去的痕迹，而失去了历史和传统"记忆"的城市肯定会使有感情的人不能忍受。然而，这样一种被西方建筑界于几十年前就已经摒弃的改造计划，在今天的中国依然大行其道，这不能不说是我国历史文化名城的悲哀。

最后是错误的"开发性保护"。保护好历史街区、文物古迹所构成的城市文脉，无疑会给当地带来丰厚的旅游收益。这是以能完整地读取历史信息实现可持续发展为前提的。但如果仅仅以满足某一历史阶段一般游客的猎奇心理，进行过度的"迎合性"开发，将使许多有价值的历史街区沦为"假古董"，既浪费了当地政府的投资，又破坏了文物古迹。

此外，有些地方政府贪图方便或者是不能排除房地产商干扰的缘故，将历史街区的修复整治作为一般性的房地产开发项目，交给房地产公司进行"保护性开发"，其结果难免是"与虎谋皮"，鸡飞蛋打一场空。也有的历史街区整修项目，单纯委托某一家设计公司对每一幢单体古建筑进行设计，由于设计单位的良莠不齐或以单一的设计风格来"统一"历史街区所有的建筑整修工作，其结果是抹杀了整条街区几百年积累的历史信息，使"保护性开发"出来的街区建筑整齐划一、风格雷同，失去了古建筑的艺术韵味。

出现以上问题的主要原因：

(1) 认识不到位，保护意识薄弱。不少历史文化名城的领导对保护工作的重要性和意义缺乏认识。一方面，是不认识历史遗产的价值，有的认为，保护比新建花钱多，不划算；有的把老城区的保护与现代化城市建设对立起来，认为旧城内的一些历史建筑比较破旧，市政基础设施落后，群众的居住条件很差，不值得保护。保护旧建筑、旧街区就是保护落后的东西；还有些地方，把城市现代化简单地理解为建高楼大厦、立交桥，从根本上忽视了城市的历史渊源，忽视了历史文化遗产的保护，忽略了维护和展现城市风貌特色的重要性。另一方面，虽知道历史遗产的价值，但在保护与建设的决策中，或迫于所谓政绩压力，或被眼前利益所驱动，放弃原则，盲目迎合开发商，随意批准拆除历史街区，加大新建项目容积率，放松高度控制，甚至侵占绿地。这不仅没能保护好名城，而且对整个城市环境也造成了严重破坏。

(2) 历史文化名城保护的法律法规体系不健全。目前，我国涉及名城保护的法律有《文物保护法》和《城乡规划法》，国务院和有关部门也先后颁布了一些相关的政策性文件，2008年7月1日生效的《历史文化名城保护条例》，其内容以历史文化名城保护规划的编制与实施为主，强化了有效的管理手段。过去由于无法可依，缺少历史文化名城保护的强制手段，致使破坏名城的行为得不到及时有效的处理，很难做到依法行政，难以追究行为主体的法律责任。

(3) 缺乏必要的维修经费。我国的历史文化名城中，中、小市县占很大比重，而且许多名城地处中、西部地区。由于经济条件差，地震、洪水、火灾、频发，维修资金不足，导致许多有价值的历史街区和文化古迹自然破败，难以为继。

(4) 名城保护与土地开发的利益冲突。近年来，由于实行了土地有偿使用和房屋商品化政策，城市中心区的地价迅速上升，一方面城市投资者希望获得级差效益和高回报；另一方面许多名城的政府因资金匮乏而走"以地生财"之路，希望从高地价中获得资金。于是，不少城市的开发热从"生地拓展"延伸到"熟地重建"，开发重点转向了价值最高同时也是历史文化积淀最深厚的旧城区。绝大多数投资者为了追求高额回报而突破历史街区保护规划确定的建设控制指标，使旧城的历史环境遭到破坏。

(5) 居民居住条件简陋，改造的呼声强烈，保护的压力大。由于历史原因，总体上看，旧城区的设施完善工作滞后。旧城内建筑比较破旧，市政基础设施落后，不少历史街区破败不堪，居住条件很差，群众迫切需要改善的意愿非常强烈，给政府的保护工作带来巨大的压力。

(6) 基础研究薄弱。许多街区和建筑的改建，由于其特有的历史文化价值，是需要加以慎重研究和多方论证之后，才可能提出切实可行的方案。但因涉及方面多，利益关系复杂，加上前述各种因素的影响，不少名城改造的项目在没有认真研究的情况下，盲目决策、草率上马、仓促施工，结果造成难以挽回的损失。

## 三、如何有效保护和永续利用城市高等资源

1. 注重文化自然遗产的多功能性、独特性、不可再生性和脆弱性

文化自然遗产的保护和开发利用，如果不注意这四大特性，就会犯重大的错误。可能原先的愿望是好的，但开发结果却是毁灭性的。风景名胜区除了旅游功能以外，它还有其他诸多功能。

(1) 遗产保护的功能。文化自然遗产是国家和民族的象征，是几千年文化的积累和几百万年甚至是数亿年自然的造化，所以保护这一遗产就是保护了国家和民族的特征。这也是西方发达国家把所有的东西都私有化了，而国家公园却是国有的，并由中央政府直接管理的原因。当然，我国也有许多专家提出建立这样的管理体制，但我认为，至少目前我们还行不通，因为我国与西方国家的土地制度

不一样,我国风景区的土地属集体所有,且国家目前也没有足够的财力全部将其征用。

(2) 生态的载体。维护良好的生态,保持生物的多样性,主要靠占国土面积1%的风景名胜区。

(3) 科教的场所。风景名胜区是自然科学研究和教学的主要场所。斯坦福大学旁边有一个自然保护区,60年来都是作为旅游基地来开发,但是最近20年,斯坦福大学将这一区域予以封闭,把它作为研究地球历史和气候演变的全球科研中心,所以这个地方就更加引人注目,世界银行投资也比过去大大增加。

(4) 对中国人而言,城市传统文化资源、历史街区和风景区资源,是3000万华侨的文化桥梁、景观桥梁,也是实践我国海峡两岸统一的一件"武器"。海外华人问祖寻根,主要是看老城、看自然风貌,这是他们最为留恋的。正因为文化自然遗产有以上这些特点,所以,参观美国国家公园如黄石国家公园、科罗拉多大峡谷,必须限时、限人并预约参观时间,有的要提前半年、一年预约才能进入参观。因为这些资源是脆弱的和不可再生的。

2. 推行可持续的旅游发展战略

世界旅游组织(WTO)和世界旅游理事会(WTTC),这些组织先后提出《可持续的21世纪旅游发展议程》、《可持续的旅游发展战略》。在《21世纪旅游发展议程》中明确提出,要在保护和增强未来机会的同时,来满足现实旅游者的需要。这就说明,当代人的开发不能给下一代的开发留下遗憾,首先要在保护和增强未来的机会的基础上,才能满足现在旅游者的需要。同时指出,旅游产品应与当地的环境、社区、文化保护协调一致,这些产品是旅游发展永久的受益者,而不是牺牲者。在保护资源和环境的前提下,最大限度地增加它的可观赏性和带来的长久利益,将旅游开发对当地的消极影响限制在最小的限度之内。因为旅游开发必然会带来一定的消极影响,那么多人来了,怎么办?这么多人来,会把草地踩平;还有许多人在珍稀的摩崖石刻上,刻上"××到此一游"等等,这些是难以避免的,关键是要把这些负面的影响限制在最低的程度。世界旅游组织认为,《21世纪旅游发展议程》是旅游发展最主要的指导原则,并根据这一原则,提出了三个要素:①任何旅游资源都要考虑承载能力。例如我国的九寨沟风景区,限定进入景区参观的人数,这是做得比较好的。我们不鼓励进入景区的游客越多越好,如果进入的人过多,就会引发当地的生态失衡和资源破坏,等于是"杀鸡取卵",这还算什么可持续发展?所以必须考虑景区的承载能力。每一个风景点,根据不同的时间、条件承受人类活动有个法则即旅游环境容量,不能超过最高旅游环境容量。②推行绿色旅游产品。根据《21世纪旅游发展议程》,绿色旅游产品指的是符合可持续发展、永续利用的产品。旅游开发本身,就应以资源的保护为前提和核心。③取之于资源,用之于资源保护。来自于资源的收入,应用之于资源的保护。现在有的城市就不是这样，景区门票收入一卷而光，成为政府的第二财政，不是用作资源的保护和再利用，而是用到别的地方上去，这就不对了。

3. 着眼于整体上保护城市的风貌和特点

城市的风貌特点本身就是不断增值的财富。如何从整体加以保护？

(1) 辟新区，保旧城。因为我国大多数城市的历史都是非常悠久的，都有一个旧城。在我国城镇化高速发展期，旧城的保护要通过建设新区，尤其是各类开发区、大学园区都要结合卫星城的规划建设来完善城市布局，给老城减压，疏散人口，像李瑞环同志说的那样，把这个"肚子"泄掉才能保持旧城。但当前各地遇到的最大问题是旧城改造力度过大，以至于集中体现城市历史文化遗存的历史街区和古建筑被大批毁坏，取而代之的是大量毫无地方和历史特色的多层或高层建筑，这也是造成各城市千城一面的基本原因之一。另一方面，许多人不明白，城市景观的多样性和"丰富性"，乃是历史长河长期积累的结果，而历史文化遗产保护工作，必须把真实的历史留下的全部信息完整地传给下一代，因而更需要持之以恒地长期工作，决不能按所谓的"一年一个样、三年大变样"的急功近利心态去搞掠夺性的开发建设。

(2) 复风貌，保子城。子城是城市的起源，要通过风貌的延续和保护，与之相匹配，从而达到风貌协调和一致性。我国现行的控制性详规，是学自于美国的Zoning，而Zoning是学自于德国的控规。德国的控规对历史文化建筑风貌的保护有着明确的规定，所以现代建筑与历史建筑比较协调。但到了美国的控规中，由于美国只有300年的历史，就把历史建筑风貌保护的内容去掉了。我国向美国学习Zoning，结果把美国300年历史的城市建设规划当成了全部的内容，所以我国的控规也没有历史建筑风貌保护这个内容。现在建设部准备恢复。

(3) 继文脉，保重点。城市的文脉一定要保护，每个阶段、每个时期的建筑都要保留，这是非常有价值的。重点怎么保护呢？也分三大块：第一是核心保护区。核心区内的历史性建筑的保护，按梁思成先生的说法，就是延年益寿。这些建筑不能随便涂脂抹粉，更不能大规模地进行修补。第二是整个历史街区。要编制整修规划而不是重建规划，对街区建筑的维修保护，就像补牙齿一样，什么地方坏了，哪个牙齿有洞，就予以修补。而我们许多地方的老城改造，往往是把一口牙齿不论好坏统统拔光，然后镶上假牙。这样的操作确实省力气，但把城市所有的宝贝都毁了，再建起来的却是垃圾。第三是要在修复保护过程中注重贯彻整体性、原真性、可读性和可持续性。这是国际遗产保护组织在威尼斯签订的《威尼斯宪章》中提出的几大特性。所谓整体性，指的是一幢古建筑与整个区域环境是分不开的，如果改变了这个区域环境，古建筑本身也就失效了。如上海的新天地，当时投资建设新天地的老板就差点犯错误。中国共产党第一次代表大会旧址位于新天地的石库门建筑群中，他说，这幢建筑我们要保存下来，旁边的其他建筑予以拆除，改建成一片绿地，把这个建筑衬托出来，像座纪念碑一样。有的人说好，也有人提醒他，如果照你这样做的话，这还是"一大"的旧址吗？中国共产党当时是地下党，在白色恐怖中活动，如果当年是在一个像纪念碑一样的地方开会，这共产党还能发展到现在吗？肯定是深藏在哪片民宅中的，如果把整片民宅都拆掉，就把开会的地方孤零零地保留下来了，把它亮出来，用灯光聚焦，以绿地衬托，人们就无法想象当年开会的场景，这就破坏了整体性原则。历史文化名城的记忆是由各个时代的建筑和其他构筑物所逐渐形成的，在这些城市中展现的是与它们悠久历史相匹配的清晰的文化脉络，也就是城市的可读性。所以，千万要防止以现代人的审美观去草率处置历史建筑，尤其要保留与历史文化环境相协调的近、现代建筑，保护历史的延续性，反对造假和抹杀近、现代建筑对城市历史的创造。近来山东等地建设部门对近代历史优秀建筑进行认证和保护，就是一项保存城市历史文化的壮举。

4. 处理好政府管制和企业经营的关系

政府管制，主要侧重于弥补市场机制的不足。通过什么手段呢？主要是通过规划。规划有几大功能：①保护性的控制作用。对资源的不可再生性、脆弱性进行有效的保护，并且要划定保护区。对历史文化名城，有历史文化名城保护区；对风景名胜区，有绝对保护区、二类保护区、外围影响区，不同区域有不同的保护等级。在绝对保护区里，就不能建任何建筑，动任何地形、地貌。②保护和利用协调性。什么地方能够开发？开发什么？都要达到资源永续利用的目的，处理好长远和眼前的关系。通过规划，使自然、社会、经济协调合理发展。③统一性。国务院制定的《风景名胜区条例》，是城乡规划法的延续，是保护利用风景资源的专门法，它的母法是《城乡规划法》。风景名胜区要按照该条例来统一管理，凡是与条例相违背的，都要纠正。④前瞻性。按照国际旅游协会提出的可持续发展的特征和绿色旅游产品的特征，对资源保护所有的不利因素都要估计到，并将其限制在最低的水平上。⑤过程性。因为一个规划的编制，首先是评估分析，第二是编制审查；第三是公示反馈；第四是实施监督；第五是定期修订。规划是一个过程，而不是画了一张图，墙上一挂就算数了。尤其是历史文化名城和风景名胜区的规划，做这样的规划相当于什么呢？就是要类同于对历史画卷、名画的保护修复。比如家里有一幅祖传的名画，总不该让孩子在上面去乱画吧。如果这幅名画局部有点破损，就要找名家来修补。亿万年大自然的鬼斧神工，几千年的历史古城，都是经典名画，但是有的决策者却是在乱涂、乱写，就如同把家里的古画拿出来给小孩子涂鸦一样，这确确实实是破坏宝贵资源，是对子孙后代犯罪。

企业的作用主要在于提高效率。为什么推出景区内部的特许经营？特许经营是美国人发明的,就是法律规定这个责任属于政府,但是政府为了提高效率,在某些项目上特别允许企业来经营,如景区缆车、索道、宾馆、住宿导游、物业、保洁、保安等,通过特许经营的办法,明确政府管制和企业经营各自的范围,把企业经营对资源保护的副作用限制在最低水平上,并通过引入竞争机制提高经济效益。

城市的规划和建设,发展旅游事业,既是流芳千古的事情,但做得不好也可能遗臭万年。尤其是面临当今城市化发展之迅猛、旅游需求之紧迫、资源保护岌岌可危之形势,更要注重通过掌握真正的永续利用资源和合理保护开发的办法,切实处理好保护和利用这对矛盾。

## 四、保护高等资源的"三规划"、"四准则"和"三途径"

### 1. 必须编制好三个层次的保护整治规划

从我国历史文化名城的实际情况看,有条件实行全面保护传统风貌的历史文化名城只是少数,例如平遥、丽江等城市应采用此办法。绝大多数城市可采用文物保护单位、历史文化保护区和历史文化名城三个层次进行分层编制规划,区分重点与一般区域进行分级别制定保护措施。其中最为严格的是文物保护单位,要严格按照文物法的有关规定,"在进行修缮、保养、迁移的时候,必须遵守不改变文物原状的原则……不得损毁、改建、添建或者拆除。❶"即应按照"抢救第一、保护为主"的方针和"修旧如旧"、"延年益寿"的原则,对文物建筑及遗址进行维修保养。

而最为困难的是历史文化保护区的确定及其保护整治方式的选择。在1964年国际古迹遗址理事会通过的《威尼斯宪章》中指出:"保护一座文物建筑,意味着要适当地保护一个环境。"这里所指的要保护的"环境",就是要保护"历史地段"。但后者的内容更为广泛,因为有时"历史地段"有其自身的保护价值和目标,如历史街区、历史风貌控制区等等。1987年10月该组织颁布的《华盛顿宪章》更是详细地列举了"历史地段"中应该保护的五项内容:①地段和街道的格局和空间形式;②建筑物和绿化、旷地的空间关系;③历史性建筑的内外面貌,包括体量、形式、建筑风格、材料、色彩、建筑装饰等;④地段与周围环境的关系,包括与自然和人工环境的关系;⑤地段的历史功能与作用。

1986年国务院在公布第二批国家级历史文化名城时,正式提出对文物古迹比较集中,或者较完整地体现出某一历史时期传统风貌和民族地方特色的街区、建筑群、小镇、村落等也应予以保护,可根据它们的历史、科学、艺术价值,核定公布为地方各级政府的"历史文化保护区"。这是与《华盛顿宪章》所说的

---

❶ 参见:中华人民共和国文物法.第十四条、第十五条。

"历史地段"相对应的。

历史文化保护区规划是有其特殊性的，它与一般的城市规划区别在于：

（1）规划的目的与作用不同。历史文化保护区规划的主要目的，在于划定合理的保护范围，确定保护区的功能定位，明确区分保护区原物保护、原貌保护、环境风貌特征保护的界限和确定保护整治方向和目标。

（2）规划的重点内容不同。历史文化保护区规划主要着眼于保护区内重点文物及风貌特征的保护、整治和修复，其专项规划如交通、给排水、通信、供电、防火、绿化等都要服务和服从于这一主要内容。同时，一般还要兼顾合理发展旅游业，保持和提高区域经济活力，扩大当地居民参与保护的程度等等。

（3）调查研究的方式途径不同。除了一般性规划的调查内容以外，还要重点调查文物古迹的现状和历史分布、建构筑物的详细资料（包括建筑的墙面、屋顶、门窗、古井、桥、牌坊、铺地工艺、河道驳岸及整体风貌、年代、特征等等）、区域的历史情况（包括该区域形成的时期、兴衰的过程及原因等）、名人轶事（包括历史上在该区域活动过的名人以及具体活动情况）、当地的民俗文化（包括区域文化、民间风俗、传统服饰、饮食文化等等）。而且这些调查涉及相关的学科，需要多学科工程技术人员的参与。

（4）规划实施的方式手段不同。与一般城市规划明显不同之处，保护区规划实施手段一般为对文物的修复加固使其"延年益寿"，而不是大拆大建；对历史上被毁的古建筑也可能进行复建；对后续建造的构筑物进行分类、分级、分别实施修理、整饬❶、内部改造重建（如增加符合现代居住要求的设备等）、整体改建等等；对区域内历史风貌有明显冲突的新建筑实行拆除；对空地、绿地、景观用地和空间轴线进行控制等等。

（5）后继管理内容与体制不同。为了保证规划的有效性，防止因管理不善造成新的破坏（因保护区规划实施的过程比一般的城市小区规划要长得多，有的要长达几十年才能结束），必须制定相应的规划建设保护管理规定，而且要列出分期实施的计划、公众参与的方式和修复保护的责任、过失追究制度等等，其目的是保持规划实施方式和技术的持续性。

最后一个层次的规划为历史文化名城保护规划，一般是作为城市总体规划体系中的一项专项规划来制定的，其主要内容为：

（1）分析名城保护的具体内容。对重要的历史街区、重点文物、风貌控制范围及文化景观敏感控制区等等，都要具体标明并落实保护措施；对其因丰富的历史文化遗存而具有的独特城市景观特色进行分析并提出全面系统的整修控制方

---

❶ 整饬，带有强制性改正的含义，即根据保护区的风貌和要求，对建筑立面和形体上不符合历史风貌的部分进行强制性整饬，通过整饬恢复建筑原有风貌或减少它们与保护区整体风貌的冲突。

案；对古城的天际轮廓线、与新建城区的风貌过渡协调要求等等。

（2）建立完善的保护体系。因历史文化名城的保护是一个复杂的系统，只有宏观与微观、整体与局部、一般与重点、当前与将来相结合，才能有效进行保护。一般可以从确定区域范围、城市总体布局、古城整体保护方案、历史街区或历史文化保护区、文物古迹及其周围环境的保护与整治等等。

（3）对历史文化名城保护与城市建设、经济发展关系的协调，重点在于古城内部旅游产业的选择与协同，处理好名城保护与旧城改造、环境整治绿化系统建设与名城文脉复兴的关系。

2. 贯彻保护历史文化遗产四项准则

历史文化遗产是历史文化名城中的精髓。联合国教科文组织专门设立了世界文化遗产的评定标准与程序。目前，我国已有 27 项单体建筑、城市、景区获得了此项殊荣，确立了中华民族传统文化在世界文化之林的地位。但是对于文化遗产或文物，不论其是否能申报世界文化遗产，都是不可再生的，都应加以保护。这里尤为重要的是必须贯彻正确的保护办法。不良的"保护方式"不仅不能使文物"延年益寿"，而且还会使其加速毁坏，更严重的是整体上破坏了文化遗产和历史文化名城的风貌特色，造成不可挽回的巨大损失。借鉴国际上公认的保护标准，有四项准则是非常值得决策者们关注的：

首先是"原真性"准则。因为保护文物要坚持历史真实性标准，就要保护它所遗存的全部历史信息。所以，对文化遗存或文物的维修保护一定要坚持梁思成先生所提出的"延年益寿"，而不能是"返老还童"，也就是要"整旧如故，以存其真"的原则。维护修补要坚持原来的材料、原来的工艺、原式原样。当前尤为重要的是要防止对文物古迹采取大修大整，油漆粉刷一新，甚至推倒重造，其结果是"拆了真宝贝，造了假古董"。

其次是"整体性"准则。因许多历史古迹、文化遗产是与它的环境同时存在的。从文化信息来说，保护历史街区本质上是保护历史文化名城的历史信息。单体文物建筑所传承的历史信息是有限的，许多信息则承载于古迹周围的环境、区域的街区形态和结构，甚至包括在城市的景观风貌之中。所以，必须分层次、分门别类地对其进行保护、维修和整治。

再次是"可读性"准则。凡是历史文化遗物，就会留下沧桑岁月的印痕，现代人可以从这些痕迹上读取"历史事件"和逐步演变的规律。对于不同时代的变故，如战争的破坏、历代维修的痕迹、文化变迁的演绎、突发性事件的留痕，还有岁月气候的蚀刻，都构成了可读的历史信息。在整治维修时，决不能以现代人的审美标准、旅游观光的要求恣意修改，抹杀历史。如前些年有人提出要在原址上"修复"北京圆明园，幸好遭到了专家学者们的一致反对而作罢。否则的话，就会因抹杀了八国联军破坏圆明园的历史信息而毁坏这一宝贵的历史遗迹。"原真性"和"可读性"所体现的"残缺美"往往在西方文物古迹的保护维护中得到了很好的表达,并成为旅游业发展的主要景观资源。例如埃及人就不去修复一个世纪前被拿破仑大炮轰坏的斯芬克斯的鼻子,以说明这是拿破仑在历史上的"雕刻"。但东方的文化遗址(包括日本)往往是木构件建造的,习惯上容易出现"大团圆"式的整体翻修,然后再用油漆将其粉刷一新。这极易造成对"可读性"的破坏,应积极学习日本等国的成功经验以减少失误与损失。

最后是"可持续性"准则。对历史文化遗产的保护是一项非常复杂艰难的工作,有时连最昂贵的、最现代化的科技尚不能有效地进行保护,使其"延年益寿",必须采用掩埋性保护的办法,以利后人采用更好、更先进的技术进行维修保养。不能以现有的有限技术、不当的维护方式使文化遗址受到破坏。即使要维修也要体现"可逆性"的标准,也就是说现有维护的材料和方式是可以方便识别和清除的,今天的保护不能为将来后人更好的保护留下不可恢复的损坏。文物古迹尤其是历史街区的形成往往历经了几百年甚至几千年时间的积累和历代文人艺匠的雕琢,决不是现代人一朝一夕精工打造能恢复的。也就是说文化遗产保护是一项长期的、可持续性的工作,决不能急于求成。

3. "存古"、"复古"、"创古"三管齐下重继城市文脉

众所周知,一个城市各个历史时期的建筑,构成了这个城市的历史文脉。只有完整地保留那些标志着当时文化和技艺水准、铭刻着历史印痕和具有特殊人文意义的建筑物,才会使这个城市的历史绵延不绝,并使她永远焕发着文化之魂的灵气和魅力。

但在中国的历史上,每当改朝换代,统治者大多会将前朝所建设的建筑和城市加以毁灭性的破坏。这种被称之为"革故鼎新"的行为,表明统治者担心凝结着前朝文化和以往统治者意志的建筑物会成为叛乱谋反者的精神和文化象征。再加上新中国成立后大炼钢铁、"文化大革命"及改革开放之后的大规模旧城改造,城市特色的丧失,千城一面的出现就难以避免了。在这样一种特殊的时期,必须按照三层次的保护规划和四项国际社会认可的修复维护准则,对历史文化遗址、历史街区进行坚持不懈的保护修整,但要重继城市文脉、复兴城市文化特色仍是"杯水车薪",是远远不足的。应该在"存古"、"复古"和"创古"三方面同时持之以恒地下功夫。

其中"存古"是最重要的。除了要贯彻上几节谈到的一些基本原则之外,还必须强调两个方面:一是对新中国成立以来尤其是"文革"期间有代表性的建筑作为特定时期的遗物切实予以保护。如与北京十大建筑同时代的全国各大城市的纪念性或公众建筑、"文革"中建造的"红太阳展览馆"等,同样凝结着那个时代的特征,也体现着当地的特色,决不能一拆了之。在意大利首都罗马这座举世闻名的历史名城的中心,至今还保留了两千年前至21世纪各个时代的纪念性建

筑，罗马人将其作为这个城市悠久历史脉络的一个有机组成部分，共同构成罗马这座无与伦比的城市特色，也成为全世界游客指点往日江山的凭吊物。

另一方面，要收集、研究、整理和恢复当地的民间文化艺术活动。因为作为空间艺术的建筑物与城市环境，离开了内部的人文活动，就意味着丧失了许多最重要的历史信息，正如丽江古城没有纳西族象形文字和纳西古乐，决不会成为世界文化遗产一样。只有在体现传统文化的艺术活动和与之相适应的城市空间有机融合的前提下，才能形成充满独特魅力的城市特质。

其次才是"复古"。这其实是对无法"存古"的已毁古建筑一种无奈的补救措施。一般应采用在原地复建，尤其对那些在国内外流传广泛、影响深远的传统建筑，应在精心设计、充分传承文脉的基础上进行复建。这一类的"复古"应重在找回该建筑的"文化灵魂"。因为，在这些古建筑中有许多历史事件发生过，有许多中国百姓深切怀念的历史文化名人在这里生活过。如果只注意结构的合理或外表的壮观是难以达到这一目的的。如武汉东湖磨山重建楚天台，单就建筑来说它们可能是非常优秀的，但因其不能恰当地传承历史、重现历史信息，而且与周边的文化环境不能共同构成包括历史场景的整体环境，所以就没有特定的历史文化韵味（或许有其他方面的韵味），等于没有"灵魂"。这也是全国各地尽管复建的古建筑很多，但真正成功者不多的根本原因。

对于屡经浩劫的我国许多历史文化名城来说，抢救性的"存古"与"复古"只是少数建筑或历史街区，有效复兴城市文化特色，大量普遍地重构城市历史风貌的责任，应落在"创古"上。世界上根本不存在永恒不变的东西，可贵的是在继承大量历史文化"基因"基础上的创新式修整复兴。正如吴良镛教授提出的城市城区"有机更新"❶的主张那样，要"按照城市内在的发展规律，顺应城市之肌理，在可持续发展的基础上，探索城市的更新与发展。"这一理论在北京市的菊儿胡同、苏州"十全街"改造时得到成功实践，建立了新四合院体系和城市风貌保护区"微循环创古模式"。菊儿胡同和苏州"十全街"的改造与目前许多城市旧城区大规模改造不同之处，在于并非采取"三光"方针（树砍光、房拆光、人搬光），而是在深入调查的基础上，具体情况具体分析，采取不同的措施。将当地的房屋按照质量分为三类：质量较好的20世纪70年代以后建的房屋在外貌整改之后予以保留；现存较好的四合院经修缮后加以利用；确属无文化价值的破旧危房及近几十年来乱搭乱建的违法建筑予以拆除重建。重新修建的菊儿胡同按照"类四合院"的模式进行创新设计，高度基本上为3层左右，适当提高了容积率，维持了原有的胡同——院落体系，同时兼收了单元楼和四合院的优点，既合

---

❶ 这里的"有机"是仿生物学和哲学层面上的意义，是指基于自适应运动中的生长，运动中的自我调节，建设中的新陈代谢，是尊重传统文化、尊重居民心理变迁的逐步调整过程和创造过程。

理安排了每一户的室内空间，保障居民对现代生活和心理上的"私密性"，又通过院落形成相对独立的邻里结构，为居民提供互相交往的公共空间。菊儿胡同的成功改造受到各方面的关注与赞同，迄今已经荣获国内建筑界的 6 项大奖，还获得了亚洲建协的优质建筑金奖和联合国世界人居奖。

北京菊儿胡同、苏州的旧城保护改造、杭州的清河坊历史街区整治、上海"新天地"传统石库门里弄改造和云南丽江古城在地震后的重建之所以获得成功，除了在指导方针上坚定不移地坚持传承历史文脉，创造历史文化特色以外，最重要的是深入研究当地"乡土建筑"构造风格的内在合理性及古城区"有机"成长的基本规律，进行科学的"创古"活动，将传统文化特色与现代生活的舒适性完美地统一起来。这是在全球化、信息化现代风格迅速普及、新型建筑材料快速更新的大潮下，城市保持区域特色、传统文化特色和自身魅力的重要途径。

除此之外，协同地方政府、企业、建筑师和当地居民的行动，调动各方面的积极性尤为重要。当前影响"有机更新"式进行"创古性"旧城改造的因素主要有：

（1）政府一刀切的改造计划，追求政绩的轰动效应和整片推倒的"现代化"改造的传统思路。

（2）旧城区房屋的私人归属权不明晰，以致在产权上缺乏保障。除了搭建一些十分简陋的违法建筑之外，居民们不敢将大量资金投入到房屋修缮中去，居住过密的居民也无法利用市场交换机制进行自行置换疏散。

（3）缺乏微循环式的"创古性"改造规划的技术。

（4）部分低收入阶层的居民居住保障计划实施与旧城保护整治疏散人口过密城区的计划尚不能协同。

（5）政企未脱钩的官办房地产公司垄断式进行旧城改造的现状及唯利是图片面提高容积率的追求，尚未能受到政府基于居民根本长远利益而采取的强有力的规划控制约束。

总之，城市无论作为人类精神慰藉的家园，还是经济发展的不竭源泉，都需要对长期自然演化过程中保留积淀的历史文化特征加以保护、修复和利用。当前，我国已经进入城市化发展的高速时期，城市的自然演化进程不可避免地受到极大的冲击。与之相对应的，就应该吸取西方城市化的教训，对体现城市特质的历史文化进行有效的保护。从实践的结果上来看，除了贯彻保护历史文化遗产的四项准则和采取"存古"、"复古"、"创古"三项策略之外，我国许多历史文化名城还必须采取"拓新区，保旧城"的整体保护策略，防止新旧城市功能重叠、文化冲突对城市特色造成破坏❶。

---

❶ 参见：仇保兴. 历史文化名城的功能及其实现途径. 城市发展研究，1996.1。

### 五、历史文化名镇名村的保护和利用策略

数量众多的历史文化名镇(名村)既是我国历史文化遗产中重要的组成部分，同时也是全人类宝贵的物质和精神财富，各级地方政府和市民群众都有责任和义务将它们保护和继承好，并向全世界展示其优秀的历史风貌。历史文化名镇(名村)的公布命名只是第一步，更重要的是如何将它们保护、继承和利用好。本节就历史文化名镇(名村)的公布命名及今后的保护工作，从分析这项工作的必要性和迫切性开始，进而从四个方面论述开展此项工作的重要意义，最后提出制定历史文化名镇名村保护和利用规划的具体要求。

**(一) 开展历史文化名镇(名村)保护工作的必要性和迫切性**

(1) 我国历史悠久，幅员辽阔，拥有众多建筑文化遗产，除一部分集中在国家和省级历史文化名城外，还有相当一部分是分散在众多历史文化名镇和名村之中。开展名镇(名村)的命名和保护，就是为了更大范围内去保护先人为我们留下的这批宝贵遗产，以促进我国历史文化的继承和发展。国外很早就注重对包含遗产建筑丰富的众多历史村镇进行保护，如 1964 年通过的《威尼斯宪章》，就明确指出文物古迹"不仅包括单个建筑物，而且包括能够从中找出一种独特的文明、一种有意义的发展或一个历史事件见证的城市或乡村环境"。在 20 世纪 70~80 年代，联合国教科文组织及国际古迹遗址理事会先后通过的《关于保护历史小城镇的决议》、《关于历史地区的保护及其当代作用的建议》、《保护历史城镇与城区宪章》等等一批重要的历史文献，都对历史小城镇、古村落的保护提出了相关规定和措施。世界上所有文明古国都对历史的古镇和古村进行成片的保护，这其实是一种民族的荣耀，是民族文化的基因，只有严格保护，才能使自己的民族在世界上立于不败之地，才能使本民族的文化走向世界。有着 8000 年文明发展史，世界人口第一的中华民族更应该保护好自己的历史古镇、古村和其他历史文化遗产。

(2) 历史文化村镇已成为我国遗产保护体系中的重要组成部分。1972 年，联合国教科文组织出台《保护世界文化与自然遗产公约》，我国于 1985 年成为缔约国，并逐步建立了以文物保护单位、历史文化保护区和历史文化名城为主的遗产保护体系。但是，随着近年来我国遗产保护工作的不断深入开展，鉴于历史文化遗产在历史村镇中的大量客观存在，在借鉴国际上有关遗产保护的经验基础上，我国政府也开始将历史文化名镇(名村)纳入遗产保护范围中。1986 年，国务院在公布第二批历史文化名城时，就已经提出要对文物古迹比较集中的小镇、村落进行保护。随后，不少省份陆续开展了历史文化名镇(名村)的命名工作。2000 年，在我国政府的积极申报下，安徽省西递、宏村两个古村落还被列入世界文化遗产名录。《历史文化名城、名区、名村保护条例》的正式颁布，这在我国的历史上第一次以国家的强制力来保护这些的优秀的文化遗产。以前历史文化名镇

(名村)的保护都是依靠乡规民约、依靠宗教、依靠当地一批文人志士的聪明才智来保护，没有建立国家的强制保护。这在市场机制作用力日益强大的今天是远远不够的。

(3) 必须抓紧抢救城市化过程中的大批建筑文化遗产，保护名镇(名村)的风貌。名镇(名村)的风貌作为宝贵的物质精神财富，是具有不可再生性和脆弱性，一旦遭到破坏就无法恢复。自20世纪80年代以来，随着各地经济发展水平的提高，城镇化进程加速进行，城乡建设浪潮迅速席卷全国。我国现在每年的住宅建设量在20亿 $m^2$ 左右，仅上海市的年建设量相当于欧盟所有国家的年建设量。这种史无前例的大面积的改造和建设的过程中，决定了我国众多的历史文化名镇(名村)、优秀的文化、历史建筑正处在非常危急的阶段，如果不以国家的强制力，不能动员千百万人民群众认识到历史文化遗产的不可再生性、重要性、不可替代性，那将有可能会永远地失去这批宝贵的、不断增值的、实实在在的、可供人们世代享用的无价之宝。我国许多历史文化名镇(名村)在进行"旧城改造"和"空心村治理"过程中，一方面，由于没有充分认识到古建筑、传统街区、古镇(古村)历史风貌的宝贵价值，致使不少建筑遗产被拆毁；另一方面由于没有从保持历史村镇特色风貌出发去规划建设，导致不少地方从规划方案到建设模式，都盲目模仿大中城市的风格，也不顾历史村镇的空间格局、尺度和当地文化传统，简单生硬地建广场、筑高楼、修宽马路、拓绿地，严重破坏了千百年以来形成的传统格局和历史脉络。一些江南水乡古镇还发展到填河修路，填湖建房的现象，失去了水乡古镇的宝贵特色。一些中西部依山傍水的历史古镇(古村)大量的开山取石、改造山河，使原有风貌荡然无存。我们在此时进行历史文化名镇(名村)的评选保护活动，就是要吸取国内外城市化高潮中的正反两方面教训，吸取国内外在遗产保护方面的经验，防止"建设性"破坏在历史文化名镇(名村)的继续蔓延。

(4) "旅游开发性破坏"使历史文化名镇(名村)的建筑遗产逐渐丧失其历史原真性。旅游的浪潮是我国另一个不可扼制的大趋势，每年超过10亿人次的旅游人数，并以年均20%以上的速度递增。世界各国到我国的旅游人数也不断增加，我国已经成为全球第四大旅游国。但旅游的开发也有两面性，一方面是通过旅游使国外的游客认识我国历史文化名镇名村独特的风貌和丰富多彩的地方文化，使这批民族的瑰宝体现出其自身的社会价值和经济价值。另一方面旅游业的发展也是一柄双刃剑，其破坏性不同于建设性破坏，它是在初步认识到历史村镇的文化价值的前提下，将这些不可再生的而且十分脆弱的文化遗产作为普通旅游资源来开发，以经济效益为单纯追求的目标，使保护利用变成了开发旅游的措施，将遗产保护与旅游开发本末倒置。本来应该是以保护利用为主，旅游开发为辅，以达到不断增值的可持续发展模式，但现在不少地方的旅游开发采取了杀鸡

取卵的方式。当前,"旅游开发性破坏"主要体现在以下几个方面:

一是对古建筑进行不恰当的重新包装改建,在建筑材料、颜色及施工工艺等方面进行人为改变,使古建筑"旧貌换新颜",历史信息荡然无存。许多仿古建筑、仿古一条街,虽然短期内也带来一些经济效益,但却是与文化遗产保护的原真性原则相违背的,不可能有长久的生命力。一些地方在旅游的浪潮中,拆了真宝贝,建了假古董,建了建筑垃圾。

二是大量迁出历史村镇内的居民,将古民居群改为旅游服务和娱乐设施,导致历史村镇失去了传统的生活方式和习俗,也就失去了"生活真实性"。

三是无视历史文化遗产脆弱性的特点,不加限制地接待游客,超出历史文化名镇(名村)所能承受的游客容量,再加上保护措施和力量部署不到位,任凭游客在历史古迹上乱刻乱画,对文化遗产同样造成了严重的损害。

总之,保护历史文化名镇(名村)已经成为我国当前政治经济生活中最紧迫的工作之一。

1976年联合国教科文组织制定的《关于历史地区的保护及其当代作用的建议》中明确指出:"历史地区及其环境应该被认为是不可移动的,世界性的遗产,各国政府和公民应将保护遗产作为他们的责任,并把它融入当代社会生活中"。这就要求我们不但要把历史文化村镇作为中华民族的宝贵财富,更要把它看作是全人类共同财富的一个组成部分,在城镇化和旅游的大潮当中,首先要树立严格保护、合理利用的观念,首先要注意拥有这些历史文化遗产的荣誉感,愈是全球化,愈是应该认识到当地文化遗产的宝贵和不可替代性、独特性和唯一性。鲁迅过去说过:"有地方色彩的倒容易成为世界的,为别国所注意的。"只有保持着当地文化和自然景观美的村镇才能被世界所认可。这些历史文化遗产是独一无二的,是经过上千年不断的历史沉淀下来的宝贝,是历代文人名匠花了毕生的精力进行雕刻并逐步积累所形成的文化瑰宝,而某些决策者在短短的时间里使他们改头换面,在短短的一个年代间隔里使它们把文化遗产的魅力全部发散完毕。这样做其实是一种"竭泽而渔"的短视行为,与古人对历史文化遗产的保护意识相距千百倍。这些历史文化遗产能够遗留到今天是经过了多少次浩劫才保留下来的,非常不容易,当代人应该比古人更有智慧、更具远见、更能够善于长远地保护和利用。

**(二) 开展历史文化名镇(名村)保护工作的重大意义**

历史文化名镇(名村)的保护内容就是保护众多分散在广大乡村的名镇和名村的文物古迹和历史建筑,延续名镇(名村)的传统格局和风貌特色,继承和发扬优秀的地方历史文化传统,这就要求规划师和决策者们必须充分认识开展这项工作的重大意义,在村镇建设中一定要坚持尊重历史文化、尊重自然文化、尊重古人的创造。

(1) 有利于从更大范围、更多地保护我国历史文化遗产。据统计,我国已进行明确保护的历史文化名城、保护区和县级以上文物保护单位的总数还不到 10 万处,从保护建筑数量和范围上远远不及一些比我国面积小得多、历史短得多、人口少得多的国家。以英格兰为例,其国土面积为 13 万 $km^2$,仅为我国的 1/73,但英格兰却有登录建筑 50 万处,保护区 8000 多处。可以说,我国以法律的强制力来保护的遗产资源还很少,这与没有将众多历史村镇纳入到保护视野中有直接关系。所以,名镇(名村)保护工作的开展,将有利于更大范围地保护我国历史文化遗产,使遗产的保护数量尽快与中华文明古国的地位相称。

(2) 有利于保持名镇(名村)的特色,丰富当代建筑形式和文化内涵。名镇(名村)和其他遗产一样,都是我国传统文化、宗教艺术、历史事件和社会活动的见证。对名镇(名村)进行保护,将有助于对历史遗产和历史文化进行深入挖掘和保护利用,提炼名镇(名村)的价值特色和文化内涵,并在规划建设过程中予以保持、继承和发挥。一些镇和村可能在历史上曾经非常有名,但是由于保护不力,其历史风貌已经荡然无存,也就不能被评为中国历史文化名镇(名村)。开展此项活动也正是期望在城镇化浪潮中,树立一起正确保护和利用好历史文化遗产的典范。

(3) 有利于使名镇(名村)的保护与经济社会发展相互促进。一方面,如果能采取正确的保护利用方针,中国历史文化名镇(名村)称号的授予,将会很快提升名镇(名村)的知名度,促进当地经济尤其是旅游业的快速发展,带动相关产业发展和提供大批劳动就业机会。另一方面,当地经济的快速发展也会反过来为促进名镇(名村)的保护提供更为充足的物质基础。如能合理利用名镇(名村),使旅游业在将这些历史文化遗产展示给游客的同时,也将促进名镇(名村)的复兴并赋予其时代的精神与含义,进一步提高名镇(名村)的知名度。这在国际上有许多前例可援。例如第二次世界大战以后,英国在战后重建中,由于一些有识之士真正认识到了历史文化名城、名镇、街区的作用,督促社会各界要按照原来的风貌进行复建。为此,国家派出 300 多位规划和建筑师,到全国各地监督按照原来的图纸、原来的风貌进行建设,使其历史文化风貌得以保存和延续。现在,在那里有许许多多的历史文化名城,没有任何的工业,没有任何其他的产业,就是把古建筑修复好,街区保存原来的样子,吸引来自全球的成千上万的游客把钱花到那里去,旅游收入占当地 GDP 的 90% 以上。不仅能使市民致富,而且也成为向世界展示悠久英格兰历史的最好场所。又例如,我国云南丽江在大地震以后,当时有一些人就提出,在重建中将原来的低矮民房全部拆除,要修成宽马路、多层建筑,以体现丽江城的"现代化气派"。为此,建设部、云南省建设厅曾组织了一批历史建筑和文物保护专家进行现场论证,纠正了这些错误的想法,督促地方重新统一思想,按照原汁原样进行重建,并拆除了一些与历史风貌不相符合的新建筑，保存了历史风貌，结果列入了世界文化遗产。目前，其旅游收入已经占当地GDP的85%以上，促进了地方经济的发展，提高了人民的收入水平。

(4) 有利于名镇(名村)成为进行社会主义、爱国主义的教育基地。历史文化遗产是体现中华民族八千年文明史和博大精深、丰富多彩的中华文化的重要载体。切实保护好这些名镇(名村)，将其建设成为进行历史唯物主义、社会主义和爱国主义的教育基地，经常对人民群众特别是青少年进行这方面的宣传教育，将对满足人民群众的精神文化需要，提高全民族的思想道德素质，对增进全球华侨华人的大团结，实现海峡两岸的统一大业都将起到积极作用。

**(三) 历史文化名镇(名村)保护规划和具体要求**

(1) 完善名镇(名村)保护法规和相关制度。一方面要加快法规建设。各省及有立法权的城市也要根据《城乡规划法》、《历史文化名城、名区、名村保护条例》《文物保护法》及地方实际，制定名镇(名村)保护的相关法规，给名镇(名村)保护以必要的法制保障。对已经获得名镇(名村)称号的村镇，要在县级以上规划局的指导下编制保护和利用规划，制定具体的保护管理办法及乡规民约。实践已经反复证明，乡规民约在这方面具有不可替代的作用。例如地处浙江金华市武义县的郭洞村，经历了800多年，乡规民约规定谁都不能动山上的一草一木，后经科学考察，这座山体是由碎石堆积而成，非常容易造成滑坡，这座山的保护对郭洞村的安全起着很重要的作用，古人对这一点在1000多年前就已经认识到了，所以一代一代坚持封山育林，防止水土流失造成滑坡塌方。现在这座山上就有很多棵1000多年树龄的红豆杉，成为当地的宝山。又如温州雁荡山的南阁村，有明代的牌坊13座，"文化大革命"时期，红卫兵数次冲击该村想拆掉它们，但当地因为有乡规民约的保护规定，村民们都起来保护，得以保存至今。所以，"古老"的乡规民约至今仍有非常重要的作用。另外，规划要对名镇(名村)的经济发展、规划建设、消防设施、土地管理及遗产的保存修复作出相应规定，明确保护程序和财政资金政策，制定生态环境的限制性条件等。规划编制要在坚持原真性、整体性、可持续性的基础上，对重要的历史建筑要坚持修旧如旧，制定延年益寿的保护措施，按照文物古迹的保护办法严格保护。对于一般的旧民居，内部可以进行有机的更新和改造，但是外观和结构应该保持原样。新建的建筑一定要与名镇(名村)相距一定的距离，并注意与原来村镇的风貌相协调。西藏许多城镇的众多现代建筑，都是由内地支援建设起来的，其建筑风格都是内地各省的风格，没有当地的特色。应逐步对其进行改造，使其具有西藏特色。与此同时，还要全面保护原来具有藏族特色的旧四合院，使其风貌得以保持。另一方面，不仅要将历史风貌、古村落保护好，而且要十分注重保护自然环境，因为古人在村镇选址时，都会选择山环水绕、风光秀丽的地方，这些地方的山脉水系、森林湖泊和自然景观，都是历史文化名镇(名村)不可分割的有机组成部分。例如，金华市的诸葛村,正好在8个小山头的环抱中,诸葛亮的后裔在700多年前在那里按八卦图建的村,这个村有2000多人,因为较好地保存了历史自然风貌,当年日本侵华经过这里时,竟没有发现这里面还有个2000多人的大村子,因为这8个小山头,整个地形和村庄建筑像一个八卦群,与大自然融合在一起,非常隐蔽,所以日本人到了旁边也没有发现,整个村子得以保存下来。武义县的俞源镇,其建筑与周边的山脉、河流和田野正好构成了一个非常奇妙的太极图,这个镇与周边的环境相依存,周边的环境实际上是这个镇历史风貌重要的组成部分。假如这个镇只保护建筑群,而把自然山水风貌全改变了,那就失去了遗产的价值。这就要求任何规划建设、旅游开发都要服从于古镇古村的保护需要,只有服从于这些保护的原则,才能够使这些可以不断增值的历史风貌和历史建筑向世世代代源源不断地提供永不枯竭的财富,不断地增强其历史真实感和环境的协调感。

(2) 改善名镇(名村)人居环境及基础设施条件。一方面要调整聚落人口、建筑密度。适当地减少核心保护区内的居民数量,优化居民结构,拆除一些与历史风貌不协调的新建建筑,恢复传统建筑和风貌的本来面貌。另一方面也要进行必要的基础设施建设,比如给排水、燃气、道路,这其中道路的建设要使用当地的材料、当地的工艺,体现出当地的文化特色。如云南的丽江古城采用当地的"五花石"作为街道的铺装材料就是好的典型。要控制名镇(名村)内的机动车的通行,合理布局停车场。另外,要对名镇(名村)及其周边环境的广告、商业标志、电力通信电缆、路标及街道装饰进行详细规划和控制,使它们与历史环境协调一致,避免形成视觉污染,造成对历史风貌的损害。

(3) 多渠道筹集名镇(名村)保护资金。一方面要加大地方各级政府的财政支持力度,每年要列支专款用于名镇(名村)的保护。另一方面要逐步建立名镇(名村)保护社会基金,鼓励社会团体和个人对名镇(名村)的保护进行资助,以扩大保护资金的筹集数量。有的历史文化名镇(名村)还建立了民俗博物馆,向当地的居民收集一些先人用过的器皿、劳动工具来展示当地最繁华时期的生活场景,更好地进行历史文化、建筑遗产的保护及修复工作。但切不可采取以牺牲历史遗产的风貌景观和周围环境为代价去获得保护资金,如错误地选择旅游承包开发等方法来"杀鸡取卵"。要注意在古镇古村的规划建设中,一定要聘请一些文物保护、古建筑和城市规划的专家,请他们就地把关参与古镇古村的保护工作。

(4) 鼓励名镇(名村)保护的公众参与。通过乡规民约的制定,使他们认识到保护这些历史风貌和古建筑,就是保护我们子孙后代永不枯竭的、可持续发展的历史文化资源。要对他们进行培训,让他们认识到什么是正确的保护措施,什么是破坏性的。要动员他们对游客进行宣传教育和监督,尽到保护的责任,绝对不能让游客在历史文物上面乱涂乱写,甚至趁机收购掠夺文物。

为避免形成"重申报轻保护"的局面，对已获得名镇(名村)称号的村镇，国家将建立跟踪监测制度。制定濒危名镇(名村)的标准，对获得称号后不能进行积极有效保护，并造成历史遗产严重损害的名镇(名村)，将其列入"中国历史文化名镇(村)濒危名录"。对在限定期限内不能及时采取挽救措施的，将取消其称号，并依法追究当地政府负责人的法律责任。

总之，历史文化名镇(名村)的保护工作任重而道远，艰难而又繁复。必须多学习国外历史文化名镇(名村)先进的保护理论，借鉴我国历史文化名城成熟的实践经验，在城镇化和旅游高潮中，探索出一条适合我国历史文化名镇(名村)保护和发展的道路。

## 六、风景名胜资源保护和利用的问题与对策

改革开放以来，各类风景名胜资源的保护、利用、开发和建设，带动了地区经济的腾飞。但是由于我国在出游人数高速增长的同时也伴随着城镇化、市场化和国际化的同期展开，再加上景区管理体制和知识准备、资源保护资金和队伍、景区保护和利用能力、资源保护理论和法律等方面严重的不相适应，以至于在不少地方不同程度地出现了风景名胜资源、生态资源遭受破坏的情况。本节从分析我国风景名胜区面临的形势、总结各地的经验和旅游业发展的特点入手，说明当前我国旅游业的快速发展具有不可避免的规律性和多种功能性以及对景区资源的两重性，进而概括出当前较普遍存在的长官意志、崇洋媚外、一哄而上、急功近利、盲目错位和杀鸡取卵、竭泽而渔等六种错误的开发方式。虽然这些问题属于发展过程中的问题，但由于风景名胜资源的脆弱性与不可再生性等特点，决定了必须力戒这些由领导干部错误指导思想所导致的恶性开发方式。正是基于这样的认识，本节运用经济学和城市规划学的一些基本原理，就在持续高涨的旅游业发展和城镇化浪潮中保护和利用好风景名胜资源，提出了加强管理和调控的九个方面的重点。

### (一) 我国风景名胜区工作的形势、经验和教训

我国建立风景名胜区近30年了。在党中央、国务院的高度重视下，风景名胜区工作在机构与法规建设、资源调查与评估、规划建设与管理、资源保护与利用等方面取得了显著成绩，一大批珍贵的风景名胜资源纳入了国家保护和管理的轨道。全国已建立各级风景名胜区677个，其中国家重点风景名胜区151个，列入世界遗产名录的有12处。国家重点风景名胜区作为旅游业发展的主要载体，为带动地方经济和社会的快速发展，增强综合国力，改善人民生活水平，都作出了重要的贡献。据统计，2001年仅119处国家级风景名胜区的游人量就达到近10亿人次，比10年前1亿多的年游人量增加了8倍多。而直接经营收入则达100多亿元，固定资产投资额超过21亿元，从业人数几十万人。另据测算，在20世

纪最后10年第三产业新增就业的7740万人中，直接和间接在旅游部门就业的人数占到38%，未来每年可增加300万个左右就业岗位。除了城市旅游所提供的就业岗位之外，各级风景名胜区还将在增加就业岗位方面发挥越来越大的作用。尤其可贵的是，近年来，各地都根据各自的实际情况，加强风景名胜区的管理，创造性地开展了卓有成效的工作，取得了丰富的经验。这些好的经验，归纳起来有以下几个共同特点。

一是坚持保护和可持续发展的原则，加强风景名胜资源的保护和管理。如武夷山风景名胜区被列为世界自然文化遗产后，根据总体规划的要求，先后分批组织景区内的旅店、茶厂、商店等单位以及400余家核心区范围内的居民予以外迁，累计拆除建筑面积4000多平方米，迁移人口2000多人。拆迁地区实行了全面的绿化，解决了景区内生产、生活与风景资源保护的矛盾，大大改善了自然环境面貌。又如青城山—都江堰风景名胜区列入世界自然文化遗产已经两年，虽然都江堰市的财政底子比较薄，但是他们按照世界遗产的保护要求和国家有关法律法规，采取多形式、多渠道筹集资金2亿多元，进行有史以来规模最大、整治最彻底的景区拆迁和环境整治工程，搬迁宾馆3家，游乐企业14家，农户800多户，拆迁建筑面积14万$m^2$，基本恢复了名胜区内的生态环境。武陵源风景名胜区按照朱镕基总理的指示，在景区整治方面做了大量卓有成效的工作，景区整治的成绩是大的，但教训也非常深刻。如果当时就在规划上严格控制，我们就会少花这么大的代价。既然是违法建筑，就必须拆除。不拆除这些违法建筑，就无法实施景区资源保护规划；不拆除这些违法建筑，就不可能树立依法治理风景区的权威和维护法律的严肃性，也不可能实行有法可依，违法必究。

二是加强领导，坚持规划作为景区管理和建设工作的重要依据。安徽省在实施风景名胜区规划管理中，注重强化规划的严肃性，认真编制和严格按规划来管理风景名胜区的建设项目。目前，省内国家重点风景名胜区和第一批省级风景名胜区的总体规划和主要景点的详细规划均已编制完成，大部分已批准实施。在实施规划过程中，省建设厅紧紧把握工程建设项目各环节，大至公路、桥梁、道路、缆车、宾馆，小至售票房、公共厕所项目的选址、建设规模、形式、功能、色彩等，都有详细的论证，力求与周边的环境相协调。严格执行建设项目按规划上报、选址定点批复、方案设计评审批复、初步设计和施工图设计、施工管理程序，维护了规划的严肃性和权威性。浙江省把编制科学合理的规划作为整个风景名胜区工作的龙头和基础，加快规划编制进度，严把规划审查关，对规划设计单位的资质、规划质量、规划的报批等，都作了有效的规定。

三是坚持以法制建设为根本，依法治景，提高管理水平。各地都重视制定风景名胜区保护的行政法规和管理规定，依法加强保护和管理。现在，已有湖南、四川、河北、广西、浙江等省(区)人大常委会颁发了本省(区)风景名胜区管理条例；贵州、辽宁、福建等省人民政府也颁发了本省风景名胜区管理办法。此外，安徽、山东、湖南等省人大常委会还专门为本省的一些重点风景名胜区制定了一些特别的管理办法。四川省专门制定了本省世界自然和文化遗产保护条例，湖南省、福建省分别制定了武陵源世界自然遗产、武夷山世界自然文化遗产保护条例。

但是也要清醒地认识到，随着市场经济的发展，尤其是旅游经济的兴起与带动，既给风景名胜区保护和利用工作注入了新的活力，使其进入了一个重要的发展时期；面对着前所未有的发展机遇，一些风景名胜区也出现了许多问题。所以，在旅游业发展热潮来临的时候，应该有冷静的思考，要有科学理性的思维和发展思路。

旅游事业的发展是一个不可遏制的潮流。当前，我国旅游业的发展有以下四个特点：

第一，旅游人数成倍增长。虽然不同省市每年旅游人数的增长幅度不同，但一般都在20%～30%，进入了一个历史上从未有过的飞跃式发展阶段。仅据119处国家级风景名胜区年游人数统计，10年间的游客年增长率为82%。从世界范围看，凡是人均纯收入超过1000美元的国家，温饱的问题已经解决，整个社会进入小康阶段。人们已不愁温饱问题，有了闲暇的时间和闲钱，所追求的目标、生活方式、消费对象、兴趣范围都发生了很大变化。这时，旅游业也就应运而生了。这是社会发展的内在需求。

第二，旅游业发展必须与风景名胜资源的有效保护与开发利用相结合。由于它占据了风景旅游资源这一独特、唯一的垄断性资源，所以景区开发至今没有一种平均利润率的概念。正是因为风景旅游资源存在着独特性和垄断性，所以其开发利用的收益非常高。目前，我国正处在几乎所有商品已经供过于求，而唯独旅游资源却供不应求这样一个时期。既然是供不应求，那就存在着巨额利润，大家也必然都为之而争相追逐。以至于许多旅游设施投资居然当年就可以收回成本，稍长的也只需两三年时间就可以收回。有的旅游资源开发项目，几千万的投入可以得到几个亿的回报。有什么项目比景区开发项目更赚钱呢？马克思曾说过：百分之一百的利润会使人疯狂，就会使人失去理智。我国一些风景名胜区的开发，现在就存在这样一种情况。如果忽视风景名胜资源的有效保护，任凭市场机制与利益集团的掠夺性开发，就会使这些不可再生的资源遭受灭顶之灾。

第三，旅游业具有多重功能。它既是对外开放的铺路石，又是一条发展当地经济的捷径。在西部地区一些地方，发展旅游业是脱贫致富的主要途径之一。旅游业发展同时也促进了消费、投资和拉动内需等等。旅游业发展的这些功能大家都认同，讲得很响亮，谈论起来总使人心潮澎湃，情不自禁。但是，面对旅游业发展热潮，在自然和社会发展规律面前，作为保护风景名胜资源的管理者们，应该把自己摆在一个什么样的位置？如何清醒地认识当前已经出现和即将出现的挑战？这就显得非常关键。在整个世界文明进程和生产力发展过程中，会有许多的立交桥，当一股热潮伴随着社会发展的规律汹涌向前的时候，也必定会大浪淘沙，泥沙俱下。

第四，当前，我国旅游业的发展伴随着城镇化的高速期。据世界银行的统计，凡人均 GDP 接近 1000 美元的国家，一般都会进入城市化的起飞阶段。当前，我国正处于这样一个时期，城市化率从 1990 年的 18.9% 上升到 2001 年的 37.7%，每年大约提高 1.7 个百分点。也就是说平均每年有 2000 万农民从农村移居到各类城市中去。与此相对应的是，先富起来的部分城市高收入者和部分企事业单位，则将眼光瞄向风景秀丽、生态良好的各类风景名胜区，纷纷"上山下海"抢地盘，营造第二套乡间住宅和度假公寓、宾馆；有的不法商人甚至以国家级风景名胜区为招牌，大举开发房地产来牟取暴利，以至于临近大中城市的各级景区城市化、人工化、商业化日益严重。少数地方将经济开发区、旅游度假区的开发模式引入风景名胜区，竞相建设所谓的"景观房产"，这无异于引导城市化的潮流进入风景名胜区，从而导致珍贵而又脆弱的风景名胜资源正面临毁灭性的破坏。从另一方面来看，在我国旅游业高速发展的时期，不仅伴随着城镇化，而且市场化、国际化同时展开，全方位、多层次、宽领域的深化体制改革和扩大对外开放的格局正在形成。面对剧烈的变化，各级风景名胜区管理者的思想观念、知识水平、管理体制、法治手段等方面都是远远不相适应的。在这样一种情况下，更应当清醒地认识到，任何事物都存在两面性。最重要的是要明白这时候该做什么，能做什么，需要尽力去做什么，尽力把这股不可抗拒的热潮可能带来的负面影响减少到最低限度，以保证旅游业发展的持续性，把经济和社会的发展建立在一个稳定的增长平台上。

当前，风景名胜区工作到底存在一些什么问题呢？还是一句老话，就是资源的保护与开发利用这一对矛盾的处理问题，这是所有工作中的核心问题。从目前的情况看，风景名胜区存在着这样一些不文明、不利于可持续发展，也是不合法的开发利用方式。

一是长官意志式的开发。有相当一部分的地方领导，有了权力以后，就以为自己的水平能力提高了，按照个人仅有的一点知识和理解能力，否定专家的意见，尤其是不听资源保护专家的意见。有时，这些人对专家的意见也强调认可，但往往是取其所需，凡认可自己意见的专家是受欢迎的，而将那些"唱反调"的专家拒之门外。其实，在风景名胜保护问题上，那些敢于与领导意见相左的专家的意见，恰恰是真知灼见的、有价值的；而那些只迎合某些领导个人意志，或对他们一知半解的水平、知识面和有限的经验就给予充分表扬，溜须拍马，或只是顺藤摸瓜似的讲些好话，或者是推波助澜的所谓专家学者，实际上他们已失去了参政的资格。更有些领导急急忙忙地希望自己能够在自己管辖的范围内留下个人的痕迹，也做一次秦始皇式的美梦。他把自己看成是景区最光辉时代的开发者，做苏东坡式的传人。这些念头都是非常愚蠢的。凡是历史上真正留下光辉痕迹的人，其所完成的业绩在当时并不会产生轰动效应，反而是因不追名逐利而默默无闻，他的光辉和成就可能要经过许多年后才显现。这是他的预测性、科学性的合理反映。如果什么事情在当时就轰动，一般这种事情本身就是破坏性的。因为它或许只是暂时满足了民众的一般性猎奇心理，不可能有科学的预测性和预见性，不可能正确地应对将来可能会出现的复杂问题和可能出现的变化。所以，有一些政治家努力想把自己的见解刻在地球上，留下痕迹，其代价往往就是资源的毁灭性破坏。

二是崇洋媚外式的开发。有些决策者到国外旅游、考察回来以后，就照搬阿尔卑斯山的模式建设景区，或者按照日内瓦湖的模式把自己的景区推倒重来，努力把景区搞成法国的巴黎、英国的伦敦、美国的华盛顿。以至于有的地方大量地拆毁历史建筑，把它改造成小巴黎、小伦敦，而外国游客千里迢迢到中国，是来看中国风景资源的独特性和东方文化的博大精深，不是来看这些仿制品的。有相当一部分同志，往往按照自己的那种非常片面的对美的理解来改造景区，热衷于克隆外国的景区开发模式，大量地聘用外国专家进行景区规划方案设计或者邀请国外设计单位参与规划设计方案招投标，结果钱被人家赚了，还被他们耻笑。现在，一些城市动不动就提出要建设国际化的大都市，一些历史文化名城、风景区的规划，也搞国际性投标，这就得不偿失。因为就历史文化而言，我国有8000年的文明史，而西方有些国家只有300年的建国史，像在澳大利亚，50年前的建筑就算历史古迹，而请他们来做我国的历史文化名城保护规划，资源保护和利用规划，这不是请学生来教老师吗？是民族的东西，是本地的、独特的，才能被列入国际风景名胜之林。把自己独特的东西刻意模仿改造成人家的样式，那就全无独特性可言了。

三是一哄而上式的开发。旅游市场的兴旺，引得工、农、商、学、兵各行各业一齐向旅游业进军。由于风景旅游资源是融独特性、唯一性、稀缺性为一体的，所以，一些单位就占山为王，占景为大，通过领导批条子，纷纷进入风景区设立工程，占据有利地形，导致大大小小的风景资源被各种各样的培训中心、疗养院、动物园所占领，有的甚至在风景区内建设什么鬼城，大有牛鬼蛇神一起上之势。宾馆、饭店也不甘落后，纷纷在景区内安营扎寨。还有，许多风景区内的农民，把辛辛苦苦赚来的钱变成一排排简陋的房子，一间间地拿来出租引客。许多单位也各显神通，争当山大王，各有各自的宾馆，如邮电宾馆、银行宾馆、电力宾馆、国税宾馆等，还有管人事的组织部宾馆，管计划生育的也搞宾馆，统统都要搞。就是因为我们的风景名胜资源没有很好地予以保护和开发利用，没有

"计划生育"。这种全民动员、一哄而上的开发，实在是危害极大，遗患无穷。

四是急功近利式的开发。因为一个地方的领导任职时间是有限的，平均 3 年就要变动，所以有的领导上任以后，就抱有"有权不用，更待何时"的想法。有的把开发项目搞成"献礼工程"和政绩工程，要求在某某黄金周之前必须建成，或者是在某某节日之前一定要完工。有的工程建设明明需要一年时间才能完成，但工期还是一缩再缩，已到了合理工期的 1/3，结果只能是粗制滥造了。风景资源是大自然的瑰宝，在风景区内建设任何建筑或项目都要仔细地琢磨，才能符合资源保护的原则，才能与风景名胜相协调。现在轰轰烈烈地搞的那些献礼工程，不少是拆了历代遗留的真古迹而匆忙"克隆"仿古建筑，结果造成景区风貌的大破坏。

五是盲目错位式的开发。一些风景名胜区错误地套用城市、开发区和旅游度假区开发的模式，把城市广场、草坪、豪华宾馆、宽马路、景观道路、大规模的旅游设施、主题公园等等，统统地搬到风景区里来。所以，几年前，朱镕基总理到了张家界景区看了之后说，我本来以为是蓬莱仙境，结果一看是天上人间，乘兴而来，败兴而归。也有的领导壮志凌云，想要景区建设一年一小变，三年一大变，他就不知道该怎么变，什么不该变。两院院士、原建设部副部长周干峙同志说过，所有风景名胜区所在地的地方领导包括管委会主任，其工作的最高标准是，不该变的绝对不能变，到任时，这里的风景资源什么样，离任时还是什么样。该变的是，在风景资源保护上做得更好，设施更加齐全。现在，在风景名胜区内居然也搞什么标志性建筑，与历史文化、风景名胜资源争风吃醋，造成山体、水体、土壤、空气的严重破坏和污染。有的错误地估计景区环境容量，套用城市的环境容量来确定风景名胜区的资源容量，使景区的青山绿水蒙受了严重的污染。

六是杀鸡取卵、竭泽而渔式的开发。在有的风景区里，削峰、填沟、截流发电、开发房地产，大范围地把门票收入权转让给公司企业，使得风景资源保护的资金来源枯竭。有的拆大量的真文物，造大量的假古董，热衷于搞什么大佛、大庙、大宫殿。有的屈服于少数利益集团的压力，竟让其在景区进行掠夺性的开发，这无疑是杀鸡取卵。这些问题，或多或少、或轻或重地在许多风景区中出现，有的还正在恶性发展中。

对上述问题，如果不引起足够的重视，不加以解决，宝贵的风景资源将在这场旅游发展的热潮中大量毁坏，不仅景区的管理者们将可能成为千古罪人，后人的耻笑对象，而且还将导致整个风景名胜资源开发利用的不可持续，同时，对旅游事业的发展也是一种致命性的破坏。大家都还记得，10 年前曾有过建主题公园的热潮，但当时投入几百亿资金搞的主题公园，现在都已一片狼藉。为什么呢？就是盲目的建设热情和简单克隆先驱者的局部成功做法，在热潮到来之时不清醒。当前最重要的是要清醒地认识这些已经出现或有可能愈演愈烈的问题，正确地面对形势,科学地、负责任地把旅游业发展的热潮纳入到健康发展和可持续发展的轨道,保障风景名胜资源的永续利用,促进旅游业健康、快速、文明地向前发展。其实,风景名胜资源的保护和利用,与旅游部门讲旅游发展是完全一致的,实际上强化资源的管理和保护就是强调旅游业的可持续发展和资源的永续利用,是文明科学的发展,是对后人负责的发展。

### (二)落实九项重点工作,确保资源的永续利用

#### 1. 树立风景名胜资源永续利用的思想

尤其是在旅游业发展高潮来临时,更应该坚持资源的永续利用。风景名胜资源具有独特性、脆弱性、不可再生性,而且是国家最珍贵的资源。现在全国国家重点风景名胜区151个,仅占国土面积的1%,但却是国家形象中最精彩的组成部分。如果把中国比作龙的话,那风景名胜区就是龙的眼睛,资源保护利用就是点睛之作。所以,每个人都应感到自己肩负的责任重大。国土面积那么大,党和国家把最精彩的部分委托我们来保护管理,这是一种崇高的职责。因此,在风景区内的任何建设都必须慎之又慎,所有开发建设项目都应是点睛之作。

风景名胜资源属高等资源,正确合理地进行开发利用,也是"三个代表"重要思想的体现。因为开发利用风景名胜资源。

首先,体现的是最先进生产力。风景名胜资源是可以永续利用和增值的。随着风景名胜资源观赏性和市场需求的提高,受关注的程度会越来越高,潜在的价值将不断地提升。体现先进的生产力,就要求我们把风景名胜资源看成是不断增值的、可持续利用的、影响范围越来越大的一种生产力资源。千万不能把长期增值的资源变成短期的掠夺性使用,千万不能把高等的资源变成低级的资源去滥用,否则就不可能体现可持续发展。

其次,体现先进文化的前进方向,就要求我们对风景名胜的保护、规划、管理都必须依法办事,有法必依,违法必究。风景名胜区的保护管理工作是一门科学,千万不能在情况不明、知识不足的情况下,却决心足、魄力大,盲目乱干。要坚持依法办事,充分听取专家意见,编制科学合理的规划并严格实施。这是专制与民主、愚昧与科学、落后文化与先进文化的较量。依法办事体现了法制的精神,是一种文明进步的方式,无疑也体现了先进文化的前进方向。

第三,国家重点风景名胜区是属于最广大人民的,甚至是属于全人类的,世界自然文化遗产就是属于全人类的。不能以局部的、部门的利益、少数人的利益来掠夺侵占最广大人民的根本利益。我国的风景名胜资源是属于世世代代的全体人民,应当通过合理保护和利用,使其惠及全人类的子子孙孙。

#### 2. 强化风景名胜区规划的综合调控作用

做好风景名胜区的规划,是搞好风景名胜区保护和管理的依据和手段,是一切开发利用建设的蓝图,是处理好保护与利用关系的唯一途径。我国现有的151

个国家重点风景名胜区，编制的总体规划大部分都是于20世纪80年代末、90年代初完成的，规划中有些内容和条款的可操作性、适用性都比较弱，缺乏对自然景观要素和高等资源可持续利用以及风景空间资源的正确认识和把握。近段时期，一些地方还出现了以招商引资和旅游开发规划代替风景名胜区总体规划的做法，所以常常出现风景名胜区的建筑物主体化、入口处的广场化、环境的花园化、游人中心的集市化等建设败笔。它不是与自然美景交相辉映，绿叶衬红花，而是争奇斗妍。还有一些风景名胜区建立至今，还没有科学合理地编制总体规划。少数领导甚至还认为，编制了总体规划等于是多了一条枷锁，没有规划多自由啊，在景区内可以自由开发建设。还有的风景名胜区只有总体规划，没有控制性详规或修建性详规，这方面的工作严重滞后。在规划的编制上，就面积较大的风景区来讲，总体规划是基础，控规是核心，程序是关键。哪些区域应该保护，绝对不能动，哪些地段该有多少开发量等都要严格控制，要在控制性详细规划中予以明确。程序是关键，规划要经专家论证，社会公开，分级审批，监督检查。目前，风景名胜区普遍存在着基础薄弱，核心淡化，程序不全的情况。这个问题要切实加以解决。

3. 严格风景名胜区规划的编制、调整和审批程序

要科学合理地编制规划，我认为有以下几点要把握。

第一是要提高规划编制的质量。风景名胜区总体规划，应请有规划资质和丰富经验的设计单位来做，也不要贪大求洋，崇洋媚外。在城市建设、开发区建设上，应该吸取国外的经验，开放规划市场。但在历史文化和风景名胜资源上，要体现的是东方民族文化独特的魅力，体现的是大自然独特的景观风貌，一定要找有实际经验的设计院所来编制规划。

第二是按照国家颁布实施的《风景名胜区总体规划编制规范和办法》来进行规划。

第三是规划编制中要明确规定强制性内容。风景名胜区的规划与一般的城市规划、开发区规划是完全不同的。风景名胜区是大自然千百万年鬼斧神工的杰作和中华民族八千年文明创造的积累，也可以说是中华民族的祖先和大自然超凡的传世之作。大自然和先人的这一传世之作，留给我们一张自然完美的图画，当代人有责任保证它的真实性和完整性。有些决策者按照城市规划、开发区的规划来开发建设风景名胜区，在那里乱涂乱画，这不是在糟蹋名画吗？在传世之作上作规划、搞建设，也就是说要在千百年遗留下来的经典名作上作修改，那非得要有很高的水平，而且一定要慎重行事。一般的开发区或城市新区规划建设往往是一张白纸，没有画过任何东西，可以重新画，请高手来重作规划。而风景名胜区就不同了，这两者是不能相提并论的。必须严格遵循合理设置强制性保护规定和内容，最大限度地展现"传世之作"的魅力。

第四要切实纠正普遍存在的重景区、轻城镇的现象。城市旅游与景区旅游应该相互强化。现在，我国无论到哪一座名山大川，从总体上看，风景名胜区的保护是可以的，但景区所在地的城市容貌就比较差了。有位领导同志在基层检查工作时，针对这一现象作了形象的比喻：过了一村又一村，村村像城镇；过了一镇又一镇，镇镇像农村。城不像城，村不像村。风景名胜区所在地的城市普遍存在建筑粗制滥造，规划和建设水平不高。在风景名胜区和城市的规划上，要强调如何充分利用风景名胜区所在地的人文历史特征和景观资源来进行科学合理的规划建设，使名城和名山交相辉映、珠联璧合。最杰出的代表就是玉龙雪山和丽江古城。而现在，不少地方的规划设计水平不及古人，有许多城市的规划建设既不注意利用山水景观，又把历史文脉给糟蹋掉了。

**4. 明确和落实规划的强制性内容**

总体规划和详细规划必须规定强制性的规划条款，任何单位都不得擅自调整已经批准的强制性规划内容。规划的强制性内容就是要强制执行，有法定地位，而不是橡皮筋，可长可短，可有可无。"风景名胜区规划中要划定核心保护区(包括生态保护区、自然景观保护区和历史古迹保护区)保护范围，制定专项保护规划，确定保护重点和保护措施"，这些都是规划的强制性内容，主要是两类。一类是不可再生性资源的保护，如自然景观、生态景观、自然资源、历史文化资源、文物遗产资源、城市风貌资源等，这些都是不可再生的。另一类是生态敏感区和建设控制区。例如，张家界武陵源风景区金鞭溪两岸的风光令人陶醉。金鞭溪的上游就属于生态敏感区，如果对上游建设不予严格控制，滥建宾馆、乱排污水，乱砍树木，那金鞭溪只能变成一条臭水沟。所以，一定要严格保护生态环境，保持完整的自然风貌，严格控制建设，不能乱批乱建。规划如果没有强制性内容，全是指导性的，那这一规划只是一张废纸。

**5. 严格控制风景名胜区的建设项目**

风景名胜区一定要按照经批准的总体规划和控制性详规的要求确定各类设施的选址和规模。重要的是在各级风景名胜区内应严格限制建设各类建筑物、构筑物。确需建设保护性基础设施的，必须依据风景名胜区规划编制专门的建设方案，组织论证，进行环境影响评价，并严格依据法定程序审批。总体规划中未明确的重大建设项目，确需建设的，必须调整规划，按规定程序报批。对未经批准擅自新开工建设的项目要责令停工并依法拆除。有人可能会认为，有的项目造价昂贵，布局也有合理性，拆除了很可惜。但是我们要清醒地看到，依法拆除某个违法建筑，不仅仅是对这个项目的调整，更重要的是要形成依法办事的社会风气和把今后管理工作纳入到法治的轨道。因此，不能因小失大。有的事在局部看可能是合理的，而在全局看可能就是错误的。因此，要从全局、整体、长远的利益出发，严格地执行规划，严格地控制调整建设项目，坚决拆除违法建筑。要严格控制风景名胜区人口的增长和各类建设活动。风景名胜区核心保护区不能规划建设宾馆、招待所、培训中心及疗养院（所）；确有需要恢复一些历史古迹的，也要按程序审批。不得随意建造各类人造景观，尤其不得设立各种开发区和度假区。规划区内的各项设施建设要与周边景观和景区整体环境相协调；对风景名胜区及其外围保护地带现存的有碍景观、污染环境、妨碍游览的建筑、工程设施及厂矿企业，应按规划要求限期拆除、改造或者遮掩。

6. 要进一步规范经营开发的模式

我国已加入了世贸组织，市场经济也在逐步成熟，同时我国又面临着旅游基础设施开发的热潮。所以，引入市场机制，拓宽融资渠道，转换经营模式，加快风景资源的开发利用和保护，应该是无可非议的。但是，市场机制历来是把双刃剑，开发与毁灭有时只是一念之差。正因为如此，才有经营体制方面一系列的经验教训值得总结，才有市场经济最为发达的美国、加拿大、英国、法国、德国等国家在经历了几百年市场经济的洗礼和成千上万个惨痛的历史教训后，不约而同地将重要的国家风景名胜资源交给国家公园管理部门统一管理。在这些私有化最彻底的资本主义国家，政府设立专门机构管理这些独特的、纯国有的高等资源，即国家公园管理局。这是因为这些资源具有珍稀性、脆弱性、不可再生性，也代表着一个国家和民族的凝聚力。尽管我国的根本制度和土地属性与西方国家有区别，但是风景名胜资源保护利用的基本原则是一致的。一定要把我国景区保护利用的成功建立在资本主义国家对生态保护、资源破坏的惨痛教训上，让我国风景资源的利用更可持续性。所以，在风景名胜区的经营管理模式上，也就是经营权的转让方式选择中，有几条底线是绝对不能突破的。

第一，政府的行政管理职能不能有任何的削弱，更不能做任何的转移。任何政府机构的存在，都是为了弥补市场的不足。市场机制也有失效之处，政府存在的原因就是弥补市场的短缺。要防止市场的盲目性，因为市场机制的运作是基于利益的推动力，是价值规律在起作用，追求效益的最大化，它并不能保证公正性和可持续性，更不能保证资源的永续利用。同时，政府存在的意义就在于克服市场的短视。市场机制比较关注眼前的收入，往往忽视长远的可持续的发展。绝对不能把风景名胜资源看成是一般性、可竞争性、可恢复性的资源，而是很脆弱的、特殊的、不可竞争性的资源，是属于整个民族和全人类的资源。任何一个地方的风景名胜资源，正因为它有价值，是独一无二的，无法进行平等竞争，所以，把风景名胜资源看作是像一般性的土地资源、矿产资源、森林资源、水资源等一样，那就大错特错了。因此，政府对风景名胜区的行政管理职能是丝毫不能转变的。

第二，绝不能在核心景区推行任何实质性的经营权转让。有关法律法规已经有明确规定，在核心景区不得建设任何与资源保护无关的项目。既然已明文规定不能在核心景区里搞建设,而有的地方却在这里搞开发,那就是违法建设,必须依法纠正和拆除。在这方面,国家森林法、土地法、文物保护法、环境保护法等法律都是一致的。

第三,对已经开发、成熟的景点以及其他重要的景点,不允许转让其经营权。因为景区内的许多景点是几十年管理开发的结果,有的甚至是上千年人类开发的结晶。如雁荡山风景区在唐代就已开发了,杭州西湖已有2200年的历史,金华双龙洞也有1800年的历史。对这些经几千年悠久历史积累的风景区,就不能允许由一个企业或者少数人组成的利益集团去独享成果,摘现成的桃子。而对处于风景名胜区边缘或者外围地带的,新开发的有较大风险的风景旅游项目,或者原本已经是败落的景点,则可以有所区别。

第四,风景区的大门票不能让公司垄断,或者捆绑上市。

首先,因为门票是整个风景区资源价值的重要体现,也是资源保护经费的唯一来源。过去这样做的,有的确实情有可原,但现在要适当地调整。过去是因为银行资金短缺,景区保护建设贷不到款,只能通过门票捆绑上市,通过市场来筹集资金。而现在,银行对风景旅游项目的开发是非常乐意贷款的,因为每年的旅游门票收入都是递增的,平均递增20%。所以,银行一般可以根据项目的预期收入而给予大额度贷款,贷款的数额有可能是当年经营收入的10倍。景区的保护开发怎么会筹不到资金呢?必须看到,门票的管理是监管成本最低的。对国有资产进行战略性重组,有进有退,如有的国有企业就应该退出。一般竞争性企业经营有很多风险,有国际市场的风险,有内部管理的风险,有企业领导人贪污的风险,有会计做假的风险,监管成本很高。但风景区门票就不一样了,安排几个员工售收门票,只要票额清点清楚就可以了。门票收入纯粹是国有资产,是监管成本非常低的国有资产,如今却转让给企业去监管受益,这是最愚笨的办法。国有资产有进有退:进,就是要向监管成本低的领域、代表资源管理的领域、垄断性的领域进入;退,就是要从监管成本很高的,管起来不合算,也管不了、管不好的领域退出。只有这样,国有资产才能增值保值,政府才能为人民群众当家理财。所以说,盲目地把景区门票捆绑上市,是一种非常不经济的做法。

其次,风景旅游资源是最脆弱的、不可再生的国有资产。它与其他的国有资产有着本质区别:一旦破坏,就不可再生,它是要永续利用的国有资产,而不是一次性消耗的国有资产。像一幢房子、一个门窗、一个公园、一块土地那样的国有资产,有时是消耗性的,而风景旅游资源是不断增值的,一旦被企业所垄断,管理的模式就不一样了。峨眉山风景名胜区当年因为投入没有资金渠道,只好把经营权40%的股份转让,但还是由管委会控股,以后随着经营收益的增加,又把30%的法人股买回来,所以,目前该管委会与经营公司实际上是一回事。但是有的风景区就不一样,是管委会与经营公司谁大谁说了算,景区的管理到底是按照

《风景名胜区条例》，还是按照《公司法》？说不清楚了。特别是一些有背景、有来头的经营公司，管委会更管不了，能量比管委会大，官场人脉关系熟。引这些"狼"入室后，不仅使管委会自己大权旁落，而且还要由自己对任何违法开发项目承担法律责任。

再次，要提高风景名胜区的经营效率不必仿照企业来实行三权分立。风景名胜资源的资产经营效率容易提高，因为它是垄断性的，是不能也无需通过竞争来提高经营效率的。风景名胜区的管理模式与政府事业单位的管理模式有相似之处，只能通过内部的用人机制、分配机制的搞活来提高效率，而不能通过外面竞争来提高。风景名胜资源是不可竞争的，不能说拿武陵源的资源与别的资源去竞争，没法竞争，它是独特的，不可能像一般的企业那样建立在平等竞争比较的基础上。景观资源本身就是独特的、绝无仅有的，这就是垄断，就要按照事业单位管理模式来提高效率。当然，如果硬要以企业经营机制来提高风景名胜资源的资产经营效益，无疑只是获得杀鸡取卵、竭泽而渔式的短期效益。所谓必须实行"三权分立"来提高经营效率的理由是难以站住脚的。

不要迷信一些风景区经营管理模式的短期效应。用一种短期的效果来证明一种机制的成功往往是一个误区。有些模式看起来轰轰烈烈，宣传得很到位，但是经不起历史的考验。当然，非常明智、注重风景名胜资源的长期保护的企业家有，但是奇缺。以保护和永续利用风景名胜资源为己任的企业家，那是非常宝贵的。但是一旦这位企业家不在了，换了一个人来，或者这家企业的连锁经营破产了，这时候景区的厄运就来了。现在，国内有些媒体到处鼓吹某一种模式是最成功的，他们就不愿意汲取西方资本主义国家几百年市场经济淘汰下来的成千上万的历史教训。所以，在这方面，一定要头脑清醒，端正思想，坚定不移地立足于资源的长期保护和利用。

当然，在风景区外围或边缘，比较次等的及风险很大的资源开发和景区内的旅游设施和服务项目，如宾馆、索道、绿化、物业管理等，这些都应该进行市场化操作，按照三权分立的原则实行特许经营。在风景名胜区实行特许经营的办法要尽快研究出台。什么叫特许经营？因为风景名胜区内的所有旅游设施，都会因为名胜资源的独特性而变得具有稀缺和垄断性，它们不能随便进入市场。按照法律一般的通则，是由政府管理。但是为了引入竞争机制，引入多渠道的投资，对这些原本可以由政府经营的项目，通过公开招投标，在一定期限内"特许"由企业来经营，这就是特许经营的本意。

7. 强化风景名胜区管理机构的行政管理职能

按照《风景名胜区条例》的规定，风景区管理和当地行政管理不能搞成两张皮。凡是搞成两张皮的，其资源保护往往是不到位的。所以，风景区应采取政府管理原则，尽量采取一级政府管理；实在采取不了的，可以设为政府派出机构。

风景区的管理不能与森林资源、水域的管理变成两张皮。因此,风景区应该是一个统一的管理体。风景区涉及行政管理的乡、镇、村,可以采取委托管理的办法,把人、财、物一并交给风景区管理机构统一行使。不能是风景区下面的乡政府由县政府管,景区内的村又是那个乡政府管,管委会又归市政府管,这样权、责、利三者关系就不清了。不能多头管理,多头领导,只能把景区内的乡(镇)政府委托给风景管理部门来进行统一管理。

对景区内的其他资源,都应该由管委会负责管理,其中森林资源、水资源、矿产资源要一并移交给当地风景名胜区管理部门。因为风景名胜区有几个特点。一是国家风景名胜区是经国务院批准的,而不是部门批准的。其他各类保护区,基本上都是部门批准的;二是风景名胜区在内涵上包容了地质地貌、森林资源、水资源和任何种类的人文资源,几乎包容了任何体系;三是风景名胜区审批的范围比较大,大都在上百平方公里甚至几百个平方公里;四是风景名胜区的管理机制、法规、队伍是最健全的;五是与国际惯例接轨。现在,联合国教科文组织、美国的国家公园管理局和其他一些国家的国家公园管理机构都与我国建立了长期的合作关系;六是生态的保护、资源的保护、环境卫生进行属地化管理才是最有效的。

从以上六点来看,风景名胜区必须采取集中统一的管理办法。对具体管理办法,也要采取一些经济激励措施,如利益分享的机制。风景区内森林资源的利用,可以采取以门票收入的1%～2%,建立政府的补偿机制。对风景区的农民,可以把20%～40%的劳动力转变成封山育林的督察员、检查员、纠察队。这些农民先经过培训,然后分块明确界线,由他们承包山林保护管理,并与风景区管委会签订合同,明确报酬与处罚标准,如在自己承包管理的景区内少了一棵树,工资、奖金要扣罚多少,严重的还要开除出管理员的队伍。这样一来,农民也就好管理了。同时,农民也会珍惜这个工作机会,而且他还熟悉情况,知道村里哪几个人会去偷砍林木、开山炸石等,由本地村民来自我监督,成本最低。景区内的封山和退耕还林,由政府补偿。历史经验表明,实行社区管理、属地管理是最有效的。在整个景区保护管理的过程中,行政管理为龙头,是依法管理,是法律赋予的核心管理。专业管理为骨干,因为涉及专门知识,要有专家的参与,要有专业技能的管理,例如物业管理、园林管理等。群众管理为基础,一定要动员群众,依靠群众,互相监督,共同提高。要建立群众参与决策的机制。

8. 规范行政行为,建立行政行为追究监督制度

风景名胜区为什么会出现这样那样的问题,这与当前我国行政行为的责任追究制度不健全有关。各级政府主管部门都必须遵守经过审批、具有法律效力的各项规划,确保依法保护资源和依法实施规划。要进一步严格规章制度,《风景名胜区条例》对风景名胜区的规划编制、调整、审批的程序、权限、责任和时限,

以及对涉及规划强制性内容的执行、违法建设的查处等关键环节都有明确的规定。这些规定涉及执法的主体,各级风景名胜区、各级主管部门的主要领导的责任和具体的执法主体和程序。对违反法定程序调整规划强制性内容的,违反风景区规划批准建设的,上级主管部门要责成纠正;对造成后果的,要追究直接责任人和主管领导的责任;造成严重影响和重大损失的,要追究政府主要领导的职责;触犯刑律的,移交司法机关查处。必要时由建设部报经国务院批准,撤销已授予的国家级风景名胜区和文明景区等称号。有的同志提出,风景区内的一些违法建筑,都不是管委会自己批准的,是领导批的条子。其实责任仍在管理者。什么老领导、上级领导批条子,他们都不是风景区管委会的领导,也不是规划局的领导,更不是上级建设部门的领导,他们都承担不了这个法律责任,法律责任都得由管委会承担。

9. 加强干部的培训

风景名胜区的资源是大自然或古代能工巧匠的传世之作。要在风景名胜区搞保护和开发,需要高超的才能。面对着旅游设施建设的浪潮,必须争分夺秒地去学习。应该有这种紧迫感。管理者的知识、能力、经验都与所承担的责任、开发的速度不相称。每个人都要有危机感。不能等交了学费、付出了惨痛的教训后才明白一点道理。管理者有三个层次,第一个层次是最聪明的管理者。他善于从别人的教训来看到自己的危机,别人在这个坑里跌倒了一次,他知道这里有个坑,心里明白风景资源是不能这样开发的,就可以避免犯错误。第二层次的管理者,是自己在一个坑里跌倒一次,有了教训并交了学费接受了教训,下一次不这么干了。一般的管理者都属于这个水平。第三层次的管理者,是比较愚笨的,错误一犯再犯,一个坑里面跌倒了好几次,这样的管理者是很糟糕的。风景名胜资源就不能交给他们来保护。按刑法规定,贪污2万元就得进监狱。而风景资源是无价之宝,遭破坏后所带来的损失是以亿计的,相关的责任人也应坐牢。应该有一种紧迫感,要加强学习和培训,在短期内尽快地提高管理者的知识水平。

## 七、专题:法国、英国国家规划督察制度及对我国的启示

### (一)法国国家建筑师制度

1. 法国国家建筑师驻省代表处的性质、任务

国家建筑师驻省代表处是法国文化与交流部向各省的派出单位。每个省的省会城市里都派驻有国家建筑师驻省代表处。

根据法国1976年3月6日政令,国家建筑师驻省代表处要接受文化部、建设部、环境部等三个部的相关业务领导。

(1)国家建筑师驻省代表处的性质

国家建筑师驻省代表处首先是一个监督部门,是向广大民众宣传国家遗产保

护政策的部门，代表国家整体利益监督地方保护工作的实施。国家建筑师驻省代表处向地方政府的领导、部门解释保护政策、保护措施，并帮助其实施。

国家建筑师驻省代表处有三项基本任务：顾问、监督、保护。

1) 国家建筑师驻省代表处首要职能是地方政府的顾问。帮助地方政府提升规划与建筑设计的质量，研究在保护环境的同时如何来安排建设项目。

2) 国家建筑师驻省代表处有权对所有建设方案发表意见，因为这些建设项目都可能对保护空间造成影响。

3) 国家建筑师驻省代表处是古建筑及历史遗产的保护部门，负责登录建筑的维修工程。国家建筑师驻省代表处有权对需维修的教堂、乡镇房屋立面的装修、保护性建筑附近的新项目设计等等进行管理；对建设活动给予政策指导，参与制定规划文件，现场解决具体问题。

国家建筑师驻省代表处实际上起着城乡规划设计调控者的作用。当市镇政府按程序编制、修订、审核当地规划方案时，国家建筑师驻省代表处应与市政府合作进行；国家建筑师驻省代表处通过对建筑历史的研究，为当地规划提出建设性意见；国家建筑师驻省代表处有权参加审核城镇边缘扩建独户住宅区的规划，审核商业区的规划，使以上建设不致对城乡环境造成负面影响。国家建筑师驻省代表处还有权参与制定国土治理大纲，参与研究对城乡环境影响较大的道路、高速路网、铁路、轻轨、供电、天线等大型基础设施的定位。

(2) 国家建筑师驻省代表处的组成

国家建筑师驻省代表处是一个工作小组，根据派驻省的大小，每组5~10人不等。一般都驻在省会城市里。在法国，总计有100个国家建筑师驻省代表处，共790名工作人员。他们主要由三部分人员组成：①国家规划师和国家建筑师，计360人，在国家建筑师驻省代表处中执行法国国家建筑师的使命。②工程师、技术员，根据任务需要，为国家规划师、建筑师作帮手。③行政人员。从事代表处的行政工作和管理工作。

法国国家规划师和国家建筑师出现于1993年，360人统称法国国家建筑师。其中200人侧重建筑遗产保护，160人侧重空间规划。他们都是经过国家考试招聘的，聘后又经过一年的"国家道桥学院"和"夏乐（Chaillot）高等研究中心"的联合培训，培训后上岗。

2. 国家建筑师驻省代表处工作的相关单位

国家建筑师驻省代表处的工作人员是国家公务员。在工作中与其他相关单位要始终保持密切联系。

在中央一级，与国家建筑师驻省代表处关系最直接的三个部门：①与文化部"建筑与遗产局"有固定的紧密联系。该局决定城市建筑、保护地区、城市遗产、历史文物的登录。文化部"建筑与遗产局"和"行政总局"共同管理国家建筑师驻省代表处的人、财、物。②环境与国土治理部中负责重点风景区保护的"自然与风景管理局"。③建设、交通与住宅部中负责空间规划与建设治理立法的"城市规划总局"。

对国家建筑师驻省代表处的职能工作，国家组织定期检查。检查工作分别由文化部建筑遗产局的建筑与遗产检查处、文化部文化事务行政总监室、遗产保护总会的总监室进行。

3. 国家建筑师驻省代表处在保护区的设立和管理中的作用

保护区覆盖了大面积的国土，涵盖了各个时期的建筑物和自然风景，诸如自然景区、考古地、历史城镇、历史文物周边区、道路等等。有关规章将保护区分为四大类：风景区；历史文物的周边地区；维护工程区；建筑、城镇、风景遗产保护区。国家建筑师驻省代表处针对不同的保护区采取不同的管理和保护方式。

国家建筑师驻省代表处在实施保护区的保护工作时，就管理政策和管理重点与地方领导经常沟通，共同确定将要执行的规定和措施。双方认定后，国家建筑师驻省代表处付诸实施。在保护区内，凡涉及新建建筑、建筑改变用途、新建小区或建设商业设施，在项目申请前都需要咨询国家建筑师驻省代表处。这样，法国国家建筑师得以指导、帮助以上建设项目与保护区的环境协调一致。国家建筑师驻省代表处并不禁止建设现代建筑，实际上保护区中都有一些近代建筑，但对现代建筑是严格控制的。

(1) 国家建筑师驻省代表处对建设项目的管理

国家建筑师驻省代表处的重要工作之一是对建设项目参与意见。国家赋予他的职责是核查建设项目是否符合保护的法规和要求。全国 100 个国家建筑师驻省代表处每年要发布 60 万条意见。这些意见在一定程度上明确约束了颁发许可证的权力机构（主要是市长）。许可证包括：建设执照、拆房执照、工程公示、承包许可、规划证书、电路走向、伐树许可、批示牌设置、广告许可等等。

实际上，法国国家建筑师往往是依据保护区的保护要求，对工程申请提出"强制性意见"或"非强制性意见"。强制性意见是国家建筑师对有权颁发许可证的市长、省政府的一种约束。市长、省政府除非向大区政府投诉，否则必须听从国家建筑师的意见；非强制性意见是市长、省政府可以不顾及国家建筑师意见的约束，能自主作出决策。

(2) 国家建筑师驻省代表处对景区保护工作的管理

法国根据 1930 年法的规定，列入保护的景区有 2700 处（1998 年统计数据）。每年还要新列入 20 处景区。这些列入保护的景区占了法国国土面积的 1.5%。另外，法国共有经普查登记的景区 5300 处。

法国国家建筑师对景区的质量负责，其职责是对列入保护和登记的风景区进行监管。这种监管特别关注景区内的人为印记，对景区内的建设活动给予意见。

登记景区内的任何规划方案的修改都要征询国家建筑师的意见。但如果国家建筑师认为某方案可能会威胁景区的协调一致，则可以向文化部建议，使用应急措施或启动列入保护程序。在登记景区里，禁止安放任何广告，指示牌的设置必须由国家建筑师驻省代表处颁发许可。

在列入保护的景区内，起码是禁止盖房子的，除非工程是省长公示、国家建筑师批准的。在列入保护的景区，只有环境部才有权签发建筑执照或拆房执照，但必须在授权省风景保护委员会查验后才行，景区内的任何治理活动，只有确信这些治理结果将融化在景区中，看不出痕迹，才能被批准。在列入保护的景区中禁止安放广告，指示牌的设置必须有国家建筑师的意见。

(3) 对历史文物周边地区的管理

历史文物与周边地区的空间有密不可分的关系。其周边环境上的任何变更都会影响对文物的感觉及其持续保护。所以，法律规定对历史文物周围半径 500m 的范围内都要进行管理。根据 2000 年 12 月 13 日法，应法国建筑师的建议，并经市镇同意，文物周边 500m 的范围都应规划为遗产的范围。在法国，有 4 万座建筑物已登记为历史文物或列入历史文物保护的名单。这些历史文物周边保护范围的土地面积达到 300 万 $hm^2$。

保护好历史建筑与其环境的关系，还要关注古建筑周边地区内的一切新建筑。如果一座建筑是登记文物或是列入保护的文物，则其周边地区就应实行强制保护，建筑外观的变化都要自觉接受国家建筑师的干预，建筑的广告和招牌也要接受国家建筑师的监督。

**(二) 英国城市规划督察制度**

1. 英国规划督察署的性质、任务

英国规划督察署，曾隶属于环境部（英国负责城市规划的中央机构）。自 1992 年以来，规划督察署变更成为一个半独立的执行机构。规划督察署根据有关"框架协议"，对副首相办公室的第一国务大臣（即副首相）和威尔士议会负责。规划督察署裁决的依据是规划法规、住宅法规、环境法规，处理有关开发与建设项目规划许可申请的上诉案件；代表副首相办公室和威尔士议会"介入"城市开发与建设项目规划许可审批。规划督察署还为其他中央政府部门，例如环境、食品和农村事务部、交通部等处理相关的上诉案件。若未出现开发与建设项目规划许可申请的上诉案件，也没有国务大臣"介入"的决定，规划督察无权干预地方政府的发展规划编制（公众参与的听证会例外）与规划管理。

(1) 规划督察的工作目标

根据"框架协议"，规划督察的工作目标为：

1) 以经济的、有效的、高效益的、迅速的方法，在保证高水平和高质量的前提下，提供专业服务，同时还应考虑经费的局限性；

2) 保证每个规划督察的廉正，保证在不受任何不适宜因素的影响条件下独立做出裁决；

3) 为每个上诉者(机构)提供明确的、适用的信息和导则；

4) 完成规划督察署确定的效能标准，保证一支高效、经验丰富、受过良好培训、高素质的队伍。

(2) 规划督察署的工作目标

1) 成为政策连续性和权威性的维护者，使规划督察的综合性经验对政策的制定过程给予帮助；

2) 发展和维持一支受过良好培训，具有主动性，团结合作和多专业学科的队伍；

3) 以经济的、有效的、高效的和环保的方法获得和利用资源；

4) 维持并在可能的条件下改善规划督察的工作质量，强调服务意识；

5) 促进对规划督察工作的认识，提高对规划督察工作的尊重。

(3) 规划督察工作的基本原则

规划督察工作的基本原则是社会各界都有平等的权利表达他们的意见。规划督察在裁决时，政府颁布的有关政策是重要的依据。规划上诉的多数案件的裁决可直接由规划督察作出，一些重要的案件将由规划督察撰写报告，提出意见，供国务大臣或威尔士议会作最后决策。

2003年开始，规划督察开始实行副首相办公室提出的"终端评议"方式，对规划督察工作程序进行评估。"终端评议"与议会通过的"规划与强制购置法提案"是相吻合的。这两项工作都是目前政府对城市规划体系改革的基本内容。

提案的提出包括了提高发展规划体系的效率及其作用，解决主要基础设施项目，以及副首相"介入"发展与建设规划审批的时间表。提案将提高地方政府和中央政府在处理规划上诉过程中的效率，并加强在城市复兴和改造过程中为了土地整合而必需的强制征购权力。

2. 英国规划督察署机构与人员组成

(1) 英国规划督察署人员组成(表6-1)

英国规划督察署现有规划督察人员750人，其中300人为不坐班，在家工作，根据任务安排再出差的规划督察。规划督察署总部设在布里斯托夫，在威尔士设有分支机构，专门负责威尔士的事务。

规划督察队伍的专业背景采取了多学科、多专业的组合，有城市规划专业、建筑专业、市政专业、经济专业、地理专业、法律专业，也有行政管理专业等。而且还注意一定的"回避"。例如在安排规划督察接手某一规划许可审批项目的上诉案时，一般都考虑避免使用同一地区的规划督察。

### 英格兰与威尔士全日制的工作人数　　　　　　　　表 6-1

|  | 2002年1月1日 | 2003年3月3日 |
|---|---|---|
| 规划督察署总人数 | 696 | 718 |
| 规划督察人数 | 210 | 271 |
| 办公室职员 | 156 | 177 |
| 支付劳务费(非工资)合同式的规划督察 | 90 | 137 |

规划督察职位的招聘采取外部招聘和内部提升两种方法。规划督察也可以申请政府其他部门的公务员职位。规划督察的招聘根据公平和公开竞争的办法，由公务员管理委员会办公室统一办理，但不排除特殊人员特别招聘的办法。

规划督察还包括一个特殊的组织，即司法部专业小组(the Lord Chancellor's Panel)。这个部门主要负责与公路相关的案件，包括一般道路一直到高速公路的各种高等级公路的规划上诉案件。该部门所适用的法律与一般的规划案件不同。

(2) 规划督察组织机构和职责(表6-2)

### 规划督察组织机构和职责　　　　　　　　　　　　表 6-2

|  | 工 作 内 容 |
|---|---|
| 总执行官<br>副总执行官和专业总负责人 | 负责所有规划督察的管理工作；负责国务大臣的规划"介入"案件；环境上诉案件；监督规划督察的工作日程安排 |
| 发展规划、公路与交通司司长 | 负责主持发展规划过程中听证会的规划督察的人员与工作安排，以及他们的专业培训；兼管相对独立的"司法部专业小组"的规划督察工作；负责公路、交通、路权案件；负责大型听证会项目 |
| 强制执行与威尔士事务司司长 | 负责威尔士事务所所有规划督察的人员与工作安排和专业培训，以及威尔士所有规划听证、上诉案件，包括土地赔偿、强制购买土地通知等；另外负责英格兰强制执行项目，包括历史保护注册建筑、广告上诉案件相关事宜 |
| 上诉行政管理司司长 | 负责处理英格兰规划、强制执行、广告、历史注册建筑、法律文件、土地赔偿案件和强制购买通知及相关的政策；负责因特网业务发展战略、数据保护与更新、统计、图书与信息中心 |
| 财务与管理服务司司长 | 负责机构发展计划、财务、人力资源；信息技术服务、经营支持和物业管理 |
| 质量、政策与培训司司长 | 负责质量保证处、政策处的管理，以及负责新规划督察的培训工作 |

(3) 费用与产出(表6-3)

规划督察署的经费开支由财政部划拨。前3年的费用按一个确定数支付，之后每年根据副首相办公室的计划和工作的需要进行核定。费用的划拨是根据"行政开支总额"为基础。规划督察署的收入主要来源于为其他中央政府和地方部门提供服务，例如主持地方政府"发展规划"的听证会。这些收入进入"协助拨款"账户，不能直接用于规划督察署的开支。

### 2002~2003年度财政年度的费用状况　　　　表6-3

|  | 预算(万英镑) | 产出(万英镑) |
| --- | --- | --- |
| 职员与相关成本 | 2603.6 | 2604.7 |
| 非支付性运作成本 | 1493.1 | 1490.2 |
| 资本支出 | 487.1 | 428.5 |
| 总支出 | 4583.8 | 4523.4 |
| 收入 | 648.5 | 759.1 |

规划许可申请上诉案件一般是不收费的，以确保规划督察在执行任务中的公正性。但针对那些"理由不合理"，或不必要的上诉案件，采取处罚性的收费，目的是减少不必要的开支。对上诉案件是否收费一般由规划督察署决定，但国务第一大臣有时也直接决定，一般针对那些上诉后所有程序已开始运作，上诉方临时再撤诉和强制执行案件。

一般情况下，参与听证会的各方各自承担自己的与会费用。但是听证会的主体——上诉者或地方规划管理部门一旦认为对方上诉的"理由不合理"，例如其中一方在作决定时，未能提供适宜的证据，可以要求对方负担自己的与会成本。

规划督察主持地方政府"发展规划"制定过程中的听证会(公众参与)实行收费的办法。

3. 英国规划督察的工作内容与程序

英国的规划体系是一种相对比较灵活的制度。实行政策制定、规划许可申请的开发谈判和规划督察裁决相结合的方法。"发展规划"提供了城市发展与建设的政策纲要，并对"发展"(开发)加以定义。规划法规定除特别规定外，所有的发展项目必须申请规划许可。实际上把土地所有权与发展权分割开，政府控制了发展的权力。

开发商(或投资商)进行开发建设时需要根据"发展规划"向地方规划管理部门申请规划的许可。地方规划管理部门可根据"发展规划"的政策规定、规划法、中央政府颁布的"规划政策指导纲要"(PPG)以及规定需要考虑的因素审批规划。规划的申请可以得到"批准"，也可以"有条件批准"甚至"不批准"。对于地方规划部门的规划审批确定，规划许可申请人可以接受，或不接受而采取向规划督察署上诉(在得到地方规划管理部门就规划许可审批的答复之后8周之内)。规划督察署在接到上诉后，若接受案件，将派遣规划督察接手处理规划许可审批上诉案。

对于地方规划部门的规划审批决定，其他受影响的第三方，包括环境保护组织也可以向规划督察署上诉，要求对地方规划部门的规划审批确定进行审核。

规划上诉程序一般是上诉者(开发商或有关机构)寄给规划督察署和地方规划管理部门填写完整的上诉申请表格和相关文件。规划督察署在收到申请后,应确认文件的有效性,然后决定是否受理。若规划督察署同意受理案件,规划督察署将通告地方规划管理部门和申请者(开发商)有关案件审理的方法和程序。

规划督察署对规划上诉的审理形式:

一是书面审理上诉案件。收到上诉申请后,规划督察应回复申请人是否受理案件。规划督察应在回复申请人12周之内,到现场实地考察。然后以书面文件的形式,通过与案件主体之间的信件往返、讨论、回答,最终规划督察以书面形式回复案件主体各方所作的裁决。

二是非正式听证会。非正式听证会一般在回复申请人和地方规划管理部门的12周之内进行。非正式听证会与正式听证会的形式一样,只是规模小,参与的人员少,裁决时间也相对短。

三是正式听证会(重要项目)并作出裁决。正式听证会一般在回复申请人和地方规划管理部门的20周内举行。正式听证会所花费的时间从几个月到几年不等。历时最长的是伦敦希思罗第五航空站听证会,用了10年的时间。

规划督察署选派规划督察主持听证会。在听证会上,地方规划部门和申请者(开发商)双方以及其他第三方(例如环境保护组织,或受项目影响的相关人员、机构和其他地方政府),可聘请律师或规划专家作为代表参与听证会。在听证会上,各方应阐述各自的观点,并提供有关的证据。

"介入"的项目,规划督察在听取各方的意见、阅读有关文件和证据之后,应向副首相或威尔士议会提交报告和建议意见,最后的裁决由副首相或威尔士议会作出。其他一般性案件(非"介入"案件),规划督察将就上诉案作出最后裁决。规划督察的决定为最终裁决,各方应遵守,不得上诉。只有一种情况例外,这就是一旦发现规划督察在听证会期间,或作裁决时出现违法行为,听证会参与的有关各方可以就规划督察的违法行为向刑事法院提出诉讼,但不得对规划督察的决定提出诉讼。当然,一旦刑事法院判决规划督察违法案件成立,规划督察的裁决将无效。规划督察署应重新派规划督察,重新举行听证会。

除规划许可申请的上诉案件之外,规划督察的工作还包括参与或主持下面有关规划法规定的工作:

(1) 发展规划

发展规划是英国的法定规划,包括"结构规划"、"地方规划"和适用于都市地区的"统一发展规划"等构成。规划督察参与发展规划的主要工作包括根据地方政府的要求,主持发展规划的听证会(公众参与),保证规划听证会(公众参与)有6个月的时间,并就发展规划目标向地方政府提出报告和意见。英国的发展规划目前已不再报中央政府审批。

(2) 国务大臣介入发展与建设规划项目的审批申请

在英国,发展与建设规划许可的申请一般为地方政府事宜,但副首相保留直接"介入"发展项目规划许可申请审批的权力,称之为"介入"规划许可申请审批。这是1990年城乡规划法第77条授予国务第一大臣(副首相)直接介入项目规划申请审批的权力。在威尔士,威尔士议会可直接"介入"地方规划的许可申请。

国务大臣或威尔士议会"介入"的项目是那些被认为必须"介入"的发展与建设项目,不仅仅具有地方意义,而是具有区域性或全国影响意义的项目。例如:某一开发建设项目可能对全国规划政策产生影响;某一开发建设项目的影响范围超出所在的地区;某一开发建设项目具有特殊的建筑和城市设计意义;某一开发建设项目涉及国家安全或其他国家的利益;某一开发建设项目在全国或整个区域引起争议。

根据规划督察署的目标,"介入"项目应在22周内完成整个程序。2001~2002年度,这类项目为140件,比前一年度增长7%。就这些项目举行了65场听证会。

国务大臣或威尔士议会"介入"的项目并不直接由国务大臣处理,而是由规划督察署选派一名规划督察代表国务大臣或威尔士议会处理规划的上诉,并向国务大臣或威尔士议会提交报告和建议,项目审批的最终决策由国务大臣决定。

(3) 强制执行通知书上诉

被强制执行人员(机构)在接到通知书后,若不服强制执行要求,可以向规划督察署上诉。规划督察署派遣规划督察审核强制执行通知书。程序与发展建设项目的规划许可申请审批上诉相同。

**(三)法英两国规划督察制度对我国的启示**

为了加强规划的实施力度以及上级政府对下级政府部门规划实施和管理的监督,在通过四川省试点实行规划督察制度之后,建设部成立了稽查办公室。到2008年9月底,建设部已派出70位督察员,基本实现了全国特大城市的全覆盖。城乡规划督察员制度的设置,有助于进一步完善我国的规划体系,有利于国家的城乡发展和建设政策得到更为有效的实施。但目前仅仅是开始,仍有一些问题有待解决。

1. 规划督察制度必须与城乡规划体制改革相结合

中央政府在城乡规划上应当有所为,也要有所不为。由于人力和物力的制约,要求一个机构、一个部门面面俱到,事必躬亲是很难有效率的。我国幅员辽阔,各地的情况和条件很不一样,各地规划政策的制定必须根据本地区的情况。城市总体规划在上报上级部门审批时,规划是否真实反映了实际情况,以及上级政府有关部门是否对各地的情况十分了解,这些问题是很不确定的。因此,中央政府应当根据法律的授权对地方政府规划的编制和实施进行监控，具备在必要时能够直接介入的权力。与此同时，应当通过督察员要求各地区的城乡规划必须公开，规划许可的管理审批增强透明度，让所有的居民和机构了解开发内容和审批结果。更为重要的是，规划法应当允许地方居民、各专业组织和开发商对地方政府的规划审批具有直接上诉的权利，这样才有可能针对中国这样一个大国，真正了解和控制各地的规划执行情况。只有实行这些规划制度的改革，规划督察才能够发挥更为积极和主动的作用。

2. 在法律上明确规划督察的权限和责任

法国和英国的规划督察是法、英两国规划体系的一个重要组成部分，其存在的前提是法、英两国规划体系特点所决定的。与我国相类似，该法律体系是指导性与强制性相结合。地方规划部门具有很大的自由裁量权，但是中央政府具有自上而下的对地方规划和项目进行控制和干预的权力。法律明确了规划督察的作用和权力，中央政府还明确了规划督察的工作目标和宗旨，使规划督察不仅具备权力，同时还具备相应的责任和义务。中国要有效地发挥规划督察的作用，首先应当在法律上进一步明确授予规划督察的权利和义务。缺乏法律授予的权利和义务，规划督察很难发挥应有的作用。

3. 规划督察的人员构成

法、英两国的规划督察人员构成对我国有借鉴意义。规划的目的之一是促进城乡发展和建设，因此涉及社会和经济发展的方方面面。规划需要保护各类住区和栖息地的环境，包括各类风景名胜区、自然与文化遗产集中区以及生态保护区等等，这样才能提高人民的生活水平和地区的可持续发展能力。城乡规划是对城乡发展和建设的一种理性的思维和引导，是对发展过程中各种利益和矛盾的协调和妥协。然而，我们应当认识到在城乡社会和经济发展过程中，规划的理性仅仅是各种影响因素之一，其他学科的影响和理性同样对城乡发展产生制约或促进的作用，规划必须是多学科的。同样的道理，规划督察员也应当是一支多学科的队伍。

4. 加强对规划督察队伍的建设和权力制约

法、英两国规划督察的权力是相当大的。英国规划督察的决策是最终裁决，各方都必须遵守，不容置疑。这就要求规划督察的队伍建设要有高标准，必须是一支高素质的队伍。但仅仅依靠对队伍的建设，要求人员具备很高的素质是不够的，在法律上也应当有相应的制约措施，并强调规划督察员的活动应公开以吸引社会媒体的监督，同时允许对规划督察的违法行为进行刑事诉讼，从法律上保证和制约规划督察队伍遵纪守法。

5. 规划督察制度的借鉴应符合我国快速城镇化的特点

法、英两国的规划督察制度几经演变，是对后城市化阶段规划许可制度的有效补充，其对不可再生资源保护力度已大大削弱。而我国正值城镇化高速期，更需要强调学习借鉴法、英两国在第二次世界大战后重建期的规划督察经验，"高效、简便、明了"有效地处理当前众多的规划纠纷问题。

　　从另一方面来看，在英法两国，对规划督察制度的争论一直很活跃，但此类机构也一直在发展壮大。其在城乡建设过程中为保持规划的科学合理性而所做的工作，以及在协调各方利益中所起到的积极作用是无法替代的，也受到了政府效能评估调查部门的充分肯定。这说明在我国实施此项制度，一方面应遵循长期性、固定化的原则，同时也难免因触及不同利益集团的既得权利而面临各种各样的评论与非议，要力排众议，坚定不移地贯彻规划督察制度，并在实践中及时改进和调整，才能更好地发挥此项制度的优势。

# 第七章 机动化时代的中国城镇化：
# 从碰撞转向协同

## ——城市交通模式的选择与利弊分析

本章将全球城市交通模式划分为以美国为代表的"无序机动化"、欧洲某些国家推行的"消极机动化"和具有中国特色的"可持续机动化"等三种发展模式。在简要分析了"无序机动化"模式的起因之后，着重揭示了该模式的现实危害。与此同时，也对少数欧盟国家推动的"消极机动化"城市交通模式进行初步的分析，并提出此模式在我国推行的乌托邦色彩和局限性，形成有中国特色城市交通模式的内涵和若干具体对策。进而就对公共交通近期的问题提出五方面的决策要点，并给出了城市实行公共交通周及无车日活动的意义与实施重点，最后以专题研究的形式介绍了哥伦比亚首都波哥大改善城市交通之经验。

### 一、A模式："无序机动化"模式的初期"辉煌"与现实危害

以美国为代表的"无序机动化"模式的核心：政府鼓励高速公路的发展，倡导人人拥有小轿车并以此作为刺激经济发展的需求动力。

该模式的公共政策起因：错误地选择高速公路优先发展的策略，盲目将城际高速公路规划、建设、运行模式引入城市区域。

1953年艾森豪威尔就任美国总统时，该国还仅有6400英里的高速公路。在他极力推动下，出台了1956年联邦资助公路法案（1956 Federal-Aid Highway Act），规划41000英里州际公路。仅1957~1969年就投资250亿美元，资金90%由联邦负担，10%由州和地方政府负担。大多数公路投资投向了新建高速公路。美国政府由于采取自由放任的机动化策略，政府大量投资建设高速公路和鼓励全民购车的策略，确实刺激了该国经济的发展，该阶段被称之为"车轮上增长的黄金时代"。但也造成了一系列严重的后果：

（1）改变了美国人传统的生活方式和社区发展模式，"私人轿车依赖症"全面扩散，最终使人均汽油消耗量是同等收入水平的日本与欧盟国家的5倍。❶

---

❶ 参见欧盟交通资料。

2006 年美国人均石油消耗量高达 3.28t，是中国人均水平的 10 倍以上。❶

（2）由于私人拥有轿车助长了居住权选择的空间范围扩大，使城市的发展失去弹性，造成城市建成区人口密度自 1890 年起降低到 1990 年的 1/3，引发了大量耕地的占用和生态环境的破坏。❷

（3）造成了世界上最严重的城市交通拥堵问题。例如，专门为私人机动车设计的城市洛杉矶的平均拥堵时间已达 72 小时/年，为全球第一（表 7-1）；❸ 有人测算，1911 年骑马或者坐辆马车在几十万人口的洛杉矶街上走，时速是 11 英里，现在乘坐小轿车，时速仅 6.44 公里。❹

大都市区驾车人每年因交通拥堵平均所耗的时间及排序　　　表 7-1

| 排序 | 都市名称 | 时间(h) | 排序 | 都市名称 | 时间(h) |
| --- | --- | --- | --- | --- | --- |
| 1 | 洛杉矶 | 72 | 7 | 休斯敦 | 56 |
| 2 | 旧金山 | 60 | 8 | 底特律 | 54 |
| 2 | 华盛顿 | 60 | 8 | 加利福尼亚圣何塞 | 54 |
| 2 | 亚特兰大 | 60 | 8 | 奥兰多 | 54 |
| 5 | 达拉斯—福特沃斯 | 58 | 11 | 迈阿密 | 50 |
| 6 | 圣迭戈 | 57 | 11 | 丹佛 | 50 |

图 7-1　洛杉矶城市交通

---

❶ 资料来源：美国总统布什 2007 年发表的国情咨文。

❷ 资料来源：Sukkoo Kim and Robert A. Margo. 2003 Historical Perspectives on U. S. Economic Geography. NBER Working Paper No. 9594.

❸ 资料来源：Texas Transportation Institute, based on 2005 date, Fullreport at mobility. tamu. edu.

❹ 参见：王受之（美国南加州建筑学院教授）. 当车比人多的时候. 21 世纪经济报道. 2006. 11。

(4) 由于长时间依靠私人轿车外出活动，美国已成为肥胖症增长最快的地区，因肥胖症引发的各种慢性病导致全国社会医疗支出高达 6000 亿美元，每年还以 30％的幅度增长，已成为影响国家财政安全的顽症；

(5) 日益恶化的拥堵问题，不仅使公众对市政当局失望，而且浪费了大量的社会财富。研究表明，以公共交通为基础的城市花费在交通上的费用占当地 GDP 的 5％～8％，而在严重依赖小汽车的城市里要花费 GDP 的 12％～15％(在布里斯班达到 18％)。美国家庭支出中，交通费用所占比例从 20 世纪 60 年代的 10％上升到 2005 年的 19％(这还不包括油价上涨因素)。❶

(6) 老城区日益衰败。决策部门错误地采用了优惠购车信贷和税收促进私人轿车消费，促使广大中低收入阶层进入私家车消费群体；错误地认为低排量的小车更节约能源从而得到税收优惠，结果城市中心区有毒气体的污染和拥堵的问题日趋严重，人们纷纷撤离老城区，导致老城中心区的经济、社会严重衰败。

(7) 越来越多的小轿车拥有者对高架路、立交桥的需求日益激烈，导致公共财政资源向这些专为私人轿车服务的项目转移，结果形成"政治倾向"锁定。中央和地方政府因此削弱了对公交与人行、自行车道的修造补助，进一步造成自行车、步行爱好者"无路可走"。

(8) 城市公交和步行、自行车乘骑者迅速减少。城市土地利用方式与交通状况密切相关。一般来说，单位面积城市人口密度高的城市，步行、自行车和公交车使用率最高，而低密度的城市，私人轿车使用率最高。这一关系可由图 7-2、图 7-3 所示的统计样本来证明。而且就单个城市而言，人口密度高的中心区步行、自行车和公交车利用率也比低密度的郊区高得多，这说明与经济富裕无关，更重要的是城市空间结构问题所致。洛杉矶 1300km$^2$ 的城区居住 380 万人口，相当于平均每公顷 30 人或每平方公里 2930 人的人口密度，不足我国城市的 1/3。❷

分析表明：如果有朝一日，中国也按美国的城市交通模式发展，每 4 个人拥有 3 辆小汽车，那将拥有 11 亿辆小汽车，远远超过目前全世界的 8 亿辆总数，每年需要 9900 万桶石油，而目前全世界的年产量只有 8400 万桶。更为严重的是由此所需的机动车道、停车场的面积将超过现有水稻田总和，❸ 由此引发的城市低密度蔓延是刚性的，几乎无法纠正。

---

❶ 参见：[美] 世界观察研究所. 2007 世界报告——我们城市的未来. 全球环境研究所译. 北京：中国环境科学出版社，2007：82。

❷ 来源于 2005 年美国人口普查资料。

❸ 参见：[美] 莱斯特·R·布朗. B 模式 2.0. 林自新，暴永宁译. 北京：东方出版社，2006：2。

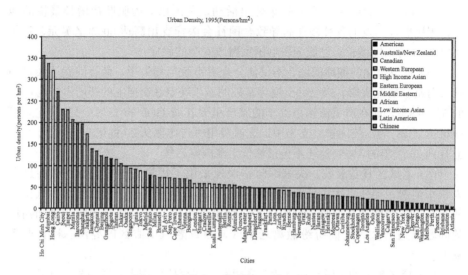

图 7-2　城市人口密度 1995 年（人/hm²）

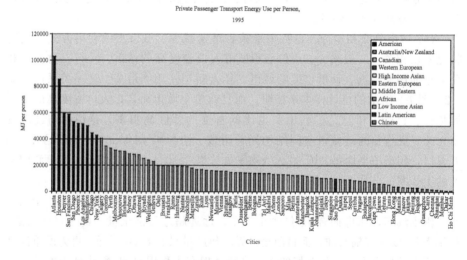

图 7-3　不同城市平均每人出行能耗水平比较

（资料来源：澳大利亚默多克大学 Institute for Sustainability and Technology Policy，http://www.istp.murdoch.edu.au）

## 二、B 模式："消极机动化"模式的诱惑与面临的冲突

在对美国为代表的私人机动化普及的城市交通模式进行深刻批判和反思

之后，世界上不少城市正在尝试生态经济学家们倡导的"消极机动化"模式，即：

（1）以城市"慢行系统"来全面取代现代机动交通模式。按步行——自行车——公共交通——私人小轿车为优先安排次序来重新设计和建造城市交通系统，这是一种交通工具安排的"倒模式"。

（2）放缓机动交通道路建造速度、放松交通管理，以至于野生牛群和家畜都可以自由在机动车道上休息通行（图7-4）。

图7-4　印度的城市交通

（3）取消街道上的交通管制红绿灯和机动车道护栏，让行人和自行车自由横穿街道和交叉路口，❶一个典型的提法是"让有污染的机动车让位于无污染的自行车与步行"，或者是"让城市所有的公共空间，特别是道路，由以车为主回到以人为本的空间"。❷

（4）在城市内部大幅度地减少机动车停车位和提高停车费，或严格限制大量增加机动车进入的范围，使机动车辆"寸步难行"。

（5）在某些时段和确定周期性日子禁止私人轿车在城市内部通行。

（6）在美国波士顿市、丹麦阿相斯市、韩国首尔市等发达国家的大城市已经

---

❶ 据2008年1月22日英国《泰晤士报》报道：英国保守党在计划今年出版的《交通绿皮书》中将提出建议，取消红绿灯、道路标志和斑马线，给行人和司机以相等的路权，以提高交通安全度，减少道路拥堵。根据他们的建议，路拱、减速弯等现在用于降低车速的一切措施都将被取消，这将使司机在开车时更加小心。保守党的这些建议是在借鉴荷兰"空间共享"计划的基础上提出的。在荷兰一些地方，红绿灯已经被取消，人行道和汽车道的栅栏也已经被拆除。现在已经有一些英国街道开始采纳这些建议了。在肯辛顿高街，将近600m长的栏杆已经被移走了，步行者可以在任何地方穿行。交通工程师认为，这样一来，司机们会变得更加小心。在此后的两年里，这里的人员伤亡率仅为英国全国平均水平的1/3。取消红绿灯的想法得到英国经济事务协会的支持。该协会的一份报告指出：这可改善人们的交通行为，人们会缓慢行驶，有序穿行。

❷ 参见：[美]世界观察研究所. 2007世界报告——我们城市的未来. 全球环境研究所译. 北京：中国环境科学出版社，2007：76．

部分拆除 20 世纪 50 年代修造的城市高架路和立交桥(图 7-5)。越来越多的城市市政当局认为这些设施只是有利于私人轿车的通行而不利于公共交通。

(7) 宣布限定城市所拥有的机动车辆总数等等。

值得指出的是,这些尝试"消极机动化"交通模式的国家,除印度之外(该国只是由于管制无力而采取的放任的模式),其他基本上是属处于后城

图 7-5 韩国首尔市清溪川拆除城市高架路后留作纪念的桥墩

市化时代的发达国家,即这些国家城市的人口几乎是固定的,而且经济高度发达,产业结构方面已进入货物运输量很少的后工业化时期,人均拥有的小汽车数量已达到极高的程度,而且由于经历了工业化时代的重污染高峰,人们的生态文明意识高涨。这明显与我国当前所处的城市化、机动化、工业化初中期的国情民情有明显区别,而且某些方面明显带有"深绿色生态观"的乌托邦思想而不切合广大发展中国家的实际。一旦在我国盲目推广该模式,不仅会严重影响工业化和现代化进程,而且还会因机动化能力下降而造成国家的整体竞争能力的衰退。从社会稳定发展的角度来看,在公共交通和自行车道尚未达到舒适、便捷的程度而强行推行"逆机动化"模式,会引发群众的不满和降低民众的生活质量。

从另一方面来看,城市作为人类聚居的主要场所,其机动性能已成为一项重要的公共资源。保证人人都能够自由地出行、方便安全地到达目的地,是每个现代城市居民应当享有的基本权利,因为这一机动性能力是保证个人的其他权利(如工作、受教育、住房、观光、医疗等)的前提条件。现代城市已经成为一个必须由高机动性交通系统支撑的、在"空间—时间"向度上运行的地域系统。广义上的机动性包括城市的主人们——市民对新的工作和形势的适应性、情感的融合性以及地理空间的可达性。这些已经成为衡量任何一个城市现代化和宜居性的主要标准之一。更为重要的是随着全球化、信息化进程的不断加快,城市之间争夺人力资本和中产阶层的竞争也日趋激烈,从而使得城市机动性的标准及其综合性也不断提升,机动性的内涵也从原先的仅局限于技术硬件正逐步演变成为包括经济、环境、社会公平、城市景观、社区文化等方面包罗万象的综合概念。而"消极的机动化"完全忽视这些快速变化的现实,显然,其提出的对策建议无疑是"隔靴搔痒"而已。

## 三、C 模式:构建有机动能力的可持续性城市交通模式

我国当前正处于机动化、城镇化、工业化高度重合时期,又面临着资源枯

竭、生态环境退化、空气污染加剧和气候变化等方面的巨大压力。而且，任何一国的交通运输行业作为国民经济中的基础性行业，其经济规模和就业人口在国民经济中占有重要地位，更重要的是，一个平衡发展、可达性高、城乡和区域统筹的高效率城市交通运输系统，对确保我国的国民经济健康发展、新型城镇化模式的构成、城市和企业乃至国家在全球的竞争力都至关重要。由此可见，选择环境友好而又能满足人民群众日益增长的机动化需求的城市交通模式就成为我国面临的重大选择。

该模式的内涵在于：依据提升经济竞争力、满足社会需求和优化生态环境三重目标均衡的原则，统筹城市内外、地面与地下、机动车与非机动车交通，保留和扩大城市步行道和自行车道，积极发展廉价、优质的公共交通，方便各种交通工具之间换乘和对私人车辆采用适度需求管理，从而形成具有中国特色的可持续、有弹性的城市交通新模式。具体策略如下：

(1) 保持和延长自行车道和人行道，积极推行低排放的公交车辆。机动车所排放的污染已经成为城市空气污染的主因。许多人放弃自行车和步行道出行，而选用私人轿车就是因为抱怨城市道路汽车废气污染过重。也就是说城市机动车的使用量会自行恶性循环式增长。此外，一旦大多数市民形成私人轿车的出行习惯，就很难再改变人们的出行方式，公交优先和绿色交通新模式的推广具有紧迫性。

从另一方面来看，城市交通空间本身就是一种稀缺的资源。这种稀缺的资源应该得到公平的分配，即人人平等。无论是穷人、富人、当权者还是普通民众，都应该公平地获得城市交通空间的分配权。但是我国很多城市交通设计模式都是简单地把机动车道加宽，而属于大部分普通老百姓的步行道、自行车道被压缩甚至被取消。废除自行车道不仅没有把绝大部分群众的利益放在主要的位置上，而且也不利于实现节能减排的国家目标。连原殖民地国家哥伦比亚首都波哥大的市长恩里克·潘纳罗萨·隆多尼奥(Enrique Penalosa Londono)都认为："我们所规划、建设和管理的城市，必须着眼于70%的普通老百姓，而不能着眼于30%的有车族。"❶ 原殖民地国家的市长都有这个觉悟，那我们这些社会主义国家的书记、市长们，如果认为自己有车坐就行了，还肆意取消、压缩城市的自行车道和人行道，这不仅是知识水平问题，而且还有觉悟问题。

以人行与自行车交通优先的荷兰绿色交通已领先世界。在荷兰，许多城市取消了机动车道的红绿灯，但只有人行和自行车可以真正自由地横穿马路，体现了"优先"。步行或自行车交通不仅不排放二氧化碳，而且有利于人们健康。而私人

---

❶ 参见：彻底改善哥伦比亚的城市交通质量——波哥大市前市长潘纳罗萨1985年撰写的文章. 城市交通，2007，1.

小汽车既污染了空气，又排放温室气体，还消耗大量能源。行人或自行车为什么要让小汽车先行，绿色交通为什么要让非绿色的交通先行？取消道路红绿灯以后，行人或自行车在任何地方理论上都可以横穿道路，这是一种生态的觉悟所推动的绿色交通优先。

在欧盟国家的许多大城市里，都设有公交专用道，除公交车外，其他车辆不得驶入公交专用道，公交车行驶的速度很快。公交车专用道的旁边是自行车道，只许自行车进入，其他车辆只得在机动车道上排队缓缓行驶（图7-6）。这些城市交通设计原则就是把绿色交通空间留得十分充足，把非绿色交通空间加以压缩。在法国巴黎，如某外地人询问去某地需多长时间，比如说到卢佛尔宫要多长时间。当地法国人可能会反问是采用什么交通工具去，如果坐出租车去的话，需要一个小时；如果乘公交车的话，只需半小时；如果骑自行车去的话，15分钟就够了。关键是采取什么样的走法，所需的时间是完全不一样的。当今世界绿色交通可谓是风起云涌，反观我国不少城市仍然是反其道而行之。城市中的许多白领阶层，上下班开车要花一个小时，下班后开车绕远道到健身房，再骑一小时的"假自行车"，然后开车回家。既浪费时间，又耗能和增加污染。

荷兰乌特勒支市街道上醒目的自行车道标志

图7-6 荷兰绿色交通

（2）注重紧凑式城市发展与可持续交通模式的相互强化。国外城市化经验表明，城市交通模式和土地利用模式会相互影响。19世纪末，曾拥有世界上最大的公共交通系统的美国洛杉矶市，因为任由小汽车和城市低密度扩张的自由发展，导致公交车辆已完全退出城市交通市场。我国的城市在坚持采用高密度节地发展模式（人均占地小于$100m^2$，属世界上建成区密度最高的国家）的同时，区别城市的功能与等级，积极创新与该土地利用模式相适应的可持续机动化模式，大力发展占地少的公共交通和自行车交通（后者仅为私人轿车占地面积的 1/7～1/21)。

(3) 采用就业—居住—服务的平衡模式。在城市内部沿着主要交通进行混合土地利用的规范布局，能够产生较均衡的混合双向交通流。如瑞典的斯德哥尔摩采取了这种开发模式，在交通高峰时段，一般有 55% 的通勤者乘一个方向的列车出行，而另外 45% 在另一个方向。该市的公交出行比率几乎是欧洲最高的，而小汽车的使用量正趋于减少。❶

(4) 对私人小汽车采取燃油税附加、单双号限制、停车泊位价格调控和污染排放许可等需求管理手段调节小汽车的出行，避免占用过多的公共道路资源，而不是简单地以行政措施限制人们购买小汽车。上海市因为坚持采取私人小汽车牌照拍卖和先购停车位后发放车牌照的做法，使日增汽车数量仅为 200 辆，而北京市超过了 1000 辆的日增幅。这两个城市的做法具有标本意义。

(5) 发展新的交通模式的关键在于正确分配城市道路空间资源。这方面的资源是极为有限的。对某些大城市中心地区交通流的计算机分析表明：城市交通流有向心的倾向，即使将特大城市中心区的建筑全部架空变成机动车道，也不能避免交通拥堵。这方面的分配是由城市交通基础设施决定的，如停车场、换乘枢纽、公交停靠站、地下交通设施、分级道路网(包括专用道、人行道、自行车道等等)。这些设施的绿色交通专用化并提高占地比率，才能保证空间分配的合理性；

(6) 逐步增加公交车专用道的数量和交通信号灯的优先通过时序，使公交车辆运行更加快捷准时。公交优先的基本措施应该是公交先行，在道路空间和通过时间上优先，才能达到既定的能源节约和环境友好目标；

(7) 学习巴黎、哥本哈根等城市经验，推行公共自行车租用自动化模式，方便各种公交车和自行车之间的换乘。在哥本哈根，2003 年有 36% 的居民骑自行车上班。这说明该模式对于被誉为自行车王国的我国各城市尤为重要，应广为倡导实施。❷

(8) 积极倡导和推行"无车日"活动，以城市领导人、社会名流的示范带头

---

❶ 据 Ken worthy and Lanbe 1999，斯德哥尔摩是为数不多的汽车使用减少的城市之一。在 1980～1990 年，它是全球 37 个被调查城市中唯一出行每年减少 229km 的城市。

❷ 2007 年 7 月 15 日，巴黎用 10648 辆自行车实现了他们的"自行车革命"。法国人要让巴黎成为世界上第一个以自行车为主要交通工具的首都。巴黎计划建设 1400 个自行车出租站和启动 20600 辆自行车。按照计划，每个巴黎人无论何时何地，都能够在 275m 的范围内找到一辆"绿色交通车"。巴黎建造的自行车出租站实现了自动化的理念；每个站都设有类似 ATM 自动收款机一样的感应台，附有法语、德语、英语和中文四种语言。人们可以租一天、一周甚至一年（一年也只要 29 欧元），只要刷了卡，一辆自行车就会自动解锁，供市民使用。

效应来倡导步行、骑自行车和公共交通出行，❶从而杜绝当前部分城市盲目引进"高速公路交通模式"压缩甚至取消自行车道的错误做法。

(9) 在大城市积极开发利用地下空间，及时规划建设轨道交通。经验表明，城市高速公路每小时可运送2500人，一条公共交通车道运送5000~8000人，一条轻轨或BRT专用道运送1~2万人，而重轨交通系统每小时可运送5万人，是高速公路(高架路)的20倍。后者尽管建造费用较高，但从城市空间利用方面来看还是合算的。实践证明，运用新型直线式电机系统，每公里的轨道交通造价可降至2亿元人民币之内。

(10) 积极推行地面快速交通(BRT)和城市新区交通导向开发模式(TOD)，优化与区间公共交通的衔接，进一步降低公共交通系统造价，优化公共交通服务质量。目前约有30多个城市已经建成或正在修建此类物美价廉的公共交通系统。

由于我国的城市都属于"紧凑型"城市，比较适宜推行的是BRT和TOD模式。BRT(Bus Rapid Transit)即快速公交系统，配之以公交专用道和便捷的换乘系统。BRT是利用改良型的公交车辆，运营在公共交通专用道路上，保持轨道交通特性且具备普通公交灵活性的一种便利、快速的公交方式。它具备快捷、舒适、低成本、快速建成等优点，但需要与区间交通共同组成换乘网络才能发挥效能。

TOD(Transit-Oriented Development)，即以大容量公共交通为导向的规划开发模式，把居民的许多活动安排在能够通过步行到达公交站点的范围内，使更多的人能使用公交系统，开辟完善的步行和自行车道系统，达到人车分流，限制汽车在区内的活动范围，尽可能减少机动车交通占地面积，保障居住环境质量和减少污染及能源消耗。最早的TOD概念由Peter Calthorpe在1992年提出。经过多年的理论探索与实践总结，TOD已经从早期的一种规划概念逐步发展成为一种特殊的"用地单元"，成为一种有别于传统"小汽车交通为导向"的新的城市基本构成结构。TOD模式的特点：紧凑布局，混合使用的用地形态；临近提供良好公共交通服务的设施；有利于提高公共交通使用率的土地开发；为步行及自行车交通提供良好的环境；公共设施及公共空间临近公交站点；公交站点成为本地区的枢纽。TOD的规划原则：在区域规划的层面上组织紧凑的、有公共交通系统支撑的城镇模式；在公交站点周围适于步行的范围内布置商业、居住、就业岗

---

❶ 2006年年底，建设部向全国大中城市倡议，每年9月16~22日开展中国城市公共交通周及无车日活动，其中22日为"无车日"。北京、上海等110个大中城市签署了活动承诺书，并于2007年9月16~22日同时开展了首届城市公共交通周及无车日活动。在无车日期间，交通量明显减少，公交车辆准点率明显提高。据部分城市测算，车流量为活动举办前的1/5~1/10，公交车的运行速度提高1.5~2.5倍。大气污染物排放明显减少。一些城市监测表明，无车区路段空气中一氧化氮、二氧化硫、可吸收颗粒物等有害物分别下降40%、25%和15%。

位和公共设施；创造适于步行的道路网络，营造适合于行人心理感受的街道空间，在各个目的地之间提供便捷、直接的联系通道；保护生态敏感区、滨水区，以及高质量的开敞空间；使公共空间成为人们活动的中心，并且为建筑所占据而不是停车场；鼓励在已有发展区域内的公共交通线路周边进行新建和改建。这两种模式的推广都要求城市规划提前作出安排。一旦在城市中应用了这两种模式，就能够获得生态、用地、经济和社会等四方面的均衡，用最少的交通用地和能耗来解决机动化的问题，而且不论是富人、穷人，还是外来人，在公共交通服务方面一律平等，有利于实现生态、社会和经济效益的统一。

根据国内外的实践经验，实施 BRT、TOD 模式应在城市规划方面强调以下四个方面的内容：一是必须统筹规划建设高密度的居住区式商住混合区；二是在交通枢纽（出站口）附近应形成商业零售区和服务业工作区，以便利居民生活并就近解决居民就业问题；三是必须综合考虑轨道交通、BRT 与区间交通、自行车和步行之间的方便换乘；四是统筹规划景观特色、公共空间、生态环境和休闲观光等，形成良好的城市景观和丰富的生物多样性。

巴西的库里蒂巴市是一座 300 万人口的大城市，因城市快速巴士系统而闻名世界。该市的巴士被称为行走在路面上的地铁，采用的是低底盘的专用汽车，到达站台后可以同时开启 3 个门与候车室对接（图 7-7）。公交车走专用道，到达十字路口时，交通信号自动转换为绿灯，让公交车先行通过，所以行车速度非常快。在高峰时段，每个方向的乘客运载量是每小时 3.5 万人次，最高可达 5.3 万人次，与轨道交通运量相差无几❶。车站大多设在干线与环线的交会处，不同线路的公交车可在这里实行"双零"换乘，即零距离换乘，乘客无需走出中转站，不管是刮风下雨，直接在这里换乘；零代价换乘，乘客只需花 1.25 雷亚尔（合人民币 4 元多）购票进入中转站后，同一张票可以乘坐公交系统各类车辆，不管是快速巴士、分区巴士还是地铁，一张票走遍全城。由于该市较富裕阶层居民居住在市中心，而大部分中下层市民居住在距市中心较远的地区，需要换乘多次车后才能到达居住地。单一票制使所有乘坐公交车的市民仅需购买一张车票便可到达家中，实际上起到了救济穷人的作用。经过多年的发展，库里蒂巴市的公交体系已成为连接附近 12 个卫星城的高效一体化公交体系，2500 多辆公交车每天运行 2.3 万班次，行程达 31.6 万公里，运客量近 200 万人次。库里蒂巴市 80% 的人有车，但 80% 的人都坐公交，乘客规模很大，每天有近 200 万人乘坐公交系统，其中 89% 的人对公交系统的服务感到满意。除了刚开始时需要政府补贴之外，公交系统不仅不需要财政补贴，而且还赢利。

---

❶ 参见［美］世界观察研究所. 2007 世界报告——我们城市的未来. 北京：中国环境科学出版社，2007：79.

图 7-7　库里蒂巴市快速巴士系统

(11) 我国各特大城市应积极学习新加坡、英国伦敦、挪威奥斯陆、卑尔根、特龙赫姆和意大利米兰等城市的成功经验。在城市中心区划定征收交通拥堵费的范围，以改善中心区的交通。

(12) 适度推行公共交通特许经营模式，加强政府管制，引入竞争机制，提高公交企业经济活力与优化服务质量的动力。

(13) 由于我国城市高密度居住环境与农村低密度的村落民居空间结构差异极大，并且这种差异将长期存在。我国也不可能走美国式的低密度扩展的道路。在统筹城乡公共交通方面，除城市密集区外，只能选择将城市公交适度延伸到近郊村镇，以方便农民进城，而不宜盲目提倡"城乡公共交通一体化"。

(14) 建立长期稳定的公共交通财政补贴制度，确立其市政公用品的地位，促进其发挥出更大的社会、生态效益。

(15) 尽可能采用铁路客运取代高速公路。一个常常为规划学界所忽视的是高速公路与铁路的"效率"比较。从能耗上来看，据日本 1995 年的统计，火车每吨公里的能耗只有 118kcal，大货车是 696kcal，中小卡车（家用）是 2298kcal。就是说用火车运输来代替大货车、中小卡车、家用的话，"效率"可提高 5～20 倍；从用地比较看，单线铁路（每公里）比二车道二级公路少占地 0.15～0.56hm$^2$；复线铁路（每公里）比四车道高速公路少占地 1.02～1.22hm$^2$；复线高速铁路（每公里）比六车道少占地 1.22hm$^2$。据我国有关部门的统计，单位客货运输量用地，公路是铁路的 37～38 倍。

目前在编的全国城镇体系规划和各类区域规划很少关心这些问题，但同样是人多地少的日本就比较早地认识到这些问题，他们的高速公路很少是六车道的，像我国八车道的高速公路就更少见了。从东京到其他主要城市，大量的运输通过铁路新干线。新干线的占地很少，而且运输的效率、速度都很高。我国主要的城市都在沿海，完全可以优先发展新干线模式的城际轨道交通。而许多地方领导和规划师们却热衷于发展高速公路。高速公路的用地规模非常浪费，而且还引导"能源杀手"私家车数量的猛增。曾经有人做过统计，如不改变这种粗放的交通模式，我国全部高速和高等级公路的用地包括附属交通设施的用地，将会与城市用地并驾齐驱。而城市建设用地还包括了所有的城市道路用地和停车场用地。

（16）对任何交通设施建设项目进行环境评估、社会评估和经济评估。只有当一个交通项目能够被证明它在能源、耕地节约，对生态环境的最小干扰，所产生的污染最少，并能提供最大的社会和经济效益，而且优于目前的水平时，该项目才能实施。

总之，从当前我国所处的发展阶段来看，正值城镇化、工业化和机动化高度重叠的特殊时期，正确选择城市交通模式刻不容缓。从机动化发展的规律来看，现阶段我国绝大多数市民尚未形成私家车出行的习惯，抓住机遇积极发展绿色交通，杜绝美国式的"无序机动化"发展模式无疑十分重要。从国外实践来看，发展公共交通优先与自行车、步行相结合的新机动化模式的关键在于正确分配有限的城市空间资源，体现民本优先与社会公平，而不是盲目引进高速公路导向大量建造城市高架桥、立交桥导致私家车数量扩张的错误模式，后者会造成难以弥补的惨痛教训。以上15条策略正是全国各地成功经验的总结。事实表明，只要认真总结先行机动化国家的经验教训，坚持从我国的国情出发，走中国特色的"可持续机动化"城市交通新路子，就能建立起节能减排、方便出行、安全可靠的城市交通。正如国际能源机构所认为的那样：如果中国城市能继续其过去几年来的发展势头，公共交通将能为城市的发展服务，其他国家所见的小型机动车所造成的城市窒息将能避免，中国城市将朝着可持续性迈出一大步。❶

## 四、公共交通优先发展的五要点

自从中央提出"公交优先"发展战略以来，尽管各地在这些方面都取得了一些显著的成绩，但从总体上来看，城市交通拥堵的现状仍在继续恶化。其根本原因就在于各地尚没有将"公交优先"战略细分成可操作的战略措施，在一些城市和地区，这一战略还停留在口号宣传的阶段。本节总结了各地的经验教训，提出了贯彻落实此项战略的五项具体措施，并分析了落实这些措施的难点和对策。

### （一）树立务实的公共交通优先发展的观念

观念僵化会导致行动迟缓，工作落后。国内外经验教训表明确立公共交通在城市交通中的优先地位，优先发展公交是必然的战略选择，是构建资源节约型、

---

❶ 引自：International Mayors Forum, OP. Cit. note17；L. Fulton and L. Schipper, Bus Systems for Future：Achieving Sustainable Transport Worldwide（Paris：International Energy Agency and Organization for Economic Cooperation and Development，2002）。

环境友好型社会的重要而且不可缺少的组成部分。没有科学、正确的公交优先的观念，就不可能主动地做好公交优先发展的各项工作，就不可能有推动公交发展的工作热情和实际步骤。所以，抓好观念转变是实现公共交通优先发展的核心问题。

第一，公交优先是普通百姓优先。体现了"执政为民"理念在城市公交领域落实的优先，而不是少数有钱人或者党政干部"屁股指挥脑袋"的优先。现在南方有些城市动辄就借道路拓宽改造之机，把自行车道改为机动车道，方便的是小汽车交通和官员们的通行，限制的是自行车和行人，这不是从老百姓利益角度来考虑优先。

第二，公交优先是绿色交通优先，是构建资源节约型、环境友好型社会优先。各地不约而同开展"无车日"和"公交活动周"活动，体现了落实中央科学发展观和构建资源节约型、环境友好型社会的要求，离开了这个主题，公交是不可能优先的。公交优先的生态文明意义、社会环境保护意义和对可持续发展的意义全在于此。

第三，公交优先体现了社会公平的优先。公共交通是现代城市社会公益性事业的重要内容，是构建和谐社会的主要组成部分。落实公交优先，就要着眼于解决城市交通方面的社会不平等问题，体现城市交通"人人平等"，体现"公交优先"在构建和谐社会过程中的重要地位。

第四，公交优先关键是领导转变观念优先。落实"公交优先"必须转变领导核心尤其是"一把手"的观念。公交既然是"百姓交通"，对城市公交工作进行的任何评估检查、指导，都要在主要媒体公布检查的结果，通报批评落后的地区和管理部门，督促各方认真贯彻落实科学发展观，贯彻落实建设资源节约型、环境友好型社会的战略构想，实施中央确定的公共交通优先的一系列政策。

**（二）协同不同类型和城市内外交通方式**

第一，要协同好城市内各种不同交通方式。与其他机动车相比，公共交通车辆要绝对优先，这种优先要体现在路权使用空间和通行时间优先、财政转移支付优先、土地优先等各个方面。同时，公共交通与其他绿色出行方式如自行车、步行应该统筹考虑，机动车不能挤占自行车和人行车道。今后各地的城市道路工程（除了高架路、高速环线以外）的规划建设或改建，都应该保留和设置自行车道和人行道，这是绿色交通最主要的内容。我国的城市都是紧凑型城市，适合自行车和步行出行。另外，公交也要与出租车协同发展。出租车与公共汽电车、轨道交通等公共交通之间存在着此消彼长的关系，大容量的公交车辆的快速发展，会导致出租车市场萎缩。出租车是城市公共交通的必要补充，但在数量上不能盲目扩张，关键在于提高服务质量和水平。

第二，城市内部交通与城市外部交通的协同。要重视城市外部交通与城内交通的衔接、换乘和疏散，做好机场、火车站、港口码头、高速公路与城市交通的驳接。国外城市火车或者飞机与城市公共交通衔接非常紧密。巴黎的几个火车站就在市中心，与其他交通方式的换乘非常方便。而我国城市交通换乘衔接在设计理念和处理方式方面还很落后，换乘极其不便。城市公共交通应提倡向城郊延伸，用有序的城市公共交通去取代农村普遍存在的混乱个体交通。健康的城镇化的过程是把城市文明和城市的活力向农村扩散，并把农村的绿色田园引入城市的过程，而不能把农村落后的交通方式引入城市。城市公共交通向周边农村延伸遇到矛盾怎么办？根据实践，各地应鼓励城市公交公司与周边乡镇签订合同，明确各自责任和义务。公交公司保证车辆准点服务，镇政府负责整顿规范混乱的个体经营。借助国有公交大企业通过兼并、重组、整合等手段，实现统一城乡运营服务，规范交通秩序，而不要寻求劳民伤财式的行政体制上的变动调整。

在高速城镇化过程中，无论城市内部交通还是与外部交通的换乘点设施，都要占用有限的城市地理空间，都必须与其他基础设施相协调，应纳入到城市总体规划和控制性详细规划中通盘考虑。公交脱离了城市基础设施建设总盘子，就会出现巨大的浪费、陷入困境。

**（三）在体制、科技和管理模式等方面推行创新**

第一，体制创新。各地对体制改革和创新，疑惑较大，也走了不少弯路。城市公交行业的改革和体制创新要坚持三个"绝不"：首先，绝不能以改革的名义来推卸社会责任。因为城市公交承担社会公平、生态文明和构建资源节约型、环境友好型社会的责任，这些责任不能推卸。改革和体制创新是为了更好地为人民群众服务，更好地提高服务的效率和质量。第二，绝不是公共资源私有化，而是国有占主导地位的有序改革。第三，绝不是政府放任不管，而是强化政府的监管。公共交通体制改革，主要是将政府从直接经营车辆、经营运输转变为加强监管、加强规划、加强场站等基础设施的建设，加强各种交通设施建设和运行秩序的管制。改革后的政府管理职能更加复杂，责任更重。

在绝大多数城市，公交总公司可以保留、扩大，在公司内部实施线路特许经营授权。这种授权本质上也是政府的授权，但总公司要保留车辆的统一调控权。由总公司对公共交通资源进行系统整合，对各条线路的服务质量实施一体化经营和统一的效益、服务质量评价。总公司协调不同线路和分公司之间的利益分配，实行内部竞争。例如，波士顿的公共交通包括地铁、轻轨和巴士公交，无论是民营还是公营，全划归一个总公司统一管理，运营系统组织十分严密，离地铁口几十米以内设巴士车站，乘客出行实行一票制和零距离换乘。波士顿地区由60多个城市组成，公共交通体系也覆盖这60多个城市，乘客花2美元可以走遍波士顿的各个角落。对于偏远地区，允许返程加价，去2元钱，回3元钱或5元钱，既统一了市区入站口票价，又能弥补该长途线路经营公司的效率损失。这种运营方式，如果不是以一个高度系统化的总公司来统一调控就很难运作。

总公司通过改革，既形成内部竞争合作的机制，又把该统一的营运服务全协同起来了，总公司将来收缩成为线路调度、资产管理和经济效益的考核监管主体，而将车辆运行、保养、乘坐服务等具体业务由不同的经营公司分包承担。这种改革就绝对不会把一个城市的公交卖掉。政府在这场改革进程中所起的作用在于：一是推动改革，设计改革线路图，确保公交的改革做到前面所提的"三个绝不"。二是政府把主要精力、财力放在道路、站点、换乘点的规划、建设、管理上，政府提供站点等公共设施的硬件，企业负责经营。三是政府对公司提供财政补贴，并考核企业的经济、社会和生态效益。对采取零排放的公交企业，可多补贴，排放过量则应处罚。四是政府要管路权分配，要限制小汽车的使用，提高公交通行能力。总之，改革要坚持"国有主导、多方参与、规模经营、有序竞争、强化监管"二十字方针。这里所讲的"规模"，是公交整体运营网络规模，是资本运作规模，是服务质量和效益的综合规模，而不是公司车辆总数的规模，仅以过去万人车辆数来衡量城市公交服务水准是错误的，应通过人性化的服务，让老百姓喜爱乘坐公交，从而形成规模效益。

第二，科技创新。首先，要运用现代化的信息工具，实现公共交通智能化，提高效率。我国面临的最严重的问题在于城市化与机动化同时发生。英国是城市化发展在前，机动化在后。美国虽然机动化、城市化同时发生，但是国土面积大，人口少，城市的数量、规模、密度不受限制，又可以掠夺全球的资源支撑其城市化发展。中国的国情决定了既要城市保持紧凑发展，又要保持交通不拥堵，这对管理者是巨大挑战和两难选择。但我们"有幸"处于信息化时代，通过信息化可使城市交通实行自组织优化和公交优先通行，实现多用信息少用能源的目的。国际上的智能交通主要是通过GIS、GPS、RS系统和现代通信技术，使得所有驾车人都能迅速获得实时交通信息，能够自主选择路线，避开堵塞点。智能交通的发展也使得一些交通需求管制措施能够实现。伦敦的中心城区从早上7点到晚上7点实行交通管制，此时段社会车辆进入城市中心区需要支付5英镑，但是公交车、出租车不受此限制，车辆智能识别技术可以保障管制措施准确便利地得到实施。我国城市交通信息系统还没有建立，驾驶员和公众不了解城市整体的交通信息，不知道哪里拥堵，哪里通畅，不能实现交通自组织优化。其次，在科技创新方面需要推广采用IC卡的制度，不需要现场购票，刷卡通行，便利群众。城市交通科技创新的落脚点还要放在运输工具环保化上。高密度城市非常容易出现严重的空气污染，而后产生致命的光化学烟雾，应及早地防治，采用零排放汽车和清洁能源汽车非常重要。最后，还要在大容量交通运输工具方面进行技术创新，推广新的轨道交通模式，如广州新上的直线电机地铁系统，转弯半径很小，坡度可以做得很大，基建投资成本比原有系统降低一倍；有的城市正在研究发展低速磁悬轨道交通。除此之外，各种城市交通技术规范和标准也是科技成果推广的障碍，建设部尽管出台了城市交通方面几十项法规、政策、技术标准规范，但是与迅猛发展的城市交通来说，依然严重滞后于需要。希望各地要本着科技创新的要求大胆地尝试，以大城市为基础把标准法规建立起来，并在全国推广。

第三，管理模式创新。首先，要实行以市政设施管理为核心的公交优先管理体制。公交优先首先是对市政设施利用的优先，对道路空间利用的优先。公交优先战略的实施与基础设施规划、建设、管理和分配密不可分，这必须要依靠城市规划进行合理管制。城市规划的核心功能之一就是空间资源的配置，因为城市道路的空间资源是有限的，建多少道路？主干道与支线道路如何均衡？机动车与非机动车空间如何分配？向谁倾斜？都需要通过规划确定。城市交通离开城市规划寸步难行，城市规划指导市政设施，市政设施反过来又支撑公交优先。所以，管理创新必须首先从市政设施的规划建设管理上确保公交优先，否则公交优先就无从谈起。市政设施规划建设管理与交通不能"两张皮"，各行其道。在快速城镇化过程中，如果以为解决城市交通问题仅靠多建马路和道路拓宽就行了，是十分幼稚和可笑的。英国专家对大城市交通计算机模拟结果证明，即使把伦敦中心区的建筑物全部架高，中心区全部变成道路，也解决不了伦敦的交通拥堵问题。城市交通是向心的，中心区空间是有限的，有限的空间解决不了无限的向心交通需求。大城市必须通过规划来实施优先公交发展，通过公交优先和私家车需求管理来疏导交通。伦敦、新加坡、波哥大和香港等城市都通过交通需求管理措施对中心区交通实行管制，取得了很好的效果。波哥大中心区采用的是车辆尾数号码单双号限制，公交和出租车则是例外。其次，以公交企业专业管理为主干，从而提高企业效率和效益。这里所说的企业是广义的企业，是接受政府外包职能的企业，能体现政府公共服务的职能。再次，以优化社会管理为目标，即实现社会公平、社会可持续发展，社会和谐三大目标。在这三种管理创新的前提下，实施绿色交通城市考核目标，通过三方面的创新把"畅通工程"扩展延伸为"绿色交通城市"。

**(四) 确保公交用地、道路权、管制和财政的优先安排**

第一，公共交通设施用地安排优先。要按照公共交通优先发展的总体目标，在城市用地配置上优先安排公共交通设施用地，并按行政划拨的方式供地。要通过城市规划"黄线"管制，对枢纽站、首末站、停车场、维修厂等设施用地实施严格控制，这些用地谁都不能动，不能被房地产商所占用，每个城市本届政府领导班子和以后历届领导班子都不能改变这些土地的用途，要切实管住管好这些公交用地。这是现代化城市功能和可持续发展能力的体现。

第二，公交道路使用权优先。公共交通的道路优先使用权是指通过道路设施的建设和管理手段的改进，从空间上和时间上在城市道路系统中给予城市公共交通车辆以优先通行的权力,这是提高公共交通运行速度与准点率、改善服务水平的必不可少的措施。将道路使用权优先分配给公共交通,正是"以人为本"的理念在城市交通领域的具体体现。而加强公交专用道和优先通行信号系统的建设,进一步扩大公交专用道的覆盖范围,强化公交专用道的管理力度已成为城市交通资源分配的主要手段。首先,要对公交优先车道的设置进行全面、系统、科学合理的规划,通过设置路面标志线或专用道路管制为公共交通提供公交专用道、公交优先车道、单向干线和公交逆行专用道等优先运行空间;要因地制宜,根据不同道路条件及周围环境选择恰当的公交优先车道技术指标;可以统一规划、分期建设、逐步成网,最终形成运行良好的公交优先车道网络体系。其次,科学设置公交优先信号系统,保障公共交通在道路交叉口通行时间上的优先。通过合理配置公交车辆经过的交叉口的信号配时,在相位或绿灯时间上给公交车辆以优先通行权,减少公交车辆在交叉口的延误,提高公交准点率。最后,在设置公交优先车道(路)系统和建设公交优先信号系统的同时,必须加强相应的执法管理,解决"专用道不专用"的问题。各个城市应根据自己的情况建立相应的管理法规,依法严格管理,保证公交优先车道(路)系统和公交优先信号系统的良好运行。

第三,交通管制措施要体现公交优先。交通管制体现公交优先的原则,要"限私放公",对私家车要限制。首先是停车的限制,世界上通用的规则,在城市中心区不是增加私家车的停车点,而是限制停车点的数量,同时提高停车费。南美的波哥大市最近宣布将市区私家车停车费提高1倍,80%的停车费收入用于公交设施建设。其次是大城市私家车的牌照限制,这是成本最低的交通需求管理手段。最后是燃油税开征后增加的收入要按规定主要用于城市公共交通的发展。对私家车进行限制和约束,对公交提供支持和保护,这就是实施公交优先战略应有的含义。与此同时,对自行车和人行道要保留、拓展和专属化,防止机动车的侵占。

第四,公共财政转移要向公共交通优先。公共财政对公交的补贴等于对社会弱势群体、生态、资源节约的发展模式和当代甚至下一代的社会公平等方面进行补贴。城市公共交通是社会公益事业,是城市重要的基础设施,是政府保障人民安居乐业的公共服务体系的重要组成,政府应通过公共财政对公共交通的补贴和补偿,保障公共交通的可持续发展,使公共财政发挥最大的经济、社会和生态效益。应适当调整全社会交通投入的比例结构,增加对常规公共交通投入的比重。必须扭转长期以来普遍存在的在城市建设固定资产投资和城市维护建设资金分配中公共交通比例过低的局面,纠正在城市交通设施建设中偏重绕城环线、道桥建设以及忽视公共交通建设的做法。城市政府应按照城市总体规划和城市交通综合体系规划,逐年将城市轨道交通、公交专用道、公共交通综合换乘枢纽、始发站、保修厂(场)、站台等城市公共交通建设项目以及新增车辆所需资金列入当地政府财政预算,每年在地方财政支出中予以优先安排。对城市轨道交通、综合换乘枢纽、公交场站建设以及按政府要求购置、更新低排放、低底板、高配置的运营车辆,要纳入城市基础设施建设投资计划,给予必要的资金保证和政策扶持。要加大对公共交通行业的科研投入,对公共交通规划理论与方法、综合换乘枢纽设计、公共交通优先的道路网利用和信号系统、综合交通信息平台、车辆智能化和安全性有关标准等要组织立项并给予资金保证,强化公共交通优先发展的科技支撑。

(五)落实规划编制、经济补贴、评估和规划实施

第一,推进大容量公交方式和公交枢纽建设。大容量公共交通设施是城市的骨干,所以中等城市上 BRT 项目,要尽早规划。大城市轨道交通更要与城市规划修编同步考虑。在建设时序方面,交通设施的安排一定要抓大带小,用 BRT 和轨道交通走廊带动整个城市交通体系的建设,引导城市空间的集约型扩大。我国正处于高速城镇化过程,公共交通的滞后发展将会影响整个社会的能耗和城市空间的集约布局,所以必须要加快大运量公共交通设施建设。国外一般 40~50 万人口的城市都已有地铁或轨道交通,我国几百万人口的高密度城市还在研究是否应该规划,这不是超前,而是明显落后。大运量公共交通设施一定要在城市总体规划中早安排、早落实预留空间,择机进行建设。而且,要结合大运量公共交通系统的建设,合理布设公交枢纽,加快公交网络建设,形成公交枢纽为节点、大运量公交系统为骨架、其他公交方式为补充的城市公共交通网络新格局,改变公交线路功能混乱、衔接不畅、换乘不便的局面,为人民群众提供高质量的公交服务。

第二,落实城市公共交通的经济补贴政策。当前国际油价不断攀升,这就要求城市政府应将公交票价的管理、燃油费的补贴、公交亏损的补助机制长期稳定地建立并协同起来,从土地出让金中给予公共交通补贴。尽可能完善公共交通价格管理机制,继续保持其低票价的优势,最大限度地吸引市民首选公共交通或自行车为主要出行方式。同时,要建立规范的公共交通成本费用评价制度和政策性亏损评估制度,合理界定和计算公共交通运营企业的政策性亏损,并给予财政补贴。对低票价管制、燃油、轮胎、保险等费用的上涨以及对公共交通企业承担的老年人、残疾人、伤残军人、离休干部、现役士兵免费乘车和学生、成人持月票优惠乘车等社会福利以及完成政府指令性任务所增加的支出,给予专项经济补贴和补偿。

第三,落实"公共交通周"和"无车日"的宣传推广活动。落实公共交通周和无车日活动,首先是领导带头。我国的无车日活动最早是成都市发起的,成都市长带头步行或骑自行车,除公交车和安全救护车之外,其他所有的社会交通工具全停止运行,做得很成功。没有领导率先垂范,构建资源节约型、环境友好型城市就会沦为清谈。其次是要加大宣传力度,让这两项活动家喻户晓,成为老百

姓的一致行为。再次是在公交组织方面做好充分的准备。在活动前两三个月就要准备好增加"无车日"公交车辆投放的比例密度。最后是要从管理上加大力度，在"无车日"，各地可在城市中心区或特定地区限制机动车辆通行，鼓励人们使用私人汽车之外的代步工具，要制订系统的方案，在"无车日"对社会车辆进行严格管理。

第四，落实检查、评估机制。要继续实施和完善畅通工程和绿色交通示范城市的评选。对城市公交优先工作制定具体考核指标，要对各个城市的公交优先工作成效和绿色交通出行的比重进行排名、排序。只有通过有效的激励，科学的评价，才能奖励先进，鞭策落后，真正推动这项工作。

第五，落实综合交通体系规划编制和实施。要将"公交优先"落到实处，必须通过编制和实施综合交通体系规划来确保公交优先，从空间分配、投资安排、规划管制等方面来全面落实公交优先的各项政策和措施。温家宝总理最近指出："城市规划本质上是综合性规划。"要调控所有城市交通要素，包括飞机场、火车站和公交等各类设施的位置、功能、规模等。城市总体规划还涉及三个重要规划：一是历史文化名城保护规划；二是城市的江河湖泊水系规划；三是综合交通体系规划。这三个规划是城市资源保护和空间管制的三大核心规划，是城市总体规划的重要组成部分。其他专项规划包括公交或轨道交通规划，必须从属于而不是取代城市综合交通体系规划，否则就不可能系统地、整体地解决城市交通问题。综合交通体系规划首先就是统筹城市内部和城市外部的交通；其次是统筹城乡的交通；第三是统筹公交与其他机动车的协调发展；第四是统筹机动车与非机动车的协调发展，要突出保留和优化自行车和步行交通；第五是统筹交通设施建设与运行，落实公交优先；第六是统筹硬件建设和智能化的管理；最后要统筹道路空间安排和通过时间的优先，合理使用道路资源，落实公交专用车道、优先车道。城市综合交通体系规划要实现上述几个方面统筹，而不是具体单项规划所能解决的。所以，要确保公共交通优先战略得到落实，就必须首先在城市规划上下工夫，必须完善综合交通体系规划的编制和实施。

## 五、城市公共交通周及无车日活动的意义与实施重点

### （一）我国城市交通面临的主要问题

1. 城镇化进程加快，城市交通压力巨大

随着经济的快速发展，我国城镇化进程明显加速。截止2006年底，我国城镇人口5.77亿人，城镇化水平达43.9%。在我国快速城镇化进程中，人口向以大城市为中心的都市圈聚集的特点非常显著。北京、上海等40个特大城市的人口占全国城市总人口的比重达36.24%，沿海三大城市群接纳了全国城镇化的大部分人口转移的压力。也就是说，我国快速城镇化发展的三个趋向非常明显：

①人口从内地向沿海地区转移。主要是因为沿海地区的开放带来了众多的就业机会。②人口向大城市转移趋势越来越明显。大城市因为集聚效应比较高，吸引越来越多的外来人口进入大城市。③从不发达的省份向发达的省份转移。这三大趋向使得局部地区的人口压力越来越明显，人口压力又带来交通的压力，沿海大城市交通拥堵的现象日益明显，许多特大城市和大城市中心城区高峰时段的行车速度甚至低于 10km/h。

2. 土地资源紧缺，制约城市交通可持续发展

我国是农业大国，土地是关系国计民生的重要战略资源，保护耕地事关粮食安全和国家安全。城市用于道路交通建设的土地资源极为有限。到 2006 年底，我国城市人均用地 88.63m$^2$，人均道路面积 10.6m$^2$，对比国外城市人均道路面积 15~20m$^2$，我国的城市道路设施水平还很低。但由于我国人均耕地仅约为全球平均水平的 40%，城市发展模式只能走紧凑型的发展道路，也就不可能通过多建道路来疏解交通，只能将有限的城市交通空间进行合理分配。统计表明，小汽车的运送能力只有公共交通的 1/10~1/5，而车均占用道路面积是公共交通的 10~20 倍。无论在短期内还是未来，都难以通过道路的大量投资和快速延伸来满足城市交通发展的需要。我国的城市必须要实施紧凑型的土地利用模式，必然要实施以城市公共交通为主导的城市交通发展模式。

3. 机动化进程加快，交通能耗急剧上升

近年来，随着经济的快速发展和人民生活水平的提高，我国机动车保有量持续快速增长，其中私人汽车拥有量增速明显。截止 2007 年 6 月，全国汽车保有量达 5356 万辆，其中私人汽车 3239 万辆，私人汽车拥有量年均增速在 20% 左右，大大快于我国经济增速。小汽车出行比例逐年增加，一些沿海城市的交通结构出现了由公共交通向个体交通转化的趋势。快速机动化还带来了交通能源消耗的急剧上升。目前，我国交通能耗占全社会总能耗的 20%，如不加以控制，将很快上升到占总能耗的 30%，并将会超过工业能耗。这也就是西方发达国家曾走过的发展道路。而我国的石油储量只有全球人均水平的 1/10，1993 年时我国的石油基本上以出口为主，而仅仅过去短短的几年时间，我国进口石油量已占需求总量的 1/3 以上。与私人小汽车相比，公共交通是一种能源集约化的交通方式。据统计，每百公里的人均能耗，公共汽车是小汽车的 8.4%，电车为 3.4%~4%，地铁为 5%。如果有 1% 的私人小汽车出行转乘公共交通出行，仅此一项全国每年将节省燃油 0.8 亿 L，节能减排的效果非常明显。

4. 城市公共交通发展滞后，交通供需矛盾突出

我国城市公共交通虽然发展较快，但仍滞后于城市经济社会的发展。随着城市机动化进程的加快，我国大中城市交通拥堵不断加剧，公交出行分担率普遍偏低，公交乘坐舒适度、服务质量普遍较低，公交出行仅占城市居民总出行量的

10%~25%，与有些欧盟国家40%~60%的出行比例相比，相差还很大。大运量快速公共交通系统发展缓慢。全国660个城市中，建成有轨道交通线路的仅10个城市，运营总里程也仅相当于发达国家一个城市的规模。快速公共汽车系统（BRT）也刚刚起步，仅北京、杭州、合肥等3个城市建成有3条BRT线路，总长50余公里。大运量、快速城市公共交通系统建设的滞后，进一步加剧了我国大城市的交通供需矛盾。

5. 自行车道、人行道逐渐萎缩，道路空间分配不合理

我国曾经是自行车大国，但是由于我们一些城市的领导片面地喜欢小汽车，不少城市决策者包括一些规划师是"屁股指挥脑袋"来规划建设城市，由于他们自己坐小汽车，所以纷纷把自行车道、人行道压缩，使得原来是自行车大国的许多城市，自行车道被压缩、截短甚至取消，步行道也日益缩减。一辆小汽车人均所占用的交通空间，是公共交通的20倍，如果与步行相比就更大。步行、自行车出行是人均占有交通资源最小，污染最小的交通方式，是能耗为零的"零排放"的交通模式。但是由于交通空间分配的不合理，这些对人民群众身体有益的、零污染的、节约能源的绿色交通方式日益萎缩。

**（二）城市交通发展的主要对策**

面对快速城镇化和机动化带来的交通问题，国家"十一五"规划纲要中明确提出，要使城乡居民收入水平、生活质量普遍提高；居住、交通、教育、文化、卫生和环境等方面的条件有较大改善。其中城市交通作为一项重要的基础设施，与人们生产生活息息相关，关系到国家能源与环境保护战略的实施，关系到应对气候变化的总体战略。为此，我国从经济社会的可持续发展出发，以节约能源资源、保护环境为重点，提出了一系列城市交通发展对策和政策措施，大力推进公交优先发展，积极倡导绿色交通出行。

1. 确立了优先发展公共交通的城市交通发展战略

城市交通方式的选择直接决定城市土地利用和城市发展模式。个体机动交通对应的是分散型城市发展模式，公共交通对应的是紧凑型的发展模式。世界上绝大多数国家和地区都选择了发展公共交通作为城市交通的主导模式。美国与欧盟、日本的人均收入在同一水平上，小汽车拥有量也差不多，但美国的人均汽油消耗是欧盟、日本的5倍，人均商业能耗总体上相差1倍以上，就是因为交通模式不同。采用什么样的城市发展模式、土地利用模式和交通模式，将对一个国家甚至对全球的气候变化起到决定性影响。中国作为一个负责任的大国，作为一个世界上人口最多的国家，绝对不能犯某些发达国家犯过的错误。

我国人口众多、耕地资源十分紧缺，选择城市公共交通作为城市交通发展的主导模式极为重要。优先发展城市公共交通是符合我国实际的城市发展和交通发展的正确战略思想。党中央、国务院十分重视城市公交的发展工作。优先发展城

市公共交通的内容业已写入全国人大十届五次会议政府工作报告，温家宝总理在报告中提出："优先发展城市公共交通，把节能降耗、保护环境和节约集约用地作为经济增长方式的突破口和重要抓手。"

2. 构筑公共交通为主导的城市综合交通体系

城市交通是支撑城市发展的重要基础。《城市规划法》规定在城市总体规划编制中应包括城市综合交通体系规划。《城市综合交通体系规划》由城市各类交通设施、交通工具和交通的参与者、交通政策等方面共同组成。城市综合交通规划之所以是综合的，说明该规划具有全面性、有机性、综合性，包括地面交通与地下交通、骨干的轨道交通与支线交通、城内交通与城外交通、城外的海陆空交通与城市内部交通的衔接，包括机动交通与非机动交通的衔接、城市与城郊农村交通的衔接。城市的综合交通体系规划应该通过科学配置城市有限的交通资源，统筹协调各种类型的交通，贯彻优先发展城市公共交通和确保绿色交通占主导地位的这样一个主题。既满足人民群众出行的要求，又从资源、能源节约的原则出发，提高道路交通资源的利用效率。据估算，一辆小轿车在行驶过程中相当于7辆自行车所占据的空间，在停放时相当于21辆自行车所占用的空间。如果是行人的话，这个比例会更大。这就是为什么在道路设施越来越健全的情况下，城市交通反而越来越拥堵的主要原因。在综合交通规划体系中之所以把绿色交通和公共交通摆在首要位置，其他机动交通只能是从属地位，这是因为只有这样的交通发展次序，才能最终解决城市交通拥堵和社会公平问题。但是我们有许多城市交通规划完全是从适应小轿车出行的需求出发，那是非常荒谬的。某北方城市曾经提出过汽车撞人，撞了白撞，现在想来，当初喊出这个口号的领导人可能都会因懊悔而汗流浃背，子孙后代恐怕也会为他的前辈们做了这么愚蠢的决策而感到羞辱。

3. 加快发展大运量快速城市公共交通系统

面对大城市长期以来公共交通结构单一、发展滞后等问题，近年来，各地不断调整城市公共交通运营结构，在稳步发展常规公共汽电车的同时，加快了城市轨道交通和 BRT 等大运量快速公交系统的建设。在城市轨道交通方面，建设发展速度达到了历史空前。20 世纪末，我国内地轨道交通通车里程仅 110 多公里。21 世纪以来，一些城市加快了轨道交通建设力度。到目前，已有北京、上海等 10 个城市建成有 22 条轨道交通线路，运营里程共计 602km。同时，还有北京等 13 个城市的 36 条轨道交通线路正在建设，在建线路里程达 800 多公里。有 15 个城市的轨道交通建设规划已经国务院批准，2015 年之前，将规划建设线路 60 余条，里程达 1700km，也就是说今后 10 年，每年城市轨道交通建设规模将达到 150km 左右。另外，还有 10 多个城市正在组织编制城市轨道交通建设规划。

与此同时，一些城市开始了快速公共交通系统（BRT）的规划建设。BRT 系统是一种具有快捷、可靠、舒适、低成本的新型大运量公共运输服务系统，具有与轨道交通相近的运量、快捷、安全等特性，且建设周期短，造价和运营成本也低，只相当于地铁造价的 1/8~1/10，轻轨的 1/4~1/5。目前，除北京、杭州、合肥等城市已建成快速公交系统并投入运营外，济南、西安、深圳、常州等城市也启动了快速公交建设，总建设里程近 100km，还有 10 多个城市正在规划建设快速公交(BRT)系统。此外，公交专用道(路)以及综合交通枢纽场站等基础设施建设速度进一步加快。目前，已有 230 多个城市开辟了公交专用道(路)1300 余条，总长达 1 万多公里。公交专用道(路)使得公交运行速度大大提高，人民群众对交通的需求很快就得到阶段性满足。我国城市交通已步入城市公共交通优先发展、快速公交系统加快建设、综合性交通服务设施全面提升的快速化、综合性发展的阶段。

4. 实施城市交通需求管理(TDM)

国内外经验与教训证明，受经济、技术、环境、空间等条件制约，通过扩大交通设施即道路建设来满足无限制的交通需求是不现实的，反过来还将刺激小汽车消费，加剧城市交通的拥堵。世界上道路面积最多的城市之一是美国洛杉矶市，但是世界上市民在交通上所花时间和费用最多的城市也是洛杉矶，交通拥堵情况最严重的也是洛杉矶。而洛杉矶这个城市原来就是为了适应交通机动化的需要而设计的，1/3 的土地面积被各种各样的交通设施所覆盖。从另一方面来看，越来越多的国家、地区和城市认识到在优先发展城市公共交通的同时，必须要对小汽车购买、使用和通行实行适当的限制措施，减少在城市中心区的小汽车的使用量，缓解中心区的交通拥堵，即实行交通需求管理。无论是新加坡还是伦敦，采取交通需求管理的方式，对减少城市中心区的汽车流量，缓解中心区的交通拥堵，解决中心区的空气污染问题，确保绿色交通和公共交通优先的发展，都有着不可替代的作用。伦敦几年前在中心区实行了交通需求管理后，交通量减少了 17%，交通状况大为改善，每年还有 1 亿多英镑的收入可以转用于改善公共交通和步行道、自行车道的建设。

我国作为一个坚持紧凑型城市发展模式的国家，更需要通过需求管理而不是单方面地增加道路供给来解决交通问题，要通过合理地引导小汽车的有序发展和适度消费，控制和削减交通需求。近年来，一些城市积极地探索实施各种交通需求管理措施。上海市自 1986 年以来，推行机动车牌照限制获得，实行限额拍卖，使得私车牌照价格一度高达 5 万元，仅此一项上海市的机动车得到了较好的控制。截止 2006 年底，上海市汽车保有量控制在 115 万左右，年均增速 3%。但其他同等规模的城市每年小汽车的增幅是 20%，甚至达到了 30%。有的城市取消了这种限制私人轿车无序增长的好办法，最后市长又不得已呼吁大家千万不要买小轿车，但这种呼吁的力量是非常软弱的。从 2006 年 9 月起，深圳市对停车场收费进行了调整，综合提价1.3倍。前不久，北京市为进行"好运北京"环境交通保障综合测试，对机动车实行了为期4天的"单双号"限行措施，效果明显。300多万辆汽车一半停驶，交通能耗、污染和拥堵大大下降，不少市民都呼吁这个政策能够长期保持，不少小轿车的拥有者也表示支持。这些措施都表明，在优先发展公共交通的同时，配套实施对小汽车出行进行引导和控制，公共交通优先的目标才能更好地实现。

5. 大力倡导绿色交通出行

绿色交通系统是指步行、自行车、公共交通等方式的统称，是适应城市人居环境发展趋势的可持续交通系统。倡导绿色交通出行越来越受到世界各国的重视。要在我国实施和恢复绿色交通，首先，应该让步行和自行车出行在我国城市中扬眉吐气，这一点非常重要。许多城市里的白领，每天花在汽车上的时间比较多，开车要花1h，堵车45min，下班后开车到健身房再骑1h的自行车。如果采取交通的需求管制，严格限制车辆的废气排放，使城市道路空气保持清洁，就会吸引越来越多的人直接用自行车来代替私人小轿车的出行方式，既锻炼了身体又解决了交通问题，更能减少交通拥堵。第二，要坚决防止城市的决策者尤其是我们今天在座的各位领导，绝对不能"屁股指挥脑袋"，随意地减少或压缩城市自行车道和步行道。第三，要使城市的步行街、无车区范围日益扩大。在交通指挥系统上，要使行人、自行车享受同等的优先待遇。西欧一些国家已经实行了行人、自行车有优先于汽车的通行权力，这在我们现在的头脑中是不可想象的。在交通空间的分配上，要在城市中划出许多地方作为步行街、公园。特别是在一些人口稠密的社区，规定没有污染、不消耗能源的步行者可进，自行车使用者可进，但是汽车不可进；公共交通可进，其他机动车辆不可进，这是绿色交通区域。在交通通行的权力安排上，绿色交通先行，对私人轿车采取需求管理，对公共交通实行交通信号优先通过，对步行和自行车使用者享受机动车同等的待遇。

改善市民的出行环境，倡导绿色出行方式在我国已逐渐得到了各地政府的重视，但重视的程度却是两极分化。如像成都市几年前就发起了无车日活动，市长自己带头骑自行车，那可是载入史册的。还有其他的城市也做过这样的活动。但是也有一些城市市长提出要取消自行车道或者说汽车撞人白撞，这个反差是巨大的。现在越来越多的城市领导已明白过来了，不少的市领导带头骑自行车，或者坐公交车上下班，有效地带动了机关工作人员和市民一同加入。各地一些新闻媒体和民间团体也纷纷发起每个月少开一天车的活动倡议。

将首届中国城市公共交通周和无车日活动主题定为"绿色交通与健康"，旨在宣传公共交通理念，倡导绿色交通出行，建设以公共交通为主导的多元化的城市交通体系。此项对策是从我国的国情出发，从城镇化健康发展模式的必由之路出发，也是从世界的城市交通发展趋势出发，既应对日益紧迫的能源危机、环境危机，又满足人民群众出行的需求，同时又能推进节能减排任务的落实。

**（三）精心组织，全面落实公交周及无车日活动的各项内容**

1. 城市政府需要落实的活动内容

优先发展城市公共交通，是一项复杂的社会系统工程。城市人民政府要切实加强组织领导，动员社会力量，共同做好优先发展城市公共交通工作。城市公共交通行政主管部门要会同有关部门切实抓好落实。为进一步落实政府责任，确保城市公共交通周及无车日活动的顺利开展，应逐一落实以下七个方面的内容：

一是每年9月16日，各承诺城市人民政府应组织举办"城市公共交通周及无车日活动"启动仪式，市长发表专题讲话，并作出具体承诺。

二是城市人民政府领导要带头参与活动。如采用步行、骑自行车或乘坐公共交通上下班、接送孩子等。

三是活动周期间，各城市至少实施一项长效措施，切实改善城市公共交通状况，鼓励市民采用绿色交通方式出行。可以有这么几个方面：如改善公共交通服务，包括更新公交车辆，增加信息服务等；改进或增加可持续性的交通设施，如公交专用道（路）、自行车道、人行道、公共汽车和自行车停车场等；推动公共汽车与轨道交通、自行车交通、步行等其他交通方式的衔接。禁止机动车占用非机动车道行驶，以及占用非机动车道和人行道停车等。

四是在每年9月22日7：00～19：00，组织"无车日"活动。划定一个或数个有影响的区域（道路）作为无小汽车区，也可将全市范围作为无小汽车区域，只对行人、自行车、公共汽车、出租汽车、其他公共交通（校车、通勤车等）以及消防车、警车、急救车等特种车辆开放。无车日策划方案可同无小汽车区长期规划结合起来，并且可在周末持续推广相关措施。无车日活动当天，在无小汽车区，不得占用人行道、非机动车道停车，把这些空间还给非机动车和行人。无车日活动开展前一周、无车日活动当天以及活动开展之后，组织民意调查。

五是活动期间，城市交通主管部门要制定详细的交通组织方案和应急管理方案，对小汽车使用进行管制，以确保无车日活动的顺利开展。

六是活动前后以及活动期间，对有关的环境指标（如空气中二氧化碳、可吸入颗粒物、可入肺颗粒物、氮氧化物含量）和交通技术指标（如交通事故发生率、道路交通量）实施监测，并对监测数据进行分析，对比活动前后环境、交通变化情况。

七是对在本次活动中表现良好和贡献较大的企业或社会团体由政府部门对其进行表彰。

2. 地方媒体需要开展的活动宣传内容

主办方要组织当地媒体积极做好活动的有关宣传配合工作。主要包括以下几项工作内容：

第一，活动期间，各承诺城市地方媒体，包括电视、报纸、广播等要对活动进行集中宣传报道,重点宣传三个方面的内容:一是宣传国务院领导同志关于优先发展城市公共交通的一系列重要批示精神和法规文件;二是宣传当地政府贯彻公交优先发展战略实行的各项优惠政策;三是宣传有关绿色交通理念和好人好事及先进事迹。要力争使公交优先及绿色交通理念家喻户晓、深入人心。

第二,各承诺城市电视台要在活动开展前,播放由建设部制作的公益广告片和宣传片。播放要持续到公共交通周及无车日活动的结束。

第三,要充分发挥好网络、地方报纸等其他媒体的宣传功能,开辟专栏对本次活动进行全程跟踪报道,及时向市民传递活动相关信息。在网络上开展与网友的互动,组织网上调查,倾听社会的声音,进一步扩大活动影响。活动结束后,新闻媒体要对活动产生的影响和群众的评价及反响进行后续报道。

3. 公共交通企业需要做好的服务保障内容

公共交通企业是实施优先发展公共交通、直接面向群众、体现实际效果的重要载体。活动期间,将有大量的市民选乘公共交通出行。为确保活动顺利进行,各地公交企业应认真做好以下六项工作:

一是提前组织,增加车辆的投放,为活动期间提供充足的运力。

二是充分利用车辆、站点、车载电视开展宣传活动。在主要公交站候车亭、轨道交通车站发布公交周活动内容、时间、地点等信息的大型宣传海报、宣传标语等。在地铁车站、地铁车厢以及公交车移动电视中滚动播放公共交通周及无车日活动宣传片和公益广告片。

三是提高公交乘坐舒适性,减少等车时间,确保市民在活动期间,体验公共交通的良好出行服务。

四是印制并向群众发放由活动指导委员会编写的《绿色交通·城市未来》宣传手册。

五是组织针对公交服务的民意调查,广泛征集市民关于改善公交服务的意见和建议。根据民意调查情况认真总结,制定改善公交服务的实施计划。

六是强化调度能力。针对9月22日的无车日活动,制定具体的行车安排,增加线路和车辆投入,提高发车频次,调整服务时间等,以确保市民的正常出行。

4. 城市公共交通周及无车日活动的考核评比

各地应在活动结束后,对本次活动进行考核和总结。考核内容包括:①活动的组织领导和方案制定;②规定活动内容和参考活动内容的落实;③活动效果。

**(四) 认真办好首届中国城市公共交通周及无车日活动**

1. 统一思想,深入理解开展城市公共交通周及无车日活动的重大意义

优先发展城市公共交通是国务院确定的重大战略方针,是提高交通资源利用效率、解决城市交通拥堵和人们出行难的根本措施,是抓好节能减排、保护环境和节约用地的一项重要工作,也是构建社会主义和谐社会的重要体现。开展公交

周及无车日活动是建设部借鉴国际经验与做法，向全国所有城市发出的一项重大倡议，是推进公交优先发展战略的一项重要举措。

开展城市公共交通周及无车日活动，大力宣传绿色交通理念，积极倡导市民尽可能选择公共交通等绿色交通出行方式，改善城市交通的结构，促使城市交通模式转变，节约交通能源消耗，减少尾气排放，进一步推进城市交通领域的节能减排，改善城市环境，促进社会和谐。据测算，开展无车日活动一天，可节省燃油3300万L，减少有害气体排放约3000t。欧洲的经验表明，无车日活动的开展，能使得公众利益和社会利益得到更多关注。城市公共交通是适合所有人的交通出行方式。公交周及无车日活动旨在大力宣传公交优先理念，积极倡导绿色交通方式出行，进一步改善人们出行环境，促进城市交通可持续发展。

2. 提高认识，切实转变四个方面的观念

一是要牢固树立城市公共交通是公益性事业的观念，始终把公众利益作为本次活动和公共交通发展的落脚点。首先，公共交通关系到一个城市的社会公平。因为城市公共交通是经济的出行方式，消费水平是社会大众所能接受的，也是社会各阶层平等享用城市交通资源的载体。第二，公共交通体现着生态效益。因为它的耗能量只有小汽车的1/20，占用城市空间和排放的污染物少，所体现的生态效应明显。第三，公共交通体现的经济效益。选用公交专用道，开辟大容量的城市公共交通，能确保城市的畅通。这种畅通不是增加小汽车或者增加道路面积能够实现的，必须依靠公交和地铁来保证畅通，满足人民群众的出行需求。

二是要更新城市空间资源分配的观念。城市空间资源是十分有限的，要采取紧凑型的城市发展模式，空间资源不可能突破$12m^2$/人的道路占有比例。我国城市建成区的人口密度标准是每平方公里1万人以上，这一平方公里包括了居住用地、工厂用地、商业用地、绿化用地、交通用地以及其他城市基础设施用地，交通用地只能分配到10%～12%，不可能再扩大许多。只有合理分配步行、自行车、公共交通及私人小轿车等出行方式所占用的交通空间资源，才能体现社会效益、生态效益和经济效益的统一。

三是要形成"绿色交通"的发展观念，从根本上摒弃小汽车是现代交通文明象征的错误观点。发展"通达、有序、安全、舒适、低能耗、低污染"的"绿色交通"，本质上就是要降低公众出行对小汽车的依赖，减少个人机动车辆的使用。倡导步行、自行车与公共交通，提倡使用清洁干净的燃料与车辆，这与我国节能减排的目标要求也是一致的。

四是彻底扭转公共交通只是适合于低收入人群的狭隘观念。国际经验证明，公共交通是适用于所有人的出行方式，无论穷人还是富人，官员还是普通百姓，都可以利用公共交通实现舒适、高效的出行。发展多元化的公共交通，形成由城市轨道交通、快速公交、公共汽电车等多种公交方式组成的完整的公交系统，可以满足不同人群、不同目的、不同层次市民的多样化出行需求。

3. 突出重点，认真抓好四个方面的工作

一是组织领导工作。活动前，各地要成立和完善活动组织领导机构。省级主管部门要参照建设部活动指导委员会的构成，成立城市公共交通周及无车日活动组织委员会和指导委员会，全面负责本地区活动的开展。各承诺城市要建立健全公交周及无车日活动领导小组、办公室等组织机构。

二是明确活动的内容。必须认认真真地做好定人、定时间、定方式、定检查验收等工作，突出重点，抓住一般。各地要率先安排好公共交通的运量、线路、营运时间、发车间隔等，充分利用公交专用道、大容量公共交通运载工具，提高服务质量。同时，加强城市交通需求管理，确保活动期间城市正常出行需求。

三是加强舆论宣传工作。通过召开新闻发布会、新闻动员会，把一切能用的宣传工具都要利用起来，电视、广播、报纸、网络、海报等各种各样新闻媒体都要充分利用，而且宣传到社区居民，让市民家喻户晓，人人都知道有这么一个活动周，其意义是什么？重点是什么？此活动好处是什么？都要让居民群众知道。北京市实行 4 天的车辆单双号限行措施，开始时还担心没有人理睬，通过把宣传工作做到位，政府通告一发，广大有车族积极响应，自觉按"单双号"行驶，蔚然成风。北京市、成都市能做到的，其他城市也应该能够做到。

四是活动结束后抓好考核评比工作。各地要及时总结好的做法和经验，积极推广成功经验，宣传先进典型。

4. 统筹协调，着力处理好四个方面的关系

举办公共交通周及无车日活动，涉及政策指导、部门协调、媒体宣传、交通组织、公众参与等多个方面，为确保活动的顺利开展，各地在举办活动中还应着力处理好几个方面的关系。

一是要处理好政府领导与公共参与的关系。举办公共交通周与无车日活动需要社会公众的广泛支持和参与，特别是私人小轿车拥有者的深刻理解和支持。在这方面，党政领导同志尤其是主要领导同志、部门的负责同志要身体力行、率先垂范，要带好头。无车日活动那一天要和市民一起骑自行车或者走路上班，这非常重要。成都作为我国率先开展无车日活动的城市，那一天市长骑自行车上班，扩大了宣传，也扩大了影响。以前成都有这样一种风气，认为走路、骑自行车那是外来民工的事儿，按北京人说法就是骑自行车出行"掉价"。这回一看市长都骑自行车上下班了，这风气就扭转了。

好的社会风尚或者坏的风尚总是从上而下的，领导带头，一气呵成了，群众就会响应。如果领导人骑自行车上班了，老百姓骑自行车出行也会蔚然成风。创新自下而上，风尚是自上而下。公共交通周和无车日活动，就是来源于许多城市几年前的先行实践，来源于人民群众基层的创造。

二是处理好公共交通与其他交通方式的关系。包括公共交通与自行车、步行等绿色交通方式的关系。在活动期间，各地要严格做好在划定的小汽车禁行区内限制社会车辆的通行，除了公交、出租车、救护车、消防车、警车等特许的车辆之外，其他车辆都不能进入。即使是警车，也应该是执行公务的警车。尤其对划定的区域里占用非机动车道、人行道、自行车道停车、行车的，在活动期间一律要进行清除，将空间还给步行人，还给居民，还给骑自行车者等绿色交通的践行者。

三是处理好公共交通周与无车日活动的关系。公共交通周选在9月16～22日，这一周要大力宣传公共交通和绿色交通的理念，积极倡导公共交通和绿色交通出行的方式，大力改善公共交通出行的便利度、重视度、服务态度，采取有效的措施来促进城市公共交通状况的改善，前面的6天主要以宣传、倡导、动员、优化服务为主，最后的1天9月22日定为无车日，这是活动的高潮。无车日活动是整个活动中的一项核心内容，前面5天是造声势、做铺垫，要使无车日活动成为整个活动的高潮，达到预期的效果，一定要处理好两者的关系，就是铺垫与高潮的关系，前奏与重点的关系。

四是处理好短期活动与长效措施的关系。今后每年的同一时期都将举办这项活动。各地要十分重视首届活动的开展，既要逐项落实各项规定内容，也要体现工作创新能力，突出城市特点，选好自选动作，开好这个"头"，为今后这项活动的深入开展积累经验。要在充分考虑本地实际情况的基础上，确定好每届活动的主题及所采取的措施，确保来年这项活动既切合实际又富有成效。公共交通周及无车日活动只是1年中短短的1周，但是意义极其巨大。

## 六、专题：波哥大改善城市交通之经验

哥伦比亚首都波哥大高效多能的快速公交系统——Transmilineo[1]已经获得了全球的高度评价（图7-8）。作为一个拥有700万人口，并且面临着内部冲突和深重经济问题的城市，波哥大能够成为世界上最可持续发展的城市之一，这是很值得关注的。

在20世纪90年代末期，波哥大吸取巴西库里蒂巴著名的公交专用道的成功经验，开始运营一项快速的、大运量的公共汽车系统，称作Transmilineo。它的不同之处在于，库里蒂巴主要依靠围绕城镇的环线公交线路联系放射性的公交专用道，而在中心城外，没有对人行道和自行车道进行改善；而波哥大却积极提高人行道和自行车道的可达性。

---

[1] BRT的目标是较小的成本，通过灵活地使用公共汽车方式，实现分级服务在速度和性能上的优势。它的主要特性包括：专有路权、明显物理隔离；无缝（同一水平）换乘；先进的公共汽车技术；清洁燃料、轻型材料、低地板、先进的通信、站台系统；支持系统：信号优先、公共汽车避车道、路边调整、车辆定位系统、自动调度；快捷收费和上下车；车下付费、智能卡。

第七章 机动化时代的中国城镇化：从碰撞转向协同

图 7-8 快速公交系统

42km 长包括 3 条线路的 Transmilineo 公交专用道是波哥大庞大的公共汽车网络的核心(公交专用系统最终扩展到 22 条线路、391km)，公交车道位于大道的中间，每 500m 左右设置车站，能避风雨的车站的设计非常吸引人。双车道的设计使得公交车可以超车，站台的容量也非常大，上下车非常迅速。所以，Transmilineo 的运量达到单向每小时 3.5 万人左右，超过了许多地铁系统。每个工作日，有大约 85 万人乘坐 Transmilineo，3 倍于哥伦比亚麦德林市的 2 条轨道线路的流量(而建造成本小于麦德林地铁的 1/5)，社会回报率达到 61%。❶

这一公交系统特别重要的一点是，波哥大重视人行和自行车的可达性建设，形式为"绿色联络道"。垂直的和平面分隔的步行道和自行车道将一些最贫穷的

---

❶ Consejo Nacional de Politica Economica y Social, "Sistema de Servicio Publico Urbano de Transporte Masivo de Pasajeros de Bogota", Departamento Nacional de Planeacion, Documento No. 3093, 2000.

区域和非正式的居住区（具有高度依赖公共交通的人口）与公交专用道联系起来。波哥大可持续发展的交通系统的其他创新特性包括：车牌配给、停车管理、小汽车禁行区域等。波哥大是匹配设施"硬件"和公共政策"软件"特别突出的范例：拉丁美洲最广泛的自行车道路网络（250km），世界上最长的步行走廊（17km），以及地球上最大的"无小汽车日"活动（覆盖了全市 35000hm$^2$ 范围）。目前，全市 43% 的交通投资预算用于辅助性政策措施。

与 Transmilineo 有关的数字是令人难忘的：在最繁忙的 2 条公交走廊上，公交车平均速度从 12km/h 提高到 27km/h。系统乘客的平均出行时间减少 32%。❶ 事故率降低了 93% 左右，空气污染也得到了改进：从 1999 年 Transmilineo 开通到 2001 年，公交服务走廊沿线的损伤和碰撞降低了 75%~80%，二氧化硫、氮氧化物和颗粒物质分别降低了 43%、18% 以及 12%。❷ 在 Transmilineo 运行的第一年，它的乘客支持率达到 98%。其中 11% 的乘客是原来开小汽车的人。

与巴西的库里蒂巴之类的城市比较，到目前为止，波哥大的 Transmilineo 系统还没有引人注目地改变城市的景观。但是最近的研究显示，临近公交车站的商业已经受益。Targa 和 Rodriquez 研究了 Transmilineo 的土地租用资本影响。使用效用价格模型，他们计算出在其他方面相同的条件下，每离开 BRT 车站 0.1km，月租下降 1.87%。❸ 这暗示在发展中国家的城市中，对高质量的公共汽车交通带来的可达性利益的潜在市场需求。

与很多成功的公交投资一样，系统还注意细节的设计与良好的宏观规划相匹配，这些也为 Transmilineo 的成功作出贡献。小汽车停车场主要限制在 Transmilineo 公交专用道的首末站。57 个中间站的一半左右设有过街天桥等行人过街设施。各个车站都有密集的人行道和自行车道，大多用植物进行了景观美化。在公交车站周围 0.5km 范围内，有大约 20 多个市民广场、小型公园和娱乐设施。现在，大约 45% 的 Transmilineo 乘客采纳步行或骑自行车方式到达车站。

自行车设施在公交车站外得到了很好的扩展。目前，波哥大拥有超过 200km 的自行车专用路和专用车道。荷兰专家指导的远期规划建议在今后 30 年里再增加几乎一倍。迄今为止花费了 1.78 亿美元用于自行车交通改善，这差不多是美国全国用于自行车设施的年度费用的一半。在过去 10 年里，自从引进了自行车专用道路，交通出行中自行车方式的比例已经从 0.9% 上升到 4%。在这里适宜的环境起了很大的作用，位于安第斯山脉的平坦流域上，波哥大气候温和。这里

---

❶ E. Sandavol and D. Hildalgo, "Transmilineo: A High Capacity-Cost Bus Rapid Transit System Developed for Bogota, Colombia", 2002 Transmilineo, S. A., Bogota, Colombia.

❷ Ibid.

❸ F. Targa and D. Rodriquez: Analysis of Bogota's Bus Rapid Transit System and its Impact on Land Development, Carolina Planning Journal, Winter 2003-2004, P. 26-36.

居住密度高(每平方公里12000人，是西半球人口密度最高的城市)，采用混合的土地利用模式。城市中77%的出行小于10km。由于城市道路交通拥堵，在10km的范围，自行车往往比小汽车速度还快。

为了进一步提倡使用自行车，波哥大官方从2000年开始，在每年二月的第一个星期四举办"无车日"活动。在每个周日，城市关闭120km的主要道路长达7h，作为Ciclovia(自行车路线)，提供给骑自行车的人、溜冰者和步行者。当天气好的时候，周日在波哥大的街道上有150万人骑自行车。与鼓励自行车的措施相匹配的是限制小汽车的措施。通过一项被称为Pico Paca的标记管理系统，每天高峰时段有40%的小汽车不得不离开城市中心的街道。在城市核心区安装了柱子以防小汽车在人行道和自行车道上停车。

人们不禁要问，一个尚承受着游击战争和武装冲突的发展中国家的城市，如何能够正确地将稀有的公共资源投入到人行道、自行车道这些宜人的设施？波哥大对交通行业的投资部分地反映出几位开明的市长的远见：他们认识到实用的、世界级的城市可以停止智囊流失，从长期来看，还能吸引外国的资本和投资。在这一认识的基础上，他们采纳了精明增长(Smart Growth)的规划。他们相信，穷人最终将得到更好的工作和居住条件，并从中受益。前任市长Enrique Penalosa，目前是国际规划顾问，将城市的投资看作社会平衡的工具。他写道：新型城市的前提之一是，我们需要社会成为尽可能平等的。为了这一目的，基本生活条件的分配比收入的分配更为重要。真正有意义的平等是与孩子相关的：获得足够的营养、娱乐、教育、体育设施、绿色空间和一个尽可能避免机动车辆的生存环境。城市应当具有丰富的文化供给和可以享用的公共空间，具有低水平的噪声和空气污染以及较短的出行时间。❶

在中国城市建设类似波哥大的BRT服务，已经取得了一些进步。1997年，北京市在长安街上设立了第一条公交专用道。在开通之前，公共汽车的平均时速为16km/h，而在开通之后公交车时速提高到20km/h，正点到站率提高43.6%。之后设立了更多的公交专用道。在深圳，开发了公共交通走廊的绿色通道。与拉丁美洲国家相比，中国城市在重要的措施上，即快速公共汽车系统（BRT）与土地开发一体化方面的考虑较少。

---

❶ 参见：http://socrates.berkeley.edu：7001/Events/spring2002/04-08-penalosa/index.html.

# 第八章 艰难的取舍：市场化变革对城镇化发展的双重效用

## ——市政公用事业改革和城市经营的趋利避害之道

在快速城镇化的进程中，必要的城市基础设施和污染治理投资不是正在成为日益严重的挑战。国际经验表明，不失时机地启动市政公用事业的市场化改革，不仅能提高原有城市基础设施的运行效率，而且可以大规模引入国内外的资金，加快此类设施的建设与环境治理。作为一个实行计划经济近半个世纪的发展中大国，推行此项改革的难度是空前的，但挑战和危机之中必然包含同等分量的机遇。本章正是遵循这样的思路，从如何启动这场空前的改革入手，分别阐述市政公用事业改革的理论、将要面临的困难和挑战、变革过程中正在产生或将产生的认识误区，同时力求给出相应的对策。最后，以专题的形式介绍西方国家推行此类改革的经验教训及对我国的启示。

### 一、启动市政公用行业市场化改革三要点

市政公用行业的改革无疑是攻克计划经济体制的最后一个堡垒，需要有步骤、有政策、有方案，循序渐进地推进。必须先解除这方面改革的一些政策性障碍，把基层的积极性调动起来，打开市政公用行业的改革之门。从实际情况来看，各地对市政公用市场化改革还存在着一些疑虑，也提出了一些问题。本节试图从解放思想、提高认识入手，来消除推进此项改革的一些思想疑虑，进而提出启动改革的具体方案，最后通过规范程序、强化监督来完善改革。希望从这三大要点起步，以加快市政公用行业市场化改革，从而有效地增加城市基础设施建设的投入，提高市政公用设施的运行效率，适应我国城镇化高速发展的需要。

#### （一）解放思想，提高认识

当前，我国市政公用行业的发展正面临着以下几对矛盾：

一是城镇化高速发展与基础设施短缺相伴随的矛盾。所有的国家在城市化过程中都曾出现基础设施短缺的现象，特别是在拉美、非洲及印度等国家的一些城市，半座城市被垃圾山、污水和贫民窟所包围，生活条件急剧恶化，造成了灾

害、瘟疫的大面积蔓延。即使是西方发达国家,在城市化的过程中也同样经历过这样的灾难。走有中国特色的城镇化道路,就要全面总结西方发达国家和发展中国家所经历的错误和痛苦,以避免重蹈覆辙。这就是我们社会主义国家应该做的事。而解决基础设施短缺的问题,首当其冲要靠广开投资渠道,增加投入。

二是市政公用设施短缺与既有设施运行效益下降并存的矛盾。改革开放20多年来,许多行业通过有效的产权制度改革,效益都提升了,而处于垄断经营的市政公用行业,不论是自来水厂、污水处理厂,还是公交公司,凡是仍然采取老体制经营的,虽然所提供的公共产品和服务价格不断上扬,但运行效益却在下滑,亏损额在扩大,服务质量和态度也未见改善。老体制所带来的弊端已越来越明显。有的城市因为就业非常困难,就把市政公用事业单位看成是安排就业的好场所,一些领导同志的七大姑八大姨都往这里安排,这些单位往往人满为患,为民服务的效率逐步滑坡。再不改革,市政公用行业将难以为继,也难以应对老百姓对提高服务质量和降低费用的呼声。

三是污染治理设施建设跟不上污染排放量不断扩大的矛盾。尽管这几年各级政府投入那么多资金用于治污设施的建设,国债的投放也空前扩大,但是每年排向江河的生活污水数量不仅没有减少,而且还在增加。随着排污量不断扩大,无论是生活垃圾,还是生活污水,数量增加非常快。在经济高速增长的过程中,洗衣机、抽水马桶的利用,再加上每年大约有2000万的农民进入城市,这几项因素叠加,所产生的污水量每年递增5~6个百分点,生活垃圾产生量近年来以5%~8%的速度增加,而污水处理设施的建设和治污的手段还跟不上这个需求。现在,70%的城市河道水质为劣Ⅴ类水标准,已被严重污染,要治理需投入大量的资金。许多排污设施由于管网不配套,运行不到位,后续资金不配套,导致许多设施处理能力放空。

四是投资需求缺口大与投资渠道狭窄的矛盾。目前,我国每年用于基础设施的投资将近4000亿元,其中国家财政投资包括国债、中央的转移支付只占总投资5.7%。这是在近几年国债投放量较大的情况下才达到的,如果没有国债投资,中央财政转移支付只占1.2%;引进外资参与基础设施建设,最好的年份为4.39%;城市维护费资金占整个投资的14.6%。所以,无论是城市维护费,还是外资以及国家财政资金,三项合计还不到总投资的20%,其余80%的资金要靠社会资金和银行信贷来解决。所以,市政公用行业正面临着群众对其要求是越来越高与设施运行效率越来越低,投入需求越来越大与投资渠道难以拓宽的矛盾。国家大量发放国债资金,今后可能逐年减少。因为国家发放国债的最大目的就是启动消费,启动消费的项目是有选择的,开始的那些项目都是填平补齐的"短平快"项目,启动内需的效果比较好,等这些项目结束了,后面那些项目的效果就难以为继了，再加上国家财政赤字已接近国际认定的警戒线。前几年，国家每年国债投放的资金是1300亿元，其中城建部分的投入是160多亿元，但明后年可能就会大大削减。国家转移支付的资金，将从占城建基金总额的5.1%下降至1.2%。所以，面对着城镇化高速发展、污染量不断扩大、投资渠道不足和运行效益日薄西山的严峻形势，基层政府必须加快市政公用行业的市场化改革。

当前，不少人对加快市政公用行业市场化进程心存疑虑。概括起来，主要有以下三点：

一是认为现在有的西方发达国家也没有对市政公用行业进行彻底改革，更何况我国是社会主义国家，政府在基础设施建设领域起主导作用，急着去进行改革干什么？不少同志出国考察了解到许多国外的市政公用设施都是国有的，运行管理体制也较僵化，特别是在北欧一些国家，它们也想对此进行改革，但改革的步子很慢。据此，我国有的干部就认为，国外市场化搞了这么多年了，可谓是市场化的老祖宗，而我国刚从计划经济转向市场经济，市政公用行业的市场化改革还要向国外学习，而国外现在还没对市政公用行业实行市场化，为什么我国要急忙进行市场化改革？事实上这些疑虑是可以澄清的。

国外市场化进程大致分三个阶段。17~18世纪，城市化在西方主要发达国家兴起。城市化刚启动时，各级政府头脑里的主要思想武器是亚当·斯密的"市场万能论"。认为市场是万能的，政府不要去干预，最好的政府就是"守夜人"的政府，对市场干预最少的政府就是好政府。所以，这一时期的城市基础设施基本上由私人投资经营。但在城市规划没有调控到位和法治不健全的情况下，多数私人经营的基础设施都是与当地权力相结合的，基础设施服务与分配极不公平，穷富悬殊。贫民区没有任何基础设施，城市污水、垃圾排放放任自流，而富人区的配套设施奢侈浪费，没有形成完整的城市基础设施规划、建设和管理的良性循环体系。这种状态一直延续到20世纪30年代发生世界经济大危机时。这时，亚当·斯密的"市场万能论"受到质疑，认为是由于放纵市场调节导致了经济危机的发生。这一场经济大危机，使得世界GDP总量下滑了30%，发达资本主义国家40%的人面临了失业。沿用了两个世纪的"市场万能论"此时被全面否定，西方国家相继强化了政府对经济的全面干预，认为只有政府的有效干预，才能达到就业和经济增长的两全其美，也就是凯恩斯的"全能政府论"。城市基础设施全盘国有化也由此开始，政府逐步收购私人手里的资产，城市所有的基础设施几乎全部以国有的名义投资，再加上以美国为代表的一些国家，通过大量地建设基础设施来刺激内需，此时西方国家基础设施的国有化达到了极点。在随后的几十年间，不仅仅是社会主义搞经济国有化，资本主义的经济国有化也是空前绝后的，如那时法国经济的国有化程度达85%，英国达到75%，比我国现在的水平还要高，基础设施领域的国有化就更不用说了。一直到了20世纪60年代，许多经济学家重新认识到，30多年来国有化的扩张，带来了经济效益的下滑、管理机构的膨胀和政府运行效益的日益低下。一些经济学家经过反思，得出"全能政府论"是非常荒谬的。最有代表性的人物是奥地利经济学家哈耶克，他与凯恩斯就政府和市场在经济发展过程中的作为这一问题持续论战了40年。但在那个国有论和政府调控论占上风的年代，凯恩斯有广大的拥护者，还有政府作为后台，所以每一次论战均以哈耶克的失败而告终。到了20世纪70年代，随着西方经济全面陷入"滞胀"而难以自拔，大家才逐步认识到政府调控市场实在是乏力，难以为继了，"全能政府论"已捉襟见肘。哈耶克是新一代的自由主义代表人，他和美国经济学家布坎南、弗里德曼等人认为，政府不能做市场有能力做的事情，只能做市场做不了、做起来不合算的事。1974年，前后经过40年的论战且屡战屡败的哈耶克，以其新古典自由主义的经济理论而获得诺贝尔经济学奖。他推崇的是政府失效论，认为政府往往是低效率的代名词。有的领域之所以采取国有的方式，实行政府调控，这是迫不得已的事情，应尽量避免采取这样的方式。英国的撒切尔、美国的里根全盘接受了哈耶克等经济学家的理论，从20世纪70年代开始把大量的国有企业转为民营或私有。这种放松政府管制的浪潮确实挽救了英国这一老牌资本主义国家，也使得美国持续12年保持经济快速增长。因为通过这样的改革，把大批不该由政府背的包袱都卸掉了，大批不合理的开支减少了。不到10年时间，美国因此项改革获得了400亿美元的巨大收益❶。

二是西方国家经历了长时间的国有与私有的反复，为什么市政公用行业还有那么多国有企业呢？这是因为不少西方国家尤其是欧洲一些老牌的资本主义国家，走的是一条高福利、高税收之路。在西欧一些国家，小孩从出生一直到大学毕业的所有费用均由国家承担。在德国，一直读到博士的费用也由国家支付。这些国家的失业或待业者，光靠政府补贴就可以维持较好的生活。在这种高福利政策下，人们工作的积极性大受影响，这些国家由此也陷入了高福利的陷阱，导致社会运行成本很高、经济发展缓慢。我国一方面要强调社会公平，切实保护贫困者的权益，防止收入悬殊的进一步扩大化。另一方面也要避免这种高福利的陷阱。但西方国家避免不了，因为要想在那些国家成为政府首脑，每一位政客、每一届执政党上台，都曾向选民许诺增加福利，哪一任也不敢减少，减少福利就意味马上下台，只得硬撑着。高福利的政策必然带来高税收，结果使得有钱的人都把钱存到免税和低税的国家或别的地区去了，造成国内资本的大量外流。

---

❶ 参见：Visusi, W. Kip, John M. Vernon and Joseph E. Harrington. Economics of Regulation and Antctrust. Lexington. Mass; D. C. Heath, 1992; Clifford Winston: "Economic Deregulation: Days of Reckoning for Microeconomics". Journal of Economic Literature, 31(3)1263-1289.

西方国家以国有为主的城市基础设施建设，基本上是高福利政策的一种延伸和补充，这是我国绝对不能学的，也是学不起的，作为初级阶段的社会主义国家承受不起这个代价。中央领导同志有一次在中央党校作报告时讲到，什么叫社会主义？在生产力意义方面，就是宏观的经济效益要超过资本主义，微观的经济效益也要超过资本主义。只有这样，社会主义才能打败资本主义，才能取代资本主义。我国如果陷入了高福利的陷阱，什么都是国有的，什么都是低效率的，宏观和微观的效益都比人家低，那只能被人家所打败。

三是有的同志还认为城市基础设施的市场化改革非常困难，因为这些都是政府应该提供的公共品，难以进行市场化。这种观点是非常错误的。世界银行根据公众的消费特点、收费的权利、设施服务公平性、市场的竞争能力以及环境外部性这五项指标，对所有的城市公用设施进行分级，市场化程度最高的定为3，最低的定为1。市场化程度在1.8以上的领域，都可以采用市场化的方式运作。城市的垃圾收集市场化程度最高，为2.8，污水分散处理为2.4，污水集中处理2.0，公共汽车是2.2，除了城市道路是1.2外，绝大多数公用设施都在1.8以上，都可以用市场化来推进改革❶。

总之，当务之急是要充分看到当前遇到的问题的紧迫性，认清北欧等资本主义国家高福利陷阱所带来的危害，进而从西方国家改革的一些历史和所犯的错误中吸取教训。同时也要看到我国当前城市基础设施领域可供市场化改革的余地还很大。

**（二）抓住机遇，启动改革**

任何一项改革都是从下而上，而不是从上而下的。美国著名社会学家奈斯比特认为：风尚从上而下，改革创新从下而上。从上而下的改革，那不是改革，而是推行。因为从上而下的"改革"，不需要群众的创造，不需要我们去总结群众的发明，也不要去动脑筋，只需照搬照套，按照上级的文件办就行了。加快市政公用行业市场化改革，是需要攻坚的改革，需要各地去创造、去探索。我国中央政府决定全面放开市政公用设施领域，为各地启动这方面的改革创造了有利条件。同时，某些市政公用行业市场化改革的先导模式可以借鉴：

（1）事业单位改为企业或者按照企业来授予经营自主权和收益约束权这是基础性的工作，可以单兵推进，也可以结合其他改革措施一并进行。

（2）把一统城市的国有垄断公司分拆为几家公司，模拟市场机制运作。如南京市把公交公司一分为三，原来的亏损企业现已成为赢利企业。市场机制的核

---

❶ 参见：世界银行发展报告.1994.北京：中国财政经济出版社，1994.世行在发展中国家的抽样调查表明，1980～1990年期间基础设施投资占GDP的比例为2%～8%，占固定资产投资的比例一般为20%。

心；一是竞争，以竞争来决定胜负；二是用自己的钱对自己负责。通过投资主体多元化，自己监督自己，对自己的决策负责。一旦引入竞争机制，企业有了替代性威胁，随时有别的公司可接替你的经营项目，这样就能产生管理和技术创新的动力。竞争是市场化的一大法宝。城市经营管理的实践也证明，由一家企业来一统大城市的某一经营项目，就会造成竞争活力的消退。

（3）推行管理合同。就是公司的资产通过合同的方式全权委托专业管理公司进行经营管理。这种模式在旅游服务业应用得较早，许多宾馆包括部队所属的宾馆也采用这种方式。如20年前上海有一家原来每年亏损800万元的宾馆，委托一家专业管理公司来经营管理，结果现在每年赢利600万元。合同制管理、品牌管理在旅游行业已取得非常明显的效益。用成熟的技术经验、标准化的管理模式、便利的测算标准，对新建污水、垃圾处理厂实行全程管理。如通过这一套测算标准对污水处理厂的运行成本进行测算，并与国际先进水平进行比较分析，就可以找出哪些方面的运行成本高了。给排水系统化是我国的创造，但往往带有行政性撮合的痕迹，后遗症较大，国外不太采用。污水处理厂往往是亏损的，而自来水厂是赢利的，把两者合在一起解决收费困难，实行给排水收费系统一体化则较为实用。

（4）创建可市场化项目，进一步扩大竞争的范围。例如冠名权、公交线路经营权的招标拍卖，公共绿地养护、街道清洁经营权的招投标等等。实践证明，这样做的效果都比较好，绿化养护、街道广场清洁养护费下降幅度一般都达到30%～40%。

（5）特许经营。现在，国际上的特许经营通常是采取BOT的方式，如温州东庄的垃圾发电厂就是按照BOT方式建设的，还比较成功。但大量的还是TOT的方式，就是将已经建成的自来水厂、污水处理厂通过经营权有偿转让给外商，经营期满后再收回。由于这种模式是由民营企业和外商直接租赁管理现成的项目，不需要承担建设期的风险和土地征用处理等棘手的问题，所以有较大的吸引力。

（6）公私合营股份制。对新建项目，首先成立独立企业或项目公司，在财政注入部分资本金的情况下着手项目筹建，然后在每个建设环节通过招投标，公开招商引资入股，不断扩充资本金，转换企业所有制性质，最后达到既以最少的投入、最快的速度建成项目，又能以最优的企业机制来经营项目。

（7）有些项目经过批准，投资者也可以永久性地拥有，也就是BOO模式❶，

---

❶ B. O. T—Built-Operate-Transfer，即建设—运营—转让模式

　T. O. T—Transfer-Operate-Transfer，即转让—运营—转让模式

　B. O. O—Built-Operate-Ownership，即建设—运营—拥有模式

使得投资者可从更长的期限来考虑回报问题，可使用户的负担进一步减轻。这也是国外流行的 PPP 混合模式❶之一，使得城市基础设施的公益性和市场性得到较完美的结合。

以上七种改革模式，第 6、7 两种模式最为彻底，第 1、2、3 三种模式未涉及产权制度变革，也无法引进资金和减少政府所承担的风险，所以往往在改革起步时采用。随着改革的深化，市政公用行业市场成熟程度的提高，就可以不失时机地选用第 4 项及其后面的改革方案。

推进市政公用行业的市场化改革，还需要确定几项原则。市政公用行业的市场化改革，必然涉及产权，这就要求：一是投资主体多元化，投资途径多样化。这不仅关系到能否增加投资的数量，更重要的是创造了现代法人治理结构的基础，而国有独资则没有这种机制的土壤。二是收费改革一定要到位。这是市场化改革的一个前提条件。根据"保本微利"原则确定的收费措施不到位，改革就难以启动。现在，这方面的大多数政策都放开了，而且地方政府所拥有的权力很大，只要地方政府同意，收费不应成为问题，更何况在我国污水未治理就可以先收费。这在许多发展中国家也没这样做，但目前城市垃圾收费体系尚未建立，尚缺市场化融资的保证。三是要全面削减行业进入成本。市政公用行业是一个新兴行业，资金较为缺乏，原来只有一条国有财政的投资途径。而现在本行业之外的社会资金较为充裕。为吸引外部资金进入市政公用设施领域，建设部出台的文件取消了企业资质的要求，削减了跨行业、跨地区、跨所有制性质进入的门槛，谁都可以去投资，人人都可以参与市政公用设施建设，市场全放开了。四是提供优惠。为推进市政公用行业的市场化改革，地方政府应在用电、用水、用地和税收等方面提供优惠。五是对市场化改革搞得好的单位给予一定奖励性的财力支持。

当前，推进市政公用行业市场化改革可能遇到的问题和疑虑，我认为有以下几个方面值得认真去消除。

第一，改革政策的稳定性与连续性问题。一些地方政府的信誉度不高，这是个亟待解决的问题。政策说变就变，一任书记、市长一个政策，这是非常忌讳的，也是当前引发市场化成本过高的原因。外来投资者一进入某城市投资建设，往往先与政府领导拉关系，套近乎，就是这个道理。现在，有意投资建设污水、垃圾处理项目的公司，不论是国内的还是国外的，往往有一定的权力背景，许多资金雄厚但没有"背景"的企业则往往裹足不前，他们就怕地方政府的政策不稳定而造成投资门槛过高。地方政府如果讲信誉、遵法治，这些问题就可迎刃而解。

---

❶ 所谓 PPP 混合模式：即 Public Private Partnership，私营企业和政府的合作关系呈法律和合同框架下的伙伴关系，共同进行城市基础设施的建设和运营，并确保各自的利益。

第二，项目建设中的风险问题。以政府财政投资的重大项目，我们很喜欢成立指挥部来协调工程建设，而且还非常有效。就是用上级权力来制约地方上的一些权力，用县的权力制约乡的权力，用乡的权力制约村的权力的一种办法，从而降低工程建设成本。不然，由外来投资者直接与农民打交道，进行征地拆迁，往往会被敲竹杠，导致建设成本的上升。这也是我国流行的 BOT 变种 TOT 模式。在市政公用行业的建设运营管理上，我国确实还没有一整套规范的东西。

第三，项目投产后的经营风险。投产后最大的经营风险就是欠费，尤其是国有大企业的欠费，是风险中的风险。如何把这些风险降低到最低的程度，是当前应注意解决的问题。在以往的招商引资中，有的地方政府为了引进国外企业的资金，盲目地进行攀比，承诺给外商以保底利润，结果贻害无穷。当时的借款年利率达到 15%，而现在的银行同期利率不到 2%，至今仍以合同承诺付息，按 15%来计算就不得了❶。此外，外商既然有了保底利润，就必然不会在经营机制、技术更新和运行效率上动脑子、花功夫，所以也就达不到应有的改革目的。改革的目的，是为了引进竞争机制，提高运行效率和治污水平。而给外商以固定的回报率保底，实际上是消灭了竞争机制，那些应有的节约成本的措施也不起作用了，最终的结果只能是花了很高的代价借了一笔资金，然后以百分之十几的回报率偿还给外商，没过几年外商本利全收。这样的建设成本，比从国内银行贷款高多了。采用 BOT 方式融资一般不能搞固定回报率。在市场机制尚不健全、风险较大的西部城市，可采用与人民币利率挂钩的浮动回报率。因此，搞特许经营，必须按照国际通用的规则去做。在运作的过程中，政府和企业的责任必须要有明确的界定。政府不能统包企业所有的经营风险，但是政府应该承担和减少其应有的政策性变动和信誉性风险。

当前改革疑虑比较大的就是率先要启动的事业单位改企业。实际上，事业单位改企业不是很难，有两个模式可以参照：一是国有企业改制。那么多国有工业企业都实行了改制。二是科技事业单位全面改为企业。最后剩下来的就是市政公用行业这一块。按照以上两大行业改制的经验，在改革过程中，只要把老职工尤其是科技人员的医疗保险、养老保险妥善处理好了，其他问题就比较容易解决。

（三）规范程序，强化监督

在改革开放初期，就曾遇到这样的问题：银行所属的饭店是由银行的职工来经营，煤矿所属的饭店由煤矿企业职工来经营。后来，饭店放开经营了，国际专业管理公司进入中国，对许多饭店实施承包经营，如总参投资的王府饭店，就由

---

❶ 大扬水厂、沈阳第九水厂和成都第六水厂等单位在 1995～1996 年引进英国泰晤士水务公司、香港汇津公司、法国威立雅水务（原法国通用水务）—日本丸红联合体等企业专营 BOT 项目，上述地方政府承诺固定回报率都在 12%～15%，造成企业经营困难。

马来西亚的一家公司经营管理，当时还是1989年的时候。由国际专业管理公司来经营管理的饭店，才会使客源纳入国际大循环，其经营效益和管理水平才会上一个台阶。市政公用行业的市场化改革也需要走这样的路子。

首先，扩大信息公开化程度，降低市场交易的成本。要打破地区之间、行业之间的封锁和行业资质壁垒，谁都可以进入市政公用设施领域。比如某投资者有资金实力，而不懂污水、垃圾处理，但他一旦进入这个行业，一些人才就会很自然地聚集到他那里，肯定会招聘一批有技术的、懂业务的人员，进行合理的人力资源配置。国家部委有关行业协会将及时组织专家对污水和垃圾处理的新技术、新装备进行技术和经济适用性鉴定评估和认定，并适时进行信息发布。定期召开全国性的城市基础设施建设项目交易会，进一步降低市场交易成本，促使更多的企业进入这一行业。

其次，公开招标，充分扩大市场的范围。只有通过公开招标，才能优胜劣汰，选择真正有实力懂技术善经营的投资者。早在17世纪，英国人发明了公开招标这一种办法，并应用于市政公用行业的市场化改革。到19世纪70年代，法国普遍采用了这种办法，用公开招标的方式获取市政公用行业的特许经营权。但公开招标的方式也存在一些问题，最大的问题是竞投者相互串标，除了横向串标以外，还有纵向串标即竞投者与发标者相互勾结。在市政公用行业的市场化改革试点中，这样的问题已经出现了，在少数城市已成为非常严重的腐败问题，也窒息了市场化改革的力度。如某城市的污水处理由一外商垄断，在资产评估和成本测算过程中，外商对政府部门的技术主管进行贿赂，并承诺为其提供高级职务与高年薪，其结果当然是国有资产的大量流失和污水治理成本的高估。尽管公开招标存在这样那样的问题，但对于降低门槛，扩大引资范围是非常有效的，必须坚定不移推行这项工作。

第三，培养合格的市场中介机构。许多社会公益事业由中介机构去操作或由政府去操作，风险是不一样的。如由中介机构来操作项目的招投标，它有一整套的约束自己行为的办法。中介机构对市场比较了解，与市场经济近，而政府在这方面却是陌生的。世行、亚行在投资建设污水处理项目时，所采取一整套办法就是由中介组织来组织实施的。我国市政公用事业走市场化之路，市场化程度的高低，也就是市场发育的程度如何，取决于地方政府对它的培育。市场发育程度越高，就意味着相关的规则越透明，从中舞弊的可能性就越小。市场主体的成熟程度越高，运行成本越低，市场化改革所产生的效果就越好，对公用设施投资力度就更大，运行效益就更高。

政府在推进市场化进程的初期介入，目的就是为了今后的退出。在这一过程中，要设立这样几个目标：一是鼓励越来越多的企业参与城市基础设施的投资、经营与管理。二是保证城市基础设施长期稳定的经营。尤其是政策必须要稳定。

三是实现经济效益与社会效益的统一。四是以较低的运行成本运营，减轻老百姓的负担。对此要做一些调研，对不同城市、不同等级的污水处理厂每吨污水的处理费用，应该有一个基本的评价指标。五是地方政府尽可能减少事后干预。在特许经营过程中，要尽可能地把能预料到的纠纷处理在事前，如果是事后处理，事项过多就会导致政府公信力下降。

第四，规范合同，强化监督。就是为了最大限度地减少权责不清，防止二次污染，减少政府事后不必要的干预。这里有一个如何规范的问题。如从业者通过公开拍卖的方式取得了出租车经营权，而有的地方政府却出台一个政策，规定若从业者违规13次，就取消其经营权。而实际上，出租车经营权是个人财产权，是受法律保护的，除非发生与财产直接有关系的恶意犯罪，私人财产与人身安全一样，任何人不得剥夺和侵犯。有的地方却认为这样的财产像吃大锅饭时期的国有资产那样，是可以随意调度的。对此，应建立一套较规范的合同管理规定。如重大事情应有报告制度，像公司的发展规划、财务人事变动等，被授予特许经营权的公司应该主动报告。政府要有专门的监督机构或委托社会中介组织代理服务，对公司的产品包括污水出水水质、垃圾渗滤液和沼气处理程度、运行质量有全面检查的权力。对一些不可抗拒的因素，如国家重大的政策变动所引发的责任问题，都应作出明确的界定。这样的合同就较为完备。

总之，启动与深化市政公用行业市场化改革，无论对保证我国城镇化的健康发展，实现城市可持续发展，还是改善人居环境都是必由之路。但此项改革除了需要解放思想之外，还必须在以下几个方面做持之以恒的努力：①明确和稳定的政策和法律；②有改革的决心和守信用的城市政府；③公开可行的风险和利益分享机制；④公正、透明的招投标程序和项目决策制度；⑤符合市场运作规律的价格决定机制；⑥有效、独立的监管机构和市场中介组织。事实证明，市政公用行业的市场化改革的实质是城市政府的自我革命，也是城市政府转变职能、提高工作效率和改善服务的关键环节。另一方面，只有政府职能的转变，才能为市政公用行业市场化改革的深化提供条件。这两者是相互促进的互动关系。

## 二、市政公用事业改革的理论简要

市政公用事业中供水、污水处理、供气、供热、公交等行业总体上具有自然垄断的性质。理论上说，如果政府不对这些行业实施有效监管，其均衡的产品（服务）供给量会小于社会最优水平，均衡价格高于平均水平，并获得超额经济利润从而损害公众的利益。正因为这一认识，对该领域改革和监管的理论研究国外起步较早，取得的成果繁多。本节从该项改革的理论与实践的一般性出发，分六个方面进行综述，然后分别分析我国这方面实践的特殊性问题。

### (一) 市政公用事业可竞争性的市场理论与实践

理论和实践已经证明，在传统的市政公用事业引入竞争机制，部分或者全部的市场化取向式的改革都能够产生明显的效益。即使是进入与退出受到严格限制的自然垄断性行业,也能通过改革产生竞争性的市场效应。它一方面能够节约政府的行政成本,提高政府的服务能力、质量和效益;另一方面,也能够改善市政公共服务产品的质量、态度、效益,增加服务的品种,甚至进一步可以改善生态环境。

据温斯顿(Winston,1993)的估算❶,在美国,通过市政公用事业改革获得的福利是巨大的。通过进入和退出限制的消除及定价的放宽,一年的总福利增加350~460亿美元(1990年价),其中消费者因低价和更优质的服务得到的收益是320~430亿美元,生产者因提高效率和降低成本获得了30亿美元的收益。若排除现仍存在的市场扭曲,每年还可获得200亿美元的收益。这其中还不包括改革对推动技术和管理创新的积极影响。这种创新可以使各产业运行成本降低25%~30%。日本学者通过研究也得出了日本自然垄断行业进行改革后的成果:一是收费降低,消费者受益;二是服务水平和服务质量有了明显改善;三是经营合理化,效率有所提高;四是对经济增长作出了贡献❷。另从英国和一些先行的发展中国家的此项改革评估中,也可以看出效能明显提高的结果。❸

我国在这方面现存的问题是在引入市场机制、促进公平竞争的过程中,市场竞争的主体还不是很成熟,支撑体系尚不健全。所以说,在我国市政公用事业可竞争性的市场理论研究与实践进程中,要同步建立市场制度、企业的产权制度、政府的监管制度,这是一系列巨大的挑战。目前,这方面的前沿研究成果无一例外都与这三方面有关。例如,在我国城市层次的此项改革,应将市政公用事业区分为自然垄断业务领域和竞争性业务领域,前者应先维持国有企业掌控的局面,然后逐步采用特许经营引入竞争机制;后者可直接进行市场化改革,甚至采取政府监管下的更彻底的民营化政策。但在现实的改革进程中,各地出现了谁代表国有资产管理方进行具体的运作和日后的资产监管的问题。撇开行政部门权力之争的旧框框,从改革有效性往往取决于信息对称程度的角度来看,无疑让原有的城建部门独立组建市政公用事业国有资产经营公司来直接行使资产监管最为有效。这一方面可以盘活市政公用事业的存量资产,有利于增加城市基础设施的投入,也有利于原有的市政企业"脱壳"转变为资产经营公司,这样就可以减少改革阻力。此外,也可将此类经营管理的绩效评估、监管统一起来,使市政公用事业的竞争部分与垄断部分相衔接。

---

❶ 显然,此处的公用事业不仅包括一般的市政公用事业,而且还包括了铁路、航空、通信与电力等行业。

❷ 参见:Baily, E E, and Baumol, W. J. Deregulation and the Theory of Contestable Market, Yale Journal on Regulation; 1984。

❸ 参见:王俊豪. 英国政府管制体制改革研究. 上海:三联书店,1998;仇保兴. 市政公用事业的改革与监管. 城乡建设,2006.3。

## (二) 政府监管与规制过程中被俘获的理论与实践

经济学界普遍认为，政府对市政公用事业的监管，是为抑制市场失灵和维护公众利益，因为该行业存在公共品、外部性、自然垄断、不完全竞争性、不确定性、信息不对称等市场失灵的现实因素。为纠正市场失灵，维护公众利益，政府必须要从价格、市场准入与退出、产品(服务)质量和经营风险等方面进行监管。但在市政公用事业改革进程中，无疑会涉及政府监管与规制的设计和实施过程中受到俘获或者建立利益同盟的巨大风险。对这一领域的研究和实践已取得了很大的进展。在国际先行国家的经验教训和我国的初步实践中都可以发现这样一些事实：在整体的经济或者法治制度尚未健全的时期，规制者与被规制者往往会结成同盟，或制定规划及政策的机构和人员往往被企业或某些利益集团所俘获。在此时期，作为规制者的政府代表极易被收买，而且在实际的改革过程中成了被规制者的代言人，结果造成国有资产的流失和公众利益的损害。这就是为什么几乎所有进入市政公用行业的跨国大公司或民营企业都建立了公关部门，并选配了优秀人才来进行高效运作。企业公关背后的真实企图是什么呢？实际上就是为了俘获作为监管者的地方政府、影响政府，然后力求与政府结成同盟，这已经成为一种惯例。从理论上看，要保证政府监管的有效性，至少要有规制规则的制定者、规制实施者、被规制对象和代表民众的规制效能评价者等四个相互独立而且成熟的主体。所以，从西方国家市政公用事业改革的实践来看，在改革过程中，必须要健全公众和舆论监管程序、公开进行招投标择优选用合作者、推行标准化特许经营合同范本。要建立相应的法规，尽可能防止此类妨碍公平竞争的俘获和结盟的行为。这些都是先行国家成功的经验和教训。

我国的实际情况是，一方面是市政公用事业改革供需双方的信息不对称的情况严重存在，政府往往是处在公用品技术创新、成本影响、质量控制等方面的信息劣势地位，消费者的权益更易受到剥夺，再加上监管的法规和体系不健全。在这样的情况下，监管者受俘获的机会和与被监管者结成利益同盟的机会比其他国家要高。因此，在公用事业改革领域建立商业贿赂预防机制尤其重要。另一方面，我国现有的较有实力的市场主体都或多或少带有官方的色彩。例如，某个境外的煤气公司选择的代理者是退休的原国家机关有影响力的重要领导，在谈判中表现出来的是明显的中央政府退休官员的影响力，其他类似的情况还有很多。此外，我国市政公用事业管制方面不可避免地存在政出多门、职责交叉的现象，各个政府部门相互博弈的现象也给了被管制者"各个击破"的机会，其可能的后果就是行政官员执法的行为也由此而偏离了捍卫公共利益的目标。因此，带有某种官方色彩的利益集团影响力的蔓延，实际上会导致市政公用事业市场"游戏规则"的扭曲。如果这种趋势得不到有效制衡的话，市政公用事业改革的方向、标准、目标和效果都会发生畸变，也有可能导致改革流产。

### (三) 市场规制的均衡理论与实践

这方面理论研究现在已经很丰富，而且比较成熟。假如，社会法治较完善或是在规制实施环境、条件很完备的情况下，任何一个地方政府、中央政府出台的政策，或特许经营合同，往往都是规制者、被规制者和消费者三方相互博弈，产生均衡的结果，从而使市政公用事业改革达到经济、社会和生产三效益的统一。对市政公用事业改革来说，理想的状况是在较完善的法治构架下进行改革，并实行立法、改革实施和监管三分立、相制约。其中监管机构的设立要遵循三原则：一是相对独立性，超脱于一般地方行政部门，不受行业领导变动和个人观点的影响；二是职责专业性，监管者必须是精通本行业业务的专家，并富有实际的监管能力和长期工作的稳定性；三是监管内容综合性。监管机构应拥有市场准入、价格、服务质量、标准等方面的监管权力，从而有效地进行综合监管。这也是保证监管独立性的重要内容，也是提高行政效能的前提。

但是，在目前我国完善的法治结构和公民社会还未建立，消费者捍卫自身利益的声音还非常微弱的情况下，实际上，对市政公用事业国有资产收益的监管，每项生态、社会效益的捍卫能力也往往是很薄弱的。因此，当前需要各级市政管理部门作为行业主管来介入市场，以全体市民代言人的身份监督改革的进程，确保公平竞争和消费者的利益。这对作为缺乏成熟中介机构的发展中国家来讲是司空见惯的。这也解释了为什么当前我国相当多的城市污水管网相对于处理厂容量出现了严重的建设滞后，呈现出厂网不配套、处理能力放空等问题。当然，这里面有政策目标的问题，也有该行业投资体制和规制政策设计管理缺陷的问题。

此外，我国公用事业投资体制正处于政府全包式的计划经济向市场经济过渡时期，原材料、能源、水资源等价格的市场形成机制尚未成熟，公用事业产品（服务）的真实成本正在形成过程中。所以，我国市政公用事业改革正呈现"边提价、边市场化"的"中国特色"。这与从未接受过计划经济洗礼的西方国家是完全不同的，后者的"民营化改革"往往能直接降低公用品供给价格而受到消费者的欢迎。所以，我国的此类改革要取得民众的理解支持尤为重要。另外，我国市政公用事业改革过程中，国有资本与外资、民营资本之间的转换速率、资本构成模式与数量的均衡都是值得研究的问题，以防改革进程和结果的失控，以及应对突发事件的能力被过度削弱。❶

---

❶ 计划经济年代形成的市政公用事业，虽然存在效率不高、创新动力不足、人浮于事等弊端，但其"动员式"的行动能力是十分突出的。这可以从我国"SARS"爆发期间，医院中"市场化"的物业公司几乎全部"消亡"，由国营市政环卫队伍取而代之，以及全国范围的国营公共交通公司职工全体坚守岗位保证交通运行的突出事例来证明。这说明，我国市政公用事业的改革决不能简单地模仿一般竞争性行业的国营工商企业改革而进行所谓的"国退民进、一卖了之"。

### (四) 激励型规制理论的设计

激励型规制机制的建立，其实也就是为了能以最小的行政成本来达到最好的规制效应。这方面的研究在国外至少已有 20 年的时间，我国于近几年才开始。运用这套理论成果，可以用市场价格、社会和生态目标诱导、引导、利益共享、风险共担的机制来取代或辅助行政管理，大大降低规制者、被规制者、相关利益者和消费者四方信息的不对称性和行政规制的成本，达到投资者、消费者和相关利益者都满意的结果❶。

从我国的实践来看，在规制的基础性标准、基础性的手段、基础性的单位（谁监管）都未明确的情况下，再加上地方政府改革目标的多元化和短期化，所以目标导向的激励型规制的建立就显得十分重要。但是，在我国由于成熟的民营资本和外资企业进入的某些公用事业领域一度长期受到限制，政府尚未积累起赖以监管该行业绩效的有效参照信息，从而为这些行业的现有企业提供了软预算约束的便利，妨碍了激励型规制的建立。所以，当务之急是要分区域合理评估各种市政公用事业的实际业绩和尽快积累数据，并制定出优化这类业绩的分阶段目标以及进行业绩评估的标准化、规范化的办法，逐步引导基层政府完善激励型规制办法，尽快提高我国市政公用事业的运行效能。

### (五) 网络经济效应与规模经济效应

一般来说，可将市政公用事业经济效应区分为两种：一种是网络经济效应，一种是规模经济效应。以前传统的研究往往只注重规模经济效应而忽视了网络经济效应。网络经济效应是近 15 年研究的一个热点，像网络经济中的梅卡斯定律 (Metcalfe Law) 就十分有用。这一定律显示：任何一个网络，它的参与者、接入者或者说节点越多，它的效益就越好，网络的效能几乎与节点数的平方成正比。这就明显区别于规模效应。也就是说，对一个水厂或电厂来讲，它主要是规模经济效应。但是对于公共网络或某项公用事业整体而言，它遵循的是梅卡斯定律更甚于规模效应。这样一来，我们就可以得出：在网络经济和自然垄断性质很强的市政公用服务网络部分，应实行政府规制下的自然垄断；而在虽然存在规模经济和范围经济，但网络经济和自然垄断性质较弱的运营部分，应实行竞争。所以，为什么市政公用事业改革一般在结构上需采取纵向分离或水平分离的两种方式。纵向分离也就是把厂网分离；就水平分离来说，是各个区单独建立核算单位，开展相互之间的公平竞争并用标杆竞争来进行分区管制。

我国是发展中国家，正处于快速城市化阶段。长期以来，在资产定价评估中一般采取资产重置法，这意味着资产转让过程中溢价很少。当前阶段，梅卡斯定理在网络型公用设施效益形成中发挥着很大的作用，不仅规模经济明显，而且网

---

❶ 参见：仇保兴. 西方市政公用行业管制模式演变历程及启示. 城市发展研究，2004.2。

络经济的效用也日益增长，预期的收益在改革中得到体现。如上海某水厂，按资产重置法来评估，价值为3亿，可是其出让价格可溢价到7亿。为什么？它实际上是把预期的网络和规模带来的效益包括进来了。这类溢价不是简单地把成本转嫁到消费者身上，而是快速发展的城市和网络型公用设施所带来的预期效益体现。

尤其值得注意的是，我国尚未建立足够的市政基础设施网络体系为城市和乡镇（城市郊区）提供服务，所以，市政网络的扩张和"延伸服务"是我国"城市反哺农村"的重要发展策略。目前，江苏、浙江、广东、山东等地城市供水、污水处理、公交、供气向村镇延伸服务的试点已经取得明显的社会和生态效益。事实上，许多大城市周边的村镇农民愿意以市场价来享受城市高质量的公用事业服务，但由于网络覆盖不足，他们最终得不到服务。从这个意义上讲，在我国快速城镇化的进程中，政府管制应将更多的精力放在如何为市政公用事业网络延伸投资的激励上，而不应该以死板的价格管制来扭曲市场机制的功能而妨碍延伸服务的积极性。

**（六）特许经营合同契约理论和实践**

因为特许经营合同是一种预测出问题并根据预测预先设计解决方案的总和，也就是把将来有可能出现的各种各样的风险和问题都进行了预先的评估和解决方案设定，然后预先进行权益、风险与责任的分配。一方面，特许经营合同作为排他经营和有限竞争期限的授予，能将竞争机制从"空间"因素转变为"时间"因素，引入被替代淘汰的压力，从而能增强公用事业运营的效率，降低投资者的风险，以吸引更多的企业参与市政公用事业的共建、改造、拓展、管理和维护，同时帮助运营者实现服务拓展、质量改进、平衡资费等目标。这样一来，理论上认为特许经营合同完全可以做到比较完美。但是，另一方面，预测的办法也就是所采用模型结构不可能尽善尽美。模型从本质上说只是实际情况的简化。

我国作为快速城镇化、机动化、工业化、信息化、市场化和法治化同步推进的国家，在当前发展过程中，客观上有许多不确定的因素难以预测把握，更不用说明晰的应对之道了。例如，我国原有的国有企业职工的利益往往在改革过程中被忽视，从而使某些城市公用事业改革进程显现滞后或失控的局面。在改革方案设计和实施过程中应保证原国有企业职工的"三权"，即知情权、参与咨询权、监督权，也就是让渡改革的决策权。但因为市政公用事业往往是自然垄断性质的，不应该像一般的国有商业企业那样将改革的决策权完全交给企业职工。此外，政府作为监管者也是"游戏"的操控者，它与消费者、经营者和投资者三方应该是平等的。而政府往往同时是"游戏规则"的制定者和参与者，既是变革者、建设者和监管方，又可能是特许经营合同条款的破坏者。这里关键的问题，就是要尽快坚定地推行法治化，制约政府权力的滥用，也制约政府意愿和行为的多变，这对于改革的成效具有决定性的影响。市政公用事业改革的国际统一名称为PPP(Private-Public-Partnership)，指的就是企业、公众、政府三者应该是平等的。此外,中国的消费者应该有强有力的声音来对此项改革的进程进行反馈,并在社会、生态效率公开的前提下,对改革的效果进行评价,因为消费者的长远利益是任何改革是否成功的最终仲裁者。

以上六个方面的问题,理论创新已取得重大进展,实践方面在国外也取得了丰硕的成果,但是在我国,由于市政公用事业的改革同步伴随着法治化、市场化、城镇化、价格机制理顺等多方面的因素,需要我们特别注意市政公用事业改革的复杂性、渐进性、系统性、影响的广泛性和民众的承受能力,在广泛地吸取先行国家的经验和教训的前提下,尽量注意我国不同地区的特殊性,及时归纳和提炼地方的创新经验和教训,谨慎采取对策,确保此项改革的健康发展。

### 三、我国市政公用事业改革的若干问题与对策

必须承认,我国市政公用事业改革尚有一些不足之处。首先是精通市政公用事业改革的专业人才严重不足。建设部曾经直管很多高等院校、行业研究机构,但是没有专门培养这方面的人才。其次是此项改革的理论研究和国外经验借鉴严重不足,有时只能临时抱佛脚。最后是市政公用事业法治化的制度建设和立法基础薄弱。正是这些"先天不足",各地在改革过程中出现了不少问题。本节正是基于总结各地基层的工作经验并借鉴国外教训,讨论我国市政公用事业改革存在的几个方面的主要问题和需要采取的对策。

#### (一)对改革的形势要有正确的判断

一是要摸清家底。首先要正确判断目前我国市政公用事业发展是快了还是慢了。只有这样,市政公用事业改革才能有针对性地解决一些现实问题。在快速城市化的发展阶段,所有国家的市政公用设施发展一般是滞后于城市化发展进程的。从西方发达国家的经验来看,即使是掠夺了全球的资源来推进城市化,但其市政公用设施的发展也曾在很长的一段时间内落后于城市化发展进程,以至于一度出现了传染病流行、环境污染严重、水土流失加剧、物种消失和生态环境遭受破坏等问题,直至发展阶段越过了库兹涅茨曲线的顶点后,情况才有所好转,但先污染后治理的代价巨大。在城市化快速发展的过程中,市政公用设施一般不可能超越城市化进程。城市规划学中有一定律——门槛定律,指的是城市人口是逐步增加的,但是城市市政公用设施的增加必须是一片一片地增加,不可能是城市人口每增加 1 人,市政管道长度就增加 1cm,必须是一大片、成系统地建设。这就有一个适度超前投入的问题。这个基本判断是我们需要把握的。

二是要从市政公用事业各行业分类来统计数据判断其实际的运行能力状况。第一是污水处理能力不足。例如,据统计,我国城市污水处理率为 50%,实际处理率也就是 30%左右,而真正实现管网分离的比率只有 5%左右。在雨季,许多城市因雨污未分流,污水处理厂进水口的 COD 含量仅 100mg/L 甚至更低,根本不能

发挥一般污水处理池削减 COD 和其他污染物的功能，白白浪费了能源与财政资金。更为严重的是，2 万多个建制镇和 4 万多个集镇基本上没有污水处理设施。第二是公共交通能力不足。不用说与发达国家比，就是与发展中国家如巴西（60％）比，我国也存在较大的差距。第三是城市绿化面积不足。第四是垃圾处理能力明显滞后于城镇发展。目前城市垃圾无害化处理率还不到 20％。除了市政公用设施的数量不足外，还表现为市政公用产品供给的质量不足。如供水，自来水质量检测标准过低与管网漏失率过高等问题普遍存在。另外，还有供气、供热方面，不仅数量不足，而且供热质量和计量服务水平也不高。

**（二）要进一步明确改革的目的**

（1）改革要实现经济效益、社会效益和生态效益共赢，三者并重，要有利于构建资源节约型、环境友好型社会。因为城市市政公用设施本身也消耗大量资源和能源，本身也需要提高效率，更重要的是这些设施是缓解消减城市环境污染、克服负外部性的主要手段。市政公用设施的改革在以上两方面都能提高效率。这也是判断我国推进市政公用事业改革成效的一个很重要的方面。

（2）要持续地改善城市人居环境和城市防灾能力。城市化实际上是人口由乡村向城市集聚的过程，城镇人口密度和相互之间的交往频度比以往大大提高。为了改善居住环境和提高自身的防灾能力，以至于 100 多年前人们就提出了田园城市的规划发展目标，并奠定了现代城市规划学科和法规的基础。

（3）要有利于提高政府的行政效率。市政公用事业单位不论其所有制性质如何，都具有代理政府职能的功能，必须通过改革和监管体系的强化，持续地提高效能，增强政府部门处理负外部性和提供公共品的效率。

（4）要有利于维护社会公平，保障公共利益。要学习借鉴前期体制改革、教育和医疗改革的经验教训。在改革的目标设立和操作过程中，要防止对社会弱势群体利益的侵害。我国市政公用事业改革的进度，实际上落后于通信、电力行业的改革，北方地区的供热体制改革被称为"计划经济大锅饭最后一个堡垒"。此项改革不仅要注重与整体改革的进度相衔接，而且在改革目的方面，应有利于维护社会公平，保障公共利益，体现民族的长远利益。

由此可见，改革只是构建资源节约型、环境友好型社会和落实科学发展观的手段，改革的目的一定不能偏离这一时代主题。

**（三）改革的形式要进一步多样化与规范**

改革的形式，从理论上讲有三十几种，特许经营只是其中一种。在具体的实践中，有以政府为主导的，有以企业为主导的，有以民营为主的，这些形式适用于不同的市场化阶段和生产力水平。要解决哪方面的问题，就应该根据市情选择符合需要的相应的改革形式。这是各地面临最大的问题，几乎没有人能够全部搞清楚，也很少有人真正愿意坐冷板凳做深入细致的研究。市政公用事业改革的任务是交给我们建设系统了,但是真正能够研究这个问题的行家和可借鉴的案例却较为短缺。

改革模式的多样性与"可竞争性市场"理论(Contestable Market Theory)有关。该理论是美国经济学家鲍莫尔(Baumol)等人提出来的,其基本要点是:对于大多数市政公用行业,如果新企业进入的威胁很强,即使一家厂商控制了某个城市的某项公用市政服务市场,但潜在进入的压力照样可以使垄断者像竞争性企业一样作出竞争反应,从而迫使该垄断企业制定"保本微利"的价格或者边际成本价格,并积极通过规模扩大和技术创新来提高效率。这种理论强调的是潜在进入(而不是现实进入)的作用,这就意味着各种能激发垄断者被取代的压力的改革方案都是有效率的,而且被取代的可能性越大,引入竞争机制的有效性就越好。在这个意义上,特许经营合同的办法比一次性绝对产权转让有着更好的"市场可竞争性",而且特许经营的时间越短、退出机制的设计越明确、竞标者越多、竞标的程序越公开,"垄断者"被取代的压力越大。由此可见,使实际经营者产生竞争压力(即潜在的竞争者可以取代垄断者)是我国市政公用事业改革的核心内容,改革的多种形式,只要具有这种"替代机制"就是"好"的改革方案,不必强求一致。

**(四)要进一步解决改革的难点与问题**

(1) 对改革的一般性理论问题与中国的特殊情况要有准确的把握。由于我国所处的社会和经济结构过渡期的特殊情况,如资产评估就有好多种方法,财政部门喜用资产重置法,腐败的城市政府喜欢暗箱操作。建设系统作为此项改革的主管部门,应持之以恒地强调用公开的招投标法来防止国有资产的流失。

(2) 对于特许经营合同的签订。谁能够代表政府签订特许经营合同,需要认真研究。现在,某些地方改革实践中的一些做法,有很多是错位的。另外,国有资产的日常监管,由谁来管、怎么管?香港特区这方面改革的经验教训,要求对企业的流动资金、投资进行监管,我国现在的城市国有资产管理系统能够做得到这一点吗?实际上,市政公用行业与国资部门之间存在着严重的信息不对称问题。与竞争性工商企业不同的是,一旦由不了解行业情况的国资部门来对国有市政企业进行"人、财、物"一体化管理,就会造成因信息不对称而产生严重的失管现象。

(3) 厂网分离的问题。经营性与非经营性的项目与环节,市政服务设施需要严格区分和分别研究。对不同的对象,改革方式和过程都应是不同的,厂、站可以由国内外优势企业来投资运营,但是网必须由政府严格管制,因为它包含有很重要的社会公平和生态效应等问题,需要一定的政策导向。

(4) 企业与事业的关系。我个人认为,事业单位不一定需要进行身份改变式的改革。保留事业单位性质的同时,进行企业化运作有什么不好的呢?类似于国外的特别法人机构,以事业单位的形式来独立运营,能发挥政府和市场两方面的优势。

(5) 资产投融资问题。要学会引导社会资本和国外资本为本地经济社会发展和构建资源节约、环境友好型社会所用。城市市政公用事业资产应该整体盘活，国有大中型城市公用事业单位应该整体脱壳改造。我国的此项改革要找到中央政府与地方政府共同的利益点，才能够更好地把改革推进下去。结合不好，只能是浪费财政资源，或造成严重摩擦使改革进程迟迟不能推进。

(6) 职工待遇等问题，必须认真研究，合理解决。这不仅关系到此项改革的顺利推进和改革、发展与稳定的关系问题，而且也涉及职工合法权益的保护。

**(五) 要解决好改革的动力与监管能力的均衡问题**

西方国家的政府对此项改革采取的战略措施基本上是放松管制，表现为通过对政府投资领域的重新界定，在自然垄断行业中寻求民间资本的介入，采取特许经营模式，降低成本，提高服务质量的过程。而我国的市政公用事业改革的过程，则是在原有"全能政府"、国有企业统领市政公用服务领域的基础上引入竞争机制，促进市场和价值规律发挥作用的同时，逐渐构建政府监管体制的过程。

市政公用事业改革的主导方向是引入市场机制，促进政府投资效能的提高。但市场机制不是万能的，其本身包含了许多市场失效的方面。市政公用事业的自然垄断特征和显著的外部性，都要求政府的监管要在改革的过程中同步强化。例如，英国在其城乡供水改革中设立了全国性的水质总监、指导机构和立法部门。与西方国家不同的是，我国长期以来采取"全能政府"和国有企业包干的办法，从未设立市政公用事业服务品质量和外部性的监管部门，历史上所有这些职能几乎全部由企业内部解决。随着这些企业的非国有化，其原有的监管职能已完全丧失了社会公信力和相互制衡监管的功能，必须及时进行重新构建。但监管机制的建设应与市政公用事业改革同步配套进行，决不能全面照抄西方的经验。这是因为西方国家从上到下形成立法、行政、司法"三权鼎立"、相互制衡的传统由来已久，实施放松管制之后，这方面的政府监管制度建设成本较低。但在我国，市政公用事业国有企业改革的阻力重重，如果全盘照抄西方监管体系，就有可能出现监管过度而抑制了此项改革的动力，应该采取积极而又渐进的方式来构建。

总之，可持续地推进我国市政公用事业改革，就必须正确分析快速城镇化的形势和涌现的诸多现实问题，应着眼于通过市政公用事业改革来解决发展中国家城市必不可少基础设施短缺的通病。同时，要进一步明确改革的目的，防止出现地方政府"甩包袱"式的改革，促进经济、社会、生态三方面效益的发挥。尊重各地创造的先进经验，但也要在改革程序和要求方面进行规范，防止国有资产流失。与此同时，还要进一步着眼于解决改革的难点与问题、动力与监管的均衡，保证此项改革的健康发展。

## 四、当前城市经营的若干误区与对策选择

城市经营(City Management)概念的先驱——城市推销(City Marketing)，西

方国家早在100多年前就已提出,而在我国还只是近几年的事。虽然许多城市政府都在积极探索与实践城市经营,但由于城市经营涉及的范围较广,目前还没有完整成熟的理论加以引导,也无现成标准和规范加以约束,所以目前各地城市经营的方针政策并不具一致性和系统性,各地对城市经营内涵的认识和理解不尽相同,在具体实践中所采取的策略也千差万别。在当前我国许多城市开展城市经营高潮迭起之时,呈现出从解决城市实际问题入手,着眼于纠正计划经济的弊端,多途径探索城市经营理论和实践的可喜局面,但也难免泥沙俱下。有效地开展城市经营,促进城市的可持续发展,必须正确地理解和把握城市经营的目标、维度、范围和主体,防止出现偏差。

本节力求从基层在城市经营过程中易发的五类误区的分析入手,揭示传统狭义式城市经营的局限性,进而提出应将城市经营的概念拓展到提升城市竞争力的范畴,并力求与城市规划调控协同。但是这样的概念拓展必须突破六个方面的限制,同时也给出了广义城市经营的若干策略。

### (一) 狭义城市经营易产生的五类误区

#### 1. 竭泽而渔式经营

现在,一些城市的领导片面追求任期内的虚假政绩,不惜在短期内将城市所有可以变现的资源尽量变卖,没有考虑可持续的城市经营方略,片面地追求即期的资源出让收益,其结果很可能会阻碍城市经济社会的可持续发展。有的城市一提到城市经营,就是批地卖地,把城市郊区的土地能卖的全都卖掉。如东北某城市,其郊区土地大部分已经被上市公司、外商或某些"有背景"的房地产开发公司所圈定,协议征用的土地总面积比建成区还大。该市已有2000多年的历史,也就是说经历了2000年发展历程才有目前的近百平方公里的建成区,而现在城郊已圈的这些地,就已经超过了前2000多年的发展用地。沿海不少城市2010年的用地指标,2001年就提前完成。这其中除用地计划指标的是否合理之外,更重要的是存在片面的"以地生财"的观念。实际上,每一项圈地活动都是对城市经营的反动。土地贱卖,造成了大量的国有资产流失,剥夺了农民的生计,以致下届政府无地可卖,也等于取消了后继者的规划调控手段和持续经营的资源。

也有个别西部城市将整个城市新区或开发区交由某家企业开发,其结果必然造成为追求企业效益,片面压低经营成本,提高容积率,减少绿地面积,基础设施投入不足,生态环境恶化等问题。其实,城市真正的财富和效率隐藏在城市空间结构之中,而这一城市空间的塑造需要超越短期利益和私人企业收益的政府进行可持续地经营和规划。当然,在市场机制能充分发挥作用,有众多的大型房地产开发企业参与公平竞争的情况下,在仔细界定基础设施投资标准与边界的前提下,城市政府可以通过公开的土地市场择优选择开发商进行成片土地包括卫星城的开发,例如深圳的华侨城、武汉的百步亭及广州的碧桂园等等。但目前我国大多数城市尚不具备这样的条件。

### 2. 脱离规划式经营

认为城市经营可以与城市规划相背离，这是非常荒唐的。城市经营能力越强，城市的基础设施融资能力也就越大，就越需要城市规划的法定强制力来均衡城市经营。实施城市经营方略可以广泛地利用利益机制多渠道地筹集社会资本，并积聚到城市公共产品的提供上，为城市基础设施建设提供强大的动力。这一动力在市场化、高速城镇化时代是非常强有力的。但是，经营活动历来存在着双刃性，必须通过体现公平、符合可持续发展原则和兼顾各方面、长短期利益的城市规划来进行制衡。国外城市化高潮中都出现过自发的有效率的经营活动，但在这些经营活动过程中，也曾出现过大量的生态和人文遗迹等不可再生资源被破坏的现象。我国的情况也是如此。在过去，自然资源、人文资源的破坏，只有政府一个作用力，如果政府决策不失误，谁都不能破坏，也没有能力去破坏。而现在则有来自三方面的力量：一是盲目无知的经营方式，导致许多城市的特色沦丧，许多宝贵的历史资源、文化遗产、自然景观资源被破坏殆尽。二是利益集团强大的唯利贪婪本性，不惜通过非法交易，占用许多好的资源牟取私利，导致了国有资产的大量流失和整体环境风貌的破坏。三是人民群众对改造居住环境的迫切愿望。一些住在旧城区、文化层次不高的居民，随着生活水平的日益提高，对居住环境有着强大的改造能力和愿望。这三股力量汇集在一起，并成为某些利益集团肆意开发的工具，在市民的道德文明、文化鉴赏力有待提高和城市规划方面法治尚不健全的今天，其对历史人文资源和自然环境的破坏后果尤为惨烈。

### 3. 被动滞后式经营

对土地这一城市最大的国有资产，应提倡有理性的、可以预期的、超前的规划和基础设施建设，使生地变成熟地以后，再进行公开拍卖。这样，可以通过各种各样的先导性规划控制，来保障因大量的基础设施投入而产生的土地资产收益最大限度地归政府所有，归全体人民所有。这样的经营方式才是正确的。但有些城市的经营活动却远没有达到此目标。如西南某城市，是一座国家级的历史文化名城，该市的负责人一时心血来潮，不顾众多专家学者的反对，在一著名的历史文物古迹周边拆除了一大片古老的建筑，修建出一个大广场来。他认为，以开阔的广场来衬托这一古迹，才是最漂亮的，才能突出主题。但这种错误思维恰恰是对保护历史文化遗产的全真性和整体性的极大破坏。因为历史古迹与周边环境是共存的，只有将古迹融于整体环境之中，才可以保存和延续其所有的历史信息。政府花了巨额资金拆除了历史古迹周边的全部老建筑，建设一个大广场，结果造成了巨大的败笔，这孤零的历史建筑矗立在广场之中完全不伦不类，变成了一个滑稽可笑的玩偶，不仅消费了大量的财政资金，而且割断了城市的文脉，破坏了不可再生的历史文化遗产。更多的城市在"旧貌换新颜"的错误指导思想的策动下，大片地拆除体现城市风貌和历史文化积淀的旧城区，建新楼、拓广场，见缝插针式地安排博物馆、文化宫、大戏院、体育场等大型公共设施。这样做的结果，自然是风貌特色的破坏，项目投资严重失控，以及公共设施外部性收益全部被少数人掠夺。

4. 封闭捆绑式经营

在改革开放之初市场还没有发育时，有些城市也曾采取过"以房养路、路房结合、滚动开发"之类的方式，筹集资金用于城市基础设施的建设，如修建一条道路捆绑一块土地，建设一座公园捆绑一块土地等。但是到了市场经济经历了20年培育发展的今天，几乎所有的资源都可以通过市场进行配置的年代，连道路的清扫权都可以通过市场化运作的时候，一些城市居然还在大量地搞捆绑式的、封闭式的土地出让，以避开土地市场的公开竞争交易（即公开招标拍卖的出让方式），这是不明智的"思维锁定"。还有的地方甚至外商投资某个"高科技"的项目，也捆绑一块土地；有的城市建一个什么体育馆、展览馆，也捆绑一块土地给一个房地产开发公司。开发商承诺通过这一地块的房产开发，所取得的收益再来投资高科技项目或为市民提供公共产品。当前一些城市的领导为什么会相信以追求利润为目的的开发商的话呢？这种封闭、捆绑式的经营方式无疑是城市经营的误区之一，更包含着巨大的腐败。而且，这样的局部自求平衡式经营，无疑会肢解城市规划的统一性，造成许多城市此类项目建筑密度过高、景观单一、建筑艺术粗糙和配套不齐全等严重后遗症。

5. 急功近利式经营

当前，不少城市盲目攀比、过度负债或搞摊派建造"标志性大道"、"××最大的广场"、"××第一高楼"、"××一流 CBD"、超豪华政府大楼和主题公园等等贪大求洋的形象工程。当然，量力而行逐步改善城市的形象是十分必要的。但在这些城市，必要的供排水工程、污水垃圾处理设施和燃气管道却严重不足或破旧不堪，自来水漏失率高达20％以上，煤气管道的失修还引发了多起恶性事故，城市污染日益加剧，严重影响投资环境和市民安居乐业的情况下，必须有效地限制这种急切追求个人政绩和少数人喝彩、"打肿脸充胖子"的"经营"行为。南方一个年财政收入超百亿元的城市，能花十几亿元资金新建近 20 多万平方米的超级政府办公楼，但全市居然没有一个集中的污水处理厂和配套的管网，造成有河皆臭水和严重的水质性缺水的恶果。在国家明令禁止动用财政资金修建超标准政府办公大楼的今天，也有的城市祭出了"盘活政府部门原有办公楼、修造新大楼"的"经营"理念，将分散在城市各处的政府部门办公楼全部一次性出售，收益集中于盖超豪华办公大楼。其结果，不仅破坏了城市居民和投资者与政府各服务部门的有机联系，损坏了投资环境，而且还因政府办公区的过分集中而出现严重的"钟摆式"交通——造成市内交通的人为堵塞。更为恶劣的是，少数城市负责人为追求轰动效应，强行指令要在××节、××博览会之前拆建历史文化古迹和风景名胜区，其结果只能是毁了不可再生的"真文物"，粗制滥造了一批假古董。风景名胜区和历史文化古迹是大自然千百万年鬼斧神工的杰作和中华民族几千年文明创造的积累，也可以说是我们的祖先和大自然两位大师超凡的传世之作，当代人有责任保护它的真实性和完整性。有些领导按照开发区的规划和企业的经营模式来开发建设风景名胜区，搞所谓的三权分离式经营开发，任凭开发商在那里乱拆建，这等于在糟蹋名作。在传世之作上作规划、搞建设，也就是说要在千百年遗留下来的经典名作上作修改，那非得要有很高的水平和科学的规划建设机制，一定要慎重行事。一般的开发区或城市新区规划建设往往是一张白纸，没有画过任何东西，可以创作新画，可请国内外规划师来画。而历史街区和风景名胜区就不同了，这两者是不能相提并论的。必须严格遵循合理设置强制性保护规定和内容，最大限度地保护和展现"传世之作"的魅力。

### (二) 城市经营与城市竞争力的概念

#### 1. 城市竞争力的提出

城市是聚集了周边的人、财、物而发展起来的。城市之间的竞争是客观存在的，城市的兴衰史就是一部城市的竞争史。随着城市土地有偿制度的推行、房改的不断深化、中央和地方分税制的建立、国家实行投融资体制改革、行政权力不断下放、由"计划"决定的资源范围日益缩小以及国外投资开始"用脚"对各城市的投资环境进行"投票"的今天，城市间的竞争已愈演愈烈。不仅城市之间存在着竞争，而且城市群之间也存在竞争。如我国目前已形成的三大城市群——环渤海湾城市群、长江三角洲城市群和珠江三角洲城市群之间也正在兴起日趋激烈的国内外资本、技术、人才的争夺战，这种有序的竞争有利于提高我国的经济地位和整体竞争力。

当前，我国城市的发展正处在这样的历史大背景之下：一是从计划经济转向市场经济，城市之间的竞争变得越来越突出。古典经济学意义上的完全竞争（Perfect Competition）❶的若干前提条件，与以往相比已大大改善。例如：大数定理，即有足够数量的竞争者。由于我国有 660 个城市和 2 万多个建制镇，与许多

---

❶ 1933 年，美国经济学家张伯伦（E·H·Chamberlin）和英国经济学家琼·罗宾逊（J·Robinson）根据市场结构的不同状况，把竞争区分为"完全竞争"、"完全垄断"、"寡头竞争"和"垄断竞争"四种类型。他们所谓的完全竞争是指：不受任何限制和干预的竞争，也称"纯粹竞争"（Pure Competition）。这种竞争有如下几个特征：①有大量的买主和卖主，企业既多又小，就像物质结构中的原子一样。所以，又叫"原子式竞争"。相应地，这种市场结构中，没有任何垄断力量，每一个卖者和买者都只能接受市场上已经形成的产品价格，没有力量单独讨价还价。竞争的内容基本上是纯价格的。②所有卖主提供的产品或劳务都是均质的，相互之间没有差别或差别极小，因而具有替代性。③各种生产要素在所有行业之间具有完全的流动性。即是说，多种生产要素可以根据市场的变化自由转移，没有人为的限制和壁垒。

中小国家相比，从不缺少足够的竞争者参与竞争。无论在城市群的层次，还是大中小城市层次，都可以找出一些"旗鼓相当"的竞争者。各层次的竞争者之间差别较小，因而具有替代性和足够低的交易成本。各种生产要素在各城市之间具有完全的流动性，由于通信、因特网、电视等公共媒体的日趋发达，现代金融、交通系统日益完善，各种资源和商品的交易流动成本已大大下降。二是由区域经济转向全球经济，所有的产品竞争已从国内走向国际，国际间的竞争也在国内每一个城市、每一个市场系统内展开，呈现了国内竞争国际化、国际竞争国内化的格局。所以，必须从全球的角度来考虑我们的城市、城市产业、城市生态、城市环境。三是由传统经济逐步转向知识经济，人才和资本的流动日益加速，城市的兴衰存亡的变化比任何时候都快。

2. 城市竞争力的基本内涵

城市竞争力充分反映城市生产力发展的水平、生产要素的集聚能力、社会全面进步的动力和可持续发展的能力，它还包含生态的各个要素。城市综合实力与城市竞争力有明显的区别：一是城市综合实力主要反映经济的总量、综合水平，城市竞争力主要反映城市经济发展的质量、效率和可持续发展的能力。二是城市综合实力是城市本身历史进程的纵向比较，是绝对的、静态的；城市竞争力强调城市横向的比较，城市之间相互的作用力，是相对的、动态的。三是城市综合实力描述的是现状，反映的是当前的发展水平，是绝对的指标；城市竞争力不仅是现实的，而且要着眼于城市发展的后劲、潜力、人均增长比例，是相对指标，不仅是人均生产力的占有水平，而且是人均的生态指标、资源指标。

正如企业要在激烈竞争的市场中生存、发展，必须要有核心的竞争力一样，城市的发展同样需要有核心竞争力。不同时代城市竞争力的内涵是不同的。农业时代的城市竞争力是粮食的仓储和集散能力，以利于农产品的交易，其首要的决定因素是交通运输的便利，这就导致许多城市建在河边等交通要冲上；工业经济时代的城市竞争力是矿产资源、人力资本的获得、产品生产基地距消费市场的远近等等；知识经济时代的核心竞争力是人才和人才的学习能力，以及团队之间、团队中的知识共享。因此，团队内部、团队之间、城市内知识类生产要素的交易成本是竞争力的决定性因素。一个成功的企业，必须是一个学习型的企业，也就是说在企业内部教育成本最低。成功的城市必然是一个学习型的城市，全体市民把学习、知识交流作为终身的任务。

城市核心竞争力是把综合竞争力所包含的诸如城市的经济、政治文化、道德、精神文明、信息、价值观、知识体系的作用力归纳、抽象到诸如人才这样的主要子系统中，突出了文化对先进生产力代表者——人才的作用、机制，要求城市内各行各业在一两项(大城市几项)具有比较优势又能适应外部竞争的核心能力，从而形成城市自身独特的竞争力，这种能力又与其他周边城市形成综合竞争力。实施珠江三角洲、长江三角洲发展战略，关键就在于通过培育城市的核心竞争力来增强区域的综合竞争力。目前，我国各城市的产业布局，大都呈现结构雷同、互相攀比、互相克隆，最后变成小而全、大而全，没有自己的独特优势；不是相互合作，而是相互摩擦，丧失了整体竞争力。所以，在城市分布比较密集的地区，具有独特服务功能和核心竞争力以及集聚能力的城市是最具有综合竞争力的。核心竞争力是对单个城市而言的，综合竞争力是对区域、城市群和特大城市而言的。像珠江三角洲、长江三角洲，谁能在未来的10年中胜出，关键在于大中小城市间能否相互整合形成整体的竞争力。因此，每一个城市能不能培养独特的竞争力，将决定整个城市群和区域的发展。

3. 城市经营的基本内涵

正因为激烈的市场竞争才迫使企业经营日益成为博大精深的知识体系，而且仍在快速发展变化之中。同样，对城市而言，城市间的竞争也必然造就城市经营研究和实践的蓬勃开展。从这个意义上来说，城市竞争和城市经营的确只是一枚硬币的正反两个方面。根据市场机制发育的阶段性和城市政府对竞争的不同适应程度，城市经营认识也因此可划分为三个阶段：初级阶段仅仅着眼于如何解决城市基础设施资金短缺——属于城市公共设施"投融资体制改革式城市经营"。这只能是影响城市竞争力的一小部分。第二阶段，已考虑到如何提高城市自身整体的市场价值，即将城市作为最大的国有资产来进行保值增值式的经营。也就是所谓的"整体资产增值式城市经营"。虽然这样的经营结果会比前一模式对城市竞争力贡献更大，但仍不能摆脱可能会落入前面所说的五种误区的危险。可将它们称之为"狭义的城市经营"。

相对而言，第三阶段即"广义的城市经营"包括了影响城市竞争力的所有方面。城市经营的目标，按照城市竞争的现状、城市可持续发展和生态循环经营的路子，从过去单纯增加政府的财力，扩展到提高城市的竞争力。城市经营的着重点从单一基础设施的投融资体制改革，扩展到影响城市竞争力的所有项目，尤其是生态建设的项目。这不是说城市基础设施投融资不重要，而只能是城市经营的重要组成部分和基础性工作。但是现在的城市经营，必须着眼于提高城市的可持续发展能力。

当前，对城市经营一种巨大的误解就是，经营过程就是将城市资源快速兑现，转变成市政府即期可用的财力的过程。实际上，财力短缺对于任何城市政府来说都是永恒的难题。但应对这一难题的方式和策略，也是城市竞争力的重要组成部分。重要的是要用最小的公共财力来启动最多的社会资本，并使所有的城市资源的高效利用都保持在增强城市竞争力的方向上。在现阶段城镇化高速发展的进程中，只有那些不断超越过去成功经营模式、不断创新城市经营方略的城市才会成为赢家。

另一种误解是城市的生态和环境保护是与城市经营甚至城市竞争力之间必然存在着取舍的关系。这种误解所派生的"经营"手段，是设法找出现行环保法规的漏洞而加以利用，同时只将公共投资局限在生产、生活过程排放的污染物的处理上。这也是目前我国治污工程建设进程跟不上污染物排放的增长，从而造成环境污染愈演愈烈的根本原因。但广义的城市经营立足于污染的预防上，减少能源消耗，倡导循环经济，保持与增进城市生态系统降解和消除污染物的能力等方面。今天，许多明智的城市经营者不仅将经营的重心放在减少处理污染的实际成本上，而且还更多地关注控制污染的机会成本，如资源和能源的浪费、人财物的浪费和城市生态系统效能的衰退等，进而提高资源生产力（Resource Productivity）。正是在这一层次上，城市生态保护与城市竞争力是完全一致的。

城市经营的范围，从城市内部的资源配置转向更大范围的区域资源配置，必须将城市主要产业融入全球生产链系统，共享全球比较优势和资源。21世纪的城市政府，应是全球的经纪人。

城市经营的主体，从单一的城市政府向城市民众，特别是企业、社会法人、社会团体扩展。城市经营应该创造一种激发各类工商企业、社会团体优化自身经营、提高每个城市基础细胞的竞争能力的氛围，正因为这样，城市要从过去的"管制"逐渐转向"管治"。因为"管治"包含了所有市民、社会团体、企业、法人共同为城市的可持续发展作出贡献，而不是单纯靠城市政府，城市政府只是充当联络人、设计师和倡导者的角色。

4. 城市竞争力、城市经营与规划之间的关系

城市是为周边环境商品的交易提供了场所空间❶。城市的大小就可以类比于交易空间的大小，不同的交易成本和空间构成了城市不同的等级，也构成了城市的体系。如北京、上海、香港、广州等这些国际化大都市，其金融资本类，高级、综合类商品交易成本在全球最低，就成为综合类商品的世界性交易场所；一般的大城市、中等城市是周边、全国的商品交易基地；小城镇是周边农村的交易基地。因此，城市是分功能等级的。也有些专业化的中小城镇，它的某一类产品参与了国际交易大循环，如东莞IT产业群整体融入了国际IT产业链，也能在城市体系中独树一帜取得成功。所以，城市的大小和功能定位往往是根据市场的交

---

❶ 新兴古典经济学的发起人之一，华裔经济学家杨小凯认为：若城市很多且分成很多层次，最大的城市在上层，中等城市在中层，小镇在底层，则人们在分工很发达时，与邻近的贸易伙伴会在附近的小镇贸易，与邻省的贸易伙伴在中等城市贸易，而与邻国的贸易伙伴则会在大城市贸易。这样做可节省"舍近求远"走不必要的远路到大城市与邻居贸易的费用。同时，由于中小城市规模不大，交易中分工的加深会受到限制，交易效率通过大量交易集中在一个地方进行而改进的潜力也不能充分利用。这种两难冲突的最优折中，就会产生一个给定分工水平条件下最优城市层次数，它决定每层的城市个数。而当分工水平上升时，这最优层次数又会增加。

易成本决定的,市场的法则起着约束的作用。城市经营的重要内容就是要降低城市商品的交易成本。交易成本越低,则城市规模有可能越大,交易范围也越大,竞争能力也就越强。尤其是面临进入知识经济时代,交易的内容由物质交易逐渐转向知识交易。此时,知识产品的交易成本将直接影响城市现在和未来的竞争力。深圳没有名牌大学,但高科技产业发展很快,这是因为它是香港自由经济制度的模仿者,在深圳的知识类产品交易成本要比北京、上海、西安等城市低得多,因而吸引了大量知识类资源的进入,促进了深圳高科技产业的发展。

我国正经历城镇化的高速发展时期,人才作为生产力的主要要素,流动性比任何时代都大。城镇化不仅是发展的结果,还是发展的动力;城市不仅是消费的场所,而且是生产的场所;不仅是居住的中心,还是增长的中心、发展的中心;不仅是管制的空间,还是吸纳生产力要素最多,吸引力最强的集聚点。高速发展中的城市就像一块海绵,把许多生产力要素,通过区域经济的运作,吸纳到城市里来。具有独特竞争力的城市对独特的生产力要素具有独特的吸引能力。

初级的城市经营就是用市场经济的观念重新认识城市的规划、建设和管理,运用市场机制运作城市公共资产,区别对待城市基础设施的公共性与排他性部分,把能够推向市场的排他性项目尽量推向市场,走社会化、产业化发展、市场化运作、企业化经营的路子。通过对城市各项公共资源和资本的科学运营,高效率、可持续地盘活城市资产存量和扩大增量。但进一步的城市经营,就要从单一的基础设施的投融资扩展到城市生态环境、人居环境的改善,推销城市,在全球范围内集聚城市自身发展所需要的人财物,提高城市的竞争力。

实现城市经营与规划的协同,就是要为城市的建设和扩展设置科学的轨道,提供合理的空间结构。根据城镇化快速发展时期的特征,城市空间结构分为三种模式:一是同心圆式发展(在中国较普遍);二是轴线形发展,沿着轨道交通走廊,建立不同的发展轴线,放射状延伸,中间用楔状绿地隔离;三是多组团的发展,在城镇化高速发展时期,可作些空间跳跃,使城市与环境、人与自然能和谐相处。城市规划的最高境界,是让每个人生活在自然的怀抱中,让城市与自然能和谐相处,使城市在某些方面具有乡村田园的风光。同时,规划与经营协同,将引导各方面的力量向着增强城市可持续发展能力来聚焦发展方向和产业,而不是四面出击、互相矛盾、互相消耗。通过规划和经营的有效融合,直接、间接地增强了城市的竞争力。

城市规划、经营的协同还能界定城市空间产权边界,为市场的运作奠定基础。其中控制性详细规划、法定图则像产权证书一样,土地拍卖要以其为依据。城市土地的价值主要体现在两方面:一是空间位置,二是土地的使用性质和开发强度,规划决定了这两者。有了产权保障,交易成本就会下降,城市产业的公平竞争才有可能。这是增强城市竞争力的前提条件之一。

总之，城市规划就是要设置好轨道，使分散的决策都朝着增强城市竞争力的方向发挥作用；城市经营是凝聚各方面的力量，形成沿轨道发展的动力。

**(三) 城市经营概念拓展必须面对的基本矛盾**

1. 政府的有限理性和发展机遇的不确定性

长江、珠江三角洲地区城市的突飞猛进，充分说明现在城市间和城市群之间的竞争越来越激烈，城市面貌变化越来越快，资源越来越虚拟化，物质资本影响力大大下降，无形资产的影响力不断上升。在即将步入知识经济的时代，知识的无限性、主体性已经在城市的发展中逐渐凸现出来。人才作为知识的载体，已经成为决定性的生产力要素。同时，信息的分布越来越不对称，政府就显得越来越"笨"。在技术快速更新换代、信息爆炸的时代，城市政府的许多决策往往是片面的，必须清楚地认识到自己的弱点和不可为之处，然后集中专家、社会精英的智慧在全球范围内审视自己政府的行为，以避免大的失误。为什么日本在 20 世纪 80 年代以后会衰败，而美国在制造业、IT 产业的发展会后来居上超过日本？美国政府在 20 世纪 80 年代抽调了 100 多位专家对日本进行了综合的分析，确定了以企业为主体的提高美国制造业竞争力的创新战略。而日本一直认为政府万能，还陶醉在 20 世纪六七十年代的经济奇迹中，其结果只能让基于信息技术武装的美国产业部门重新夺回了市场。

2. 城市政府投资冲动的无限性和可利用资源的有限性

在城市相互竞争的过程中，谁确立了以人为本、生态领先的思想，做到城市生态人居环境改善和优势产业培育先行，谁就奠定了在竞争中获胜的基础。我们许多城市，一方面城市基础设施短缺，另一方面盲目地搞形象工程、标志性工程。在珠江三角洲、长江三角洲、环渤海湾地区甚至老少边穷地区都出现了这样的问题。政治家一般都偏好于在地球上树立具有个人功绩性的标志建筑。这种偏好导致地下设施如污水排水、燃气管网建设等这些对城市生态、可持续发展和整体竞争力至关重要的基础设施工程的建设滞后，而超大规模、浪费的政府大楼、大广场、宽马路、景观性大道等纷纷涌现，破坏了城市的空间结构形态，贻害无穷。应从以人为本、生态平衡、可持续发展的角度来建立基础设施建设的优先秩序。

筹措城市建设资金，应从节流和开源两方面着手。从节流方面来看，一是政府要缩短投资战线，降低投资成本。要把政府的投入从大量的形象工程中转移出来。城市形象是要美化，但要有利于城市的生态建设，有利于可持续发展，有利于培育城市的竞争力，与这三项无关的工程要有所限制。二是在城市基础设施公共领域，要降低进入门槛，积极引入民营经济或采用 BOT 或通过公平竞争授予特许经营权的方式进行建设。

从开源方面来讲，首先是土地，对经营性土地进行公开招投标，不仅实现土地资源价值最大化，而且可以消除许多暗箱操作的腐败因素。法定图则与土地的招投标出让没有接轨，则会造成权力的随意使用，导致腐败的产生。所以必须通过法律来规定土地的开发强度和用地性质等指标，以市场公开竞争来体现土地的真正价值，只有把两头都控制住了，才能刹住暗箱操作的腐败因素，才能使土地的收益全部归市民所有。其次是城市空间资源，如户外广告设置权、出租车经营权、公交运行线路经营权和新发展的信息资源包括公共光缆的设置等，都可以通过招投标的方式来经营。第三是科学规划，适度安排，超前经营。在一定的空间区域范围内，强调整合公共交通与土地使用的关系，主张集约化、高效率的土地利用模式，以形成更为紧凑的同时又能兼顾良好生态环境的区域空间形态。第四是把原有的国有资产进行转换，实行国有资产价值最大化。如组建融资管理公司或者主动连接国内外的资本市场来筹集资金。第五，按照政事分开，管养分设；公平竞争，打破垄断；统一规划，加强监控；多元投资，企业经营的原则，推行市政公用事业经营建设体制的市场化改革，改变市政公用设施建设经营体制。

3. 经营规模和竞争活力的对立性

城市公共品的经营规模并不是越大越好。100多年前，英国经济学家马歇尔（Alfred Marshall，1842～1924年）提出了著名的"马歇尔冲突"，他认为，经营规模与竞争活力是一对矛盾。企业规模越大，规模经济越好，但是因单个大企业的垄断会使竞争的活力下降，最终又会削弱经济效益。在城市经营过程中，要逐步实现城市公共品提供的有效竞争（Effective Competition），在规模与竞争间要寻求一个平衡点❶。一方面，政府只能管自然垄断和纯公益性的公共产品，其他产品的提供要推向市场。这就要对政府经营的国有资产进行有进有退的取舍。进退的标准是看监管成本，凡是监管成本低的领域，国有经济可以进；监管成本高的领域，国有经济应该退，实行产权多元化、民营化。如公园、风景区的门票管理，有少数人收票就行，监管成本非常低。但有些地方却把风景区门票收益承包给企业，实质上就是把监管成本低的优质国有资产交给市场经营，这是不合算的。有些自然垄断的资源应由政府代表民众长远利益进行垄断经营，包括价格、人事、经营期限、成本监管和经营权授予等方面的管理。如美国的国家公园经营体制经历了多次变化，最后还是由中央政府管理。许多市场化国家推行美国的体

---

❶ 美国经济学家约·莫·克拉克（J·M·Clark）在20世纪60年代初提出了"有效竞争"的理论（the Theory of Effective Competition）。克拉克认为：有效竞争与纯粹竞争相比，具有许多不可比拟的优点：①完全竞争企业只着眼于短期利润最大化，而有效竞争的预期要长些，这有利于技术革新和长期投资，也有利于价格稳定。②完全竞争企业规模太小，无法获取规模经济效益，而有效竞争企业规模大，可以获取规模经济效益。

制，即使在私有化最彻底的国家，其国家公园也由政府管理，这是因为国家公园代表一个国家的文化灵魂，是自然界几百万年的积存，是国土的精华，地理空间的边界是固定的，而监管成本又非常低，所以必须通过国家力量进行强制性保护。对一般竞争性领域，国有经济要适当退出。对新的市场，如非义务教育市场，政府可以先替代性地进入以培育市场，然后再逐步地退出转向制定竞争规则。这时候的国有资本进入，是为了今后更好地退出。

另一方面，在大城市公共品的提供上，要注重引入竞争机制，防止出现垄断经营。一个成功的范例就是南京公共交通公司的改革。南京市较早地对公交运行体制进行改革，改革之初是将公交公司一分为二，为防止本地两家公司互相串谋，后又引入一家香港公司，三家公司同时竞争。改革后的南京市公共交通业发展得非常好。而有的城市却把原先的几家公交公司合并为一家，反而使运营成本大大提高。竞争是市场化的一大法宝。实践也证明，由一家企业来一统大城市的某一经营项目，会造成竞争活力的消退。

4. 经营者的近期收益与城市的可持续竞争能力的不相容性

经营者的近期收益和城市可持续竞争能力往往存在矛盾，各类经营主体收益的短期化、单向化的恶果已非常明显，如片面追求兑现近期收益、提高容积率、减少绿地导致生态环境恶化等等。现在另有一个现象非常严重，就是城市的污水处理厂、垃圾中转站、污水泵站、公共厕所等设施无法定点设置。这些设施的定点必须在控制性详细规划中明确。还有经营的分散化、许多设施不配套等等问题也值得研究解决。

解决的对策：一是规划权、土地一级出让权必须集中在政府手里，二级市场和控制性详细规划没有作具体规定的事情，放手让给市场去做。控制性详细规划、法定图则确定的公用设施则不能任意改变；二是在城市规划区划出若干生态敏感区、文化遗产敏感区和景观敏感区，从严实行规划审批、管理。资源不保护，就不可能建成生态城市。国外许多城市之所以环境优美，就是在生态资源保护力度上、在建筑规划的控制上比我们严格得多；三是城市形象的改善要从建设与生态有关的项目和整治道路以及入城口、河道和拆除违法建筑开始。城市建设分增量建设和减量建设，其中减量建设是非常重要的。非法占据绿地的建筑，要全部退出。要落实规划的强制性内容，通过法定图则来调控城市空间。四是要大规模开展城市绿化建设，现在所有的城市绿化用地可不占耕地指标，实行借地绿化，可以作为种植业结构调整而超越基本农田的限制。乔灌草花合理搭配、绿色空间合理分布的城市生态体系，是城市生态最重要的标志。它对优化城市人居环境、增进生态循环效果和生物多样性起着不可替代的作用。

5. 经营方略的趋同性和城市资源集聚的有机性

城市建设如果按照一种文化模式、一种设计风格，就极易破坏城市建筑风格的多样性、城市风貌独特性和文脉的连续性,造成千城一面。城市规划与城市资源集聚的有机性是紧密连在一起的。为什么城市形态相对较为"混乱"的城市,如西欧的一些古城,经济繁荣,而事先理性规划,按照技术美框定后人工建设起来的城市,如堪培拉、巴西利亚等城市,景观优美却没有经济活力。这一问题的原因,是因为城市是一个有机体,城市中各类资源的集聚是自组织性质的,如果严格按照功能分区进行城市规划,就会"肢解"资源集聚的通道,导致交易成本提高,城市竞争力下降。城市规划要解决好城市资源集聚的有机性,不能片面强调对城市进行明确的功能分区。如何实行资源集聚的有机性? 一要按照知识经济时代资本积累的有机性(特别是第三产业)来规划建设城市;二要保护城市的古城、老城,保护历史文化名镇,这不仅是保护不可再生资源和历史文脉,而且也保护了古城资源的有机集聚机制;三要适当淡化分区规划,倡导适度混合区。知识经济时代的到来,其所代表的产业基本上都是零污染的新兴工业和服务业。引进一些高科技、零污染的都市工业与居住、商业、旅游用地混合在一起,可以产生新的经济活力。理想城市形态可以分为三个层次:区域层次——适度规模的组团,生态良好的集聚体;次区域层次——紧凑的社区、开阔的公共绿色空间,也就是新都市主义所强调的;社区层次——中高程度的居住密度、多样化产业结构和良好的就业分布。城市的规划和经营就是要在理想与现实之间作出取舍。

6. 城市经营的行政边界和城市资源的广域性

知识经济时代的城市对空间结构、城市形态的要求与传统经济时代有较大的区别。知识经济时代,物质类资源在空间上大大扩散,而知识类资源的生产期和开发期的集聚需求大大强化,其重要原因是,大工业时代知识类产品和物质类产品是密不可分的,但是对于知识经济时代,软件和硬件则是相对分离的。知识结构中沉默知识在创新中的作用越来越明显。按联合国教科文组织提法,人的知识可分成两类,一是沉默知识,二是显性知识。显性知识是出版的信息、网上文章、刊物等。沉默知识在人脑海中占了全部知识资源的98%,是显性知识的源泉。人才的可贵之处在于其有可持续发展和创新能力,正因为他有大量的沉默知识。沉默类知识是最重要的,是创新的基础,但必须要有一个交流的平台,可以与志同道合的人互相进行讨论、争论与启发,进而促发沉默类知识变成专利,变成创新和现实生产力。正因为沉默类知识需要大量非正式交流、碰撞才能产生共振,导致了高科技创新企业在某一区域集聚,而低技术的传统工业在地理空间扩散,如化工、炼钢等已经成型的生产流程可在世界各地生产,通过因特网进行生产控制,采用大运力的工具实行低成本运输。

(四) 结语

城市经营是解决我国城镇化高速发展、市场化转型过程中基础设施短缺、城市建设投入不足、资源浪费严重等弊端的必由之路,但也存在许多危险的误区。要防止城市经营步入误区,最重要的是要端正各级城市负责人的指导思想,坚决克服"要在地球上留下个人痕迹"的冲动。同时,要使城市经营的内涵广义化,从理论上引导城市经营避开这些误区,并从制度上约束决策者不顾全民长远利益的种种短期行为。另一方面,要在正确引导合理的城市经营行为的同时,注重城市规划与城市经营的协同。协同的目标是为城市的可持续发展打下好的基础,解决好长远利益和眼前利益的矛盾。规划要管长远、管生态,因为城市生态环境不可能自动优化,它需要规划来调控,才能获得良好的生态均衡;经营要优化投入产出,以获得较高的即期效益。规划要注重整个区域长期的可持续发展,实行生态环境共保、支柱产业共树、自然资源共享、基础设施共建;经营是通过市场机制的充分发挥使资源获得有效配置,甚至包括将污染物排放等负面的行为进行产权界定,使公共成本转为"谁污染、谁付费"的私人成本。规划是确保市民尤其是弱势人群的根本利益的基本手段之一;经营是政府通过市场运作,力求花最少的钱为老百姓办最多的事。规划要考虑到代内的公平甚至代际的公平,这一代生存、发展要为下一代更好地生存、发展留下空间和余地;经营是注重效益,是最大限度地把现有资源的潜能发挥出来。所以,经营与规划是高度互补的,缺一不可,这本身也是广义城市经营和增强城市竞争力的重要内涵。

### 五、专题:西方城市政府公用行业管制模式演变历程及启示

当前面临的紧迫任务之一就是要求各级决策者尽快把公用事业改革的主要内容、方法吃透,这就要从全球观点来看这场变革,吸取西方发达国家的历史经验教训。别国的成功要结合我国的国情来学习,但先行者的失败教训我们要避免,这样我国的市政公用行业可以发展得更快、更好。本节着重分析西方市政公用行业管制模式的演变历程,并从中得出对我国市政公用行业改革的若干启示。

#### (一)替代型(国有化)模式

直到 20 世纪初,世界发达国家首先是欧洲各发达国家的政府,尔后是其他国家的政府才成为市政公用事业的主要提供者。在这以前,市政公用事业虽说是城市主要的公用事业,实际上主要是由私人提供的。城市发展史几乎与人类文明史同样悠久,5000 年以前就出现了城市形态的聚居模式,但西方城市大规模的兴起则发生在 300 年之前。从西方城市兴起到 20 世纪初这么漫长一段时间,大部分城市的公用设施都是由私人提供的。首先是在一些富人居住区有了比较完善的市政公用设施,供水、煤气、道路和排水设施建设逐步发展。但市政公用设施的分布非常不均衡,也很不公平,一直到 20 世纪中叶,各国政府才开始介入市政公用事业建设领域。

政府为什么要主动介入市政公用领域？其重要原因，就是致命的流行疾病大范围的爆发。1347年欧洲霍乱病和鼠疫流行，历经几百年，结果导致欧洲1/3的人口死亡，比历次世界大战的死亡人数总和还多。这瘟疫的病源是从哪里来的呢？当时的人们也像我们寻找SARS病源一样，怀疑是猫狗传染所致，把猫狗都打死，结果伦敦街上遍地是死猫、死狗。但是对猫狗的残杀却使得老鼠更加疯狂繁殖，鼠疫更加严重。后又怀疑是不是人体内的血液系统出问题造成的？采取放血疗法也无济于事。各种各样办法都使尽了。后来才发现是由于垃圾堆滋生的老鼠而引发疾病的传播流行，城市的供水、垃圾处理和排水系统不完善是导致人类感染疾病大批死亡元凶的主要载体。逐步认识到公用事业不能没有规划调控，政府开始以城市规划法的形式介入公用事业建设。此时的所谓政府提供规划标准，仍是由企业、社团承担建设和管理。

直到20世纪40年代开始，英、美、法等国对市政公用事业实行国有化管理，国家成立煤气办公室、自来水办公室等专门的机构部门，负责全国的市政公用设施建设和管理，才拉开了政府的强制力介入城市公用行业的序幕。除了城市瘟疫之外，还有另外一些因素加速了西方国家介入这一领域。

1. 市政公用行业国有化的原因

（1）20世纪30年代爆发的西方经济危机，使得西方国家1/4人口失业，全球经济发展倒退了10多年。经济危机导致"市场失灵"，政府必须介入。经济危机发生之前，根据亚当·斯密理论，市场是万能的，政府是"守夜人"，只要维持市场运转就行了。经济危机爆发之后，没想到市场也会失灵，市场调节的滞后造成了经济大幅波动，没有政府介入是不行的。政府开始介入调控经济，主流经济管理理论发生了变化。

（2）大多数公用行业设备陈旧老化，管网使用寿命到期需要更新，而私人机构又无力继续投资，此时政府只得决定接管公用设施建设，以替代私人投资。

（3）凯恩斯主义的兴起。凯恩斯的需求管理理论认为，经济危机的本质是生产要素的完全过剩，必须通过扩大政府财政支出、吸收过剩的生产要素，从而促进经济的回升。最典型的是美国"罗斯福新政"。罗斯福执政初期，经济萧条，社会失业人数多，再加上第一次世界大战结束后大批军人复员找不到工作。政府把这些人组织起来，推行绿化、修马路、挖下水道，大规模进行市政设施建设。同时为刺激经济，振兴公用事业，把水、煤气等市政公用事业作为支柱产业来发展，既解决就业问题，又带动经济发展。这就是新政的主要内容。

（4）为消除无效的竞争。市政公用事业全面实行国有化管理以前，这些行业大都由私人投资，企业数量大，布局分散，规模很小，相互竞争激烈。由于当时规模经济思想占主导地位，想用规模经济来降低成本、消除无效竞争就成为政府普遍的施政原则。

从表 8-1 可以看出，1946~1947 年期间，英格兰、威尔士的电力、煤气、自来水行业的企业数量非常多。英格兰、威尔士面积只相当于我国的一个省，但地方政府拥有电力企业 300 多家，煤气有 200 多家，自来水厂 900 余家，再加上股份公司、合资企业、私人企业，煤气公司达 1000 多家，自来水公司 1000 多家，电力公司 560 多家。可以想象当时城市中心区天上电线和地下管道的架设混乱无序，密集交错，相互不连接。为追求规模经济，政府收购了股份公司、合资及私人投资的企业，形成统一的市政公用设施的供给系统。

国有化在英格兰、威尔士的电力、煤气和自来水产业中的企业数量　　表 8-1

| 产业<br>企业类型 | 电力<br>（1946~1947 年） | 煤气<br>（1947 年） | 自来水<br>（1954 年） |
| --- | --- | --- | --- |
| 地方政府企业 | 363 | 207 | 906 |
| 股份公司 | 191 | 402 | 98 |
| 合资企业 | 11 | — | 43 |
| 私人企业 | n/a | 361 | 7 |
| 合计 | 565 | 1070 | 1054 |

（5）工党的执政纲领。英国工党上台后，承认凯恩斯主义，提出市政公用行业的国有制、公有制。工业化之后大规模的私有制在西方实行了 200 多年，弊端百出，工党提出的新的施政纲领，就是要实行所谓的大众化资本主义。

（6）追求公平。由私人投资建设的基础设施在社会各阶层分布不均匀，富人享受了几乎所有的设施，而在穷人居住地，这类设施十分短缺。社会的不公促使了市政公用行业的国有化。国家动员各级政府开始介入，收购、接管、建设市政公用设施。

2. 成效

从 20 世纪 50 年代开始，英国、法国、美国对市政公用行业大部分实行国有化。但成效如何呢？在 20 世纪 50 年代，市政公用行业的平均利润为零，基本上靠国家不断补贴、不断投资来支撑；60 年代下放自主权，平均利润曾一度上升 4%，但仅仅维持了很短一段时期；到 70 年代的平均利润为负数。这就像我国国企改革一样，一开始实行的放权让利政策，效果很好，但后来还是不行，包括随后进行的现代企业制度试点也是无疾而终，最后才实行产权制度改革。英国为解决市政公用行业国有化所带来的效率低下、人浮于事的问题，分别在 20 世纪 50 年代、60 年代、70 年代发布了三个白皮书，三套方案都不一样。所谓白皮书，就是市政公用行业总的改良或改革纲领。国内外政府管理体制的弊端具有惊人的一致性，世界各国的市政公用行业的旧模式普遍存在共同的问题。

（1）企业缺乏明确的效率目标。企业自身的效率目标缺乏，公共利益的服务标准也相对模糊。据世行统计，改革前，发展中国家的供水系统中未计量的供水量（由于技术或管理方面失误而没有记录的已消费的那部分水量）比已达到行业标准的国家高出 2~3 倍❶。说要维护的公共利益，只是一些笼统的口号。几乎没有哪个发达国家为基础设施的国有企业制定过周全的效率标准。企业效率不高、亏损严重，通常依靠增加政府预算和补偿来补偿，而不是着眼于推进改革、优化管理来提高效率，所以企业的效率水平始终很低。

（2）此类国有企业被迫履行许多社会义务。如安排就业、安置复员军人，或被迫以低于成本甚至无偿为低收入者提供服务，而且由于政治和文化传统等因素使企业自身无法改变这一状况。这些都是社会义务，而不是企业的义务，各级市政公用企业因政企不分被迫履行了许多与企业服务目标无关的社会性事务。

（3）国有企业管理者的收入与企业利润没有实质性的联系。设施维修不足、道路毁坏、管道泄漏、水泵失灵、环境卫生设施破损，许多基础设施的服务功能丧失。企业内部充斥着干好干坏一个样、干多干少一回事的陋习，普遍存在人浮于事、冗员众多和滥用财政补贴等问题，从根本上说是缺乏加强内部管理、优化服务的激励和约束机制。

（4）监管成本和业绩考核成本过于高昂。因为政府对企业的考核，除考核利润外，还有许多服务质量指标要考核，但这种"父亲对儿子"的考核，往往脱离了消费者监督的视野，如何有效考核也成为一个难题，组织专门的力量进行评析，成本就会很高。

（5）缺乏消费者的选择和监督机制。在一般的企业中，当价格反映了企业服务（或产品）成本时，消费者的需求强度就是应提供服务的明晰信号。通过价格机制，消费者可以根据其喜好来影响企业的投资和生产决策。但在政府替代型的基础设施服务的价格并不反映其成本，而且消费需求又是刚性的，这就丧失了消费者需求的宝贵的信息来源。

（6）缺乏同行竞争的机制。城市基础设施领域行业特征就是存在着很强的自然垄断趋势，而且这种无竞争的状态又由于合法的垄断组织——政府的直接提供而丧失了自由竞争的可能性。市场竞争可以对所有的企业产生明显的激励作用，以迫使它们以最高的效率运营。否则就会被其他企业替代或破产。而由政府统一管理的垄断性国有企业却无此之虞，故缺乏竞争压力。

以上六条是国外对公用行业国有企业效率低下的原因分析。英国白皮书和世行的报告分析的各种弊端与我国市政公用行业国有企业效益下降的原因几乎一

---

❶ 参见：世界银行. 1994 年世界发展报告——为发展提供基础设施. 北京：中国财政经济出版社，1994.8.27。

致。不管国家所处发展阶段如何,企业所有制结构导致企业效益比较低的原因差不多。从实践来看,我国许多市政公用行业的企业,如自来水厂、污水处理厂的经理,经营的重点不是企业本身,而是经营领导。因为决定经理升迁的权力在上级领导手里,领导认为下属称职,就可以加薪晋职;认为不称职,一张免职通知就可以请你走人。把领导经营好了,即使企业经营管理十分糟糕,不受职工欢迎,还可以到另一家企业甚至有可能是更大的企业去担任领导。所以不少企业经理把主要精力放在经营领导上。这是我国与资本主义国家公用事业国有化的共同悲剧。英国等资本主义国家实行市政公用行业国有化的成效,主要有三个方面:一是当时正值城市化快速发展时期,国家投入大量的资金,提高了市政基础设施的普及面;二是部分解决了社会各阶层享受城市公用设施不公平的问题;三是在私人资本不足的情况下,国有资金大量投资的确能够起到拉动内需、刺激消费和优化城市投资环境的作用。

### (二) 放权型(民营化)模式

市政公用行业国有化导致企业效益低下、人浮于事,财政包袱越背越重,已经到了无以复加的地步。这就引发了行业改革的浪潮。

1. 动因

三个白皮书解决不了英国市政公用行业效率低下的问题,修修补补已无济于事,必须来一个根本性的变革。英国撒切尔夫人上台之后,推崇新自由主义❶,大力推行私有化。她提出政府对市政公用行业放松管制,走市场化的路子。为此提出几大目标:

(1) 提高运行效率。成立效率委员会来检查英国所有公用事业企业的效益,并进行全球范围内的比较分析,来证明国有化是行不通的死胡同。

(2) 筹集公用行业建设资金。公用行业的建设、运行和提高排污标准,都需要大量的投入。巨额的资金从哪里来?光靠政府补贴是不够的。当时,英国政府负债数额大,就像我国一样,连续多年发放国债之后,政府负债已经超过临界线,需要大量资金回补窟窿,同时基本建设也需要持续地大量投入。

(3) 要培育市场主体。因市场运行的主体是企业,只有主体培育成熟了,才能开展市场的有效竞争。如果企业家们不经营企业,光是经营领导,企业相互之间公平竞争的机制就无法建立。经营领导的竞争,不是市场竞争,而是官场机制。培育市场机制要从培育成熟的市场主体——企业入手。

(4) 增加公用事业行业的服务范围和品种,改善服务品种比较单一的情况。

---

❶ 新自由主义(Neo-liberal)是与亚当·斯密古典自由主义存在某些继承性而得名的。在他们看来,市场是最有效的资源配置方式,而政府的任何干预几乎都是多余的,政府只有在能够顺应市场机制运行的情况下才被认为是必要的。

(5) 优化服务态度和质量。就像我国的通信事业，没有改革之前，居民装部电话都很难，而且服务态度粗硬。自从有了竞争后，通信部门的服务态度好了许多，居民申请安装一部电话一般不超过24h，而且不要交初装费。以前那种交了几千元初装费等了两年也没有装上电话的问题，都因改革而迎刃而解。西方国家当时为有针对性地解决公共服务问题以减少政府冗员，建立许多专门的行业管理部门负责行业管理，不论是国家还是城市政府，都设有许多行业管理办公室、专业机构，造成了人浮于事，必须依靠改革来解决。

2. 市场化的几种主要形式

市场化改革的要旨是在城市公用行业投资和管理方面全面引入竞争的机制，这些新的模式往往处于市场的自由供给与政府的垄断性经营之间，有着很高的灵活性，一般有以下几种模式：

(1) 来自替代品的竞争。例如天然气和电力的引入就可以产生与煤气供给的替代品之间的竞争。从消费者流失到替代品供应者等方面的威胁会给原有的单品种服务企业带来激励作用与成本控制新核算功能，最终使消费者得利。

(2) 基础设施市场上的竞争。提供每种服务的企业之间直接进行竞争，而政府的调控则确保公平竞争，拆除妨碍竞争的旧行政规章。竞争性市场理论认为，即使规模经济和经济活动范围由一家企业来提供为好，但存在几家能够参与市场竞争的潜在的供应商，可以大大降低滥用垄断的风险，尤其是当新的参与者只付出进入市场的有限的沉淀成本时，潜在的竞争最为有效❶。据世行报道（1994），美国在采取此项改革之后，几乎所有的部门都发生了比过去更为剧烈的竞争并带来价格的普遍下降或改善了为消费者提供的服务。

(3) 消费市场占有权的竞争。在不能进行直接竞争时，政府通过租赁或特许经营权（Concession）授予（通过各种约束性的协议——从专项服务的简单合同到规定营运、维护和设施扩建等要求的长期合约），创造一种竞争性的环境。企业不是为了争夺市场上的个体消费者开展竞争，而是为了获得向市场提供服务（占有权）的权利而展开竞争。虽然在任何时点上，只有一个服务的提供者，但在合同签订之前，或在合同到期将要续签之时，就可以展开竞争。在执行合同期间，也存在特殊条件下的替代者。因而，写进合同内的条款，在一定范围内提供了被替代的竞争压力。

(4) 垄断性企业民营化。在垄断企业继续存在时，将国有资产大部分从公共部门转售给私人企业所有，一般会获得较好的效率收益。一方面，这样的资产转让可以根本上切断政府与国有企业之间的公共财政依附关系。另一方面，政府采

---

❶ 此时参与市场的企业决定退出该业务时，能通过竞争的市场出售其专用性高的资产，从而收回投资。

用业绩表现奖励方法的创新来促进企业生产效率的持续增长。

（5）放松政策管制。打破政府对公用事业垄断经营的局面，降低该行业的准入门槛，谁都可以投资和经营城市公用事业。在开放市场的过程中，允许以替代品或潜在的竞争者的竞争约束来调控所谓垄断者的行为，其效果要比政府单方面的管制好得多。

3. 出售国有资产的几项原则

总结英国等许多国家进行公用事业改革的经验和我国部分城市试点，出售国有资产应遵循以下几项原则：

（1）保护低收入者的利益，统筹社会保障资金，争取职工支持。注重解决好职工中低收入者的社会保障问题。就是不管怎么改，低收入者始终有养老保险、大病医疗保险和社会保障，从而争取职工对公用事业改革的支持。

（2）公开招标出售国家资产，防止串谋、同谋，防止官商勾结，强化监督，保证国有资产公平地向最有能力的企业转移，防止腐败。在资产转移过程中，英国也出现资产转让人为定价等问题，但英国是一个法制比较严明的国家，所出现的问题比我国小得多。我国有几个城市在向外商转让污水处理厂和自来水厂时，牵头与外商谈判的是当地建委的技术主管，最后外资公司成立了，这几个主管总工程师都成了外资公司的总经理，年薪几十万元。他们个人年薪大大提高，但国有资产损失估计在上千万、上亿元。这种一对一的谈判，地下交易必然会造成国有资产的巨大流失。

（3）倡导管理阶层和工程技术人员部分参股，增加重组企业的动力。虽然参股数量是很小的，但由于在企业里有管理者个人的股份，可以形成企业效益与个人利益紧密相关的利益机制，一荣俱荣，一损俱损。

（4）保持原有的国家给予的信贷、税收、土地、电力优惠等扶植政策。不管企业所有制发生什么变化，原有的优惠政策保持不变。这是防止公用行业服务价格猛涨的关键。

（5）注意规模经济与竞争机制的平衡，既要达到规模经济，又要形成竞争，这样有利于城市政府进行比较性的评价。如一个城市原来共有20家管道煤气公司，如果为了追求规模经济而将其合并成一家，由一家公司垄断经营，那政府就很难对它实行监督。但如把20家公司合并成三家，分三个片区供应煤气，政府就三个片区煤气的价格、服务质量、居民满意程度进行评比，政府就容易监控。同样，有的城市把三个公交公司合并成一个，效果很差。南京市把一个公交公司分拆成三个公司，并引进香港巴士公司实行竞争，有效地提高了公交服务质量。可见，改革的思路正确与否很重要。

（6）开放市场，降低门槛，允许各种所有制企业、国内外企业公平竞争。谁都可以加入这一行业。那没有专业技术力量的民营企业或个人投资者也来竞购怎么办？这不是什么问题，因为资格审查时，规定参加竞投的企业必须有多少技术人员。如某某人拥有资本，但没有技术人才，为了竞投污水处理厂，新企业可以出资在全国招聘污水处理的技术人员。当前，我国污水处理技术人才的薪酬远没有 IT 行业人才高，技术人才容易解决。在大多数发展中国家的市政公用事业改革过程中，缺的不是技术人员，首先缺的是机制，其次是缺资金。

（7）多种形式，逐步推进。先从比较容易的行业做起，多元化的方式推进改革。也可以从实施租赁、特许经营，再到公开转让国有股份等，一步步推进。

4. 各种市场化模式比较

第一种，管理合同模式。如对自来水公司实行委托管理，职工队伍基本上不动。就像旅游饭店一样，委托专门的管理集团来管理，合同期限一般是 5 年，最多 10 年。在委托管理合同上，明确利润完成指标、管理权限、设备保修养护要求等内容。管理合同是最低程度的市场化，资产和投资都是公有的，对效率的提高作用有限，没有新增服务内容，经营期限较短。

第二种，租赁模式。效率提高比较明显，租赁期间比较长，一般是 8～15 年，管理权限大大增加，而且有部分民间投资。因为经营时间长，民间资本愿意投资，至少在设备养护和新设备添置方面必须投资一部分。

第三种，BOT 或特许经营模式。实行 BOT 或特许经营，从理论上说，与资产的所有制无关，实际上资产所有权在经营期间是混合的，资本投资往往以民营或外资为主，市政公用行业的特许经营，指的是有授予权的单位将某一项目的经营权以合同的形式授予受许人，受许人按合同的约定投资经营管理项目。合同期满后，授予人收回该项目的经营权。BOT 可以说是特许经营的一种常见形式。B(Building)指谁来投资建设，O(Operation)运作，T(Transfer)经营权转移，经营期满，要移交还给政府。BOT 与特许经营是一类模式，对运营效率提高明显，可以增加一些新的服务内容，经营年限较长，一般年限 15～30 年。

第四种，BOO 模式。B 为建造，O(Ownership)即拥有，是运作，而不再转移。按 BOO 模式建设的项目的所有资产属民营，以民间资本投资为主，政府可以给一定的补贴或优惠政策加以引导。这一模式对运营效率提高明显，新增服务增加较快，经营期限一般是土地出让合同或其他特别合同规定的期限，如外资企业经营期限为 30 年，经营期满，合同就结束了。

第五种，股份剥离模式。把原来国有股份部分或全部转让给民企或大众，组建的新企业营业执照规定多少年限，就经营多少年限。股份剥离模式只是原国有股份的转移，业主永久性地拥有资产。

从表 8-2 的分析比较，可以看出，从服务管理合同到股份剥离，经营期限一个比一个长，民间资本的投入比率越来越高，效率提高比较明显，新增服务内容从无到有。这是世界银行通过全球汇总比较得出的结论。

**各种市场化模式汇总**[1]  表 8-2

|  | 服务、管理合同 | 租赁 | BOT、特许经营 | BOO | 股份剥离 |
|---|---|---|---|---|---|
| 资产所有权 | 公有 | 公有 | 公、民共有 | 民有 | 民有 |
| 资本投资 | 政府或公有企业 | 政府、民间共同投资 | 民营资金为主 | 民营资金为主 | 民营资金 |
| 效率提高 | 有限 | 明显 | 明显 | 明显 | 明显 |
| 新增服务内容 | 无 | 无 | 有 | 有 | 有 |
| 一般项目年限 | 1～5 年 | 8～15 年 | 15～30 年 | 20～30 年 | 除营业执照外无其他年限 |

5. 特许经营的基本内容与适用范围

特许经营具有合同周期长、适用范围广、合同条款复杂等原因值得专门进行介绍。其基本内容：

(1) 民营企业（或外企）从政府接受合同期内对某个公用设施进行管理的权力，并承担主要投资义务及商业风险。

(2) 民营企业方负责按合同指标向最终用户提供服务。但是服务合同具有一定的弹性，用什么方式提供，应该有一定的宽裕度，而不是规定很死的。通常被允许选择自认为合适的方式实现合同指标。

(3) 政府拥有资产所有权。这是标准的特许经营。还有一种特许经营，是经营期满以后，投资者拥有一定的企业股权。

(4) 特许经营权具有租赁的所有特征，但它给予承包商更多的投资责任，如对于生产能力管理的具体深度和广度以及对固定资产更新的规定等等。

(5) 一般项目的年限 15～30 年。通过谈判确定的合同，15 年或 30 年经营期满后，政府收回，重新进行招标、投标。

特许经营的适用范围：

(1) 必须采取公开投标，而且是竞争性投标，切实防止合谋。合谋指的是什么呢？如某自来水厂要搞特许经营，有人召集几个亲戚朋友成立 3 个公司，参与特许经营的竞标，3 家公司不论谁中标，最后都是自己的，这是合谋。还有一种是找到另外一家公司，两家内部达成协议，为确保中标后的高利润，同谋把标底做得很高。为防止合谋，就要扩大招投标的范围，参加竞标的企业一般不少于 5 家，而且这些企业之间不应有隶属关系和内部股权关系，必须是独立的企业。凡是有关联的企业应禁止参与竞标投资。

---

[1] 参见：世界银行国际金融公司. 周悦. 民营企业参与城市基建项目的模式. 2000.

(2) 在供水与污水处理、道路、桥梁等产权边界和收益范围比较清晰的项目中比较容易实现。那些产权边界不清晰和不能收费的项目，推行特许经营有一定难度。如城市道路没法特许经营，因为它不能收费。城市绿地也只能通过招标进行养护。

(3) 产品与服务的特点能够明确描述，并容易进行服务质量的检测。如城市供水水质怎样？水量多少？如果对服务质量很难检测，那实施特许经营合同的效果就比较差，而且对其监督也非常难。

(4) 需要政府管制，监督其履行合同的情况及实效。这涉及政府职能的广泛转变。

特许经营权的安排可能产生的一个问题是，合同本身不能为其经营收费来养护和扩充自身设施方面提供必要的刺激手段。对某些并不拥有生产设施或者合同的续签把握不定的私营企业主而言，有可能为了短期目的而使资产迅速折旧，在正常的维修中缺斤少两。当然，这可以在条款中写明，以资产存量情况作为企业能否续签合同的条件之一来纠正。事实上，只要注意到这一点，最初的特许经营权很少被取消。香港在基础设施建设中广泛利用特许方法，在近几十年来只有一家公共汽车公司丧失其特许权。在法国，特许权往往成为永久性的权益。享有特许权的企业在再投资时具有极大的优势，为了使市场更具竞争性，必须强调特许经营权的可替代性。

经验表明，如果通过具体而详细地规定经营的条件、合同本身能够公开、政府的监管既能充分反映消费者的合理需求，又能长期刺激经营者的积极性，那么通过特许经营很有可能达到优化资源配置的目的。

6. 市场化模式效果评价

正面效应有五个方面：

(1) 减轻政府财政负担。美国推进市政公用行业市场化改革，大约经历了5年时间，得益400亿美元；在20世纪整个80年代，英国共有600亿英镑的国有资产被卖给或转卖给私人投资者，解决了困扰多年的财政赤字，使政府摆脱了财政困境，同时提高了公用行业的运营效率。阿根廷自1993年实行公用事业改革，当年增加收益16.5亿美元。

另一方面，市政公用行业通过市场化改革，使由于定价不当所造成的财政补贴大大减少。据世行对发展中国家三个部门所作的保守估计，每年节约的总额达到1230亿美元，这几乎占发展中国家政府总收入的10%，占每年基础设施投资额的60%❶。

---

❶ 参见：世界银行. 1994年世界发展报告——为发展提供基础设施. 北京：中国财政经济出版社，1994.8.11.

(2) 扩大公用行业融资的渠道。①通过股份化吸纳外来投资。②通过资本市场直接融资。③间接融资，向银行借款。原来市政公用行业的投入是政府借款，按我国预算法规定，地方政府不能借款。但市场化改革转为企业后，就可以向银行申请贷款。④以企业资产或特许经营权作抵押，向银行或社会事业单位借款。⑤提高收费。⑥提供附加服务，增加收入。由此，大大拓宽了市政公用行业的融资渠道。同时，还可通过特许经营或合资嫁接等方式引入外国直接投资。

(3) 公用行业的服务行为和绩效更加透明公开。一方面企业有了充分的自主权，对市场需求作出反应方面更加有效。另一方面有了明确的义务和责任，并同时接受政府和市民的监督。市政公用行业原来是政府的附属企业，是自己的"干儿子"，对其监管只能是不痛不痒。现在，政府可以真正站在市民的立场上来评判、监管市政公用行业的企业。如果自来水供应不足、水压太低，被直接拍卖的不是政府而是企业；煤气热值不高，民众和政府就可以直接质疑企业坑害市民利益。事关公共利益，政府按合同明确的规划来公布检测结果。如煤气热值必须达到多少大卡、自来水每毫升细菌个数少于多少等指标来督促燃气和自来水公司严格按合同执行，并采取相应的奖惩措施。

(4) 在一些不能进行直接竞争的领域，政府可运用比较竞争的形式引进间接竞争的机制(或称之为标杆竞争)。如某小城市只有一个自来水公司。政府可以将该公司的水价、取水口离水厂的距离、城市人口基数与国内人口基数相同的城市进行比较，通过与国内同类自来水公司之间的比较分析，来评判其服务质量的优劣。美国许多城市的市长在这方面很有经验，如有的中小城市，人口只有几万人、10万人，不设自来水公司，而是委托其他城市的自来水公司铺设管道向其供水，若发现这家自来水公司供水价格高、服务质量差，就请另一个城市的自来水公司供水。几个城市都可以为其竞争供水，谁供水价格低，就用谁的水，城市内部管网由本城自己投资，城市之间输水管道由供水城市投资，结果形成了供水城市之间的竞争，而自己不建自来水厂。

(5) 另外一部分收益是因为市场化提高了技术效率而对服务提供者带来的年节约额。据世界银行估计，其数额约为每年550亿美元——净节约额相当于所有发展中国家 GDP 的 1%，基础设施年投资额的 1/4，是基础设施年融资额的 2 倍❶。

此项改革的负面效应，也有五个方面：

(1) 增加了公开出售、广告、招投标、专家咨询、资产审计评估等费用。没有改革，就无需这些费用。

---

❶ 参见：世界银行. 1994年世界发展报告——为发展提供基础设施. 北京：中国财政经济出版社，1994.8.11。

(2) 私下交易所导致的腐败。权钱交易导致国有资产流失。

(3) "大众资本主义"的平均持股理想成为泡影。公司按股份出售，结果股份最后都集中在几个大亨手里。

(4) 某些项目如煤气、水等收费提高。在某种程度上看，这是必然的现象。为什么？因为市政公用设施私有化之前，投资成本由纳税人承担，政府通过税收如城建税等给予补贴。私有化之后，投资成本由用户承担，政府省出了一块补贴。也就是原先的暗补变明费，原来暗的补贴变成企业按成本运行明的收费。

(5) 为保持社会稳定，对经营差的企业无法实施破产。

从上述十个方面的效果分析，可以得出，西方推进市政公用行业市场化取得了五个方面的成效，但也带来五个方面的问题。我国推行公用行业市场化改革，同样会遇到这些问题，这就是改革成本所决定的。

**(三) 规制型(公共利益化)模式**

从理论上讲，规制是针对私人行为的公共行政政策，它是从公共利益出发而制定的规则。是政府代表公共利益制定的一些竞争游戏规则。对市政公用行业，政府要进行适度的管制，这也是我国公共行政的一个薄弱环节。变卖市政公用企业的国有资产，改变企业的性质相对较容易，但政府如何代表公共利益对改革以后的企业进行有效的监督和管理，又是另一回事。这就要求政府必须同步设置合理的规制。

1. 设置规制的原因

(1) 人为垄断，有的企业与行政部门相勾结，恶意并购。如本来某城市有三家煤气公司，三家公共交通公司，相互之间展开竞争，后来有一家公司增加投资，并收购其他两家公司，形成独家经营，这就是人为的垄断。英国的市政公用行业改革历史上，提出行业并购申请的有几十家公司，但经过批准实施的只有一家。一般不允许随便的行业并购，并购之后容易形成垄断。这说明，决策者不能被打着扩大规模、追求规模效益这样的幌子所迷惑，随便同意公用企业之间的兼并。

(2) 负外部性。负外部性是专业的经济学名词❶。如一污水处理厂，处理前污水的 COD 指标很高，原规定经处理后尾水 COD 指标在 50mg/L 以下才可以向外排放。如果 COD 指标高于这一指标向外排放，就可以降低污水处理成本。这种获利的动机会刺激企业偷偷增加污染排放的行为，这样一来虽降低了企业成

---

❶ 外部性："外部性"理论是 1910 年由著名经济学家马歇尔(Marshall)提出的，并由经济学家庇古(Pigou)于 20 世纪 20 年代加以丰富和发展。它指的是生产或消费者在自己的活动中会产生一种有利影响或不利影响，这种有利影响带来的利益(正外部性)或有害影响带来的损失(负外部性)都不是消费者和生产者本人所获得或承担。从资源配置的角度分析，外部性是表示当一个行动的某些效益或费用不在决策者的考虑范围内时所产生的一种社会低效率现象。

本，但损害了环境，具负外部性。改革前的污水处理厂，既没有赢利的动机，也没有偷偷摸摸排污的动机。因为增加排污对企业赢利没有好处，对经营者个人也没有好处，用不着干这种事，所以企业没有这种动机。污水处理厂一旦到了私人手里，这些动机就浮现出来了。对企业排污行为的监督成本不菲。

(3) 信息不对称。煤气的热值达到多少大卡，需用仪表测量；自来水的水质靠味觉查不出大肠杆菌指标的高低，必须要有相对独立的检测中心经常客观地向公众提供分析报告。例如一个茶杯，老百姓可直接发现它是否存在质量问题，政府用不着再设立专门机构来管茶杯的质量，但自来水、污水处理、煤气则要由专门的中介机构代表民众利益作检测报告，以解决信息不对称问题。信息不对称会诱使企业降低服务质量，以追求额外的利润。

(4) 对消费者滥用权力。如居民要买电话机，要到电信公司指定的商店购买，价格要贵得多。电力部门同样如此，企业要扩大用电容量，变压器要由企业出资到其指定地购买，而且企业购买的变压器的产权还属于电力部门，这等于无偿掠夺了企业财产。这种对消费者滥用权力行为，民营化之后也会出现，如果缺乏公平竞争的环境和监管法规，有可能比民营化之前更严重，因为后者对消费者滥用权力获得私人利益，是利用国家赋予的特许经营权来扩大个人的资产。

2. 规制方式

(1) 直接干预市场配置机制的规制及管理办法。包括价格、产权构成、合同、市场准入与退出、经营期限与经营规模等规制。直接对市场作用机制进行干预。

(2) 通过影响消费决策从而影响市场均衡的机制。如给燃煤气的用户一定的补贴，烧煤就不给补贴，那燃煤气用户就会增加，烧煤用户减少。例如政府对供热企业的税收进行减免，会直接导致企业生产成本下降，从而降低供热收费或抵消一些燃料涨价的因素。这说明，政府的某些转移支付，会使供求关系发生一些变化，从而影响消费者的行为。

(3) 通过干预企业决策从而影响市场均衡的机制。如产品特征、种类、质量、安全及企业投入产出、产品服务范围、信息强制性公开等干预。政府如对产品安全控制很严，企业成本就上升。英国有一种规制，很值得我国借鉴。如有一民营企业获得某一城市的供水特许经营权，后该企业又向政府提出要搞多种经营，将经营业务扩大到商业、贸易、旅游、房地产等领域。对此类问题，政府一般来讲，一是不予批准，二是即使要批准，也要每半年向政府上报资金预算，保证供水资金供应不变为前提。供水部门预算独立，保证不因多种经营造成企业破产而影响供水资金。例如，本来企业每年用于购买消毒剂的资金为200万元，因从事房地产开发破产或楼盘积压了，从购买消毒剂的200万资金中拿出150万元以补窟窿，购买消毒剂资金只有50万元，进而导致自来水中大肠杆菌成百倍上千倍上升。

所以，政府必须站在公众利益的角度，以问题为导向来制定公共政策，什么地方出现市场失灵，就在什么地方实施相应的、有针对性的政府规制。规制的强度要适当，以能够纠正市场失灵情况为宜，而不要矫枉过正，从而防止市场失灵情况下发生的资源配置的非效率和不公正。同时还要着眼于解决一些投机分子的道德缺陷所致的陷阱，维护社会公正和市场秩序。

3. 西方规制实践存在的问题

（1）规制因素的复杂多变。如城市供水和污水处理价格，受人口密度分布、水资源分布、排污供水管道、使用年限和质量、消费者收入水平、替代品竞争状况等等限制，难以公平合理。城市布局如果比较分散，管道铺设费用就很高。紧凑型城市的管道费用就较节省。取水口离自来水厂的距离对成本影响很大。煤气存在着多种替代品，如天然气、电能甚至煤，替代品之间存在着竞争。只有把这些因素都考虑在内，规制政策才能公平合理。但影响规制的因素太多，而且经常变化，比较复杂，包括原材料价格也经常变化，如天然气价格还受国际市场浮动等等。

（2）企业与政府监管人员串通合谋。这是一种较为普遍的现象。主要体现在这几个方面：

一是许多企业都成立专门的政府公关对策部门，聘用专职人员与政府打交道，密切与政府的关系。

二是吸收退休的原政府实权人物担任顾问和高级职务，专门来游说原来的老部下、老同学。

三是利用中介机构进行游说和拉拢。在美国，特许经营企业的经理人选通常由与监管单位熟悉的前公务员来担任。例如某一家大顾问公司的总经理与派驻当地的美国环境部监督员在斯坦福大学读书时是同学。顾问公司的业务就是帮助企业与政府打官司，为企业减少损失或免于处理。顾问公司的老板为什么要请他做总经理呢？因为在他的斯坦福同学中，不少人是美国环境部的监督员或是各个部门的负责人，或是法院里专门的法官。聘请他当总经理，是因为他在为企业打官司时总赢。尽管他们一般比较尊重职业道德，但在法律许可的范围内，还是要为用户的利益说话。举个例子，有一次，一个糖厂排污，被环境监督员检测查实，决定处以 1000 万美元的罚款。但该糖厂并不是故意的，而是因为进来的原料中某种成分发生变化导致污水增加。糖厂请他去打官司。他通过同学关系了解到政府认为该企业是恶意排放，所以处理特别严厉。后来，通过详细资料来证明糖厂不是恶意排污，而是技术方面过失，这样就把罚款从 1000 万美元降为 200 万美元。这家顾问公司因此就可收费 200 万美元。这个例子说明中介组织都是一批内行人和关系户在其中游说、拉拢、协调。

四是俘获机制。经济学家们分析：19世纪以来，政府制定的多种市场规制总是对企业有利。所以，诺贝尔经济学奖获得者斯蒂格利茨指出：市场规制的中心任务，是解释谁是市场规制的受益者，谁是受害者。他认为：不管政府对市场采取什么样的影响和管制，某些利益集团总能找到路子，劝说政府为其利益运用强制力量来改善他自己集团的福利。经济学家们由此提出俘获理论，就是说，政府人员总会被企业集团、利益集团所捕获、俘虏，这是资本主义国家非常严重的问题。因为在这些国家，州长、市长包括总统都掌握在大财团手心里，以至于有一个政治家写了一本畅销书，书名就是《十八家企业控制美国》。这说明政府要真正站在公正立场上也是非常困难的。

（3）政府自身的能力及"政府失灵"导致的管制失效。政府部门的工作人员如果不懂得被监管行业的技术知识，怎么去管理？同时，政府本身也会失灵，因为信息不对称，掌握不了足够的信息，或政府自己内部的腐败、低效率等因素都会导致管制失败。最为典型的就是服务价格的确定。最普通的调控手段是"成本加成"法，即：保证提供服务的企业在抵补发生的所有成本（业务与维修费，折旧和税收）后的"保本微利"。但实际上对收益率的调控是很难实行的——获得有关生产成本的精确信息以及将这些成本合理分配于不同的业务环节是一项很难的工作。其负面效应，一方面是促使企业采用能提高收益率计算基础的低效率技术和装备，还刺激了非生产效率的外部活动；另一方面，由于企业所有的成本都能得到抵补，收益率有保障，也就妨碍了技术创新和管理改善的动力。

（4）监管者与企业之间的冲突成本和信息不对称。监管者与企业之间如发生冲突，要打官司，其费用是很高的。还有检测成本的问题，如企业偷偷摸摸地排污或降低质量，政府部门必须拥有精密的仪器设备来检测分析，但购置这些仪器设备的费用很高。例如有的企业有两个排污管道，一个是装了检测仪器的管道，还有一个是不装仪器的，企业总是想法设法偷排，办法五花八门，监管部门管不胜管。美国以往有相当比例的影视文学作品，都反映民间组织怎么样与污染企业作斗争，结局当然都是污染者被绳之以法。现在这方面题材的作品已少了，因为现在谁也不愿冒着坐牢或者整个企业破产的风险去污染环境。我国虽已规定严重的污染环境可用刑法来追究，但在监控方面还存在一些薄弱环节，以至于谁能偷偷摸摸的排污来减少成本，谁就能昧心赚钱。另一方面，民众的环境和法律意识还不高。例如杭州市建立了环境污染举报有奖制度，谁发现哪家企业污染，政府奖励1000元钱，后又提高到3000元钱。结果有一些市民晚上就带了摄像机，躲在企业排污口附近，一发现污水出来了，就忙拿个瓶子去接，然后拍录像取证，向环保部门举报领取奖金。有的人成了专业举报户了。但在美国，这一类人员基本已没有了，大家都是无偿为了改善和保护生态环境，没有一个举报人是为了领赏而举报的。我国目前多数民众的道德水平就这样，既然有为金钱而排污的企业，也就应有为金钱而举报污染企业的个人，道德不足只能用金钱来补。市场经济条件下的许多政府规制办法，会随群众道德觉悟的提高和民主意识的增强而逐渐改变的。

### (四) 激励型规制模式

前面论述的西方市政公用行业的国有化、民营化和公共利益导向的政府规制模式，都出现了一些问题。于是西方经济学家又提出了另一种类型的规制，就是政府在加强监管的同时，给予一定的激励政策，也就是常说的"大棒加胡萝卜"政策。

1. 原因

（1）原有的限制性规制方式失效。这种限制性的规制，实际上是公平报酬率规制（ROR Rate-of-Return Regulation），首先提供公平报酬，其次是完全成本分配报酬（FDC Fully Distribution Costs Regulation）。计划经济完全从成本管理方面进行层层盘剥，把企业管到只有微利，即所谓的"保本微利"，就是从成本上对企业进行控制，允许企业获取多少利润。这样做，企业就没有多少自主经营的自由度。

（2）受规制产业的技术进步。规制标准没有随技术的进步和变化作相应的改进，不利于技术进步。增加技术进步的投资有利于提高企业运营效益，但受规制标准的限制，企业不愿意采用先进技术。

（3）市场条件发生变化。原材料市场和公用行业供应的范围和价格在城市化高潮期极易发生变化，规制标准改不胜改。

（4）用户需求发生了变化。譬如自来水消毒方面，现在采用新的工艺技术之后，西方发达国家的自来水可以直接饮用。新的自来水欧洲标准，还将对余氯进行严格限制。随着生活水准的提高，老百姓当然愿意喝到更好的水，消费需求也随之发生了变化。

2. 基本内涵

（1）在保持原来规制结构的条件下，即特许经营、合同、政府监督都不变，同时要受规制企业以竞争压力和提高生产与经营效率的正面诱因。即原来只有"大棒"，现在加"胡萝卜"。

（2）扩大企业的自主权，利用其信息优势和利润最大化的动机，促进它们提高内部效率，降低成本，改善技术，扩大服务品种。

（3）激励性规制（Incentive Regulation）只需要关注企业的产出效率和外部效应，而减少控制企业的具体经营行为。以前企业的合同、总经理人选、内部的投入产出、财务分配等都需经过政府批准，现在逐步减少。

（4）在设计合同时，提高激励强度——企业提高效率、降低成本的收益全部或大部分归企业，少部分转移给消费者或政府，或其规则由企业自行制定。以前是企业如果取得效益，效益的一半要归政府或者归消费者。现在设计合同时，企业提供的服务只要符合政府的要求，其利润所得全部归企业。其他的规则，企业可以自行制定，企业的自主权大大扩大。

总之，设计新的规制方法的目的，是使市场监管者所要求的信息最小化，并增强对于消费者的反应能力。

3. 主要类型

(1) 价格上限规制(Price Caps Regulation)。政府除了规定质量指标以外，只限制诸如供水、煤气价格的上限，这样就给企业很大的自主权。如煤气公司供气价格，政府核定每立方米不超过 15 元，企业就不能超过这个最高价。但若低于这一价格供气，那是企业自己的事。夏天天热，居民煤气用量减少，煤气用户下降，煤气公司就可下调价格。到了冬季，居民可以烧煤气，也可以用电，由于煤气价格下降，烧煤气的用户就多了，这就与其他能源企业产生了竞争。再有些用水、用煤气的大户，给予 15%～20% 的折扣，可以争取大户。对某大户而言，既可以用这种能源，也可以用另一种能源，完全可以根据自己的需要进行选择。只规定价格上限，不设下限限制，可以帮助公用行业企业培养竞争能力，并促进区域内市场机制的形成。

(2) 特许投标规制(Franchise Bidding Regulation)。如果某企业服务工作做得好，消费者的评价和满意度较高，该企业投标资格就可以增加，得分数可以提高。

(3) 延期偿付率规制和利润分享规制(Profit Sharing Regulation)。政府允许企业可以对用户收费关系灵活规定，而且对一些具有分承包与总承包关系的企业，可以采取利益分享关系。这种方法在竞争性企业中得到证明，如杭州娃哈哈集团企业产值达到 100 多个亿，且没有一分钱应收欠账。什么原因呢？该企业成立一个利润分享的销售公司，谁想经销娃哈哈纯净水，就必须先向娃哈哈的销售公司投资，成为娃哈哈销售公司的股东。投资 1000 万元的股东的权利是 1 年可以经销 5000 万瓶娃哈哈纯净水，销售公司还给以相当优厚的利润返还量。但如果经销商欠付娃哈哈公司的货款不还，那其在销售公司中的股份就会减少，经销商还愿意去冒这个险吗？层层经销商之间都这样运作，一个环节套一个环节，全面采取利润分享制。经销商如果作假，将会受到惩罚，惩罚数额远高于作假所得，所以没有一个经销商愿意作假。利用利润分享机制，解决了收费难和欠债不还的问题。

(4) 联合回报率规制(Banded Rate-of-Return Regulation)。回报率不是固定一种，而是多种回报率，这样就比较灵活。如果回报率超过了事先规定的限度，那么企业必须将其中的差价返还给消费者。如果回报率低于事先的限度，那么在某些条件下就允许企业定价高于最高限价规定的标准。

(5) 区域间竞争规制（Yardstick Competition Regulation）。这也被称之为"标尺竞争"。既当直接竞争和来自替代品的竞争不起作用时，通过与其他地区的业绩进行比较就可以引入竞争机制。如这个区域共有 5 个污水处理厂。政府事先设置公平竞争的规则，谁运营效益最高，污水处理质量最好，并长年保持稳定，政府就给予奖励，末位接受惩罚。当然。只有在这些企业原材料价格、市场需求和政府管理条件相似的情况下，较好的经营业绩才能归功于企业的努力。这种评价机制还可以外延到全国或全球同类服务企业，从而激励企业争攀国际一流的水准。政府放手让企业之间进行竞争。

(6) 菜单规制（Menus Regulation）。政府在规制设计中，提供一系列规制要求，但可以让企业挑选不同的管理方案（如采取严格的最高限价，但对利润不进行监控，或者在严密监控利润时，允许价格的大幅度自主波动），企业可以像点菜一样进行选择。目的是为了刺激企业改进经营，改进所产生的利润全部归企业。这样，企业就有动力和主动性去降低成本、提高技术、改善服务、改进管理、扩大服务品种。

4. 排污权交易许可制度（Allowance Trading Institution）

这是西方 20 世纪 90 年代兴起的激励性的规制制度。如一个城市共有多家企业排污水，政府根据每个企业的排污情况，发给企业排污许可证，许可证上明确企业在规定的年限内，每年允许排放含有二氧化硫的废气数量（如 1000t）。有许可证的企业，才可以排污。这样，许可证就成了企业的"资产"，排放指标可以买卖、储存使用。如某热电厂每年有 200t 二氧化硫排污指标，这个排污指标在一定年限内是不变的。后企业通过技术改造，每年只排放 20t 二氧化硫，那就有 180t 二氧化硫的排污指标用不了，把这一排污指标卖给别的新建企业，就可以大大增加一笔收入。排污权交易许可证制度，一方面可以促进企业技术创新。企业通过技术改造投资，降低污染，就可以将原有的许可证予以转让，这样，就刺激了技术革新改造。另一方面可以从微观领域的调控起步，控制整个地区的污染总量。某地区的污染是因为二氧化硫排放过多，政府就通过许可证制度实施总量控制。假如政府核定发放每年排放 1000t 二氧化硫的许可证，每年只能排放 1000t 二氧化硫。新建发电厂没有许可证，那它就必须向老的电厂购买排污指标后，才能投资建设。这样污染总量每年仍控制在 1000t，不管经济怎么发展，年污染总量总能被控制在 1000t 以下。对污染总量控制就有一种制度上的保障。

这一种激励型规制已在美、英、法等国正式推开。当然也必须注意一些原则。

(1) 排污许可证数量必须是稳定的。第一次发多少就永远是多少。如果政府过去发了 4000t 指标，今年因为有几个大的电厂要投资建设，就再发 1000t 指标，会造成环境质量恶化。新增 1000t 指标要从老企业中购买。必须限制许可证数量的扩大,否则就会造成许可证供过于求而使其贬值,从而影响企业技术进步的收益和污染总量的控制。

(2) 许可证持有者所拥有的权力应该是明确而又稳定的。许可证就像产权一样,具有继承、转让、赠送、储存、交易、收益等权力。这是一种独立的产权,虽由政府授予,但政府不能无偿收回。

(3) 政府不应过多征用排污许可证。某企业刚花了 500 万美元买了 100t 二氧化硫排放指标,政府为了减少整体排放标准却宣布××号许可证作废,企业白买了,这等于平调了企业的资产。排放权证不能无偿征用,因为政府征用往往不是完全的市场交易行为,就像目前的土地征用一样。

(4) 妨碍自由交易的因素应该被降到最少。因为排污许可证可以自由交易,政府部门不能设置障碍。那什么时候,政府可以征用许可证呢?企业的技术水平普遍提高了,排污总量由原来每年 1000t 降低到 800t,那多余的 200t 指标,政府要利用平等交换的原则,逐步地回购。

(5) 在许可证交易方面,政府所制定的交易规则必须是可靠、稳定而且长期不变的,游戏规则是明晰恒久的,企业才有通过技术创新来获取长远收益的意愿。

(6) 政府对企业排污监督必须是持续、严密、公正。如企业认为只排了 1000t 污水,监测部门通过严格细致的在线检测、每分钟累积排污多少,就可以测出企业的排污总量,多一点不行。企业若是偷排,将要受到重罚。排污许可指标,交易限定在一定的地理范围之内,如洛杉矶的排污指标,就在洛杉矶附近范围内交易,不能用洛杉矶的排污指标与波士顿去交换。排污许可证的多寡与当地环境容量有关,是一个区域性的管制办法,是地方粮票。排污许可证制度通过正面促进排污企业增加技术改造投资而减少污染,而且有利于整个地区排污总量的控制,造就环境可持续的改善。

**(五) 对我国公用行业改革的若干启示**

西方公用行业管制模式有这样一个貌似"周而复始"的历史演变过程,从最初的私有化到国有化,部分解决了社会不公平的问题,但带来了经营效率的低下,进而又进行私有化模式的改革。后又发现公用行业中有很多问题需要政府去管制,提出了一整套政府依据公共利益对公用企业进行管制的办法。为了避免"一放就乱、一管就死"的僵局,又提出了适度激励的理论。这一演变的过程,对我国有哪些启示呢?

1. 启示一:公用行业市场化改革应与城镇化相匹配

我国正处在城镇化高速发展的过程中。这一高速发展的历程,有一个鲜明的时代特征,就是城镇化规模的快速扩大,公用事业需求旺盛。如果不抓住机遇,适时加快推进公用事业改革,就会出现城市基础设施短缺的问题。这个问题在世界所有发达国家的城市化过程中都曾不同程度地出现过。目前，我国城市人口每年增加1.2%~1.5%。这意味着每年城市基础设施投资要保持在5000亿元以上。必须通过市场化运作，才能筹集到足够的资金。如果城市公共设施投资少于GDP的5%，就会出现城市公共设施的短缺，导致污染严重、供水质量下降、疾病蔓延等许多问题，甚至还会造成内需不足和社会动荡。市场化改革与城镇化进程应该相匹配。

推进市政公用行业的市场化改革，其中另一个原因是我国已连续多年发放国债，每年6000多亿元，其中约15%的国债投资在城市基础设施，近几年城市基础设施投资约4000多亿元，其中约700亿元是国债资金，但这样的国债投入强度实际上不能延续。目前，我国基础设施短缺较为严重。据统计，全国污水处理率为30%，而实际处理率可能只有15%。污水逐年增加，每年污水处理量的增加还不如排放量增加，江河湖海的污染越来越严重，必须增加对污水处理设施建设的投入。但国债资金投入已难以为继，财政承受能力也到了极限。如何以民间资本来替代国债资金的投入，前提就是要推行市政公用行业的市场化改革，这是我国当前需要解决的问题。

2. 启示二：公用事业的市场化改革必须以产权变革为核心

公用行业的市场化改革必须坚持的一条原则：改革模式可以多样化，但必须要有产权意义上的改革。国内外历史已经反复证明：不能靠单纯的国有企业加上所谓的"科学管理"，再加上一般现代企业制度加剥离副业的改革模式。我国国有企业的改革，也经历了放权让利、完善内部改革、承包制、打破三铁（即"铁饭碗、铁工资、铁交椅"）、学邯郸倒逼成本法、建立现代企业制度试点等多种途径和方式，但并没有解决根本的问题。直到十六届三中全会才明确指出，建立产权制度是惟一出路。没有产权制度的改革，所有的改革措施实际上就是白改。没有产权意义上的制度创新，任何市场化政策的结果就会是空创。因为任何长期的经营行为，如果没有产权保障，个人收益与个人贡献就不能挂钩；没有产权的稳定，就没有长期投资收益的稳定，不可避免地会产生短期行为；没有产权上的界定，政府和企业这种父子关系难以切断；没有产权的保护，上级一张纸就可以对企业领导人进行任免。所以，只有通过产权制度的改革，才能把旧体制错综复杂的弊端割断理清。产权改革，不是一卖了之。市政公用行业市场化改革涉及产权改革的，有多种形式，例如BOT、部分的股份化、外资嫁接改造、特许经营等都属产权改革，BOO和租赁合同也是其中几种市场化模式。所以，产权制度改革不是一卖了之，出售只是众多产权制度改革其中的一种形式。

3. 启示三：政府管制是为了弥补市场的不足和市场失效

政府对市政公用事业市场管制的基本出发点，是弥补市场不足和市场的失效。政府管制的办法可分为三种类型：第一是替代型。市场干不了的事，政府就取而代之，也就是国有化的办法。事实证明，这种办法的机制比较陈旧、落后、僵化，从长期来说是低效率的，但短期内是有效的。在面临战争危机、自然灾害或经济大萧条等情况，或在城市突然快速发展过程中，政府依靠自身的强制力量将资源集中大量投入。如深圳特区发展初期，必须要有国有资金投入。但政府的这种投入是为了退出，或下一步由民营企业接替，特别是为 BOT 模式的推广奠定基础。我国 BOT 与国外 BOT 的操作程序有所不同，到目前为止各地实施的还不是真正的 BOT。我国通常是由政府成立指挥部负责征地、拆迁、帮助解决项目审批、落实农民安置，把项目建好后再转让给国外投资者，实际上是 BOT 的变种，政府先进入是为了以后的退出。第二是培育型。政府要在经济和社会发展过程中培育市场，促进市场主体不断成熟，改革行政管理和放松管制。第三是仲裁型。政府做好裁判，谁贡献大，谁得利大；谁表现好，谁的市场份额就高。就是采取不同的方法来激励市场主体。所以，政府在现阶段有替代、培育、仲裁、激励等四大功能。先是替代，再是培育，后是仲裁、激励，政府必须沿着这条轨迹使自己的职能逐步发生适应性变化。

作为受计划经济和国有替代型服务深刻影响的我国城市管理部门，必须大量引进人才和强化培训来快速弥补合格市场监管人员的不足。此外，合理的规制政策的制定也是个不容忽视的薄弱环节。因为，建立合理的政府规制体系需要对有关企业经营活动进行详细了解和持续监控，同时制度本身的设计还必须包括确认问题、发现事实、制定规则以及强制执行等重要环节。没有熟悉市场经济运行规律的合格的行政人员，改革的顺利进行就无从谈起。

4. 启示四：因地制宜，推进不同类型公用企业的市场化改革

不同类型的公用事业有着不同的属性，它们的自然垄断属性也是不同的，竞争的范围和程度差别更大，应该采取不同的市场化途径和改革方案。如有的应采取垂直一体化的改革，而有的则采取横向分解的改革措施。

何为垂直一体化改革？有的城市把供水、污水捆在一起进行改革。这种改革方式，一般来说有两大好处：一是能把负的外部性内部化。污水处理企业利润最大化的动机，是污水排放指标值越高成本越低，处理程度越低越赢利。但是供水和污水一体化以后，经污水处理厂处理后排出的污水，作为地表水将重新被自来水企业作为水源。污水处理厂超标排放，污染程度越高，自来水厂处理成本也就越大。所以，排向地表的污水必须达标，否则就会增加企业自身的处理成本。通过一体化就把一些负外部性内部化了。二是可产生范围经济。因为供水和污水处理一体化了，资金、人力资本、土地等专用性比较低的资产利用率、管理的效率和机器设备的使用率提高了，这就是范围经济。但有时一体化所引发的弊端会大于好处，一方面是一体化导致企业大而全、小而全的经营模式扩大，抑制了专业化分工与合作的深化，从而阻碍了市场机制的形成与发育成熟。另一方面，一体

化使企业的产权改革过程显得十分复杂，也给政府的监控增加了难度。所以，随着市场规模的扩大，无论是一般的竞争性商品，还是公共品的生产流通，在全球范围内，都逐步由一体化改变为依据哈佛商学院教授波特所提出的增值链进行横向分解。

何为横向分解？目前城市的自来水厂包括原水、自来水厂管网等都可各自独立，每一道工序都可以分开的。如杭州市区一共有5个自来水厂，其中一家自来水厂进行了公开拍卖，成交价1.5亿元。其他几家自来水厂也逐步地进行改制，政府的收入就提高了。政府成立一个管网公司，经改制的自来水厂按合同规定的供水质量和数量要求向管网供水就行。这也是原来普遍实行一体化经营的电力行业全面实行厂网分离、定价上网式改革的缘由。

《水法》的水资源管理与水厂改制并无矛盾。近来，有的同志认为，按现行《水法》规定，水资源要统一管理、一体化运作。但这样的认识是极其片面的。《水法》对水资源的统一管理，相当于《矿产资源法》对矿产资源的统一管理，具有一致性。如石灰石矿由国土资源部统一管理，统一发放采矿许可证，以拍卖方式取得的采矿许可证，其采矿年限、数量、地点等，都由特许证明确规定。虽然矿产资源是由矿产资源部门管理，但该矿开采出来的矿石，就意味着商品化了。矿石变成水泥，水泥变成建材，建材变成住宅，由矿产变成矿石以后就属于商品管理的范畴。水也是一样，按《水法》规定，水资源由水利部门统一管理，但原水之后的商品水，就像开采以后的矿石，实际上已经属于商品流程管理了，并由不同部门按不同的技术标准进行管理。决不能以一体化的名义进行垄断式的经营，因为这极易引发市场化改革的倒退和城市基础设施建设资金的流失。

5. 启示五：产权转让和特许经营权的确定必须通过公开的市场交易

产权转让和特许经营权的确定必须通过招投标方式确定经营者，而且要有众多的竞争者同时参与投标。如果没有足够的竞争者共同参与，容易发生共谋。如果不是公开、公平地进行交易，一对一的谈判，那就容易发生恶性共谋和严重腐败。所以，必须要通过公开的转让市场，降低交易成本，防止腐败，减少改革成本。这样一来，有关部门应兴办公开、公平、规范的市政公用行业资产交易市场，以及定期召开全国性的基础设施投融资供求双方洽谈会，以有效地降低信息的不对称性和交易成本。

从另一方面来看，公开市政公用行业改革和管理整个过程的核心环节，是让消费者有足够的发言权。因为最终消费者往往是服务质量的最佳监督员。消费者的反馈信息不仅可以直接促使企业提供高质量的服务，而且也能制约政府的监管缺位或政府工作人员与企业恶意勾结。成立消费者机构经常开展正式的调查和听证活动，对于健全政府监督机制和确保其健康运行尤为重要。

总之，不论采用何种改革模式，政府的管制，首先必须向参与的民营和外资企业作出持续的承诺，以保护他们的投资利益。其次，通过制定详细周密的合同，政府可以有效地监控企业的服务质量和防止外部性损害公共利益，并制止政府自身的越权行为。再次，这些合同的设计应能刺激企业家改善经营管理的积极性，同时又要很好地兼顾公众的利益，社会公正和生态效益始终是第一位的。最后，有效的管制应遵循法治和理性的轨道，尤其要具备预见性、非歧视性以及建立消费者团体。

6. **启示六：要建立管制加激励的新体制**

政府既要把提供公共品的企业的获利动机和信息不对称所引发的有可能损害公共利益的负外部性管住，又要给企业改善管理、促进技术进步的动力，诱导企业产生自我发展的内动力和讲究信用的机制。提高透明度，及时披露信息，增加技术进步将对企业有好处。国外规制机制的设计目标之一是，诱导企业讲真话，讲假话要受到惩罚。我国某大城市所有的污染企业都有污水处理设备，但只有10%的企业正常运行。有许多企业的污水处理设备是白天运转，夜间偷排；检查人员来了运转，检查人员走了偷排；旱季时正常，雨季时偷排。这种情况普遍存在，这就是对负外部性监管不严的恶果。诱导企业讲真话的机制，能使得政府监管成本下降，如果老是玩猫捉老鼠的游戏，政府就需消耗纳税人大量的金钱，但最终反而会被企业所"俘获"。

7. **启示七：设计改革方案要注意规模经济和竞争活力兼顾**

推进市政公用行业市场化改革，既要注重规模经济，又要保持竞争活力。一个城市特别是大型、特大型城市，无论是自来水厂、污水处理厂，还是公共汽车公司都不能由一家企业垄断经营，应该是两到五家或是更多公司相互之间展开竞争，像北京市公共交通应该有十几家公司。南京市现在就有四家公共汽车公司相互开展竞争，这样相互之间就能产生竞争机制，也为市民出行提供了不同的选择。竞争之所以有益于市民，关键在于竞争性的公用行业形成了"买方市场"，市民掌握着选择的主动权。这样就会迫使这些行业优化服务质量。所以，整个规制制度设计的核心就是要追求规模经济和竞争活力兼顾。如果片面追求规模经济，而忽视了竞争活力，导致政府管理效能低下、管制失败，整个行业市场化改革就难以持续推行。

# 第九章 日趋严重的城镇缺水与水生态危机并存

## ——如何应对资源性和水质性缺水的双重挑战

淡水是地球最宝贵的资源。虽然地球上有71%为水域，然而其中仅不足3%为淡水，而这些淡水资源中只有不足1%可供人类生存需要。自从进入21世纪以来，淡水资源的短缺已成为全球气候变暖之后的最大问题，并严重威胁人类进步与发展的步伐。

2000年8月10日，世界21世纪水资源委员会主席、世界银行副行长伊斯梅尔·萨拉杰丁说，全世界必须加大解决水荒问题的力度，否则下世纪人类的生存将会受到越来越大的威胁。萨拉杰丁是在出席斯德哥尔摩国际水资源问题讨论会时发出这一警告的。他说，目前全世界面临严重的水荒问题，如全球29个国家约4.5亿人严重缺水，14亿人喝不到干净的饮用水，23亿人缺少卫生设备，每年有700万人死于水带来的疾病，因干旱而遭遇受饥荒折磨的人则更多。他说，水荒问题21世纪将变得更加严重，到2025年，全世界严重缺水的人口将激增至25亿。包括欧洲南部在内的整个地中海地区、北非与中东地区、中国的一部分地区和撒哈拉沙漠以南大部分非洲地区等将是严重缺水地区。萨拉杰丁指出，水荒将不仅严重制约世界经济发展，而且还将威胁到越来越多人的生存。其中，全世界的粮食生产将由于缺水而远远跟不上人口的增长。据估算到2025年，全世界农业灌溉用水即使都已得到充分有效的利用，但仍将出现17%的缺口。亚洲地区由于人工灌溉等原因缺水问题将最为严重。他认为，造成水荒的主要原因有两个：一是世界水资源的分布不均，如目前居住着世界2/3人口的地区降雨量仅为世界降雨量的1/4，而有1000多万人口的亚马逊河流域的降雨量则约占世界总降雨量的1/5；二是水资源被严重污染和浪费。

水资源短缺已成为全球性问题，并成为严重威胁人类生存的重大问题。据亚洲开发银行《2001亚洲环境展望》介绍："有1/3的亚洲人没有安全可靠的饮用水。而不断恶化的环境质量和对自然资源的依赖正在阻碍经济发展。"由于水资源时空地域的分布不均是目前全球无法解决的，而解决水"荒"的课题就剩下"严重污染与浪费"了。人类解决生存与发展的重要机遇，就是针对"严重污染与浪费"采取积极应对策略。

## 一、中国水资源的主要特点

我国是一个水资源短缺的国家，人均水资源占有量低，水资源时空分布严重不均。

第一，我国水资源人均占有量很低。我国多年平均年降水量约 6 万亿 $m^3$，其中约 3.2 万亿 $m^3$ 左右通过土壤蒸发和植物散发又回到了大气中，余下的约有 2.8 万亿 $m^3$ 形成了地表水和地下水。这就是我国拥有的淡水资源总量，相当于全球陆地径流总量的 5.5%，占世界第 6 位，低于巴西、前苏联、加拿大、美国和印度尼西亚。我国还有年平均融水量近 500 亿 $m^3$ 的冰川，约 8000 亿 $m^3$ 的地下水及近 500 亿 $m^3$ 的近海海水。目前我国可供利用的水量年约 1.1 万亿 $m^3$，而 1980 年我国实际用水总量已达 5075 亿 $m^3$，占可利用水资源的 46%。

由于人口众多，人均水资源占有量低，只有世界人均值的 1/4（我国人均占有地表水资源约 2700 $m^3$，居世界第 88 位）。按人均占有水资源量比较，加拿大为我国的 48 倍，巴西为 16 倍，印度尼西亚为 9 倍，前苏联为 7 倍，美国为 5 倍，而且也低于日本、墨西哥、法国、前南斯拉夫、澳大利亚等国家。按照 2004 年人口计算，我国人均水资源占有量 2185$m^3$，不足世界平均水平的 1/3。我国一些流域如海河、黄河、淮河流域，人均占有量更低。

第二，受季风的影响，我国降水年内年际变化大。水资源的时间分布极不均衡。我国降水时间分配上呈现明显的雨热同期，基本上是夏秋多、冬春少。总体表现为降水量越少的地区，年内集中程度越高。北方地区汛期 4 个月径流量占年径流量的比例一般在 70%～80%，其中海河、黄河区部分地区超过了 80%，西北诸河区部分地区可达 90%。南方地区多年平均连续最大 4 个月径流量占全年的 60%～70%。不但容易形成春旱夏涝，而且水资源量中大约有 2/3 左右是洪水径流量，形成江河的汛期洪水和非汛期的枯水。

第三，我国水资源空间分布不均，与土地、矿产资源分布以及生产力布局不相匹配。南方水多、北方水少，东部多、西部少，山区多、平原少。全国年降水量的分布由东南的超过 3000mm 向西北递减至少于 50mm。北方地区（长江流域以北）面积占全国 63.5%，人口约占全国的 46%、耕地占 60%、GDP 占 44%，而水资源仅占 19%。其中，黄河、淮河、海河三个流域耕地占 35%，人口占 35%、GDP 占 32%，水资源量仅占全国的 7%，人均水资源量仅为 457$m^3$，是我国水资源最紧缺的地区。黄河流域的年径流量只占全国年径流总量的约 2%，为长江水量的 6% 左右。在全国年径流总量中，淮河、海河、滦河及辽河三流域只分别约占 2%、1% 及 0.6%。黄河、淮河、海滦河、辽河四流域的人均水资源量分别仅为我国人均值的 26%、15%、11.5%、21%。

不同的太阳能热量辐射和地形状况产生了不同的水量分布。降水是我国河川径流的主要补给来源，全国降水量的 44% 转化为径流，平均径流深 284.8mm。而我国降水量受海陆分布和地形等因素的影响，在地区上分布很不平衡，年降水量和径流量都由东南沿海向西北内陆递减。东南沿海径流深为 1200mm，而西北干旱区小于 50mm，甚至等于零。

水资源的地区分布与人口和耕地的分布很不适应，南方耕地面积只占全国的 35.9%，但水资源却占总量的 81%，人均水资源约为全国平均的 1.6 倍，亩均水量为全国平均的 2.3 倍。北方黄河、淮河、海河、辽河四大流域片的耕地多、人口密，淡水资源量只有全国的 19%，人均占有水量只有全国平均的 18% 左右，亩均水量仅为全国均值的 15%。

我国干旱和半干旱地区，由于降水稀少，蒸发旺盛，蒸发能力大大超过降水能力。在西部内陆沙漠和草原地区，蒸发能力达 1600～2000mm，为我国蒸发能力最强的地区。而在东北大小兴安岭、长白山、千山丘陵区和三江平原，气温既低、湿度又大，因此，年蒸发量较小，仅 600～1000mm。

我国地表径流随时间的分布也很不均匀，径流的季节性分布具有夏季丰水、冬季枯水、春秋过渡的特点，而且年际变化北方大于南方。我国东北平原，黄河、淮河、海河平原以及长江中下游平原的地下水补给以降雨为主；而在西北内陆盆地则主要以河川径流补给为主。南方山区地下水补给量大，一般为 20～25 万 $m^3/(km^2·a)$；而东北西部、内蒙和西北内陆河山丘区一般小于 5 万 $m^3/(km^2·a)$。

第四，受全球性气候变化等影响，近年来我国部分地区降水发生变化，北方地区水资源明显减少。近 20 年来，全国地表水资源量和水资源总量变化不大，但南方地区河川径流量和水资源总量有所增加，增幅接近 5%，而北方地区水资源量减少明显，其中以黄河、淮河、海河和辽河区最为显著，地表水资源量减少 17%，水资源总量减少 12%，其中海河区地表水资源量减少 41%、水资源总量减少 25%。北方部分流域已从周期性的水资源短缺转变成绝对性短缺。

第五，随着城镇化和工业化进程加快，水资源供需矛盾日益尖锐。随着人口的增长，工农业生产的不断发展，造成了水资源供需矛盾的日益加剧。从 20 世纪初以来到 70 年代中期，全世界农业用水量增长了 7 倍，工业用水量增长了 21 倍。我国用水量增长也很快，至 70 年代末期全国总用水量为 4700 亿 $m^3$，为建国初期的 4.7 倍。其中城市生活用水量增长 8 倍，而工业用水量（包括火电）增长 22 倍。北京市 20 世纪 70 年代末期城市用水和工业用水量，均为建国初期的 40 多倍，河北、河南、山东、安徽等省的城市用水量，到 20 世纪 70 年代末期都比建国初期增长几十倍，有的甚至超过 100 倍。因而水资源的供需矛盾就异常突出。

2007年，包括海河流域在内，全国干旱缺水的省份已经达到 23 个；在 699 个建制市中，400 多个城市缺水；中国荒漠化土地面积约占国土总面积的 1/4；每年因缺水造成的经济损失高达上千亿元。

第六，城镇用水效率不高，浪费严重。2004 年全国总供水量和用水量为 5548 亿 $m^3$，占当年水资源总量的 23%。其中，地表水源供水量占 81.2%，地下水源供水量占 18.5%，其他水源供水量占 0.3%；生活用水占 11.7%，工业用水占 22.2%，农业用水占 64.6%，生态用水（仅包括人为措施供给的城镇环境用水和部分河湖、湿地补水）占 1.5%。按生活（单指居民生活）、生产、生态用水划分，生活用水占 8.0%，生产用水占 90.5%，生态用水占 1.5%。与 2003 年比较，全国总用水量增加 227 亿 $m^3$，其中农业用水增加 153 亿 $m^3$，工业用水增加 52 亿 $m^3$（其中火电用水增加 48 亿 $m^3$），生活用水增加 20 亿 $m^3$。近年来，一方面城市缺水形势严峻，缺水性质从以工程型缺水为主向资源型缺水和水质型缺水为主转变。城市缺水有从地区性问题演化为全国性问题的趋势，一些城市由于缺水严重影响了城市的生活、生产秩序。另一方面，城镇仍有较大的节水潜力，目前我国万元工业增加值取水量是发达国家的 5～10 倍，城镇供水管网漏失率为 20% 左右，是发达国家的 3 倍。

由于水资源供需矛盾日益尖锐，产生了许多不利的影响。首先是对工农业生产影响很大。在我国 15 亿亩耕地中，尚有 8.3 亿亩没有灌溉设施的干旱地，另有 14 亿亩的缺水草场。全国每年有 3 亿亩农田受旱。西北农牧区尚有 4000 万人口和 3000 万头牲畜饮水困难。其次对群众生活和工作造成不便，有些城市对楼房供水不足或经常断水，有的缺水城市不得不采取定时、限量供水，造成人民生活困难。其三，超量开采地下水，引起地下水位持续下降，水资源枯竭，在 27 座主要城市中有 24 座城市出现了大面积地下水降落漏斗（图 9-1）。

图 9-1　地下水长期超采造成的地面沉降

普通民众感觉不到即将面临的水资源危机的原因是多方面的，其主要的原因有三个：

其一是生活用水能够得到满足，没有影响到生活，缺乏真实的感受。生活在城市中的人对水资源危机的感受是不深刻的，除非他所在的城市经常断水，否则他难以真切地感受到水资源短缺所带来的痛苦。因为对于城市而言，无论水资源多么短缺，但当地政府都会想方设法保障生活用水的供应，因为生活用水的供应，不仅仅是一个水的供应问题，而是也是一个政治问题。

其二是国家投资的应急性。尽管随着市场经济的逐步完善，我国经济发展迅速，资金不像过去那样紧张，但资金依然是制约行业发展的重要因素。我国的投资在某种程度"应急投资"占有相当的比重，"会哭的孩子有奶吃"的现状依然没有从根本上得到改变，于是有人怀疑有关部门夸大水资源危机争取更大的行业投资，这是可以理解的，这是我国"水资源危机被扩大"最重要的怀疑源。

其三是水资源浪费普遍严重。目前，我国水资源浪费现象还十分普遍，跑、冒、滴、漏就在我们身边，节水技术没有得到普遍推广，单位产品耗水量还很高，与水资源承载力相适应的产业结构还没有建立起来，水资源效率低下与水资源短缺共存的矛盾在短时间内还不能从根本上改变。尤其在党政机关和事业单位节水的意识和行为普遍尚未建立，客观上也掩盖了水资源危机即将来临的事实。

实际上，中国的水资源无论是从现实上还是从未来发展需求上来看，整体上存在严重短缺。解决中国的水资源短缺与危机成为中国治水的重要目标。目前我国人均水资源量为 $2200m^3$，到 2050 年将下降到 $1760m^3$，接近人均水资源量少于 $1700m^3$ 的用水紧张的标准。由于我国地域广阔，各地水资源短缺现状不同，我国的黄淮海地区是缺水最严重地区，目前人均水资源量少于 $500m^3$，到 2030 年将下降到 $400m^3$，必须通过节水和水循环利用来解决。

实施远距离跨流域调水，是试图为解决缺水地区"燃眉之急"和生态问题的一大举措。也使中国成为世界上远程跨流域调水最频繁的国家。除人们熟知的南水北调工程外，我国还有山东西水东调、引松（松花江）入长（长春）、引英（位于辽东半岛北部的英那河）入连（大连）、引黄（黄河）入晋、宁夏沙坡头、引岳（位于冀豫边界的岳城水库）济淀（白洋淀）、引察济向（从内蒙古的察尔森水库往吉林的向海湿地应急补水）等调水工程。

但是，这样大规模地实施远距离跨流域调水，也引起了人们的忧虑：

调水的极限在哪里？国际上通常认为一条河调水不要超过 20%，用水不要超过 40%，否则对生态就会有严重影响。而海河用水已超过 95%，远远高于 40%。黄河、淮河用水也都超过 40%。这直接导致河流丧失自我净化的能力，最终将导致水资源的根本性枯竭。

谁为千里调水埋单？远程调水无疑需要耗费大量的人力、物力、财力。"谁结账"的问题始终困扰着调水工程。各大流域水资源统一配置、统一管理的加强，研究水资源开发利用过程中的产权归属、产权收益和产权经营问题，水权的分配、交换和定价问题，水市场和政府宏观调控等问题，都已成为无法回避的课题。与此同时，为避免"大调水大浪费"、"大调水大污染"现象，国务院制定了"先节水后调水"、"先治污后调水"的原则。但是，由于制度的缺位，远程调来的水并未得到完全充分的利用，浪费现象时有发生；污水处理市场化也才刚刚起步，边调水边污染，也考验着中国调水工程。

## 二、我国水污染的现状、成因与趋势分析

### (一) 水污染现状

我国环境保护虽然取得积极进展，但环境污染形势严峻的状况仍未改变。在经济快速增长、资源能源消耗大幅度增加的情况下，我国污染排放强度大、负荷高，主要污染物排放量远远超过受纳水体的环境容量。同时，我国人均拥有水资源量远低于国际平均水平，水资源短缺导致水污染加重，水污染又进一步加剧水资源供需矛盾。长期严重的水污染问题影响着水资源利用和水生态系统的完整性，影响着人民身体健康，已经成为制约经济社会可持续发展的重大瓶颈。

城市已经成为我国当前水环境污染的主要来源。2005年全国城市与工业污水排放总量为524亿$m^3$，其中COD排放总量为1414万t，氨氮排放总量达到150万t，其他污染物如总氮、总磷、重金属、病源微生物、持久性有机污染物(POPs)、环境荷尔蒙(EDs)等的排放量也急剧上升。

目前，流经我国城市的河段90%左右受到污染，城市地下水也普遍受到不同程度的污染。全国城市范围40%左右的地表水和50%左右的地下水因污染而不能饮用，我国有64%的人正在使用不合格的水源。

主要河流污染未能得到有效遏制：污染负荷不断增加、污染治理进展艰难、水污染加剧的态势未能得到有效遏制。地表水环境质量：2006年，我国七大水系(含国界河流)197条河流的408个地表水监测断面中，Ⅰ～Ⅲ类、Ⅳ～Ⅴ类和劣Ⅴ类水质的断面比例分别为46%、28%和26%。其中，珠江、长江水质较好，辽河、淮河、黄河、松花江水质较差，海河污染严重，主要污染指标为高锰酸盐指数、石油类和氨氮(图9-2)。海河和淮河水系的省界断面污染较重，用水生态系统健康的标准衡量，主要河流水生态系统处于不健康状态。

湖泊水库富营养化问题严重：流域工业废水、生活污水和农业面源污染，形成以氮、磷污染为基本特征的湖泊水环境问题，集中表现为湖泊水库富营养化严重。湖泊富营养化是湖泊生态系统失衡的重要标志，也是导致滇池等湖泊不能作为饮用水源地的主要原因。我国富营养化湖泊主要集中在东部平原湖区和云贵高原湖区，调查的200多个湖泊中75%富营养化。2006年，27个国控重点湖(库)

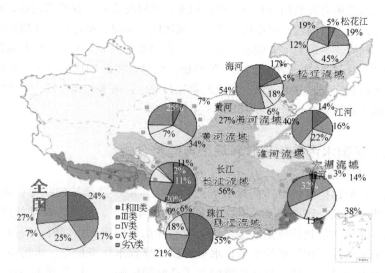

图 9-2 全国七大流域水质状况

中,满足Ⅱ类水质的湖(库)2 个,占 7%;Ⅲ类水质的湖(库)6 个,占 22%;Ⅳ类水质的湖(库)1 个,占 4%;Ⅴ类水质的湖(库)5 个,占 19%;劣Ⅴ类水质湖(库)13 个,占 48%。其中,太湖、滇池和巢湖等处于中度富营养状态。

河口水环境质量退化:因为来自陆域污染源的氮、磷污染负荷,河口地区和局部近岸海域污染严重(图 9-3)。全国九个重要河口海湾监测结果表明,黄河口和北部湾海域水质较好,以Ⅰ、Ⅱ类海水为主;其次是胶州湾和闽江口,Ⅱ类海水和劣Ⅳ类海水各占 50%;珠江口、辽东湾、渤海湾水质较差,Ⅳ类、劣Ⅳ类海水比例在 60%~80%之间;长江口、杭州湾水质最差,以劣Ⅳ类海水为主。

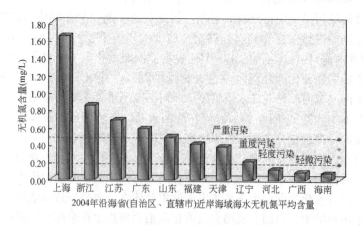

图 9-3 近岸海域海水污染情况

饮用水安全受到威胁：饮用水源不仅受常规的污染物污染，而且还受新型的有毒物质污染，同时饮用水的深度处理、输配送技术相对落后，已经威胁到城乡居民的饮用水安全。2006年，113个环保重点城市的382个饮用水源地水质和水量监测表明：所监测水源地的取水总量为15.9亿t，达标水量占72.3%，河流型水源地主要污染指标为粪大肠菌群，湖库型水源地主要污染指标为总氮。661个设市城市及县级政府所在地城镇的4.18亿人口中，水质不安全的人口0.72亿人、水量供给不足的人口0.49亿人，扣除两者重复计算人口，城市饮用水不安全的人口共计0.99亿人。在661个设市城市中，有205个城市存在水源地污染和水量不足问题。2005年国家环保总局对全国56个城市的206个集中式饮用水源地的有机污染物监测表明：水源地受到132种有机污染物污染，其中103种属于国内或国外优先控制的污染物。邻苯二甲酸二丁酯、氯仿、二氯甲烷、苯、邻苯二甲酸二酯的检出率最高，分别为50.0%、45.2%、44.8%、37.2%和35.1%。目前全国25%的地下水体遭到污染，平原区约有54%的地下水不符合生活饮用水水质标准。我国农村饮用水水质状况更不容乐观，有3.2亿人饮水不安全，其中有1.9亿人饮用水有害物质含量超标。污染不仅使有限的淡水资源更加匮乏，而且对公共健康造成了极大威胁。

水污染突发事件频发：生产事故、水污染长期积累等引发的污染事件对区域社会经济发展构成严重的威胁，也严重影响区域社会稳定。从2001～2004年，全国水污染突发性事件3988起；2005年693起，占环境污染事故的50%。该年度共爆发重大水污染事故41起，占各类污染事故总数的53.9%，其中松花江水污染事件，对沿江居民的生产生活产生了极大影响，并引起国际社会的广泛关注。2006年全国发生重大环境污染事故161起，其中60%与水体污染有关。水污染导致水污染物大量积累，将可能引发严重的水污染突发事件，如重金属铅、镉、汞等的长期累积将严重影响人体健康；水闸大量截留上游的污水将可能形成强大的污水团，对下游造成严重影响。

此外，不合理的经济社会活动、水土资源的过度开发以及全球气候变化，生态用水被大量挤占，河流干枯、湿地退化、流经城市的河段受到严重污染，城市河流普遍发黑发臭，生物多样性减少，河流水生态系统受到严重破坏。

大多数城镇因工业、生活污水排放和农业面源污染超过了当地水系生态自我修复的临界点，不仅引发了大量水生物种的消失，而且导致蓝藻爆发使水质不断恶化，昆明滇池就是一个鲜明的例子。许多地方的水系即使有少数鱼类存活和人工养殖水产，也因污染严重而不能食用。这种严峻的形势，一方面是由城镇化高速发展的过程中大量吞占和填埋自然水系所引发的（仅上海市在近20年间就填埋了170km²的水面，约占全市自然和人工水面总和的1/4强）；另一方面的原因是地方领导错误的政绩观——先污染后治理的错误思路所造成的。城镇水系的生态一旦步入恶性循环之后，要恢复昔日的水生态的代价就十分高昂。水污染物不仅会被土壤吸附和随地下水流扩散而难以得到短期治理成效，而且由于动植物对有害物质的集聚效应使处于生物链高端的人类遭受最大的危险。美国和许多欧洲工业国家30年前遭受工业化污染的湖泊和河流，尽管现在已经得到根本性的治理，但由于沉积于水系底泥中的污染导致鱼虾体内所积累的毒素至今仍严重超标而被禁止食用。

我国水污染呈现出复杂性、长期性、结构性的特点，造成我国水环境严重污染且难以短期解决的原因是多方面的，如城市规划布局与工业布局不合理；粗放型社会经济发展模式、生产技术水平低、资源消耗量大、排污水平高；污染治理投入不足，污染治理体制机制不健全；水污染控制技术水平较低、技术储备严重不足；环境保护技术设备成套化与产业化程度较低；水污染防治和水环境综合管理策略缺乏系统性和科学性；环境保护中有法不依、执法不严、违法不究的现象还比较普遍等方面原因。

严重的水环境污染已给我国经济发展和社会稳定造成了重大的损害。水污染对生活饮用水、渔业、工业、农业、水利工程、城市景观及生态环境等都会造成很大损失，严重影响社会稳定和人民生活。在工业上，由于水质下降，一方面造成工业产品质量的下降、水处理费用增大，不能足额生产等，构成显性的经济损失；另一方面造成水资源可利用程度降低（水资源短缺），使工业经济的投资与发展规模受到限制，发展速度减慢，构成了隐性的经济损失。在农业上，长期的污水灌溉致使土壤板结、起皮、龟裂、土质变硬、通气性变差和盐碱化加剧等，降低作物产量和质量。水污染对渔业生产的影响尤为严重，特别是在一些水库、湖泊、支流或近海海域，日益严重的水污染已造成大量渔民处于失业或半失业状态。研究表明，20世纪80年代全国环境污染损失约占GNP的4%～5%，其中水污染损失占GNP的比率为1.5%～3%左右。据中国社会科学院有关研究成果显示，我国在20世纪90年代末，每年因各类环境污染所造成的经济损失高达1800余亿元，其中水污染损失为1440亿元。《中国绿色国民经济核算研究报告2004》研究成果表明，2004年因环境污染造成的经济损失为5118亿元，占当年GDP的3.05%。其中，水污染造成的环境成本为2862.8亿元，占当年GDP的1.71%，占总成本的55.9%。

（二）水污染发展趋势分析

水环境的现实状况与经济社会发展对水环境的需求之间存在着尖锐矛盾。国务院《关于落实科学发展观加强环境保护的决定》指出："我国环境保护虽然取得了积极进展，但环境形势严峻的状况仍然没有改变。发达国家上百年工业化过程中分阶段出现的环境问题，在我国近20多年来集中出现，呈现结构型、复合型、压缩型的特点。环境污染和生态破坏造成了巨大经济损失，危害群众健康，影响社会稳定和环境安全。未来15年我国人口将继续增加，经济总量将再翻两番，资源、能源消耗持续增长，环境保护面临的压力越来越大。"

城市水环境污染加剧了我国城市水资源紧缺的矛盾。长期以来，我国城市的水资源开发利用率一直居高不下，导致城市所在流域，特别是北方流域开放利用强度整体过高，淮河、辽河水资源开发利用率超过60%，海河接近100%，明显超出国际上30%～40%的水生态警戒线。与此同时，我国城市污水再生利用率和非传统水资源的利用率过低，城市再生水利用率不足1%，非传统水资源的利用率几乎为零。

全社会的水污染物削减能力与社会经济的发展需求依然不相吻合。"十五"期间，城市污水处理率目标是45%，完成的指标是从2000年的18.5%上升到37.4%，提高了18.9个百分点，没有完成计划目标。"十一五"规划要求，到2010年，二氧化硫和COD排放得到控制，重点地区和城市的环境质量有所改善，生态环境恶化趋势基本遏制。所有城市都要建设污水处理设施，城市污水处理率不低于70%，省会城市和计划单列市达到80%，全国新增污水处理能力5000万t/d。五年时间提高32.6个百分点，几乎是现状的一倍，显然是一项极为艰巨的任务。因此，我国未来的水污染发展趋势将在很大程度上决定于经济社会发展模式、水污染控制策略、水环境管理水平、污染治理技术水平与各级政府治理措施落实程度。

未来15年我国城市与工业污水及主要污染物产生量预测　　　　表9-1

| 年度 | 工业废水及主要污染物产生量 | | | 生活污水量及主要污染物 | | |
|---|---|---|---|---|---|---|
| | 废水量（亿 m³） | COD（万 t） | 氨氮（万 t） | 污水（亿 m³） | COD（万 t） | 氨氮（万 t） |
| 2005 | 243 | 555 | 53 | 281 | 859 | 97 |
| 2010 | 469 | 1874 | 119 | 467 | 2012 | 197 |
| 2015 | 500 | 1998 | 140 | 486 | 3043 | 302 |
| 2020 | 531 | 2123 | 165 | 501 | 4152 | 416 |

今后15年随着我国人民生活水平的提高，对城市水环境质量有更高的要求，一方面对城市污水中常规污染物（COD和氮、磷等）的处理程度要求不断提高，另一方面对城市污水中有毒有害污染物（抗生素、POPs、EDs）的处理也提出了要求。由此，城市污水处理的排放标准将会更加严格。

与此同时，有毒有害物质污染问题开始显现。根据我国经济发展的总体态势，工业和生活污染排放的多种有害物质形成的复合污染日趋严重，在我国各类水体中农药、含氯化合物、生物激素等生物毒害物质的检出种类持续增多，由此引起的人体与生态健康风险备受关注。可以预计，在未来时间内，持久有毒有害物质污染将逐步成为水环境污染新的棘手问题。

发达国家的水源污染普遍得到有效控制，然而大多数水厂仍普遍采用深度处理工艺，保障饮用水安全。20世纪90年代以来，给水领域进行生物膜法预处理技术研究。在美国，强化混凝技术被推荐为削减有机物的适用技术，臭氧和紫外技术对隐孢子虫等致病微生物的显著灭活效果也受到了高度重视。我国河流、湖库乃至地下水各种类型水源均存在比较严重的污染问题，常规水质净化处理工艺，难以应对水源水质恶化趋势。另一方面是饮用水卫生标准的大幅提高，我国现有的技术体系难以适应饮用水安全保障目标的实际需求。

总体来看，我国整体生态环境状况已进入大范围生态退化和复合型环境污染的新阶段，生物多样性降低，生物栖息地退化，水环境受到不同程度的破坏，发达国家上百年工业化过程中分阶段出现的水环境问题正在中国集中出现。水污染问题长期以来缺乏系统性、协同性和创新性的科学研究，水污染控制的技术支撑比较薄弱。水污染日益严重的态势尚未得到根本扭转，水环境质量随着社会经济快速发展而下降乃至突变的潜在危险依然存在。可以预计，未来5~15年，甚至更长时间内，伴随我国经济社会的高速发展，水资源与水环境质量仍然是制约与胁迫我国经济社会发展的重大瓶颈。

**（三）存在的主要问题与原因**

近20年来我国新建了大量城市污水收集与处理设施，在城市水污染控制方面发挥了积极作用。但是，我国在城市水系统发展理念、城市发展模式、污水收集与控源、水污染控制关键技术、城市水环境监管与预警等方面依然存在诸多问题，产生这些问题的原因是多方面的。

1. 城市水系统发展缺乏科学系统的理论指导，缺乏科学的水系治理规划

长期以来，我国城市水系统的发展一直缺乏科学系统的理论指导，城市水系统健康循环体系尚未建立。我国现有的经济发展规划和城市总体规划未充分考虑水资源保护、水生态修复和水污染控制等因素。环境基础设施建设资金投入严重不足，欠账较多，尚未实现污染控制与社会、经济的协调发展。在城市建设中往往重视水体的防洪排涝建设和景观建设，而忽略了水体的生态健康，具体表现为城市水体的盲目工程化，造成其原有生态功能的退化甚至丧失，大大降低了城市水体的自净能力；城市地表大面积硬质铺装，截断了雨水向地下水的补给，破坏了城市正常的水生态循环。目前城市雨水和污水系统仍主要采用20世纪60年代的设计规范，其理念陈旧。另一方面，我国在城市污水的处理过程中，单纯考虑污水处理的运行成本，污水通过工程设施收集后集中输送至城市下游，致使污水处理厂规模较大且距离城市较远，造成处理后的污水再生回用成本较大，没有将污水的"收集—输送—处理—回用"等作为一个系统工程来加以实施。

2. 收费不到位，财政不补贴，污水处理难以形成良性循环机制

目前尚有150个城市没有建立污水处理收费制度，大部分在经济不发达地区；大部分实行收费的城市，污水处理收费标准偏低，难以保障污水处理设施正常运行。水价改革应优先把污水处理费调整到保本微利水平。但不少城市没有出

台相关的政策，收费标准也不敢提高。一是担心老百姓的承受能力；二是怕影响投资环境。要害是保选票，该干的不敢干。实践证明，污水处理收费不到位，问题在于地方领导的思想观念，有心理障碍。只要政策到位，做好宣传，解决低收入阶层困难，污水处理收费完全会得到群众的理解和支持，同时会促进节水，增强全民的环境保护意识。不少城市通过自来水征收污水处理费到位率高，对使用自备水的企业却网开一面；一些地区污水处理费收缴率不足20％，也不去研究提高收缴率的方法手段，听之任之；污水处理厂既处理生活污水，又处理工业废水，其中比例平均各占50％。居民们老老实实交纳污水处理费，却让企业揩油，这实际上是一种剥削，一种新的不公。

3. 城市发展模式过于粗放，工业产业结构和布局不合理

我国城市在过去几十年间一直延续传统的粗放、低效、高污染排放的发展模式，资源节约型和环境友好型的城市发展模式尚未形成，城市建设和管理仍以自身的经济增长为单一目标，遵循"资源消耗—产品工业—污染排放"所构成的物质单向流动的开放式线性经济运行方式，往往采用资源的粗放型经营和一次性利用，以实现经济的数量型增长，由此造成了我国城市水环境污染十分严重的状况，已成为制约我国社会经济可持续发展的瓶颈。传统的高投入、高消耗、高排放、低效率的粗放型经济增长方式，使污染物排放总量居高不下，加剧了水环境污染，我国COD已居世界第一。大量高耗水、高排污的企业分布在水资源相对短缺的地区，使水资源短缺和水污染加剧的形势更加严峻。部分城市工业布局不合理，很多重污染企业建在大江大河沿岸、城市饮用水源地附近和人口密集区，构成城市水环境安全的重大隐患。此外，我国工业企业的生产工艺和管理水平落后，用水效率和水的重复利用率低下，万元GDP用水量是世界平均水平的4倍，发达国家的5～10倍。

4. 城市水系统基础设施建设严重不足，管网配套能力薄弱

我国城市的污水收集系统极不完善，致使很多城市污水处理厂建成以后不能满负荷运营，全国至少有30多个城市的50多座污水处理厂运行负荷不足30％。近10年来，污水处理厂规模增加近8倍，排水管网长度增加不足2倍，除去雨水管道，污水收集管网增加有限，严重滞后。相当长的时期，国债不用于管网建设；地方政府"重地面轻地下"；市场主体不涉足；政府责任不履行。忽视管网建设的艰巨性、综合性、长期性和高投入等客观规律。建设部门多年强调并呼吁管网优先、厂网并举以及必须统筹规划、统一实施，但地方政府决策者往往择易避难，合理意见被边缘化。污水收集系统混乱，雨、污管道混接严重，对城市污水处理厂水质水量冲击负荷大，严重影响其正常运行。我国城市污水处理厂现有处理能力严重不足，2005年全国城市污水集中处理率仅为43.06％，二级处理率约30％。即使达到二级处理的污水处理厂中，大多数是按照二级排放标准设计的，

大部分污水尚未得到真正有效的处理及再生利用。由于监管不到位、监管能力薄弱以及排放标准过低，大量工业废水未经有效处理就排入周围环境，尤其是有毒有害工业废水的随意排放、偷排和低标准处理，造成水体生态功能持续下降，突发性水污染事故频发，严重影响和威胁饮用水的安全。在城市污水管网覆盖区域内，工业废水预处理设施运行不正常、达标排放效率低，偷排现象普遍，排入城市下水道的工业废水中COD、氨氮和其他有毒有害物质污染物往往明显超标，严重影响和冲击城市污水处理厂的正常运行和效能发挥，以及污泥的后续处置和利用。全国尚有278个城市没有建成污水处理厂，每年约有200亿 $m^3$ 未经有效处理的工业废水和生活污水直接排入江河湖海，致使我国城市水环境受到了严重的污染，2006年我国COD排放总量居世界第一，远远超过水环境容量。

目前我国拥有48000多个小城镇，其中建制镇20000个，吸纳2亿多居民，但绝大多数没有有效的污水收集和处理设施，污水基本上处于无组织排放状态，已经严重威胁乡镇和农村的饮用水安全。

养殖业排水和广大乡村地区量大面广的面源污染控制近年开始得到关注，但几乎没有采取真正有效的管理与控制手段，造成水体富营养化的氮、磷污染物基本上都来自陆地的农田肥料流失和污水排放。

5. 重建设轻管理，纵容工业废水超标排放，污水处理厂安全运行难以保障

不少城市分管城建的副市长缺乏污水治理的基础知识，误认为城市污水处理厂能"包打天下"，允许大量有毒有害工业废水直接排入污水处理厂。为了所谓的投资环境，放弃对工业企业废水预处理的要求和监管。约25%的污水处理厂进水超过设计指标，有毒有害污染物质破坏污水处理的生物系统，微生物大量死亡，安全运行难以保障。再生水难以有效利用，污泥重金属超标，大幅度增加了后续处置的难度和成本。部门间监管协调机制亟待建立和完善。一个十分紧迫的课题是：必须严格实行城市下水道"排水许可制度"，建立与环保部门的联合监测和监管机制，明确职责分工，强化工业企业的预处理，严格禁止有毒有害工业废水进入城市污水处理设施，为污水再生利用和污泥土地利用创造必要的条件。

6. 水污染控制关键技术缺乏，现有处理工艺流程技术陈旧、效率不高

目前，我国城市生活污水和工业废水仍缺乏关键处理技术。现有城市污水处理厂主要以去除COD、$BOD_5$ 和SS为主要目标，而对氮、磷等营养物的去除率仅有20%左右，致使城市水体的富营养化问题仍在加剧，其原因在于目前的污水处理厂普遍缺乏兼具除磷脱氮功能的二级强化生物处理工艺；城市污水处理厂的剩余污泥也缺乏有效的资源化利用与安全处置技术，成为城市水环境安全的隐患；部分工业废水成分复杂、毒性大，缺乏相应的技术支撑，虽经处理其出水排放对受纳水体的生态环境仍有较大的影响。

7. 城市水环境监管和预警体系亟待完善，流域综合治理制度缺失

目前，我国城市水环境仍存在监管体制不完善和预警体系缺失的问题。虽

然，全国各地目前基本上建有水系统监管机构，但缺少有效的监管标准体系和绩效考核体系加以指导和约束，尚未形成国家层面的水系统监管平台，无法满足对城市水环境有效监管的要求。流域水污染防治缺乏系统性和综合管理策略。我国流域内行政区之间、两岸之间、上游与下游城市之间缺乏水污染防治的协调互动关系，部分城市虽建有水环境监控预警系统，但对水体污染预警的及时性和有效性较差。一方面是因为在线监控系统不完善，监控系统所提供的监测数据深度和广度不足，且存在严重的滞后性；另一方面缺乏科学合理的模型作支撑，难以对监测数据进行科学准确的判断，不能快速作出正确响应。因此，需要研究适合我国国情的城市水系统监管体制和预警体系，探讨城市水环境长效管理机制，切实改善城市水环境质量。

## 三、应对水危机的基本思路和途径

城乡水系作为人工和自然复合的生态系统，是由无数个相关的子系统有机构成的开放系统。实践证明，要根治水体污染，必须让各相关子系统一起和谐地工作。如果只是着眼于单个城镇或企业污水问题的解决，有时只能使整体水体环境陷入更为严重的恶性循环的衰退过程之中。

### （一）治理我国水体污染和解决水短缺的主要思路

1. 从开发—排放的单向利用向循环利用转变

健康的水循环利用方式主要是指水在循环使用过程中，尊重水的自然运动规律和品质特征，合理科学地使用水资源，同时将使用过的废水经过深度无害化处理和再生利用；使得上游地区的用水循环不影响下游的水体功能，地表水的循环利用不影响地下水的功能与水质，水的人工循环不损害水的自然循环，维系或恢复城镇乃至整个流域的良好水环境；将传统的"资源—产品—废水达标排放"的单向式直线用水过程，向"资源—产品—废水处理达标再生利用"的反馈式循环用水的过程转变，实现水资源的可持续利用。

2. 从单项治理向水生态的整体优化转变

要通过多种工程、技术、制度等手段，使城乡水系的生物多样性得到稳定改良，水体生态自我修复能力稳步提高，城乡水体水产品健康无害，野生动植物能健康繁育，人类能在城乡江河湖泊中游泳……总之，要构建城乡和谐水系，根治水体污染，即要在水系的保护和治理过程中，要执行整体与生态最优原则。就是要综合考虑水生态、水景观、给水、排水、污水处理、生活和工业垃圾无害化处理、再生利用、排涝和文化遗产保护、旅游等各种功能的有机地结合，系统处理整个流域(或地区)的污染防治。与此同时，污水治理、水循环利用还应与城镇的园林绿化工程紧密结合，真正形成城乡水系统的良性循环。

3. 从简单地对洪水截排向与洪水和谐相处转变

现代的城镇由于实行了许多错误的建设方式，使排水、防洪性能越来越退化，城镇水系也变得越来越脆弱。如宽马路、硬铺装的大广场、停车场等等。城市不透水的硬化铺装所占的面积越来越大，再加上近年来大行其道的城镇河道、沟渠、湖泊的硬质砌底和护坡，开发填埋了大量的城镇和郊区自然河流、湖泊和湿地，造成了雨水无法下渗和积蓄，排水径流量逐步上升。这一方面使日益枯竭的地下水资源无法得到补充，另一方面也使得城镇自身和下游地区极易形成洪涝灾害。除此之外，大量的过去生活在"湿地毯"上的动植物在"水泥地"上遭受了灭顶之灾，严重肢解了城乡和区域的生物链。构建健康的城镇排水体系，就必须尊重水系的循环规律，纠正以上这些错误的建设行为，维护水系生态健康程度和系统的自适应调节能力。

4. 从过度依赖远距离调水解决城市供水需求转向倡导就地循环利用

由于部分地区缺水严重，国家从战略角度考虑，投入大量资金建设了一批跨流域的调水工程，进行水资源的调配。但是，也有一些地方没有正确认识到远距离调水与自身用水之间的关系，片面地认为靠远距离调水就可以解决自身的缺水问题，甚至忽视节约用水工作，浪费了很多身边可以循环利用的水源，而大量采用成本较高的远距离输送水。

以南水北调工程为例，到达北京的水成本已达每立方米 5 元左右，还不包括之后的处理成本。而现在北京市污水处理的成本大概仅有 1 元左右，即使增加了深度处理工艺，甚至采用处理效果很好的膜处理工艺（出水基本可以达到饮用标准），每立方米水的处理成本也不过 2~3 元。

还有一些地方计划建设大型的截污导流工程，也有个别的地方领导盲目提议建立"长江污水排放道"构想，投入几十亿甚至上百亿元，修建几百公里甚至上千公里的污水排放工程，将污水送入大海。这种片面强调清污分流，忽视水体自然净化作用以及再生水的循环利用，而对远距离排放污水存有幻想，不仅浪费大量资金，而且还会造成水资源浪费的"大截排"做法，在 2006 年"深圳河湾水污染控制方案"的专家咨询会上，已被钱正英院士、钱易院士等一批有识之士以及城建部门的专家所否定。钱正英院士明确提出：赞成"正本清源、截污限排、污水回用、生态补水"的深圳水污染治理规划布局方案，并指出规划布局方案的理念是强调水资源的可持续利用，满足社会经济和生态用水的需求。"大截排"方案看起来比较简单也比较理想，但它并不符合我国的水资源可持续利用战略和国际上的先进经验，不能根本地解决污染问题，也不能解决今后用水增长的需求。规划布局方案和"大截排"方案，实际上体现了在水污染治理中的两种不同理念。

然而，至今"大截排"的治污误区仍体现在一些地方法规和政协代表的提案中。如某省出台的长江水污染防治条例中就明确要求"省有关部门应当加强长江南岸排污通道的研究，科学规划建设尾水导流工程"。一位全国政协代表曾在提案中建议，沿长江建设"长江污水排放道"约 1700km，投资上百亿元，将污水直接送入东海的所谓根本解决污水处理问题的构思。

由此可以看到,城市治污理念之争还在继续,"大截排"方案还在耗费人们大量的精力、宝贵的时间和有限的资金。确立科学的治污理念、治污方案,对我国城市水环境治理战略的确立和实施,乃至城市社会经济的可持续发展必将产生深远的影响。正如钱易院士所说,水污染控制保护环境,这是基本目标,而按照经济发展与环境保护相协调的科学发展观要求,水污染控制还应该提出更高的目标,那就是变污水为资源,经过适当的处理,可以从中回收水资源、能源和肥源。这是很多国家和地区的成功经验,是 21 世纪水污染控制的新方向。钱正英院士也曾对有"大截排"观念的同志提出,要"丢掉幻想,开辟新的出路",并指出深圳污水的治理,不能仅仅以达标排放为目标,要进一步加强技术改造,提高污水处理标准,开辟再生水资源,为深圳河、深圳湾的生态保护发挥作用。

因此,在城市水环境治理中必须维护城市规划的权威性;必须彻底摒弃基于一些部门和人员的知识偏好和部门利益,正视城市水处理系统在知识体系、工程体系、管理体系等方面与工程水利的差异;必须兼顾流域上、中、下游的利益,以科学发展观和循环经济的理念指导和做好城市水环境治理工作。在今后较长时间内都要积极倡导节约用水。通过改进工艺,提高再生水水质,沿海城市可利用太阳能进行海水淡化等新工艺,扩大再生水利用范围,把身边可以使用的再生水源用好。仍有缺口的,可通过远距离输送水作为补充。而对所有大型截污导流项目,都要进行充分论证,严禁"大截排"的情况发生。

城乡水环境是一个至少由以上四方面组合而成的人工自然复合的巨系统,如果对其合理规划建设和维护的话,其自身具有较强的抵御外界干扰和自我修复生态的能力。但如果人工系统设计不合理,或干扰(主要表现在污染和用水)超过自身修复能力,水体环境将不可逆转地迅速退化,最终影响甚至威胁人类的生存和发展。

**(二) 实现水体环境健康化的主要策略**

1. 制定城镇和流域水系统规划

在城镇体系规划阶段,城镇水系统规划要做好区域和流域水资源的供需平衡分析,合理选择城乡供水水源,划定水源保护区;在城镇总体规划阶段,水系统规划的主要任务是保护好原有的水系,分析城镇规划区内的各类用水需求,合理安排生活、生产和生态用水,以及确定水源地、供水厂、污水处理厂及其管网设施发展目标及建设布局。尤其重要的是污水处理厂应按"规模合理、分散布局、便利回用、节约能源"的原则进行规划。

在城镇控制性详规阶段,水系统规划的主要任务是综合协调并确定规划期内城镇水系统及其管网设施的详细布局,包括河湖水系的治理措施等。城镇建成区硬化面积应控制在 60% 以下(德国规定不高于 45%)。规划的编制工作应坚持立足水资源条件,促进资源节约,系统地、综合地考虑城镇供水、污水处理、节水、污水再生利用等问题,特别注意厂网配套和设施能力的协调增长、规划建设城市湿地公园和防止对江河湖泊和海滩湿地的破坏性建设和非法填埋占用,切实维护水系的原生态。

2. 加强污水处理及再生利用

城镇污水再生利用,具有水量集中、相对稳定的优势,是水资源循环利用的重要环节,也是节水的重要举措。再生水作为非常规水资源,将为缓解城镇水的供需矛盾起着日趋重要的作用。再生水水源主要依靠城镇污水处理厂,其利用范围覆盖了城镇用水和农业用水,其重点是水质安全和输配安全,必须在城镇水系统管理中通过规划、建设和管理等综合措施统筹解决。要努力实现水的四个循环:一是建筑中水回用;二是小区范围污水的再生利用;三是城镇污水的再生利用;四是区域水的循环利用。通过这四个循环,实现社会经济发展对外界水的最少依赖和对自然生态的最少干扰。同时,也使快速城镇化对水环境和水资源的压力能够充分释放。据此,城乡给排水系统的任务早已超出了供水保障,排除雨、污水,保护城市水环境,防止公共水域污染的范畴,而已成为促进城镇水的良性循环,恢复水环境和水生态的"生命线工程"。

3. 着力构建节水型城镇

以最少的水资源消耗和尽可能小的环境代价,取得最大的经济产出和最少的废物排放,是防治水体污染的有效途径。推进城镇节水工作,要加大节水设备和器具的推广力度;加快供水管网改造,降低管网漏损;要推动公共建筑、生活小区、住宅节水和再生水利用;将雨水收集利用与天然洼地、公园的河湖等湿地保护和湿地恢复以及社区绿化防灾等工程相结合,并通过城镇绿地、城镇水系、交通道路网的透水路面、道路两侧专门用于集雨的透水排水沟、生活小区雨水集蓄利用系统、公共建筑集水入渗回补利用系统等充分利用雨洪水;沿海缺水城镇,应积极发展海水淡化和输配技术以及海水直接利用技术;总之,要以提高水资源利用效率为核心,以发展循环经济为重点,从体制、政策、技术、管理等方面,采取综合措施,指导各地着力创建节水型城镇和社区。

以色列全年只有4个多月有降雨,雨量平均不足180mm。伴随干旱的自然条件,以色列诞生了世界上最严格的水管理制度,全国的水源全部要进入流域的管网,由当地水资源组织实行统一的分配。再加上农业滴灌技术和城市、工业节水技术的普遍推广,凭借严格的制度和开源节流,极度缺水的以色列保障了700多立方米的人均年用水需求。这一点,很值得中国借鉴。

4. 依靠科技进步,促进水环境的优化

近年来,一些经济适用、简易高效的污水处理工艺技术得到推广,100余项标准与技术规范正在广泛应用。针对水源短缺和水体污染的状况,应加速研发推广以膜过滤和反渗透技术为代表的污水深度处理工艺、微污染水人工湿地处理技术以及有关生态无害化净水药剂等等，提高水质监测技术水平，建立和健全监管、督察体系，积极开发各种消除供水水源有机物污染的新技术和开发推广各地小城镇水污染防治的适用技术与装置，以及以 GIS 为代表的信息化技术的应用等，都将为污水资源化和供水安全提供必要的技术支撑。

5. 积极引入市场机制，加强政府监管，优化城乡水务市场资源配置效率

近些年，建设部先后印发了《关于加快市政公用行业市场化进程的意见》、《市政公用事业特许经营管理办法》、《关于加强市政公用事业监管的意见》等文件，加强了对城镇水务市场进入与退出、运行安全与服务质量、运营成本与水价和收费标准等的监管；初步建立了特许经营制度、城市供水督察体系和城市排水许可管理制度；推进了国有供水和污水处理企业的改制。水作为特殊的资源和商品，一方面应该借助市场机制来优化水商品的生产效率；另一方面，需要各级规划和水务部门综合运用法律、经济、行政、技术的手段，加强对城镇水务市场的监管职权。尤其是强化规划体系中"绿、蓝、黄"等管制线的运用，强制性地保护城市水系生态和防污治污设施用地。城镇水务、规划、园林、市政部门都要转变职能，与有关部门协同配合，重点抓好政策法规、行业规划、标准规范和宣传教育，强化对城镇水务经营服务市场的培育、调控和监管。维护公平竞争，监督企业的运行，监控城镇水系生态安全，确保公共利益。

6. 提高城镇水系统防灾减灾能力

提高城镇供水系统的防灾减灾能力和安全性能，是以城镇社会经济与资源环境协调发展为目标，依据水系生态循环的原理统筹规划城市供水、节水与水污染防治，增强城镇水系统的整体性、适配性、扩展性和应急能力，提高系统抗御外部干扰的稳定性，以及具备可靠的多途径供水水源、安全运行的供水排水系统、满足城镇正常需求的安全供水和与改善人居环境相适应的健康水环境等方面的要求。着眼于流域的整体治理，以"深淘滩、低筑堰"与洪水和谐相处的原则，尽可能提高城镇化地区和城郊蓄洪滞洪的能力，力求化害为利；建立包括城镇供水突发事件应急预案等有关防灾减灾应急机制，提高城镇水系统抵御自然灾害包括地质（如地震）、地理（如咸潮）、气候（如台风暴雨）、气象（如雷电）和突发性污染等方面的能力，以及应对社会性事故包括突发的公共卫生事故（如 SARS 和突发性水质污染）、蓄意破坏（如战争、恐怖袭击）、安全事故（如氯氨泄漏、电力中断、管网爆漏）等方面的能力，对于实现城镇水系统的生态健康具有重要的作用。

总之，在城镇化、工业化快速发展的过程中，正确选择防治水污染的策略应树立城乡水环境健康化的整体治理观，着眼于城镇节水和水资源循环利用，切实从源头治理水污染、保护水环境，修复和恢复城镇水生态，实现水资源的可持续利用。

## 四、我国城镇水务若干优先发展的领域

正确应对我国面临的城镇水危机,除了正确选择治理思路和策略外,关键是在污染防治工程规划建设的高潮中,及时吸取先行者的错误教训和成功经验,结合我国实际选择正确的工艺路线和水治理模式。

### (一) 多水源供水,确保城市饮用水安全

因为城市是国家经济、社会发展的主要载体,80%的GDP来自于城市,50%的人口集中在城市,90%以上的科技创新发生在城市,可以说一个国家的竞争力浓缩在城市之中。但是近年来,哈尔滨、无锡、长春等城市都出现了因为水污染而停止或者是局部停止供水的事件。面对水污染所带来的城市供水危机,为确保城市供水安全,应认真学习借鉴新加坡的经验。新加坡实施"四个水龙头"的供水:一是从马来西亚调水;二是大量地进行雨水收集;三是实施"新水"(Newater)计划(图9-4),所谓"新水"计划,就是把污水进行深度处理以后,重新变成可饮用水;四是海水淡化。新加坡作为一个极度缺水的岛国,现在的水问题已得到了顺利解决。

图9-4 新加坡"新水"厂

应该强化地下水源管理。对地下水源供水井,要采取封而不死,由自来水公司整体接管,严格维护,应急启用。城市最简便有效的应急水源也就是地下水。

在城市密集区采取区域联供,确保饮用水安全。如太湖流域是我国城市最为密集的地区之一,如果区域内城市之间(如苏州与无锡)的自来水供应管网能够相互连接,当某个城市出现供水危机时,苏州可以调25%的水供应无锡,反之无锡也可以把饮用水大幅调往苏州,再加上限制工业用水等措施之后,就可以基本保障紧急情况下的城市居民用水。

以上几种方法,都是已经国内外实践证明应对饮用水安全可以立即实施而又非常实用的技术。

### (二) 城市防洪疏导法优于堤坝建设

城市防洪工程的主要目的,是减少和避免洪水的灾害,而不是简单的抵抗洪水(图9-5)。我国许多城市不惜耗资几十亿甚至上百亿的资金建设堤坝设施,这在世界上其他许多国家也曾试验过,但实践证明成功的案例为数不多。

图 9-5　我国城市市区河道防洪堤

实际上高大的防洪堤坝反而会加剧"主水"引发的洪涝灾害。巴西的库里蒂巴市在防治洪水方面有着成功的经验，他们采取的措施是拆除城市防洪堤坝，然后拓宽水道，把处于低水位地区的老百姓迁移到防洪能力比较好的地方去，恢复原有的沼泽地和河湾，使城市的防洪能力大大提升。

城市防洪的标准应该是河道容纳洪水的能力，而不是抗衡洪水的标准。所以，不能盲目追求防洪堤坝所谓的抗洪能力"××年一遇"的标准，就大多数城市来说，这是一个误区。河道的纳洪能力具动态变化性。上游修造水库、退耕还林、封山育林，都会缓解洪水的压力。而盲目修建防洪堤约束河道，将使下游城市的"防洪标准"明显下降，而且会造成小雨大灾的局面。杭州有关部门曾编制了城市防洪总体规划，为使杭州的城市防洪能力达到百年一遇的标准，有"专家"竟提出该用1.5m高的堤坝把西湖围起来如此荒唐的方案。国外很多城市，如法国巴黎塞纳河的防洪河堤都很低（图 9-6），按我们讲的也就是"五年一遇"的标准，哪怕是发生了"十年一遇"的洪水，采取疏导的办法，及时预警、转移居民就可以化解，因为洪水滞留的时间很短。

图 9-6　巴黎塞纳河的防洪河堤

巴西的库里蒂巴市有三条河流，时发洪水。过去，人们为了抗洪，在河道里建了许多防洪堤坝，结果每一次洪水来时，许多防洪坝都被水冲垮了。后来，规划师出身的杰米·勒纳（Jaime Lerner）担任了该市的市长，他采取的防洪对策很简单，把那些处于三五年一遇洪水地方的居民，搬迁到地势稍微高一点的地方。搬迁后，这些地方人工建造的建筑和地基全部拆除，形成了弯弯曲曲的河岸，恢复原来地形地貌，贫民窟变成沼泽地或湖泊，河道就有了很强的排洪能力。而不是因建防洪堤坝导致河道紧缩，提高了洪水水位，增加了灾难发生的可能性。也不必修建什么五十年、百年一遇的大坝。居民新的居住地的地势比较高，而且房屋地基抬高，再加上较完善的洪水预警应急疏散系统，即使街道5年让洪水洗一次也没有什么大不了的。实施新的洪水治理方案后，整个河岸面貌发生了巨变，原来是令人最讨厌的地方，现在变成了令人最向往的旅游胜地（图9-7），而且避免了巨额的防洪坝建设费用，又恢复了水生态，使水质明显改善。

图 9-7　库里蒂巴市的河道

由此可见，城市景观与防洪功能应相结合，维护城市水景观的自然生态。一类是城市景观规划建设时，没有考虑到防洪的需求，造成安全隐患。另一类是片面强调城市中河流的防洪作用，仅作为防洪通道，并采用铺设防渗膜、修建硬质驳岸和砌底，而不进行景观生态建设和保护，甚至每年部分时间河道干涸，造成资源的浪费，也严重破坏了水体周边的生态环境。实际上，健康的河流不仅在于其生态功能：生物多样化、水体自净化能力、地表水与地下水的循环等等；而且在于其文化功能，每一条河流都是人工构筑与自然造化的有机结合。城市依河而筑，河流满载着历史文化遗产，是城市乃至区域文化景观的主要载体。今后，应该将城市中河流的防洪功能和景观生态环境保护工程有机结合起来，在保证城市防洪安全的基础上，利用城市内部的河流，建设水体景观，提高城市环境品位，杜绝在城市河道改造过程中采用硬质驳岸和砌底等防渗处理方式，建造自然和谐的城市水景观。

此外，城市防洪工程应该兼顾生态环境和城市文化遗产保护。古代城市大都是因水或傍水而建，在城市的水边，有着众多的历史文化积淀，如果防洪堤建设仅从抗洪的角度出发，那沿岸许多优秀的人文设施和历史遗产就不可能再利用。

## (三) 污水处理设施规模适中，分散布局

许多城市污水处理及其再生利用设施规划布局不利于开展再生水利用。现有的城市污水处理厂在建设过程中，为了配合城市污水收集管网的规划，一般建在城市的下游，污水处理后的尾水直接排入到附近的自然水体中，不能对城市区域内的景观水体起到改善作用。如果要将这些再生水用于城市景观，就要向上游建设一条输水管线，运行中还要付出很高的输水成本。随着人民生活水平的不断提高，对居住小区内部的水体景观等也有了需求，但由于目前再生水管网普及率很低，供水成本高，用再生水作为补给水源还有一定的困难。因此，必须研究大型污水集中处理与小型分散污水处理相结合的方式，加大对再生水管网的设施建设。城市污水处理厂将处理后的再生水用输水管线等方式供城市景观水体及城市区域内河道的补给、绿化、市政杂用等，小区污水处理站将再生水直接用于小区内部的景观、绿化等。

在城市污水处理设施建设上，曾经有过深圳的污水处理"大截排"方案论证的教训。该市有关部门曾设想取消市区原有的分散的污水处理厂，把所有污水通过30多公里长的管道输送到一个大规模的污水处理厂进行简单集中处理后，直接排入珠江入海口（图9-8）。这一方案存在五个致命的缺陷：一是东江无水可调，再加上缺乏"中水"补充，深圳河将会变成无源之河；二是珠江口的环境容量有限，不能纳污；三是中水得不到循环使用，造成资源浪费；四是工程造价浩大；五是潜伏着污水输送管道因沼气积累而可能引发的爆炸危险。

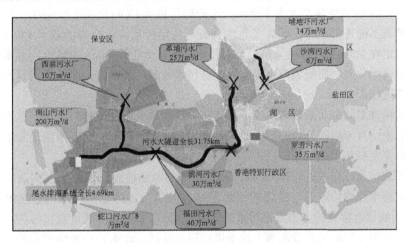

图 9-8 深圳污水处理"大截排"方案

国际水协于10多年前对城市污水处理厂的建设提出了"规模适中、分散布局、深度处理、就地回用"的技术导则，我国许多城市的污水处理厂建设也贯彻

了这一要求。如安徽省合肥市，150万人口的城市有14个污水处理厂，污水经过两级处理后稳定达标，而且都能就地回用（图9-9）。深圳的污水处理"大截排"方案，经过两年时间论证耗费了几千万人民币，最后终被废止。

图9-9　污水层层处理后的循环利用

### （四）加快雨污分离管网改造

目前，我国除了部分城市新区实行了雨污分离外，其他绝大部分城市的老城区还是雨污合流，从而导致了污水处理厂进水COD浓度偏低。据2006年12月建设部对全国污水处理厂情况调研核查中上报的534个污水处理厂进水水质浓度情况的统计，COD小于200mg/L的约占32%。而且这还是旱季的数据，如果到了雨季，COD浓度还会大大下降。污水处理厂进水COD低于200mg/L，污水处理工艺就不能正常运行，破坏了污水处理厂的运行系统。合理的进水COD浓度应该稳定在300mg/L以上。所以，对每年降雨量大于400mm的城市，污水处理必须是雨污分离，要最大限度地利用现有污水处理厂的设施，而不是盲目地寻求建设新设施。

我国许多城市对沿城市边缘的排污口，简单地采取"截排"工程，这无助于污水防治。对于雨污分离的污水收集管网工程，国家"十一五"国债优先给予安排，每年大概几十亿元投资。

采取污水处理费返回与COD削减量挂钩的激励措施。目前绝大多数城市采取的是污水处理费返回与处理的污水量挂钩的措施，这是不合理的，应该是与COD削减量直接挂钩。如果把污水处理费返回与COD的削减量直接挂钩，有助于污水处理设施的运营者能够主动地进行污水处理，而不是一般性的水处理，能够主动进行雨污分离的管网改造，而不是简单地进行大截排。

### （五）生活污水与工业污水分离处理

应该大力推行工业污水尤其是有害废水的"零排放"。原来的污水处理方案，是把工厂的污水与生活污水混合在一起,难以分离解决工业污水中的有害物质。采取工业污水"零排放",就是对污水中的有害物质重新进行另行处理,不把它们排入到城市污水系统。而城市的生活污水经过深度处理以后,可用于农作物灌溉、地下水补充与城市绿化,使水资源可以得到有效的循环使用(图 9-10),并有利于实现污泥的资源化利用。在具体实施上可分三步走:首先,可先在经济开发区、高新技术开发区、化工工业区等独立的工矿经济区推行独立的污水处理系统。其次,在有条件的城市对所有含重金属、化学品污染的企业实行污水零排放或深度处理。最后,实行有毒有害的工业污水与一般生活污水分离处理,以充分实现污水、污泥的综合利用和减少对土壤、地下水的长期毒害。

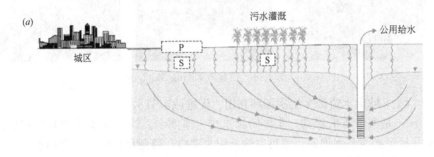

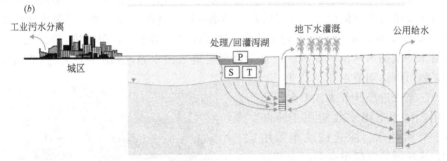

图 9-10  生活和工业废水深度处理后的循环利用

### (六) 推广"四节一减"型除磷脱氮和其他水处理技术

自然水体的富营养化,磷、氮污染是主要的原因。但传统的脱磷除氮工艺和传统的水处理流程包括设施、净化水处理的工艺流程都存在占地面积大、能耗高的问题,应该对其进行改进。另一方面,当前由于征地拆迁建造新污水处理厂日益困难,省地型的水处理设施和工艺尤为重要。要对各种水处理工艺进行效果、占地、能耗等方面的比较分析,采取斜板沉淀、膜工艺、生物除磷脱氮和积木式紧凑型水处理单元,以达到"四节"的目的。

污水处理设施对城市正常运行必不可少,但城市居民谁都不愿意在自己住宅区附近建设污水处理厂。目前世界上许多国家已经实施了"减少臭气的污染"的新理念，如加拿大的 Living Machine，能把整个污水处理系统设计建设成为暖室花园，基本消除了臭气污染，而且这套系统不受气候的影响，在严寒的冬季都能够正常运行(图 9-11)，并成为当地著名的旅游观光项目。

图 9-11　加拿大 Living Machine

**（七）城市水资源多层次循环利用，促进城市节水**

一是推广节水器具，实施阶梯水价。事实上，许多缺水城市只要将居民抽水马桶更换为节水型的，就可以弥补用水缺口，避免昂贵的长距离调水。

二是实行建筑节水。在城市日常用水总量中，45％的水为建筑所消耗。所有建筑都要进行认真的设计，所有的建筑师都应该经过再培训。要对建筑中所产生的"灰水"，即洗衣机的水、厨房的水、洗澡的水、雨水等，单独进行简单处理，然后来冲洗抽水马桶，变成"黑水"以后再进入污水系统(图 9-12)。只要这样做，就可以达到节水 35％以上。

三是推进小区节水。中水就地回用，再加上雨水收集用于冷却水、厕所冲洗、绿化或洗车等用途，这样做非常简单有效，而且有利于降低地下水的消耗。

四是城市河道生态补水与循环供水。新加坡家庭人均年用水量从 1994 年每人 176m³ 降为 2005 年 160m³。而我国有的城市人均年耗水量居然高达 200 多立方米，这是很不正常的。

我国很多城市决策者一想到水资源缺乏，就要求从外地长距离调水。实施长距离调水，首先是工程

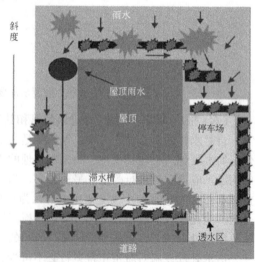

图 9-12　建筑节水示意图

成本非常高。第二是生态成本，因为过量调水会使流域的整个水生态受到破坏。三是社会成本。调水工程建设还要进行移民拆迁，需付出极大的成本。这三大成本的叠加，就使得总成本越来越高。

### （八）雨水利用——低冲击开发模式

2007年7月18日济南等城市突降暴雨，造成了死亡32人和直接损失12多亿元的特大洪涝灾害，这个惨痛的教训告诉我们，城市的规划、建设管理模式应该是让城市适应洪水，而不是简单地抵抗洪水（图9-13）。

图9-13　2007年7月18日济南城市区暴雨成灾

我们可从原始森林得到启示，发生在原始森林的一场暴雨，由于树木、植被、腐殖质层、土壤和山体对雨水的吸收，要造成临近溪涧溢洪，需要6~7h甚至更长时间，而同样的暴雨降在城市，发生洪灾往往只需要十几分钟。仅北京市夏季市区流失的雨洪径流损失的水量就达3亿 $m^3$，约占整个北京缺水量的50%。

低冲击开发模式（Low Impact Development，简称LID）❶的本质是让城市的规划建设与自然和谐相处，以对周边生态环境最小干扰的方式发展城市。其结果应使城市建成区形成的雨水径流量应小于建成前的原始状态。

低冲击开发模式的基本内容：一是扩大城市可渗透地面；二是多途径进行雨水收集利用；三是多层次实施废水再循环使用；四是推行"不连接"方式；五是保护和利用原有的水体和植被。

图9-14就是一个典型的不连接状态的小区水道系统图，按照原来的方案，雨水下来以后就直接通到市政雨水管道，而"不连接"方式是，雨水先进入沉淀池，然后到地下水回灌井，当雨量过大这些设施都容纳不了，再回灌到市政排水系统。这就是说，首先应该把雨水收集和贮存，小区和城市道路地表都应进行雨

---

❶ LID技术是21世纪都市水资源管理最有希望的绿色技术之一。LID的原理是运用分散的、微观的公共设施在源头上控制暴雨径流。LID技术的目标是通过对暴雨径流的渗透、过滤、蓄积、蒸发和滞留的技术设计使土地开发地区的水文状态与未开发时接近。LID技术强调的是在各个小块地段通过小型的、效率高成本低的景观特殊设计建造来控制暴雨径流，而不是将暴雨径流通过管道输送到下游大型的、昂贵的处理设施和人工湿地、滞留塘等传统的BMP设施。LID技术几乎可以应用到都市环境中的任何一个单元，这不仅仅包括空地，而且包括屋顶、街道景观、停车场、人行道和中央分隔带。LID不仅仅适用于新开发地区，而且同样适用于都市的老区改造和重建。

水收集，这样到了下雨的时候，出现地表较大的径流现象需要几个小时，水量也只有原来的 1/10，就不可能出现济南市那样的灾害。

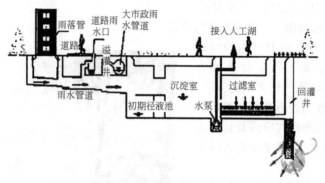

图 9-14  典型的不连接状态的小区水道系统图

### (九) 水生态修复

如果一个水体的水生态是良好的，自身就具有水净化能力，能够降解水体中的污染物。如果水生态是死的，污染物则会自动增加。许多人根本不了解水是一种活的机体。水体的生态系统变化可从图 9-15 可以得到解答，湖泊一旦富营养化，就会造成蓝藻爆发。要减少蓝藻爆发，必须把水体的磷浓度降到爆发前的 10%。一旦湖泊严重地爆发蓝藻，变成了死水体，就必须进行长期的处理，才能从根本上消除。水体一旦封闭起来，成为死水一潭，并受到污染，一遇阳光产生光合作用就会产生蓝藻。藻类是光合作用很强的生物，因而就会引发严重的"内源污染"。一般来说，在失去自净化能力的水体中，内源性污染约占总体污染的 40%～50%。所以，河湖水体污染的防治，应做到流水不腐，户枢不蠹，着力于水生态的修复(图 9-16)。

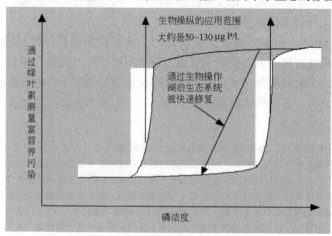

图 9-15  水生态修复示意图

图 9-16　自然流动的水体

对于小的水体，通过生物操作，培养专门吸收磷的植物，或者投放能够吸收磷的细菌或化学品进行治理，可以迅速恢复水生态活力，但像太湖那么巨大的水体，就只能另当别论了。如云南滇池的面积比太湖小多了，大概是太湖的 1/8 左右，自 1993 年以来投入治理资金已近 50 亿元，但现在每年都有蓝藻暴发，臭不可闻。三百里滇池，处处是臭水（图 9-17）。淮河的治理也同样，淮河上已建有 300 多条闸坝，每条闸坝都拦了一盆污水，把活生生的水系割裂成为 300 多个死系统，水生态失去了自我净化能力（图 9-18）。国内外众多湖泊治理的经验和教训说明了单一的工程思维不仅不能缓解水生态的恶化，而且还会使得水危机更加严重。总结这些历史教训，依据水生态演变的规律，要真正解决水环境的危机，要着眼于治水思路的四个转变。

图 9-17　滇池蓝藻污染

图 9-18　淮河一河污水

河湖整治工程的生态化治理，首先应立足于学习大自然生态系统。通常自然水岸边结合处的生物量和种类比水体和陆地高出 20～50 倍，对水体污染物吸收降解和孕育水体动植物生态系统具有不可替代的作用。但据苏南某大学组织对苏南四城市的调查显示：76.5%河源驳岸未贯彻生态原则；69.4%驳岸采用无空隙钢筋混凝土；63.3%驳岸为垂直型驳岸；70.9%旅游水景点未贯彻生态化原则。这些违背"常识"的错误应及时纠正。

### （十）流域污水联动治理

水是基础性的自然资源，社会中每个行业、各个政府都有节水减污的义务。但因分工、具体用水方式和所处流域空间地理不同，协同治水是第一要务。

如莱茵河的治理模式就是协同治水的典范。莱茵河沿岸的10个国家，每个国家派出代表组成流域治理委员会，委员会连工作人员不超过30人，一年开两次会，对流域每个国家的治水措施效能进行评价讨论并制定新的措施，而且下游国家荷兰等有较大的发言权。但是我国河流治理没有类似这样的流域管理机构。

从另一方面来看，城镇所产生的工业、生活污水和垃圾是自然水生态系统毁灭的主要根源。就流域治理而言，"源头治理"意味着城镇要大幅度减少排污总量。正因为如此，区域治理的主体应是各流域的城市和县级政府，并推行统一规划、分片治理、环境监测、断面交接、公众参与、严格考核等方面要求。

今天，城镇已经成为区域经济、政治和文化的中心与科技进步的发动机。但以水为命脉的城镇在快速发展的过程中，又因水危机而变得十分脆弱。解决城镇水危机无疑是实现城镇乃至中国可持续发展的最重要的战略任务之一。在应对这场十分紧迫的水危机挑战的"热潮"中，尤其需要的是"冷静"的科学理性思维，摒弃一切对大自然进行大改造的不切实际的宏大计划，实事求是地认识到这场危机的本质是大自然对人类在城镇化过程中所犯一系列错误的惩罚，选择合理的治水模式，学会让城镇与大自然和谐相处是可持续发展的必由之路。

## 五、污水和垃圾处理与再生利用

### （一）推进我国城镇污水和垃圾处理产业化的基本策略

#### 1. 我国高速城镇化过程中污水和垃圾处理的紧迫性

我国正处在城市高速发展的时期。根据国际经验来看，伴随着城镇化的高速发展将会出现四个方面的城市环境建设问题。这些问题不解决，将对我国城镇化的健康发展带来极大的影响，成为实现可持续发展的障碍，为子孙后代留下遗憾。

首先是城市所产生的污水和垃圾排放量的增长速度快于GDP的增长速度，而且快于基础设施建设的速度。尽管按照"十五"计划确定的目标，污水集中处理率要达到45%以上，但排污总量并没有减少，反而是增加了。污水和垃圾排放量的增长速度快于GDP的增长速度，这是非常可怕的现实问题。有一些城市不仅没有还清历史上的欠账，而且新的污染还在不断地产生，给后人留下无情的遗憾。

其次是垃圾和污水有害化、有机化程度正在加剧。例如，随着日用小电器的日益普及，干电池的使用量每年以30%的速度增加，我国已成为世界第三大干电池使用国，马上就将成为第二大国。随意丢弃一个干电池，足可以污染$1m^2$的土壤。一枚纽扣电池可以污染600t水。除了干电池以外，其他的有害物质就更多了。过去由于生活水平比较低，垃圾里大多是煤灰等无害物质，现在就大不一样了，垃圾里充斥着大量难分解的、高污染的有机化物质。水体的有害化程度也在加剧。

环境的污染尤其是水环境的污染。对水、土地等资源的污染具有积累性，而且具有一个临界点，水体、土地受污染程度一旦超过了临界点，整个环境就进入了恶性循环。这时要根治污染，不仅费用非常高，而且周期非常漫长，影响十分恶劣，对国民经济的健康发展和人居环境的影响，将是全面的、持续的和毁灭性的。

第三是城市垃圾没有及时处理，村镇垃圾已铺天盖地而来。按照目前的城市发展速度，今日的农村，有可能就是明天的城市，现在农村所留下的遗憾，就不得不在城镇化的进程中加倍偿还。现在农村的污染已非常严重。许多城市的市区这一"门面"相对来说还是比较整洁的，但一到了郊区，看到的往往是污水横流，垃圾遍地。

公用基础设施的重复投资。许多管理的手段、办法、法规、体系跟不上城市化高速发展的形势。有人说：现在对共产党执政挑战最大的是城市的规划、建设与管理。因为西方国家的城市规划、建设和管理已经历了上千年，早在古罗马时期就有了规划的概念，在城市建设中非常强调公用基础设施的合理配置和建设。而我国城市有公用基础设施概念的时间不长，特别是对污水治理、环境保护基础设施建设还是近几年的事情。在城市高速发展的进程中，我国要把人家经历了上千年、几百年的城市化历程浓缩在几十年时间内完成，所暴露出来的弊端是很多的，重复建设就是其中一例。本就因财力单薄，对基础设施的投入资金已很少，布局又非常不合理，各自为政，互相攀比，重复建设，设施互不配套，所造成的浪费极其严重。

第四是干部的浮躁情绪和急功近利的行为非常严重。一些领导干部片面追求政绩，不惜放卫星，吹泡沫，甚至将环保基础设施的建设也作为政绩工程。例如只修领导看得见的污水处理厂，不铺设"看不见"的管线，其结果，一方面，许多污水处理厂没有污水可处理，设备利用率很低；另一方面，大量的城市生活和工业污水滔滔不绝地排入江河。这种急功近利的行为对城市环境，尤其是水环境、土壤等这些不可再生的资源带来极大的影响。

另一方面，是政绩工程、泡沫工程、形象工程与基础设施的短缺并存。在城镇化快速发展的进程中，一些城市的领导热衷于搞那些看得见，少数人临时拍手叫好的东西，而对长期性、隐蔽性、根本性、系统性，特别是事关长远发展和人民群众根本利益的基础设施建设倒是忽略不计，漠不关心。实践证明，考察一个干部，考察一个城市的党政主要负责人，看什么，不能看那些"一招鲜"的表面的东西，那些轰动效应、泡沫政绩，要看他脚踏实地的为这座城市的长远发展，为绝大多数人民的利益做了什么，为后人铺垫了什么，而不是把子孙饭都吃光了，把污染留给下一代去处理，这怎么能叫政绩呢？

事实上，假如决策者们提高了对城市污水再生利用和生活垃圾资源化、市场化、产业化的认识，提高了将环境作为城市的重要资源来经营的认识，也就提高了城市可持续发展的能力。

2. 城市污水和垃圾处理产业化的若干难点与对策

当前，在我国城镇污水和垃圾处理产业化方面，存在八大难点，即排污收费难、项目招商难、企业改制难、市场监管难、污水再生利用推广难、管网和中转站配套难、系统运行难和产业扶植难。

(1) 排污收费难

实行城市污水和垃圾治理的产业化、市场化、资源化，基础在于收费。许多人的思想观念滞后，甚至还有许多错误思想，认为：现在不是说要减轻负担吗？怎么还要收费呢？还有的同志提出：以这样的方式逐步增加收费，对当地的投资环境不会产生影响吗？等等。这些观念都是错误的。其次是一些地方对污染大户的排污费随意减收，领导一个批示，说减就减，拖欠排污费不缴。还有的随意抽取地下水，以逃脱监管。垃圾收费同样也非常困难。

但是，我国不少城市在推行污水和垃圾处理收费方面也有成功的经验。这些成功经验，概括起来：

一方面是加强宣传。要通过宣传教育，必须明确污染者付费是一种市场文明。只有实行污染者付费，才能建立起城市污水和垃圾处理产业化、市场化、资源化的基础，特别是垃圾的减量化。不实行垃圾处理收费，人们对减少垃圾的产生就没有动力，就根本不能减量，也就没有积极性搞垃圾的再循环利用；对排污者不收费，污水可以随意排放，谁还会有心去搞环境保护？收费制度实际是社会性激励机制建立的基础，必须要通过宣传教育，把市场的需要、部门的要求与群众的呼声互相一致起来。现在这几个方面还有不一致的地方，就如上下两块"蜂窝煤"相互之间没有完全对位，火就烧不旺，特别是代表民意机构的那块"蜂窝煤"移位了，必须通过宣传教育使之正位。

另一方面要部署落实方便、低成本的、有行政效率的收费办法。污水和垃圾处理收费也一样，一定要降低成本，提高效率。辽宁、山东等省的一些城市采取水、电、气、物业管理联合收费,这是一种可以探索的办法。排污和垃圾处理费单独收取较难,联合收费加强了行政管理力度,就相对容易些,降低了成本。也就是说一项新的改革措施刚推出时,往往需要有行政力量来推动。收费成本降低了,等于是减轻了群众的负担。同时,联合收费,加强执法,还可以相互监督,公开运作,这是一个很好的办法。

(2)项目招商难

没有社会化的融资,单靠政府单一的投资渠道,是不可能实现城市污水和垃圾治理的产业化、市场化和资源化。所谓产业化,前提就是社会化。污水和垃圾处理行业的管理运作方式,要从过去铁板一块的国有制一统天下、没有活力的大锅饭,变成产权结构多元化的现代企业运转机制,关键就是招商。招商中的几个问题,是下一步要重点进行研究解决的。

一是投资回报问题。污水和垃圾治理的产业化经营的前提是价格的"保本微利"。这个微利,按照现在的水平即经济发展需要刺激的情况下,可以以当前银行长期投资的利率作为参照系数。如果投资回报率低于这个起点,项目招商谈判是很难成功的。因为这违背了经济规律,人家的投资回报远不如存入银行取得的利息多,那为什么要在这里投资呢?所以,不论做任何事情,推行何种改革,都应认识市场规律,既利用这一规律,又要弥补其不足。

二是产权保护问题。污水和垃圾治理的产业化投资与其他行业的投资不同,其不同之处就在于投资这一行业的市场风险很小,因为人类生活一定要排污,而且排污量总是不断增长的,其增长速度比 GDP 增长还快。现在大部分的垃圾和污水量是人们日常生活所产生的。由此可见,投资这一行业不必担心有没有市场,是没有市场风险的,这对于企业的产业化发展是非常有利的。但是,目前这一行业的产权却是不完整的。没有完整的产权保障,外来者是不会投资的。所谓产权,它是一组权益,包括管理权、收益权、处置权、继承权、转让权等。投资者一旦投资,就该拥有相对完整的产权,不能是只有一个投资权,而没有其他几项权利。在推进污水和垃圾治理产业化的过程中,就容易出现这个问题。因为,长期以来这方面的建设投资,都是以国家投资、财政投资、国债投入、国有企业投入为主,往往是不计成本的,没有产业利润和产权的概念,甚至银行贷款是否偿还都是一个问题。如果还是以这种指导思想去推进污水和垃圾处理的产业化,那是难以成功的。所以,必须给投资者以充分的产权保障,谁投资,谁就应该拥有受法律保护的产权。但是由于污水和垃圾处理行业的特殊性,政府在收费价格的确定上一定要干预。投资这一行业的主要风险就在于地方政府政策的连续性,如果朝令夕改,那投资者冒的风险就很大。投资期往往是几十年,地方政府要换好几届了,如果没有政策的稳定性,这是一个难以承受的风险。这一问题,必须通过立法来解决。而且还应有一套具体细化的办法,以增强投资者的信心。

在解决项目招商难这一问题上，地方政府可以根据市场化的进程，先行投资引导市场，进而培育扶持市场，然后退出市场。政府投资主要集中在以下几个方面：

第一是市场主体目前不感兴趣的领域，由于这些领域市场发育不充分，还不能够有效地吸收外来资金，那就由政府先行投资；第二是项目前期建设过程中，由于私人投资者无法面对拆迁、征地这些复杂问题，支出成本太高，这些问题由政府出面来解决，支出成本就比较低，那就由政府先投资后招商替换。第三是当前非常紧迫、不可等待的项目，由政府投资先行建设。如像垃圾处理厂和污水处理厂，往往是政府投资兴建，然后进行产权转让。有了政府的组织，项目初期建设的成本是很低的。这与国外不一样，国外法制健全，投资者按 BOT 的方式建设完成项目后，由政府来验收。我国正好相反，在我国几乎所有的高速公路都是先由政府投资兴建，然后再通过市场公开交易转让经营权，收回投资。如果政府只是确定线路走向，就让私人投资者建设一条高速公路，那他们是无法直接面对农民处理好征地拆迁问题的。

所以，政府的投入一定要有市场经济的思路，在市场主体不感兴趣、目前市场培育还不完善的地方，政府要取代。取代不是强化垄断，让国有股的"一股独大"，而是为以后的退出创造条件。因为在市场发育不完善、法制不健全时，政府的投资是最有效的，进入成本也是最低的，效率是最高的。政府先进入，然后再退出，进入是为了降低成本，促进有效竞争，而不是垄断。这与过去完全不一样，以前是政府投资一进入，就变成垄断了，"这是老子的天下，谁都不能进"。政府通过培育市场，提倡公平竞争，打破地区、行业间的垄断，建立规范的市场运行秩序，使投资者觉得污水和垃圾处理行业有利可图，投资者也就蜂拥而至了。此时，政府就通过公开招投标，选择最合理的、最有优势和运营管理经验的投资者。现在污水和垃圾处理行业，要么就是一些自以为有能力的人，通过关系批个条子，七拼八凑成立一个公司；再就是政府部门自己组建的公司，公司的经营者不是一个真正会念经的和尚，还得先培养他念经，这就是一种效率上的损失。总之，在市场发育不健全的领域，政府的取代是为了退出，是为了培育市场，政府要从参与者逐渐变成监管者，这个次序不能颠倒。

(3) 企业改制难

一说到改制，首要的难题是企业富余人员怎么办？对其要认真分析，企业为什么会出现富余人员呢？这些富余人员的成本是谁支付的？还不是税收转移支付的支撑？如果每个事业单位都还有富余的人员，就说明还有效率的潜力可挖。必须以这样的高度去认识，而不能以局部的利益来看待这些问题。实际上，许多地方的企业下岗职工生活很困难，而污水处理厂等市政公用系统的企业就安置了许多领导干部的七大姑八大姨，使得基层的同志处理起来非常棘手，弄得不好还被认为不关心群众。但是首先应定义是什么群众，是广大群众还是小集团的亲朋好友？是绝大多数群众还是小部分群众？这无论是从大道理，还是小道理都可以讲得明白。

其次是改制后企业的税收政策问题。当前应稳定此类优惠政策来鼓励社会投资。国有集体工业企业、事业单位和科研机构的改制，都遇到了相似的问题，最后也都解决了。企业富余人员的安置可以通过适度的补偿，先解决一些他们最重要也最为迫切的生活保障问题，如社会养老保险、医疗保险等，然后放开劳动力市场，让其自谋职业，寻找新的就业岗位。不同的企业采取不同的政策，可降低改制成本。所以，污水和垃圾处理这一类企业，一定要在地方政府的操作之下，套用事业、企业单位的一些政策进行改制。

第三是企业改制要在产权制度改革上下功夫。不涉及企业产权结构变化的改制往往是白改、空改、瞎改，忙了半天还是全民所有制，还是躺在财政的大锅饭上，没有引入竞争机制没有建立硬约束的机制，企业自主经营、自负盈亏、自我约束、科学管理就谈不上。在企业产权结构中，一旦有其他股份进入，就自动会产生硬约束。企业产权结构多元化了，董事会、经理层、监事会三权鼎立的治理结构就构成了，现代企业制度也就可以运行。只有产权结构多元化了，才能吸引社会资本，促进管理的科学化，实现减员增效。所以，企业改制离开了产权的多元化，不对国有股进行置换，那就是空改、白改，做表面文章。总之，就是要通过"有产权意义上的改革"，把这些企事业单位与政府财政联系的脐带割断，逼着它们进入市场。这是我国改革20多年来总结出的经验教训。国有企业改革与污水及垃圾处理企业相比，前者更难，它同时还面临着市场风险。但是，污水和垃圾处理等这些产业的市场是永远存在的，而且需求是不断地增长的，这是方兴未艾的朝阳产业，没有市场风险的。当然，必须通过市场化的改革，使产业内部产生公平竞争机制，整体治理效率才能提高。

(4) 市场监管难

政府的角色定位要转变。政府过去既是直接建设者、运行管理者，又是调控者和监管者，也就是把球场上的运动员、裁判员、教练员的多项职责揽一身，什么都管。现在的角色要变化，只当裁判员，依据规则，谁犯规，就吹哨，该警告的，就给黄牌，该清出场的就发红牌。我国治理污染的水平之所以不高，原因之一在于裁判员的水平即监管水平不高。要使我国污染治理达到国际水平，同样需要引进国际水平的"裁判员"。这就要求必须要有一套国际通用的规则，需要高水平的监管。

首先是监管规则要透明。明确政府管理部门监管的内容、监管的方式和违规处罚细则。要做到公开公正办事，提高监管水平，还必须加强学习。我国不仅要在几十年时间内就走完人家几百年的城市化道路，而且在推进城市化的进程中，适应市场化、国际化、信息化的挑战，更要加强学习借鉴外国的经验。第二要有现代化的监测手段。通过网络化、信息化技术进行在线动态监测，真正以数据说话。第三要推行有奖举报，发动群众监督与舆论监督。有奖举报实际上是成本最低的监督。位于杭州取水口上游的富阳市，有 500 多家造纸厂，都是水污染大户，直接影响到杭州市饮用水质。富阳市对偷排污水的行为实行有奖举报，一旦发现并经证实的，给予 1000 元的奖励，后来奖励标准提高到 2000 元。这比政府专门组建一支监察队伍的成本要低得多，政府既不付工资，也不需要什么劳保福利。凡是搞群众参与的，建立举报—罚款奖励制度成本是最低的。当然，建立更严厉的处罚措施，关键是执法中不能"跑冒滴漏"。有法不依，执法不严，违法不究，是当前存在的一个主要问题。市场监管的水平和政府的公信力，不是先天带来的，只有后天抓紧学习才能解决。

(5) 污水再生利用推广难

我国 70% 以上的城市是缺水城市。水资源是非常珍贵而又非常脆弱的资源。要十分珍惜并充分利用好水资源，就要做好污水再生利用工作。随着水费的逐步提高、用水监管措施的更加严密和对节水行业扶植力度加大的大趋势下，污水的再生利用只能是尽早规划决策，早作布局以争取主动。污水再生利用的办法很多，如乌鲁木齐市，年降雨量只有百来毫米，他们就把污水处理厂建在山上，污水经处理后，采取滴灌的办法用于山林绿化。污水再生利用的一些规范应作适当的调整，要根据不同的环境容量，确定再生水的不同利用方式和适度弹性的排放标准，不搞一刀切。只要有利于可持续发展，有利于水生态环境的改善，只要有利于降低治污成本的事，都可以去尝试创新。

(6) 管网和垃圾中转站配套建设难

管网尤其是垃圾中转站和垃圾处理场、污水处理场、污水泵站等，这些散发气味的设施建设定点是非常困难的，谁都不愿意这些场站建在自家附近。但是，城市必须要有垃圾中转站、污水泵站和垃圾处理场，这些设施的运行不可能没有一点气味。解决此类问题首先是规划要先行，应先于区域开发建设，合理布局场站的建设。其次是规划必须要有强制性内容。规划定点的这类治污设施布局不能成为橡皮筋，带有强制性的事项，谁都不能改变。第三是建立检查监督体系。管网配置难，与地方政府领导的政绩思想有关。像建大广场、大马路、标志性建筑、亮灯工程等，无需上级去检查落实，就会如期甚至提前完工。而对环境保护、污染防治有着长远作用的地下管网等隐蔽工程，许多领导确实不感兴趣，必须要监督检查这些工程的实施。另外，全国现在有许多污水处理厂，建成后由于管网不配套没有投入正常运行。如杭州四堡污水处理厂设计日处理污水能力 60 万 t，但直到过了一年管网配齐后，才发挥正常的日处理能力。管网建设需要大量的投资，千万不要把污水处理厂、垃圾处理厂当成新的形象工程。建了污水处理厂，却没有达标排放，这就需要建设、环保部门来抓这件事。

(7) 系统运行难

环境保护设施建设规划定点难，保质保量地运行更难。如何解决？第一是国家的扶持政策要保持稳定。污水和垃圾处理不论是搞产业化还是市场化，或是社会化运作，与民营经济投资教育、医院等准公共品生产一样，都需要有相应的政策扶植。这个政策必须要保持稳定，因为特许合同已经将其计入成本了，如果扶持政策取消了，运行成本就上升，产业化就会半路夭折。第二是要为这些产业的发展建立一个稳定的环境。也就是说，不能对这些产业随意地增加费用，相关的税费，能减免的尽量减免，应给予准公益性行业一样的待遇。在起步阶段政府不给予相应的扶持，污水和垃圾处理的市场化改革就难以推进。要防止这样一种现象：在招商引资项目洽谈时，把当地的优惠政策吹得天花乱坠，外资引进后就"关门打狗"。如果是这样，就把政府的信用搞得一文不值。推进垃圾及污水处理产业化过程的实质，就是政府提高自身信用的过程。市场化改革可达到的自由竞争、公平竞争的目标，需要政府的信用来支撑，政府的信用是产业化的基础。第三是提高行政手段的技术性。垃圾的分类收集、减量以及收费系统等，都需要政府的参与帮助，才能推进。政府承诺什么一定要做到，而且要把注意力集中在目前还不能进行市场化、产业化的领域。如污水和垃圾处理，政府可先把污水处理厂推向市场，而把污水管网保留作为政府投资。这与电力系统实行的"厂网分开、竞价上网"是一样的道理，电网由政府垄断，而电厂可以是国有的、民营的或者是外资的，哪家电厂的电价便宜，就上网供电，也就是竞价上网(垃圾焚烧电厂除外)。类似于这一类的事情，必须要按此思路去改革。第四是必须要合理规划布局。要根据城镇体系规划和城市总体规划，对污水处理厂、垃圾处理设施和管网的建设进行统筹安排，合理布局，用市场的机制来吸引组合，降低成本，提高整个系统的运行效率。如杭州七格污水处理厂，设计日处理能力 100 万 t，与之相邻的一个县，争取到了国债，单独立项准备建一座日处理能力只有 10 万 t 的污水处理厂，这个县的污水完全可以纳入七格污水处理厂进行处理，重复建设将带来较大的浪费。后来他们采取了入股的办法，把国债、资本等作为该县的股份投入到七格污水处理厂，实行一个收费系统，一个收费标准，并与县政府签订责任状，县政府除了投资以外，还要帮助落实收费。通过这样的办法，体现了规模效益。

(8) 产业扶植难

在城市化加速发展的进程中，垃圾和污水处理产业的发展面临着极大的机遇，预计未来的几个五年计划中，将有 4000～6000 亿元的市场。同时，我国加入 WTO 以后，可以以较低的价格方便地引入国外的先进技术，必要时，可以一部分市场来换取技术。发达国家对污水和垃圾处理有上百年的经验，那些不实用的技术都已经淘汰，留下来的都是较成熟的技术，各地只要有针对性地引进使用就行了，而且在知识产权保护方面也有一些特殊的策略，因为它是作为环保事业推广的。再一个是国家对污水和垃圾处理行业的扶植政策，应该说已相当优厚。要紧紧抓住这一难得的发展机遇，政府部门、行业协会和学术组织等几个方面都要通力合作，形成合力，以促进污水和垃圾治理的产业化、市场化和资源化。具体的措施：第一是组织专家鉴定和推广适当的实用技术。现在是良莠不齐、泥沙俱下。第二是长期稳定的政策扶植。优惠政策，要长期化、稳定化。第三是骨干企业的培育。第四是规范化的技术标准的制定。目前，污水和垃圾处理设备70%属非标设备，非标设备就意味着制造的高成本。没有规范的技术标准，就不可能进行专业化分工、社会化生产。第五是地区性垄断和行业性垄断必须打破。第六是部门协同，标准规范的通用性，并力求与国际惯例和标准接轨。

### （二）我国城市污水再生利用的问题与对策

我国南方多水地区已经呈现水质型缺水的趋势，一些城市面临"有水难用"的困境。在北方，不少城市受到资源型缺水和水质型缺水的双重困扰，水资源短缺和水污染严重已经成为制约城市可持续发展的重要因素。在面临水资源危机的时刻，必须更加清醒地认识到，加强水资源保护、实现水的可持续利用，是保障和支持城市可持续发展的必然选择，是实现可持续发展战略的重要举措。

要进一步推进城乡污水再生利用工作，必须在端正工作指导思想、认清现存的主要问题和明确对策上下功夫。

#### 1. 推行污水再生利用是缓解我国城市水资源短缺的重要措施

随着社会经济发展和城镇化进程加快，水资源短缺与用水需求不断增长的矛盾还将日益突出，同时，有限的水资源又受到水污染的严重威胁。为避免水危机的进一步深化，迫切需要人类提高水资源的有效利用率和开辟新的水源，以满足社会经济可持续发展。

国内外的实践经验表明，城市污水再生利用是提高水资源综合利用率、缓解水资源短缺矛盾、减轻水体污染的有效途径之一。城市污水经过深度处理后，可替代优质水，用于农业灌溉、工业生产、城市景观、市政绿化、生活杂用、地下水回灌和补充地表水等方面。应用先进的膜技术，可生产达到饮用水标准的再生水。澳大利亚、新加坡在这方面开展了大规模的生产应用，将优质再生水用作电路板加工过程中的超纯水、工业生产中的工艺用水和空调冷却水，也在尝试将部分再生水送入水库，对原水水源进行补充，有效地解决了缺水问题。

实践表明，污水再生利用作为城市补充水源，是缓解城市水资源短缺，保障供水安全的重要措施。在解决城市缺水问题时，应当首先立足于本地自有水源，最大限度地实现水的再生利用，藉此增加可用水量，提高城市供水的可靠性。尽可能降低对外部水源的依赖程度，减少或避免远距离调水对生态环境可能产生的不利影响。远距离调水除了经济成本外,还存在生态影响问题。从甲地调水到乙地,必将对生态环境产生影响。此外还有工程控制成本问题。各地在制定城镇节约用水发展规划中,一定要重视污水再生利用这一有效途径,将再生水作为水资源的组成部分,直接纳入城镇用水供需平衡中,实行综合管理。

2. 我国城市污水再生利用日益受到重视,但总体进展缓慢,存在问题较多

目前,我国城市污水再生利用工作已经启动,国家和地方都开展了相关的科学研究和工程实践。一些城市或区域正全面规划和实施污水再生利用工程,有的已经取得较好成效。例如:北京、天津、新疆地区、西安、合肥、大连、青岛、郑州等地积极开展城市污水再生利用,在制定地方污水再生利用规划和管理措施、发展再生水用户等方面积累了较好的经验,为下一步工作奠定了坚实的基础。

"十五"期间,在科技部的支持下,"城市污水再生利用政策、标准、技术研究与示范"课题列入国家"十五"科技攻关计划,相关政策、标准和技术研究与示范工作都已展开。其中,天津经济开发区污水再生利用综合研究与工程示范,在借鉴发达国家成功经验和科技成果的基础上,结合当地的实际需求和水环境特点,率先采用膜技术生产高质量的再生水,并制定了一系列政策措施扩大再生水的用水渠道,制定了保障供水安全的技术规程,部分替代优质水水源,有效地缓解了当地的缺水状况。

天津经济技术开发区地处盐碱地带,污水和地表水含盐量高,处理工艺复杂,费用高,采用先进的膜技术工艺为我国其他地区和其他类型的污水处理和资源化树立了典型。

与此同时,城市污水再生利用相关的技术标准规范不断完善。国家陆续颁布了《城市污水再生利用分类标准》、《城市污水再生利用城市杂用水水质标准》、《城市污水再生利用景观环境用水水质标准》、《污水再生利用工程设计规范》、《建筑中水设计规范》等技术标准,规范了污水再生利用设计工作,也为城市污水再生利用工程设计提供了依据。

尽管我国污水资源化有了很好的开端,并在一些城市和地区取得了进展,但从总体上说,城市污水再生利用进展还是比较缓慢的。在推进污水资源化过程中面临着许多困难和问题,主要是:

(1) 污水处理率低,管网不配套,污水再生利用缺乏必要的条件

近年来,虽然我国城市污水处理设施建设速度加快,但设施建设仍然滞后于城市发展的需要。截止到 2006 年底,我国已建成 815 座污水处理厂,其中二、三级污水处理厂 689 座,但污水处理率仅为 55.89%,污水再生利用率更低。特别是一些污水再生利用设施建成后,由于难以落实配套管网建设资金,造成设施闲置,难以发挥投资效益。污水处理厂出水未经有效利用而排入水体,既污染了

水环境，又浪费了水资源，这种状况与我国水资源短缺的严峻形势极不相称。

（2）水价形成机制不合理，污水再生利用缺乏必要的市场环境

目前的水价调整是以补偿供水运营成本，减少财政补贴为目的，没有体现水作为稀缺资源的价值。水价形成没有充分起到对水资源供需关系的调控作用，城市供水水价、污水处理及再生利用收费之间尚未形成合理的比价关系，尚未形成有效的污水再生利用激励机制，而且污水处理收费标准不高，收费率低，不足以补偿水设施的投资和运营成本，更谈不上落实污水再生利用设施的建设和运营资金。

（3）对水资源的忧患意识和再生利用认识不足，污水再生利用缺乏相应的鼓励和扶持政策

目前，一些地区没有把节水和污水再生利用工作摆在重要的位置，特别是一些水资源目前比较丰富的地区，没有充分重视节水问题。缺水的城市和地区需要节水，水资源相对丰富的城市和地区同样需要节水，也要重视可持续水资源利用问题。水资源是实现可持续发展的基本保证，应该引起普遍的重视。

现在很多城市在解决缺水问题，往往采用开发新水源、跨流域调水和开采地下水等传统的方式，对污水再生利用作为城市补充水源的重要性认识不足。由于缺乏促进污水再生利用的政策措施，结果是，一方面城市用水紧张，另一方面本可以使用再生水的园林绿化、市政环卫、生态景观却在大量使用十分紧缺的优质水源，出现了非常不合理的现象。

另外，受传统观念影响，加之对污水再生利用的宣传力度不够，公众对再生水的认识和接受程度还比较低，一定程度上影响了污水再生利用工作的推进。

3. 推动城市污水再生利用进程的任务和措施

（1）统筹规划，协调发展，合理配置水资源

在制定城市水资源发展规划时，一定要明确污水再生利用是城市水资源综合管理的重要组成部分，污水处理和再生水设施建设是供水能力建设的有机部分。要根据城市可用水源的特点和具体需要，优化配置各类水资源，统筹安排城市水源、供水、用水、节水、雨洪利用、排水、污水处理及再生水回用设施的规划、建设与管理。

发展污水再生利用，当务之急是加快城市污水处理设施建设的步伐，加快污水收集管网配套能力，为污水资源化创造必要的条件。规划建设污水处理设施，要以实现污水综合利用为目标，同步规划和建设污水再生利用设施。合理确定污水处理厂的规划布局、处理规模和工艺方案，促进污水处理和资源化利用的协同发展。令人担忧的是，许多城市污水处理厂普遍在城市水域的下游，没有考虑日后再生利用的发展需要。许多大型城市的污水处理厂规模很大，建在水域的下游，污水收集管网较长，造成长距离输送，而处理后的再生水需要重新敷设管网

输送至利用地，造成处理成本增加。所以首先应重新调整污水处理设施的布局规划。只要确保规划合理，就会确保污水处理和再生利用有机结合，将成本控制在最低限度，发挥规模经济效应。随着水价的改革和相关政策的出台，污水资源化将成为实现水资源可持续利用的必然选择，为减少不必要的人为障碍，污水再生利用在城市规划编制中应尽早考虑，统筹安排。

(2) 积极吸引多元化投资主体，充分利用价格杠杆，促进污水再生利用

在城市污水和资源化的管理方面，政府有主导的义务和职能。但城市污水再生利用工作，单靠政府行为，没有市场推动，必然动力不足；单靠市场推动，没有政府引导，也必然难见成效。因此有必要充分考虑城市污水再生利用工作的特点，既靠市场推动，也要加强政府行为。当前城市污水处理而后再生利用工程项目的建设，应积极探索符合社会主义市场经济规律的投融资方式和运营管理模式，鼓励并引导各类社会资金和境外资金参与城市污水处理和再生利用设施的建设，有必要通过政策引导、法律约束，促进污水处理及资源化的市场化运作，把行业利润的形成推向市场，形成健康市场化运行机制。

推进城市污水处理和再生利用产业化，实现污水处理和再生利用设施建设和运营管理的良性循环，就要加大水价改革力度，建立符合社会主义市场经济发展要求的水价形成机制，尽快完善污水处理收费制度。要充分发挥水价杠杆对水的需求调节、水资源配置和节水、污水再生方面的作用，促进节水和污水再生利用。

要研究制定有关政策措施，充分利用行政的和经济的手段，引导用水单位积极利用再生水资源，扩大再生水的应用范围，特别是市政、绿化、环卫和工业用水等方面要推荐使用再生水。

(3) 采用适宜的技术和工艺，推广使用符合标准的再生水

实施污水资源化，将城市污水处理的战略目标由传统意义上的"污水处理、达标排放"转变为以提高水的综合利用率为核心的"水的循环再用"，相应地要调整污水处理技术路线，尽快组织研究制定污水再生利用的技术政策，鼓励开展各种形式的国际合作与交流，尽快提高我国城市污水处理和再生利用的工艺技术水平。

我国地域广阔，各地自然、资源和经济条件不一样，要因地制宜地选择再生水利用方案，优先选择水质要求低的再生水使用途径，尽量缩短输水距离，降低再生利用成本。积极开发适应当地条件的经济合理、技术可行的工艺。需要强调的是，在大力推广污水再生利用的同时，要特别注重加强水质监测和设施维护，建立应急预案，保障供水安全。

实施污水再生利用，要充分满足水质标准的要求，在技术标准规范的指导下，对各种先进、经济、适用的技术进行技术综合与集成，采用适宜的技术路线

和工艺方案，以满足所设定的水质水量再生与资源化目标。目前污水处理及再生仍缺乏系统完善的政策和标准体系，特别是不同用水对象的政策规定、不同用水要求的水质标准，要抓紧研究建立各类用途再生水的水质标准体系，逐步制定和完善相关技术规范和配套政策，确保城市污水再生利用健康有序地推进。

## 六、专题：如何规划建设生态城市

5000年以来，人类就没有停止规划建设非常适宜于人类诗意般居住的城市的梦想。近200年的现代城市化进程中，树立了三个里程碑：一是霍华德的田园城市，力求将乡村与城市发展、机动化与居住、工作与居住进行科学、合理的安排。二是新城建设。第二次世界大战之后，英国首相丘吉尔和一批规划学家提出，通过在全英国合理规划建设30个左右的新城来疏散大城市的人口。随后"新城建设"的浪潮波及整个西方国家，形成了一股至今不衰的潮流。三是目前规划学界提出的"生态城市"。确立这第三个里程碑，是因为伴随着机动化、全球化，城市遭遇了水危机、交通拥堵、空气污染和用地浪费等难以解决的问题。同时城市中又出现了就业不足、疾病流行和贫富不均等社会问题。所以，必须再次提出综合性考虑城市问题，生态城市的概念由此而生。

目前，我国正与英国政府合作在上海建立一个50万人口的生态城市（图9-19），这对两国的城市规划师们来说是一场新的理性革命。在2010年，初步形成一个5万人口的示范城镇。与新加坡商谈合作在我国北方建立一座30万人口的生态城市。还有与芬兰合作在天津规划建设生态城市。与瑞典合作在内蒙古建立生态镇。我国还将与意大利合作建立生态城市。可以说，

图9-19　上海东滩生态城规划图

每一个发达国家都希望与我国进行这方面的合作。毫无疑问，不久的将来，中国的生态城市建设将领先于世界上任何一个国家。

为什么这些发达国家都要到中国来建生态城市？这首先是因为我国正处在快速城镇化过程中，有条件建设生态城市，而发达国家的城市化进程都已经完成了。城市化是刚性的，结束以后就不可能再大规模地进行重新建设。第二是我国现在的建筑量占世界的一半左右，建筑用的塔吊近60%在中国。如果在我国建立一个生态示范城市，或者是绿色建筑的示范建筑，那将有几百个甚至上千个建筑和众多城镇可以仿照学习。而如果在欧盟、美国等第一世界进行同样的投资，可能只有十几个城市能仿照。整个示范推广建设过程所带来的二氧化碳的减排效应，

在中国和在发达国家的差距是巨大的。

所有的发达国家都愿意在我国进行生态城市的试验,这说明我们应对城市化的挑战,解决城市化的难题,有着巨大的国际合作机遇。因为当前人类所处的环境与历史上任何时期都不同,我们面临一个共同的敌人就是气候变化。人类史上从来没有出现过这样一种情景:世界所有国家,不管文化背景、意识形态和制度差异,大家都在气候变化上找到共同的话题,可以肩并肩地建立一个联盟,共同应对挑战。所以,这是一个无比巨大的机遇,能够为中国人所把握。

世界各地正在进行生态城市建设的探索,如阿联酋在沙漠中准备建立一座零碳城市(图9-20),基本原理也是一样的,也就是碳零排放城市、零废物城市、无车城市,城市内还建有风力发电、光电农场,整个城市能够自我维持。这座城市不需要从外面运进农副产品,不需要能源供应,也不需要把城市的废物运到外面去,市民生活需求可基本在城市内部解决。

图9-20 阿联酋"零碳城市"规划图

创建生态城市要坚持一些最基本的原则。这些原则,不仅新建的生态城市必须遵循,任何一个老城市都可以据此逐步改造成为生态城市,或者接近于生态城市,也就是说所有的城市都具有生态的成分,都有绿色的成分,无非是比例多少而已。像洛杉矶市就是最不生态的城市,纽约就比它"绿色"得多,生态成分多一点。对于生态成分的计算,加拿大的学者提出"生态足迹"❶的概念,一座城市如果越依赖外部的能源、资源、食品、原材料的话,那么该城市的生态足迹就非常大。一般城市的"生态足迹"是城市建成区的300倍,而生态城市可以做到几倍或几十倍,建成区面积$10km^2$的生态城市,其"生态足迹"只是几十或上百平方公里,这样的城市能实现以对大自然最小的干扰方式来成长和维持。

(1) 按生态系统的本质来规划和建造城市。城市如同生物——吸入能源、资

---

❶ 生态足迹分析法是由加拿大生态经济学家William及其博士生Wackernagel于20世纪90年代初提出的一种度量可持续发展程度的方法,是基于土地面积的、最具代表性的可持续发展的量化指标。生态足迹的内涵就是人类要维持生存必须消费各种产品、资源和服务,每一项消费最终都是由生产该项消费所需的原始物质与能量的一定面积的土地提供的。因此,人类系统的所有消费在理论上都可以折算成相应的生态生产性土地的面积。在一定技术条件下,维持每个人某一物质消费水平并持续生存必需的生态生产性土地的面积即为生态足迹,它可以衡量人类目前所拥有的生态容量,也可以衡量人类随着社会的发展对生态容量的需求。生态足迹可以测度人类对环境的影响规模,又代表人类对生存环境的需求。

源，排泄废物、废水。正因为如此，城市应该是三维空间与自然复合的人工化生态系统，而不是平面单调扩张的；城市空间应该是紧凑的，规划设计的目的是为了以人为首的生物群的健康和繁荣，而不是为机器或汽车而设计城市。洛杉矶就犯了这方面的错误，也就是英国的规划学家所警告的那样，这些城市是只见汽车不见人；城市作为生产和消费的场所，其设计应该是为了满足生命的需要，而不是钢铁或汽油的需要。城市应该是让人诗意般地居住，而不是消耗的钢铁、汽油越多越好。这些都是最基础的道理，但是我国的建筑师，特别是城市的书记、市长们经常会犯这类错误。

（2）城市功能应与其发展的形式相适应。城市不能破坏其食物的来源和其他支撑条件，如干净的水和空气；但是事实上，75%的污染是城市产生的，75%的能源、资源是城市所消耗掉的。从空间组织来看，城市是导致整个地球的温室气体排放、气候变化的罪魁祸首，同时城市也是人类至今为止所能创造的最辉煌的人工构筑物。人类的工具理性驱使其聪明才智达到极点的时候，也往往是对自己未来损害最大的时候。这是一对矛盾。改变城市发展模式的道理也就在这里。城市的规划和建设应鼓励全体市民的创造性，以创新的精神来解决面临的各种问题，固守老经验是解决不了问题的。尤为重要的是，"生态城市"是人类认识能力、社会需求的产物，决不能脱离实际成为投资高昂的"实验室"，而应该是可投资（投入产出效益好）、可复制（可供其他城市学习参照）、可操作（采用适用技术而不是盲目追求高技术）。

（3）在规划的阶段，就必须确立一种能支撑城市可持续发展的土地利用模式。土地利用模式和交通模式，是城市规划影响城市可持续性的最大要素。保持每平方公里建成区容纳一万人口的密度是考虑了人类活动舒适性与控制传染病流行等因素的合理选择。这个密度指标是经过我国众多规划学家经历50多年的实践，并从世界的角度来分析城市化的进程、经验和教训，考虑到中国国情所得出来的技术标准。但是，现在有一些地理学家怀疑这个标准，他们希望中国内地能够照香港的标准，建议居住区容积率提高到8～9，而这早已为香港特别行政区的规划师们所反对。SARS期间，我国南方有三座城市表现各异，一是香港，SARS的暴发使整座城市几乎瘫痪，死了100多人。二是广州，也死了近百人，城市生活基本停顿。三是处在这两座城市之间的深圳，仅有十多人受感染，而且都是外地进入深圳的人员。同样是现代化的大都市，为什么表现出截然相反的结果？因为广州与香港都有一个或数个人口密度每平方公里超过4万人的中心城区，当人口密度超过1万人时，空气中的病毒交换、传染物的扩散生成与人类的交互感染就容易形成关联，扩散也比较快。而深圳是以9个组团平面铺开的，人口平均密度每平方公里仅为1万人，没有人口特别密集的中心区，因而深圳基本上就没有暴发SARS。这些教训值得深思。SARS还仅仅是一个开始，我们可能还要面临更多的这方面的挑战。

除此之外，在城市的规划建设过程中，应该尽可能地保留文化和自然的遗产，以及符合生态多样性的其他自然斑痕。这些遗产之所以能留下来，证明它们有生存的合理性，同时也是生物多样性的载体。英国有一位哲学家说："人类要想自己的未来，不需要仰望天空，而只要虚心观察那些失去的文明遗址。"那些已遗失的文明、历史古迹说明祖先曾在这里奋斗过，但是不成功，所以这个文明消失了。看看这些遗址，就知道我们文明的未来是很脆弱的。文化遗产保护和利用就能起到这方面的作用，保护这些宝贵的、不可再生的遗址，使我们从中可以读到先辈们的宝贵经验和教训。

（4）将城市交通优先安排的层次进行倒置。城市交通系统的布局和模式直接影响土地利用效能，从而对城市的可持续发展起着决定性的影响。城市交通应兼顾可达性与人口密度。我国所有的城市都是紧凑型的，在紧凑型城市中解决交通的可达性的问题，并兼顾良好人居环境，这确实是严峻的挑战。洛杉矶市规划者们是把交通问题简单化了，带来的是一系列噩梦。有专家统计得出：如果所有的发展中国家都学洛杉矶模式的话，就需要6个地球来支撑人类的发展。因交通模式选择不当，一个美国人所消耗的汽油能源比5个欧洲人所消耗的还多。城市综合交通规划应按步行、自行车、轨道交通或一般公交、私人轿车、运输卡车的顺序进行安排。经历过惨痛教训的所有发达国家，现在都领悟到了，应该优先安排绿色交通，优先安排载人量大的公共交通。这不仅为了当代人，而且为了子孙后代。从数量上看，一辆私人小轿车在行驶过程中，占用的空间相当于7辆自行车，停车的空间相差21倍。由此可见，生态城市必然是一座可步行的城市。

（5）保护和充分利用各类资源，持续地提高生物多样性。城市作为一种人工与自然生态的复合系统，其生物性越具有多样性，其系统稳定性就越好，越能够自我维持，对外界能源的消耗就越少。这是生态学的基本原理。各种绿化形式（包括屋顶花园）都有助于生产、消费和分解三方面的平衡。现在日本人推出家用的有机物分解器。家庭垃圾中有一半是剩余食品或食品残渣，把这些食品的残渣包括人类的排泄物，放到一个像冰箱那么大的一个细菌分解室里，一周后底层出来的就是无臭、颗粒状的肥料，把这些肥料撒到屋顶花园和庭园里的花草中，就能实现废物的循环利用。这种方法推而广之并结合垃圾的分类收集，就能实现城市的所有垃圾都能够无害化处理。现在发达国家在城市推行屋顶农庄，$1m^2$的屋顶农庄可以产出30kg的西红柿。当然这需要一套技术和设备投资。从这个意义上看，"生态城"并不都是"阳春白雪"式的高科技，只要基于增强"分解者"的功能，例如推行垃圾分类收集、中水回用、企业废物废气"零排放"、持续地增加绿化品种和面积等措施，城市的生态环境就能得到明显改善。

（6）学习大自然，修复并保护城市的水系统。从建筑—小区—基础设施—城市—区域分层次推行"绿色战略"。生态城市必须是绿色建筑所组成，离开了建筑节能这个基础,城市节能减排的目标就难以实现。不仅是节能,节水也一样。过去我们城市的设计原则是雨水一下来就赶快排,把雨水看成是一种包袱。现在推行绿色建筑,要把雨水留在建筑,使雨水从建筑流到排水管再流进河道的时间像原始森林一样延长到一个星期。而现在的实际情况是雨水几分钟就都涌流到下水道主管,极易造成一下雨道路就涝。应推行"不连接"的新概念,建筑屋顶上的降水基本上保留,与排水系统不连接,小区路面和排水系统提高雨水可渗透性,与城市排水系统不直接连接,那就可将大多数雨水截留。这就是学习大自然的办法。不一样的理念,产生的效果是不一样的,国外将其称之为低冲击的开发模式(Low Impact Development),全面利用绿色的生态理念来设计城市。

城市的水系统至少有九个方面的功能,不仅是防洪排涝的单一功能,但是我国的现实情况是,不少城市管理者仅着眼于一百年一遇的防洪标准,把城市的水系统变成单一的防洪设施,完全违背了水系统的生态自我净化功能。有专家指出:法国巴黎塞纳河防洪标准只有十年一遇,如果按照我国一百年一遇的标准来建造防洪堤的话,塞纳河的景致全破坏了,河流也将失去生态功能,巴黎也会失去魅力。发达国家城市防洪对策是采取准确预报、及时疏散等非工程措施为主,这有利于水生态和城市文化遗产的保护,又可减少大量投资。这么简单的道理,但是我国有的工程师就是听不进去,当然这里边有利益机制在起反抗作用。事实上,工程就是利益,科技工作者被工程既得利益者牵着鼻子跑就会失去自身的判断力。城市的建设过程要学习大自然,以最大限度地循环利用各种资源,持续地扩大使用可再生能源,逐步实现"零排放"。

(7)以创新的态度来规划设计建设"生态城"。"生态城市"并不是某种固化的模式。生态城市具有多元化的动态要求,所以有那么多的国家来与我国合作建生态城市。生态城市并没有先验性的标准。现代生态城市内在的文化灵魂是尽可能鼓励市民参与城市可持续发展的变革和不断提升城市领导人的素质与"良治"制度;在家具、建筑、社区、城市乃至整个区域推行"绿色战略",促使城市以对大自然最小干扰的方式、最小的生态脚印来获得健康的发展。如果每一个城市都以对大自然索取最小的模式来规划建设,健康有序的城市化就可以实现。建设部为此也设立了一系列促进城市生态建设的分阶段指标和奖励机制(图9-21)。

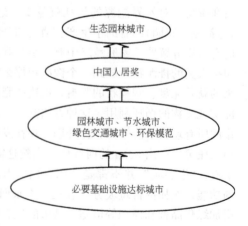

图9-21 台阶式的城市生态化评价指标体系

首先是要成为必要的基础设施达标城市，然后在这个基础上创建园林城市、节水城市、绿色交通城市及由环保总局考核的环保模范城市，再在这个台阶上进一步努力获取中国人居奖，最后经过努力成为生态园林城市。这种被称之为"外部评估"的流程，能通过"标杆竞争"的办法促进"生态城市"的创新与升级。除此之外，要充分运用战略环境评估（Strategic Environmental Assessment）和可持续发展评估（Sustainable Development Appraisal）等方法进行"生态城市"创建全过程的评估，从而避免代价高昂的错误，有助于明确哪些事情应当做，哪些不该做，哪些可以做得更好。这样一来，所有愿意改进的城市，只要朝着生态城市的目标扎实工作，达到了一定的水平，作出了贡献，都会得到一定的肯定和奖励，以促进其向更高层次发展，使每座城市都逐步地走向生态环保、资源节约的发展之路，城市的绿色部分逐步增加，生态足迹越来越小。当每一座城市都成为健康的、生态良好的城市，中国有序的城镇化就能为世界的可持续发展提供有力的支撑。

如果说 20 世纪是全球城市化的世纪，那么 21 世纪就是中国城市生态化的世纪。在城市里，人们将为生活质量的提高而展开决定性的战斗，而战斗的结果则对地球的环境与人类的前途产生深刻的影响。城镇化对我国来说，既是难得的机遇，更是巨大的挑战。

要取得这场决定性战斗的胜利，作为城市规划的执行者，应该着眼于城乡互补协调发展，而不是一体化来消灭农村；应该着眼于发挥城乡规划保护和有效利用各类不可再生资源的保护，而不是仅仅让市场来单独地发挥资源配置作用；应该着眼于实现水的循环利用，应对城镇的水危机；应该着眼于堵疏两手抓来破解耕地保护的难题；应该着眼于优先发展公交，实施需求管理来应对交通的堵塞；应该着眼于绿色建筑、绿色基础设施，逐步创建生态城市。分步走，集小为大，扎扎实实地实施可持续发展战略，使我国城镇化能够实现有序、健康的发展。

# 第十章 非均衡增长与区域协调发展能否共存

## ——城乡规划调控和管治的对策与措施

在城市规划体系中，城镇体系规划常常被打入"另册"，往往只作为城市总体规划的陪衬，按《城市规划法》的规定不能不编，又不愿对此认真下功夫，多数只是简单、生硬地套用有关城镇体系职能结构、规模结构、空间结构和区域基础设施网络的规划等"八股"模式，发挥不了应有的调控指导作用[1]。这与十六届三中全会提出的：要按照"五个统筹"的要求，走符合我国国情，大中小城市和小城镇协调发展的多样化城镇化道路，逐步形成合理的城镇体系的战略目标，有着很大的差距。本章从城镇体系规划在落实"五个统筹"的功能作用的分析出发，针对现存的八类问题，进而提出如何提高城镇体系规划编制科学性的六条要求，并从发挥城镇体系规划六大功能和完善规划基础性工作的两个方面，就如何强化规划实施的可操作性提出了要求。同时，引入城市管治的概念，阐述如何在我国进行基于城市管治的城乡规划变革。

### 一、充分认识城镇体系规划的重要性

十六届三中全会提出"五个统筹"，核心就是社会、经济、环境可持续发展，就是要树立新的科学发展观。落实新的发展观其实就是城镇体系规划的核心内容，是规划要达到的目的。

---

[1] 参见：胡序威：我国区域规划的发展态势与面临的问题．见：中国城市规划学会 2001 年会论文集，26．

### (一)从统筹城乡发展来看

城市有不同的等级，不同的等级意味着不同的分工。按照新兴古典经济学理论❶，大城市尤其是特大城市国际交易成本比较低，它的主要作用是国际交易的平台。如我国的香港、上海就是国际贸易的窗口、国际大都市，北京正在积极争取。中等规模的城市是区域交易的中心和增长级，在区域经济发展中起领头羊的作用。我们过去搞计划经济，人为设定城市的分工。但在市场经济的条件下，城市的等级与功能是由市场来确定的。例如，某城市是否是国际化城市，主要是看跨国公司在该城市设了多少办事处和相关的人力资本程度。前段时间，广东省提出广州是大珠三角的中心，是国际大都市。但据中规院调查认为，目前广州与国际城市的指标❷要求相差还很大。譬如在国际城市指标体系中，脑力密集型产业乃是国际性城市的最重要标志，大公司、银行总部的数量以及与世界经济融合的职能等，广州目前还远远没有达到应有的比例。香港就不一样了，外国公司亚太地区总部和中国总部设在香港的数量最多，甚至比上海和北京还多。所以，目前广州在国际交易平台方面的作用还不能与香港竞争。哪里交易成本低，跨国公司就把办事处设在哪里，这不是由计划决定的，而是由各城市商业环境竞争决定的。同样，城市的等级是由市场决定的。不同的城市等级有不同的服务功能。小城市是周边集镇的交易平台，集镇又是周边农村农副产品的交易平台和服务体系。我国一定要走大中小城市与小城镇协调发展的城镇化道路，这是由我国的国情和所处的经济社会发展阶段决定的。

一是要统筹大中小城市协调发展。为应对经济全球化，我国要有一系列不同等级、不同数量的城镇形成金字塔形的城镇体系，为全国社会经济的发展提供空间支撑。没有合理的城镇体系结构，就不可能有城乡一体化的协调发展。反思南美洲、拉丁美洲和非洲的一些国家，由于受殖民地经济的影响，在城市化过程中，60%以上的人口迅速集中在首都，城市首位度很高，小城镇萎缩，导致农业

---

❶ 参见：杨小凯，张永生．新兴古典经济学和超边际分析．北京：中国人民大学出版社，2000：121。

市场会形成分层城市结构的结论，是杨小凯和霍宾（1990）关于交易的分层金字塔结构理论在城市化理论上的一个运用。他们论述道：若城市很多且分成很多层次，最大的城市在上层，中等城市在中层，小镇在底层，则人们在分工很发达时，与邻近的贸易伙伴会在附近的小镇进行贸易，与邻省的贸易伙伴在中等城市进行贸易，而与邻国的贸易伙伴则会在大城市进行贸易。这样做可节省"舍近求远"走不必要的远路到大城市与邻居进行贸易的费用。同时，由于中小城市规模不大，交易中分工的加深会受到限制，交易效率通过大量交易集中在一个地方进行而改进的潜力也不能充分利用。这两难冲突的最优折中，就会产生一个给定分工水平条件下最优城市层次数，它决定每层的城市个数。而当分工水平上升时，这最优层次数又会增加。

❷ 美国学者米尔顿·弗里德曼提出的衡量国际化城市的七项标准：①主要的金融中心；②跨国公司总部所在地；③国际性机构的集中地；④第三产业的高度增长；⑤主要制造业中心（具有国际意义的加工工业等）；⑥世界交通的重要枢纽（尤指港口与国际航空港）；⑦城市人口达到一定标准。

发展、工业发展和国际贸易三方面相互脱节，大量的农民涌入城市。非洲大多数国家有30%的城市居民是无业游民，30%~40%的城市土地被贫民窟占据。智利70%的人口集中在首都圣地亚哥，基本上没有中等城市。这些国家缺乏合理的城镇体系，未能实现大中小城市协调发展，致使经济发展比较迟缓，社会动荡，第一、二、三产业发展不协调。

  二是要通过合理的城镇化转移农村的富余劳动力。这是解决三农问题的根本方法。实施农村剩余劳动力的空间转移，一方面扩大了农副产品市场，另一方面又减少了农民数量，提高了农产品的生产效率，增加了农民收入。城镇化高速发展是实现农业强国的必由之路，是持续提高农业的集约经营水平，实现农业的规模化生产、社会化服务和企业化经营的必由之路。社会化服务、企业化经营和规模化生产靠什么？就要靠城市与乡村相辅相成、相互促进，就要以小城镇为服务中心。实际上，要解决三农问题，功夫在农外，必须通过建立合理的城镇体系才能达到这个目的。

  三是合理的城镇布局有利于减少农民的迁移成本、向非农产业转移的成本和农民自身的创业成本。过去"农转非"只有通过国家建设征用土地安置就业一条路。在过去的20年中，靠这种方法转移的农民大概只有15%，85%的农民是通过自主创业，闯出了人口转移的新路子。我国要在今后城镇化的过程中，再完成5亿农村劳动力的持续转移，并同时实现农业的现代化和新型工业化，必须要有效减少农民迁移成本，降低农民自主创业的门槛。有的专家提出，大城市经济效益高，应大力扶持发展。如果只算单位面积的产出率，单位面积的GDP，当然是大城市经济效益高。按照这样的算法，随着时间的推移，所有的人口都会集中到大城市去，因为资本、人才必然向最高利润的地方流动。但为什么没有发生这样的事呢？因为他们忽视了一项重要的因素，就是创业成本在起作用。进入小城镇与进入大城市相比，创业门槛是不一样的。城市规模越小，创业和移民的成本就越低。现在，许多农民在大城市里不是在创业，而是在临时性打工。统筹城乡发展，就是要实现人类5000年理想城市的梦想，要把城市的活力带到农村，将农村的田园风光让城乡居民共享。城市与农村的发展是一种互补互动的发展关系，需要通过合理的城镇体系规划来实现。

### （二）从统筹区域发展来看

  一是经济活动的空间组织始终处于从均衡到不均衡，再到均衡的形成和演变过程之中。这一过程已经得到多国的实践反复验证。由于经济发展与城市化具有一致性，最初，先在空间上的某个点形成一个发展极、增长极，人口、资本、技术、贸易都向这个点集中，然后再通过产品的交易过程向周边扩散。集聚与扩散的过程使区域经济发展从点到线，然后再连线成网，再从网到片。城市化的过程实际上就是这样一种不均衡发展的过程。我国不均衡发展的问题更加突出。如条件优越的珠江三角洲（以下简称珠三角）就不能局限于自身城镇化比例来定位，因为自己与自己比，珠三角的城镇化率已经达百分之八十几了。珠三角城镇化的发展，不仅把当地大部分的农村人口转成了市民，而且还吸收了2000多万外省人口。珠三角的城镇化定位应是为中国的城镇化吸收多少人口。美国在100多年的城市化过程中，人口的分布波动很大，大概有一半以上州的人口大幅度减少，而其他州的人口大幅度增加，人口分布非常不均衡。我国也有很多宜居的城市和地区为全国的城镇化发展作出了贡献，中国的城镇化最终会在这些地方形成若干个城市连绵带。城镇化与城镇发展的空间布局，必然会从平衡到不平衡再到平衡，城镇体系规划必须要适应这种内在的发展规律。

二是高速发展的城镇在空间上的成长过程是非线性的。经验表明，当某一城市GDP的增长连续几年超过10%，人口迁入量连续几年超过5%，郊区与城区的地价差达到一定比例的时候，就会产生跨越式发展的势头。这个时候如果能够通过城镇体系规划合理安排卫星城或卫星镇，实现大城市有机的疏散，就可以防止城市"摊大饼"式发展。北京"摊大饼"的问题非常严重，已经病入膏肓了，要彻底解决北京城市交通问题就显得非常艰难。不同的跨越模式有不同的跨越门槛。如果跨得太早，会增加经济成本和环境成本，降低城市集聚能力，导致城市经济发展迟缓。像包头市，解放初编制总体规划时，将新区设在离主城区很远的地方，到现在新区发展还没有形成规模。当然，这也与地理区位条件有关。北京的GDP增长率连续20多年超过10%，人口的年均迁入量大大超过5%，城区与郊区的地价差异更高，早就需要跨越了。梁思成先生在建国初期就提出要建设新城，但是一直没有实施。因为没有适时组织好跨越，导致老城破坏，交通拥堵和摊大饼式发展。城市跨越发展几种不同的模式，如交通走廊式、双中心式、指状式和多组团式这样一个排列顺序，跨越成本一个比一个高。多组团式的模式只有在深圳这样的城市才能一下子摊开，很少有城市能够一开始就搞平行的多组团式发展。选择适当的跨越模式，统一进行规划调控，准确把握跨越的时机是非常重要的，这都需要通过城镇体系规划来安排。

三是城市跨越发展存在许多机遇。各类开发区、大学园区、度假区、高新园区和国家重大的基础设施布局，都为城市跨越式发展奠定了基础。国外也是这样的，卫星镇的发展总是与园区联系在一起。伦敦周边最漂亮的就是牛津镇、剑桥镇。我国决策者犯的错误是把园区建设与城市的有机疏散相割裂，使得各类开发区的规划建设游离于城市规划之外，从而造成城市"摊大饼"与开发区圈地闲置两大病症并发，成为影响区域健康发展的突出问题。结合园区建设实施城市的跨越发展，本来是一个很好的事情，但由于缺乏总体协调，各自为政，导致了这样不该发生的错误。老城区应该疏导而没有疏导，需要和老城有机联系的园区则搞成了一个孤岛，而且不少园区由于选址不对，既污染环境，破坏资源，又造成钟摆式交通拥堵。所以，必须通过城镇体系规划来统筹安排。

四是城市与区域不能分割。在城镇化高速发展的过程中，今天的农村也许就是明天的城市。所以，美国规划学家刘易斯·芒福德认为，真正的城市规划必然是区域的。吴良镛先生也说过，必须充分发挥地区的社会经济资源优势，寻求区域整体的可持续发展。要实现区域整体的可持续发展，必须要以区域的眼光切实解决好建设用地与非建设用地分类；必须从区域的角度考虑大中小城市之间的相互联系；而且要考虑纵向联系，预留快速交通系统的发展空间及相互之间的衔接，必须依托城市来安排区域交通网络节点以及节点上城镇居民点的合理布局，包括新城、新镇的分离。城镇体系规划的主要任务就是以区域的眼光，区域的角度，区域的层次来理解这些问题。因为，城市是区域的增长极，是区域的核心，而区域是城市的载体、支撑和扩散的腹地，两者不能分割。尤其是在高速城镇化的过程中，城市与区域更是不能分离，城市与农村更是相互影响、互补发展的，硬要把它分成两张皮，就违背了规划的基本原则。

从以上分析我们可以看到，城镇体系规划是具有中国特色、符合中国国情的区域规划。当然，原国家计委过去也抓过区域规划，后来这一职能转到了国土资源部。国土资源部推出土地利用总体规划，主要是合理利用土地资源，建立土地台账，以基本农田保护为主，这与区域规划的内涵相差甚远。建设部门推行的城镇体系规划，本质上是一种区域规划。这种区域规划着重对区域中经济发展强度和人口密度比较大的点进行空间分布的表达、描述和分析。因为其他大部分区域基本上是自然保护区、农业区和不宜建设开发用地，只有城镇人口集聚的地方才有大量的建设活动，只有这些空间需要加以深入细致的分析和规划控制，并对它们之间的相互作用进行研究，进而在整体发展空间上进行合理布局和规划调控。有人批评城镇体系规划越做越像区域规划，其实城镇体系规划实质上就是区域规划，是适应我国经济社会发展现阶段特点、针对当前城镇化面临问题的最有成效的区域规划的组织方式。

**（三）从统筹经济与社会发展来看**

（1）城镇化的过程不仅仅是人口的空间迁移，更重要的是社会文化的转型，以及由此引发的经济体制变革的过程。我国城镇化的过程是由市场化发动并相伴随的过程。为什么计划经济时期我国的城镇化进程非常缓慢，每年只增加0.1～0.2个百分点，有些年份甚至没有增长，而改革开放以后城镇化水平迅速提高了，主要是市场化释放了工业化的能量，推动了城镇化❶。城镇化的背后是制度

---

❶ 我国城镇化速率1960～1970年间平均为0.24，1970～1980年间为0.2，1980～1985年间为0.7，1990～1995年间为1.4，1998～2001年间增加到1.7。详见：仇保兴．我国城镇化的特征、动力与规划调控．城市发展研究，2003．1：4．

的变革，制度变革的背后是文化观念的变革。所以说，城镇化不仅是人口的空间转移，而且是社会文化的转型。农村与城市的文化模式是截然不同的。城镇体系规划虽然是空间规划，实际上也起到了引导社会文化在空间传播转换的作用。

(2) 城镇不仅仅是经济的中心，更是文化、教育、科技创新的中心。文化、教育、科学、艺术等事业的发展都集中在城市。SARS事件以后，我们更认为城镇是全国医疗防疫网络的节点，是区域疾病的防治中心。大中小城市是各种现代文化和现代文明的发源地，而广大农村则是城市文明的扩散地。现代的城市文明包括制度文化、大众文化、精神文化，是多种文化复合的多面体。城镇体系规划要研究这些问题。城镇体系规划实际上是城镇化的轨道。现阶段城镇化靠什么推动呢？主要动力是工业化，城镇化的过程实际上是工业文明的扩散过程。工业文明与农村文明是两个有区别的文明体系，需要城镇体系规划进行协调。

(3) 城市经济的发展越来越依赖于对人才的吸引和争夺。只有具有吸引一流人才能力的城市，才能以最高速度持续发展。在现代经济的发展过程中，资金、技术、生产资源都是跟着人才的流动而流动的。与过去城市凭借矿产资源搞发展不同，今后城市发展的关键是能不能吸引到更多的人才。所以，良好的城镇体系规划，首先就是要尊重人才，尊重市民，尊重自然，尊重历史和地方文化，创造吸引人才的宜居环境、创业环境、就业条件和社会条件以及生态空间。这一系列的工作说到底都是为了争夺人才。如果我国所有的城市都能在国际上发挥吸引人才的优势，争夺资源的目的自然就达到了，就会有力地促进城市发展和地区繁荣。

(4) 城镇化的动力随发展阶段的不同而不同。从城镇化的动力机制的变化来看，第一个阶段是城镇化的初级阶段，城镇化的动力是工业化，主要靠工业化推动城镇化；第二阶段是城镇化的加速阶段，城镇化水平超过30％后，在第二、三产业的推动下将迅速越过50％；第三阶段是城镇化的高级阶段，第三产业和后工业化的因素起了决定性的作用。第三产业包括了文化产业，文化产业在许多城市是个庞大的产业。后工业化发展的许多因素都要在城镇体系规划中加以描述和预测。城镇体系规划要规划到今后20几年，当然不可能做到百分之百预言，但是要预测将来发生各种各样发展的可能性。我国城镇化率从现在的接近40％提高到65％～70％，估计需要30年左右的时间，沿海地区会更快一些。所以，从统筹社会经济发展来看，我们也必须利用城镇体系规划解决这些问题。

**(四) 从统筹人与自然和谐发展的角度来看**

(1) 城镇化必须立足于我国的自然资源现状。国情现状是什么呢？人多、地少、缺水、石油储备短少，我国的城镇化必须要适应这种现状，必须切实保护好基本农田、水源地、自然景观、历史文化遗产等宝贵资源。通过城镇体系规划统筹安排，处理好资源开发、利用与保护的关系，处理好眼前利益与长远发展的关系。这对于统筹人与自然的和谐发展方面将起到很大的作用。

(2) 吸取发达国家在城镇化发展过程中出现郊区蔓延的教训。最先在美国出现的发达国家城市郊区化蔓延，导致了经济成本、环境成本和社会成本的大幅度提高。郊区蔓延所致的基础建设投资的经济成本增加3～5倍，而环境成本则更大，大量的物种灭绝，土地荒漠化。大量的人口迁居郊区，老城区成为老年人、穷人的"地狱"，导致社会成本大大提高。郊区化的蔓延，给政府社会保障支出埋下了巨大的苦果。如美国因超重而引发的各类疾病每年要花掉财政医疗保障费高达5000亿美元之多，而且每年以20%的幅度增加，美国政府觉得这个包袱越来越沉重。我国现正处在城镇化与机动化同步发展时期，必须在城镇体系规划和城市规划的调控下做到较密集的城市开发布局，城市必须要成为紧凑的城市(Compact City)，与开放的生态空间相结合，否则的话就不能解决我们的城市发展问题。我们提出每平方公里1万人的城市人口用地标准，尽可能地节约利用各种自然资源，是经得起历史检验的。美国的土地资源比我们多几十倍，54%的土地可以作为耕地(我们只有15%)，水资源、矿产资源比我国也多出好几倍，它对郊区蔓延都承受不了，我国就更承受不了。美国前几年提出了精明增长(Smart Growth)，要发展紧凑城市，节约土地使用。我国现正处在一个关键的时刻，假如在高速城镇化阶段缺乏强有力的城镇体系规划和城市规划作为调控手段，那我国有可能出现比美国更危险的郊区化。如果借助机动化的浪潮，这种郊区化在我国发生，所带来的环境成本、经济成本、社会成本将会比美国高得多，这对于人多地少、资源分布极端不均衡的中国将是灭顶之灾。防止郊区化蔓延的重要调控手段之一，就是有效的城镇体系规划。

(3) 合理布局各类开发项目，减少环境污染。规划的本质是以人类的理性安排克服市场的失败。实际上是用有限的资源满足人类无限的需求。当前，市场的失败主要表现之一就是环境污染，这在我国表现得越来越严重。合理的城镇体系规划决定各级城镇在区域中的合理布局和发展区位，决定了城镇污染与江河湖海和市民居住空间的相对位置。城镇体系规划本质上是最合理的、最基础性的环保工作。我们不仅要追求当代的人与自然的和谐发展，而且要追求人与其他生物的和谐相处，保持生物的多样性。由此可见，合理健全的城镇体系规划是确保统筹人与自然和谐发展必不可少的手段。

**(五) 从统筹国内发展与对外开放来看**

(1) 我国加入WTO和经济全球化的过程深刻影响我国的城镇化。经济全球化包含三个方面的含义：一是国际资本向全球扩张，二是国际产业分工深化，三是信息技术革命。信息技术革命降低了接受教育的成本，最终提高人口空间迁移的能力。这三者促进了经济的全球化和发展中国家的城市化。获得诺贝尔经济学奖的美国经济学家斯蒂格利茨曾经说过，在全球产业转移的过程中，制造业向中国转移是不可避免的。因为中国有劳动力成本的优势、资本富余的优势和企业家精神,还有巨大的市场,这是其他国家无法与之竞争的。其他国家必须通过产业高端化来应对这种挑战。这段话不仅对国与国之间的竞争合作有用,对我国省与省之间的产业转移也有现实意义。如珠三角的劳动密集型产业肯定会转移到内陆省份,要避免转移带来的产业空心化而成为第二个香港,高科技和技术密集型产业就必须相应地发展。没有这样的产业高端化或者高端化的速度比较慢,空心化就很难避免。斯蒂格利茨对世界的告诫对我国每个城市同样适用。这就是全球化对城镇化的影响,也说明了建立合理的城镇体系的重要性。

(2) 以城市群或都市圈参与国际竞争分工已成必然趋势。从提高区域竞争力的要求来看,通过合理的城镇体系规划,形成以大都市为主导,若干个不同等级、不同功能的城镇组成的联系密切、功能互补、结构紧凑的城镇密集区或者大都市区,作为基本的单元参与国际竞争和分工,这是一个必然的趋势。所以,以一个城市群或者都市圈来参与国际分工是必然的要求。如日本的第五次国土整治规划就把关西经济区——商业的大阪、文化的京都、港口的神户组成一个都市圈来迎接全球化的挑战,获取发展机遇。这是提高地区和国家竞争力的必然趋势,与建立合理的城镇体系有必然的联系。

(3) 全球化带来了城镇化发展动力的变化。全球化所导致的产业转移,或者被迫进行的结构调整和产业的空间重组,已经成为影响城镇体系协调发展的主导因素。因为全球化本身深刻地影响着城镇的构成和成长的动力,城镇体系规划要时刻分析城镇化动力的变化。城市通常可以用两种方式应对国际挑战:一种是以核心都市圈的形式应对挑战。以一个国际化城市为中心,周围有很多不同等级的城镇围绕着,形成一个核心经济区域,以此应对挑战。还有一种方式,是城市本身具有高度聚集和集群化的产业,通过高度专业化的产业切入到全球生产链的某一个节点,在整个生产链中占一个段落,并力求从低端到高端的不断演变来适应全球化。从产业的集群演变到城市的集群,以城市的集群应对全球化,这是防止边缘化的基本思路。拥有专业企业集群的小城市同样能应对全球化的挑战。如意大利的米兰是服装之都,英国某小镇是世界旧书交易中心。这样的例子很多,这对我国各地的发展应有所启示。总而言之,对外开放和全球化的结果必然使规划的不确定因素大大增加。不能对此视而不见,应该通过城镇体系规划编制和管理方式的深刻变革,以规定性和灵活性相统一来应对这种挑战。规划应该对各种未来发展不确定因素有相当的包容量和适应能力。

## 二、提高城镇体系规划编制科学性的设想

### (一) 现行规划的问题

我国省域城镇体系规划都必须经国务院审批,虽然"官本位"较高,但问题

也不少。

第一类问题：城镇体系规划从上而下单方面编制占主导地位，上下结合的比较少。正好与很多地方的城镇化趋势相反，许多地方的城镇化现在是从下而上。与国家的国民经济发展计划编制方法一样，城镇体系规划也应上下结合。

第二类问题：偏重于技术性，轻视政策性和实践性。城镇体系规划除了规划空间布局，还要研究落实空间布局要求所必需的公共政策。没有这些公共政策作为支撑，空间规划是不能实现的。

第三类问题：规划局限于封闭的地域，考虑开放性、全球化不足，无法应对全球化背景和改革开放的形势，无法应对产业的全球转移趋势。

第四类问题：没有脱离计划经济的模式，往往以具体的产品生产作为城市发展定位的主导依据。依据以往的经验来推测和规定哪个城市生产哪类产品是行不通的。在规划中，只能讨论产业空间布局趋势与提升的过程，不应涉及具体的产品。具体到生产哪种产品的规划肯定是一个失效的规划。许多规划仍包含一些计划经济的东西，如在什么地方发展什么产业，以什么企业作为龙头，然后带动哪些区域……这样的规划根本无法实现。今天这家企业是龙头企业，可以带动当地的相关产业，明天这家企业可能就会破产，土崩瓦解。像美国安然这么大的公司说倒闭就倒闭，怎么能用它作为区域规划的依据呢？

第五类问题：很少注意到城市之间的协调和互补性。什么是合理的城市规模，这是一个很大的课题。关于合理的城市规模，中国的经济学家认为要100万人口，美国的经济学家认为只要40~50万人，意大利说5万人就行，德国人也说5~10万人❶。为什么？合理的城市规模首先是与该城市的产业性质有关系，如果产业性质本身就是高度化的，外向程度很高，就不需要很大的城市规模作为支撑。其次是与城市之间的相互作用有关系。城市之间相互作用非常强，实际上已经与周边城市构成了一个在功能上互补的组合型城市，尽管目标城市本身的规模很小，发展也会非常有效。所以，就单个城市本身去说城市规模是没有意义的。现有的城镇体系规划经常犯这个错误，不考虑城市间的互补性。

第六类问题：城市规划与发展计划及其他专业规划相脱节，包容性不强。因为城镇体系规划本质上是区域规划，区域规划必须包含其他专业规划。要体现综合性，就要有包容性，要吸收专业规划合理的内容，而且要不断地以变应变，适度地增强刚性和灵活性的需求。

---

❶ 最佳城市规模（Optimal City Size）研究表明：除了城市的规模之外，城市的产业特征及其外界的联系程度同样是关系到城市良性成长的重要因素。否则就无法解释仅有30万人口的苏黎世就能像纽约或东京一样成为国际贸易中心。而对58座意大利城市进行综合研究后显示，大约5.5万人左右的意大利中等城市对成本的控制力最强。参见：朱玮，王德．从"最佳规模"到"有效规模"．城市规划，2003.3；91．

第七类问题：规划常常受到长官意志的影响，领导说变就变。这就要求我们对于资源保护类规划要强调规划的规范性和修改规划的程序与流程。

第八类问题：规划的实施性很差，也像其他规划一样图上画画、墙上挂挂，过了几年谁都忘记了。不少地方存在这个问题。

### (二) 提高规划编制的科学性

上述这八类问题的核心，就是城镇体系规划迫切需要提高的科学性。从编制规划的过程来讲，提高规划的科学性要认真做到以下几点：

(1) 规划要讲究战略性，要加强战略研究。编制城镇体系规划必须要以战略研究为先导，通过战略研究发现城镇空间发展变化的多种可能性，分析哪些是影响经济社会发展的决定性因素，这样编制的城镇体系规划才会有理有据。没有战略研究，就事论事编规划是做不好的。成功的战略研究，一是必须连续跟踪研究，强调过程的一致性，要不断地对战略规划进行深化。二是要有一个常设的战略研究机构，有专门负责研究战略规划的人才群体进行连续作业。不能今天请这一批专家，明年又请另外一批专家。虽然请专家进行研究可以增加学习其他地方经验的机会，但这样的研究没有连续性，专家也不可能承担相应的责任，也就吃不透城镇体系规划战略问题。三是在规划编制方法上要从间断性地编制研究转向不断跟踪反馈。原来编制的规划在实施中发现较大的偏差，不修改不行。这就要求有一个不断跟踪反馈的过程。要靠规划实施的实践结果来修正。如果现在规划编制完成以后就不再修正，对原来的分析工具和具体规划不作修正，那战略研究就会前功尽弃。

(2) 目标设置的合理性。过去的城镇体系规划往往是以自我为中心来决定编制目标，设置了三个结构一个网络，即等级规模结构、职能类型结构、空间地域组织结构和基础设施网络。现在，以此为核心的理论体系应该集中在"五个统筹"上，起码在现阶段要做到几个体现：一是体现城镇化和城镇发展与区域经济发展的内在联系。在区域整体发展过程中，把握城镇发展的规律，把握城镇发展、空间结构与经济社会发展的互动关系。二是体现市场经济体制下的政府调控特色。要强调针对弥补市场失效提出政府调控的目标、职能、手段和措施。离开了市场化，政府调控就会无的放矢，规划再完善也无法调控。过去编制的规划看似面面俱到，实际上有时没有一件事情拿得起，没有切入点，它本身就不是为调控服务的。如武汉城市圈规划草案曾提出，要以某个龙头企业牵头带动一个产业。政府怎么能去插手龙头企业的微观管理呢？按照转变政府职能的要求，按照市场化的要求，政企分开，突出政府弥补市场不足的管治功能。三是体现城市与人口、经济、资源、环境的协调和城乡可持续发展的要求。四是体现对现阶段发生问题的具体解决方案。总之，城镇体系规划要突出整体性、综合性，虽然以空间问题为主，但是也涉及经济、社会、文化、环境的协调发展，因为城市本身就是经济社会发展的综合载体。

(3) 揭示问题要有针对性。规划编制的一个很重要的目的,就是要针对问题提出对策。这些问题都是影响区域发展的主导性问题,必须通过规划调控才能解决。只有解决了这些问题,整个城镇体系才能健康持续地发展。所以要把问题找对找准,才能发现本地区城镇与区域发展的主要矛盾。一般说来,当前存在着这样几对矛盾,例如:工业化与城镇体系之间的矛盾,城镇化与资源有限之间的矛盾,人口集聚与空间优化之间的矛盾,污染加剧与人居环境之间的矛盾,城镇体系空间组织结构对产业结构的影响与国际产业转移之间的矛盾等等。无论是编制哪一个层次的规划,有两点是最重要的,一是目标明确,二是问题找对。只有根据合理的规划目标,科学地、有针对性地分析和认识问题,才能够梳理出"管用"的战略和策略,这是最基本的规划道理。

(4) 空间布局的前瞻性。全球化给我国城镇化带来的影响是多方面的。首先,全球化是与知识经济同步的,其结果造成了高科技和知识类产业、文化产业在地理空间上高度集中,一般性的制造业则在全球分散。既有越来越高度集聚的产业,又有越来越分散的产业,这两类产业在空间布局的变化趋势是不一样的。每个城市和区域都要通过战略研究对自身的发展阶段和发展趋势有正确的判断,现阶段目标针对哪一类产业,就对哪一类产业作出应对的适应性规划。其次是信息化和机动化的加速。伴随着信息化和机动化以及物流产业的发展,城市区位优劣势的变化是非常频繁的。另外,在全球化的促进下,产业总是向着成本比较低和成长性最高的地方流动,形成了一系列产业集群,这种产业集群使得小企业、小城市也能切入全球生产链中。这种产业价值链在地域性的切入对形成跨空间、跨地理、跨国界的城市功能辐射起了很大的作用。这些都要求城镇的空间布局有引导性和适应性。在全球经济时代,捕捉发展机遇的能力是由城市空间结构决定的。过去有一句老行话:城市的财富蕴藏在城市的空间布局之中。现在仍然管用。

现在,什么样的城市都想建商务中心,几十来万人口的中小城市也搞 CBD,这样的规划思想是错误的。应该说,CBD 是大工业时期的一种空间布局类型。那时,直接交易和间接交易必须要集中在城市的一个部位,面对面的集中交易有利于协调矛盾,降低交易成本。现在由于网络化、电子化的发展,城市 CBD 的功能已大大削弱,再按照 50 年、100 年前的商业运作模式和经济组织方式去建 CBD,带来的则是浪费。美国加利福尼亚州的经济总量在全世界排位第五,超过法国,但其州府所在的城市就没有大型 CBD。国外现在推崇的是 Business Park,就是环境优美、交通便利、空气清新的商务公园。因为有了高速公路网和高速信息网,国际大公司可以在这里调控全球,根本不需要集中在 CBD 办公。规划编制必须要研究这些问题,不同时代的经济对城市有不同的空间要求,区域城镇体系空间布局必须要有前瞻性。

（5）政策策略的有效性。首先，城镇体系规划成果不仅是一张空间发展蓝图，而是要围绕这张图提出一系列有效的政策措施。这些措施都应是针对目标为解决问题而提出的。目前，以目标和问题为导向的公共政策研究是整个规划体系中的薄弱环节。西方规划体系从物质性规划为主转向公共政策的研究为主，这是一大跨越。当前各地这方面的变革比较滞后，要认真补好这一课。如城市之间的公共品协调，基础设施互补、资源共享、生态环境共保等，在此基础上实现城市之间功能的互补性发展。这也是目前我国许多城市群规划协调要做的主要工作。其次是公众参与民主决策的推进。这些都是政策策略有效性必须要研究的问题。政策策略无效，规划也无效，就成了一张墙上挂挂的废纸。

（6）规划调控程序和内容的规范化。

规范化包括了三方面的内涵。

首先，政府必须要做市场做不了或者现阶段做不了，做起来不合算的事情。在规划调控市场的过程中，政府的调控手段和途径主要有四种：一是替代市场，二是扶持市场，三是仲裁，四是管治。因为现阶段我国许多地方市场化发育程度还不高，这四种办法各地政府都在用。针对市场发育不足，政府就要扩大市场范围，降低进入门槛以培育市场。类似资源保护、环境污染的控制等等，政府都会通过规划加以调控。凡是可以由市场决定的事项，规划内容上只需点到为止。如某个城市在什么阶段发展到多大规模，这首先是市场的原因，同时也受环境资源的限制，还要符合相邻城市间功能组合的要求，规划主要是解决资源问题和城市之间的功能组合问题。这个城市市场服务功能是什么，那个城市发展什么产业，不是能规划出来的，那是市场决定的。规划只能设想什么样的产业结构是合理的，不调整产业结构将会发生什么问题等。如果把规划定位在具体的产品上，这是根本无法做到的。另外，有序的城市化水平也基本上是市场运作的结果，城市化水平不能仅靠行政手段来提高。规划和行政区划调整到什么程度，城市化水平就达到什么程度只是神话。城市化是经济发展的自然过程。政府能决定什么呢？政府决定基础设施的种类、规模、布局，城市建设的标准，环境容量，资源的保护和利用之间的关系，市场对环境污染的控制等。这些都属于政府弥补市场失效的调控内容。凡是能够发挥竞争作用的，政府都可以退出，充分让市场调节发挥作用。政府调控必须要符合经济发展的内在要求，政府与市场要有合理分工。

其次，要符合法治的原则。现在某些地方政府要员的法治理念仍非常薄弱。要强调一切都要依法办事，一切要有法律依据，有法必依，违法必究，着重依据《城乡规划法》来制定具体的城镇体系规划条例并认真落实。

最后，必须要有合理的决策程序。科学的和民主的决策，这两者是分不开的。比如如何进行调查研究,如何进行系统分析,什么时候采用系统数学模型作为辅助,遥感技术、信息技术怎么用等等,这些都要有地位、有作为。成立由专家学者为主组成的规划委员会,可以帮助政府首脑实现科学规范决策。这种决策过程符合头脑风暴法的创新理念,可以弥补传统规划编制中的许多漏洞,也可以避免长官意志。

如果从上述六个方面去认真努力改进规划工作,科学化的程度会有所提高,也可能会解决一些矛盾。我国目前的城镇体系规划还是一个初级规划体系,自身的成长年限还不长。不少规划研究院校在这方面研究的精力和投入也不够,认为研究城市总体规划才能体现自己学术上的水平,而对城镇体系规划的研究不屑一顾。这种观念要纠正,其实城镇体系规划是现阶段最具有操作性的区域规划。

## 三、切实强化城镇体系规划实施的可操作性
### (一) 城镇体系规划要发挥六大功能

(1) 上下衔接的功能。不能认为只要把各省省域城镇体系规划拼起来就成为全国城镇体系规划。但是,没有各省的工作,全国城镇体系规划也不可能突然冒出来。如果是那样,就犯了前面所说的从上到下的错误。过去国民经济和社会发展计划的编制是从上到下的,在许多方面根本就是无效的。大多数国民经济和社会发展计划最后都无法落实,原因就是忽视了上下之间信息的严重不对称性,是单向编制规划的结果。所以,全国城镇体系规划的编制,应该既从下而上,又从上而下。先搞一个全国城镇体系规划的纲要,然后各省根据纲要进行提炼充实,最后从下到上形成全国城镇体系规划。对上衔接还有城市群规划,如京津塘、环渤海湾规划和大珠三角城市群规划等就超越了省域城镇体系。对下衔接的内容就更多了,因为国际性的竞争直接表现为城市与城市之间的竞争。第一类像昆山、张家港等经济比较发达的地方,行政人口密度已经超过了城市化区域(UA人口密度≥400人/$km^2$),实际上可用城市总体规划进行市域全覆盖。例如浙江省乐清市,人口超过120万,总面积1100$km^2$,其中雁荡山风景区就占了440$km^2$,没必要做城镇体系规划,做一个扩大化的城市总体规划就可以全部概括。在人口密度高的区域,直接用城市总体规划对接省域城镇体系管理,完全可以做到很好地衔接。第二类是对经济欠发达的地方,仍然需要做好都市区规划,市域、县域做村镇体系规划。第三类是那些特殊区域的城镇体系规划,比如沿江地区、沿海地区的规划等等。

(2) 重大基础设施布局的综合指导功能。沈阳在完成城市发展战略规划后,马上做了一个重大基础设施的布局规划。这样的规划,在编制过程之中,与其他专业部门的规划就容易协调。在协调的过程中,也要注意完善城镇的规划布局,

对于那些不合理的规划内容,要及时修改。另外,在城镇体系规划中要对建设时序作出安排。按理城市规划是以管空间为主,社会经济发展计划是以管时序为主。但是,因为城镇体系规划要管土地台账,要与城市近期规划相衔接,就必须要对建设时序作出安排,这样才能发挥规划对重大基础设施布局和建设的综合指导功能。

(3) 协调重点镇、卫星镇、专业镇布局的功能。确定全国重点镇,应坚持两个原则:第一是依据各省城镇规划体系确定的应该重点发展的城镇,第二是根据城镇的经济增长潜力分析。城镇体系规划的蓝本再加上经济自然增长的状况,重点镇的确定就比较容易。另外是历史文化名镇的评选。凡是评上历史文化名镇的,今后就享受重点镇的优惠政策。还必须考虑优先发展卫星镇。重点镇、卫星镇、专业镇,这三类镇的布局要与城镇体系规划相符。

(4) 资源保护和利用的统筹功能。城镇体系规划一项很重要的内容,不仅是要确定省域空间哪些地方可建,更重要的是确定哪些地方不可开发,或者说哪些地方的开发建设对生态环境很敏感,应限制开发。要区别不可开发的地方、开发很敏感的地方和可以开发的地方。资源要分区,开发要有许可,土地要建立台账制度,还要根据实际情况及时调整。例如洛阳北面原来总体规划已经作出了安排,后来发现那个地方有2000年前的商代墓葬,几十公里的范围,就不能动了,成了文化遗产敏感区。城市规划只好往南退。浙江和江苏也都有类似的良渚文化敏感区。

(5) 重大开发建设项目定点的功能。要给省域重大的开发项目颁发"一书两证",尤其是规划选址说明书。比如各类园区、开发区的建设要与卫星城、卫星镇相匹配、相融合,重大的基础设施和公益项目的布局建设要符合城镇体系规划的要求。原来西气东输管网江苏段的走向与江苏的城镇体系规划不一致,就属于城镇体系规划综合协调指导功能尚未发挥的结果。

(6) 城市之间的竞争与合作功能。现在,城市之间既是合作关系,又是竞争的关系。美国的中小城市有2万多个,但是城市与城市之间基础设施建设方面的互补替代性很高,甚至有的城市的自来水供应和污水处理,全部由另外一个城市包干,有的城市连警察也都由另外城市包干的,自己不设警察局,而是通过购买服务签订合同的方式,委托周边某个城市承包本地的社会治安,不能完成合同确定的目标就炒其鱿鱼,再委托给另外一个城市或社会组织。而我国的中小城市甚至集镇大都是各自为政,机构齐全,浪费极大。应该通过城镇体系规划作必要的调整。

**(二) 要完善城镇体系规划的基础性工作**

(1) 完善地方立法工作。许多人认为,省域的城镇体系规划法律地位不明确,其实除了城市总体规划稍微好一点以外,其他规划的法律地位都不够明确,包括其他各类专业规划。制定省域的城镇体系规划是《城乡规划法》所规定的,关键问题是缺乏延伸的实施办法,也没有专门条例,这是一个重大的缺陷。

制定省域城镇体系规划的条例有两种途径：一种是国务院制定条例，另一种是省人大颁布条例或省政府颁布政府令。目前可行的办法是通过省人大颁布省域城镇体系规划条例，作为《城乡规划法》的延伸。无论是省域城镇体系规划条例还是实施办法，都要做到三个明确：一要明确省域城镇体系规划的性质、地位和作用；二要明确管理机构的任务、权限和职责；三要明确实施程序，落实"一书两证"制度。

（2）建立相应的经济引导政策。有的地方建立了城镇化基金，引导规划实施。有的地方有财政补贴，税收优惠。允许开发和不许开发的区域应该实行差别税收。这些都要在规划中主动提出来。要通过特许经营与市场化运作相结合的办法，突破行政区划的限制，实现基础设施共建共享，达到合理开发引导的目的。

（3）动员社会力量和民众参与。首先是动员相关政府部门参与。城镇体系规划是综合性的规划，应该包容其他专业性的规划，吸收其他专业性规划的合理内涵。在规划制定过程中，充分听取相关的政府部门的意见。第二是要充分发挥专家学者的作用。第三是要通过公开的程序编制和实施规划。第四是要动员地方各级政府的积极参与。市、县政府是重要的环节，因为规划的很多规定是需要他们遵守的，所以既要听取他们的意见，同时又要用专家的意见说服他们，力求统一思想。最后，还要经常向人大、政协汇报城镇体系规划的实施情况和问题，汇报和宣传城镇体系规划的作用。整个规划编制与实施过程要实行较彻底的政务公开，广泛听取人民群众的意见。

（4）建立定期的评价报告制度。定期的评价报告制度与可持续地对规划进行跟踪、研究、反馈、修订有关。所以，必须建立项目库，定期评价报告，不断地修改、充实规划内容。规划管用，才有意义。规划，一部分是法定的权力，一部分是"管用"的感召，这两方面都不可缺。只有人家觉得城镇体系规划能解决实际问题，才会服从"一书两证"的管理。要使得规划管用，就要不断地对规划进行完善，不断地充实。科学合理的规划不是一蹴而就的，而是通过实践的修正逐步完善起来的。

（5）发挥和落实"一书两证"制度的作用。一是要强化"一书两证"的地位、覆盖范围和可操作性。二是要发挥建设厅的地位和作用。建设厅下设的重点办、城镇化办、乡镇办等部门的力量应该组合起来。三是要明确省规划委员会的作用。一定要建立省级规划委员会，一半以上的委员应是专家学者，这些专家学者对规划的审批、仲裁、调控发挥着很大作用，包括对下一级城镇体系规划和城市总体规划的审查和监督实施。四是要强调规划的跨区域协调和落实的作用。

总而言之，城镇体系规划要强调自身改革，以适应时代发展的需要，适应

"五个统筹"的要求,为此,必须实施五个转变:第一,由过去重产业的空间布局转向与城镇开发适应性和城镇基础设施公益事业发展并重;第二,由指导城镇经济发展为主,转向经济社会发展和提高居民生活质量并重;第三,由重规划内容、轻规划实施转向科学编制规划和严格实施规划并重;第四,由开发利用资源为主转向开发利用和管理保护资源并重;第五,由单纯的审批式的规划管理转向综合应用法律、经济和行政手段强化规划的实施管理。

## 四、城市管治的概念及其应用

### (一)管治的来源与区别性

管治[1]的英译为 Governance,不同于行政(Administration),也不同于管理(Management)以及统治(Government),四者有着明显的区别。首先,无论是行政、管理、还是统治,都强调从上到下的指挥、命令;而管治是从上到下和从下到上的结合。第二,行政、管理、统治都是由政府说了算,而管治是着眼于调动各方面的积极性,强调政府部门、社会团体(NGO)、企业和公民个人等众多公共管理立体地彼此合作。

为什么会兴起城市管理制度的变革?

一是城市建设投资主体的多元化。不再是政府一家投资,民间资本包括外国人都可以来投资基础设施建设,外国企业享受"国民待遇",企业已经没有所有制和国界的区别了。

二是城市移民来源的多渠道。任何人都可以到某个城市来安居乐业,市民已享有自由迁移权,城市户口的概念日益淡化。要使城市走向繁荣,就看城市政府能不能争取人才到本地来,能否适度控制无业游民涌入。

三是城市管理的需求及其成功与否的价值判断日益多元化。城市管理越来越困难,前面说的城市规划要应对六大危机,都非常复杂、很难处理。

四是城市市民阶层分化的多层次。市民中贫富差距的拉大,不同阶层群体的独立越来越明显。移民背景文化的多元化,也使城市管理日益"众口难调"。

五是城市外部竞争的激烈性。城市之间争夺资源、人才,争夺一切。当前,长江三角洲和珠江三角洲各城市为了争夺外来投资和中产阶层移民而正展开全面竞争。

六是市民对城市事务民主参与热情和能力的提升。

七是市场化、国际化、法治化和新技术革命的推动。市场化、国际化、法治

---

[1] 管治有多种定义,但认同度较广的是全球治理委员会 1991 年发表的题为《我们的全球伙伴关系》研究报告中的定义——治理是各种公共的或私人的个人和机构管理其共同事务的诸多方式的总和,它是相互冲突的或不同的利益得以调和并且采取联合行动的持续过程。这既包括迫使人服从的正式制度,也包括各种人们同意或以为符合其利益的非正式制度和制度安排。

化和新技术革命带来了城市管理的革命，政府运作要信息化、要透明。市场化要求政府所有的事情都要按市场规则办事，弥补市场不足而不是取而代之；法治化则要求每位政府公务员都要积极回应公民的需求并严格依法办事。这一切都在推动着城市管理模式的改变，也导致了城市管理必须有一场革命，这场革命就发生在城市规划、建设和管理领域。

### （二）城市管治广泛的目标

一是优化城市政府的管理效率。因为绝大多数资源总是有限的、稀缺的，因此以最小的开支取得最大的成效就成为城市政府效能的第一目标。

二是建立引导、调控、促进和监督城市社会、经济和生态系统运行的有效组织体制。社会、经济和生态是城市主要的三大系统，要把这三大系统引导调控好，才能顺利完成城市政府的职能。

三是将市场的激励机制和民营企业的管理手段引入政府的公共服务领域。要把民营企业整套灵活的经营方式引进来，以一场城市政府自身的革命来应对激烈的市场竞争，这很重要。比如，有的小区破烂不堪，就发动一场小区之间的竞赛，每年让老百姓自己投票评出最佳小区和最差小区。然后把居住在最差小区的居民带到最佳小区去参观，看了以后，就会意识到社区生活环境的巨大差距，从而激发他们改造社区的积极性。小区改造的资金，可以采取老百姓出一点、居委会筹集一点、政府拨一点，"三个一点"的办法进行筹措，效果很好。如果说没有自下而上的治理方法，只是从上而下的命令，就没有这个积极性，即使拨再多的钱也改造不了小区。

四是倡导善治，就是强调效率、法治、责任三者协调平衡。这是城市管理的真谛。要把这三者贯穿起来，融合在一起，相互之间不矛盾，而是互相促进。

五是促进政府与民间、公共部门与私人部门之间的合作和互动。政府与企业之间、政府与民间团体之间实际上应建立伙伴关系。建立这样一种互动关系的城市，政府运作成本可以最低，借力发力，可以调动所有的社会资源为自己服务。

六是强调完善城市社会的自组织特性。建立起基于信任与互利基础上的社会协调网络。任何社会阶层群体、社会网络都是具有自组织特性的。城市最大的特征就是具有自组织的能力。顺应自组织的特征来推进管理是非常重要的，比如，要解决北京的交通问题，就需要一套智能交通系统。国外的智能交通系统实际上是把每一条路上此时此刻拥堵的情况、信息收集起来，然后发布给每一位汽车驾驶员，驾驶员前面有一个屏幕或者电台，专门公布或显示出哪条路堵车、哪些道路畅通的信息。在日本东京这些就十分普及，每辆车都有电子导航系统，拥堵的路段在哪里，拥堵到什么程度都能实时反映，同时计算机会建议你走一条顺畅的路，这就是优化选择。这样千百个驾驶员都会遵循瞬时的信息自组织地调节自己的行为，城市的交通系统就能正常运转。但我国的智能信息系统不是这样。信息收集系统投资不少，但收集后的信息只有公安交警部门的领导知道。往往是为保障首长出行，对某条道路进行管制，而老百姓并不知道，不能形成一个自组织系统。一个城市的社会组织如果不能达到自组织的要求，就无法自我改善，无法调动所有人的积极性。正像无法调动所有驾驶员的积极性一样，无法避开拥堵，这样的系统是无效的。作为复杂系统的城市，就要把每一类组织的自组织特性充分地发挥出来，这样城市整体效能才能提高。

七是扩展和提升城市社会资本。城市的社会资本是一个新的概念❶，如果一个城市的社会资本非常雄厚，即使地价高，别人也愿意投资，因为投资者可以从社会资本中获取利润、得到好处，而这种好处超过了居住和办公成本。所以愿不愿意到一个城市里居住，是不是有发财的机会，发展的机会多大，创业机会的多寡，都与城市社会资本的丰裕程度有很大关系。

### (三) 城市管治内涵的五个方面

一是城市权力中心的多元化。城市开发、建设和管理方面权力中心的多元化日益明显，不是政府一个中心来投资建设公共设施，而是由许许多多的外来投资者、社会团体都可以建设管理城市，只要是社会认可的就可以构成公共权力。这样概念就变了。尤其在建设开发方面，城市权力中心是多元化的。

二是解决城市经济和社会问题责任界限的模糊化。管治的过程是将原由政府独立承担的责任转移给社会团体和企业。例如住房和城乡建设部大院原来住了2万人，违章建筑遍院都是，绿化很差，交通拥堵。所以有人说住房和城乡建设部是负责规划建设管理的，但是"灯下黑"，自己眼皮底下都搞不好。原来住房和城乡建设部是成立后勤服务中心来管理大院，但都是政府公务员来管小区，结果当然是管与不管一个样，管好管坏一个样，多管还得罪人。现在住房和城乡建设部大院包括建设部大楼行政服务及办公楼全部实行物业管理，向全国招标，中标的是深圳万科公司。自此以后，小到办公室的卫生清洁，大到整个小区的绿化，管得井井有条。实际上还比过去旧模式更省钱，用工更少了。原来由住房和城乡建设部专门成立一个正司级单位来管理一个小区也没管好，而现在通过市场竞争招标来的没有任何行政级别的企业就管得比原来好得多了。由此可见，政府要尽可能让渡权力于企业或推行购买式服务。

三是涉及集体行为的各种社会公共机构之间存在着权力依赖关系。凡是与市民集体行为有关的所有的社会团体，相互之间是依赖的、促进的，这是一个本质

---

❶ 美国芝加哥大学的社会科学家科尔曼（Coleman）教授于1988年提出了"社会资本"（Social Capital）概念，意指在一个社会群体中，行动者之间的某种社会关系。社会资本的构成三要素：一是行动者之间的义务、预期与依赖；二是群体中的信息渠道；三是惩罚的规范与效果。良好的社会资本能促进社会群体中行动者的某些行动。

特征，这就导致了在城市发展的大目标上，大家的目标是趋同的，都要为了增强城市的竞争力来出力献策。但另一方面，不同人群、团体机构利益又是多元化的。要通过有效管治将利益多元与目标趋同结合在一起。

四是城市各种经营主体自主形成多层次的网络，并在与政府的全面合作下，自主运行并分担政府行政管理的责任。每一个层次都有自组织的特性，都要把它们发挥好。

五是政府管理方式和途径的变革。有三个层次：一要激发民众活力。二要培育竞争机制。政府不仅要在城市各方面培育竞争机制，而且政府组织自身要引进竞争机制。三要弥补市场缺陷，如公共卫生、生态、城市公共设施的提供，这些是市场解决不了的。政府只管市场解决不了的、管起来也不合算的、不愿意管的事。政府规模就可以很小、机构数精简、花钱也省，这与更好地为市民服务是完全一致的。

**(四) 从我国城市规划三大结构的不对称看治理的前景**

城市规划的构成可分三大部分：一是专业工程技术；二是政府的管治行为；三是社会运动。但我国的城市规划工程技术性较强，80多个大学有城市规划专业，从本科到博士都有。但是把城市规划作为一项政府的管治行为，去调动各方面的积极性，上下齐心求发展，有这样思维的城市领导人就比较少。而把城市规划作为一项社会运动，需要全民参加的则更是寥寥无几。所以说，在我国，城市规划的三大组成部分是失衡的，需要管治的理论来武装每位城市政府官员的头脑，才能把城市规划的三大功能都发挥出来。

## 五、基于城市管治的城市规划变革

**(一) 城市规划的调控目标从明确城市性质和规模转向控制合理的环境容量、建设标准和相互之间协调发展**

我国传统的城市总体规划编制，首先一条就是强调城市定位，20年不变，其实很难做到。现在外部世界发展非常快，精确永久的定位没法定，怎么办？现在有两种倾向：一是城市定位的泛化，其结果是城市定位日益包罗万象，又是工业城市，又是经济中心、又是文化中心等等一长串，城市定位变成了一个大拼盘。二是城市定位虚化，就是不写实而是写虚，比如，区域的中心城市、国际化城市等等，区域中心、国际化等概念都很模糊。城市定位淡化了，转向什么呢？控制环境容量，实现环境容量、建设标准和相互之间的协调发展。由此带来了三大变革：

1. 引入概念性规划手段，提高城市规划方案的预测能力

从技术上讲，规划的本质就是减少未来发展的不确定性因素。通过编制规划，让不确定性因素看得见、摸得着，但是又不可能看得完全清楚，比如要看清楚20年后的城市发展就有困难。概念性规划的作用在于：既然在20年后或50

年以后城市发展的结果有多种可能性，那就把这些多种可能性中最有可能的发展结果找出来。比如，根据世界形势、区域发展的大背景和国家政策走势，这个城市在三个方面最有可能发展。根据这三个方面的发展走向，可能会发生什么样的变化，根据这三个变化来规划城市，把这三个可能性全部在战略规划中反映出来。概念性规划还有一个特点是，既然城市的未来存在多种可能，那么最好请多个规划编制单位机构来做概念性规划，每个单位都提出一个方案来，每个方案就包括多个可能性，然后把这些综合起来，就有可能把城市未来发展的不确定性因素减少到最低程度，这样就越能更多地把握城市发展的未来信息。概念性规划不仅仅是在总体规划层次来编制，而且在规划的各个层次都可以引入概念性规划。但是，从实践来看，城市总体规划层次的概念性规划不宜让外国人来做。因为这一层次的概念性规划要捕捉大量的信息，必须要对这个地方熟悉，对中国的背景熟悉，对区域的背景熟悉，对这个城市历史发展的过程很熟悉，才可能推演出20年以后可能会出现哪几种变化。从而再分析几种变化中间，认为哪种是优先的、哪种是其次的、哪种可能性最大。如果要是请国外规划设计单位来做，临时抱佛脚掌握不到足够的信息，编制的规划质量就会有问题。南方某城市做概念性总体规划，请5个国外设计公司来编，每个公司花100万美元，但编制的概念性规划根本不行，只得再找4个国内的单位重新编制。

2. 改进传统的城市功能定位方法，增强城市的核心竞争力

城市的竞争力，特别是中小城市，必须要有核心竞争力。所谓核心竞争力，必须体现长期的市场需求性，未来需要这类资源，比如辽宁阜新市原来的定位是煤矿城市，这定位是错误的，因为煤作为能源是可以替代的，煤矿是会枯竭的。所以，确定城市核心竞争力要涉及：①未来有需求的；②不可替代的；③不会枯竭的；④别人无法模仿的；⑤可持续的。要把核心竞争力定位在这五个方面❶，就不会出现阜新这样的情况。一个80万人口的城市，有30万人失业，现在只能把工人转变成农民。多痛苦啊！国家也投入了大量的钱，老百姓生活水平又很低，这就是规划没做好。没有采用具有可持续能力的城市核心竞争力的概念。

3. 参照"生态足迹"的理论，合理确定城市环境容量

一个城市能够发展到多大，是由城市的供水能力、土地供应能力、周边生态环境的能力来决定的。加拿大科学家提出了"生态足迹"的理论，任何一个已知人口的城市的生态脚印，即生产相应人口消费的所有资源和消纳这些人口产生的所有废物所需要生物生产面积（包括陆地和水域）。用这一理论可以衡量一个城市究竟消耗多少用于延续人类发展的自然资源。我们可以借鉴这些概念来确定区域

---

❶ 参见：仇保兴. 有关沈阳经济区发展战略的几点建议. 城市规划. 2003.11.

最终的环境容量,来决定城市发展的上限❶。如果现有城市发展的环境容量已近极限,要进一步发展,就要跳出这个城市的老市区,拓展新城,新城和老城之间实现有机连接。这样的城市发展就是可持续的发展。

### (二)规划编制和管理的重点从确定开发建设项目,转向各类脆弱资源的有效保护利用和关键基础设施的合理布局

1. 推行四线管制方法,保护不可再生的资源

一是绿线管制。绿线是要确定城市的绿地系统,所有的绿地要形成网络,网络界线一旦确定以后,必须是法律规定不得侵犯。绿地系统规定了城市的空间形态。城市规划学里有一句名言:城市的财富隐藏在城市的空间结构之中。把绿线控制好了,城市发展的未来形态就基本确定了。

二是紫线管制。紫线管制就是对城市历史保护区、历史街区进行强制性保护。例如,遵义会址是革命圣地中的历史性建筑,但有人把周边的旧房子都拆掉了,把这个楼用绿地衬托出来。这就犯了一个极大错误,因为该楼和周围的环境包含了所有的历史信息,体现了全真性、整体性、可区别性和可持续性,这是《威尼斯宪章》关于历史文化遗址保护的几大原则。这里还有另一个错误得到纠正的案例,当上海新天地改建的时候,有人就说,把中共一大会址这个房子衬托出来,其他房子拆掉,搞个绿地环绕,聚光灯一打,照在一大会址上,中国共产党在此诞生,就像纪念碑一样,多辉煌啊!实际上这个主意是完全错误的。如果把周边的房子拆掉,把一大的建筑显示出来,人家说这还是一大的会址吗?当时共产党是地下党,地下党开代表大会就是找一个不引人注目的、在居民的弄堂里边的建筑,隐蔽性地进行活动。如果会址旁边是绿草如茵,然后被聚光灯聚焦着这个孤零零的建筑,共产党要是在这里活动的话,还能发展到今天吗?早被国民党消灭了。这样做不能反映历史的真实。保护一个城市的片区,就要保护片区包含着的全部历史信息和协调的历史风貌,要依靠紫线管制来保护。在紫线范围内,只能通过整治的办法进行保护性维修,如同补牙齿的办法,哪个牙齿损到牙根了,就把损到牙根的牙齿拔掉;发生蛀洞的牙齿,只需将洞补齐就行了。我们现在有的城市旧城改造的办法很蠢,等于把一口牙齿不管好坏全拔掉,然后镶上

---

❶ 生态足迹对可持续性的衡量,是一种"强"可持续性的测量手段。当一个地区生态承载力小于生态足迹时,即出现"生态赤字",其大小等于生态承载力减去生态足迹的差(负数);当生态承载力大于生态足迹时,则产生"生态盈余",其大小等于生态承载力减去生态足迹的余数。生态赤字表明该地区的人类负荷超过了其生态容量,要满足其人口在现有生活水平下的消费需求,该地区要么从地区之外进口所欠缺的资源以平衡生态足迹,要么通过消耗自身的自然资本来弥补收入供给流量的不足。这两种情况都反映该地区的发展模式处于相对不可持续状态,其不可持续的程度可用生态赤字来衡量。相反,生态盈余表明该地区的生态容量足以支持其人类负荷,地区内自然资本的收入大于人口消费的需求,地区自然资本总量有可能得到增加,地区的生态容量有望扩大,该地区消费模式具有相对可持续性,其可持续程度可用生态盈余来衡量。

两片假牙。因此，必须通过紫线来管制，采用修旧如旧的办法，按照梁思成先生讲的，让老建筑延年益寿的办法，就是什么东西坏了补什么，这样去整治、完善它的功能。外国的一些历史名城为什么这么漂亮，有些城市甚至没有任何工业，但是市民生活水平比我们高多了，就是靠自己城市本身的丰厚的历史底蕴来吸引全世界的游客，成了聚宝盆，而且其价值随着时间的推移将会越来越高。

三是蓝线管制。蓝线管制的是城市的水系。城市水系是城市活的灵魂，通常具有七大功能：第一是排洪泄洪。第二是历史文化的沉淀。所有的历史城市，都是先有河，后有城，许多的城市历史是沉淀在河流上。巴黎塞纳河的沿岸风光是全市最好的。北京所有的河流，都可以找到历史的古迹，哪个码头是哪个皇帝用过的、发生过什么重大历史事件等等，所以它是历史的积淀带。第三是城市的隔离带。要是没有河流作为隔离带，SARS将会更严重。第四是城市有机的空间，最美好、优美的公共空间。第五是城市生态的最重要的组成部分，生物多样性集中表达的地方。第六是旅游功能。第七是城市的应急救助系统。发生火灾，水就可以用；出现自来水污染，就可以用地表水，它是城市生活生产用水的备用系统。所以，需要投入大量资金，把城市河道重新挖出来。当然有些也挖得不对，如北京的城市河道堤岸，几十公里全部是一模一样，那就不对了。有的城市在修整河道时，把两边的树都砍掉了，这些改造方法都是错误的。要按照生态的、尊重历史的、能够使人亲水的办法来改造河道。有的河道太直了，要改弯，不能截弯取直。在国外大学的城市规划专业中，专门有滨水地区改造的课程。把城市的水系整治保护好，涉及城市生态、历史文化遗产保护和城市安全防灾能力。

四是黄线管制。如城市快速交通干线、标志性大道、地铁、轻轨通过的地方，政府应预先通过规划把周边的土地全部控制好，工程一上马，这些土地就增值了。政府再通过土地拍卖转让将投资收回来。这就是黄线管制的原理。另外，现在许多城市中的污水处理厂、垃圾中转站没地方安排，谁都不愿意把垃圾中转站建在自己旁边。而在一个城市中，这些设施都是必不可少的，必须通过黄线管制将其确定，谁都不能改变。

2. 导入理性预期收益管理，有效经营城市资产

通过规划预先进行重大建设项目周边土地的管制，就能很好地经营城市资产。比如清华大学要搬到北京郊区的某个地方，规划部门就把那个地方周边的土地控制好，等到大学开学，大学周边的土地就增值了，政府的投入就能收回来，园区就变成了北京的牛津城和剑桥城。英国伦敦最漂亮的地方就是牛津城和剑桥城。而我国许多大学城则功能单一，经济萧条，周边很少有配套的住宅区或商业区，或者已经被其他房地产商占据了，政府拿不回投资。在英国牛津城和剑桥城的房子价格高昂。在美国南部，斯坦福大学附近的房子是最贵的。100多年前，斯坦福的这个地方是一个偏僻的农场，土地多得很，农场主拿出 $10km^2$ 捐给斯坦

福大学，随着斯坦福大学的建立，周边的土地大幅增值，农场主成了大富翁。这种经营理念，就是理性预期收益。我们政府也应学习美国100年前的农场主。我国许多城市建造图书馆、高尔夫球场、体育馆、歌剧院、城市交通或景观走廊等都缺乏这种理性预期收益的概念，而实际上都可以通过预先的规划管制把投资收回来。

3. 推广"法定图则"，优化控规的调控能力

我国目前的规划体系中，总规是基础，控规是核心。在整个规划管理流程中，总规提供了基础性的作用。如果说哪个开发项目违反了总体规划，这句话本身多半就是错的。因为大城市的总体规划是"不落地"的，它只是城市的发展战略和战略措施，城市总体规划图还只是发展示意图。而控规是具有可操作性的。我国的控规学自美国的分区规划，在美国就叫 Zoning。控规是最主要的规划手段，控规法定化，在香港就称之为"法定图则"。

许多城市的领导只欣赏城市设计漂亮的图纸，这是远远不够的。控规与城市设计不同，城市设计可以把项目都摆好，而且做一个很漂亮的模型，哪儿是高楼、哪儿是学校，一目了然。但控规具有城市空间引导、控制、分配、产权界定、适应性等待等几大功能，引导建设、控制建设。比方说，有一块土地，控规提供的是该地块的容积率是多少、绿化率是多少、建筑高度是多少、风格是什么，这些一旦确定以后，这个项目产权边界就确定了。把该地块拍卖后，所有的指标就不能改变。控规除了明确建筑或开发项目边界和建设控制指标之外，还提供了一系列投资项目清单，分类控制。第一类项目是允许建设的，比如住宅、学校、医院。对这些允许性建设项目，办个快捷手续就可开发，有的国家甚至就是备案制。第二类是批准性项目，需要经过规划部门审查批准以后方可建设。第三类是禁止性项目，这类项目不得在该地块建设，谁来了都不能办。把这三类项目确定了，这个规划就起到等待投资，方便招商引资的作用。

城市设计属于开发项目的安排，规划的实施、建筑协调性的比较，主动性建设等等。这类事情不是政府事务。控规的编制和实施应属政府行为，而城市建筑和小区设计是投资者行为。政府有时错位，把投资行为自己包揽，不重视控规，只重视城市设计、小区设计，项目摆得整整齐齐，模型做得漂漂亮亮，电脑扫图扫出来花花绿绿，实际上这是政府功能错位。作为城市政府官员，应该重视控规，只有强化控规的管理，才能把城市总体规划实施好。总体规划是基础，控规是核心。

（三）城市规划调控的范围要从局限于传统的城市规划区内转向城市群或城乡协调发展

按旧版《城市规划法》，城市规划局实际上的规划管理权限局限于城市规划区内。一般来说，城市规划区空间范围比较小，跟行政区不一样，这样一来，与高速发展的城市化要求必然有冲突，必须依据新版《城乡规划法》推进以下三个

方面的变革:

1. 编制各类城镇体系规划, 强化区域性协调发展

规划区范围之外的调控如何进行呢? 就是城镇体系规划, 城镇体系规划有两类是最主要的, 一类是省域城镇体系规划, 另一类是市域城镇体系规划。如浙江省金华市, 总的行政区域面积是1万多平方公里, 而市区面积很小, 只有80km$^2$。这1万多平方公里的区域必须要做一个市域的城镇体系规划, 把主要的城镇空间的位置、发展方向和重大基础设施都要安排好, 促进城乡协调发展, 实现市域内基础设施共建、各类资源共享、生态环境共保、支柱产业共树的目的。所以, 城市规划区范围外的规划调控, 要通过城镇体系规划来实行。

城乡区域协调发展, 包括城镇群的协调发展。这就必须超越城市行政区的范围, 以区域统筹的要求, 着眼于城镇群整体协调发展来统筹解决这四类事情。资源共享, 指所有的生态资源, 风景名胜资源都应得到妥善保护。任何历史文化名镇、名村, 都应该与城市差别化地整治, 形成城乡互补协调的关系, 达到资源共享的目的; 环境共保, 是指综合考虑城镇和项目选址的上游、下游、上风向、下风向, 着眼于区域整体生态、环境优化来考虑生态环境保护政策的制定。基础设施共建方面成功的实例很多, 例如湖州的一个郊区, 十几万人口, 原来的自来水厂布局有将近20个, 后来经过整合以后, 只有5个自来水厂, 自来水网相互逐步地连通, 既提高了供水水质安全性, 又达到了规模效益, 降低了制水成本, 使得基础设施投资节约30%以上(图10-1)。经过实践, 这种城乡统筹建设的自来水厂, 还使当地的肠胃病发病率下降了二十几个百分点。其他基础设施, 如城际轨道、污水处理厂、高速公路、航空港和海港等都必须着眼于区域共建, 才能节约投资, 提高利用率。

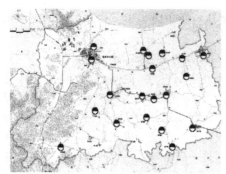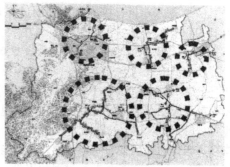

图10-1 湖州市域村镇供水历史与规划

2. 扩展控规覆盖范围, 合理整治"城中村"和城市边缘区

控规一方面要提高质量, 另一方面要扩大覆盖范围。现在, 有的城市控规的覆盖率过低, 城市总体规划的实施年限已完成, 而规划区内的控规覆盖率只有

20%，这是很不合理的。有的城市的控规是让几个刚毕业的大学生来做，质量很低，规划师随时可以调整。控规不控，这是普遍存在的问题。还有的城市，控规变成了城市设计，城市模型做得非常漂亮，所有规划区都摆满了建设项目，这种模型的真正价值只在于宣传，只能作为一种对市民展示的远景图。但是，如真正按照这个模型去建设城市，就会丧失许多发展机遇。因为控规明确了允许建设的项目、控制性的项目和禁止性的项目三类，所以它对未来不同的发展机遇，都能够适应，都能够容纳。但是如果用城市设计代替控规，把模型都做出来了，开发建设只能按照设计模型走。这样就会丧失许多发展机遇。如果随意调整了城市设计，把模型调整乱了，也许某些禁止性项目也进来了，结果会造成历史文化名城的破坏，风貌不延续，文脉中断，污染严重，城市功能布局破裂等等一系列问题。所以，模型只是一个表观的东西，是供宣传用的效果图，也可以为编制控规奠定建筑风貌协调的基础，但不能真正作为一种规划的控制手段。控规的覆盖范围和质量要同步提高。同时，通过控规覆盖范围的提高，从城中延伸到城市的边缘区，再做旧城区的整治规划，而不是推倒重来。

**3. 建立跨城镇的区域性规划协调机制，统筹资源保护和可持续发展**

建立跨城镇、区域性的协调机制，统筹资源保护和重大基础设施的共建共享，实现可持续发展。这一点非常重要。如浙江省绍兴市建了一个火车站，每小时的流量是 3000 人，与其相邻不到 15km 的下辖绍兴县，也在县府所在地柯桥镇建了一个同等规模的火车站；绍兴市建了一座 200m 高的电视塔，柯桥也上了一个同样的电视塔，投资额都在几千万元。结果，住在绍兴市区的绍兴县级领导们，却收不到自己电视塔发射的电视节目，因为绍兴市区都是有线电缆传输信号。地方之间相互攀比，恶性竞争，带来的是资源的巨大浪费，必须通过建立区域性的规划协调机制来消除。

### （四）规划审批、管理和调控的过程要从行政手段为主，转向依法治理、相互制约和全民参与

**1. 推行城市规划委员会制度，减少规划修编的随意性**

建立城市规划委员会制度，要掌握以下几个原则：一是城市规划委员会成员中，公务员要占 50%以下，专家、学者等非公务员要占 50%以上。二是城市规划委员会应该有审批的权力，就是说控规、近期规划必须先经过城市规划委员会审批。特别重大的，再提交市政府常务会议批准。三是上级规划委员会应当具有受理下级规划委员会的规划纠纷仲裁职能。这一点可与上下级政府的行政复议制度相结合。这样就能形成了规划的审批，由城市规划委员会负责；规划的编制，由不同的规划设计单位或专门的规划编制中心来编制；规划的实施，由规划局来执行，三项权力相互制约的局面。

**2. 强化近期规划的修编，提高城市总体规划的可操作性**

要通过强化近期规划的修编，提高城市总体规划的科学性和可操作性。城市

总体规划要确定20年时间的城市发展所有重大结果,这在城镇化高速发展期几乎是不可能的事。那就必须实施5年一回顾的修编办法。5年一期的近期规划有三方面的作用:①近期规划可以与国民经济发展计划相协调。国民经济发展计划就是5年,把国民经济发展计划中合理的新增项目,放到近期规划中去实施。②近期规划可以与土地利用规划相衔接,也可以与其他的专业性规划相衔接。③通过近期规划的修编,进一步补充修改城市总体规划。同时,也可减少领导上"形象工程"、"政绩工程"的随意性。力求避免一任领导一批"换届工程"带来的铺张浪费。

3. 建立派驻城市规划师制度,完善脆弱资源的保护和利用

国外发达国家的城市,几乎每一个城市都有总规划师或称首席规划师,起到了规划技术把关的作用。为什么法国、英国、德国、意大利等国的老城保护得很好呢?他们有一个特殊的制度,即国家规划师制度或国家规划督察员制度。国家规划师制度是由该国的建设部,在全国注册规划师中经考试选聘几百名规划师,派到省一级或大城市的规划局工作,工资福利等都由上级政府发放,而且他们的责任心和业务水平都比较强。这个省域或城市里的建设项目安排、历史街区的重建、古建筑的改造,都必须先经过国家规划师签字批准,然后再提交市长或市政委员会批准。这样一来,使得城市的基本风貌都能够保持下来。第二次世界大战以后建立的这种制度一直延续到现在。实践证明,这种制度的重要性在于,古建筑、历史街区、风景名胜资源这些都是不可再生的脆弱资源。如果把它们毁坏了以后重新建,建起就是假古董,把历史信息全丢光了。所以必须将事前的监督和事中的监督结合起来,事后的监督或事后补救都无济于事。上级派驻的规划师,还可以成为城市首席规划师,市长就有了助手,并可以分担这方面的责任。

4. 推行管治的策略,提高社会各界实施城市规划的积极性

因为城市规划本身是一种社会运动,也是一种政府管制行为,但规划编制和实施的过程,又不是政府独家能够包揽的。现在有个时髦的名词,叫市民参与。市民参与城市规划,从虚到实,从初步到高级阶段,实际上有三类八个标准。

第一类有二级,不是参与的参与,或称之为假参与,实际上是玩政治手腕。第一种是操纵。选几个赞同自己观点的市民作代言人,作为代表,阐述自己的观点,实际上是操纵舆论,这是假参与。第二种是治疗。不求改善政府自身,而是改变市民对政府的反映,包装自己。这两种东西实际上不是为了群众参与,而是利用和操纵舆论。这些在国外都已经揭露得比较彻底了,我国现在不少地方还在推行。有的城市搞规划的公众参与,选的几个代表,都是与规划编制者的意见一致的,是被"内定"为"群众代表",坐在那里发表"群众意见",实际

上他们根本不能代表群众，代表的是领导个人的意志，这确实有些愚弄群众的味道。

第二类有三级，属于象征性参与。一是通知，报告既成事实。规划编制单位将已经编制完毕的规划向公众发布，你提意见也罢，不提意见也罢，反正就是一回事。这虽比原来封闭的好，但也就是一个安民告示。二是咨询，编制审批规划之前进行民意调查，并不一定采用民众的意见，反正调查是一种形式，听证也是种形式，最后还是根据领导和规划师的意志来定。三是安抚，设立一个市民委员会，只能内部提意见，不能影响决策，也不能预决策。所以这三种方式是象征性参与。象征性参与比前面的假参与，仍然属于无效的"民主"。

第三类是有实权的参与，分三级。一是建立伙伴关系，就是说政府与各类社会团体分享权力与责任。政府把许多自己的职能转移分包出去。例如香港政府早就将一些行政事务分包给社会团体去做。如原产地证明发放就是一例。因为当时中国还不能享受最优惠国待遇，而香港是最优惠地区，产品出口到美国等其他发达国家的关税较低，但政府必须证明这些产品确实是香港生产的，就是原产地证明。原产地证明应由政府发放，但香港政府把这个权交给中华总商会、中华厂商会两个商会，授权他们去操作，如发放错了，不是当地生产的产品打上香港产品的标志，发现一起，政府给予警告；发现两起予以通报，发现三起，政府就取消对他的授权。所以，这些商会是认认真真地运用这个权力。政府不花一分钱，就把许多自己的职能转移出去。二是代理权，即社会团体或企业受委托行使部分政府职权，如同特许经营。三是市民控制规划。市民选出代表，并通过市政委员会拥有实际决策权，行政首长有执行权。实际上凡是城市规划市民参与实行得比较好的，市民必然有很大的发言权，但这种发言权应该体现在整个政务公开过程中，并在规划、建设、管理公开过程中遵循这样的原则：

（1）合理范围。城市总体规划实际上是城市长远发展战略，直接让老百姓来讨论，往往是因为缺乏专门知识隔靴抓痒，这应该通过专家的解释或公开辩论让老百姓了解。然后老百姓中有一些热心人可以发表意见。而控规和城市设计，老百姓就非常关心，因为这关系到自己周边环境的改变，涉及他们的利益。所以，地理范围越大，规划层次越高、技术性越深奥，所谓公开就变成假的，没法操作，老百姓不理解。他们要求理解他们身边的事，与他们利益紧密相关的规划，比较粗浅易懂的东西，这就是合理范围。

（2）对比分析。通过不同方案比较或不同专家评论，这种比较分析可以减少大量信息的不确定性。通过这样的对比分析，普通市民也可以参与发表意见。

（3）真实守信。政府一定要真实守信，今天公开的东西，明天就改变，就不对，要守信，这是建立社会真正良好的管治的基础，是政府与市民建立互动关系的前提。

（4）量力而行。政府一定要量力而行，说到的尽量做到，做不到的一定要说明，推迟执行，不能急功冒进。

（5）抓大放小。抓住百姓最关心的事项，抓住重大基础设施建设，处理好政府与企业之间的边界。只有这样做了以后，老百姓的参与才是比较科学、合理，也符合老百姓现在的知识水平和民主参政的能力。

总之，在城市化高速发展时期，要将城市规划、建设和管理好，就要首先发挥好城市规划的三大功能，综合性的工程技术功能、政府有效管制的功能和社会运动群众参与的功能，要把这三大功能不断加以改进完善。

# 第十一章　协同城市群的核心与整体的协调发展
## ——区域发展战略和规划编制的案例研究

当前,在我国沿海和中部人口稠密省份的城市区域化和区域城市化趋势越来越明显。从城市化历程来看,城市群的形成与发展,是城镇化进程的重要特征,也是区域经济发展的必然趋势之一。大城市连绵区(Megalopolis,或称都市群)是指"以若干个几十万以至百万以上人口的大城市为中心,大小城镇呈连绵状分布的高度城市化地带"(《中国大百科全书》,1988)。它是城镇化发展的一种高级空间形态,是区域乃至国家经济发展的火车头,在全球城镇体系中占据着重要的枢纽地位,并日益成为各国参与全球竞争的主体。

从另一方面来看,城市群的形成和发展与地域的资源禀赋、人口素质、文化习俗、政府创新能力、制度安排和中央政府的支持与否都有直接的关系。对城市群的研究与分析离不开具体的案例。本章结合此类规划编制研究,给出了东北地区的沈阳、山东半岛城市群;南部地区的珠江三角洲城市群;东部的杭州湾和海峡西岸城市群;中部的武汉都市圈城市群协调发展规划的要点、面临的问题以及必须应对的机遇与挑战。

### 一、有关沈阳经济区发展战略的五点建议

东三省城市群,城市化率高,人口密度大,工业基础好,但在整个沿海城市带的发展中,始终是一个薄弱环节。现在,辽宁省委、省政府及时地提出了沈阳经济区的发展战略,这是非常重要的。对于这个经济区的发展,我个人认为:第一,它是现阶段生产力发展及城市化发展程度的必然产物;第二,考虑到了我国三大都市带或城市群的均衡发展;第三,是为了抓住全球化产业大转移的时机;第四,是振兴东北老工业基地的需要。

围绕上述内容,必须进一步关注以下几个问题:

**(一)复兴大规模制造业基地的同时,要强调推广大规模定制**

20世纪30年代福特式的大生产已经转向了大规模的定制。在这一问题上,如果把握不准,东北三省要成为制造业基地核心就不可能。但是,从全球范围来看,制造业的中国时代即将到来,这一点不容置疑。诺贝尔经济学奖获得者、美

国著名的经济学家斯蒂格利茨曾说过：中国在全球制造业中的作用将越来越强，将成为制造业的统治力量，其他国家要与之相适应，产业结构要随之高度化。制造业的大转移已不可避免。这种大转移的不可避免性，就在于中国独特的优势：低工资，高生产率，资本富余，企业家的精神，更重要的是巨大的市场需求。中国存在的这五大优势，就意味着全球的制造业有可能向中国集聚。这是不可阻挡的趋势。

东北作为我国的重工业基地，其二次创业的重点，首先要迅速地提高劳动生产率；第二，迅速培养一大批新型的企业家；第三，针对市场导向组织生产；第四，与全球产业链转移对接。对于第一点，是容易认识的，但对企业家队伍、市场导向生产与全球产业链的对接的问题，还存在一些认识上的误区。因为东北作为我国的制造业基地，大多是大企业、大集团，这样的产业组织模式不利于大量的企业家的产生，而在江浙一带，则以中小企业居多，它就有这样的优势，企业家成长的速度非常快。曾经有经济学家对江苏模式与浙江模式作过比较，当时认为江苏模式远远优于浙江模式，因为江苏企业的平均规模比浙江大 1/3 以上，引进的外资是浙江的 3～5 倍，企业的装备水平比浙江领先 5～10 年。所以认为浙江经济的发展肯定落后于江苏。但随着最近 5 年的竞争，浙江的经济从出口增长、效益提高、企业产值增速、技术创新等各方面都跟江苏不相上下，而且许多指标更高人一等。为什么会出现这样一种结果呢？是什么起了决定性作用？答案是不同的制度安排和不同数量的企业家起决定作用。浙江模式是企业家成长的沃土。正因为有一批大大小小的企业家迅速成长，支撑了浙江经济的发展。这也是浙江在资源缺乏、没有经济特区优惠政策、基本没有巨额的国家投资的情况下，经济发展后来居上的重要因素。

那么，制造业大规模的定制跟老模式的区别是什么呢？表 11-1 列出了两种模式的具体区别❶

**制造业大规模生产与大规模定制模式的区别** 表 11-1

| 旧的大规模生产模式 | 新的大规模定制模式 |
| --- | --- |
| 低成本、稳定的质量、标准生产 | 买得起、高质量、定制产品 |
| 统一的市场 | 多元化细分市场 |
| 稳定的需求 | 需求分化 |
| 忽视了很多顾客的需求 | 对变化的客户需求快速响应 |
| 以操作效率为主 | 以整个流程效率为主 |
| 规模经济 | 规模经济加范围经济 |
| 大批量 | 单件批量 |
| 刚性生产 | 柔性生产 |

---

❶ 参见：张后启. 再造竞争优势. 北京：中国科学技术出版社，2002：50。

续表

| 旧的大规模生产模式 | 新的大规模定制模式 |
| --- | --- |
| 库存大；按计划生产 | 无库存；按订单生产 |
| 高成本多样化 | 低成本多样化 |
| 缺乏对工人技能的投入 | 对工人技能的高利用和高投入 |
| 与供应商之间的关系差 | 与供应商相互依存 |
| 管理费用高 | 管理费用低 |
| 产品生命周期长 | 产品生命周期短 |
| 产品开发周期长 | 产品开发周期短 |
| 突破性创新 | 渐进创新并形成突破性创新 |
| 创新与生产相分离 | 创新与生产相结合 |

老模式是高成本、稳定的、标准化的生产，而新的模式是低成本、稳定的质量，同时也是标准化的生产；原来是统一的市场，现在是多元化的细分市场，要考虑需求、导向问题；原来是稳定的需求，现在是变化的，对于各种需求都要满足；原来是对顾客的需求反应迟缓，生产什么消费什么，现在是对变化了的客户需求快速反应；原来是以操作效率提高为主，现在是流程效率提高为主；原来是追求规模经济，现在是不断地强调范围经济。什么是范围经济？范围经济是一种地理空间生产力布局所产生的规模经济❶；原来是大规模生产，现在强调单件的批量生产；原来是刚性生产体系，现在是柔性生产体系；原来的生产模式，零部件和产成品库存量很大，现在是零库存；过去是追求高成本多元化，现在是低成本多元化；原来的模式，工人技能的投入比较少，现在工人的技能要高度发挥；在旧的模式之中，供应商之间的关系是淡漠的，现在供应商是相互依存的；原来的模式管理费用高，现在整个管理的费用大大降低；原来的模式产品生产周期很长，现在的很短，包括开发周期；原来强调的是突破性创新，现在是渐进式创新，生产流程的每个环节都要创新；旧的模式是创新与生产相分离，而新的模式是创新与生产相结合。这几点在东北老工业基地振兴中必须有深刻的认识。

**（二）扶植几个企业集团的同时，要注意培养大批小企业的集群**

小企业集群❷在东北是一个短腿，只有大企业，没有众多小企业进行繁星捧

---

❶ 范围经济（Economy of Scope），通常是指企业在同时经营多种事业时所产生的一种效果。与规模经济一样，范围经济也可分为内部范围经济和外部范围经济。前者指同一企业内部生产或经营多样化产品带来的成本节约，它意味着垂直一体化的企业内部分工深化；后者则指企业因事业领域或经营区域的广泛而获得经济利益。在这种情况下，产业组织是垂直分离或纵向分化的，专业化的企业之间通过外部交易网络，共同完成生产经营活动。本文所指的范围经济就是外部范围经济，此时的"范围"指的就是某一经济系统、聚集体或企业集群集合的范围。

❷ 参见：仇保兴．小企业集群研究．上海：复旦大学出版社，1999．

月,而且小企业之间没有紧密连接,这是东北老工业基地产业组织结构上的一个缺陷。小企业集群的基本特点是什么呢?是科技人员、农民和市民自主创业,劳动力密集,创新快、成本低,以专业化生产介入全球生产链,分工和合作细密、生产效率高。从实践上看,这样的小企业集群也决定了当地大中小城市的核心竞争力。

小企业集群与大企业集团存在着高度的互补性。大企业集团如汽车制造和装备制造业,是沈阳重中之重的产业,但是,这样的大企业集团周边,如果没有小企业集群的支撑,生产效率是难以提高的。有两个典型的例子:第一个是长春的汽车制造,第二个是四川绵阳的电视机制造。"一汽"和"长虹"这两家企业都有一个特点,就是周边没有小企业集群。所以,尽管有国家大量的优惠政策,但制造成本一直居高不下。现在,一汽新的班子组建以后,向市委、市政府提出要求,希望在一汽周边发展汽车工业配件园,要求配套零部件厂从外地迁入工业园区,以期形成地区性的规模经济、范围经济,组成集群式生产模式以降低成本。

小企业集群是迎接全球产业链转移的前提之一。美国通用汽车公司到中国来选点,首先是了解拟选地周边有没有生产汽车零部件的企业集群。如果有,就在这儿投资。他们经过测算得出,零部件能否就近提供,决定了汽车生产总成本的25%。所以,仅培养大企业集团,而没有小企业集群的衬托,制造业的复苏并战胜对手的难度是很大的。同时小企业集群也是大规模定制的一个基础性条件。

小企业集群是新型企业家的孵化器。因为只有小企业集群才能造就一批企业家。企业家是干出来的,是干中学的产物,而不是光靠读 MBA 读出来的。只有经历了从小到大无数次失败和成功的尝试,才能成为真正的企业家。

### (三) 在争夺若干产业制高点的同时,要实施三大制度创新

没有制度创新,争夺产业制高点也是一句空话。20世纪六七十年代,经济学出现了异常变化,称之为制度革命,从三个途径(交易成本、产权安排、经济学的历史研究)研究,同时得出一个结论:一个国家经济的发展,一不仅仅决定于资源,二不仅仅决定于技术,而更多的是决定于制度安排。不同的制度安排会产生不同的发展速度。如全国发展形势看好的浙江省和广东省,都是一没有重工业基地,二没有国家大量投资,三没有优质矿藏资源,但经济发展速度却是我国最快的。几位著名经济学家通过调查第二次世界大战以来世界经济最新的发展情况后,提出这样一个观点,凡是原先资源相对贫乏的国家,如著名的亚洲四小龙等发展都比较快。资源丰富本是好事,但有时会产生成功的制度模式锁定效应。制度锁定后,就看不到更能促进生产力发展的其他因素,其结果就会失去发展机遇。为此,必须实行三大制度创新。

1. 组织制度的创新

刚性的互补性优势是不能适应时代的变迁和环境的改变的,而柔性的、有机的互补才会产生整体的竞争能力。在这方面,珠江三角洲比长江三角洲做得好,

长江三角洲地区比环渤海湾地区做得好,而渤海湾地区又比东三省的城市做得好。只有城市之间的产业互补,才会形成整个城市群内部城市间的功能错位和合作互补。这种互补性,产业性质及其组织所起的作用非常重要。如硅谷模式,大家比较关注的是风险投资。实际上它的风险投资是基于硅谷的模块化的创新。所有的创新零部件的生产、技术创新成果等,都是通过边界比较清楚的模块化单元来实现的。所以说 IT 产业的发展,首先要有个整体创新的思路。到了硅谷,一项新的技术创新,只需与相应的创新模块组合起来就行。而在我国,产业发展所需的一整套东西全部需要企业进行自主创新,这样成本就非常高。所以,硅谷成为全球 IT 产业创新的龙头,是不足为怪的。而风险投资只是它的一种资本需求的形式,不是模块化生产资本的需求形式。斯坦福大学对产业组织与地区发展这方面有独到的研究。

2. 产权制度的创新

产权制度创新的重要性在于:第一,产权制度创新是法人治理结构的核心。没有合理的产权制度的安排,没有多元化的投资人作为企业董事会成员,是不可能有合理的法人治理结构的。20 世纪 90 年代,我国曾大规模地搞过建立现代企业制度的试点,党委、政府每位领导都分工联系一家企业,希望依靠强大的政治组织力量来推进现代企业制度的建立,但最后的结果是这个"制度创新运动"无疾而终。因为离开了产权制度创新,就不可能有法人治理结构的完善,不可能有现代企业制度的安排。挂了一块牌子,就算有了现代公司制的安排,这样的创新是从上往下的,结果是违背了企业制度创新内在的要求,当然是劳而无功的了。第二,产权制度创新的结果是给管理者套上"金手铐"。管理学上有句名言就是,对企业经理的监督最难。要解决经理监督难的问题,必须要让经理占有企业一定的股份,或给他一定的期权。这样,经理的工作成就与收入,不仅是现在挂钩,而且是远期的挂钩。这不是给经理套上一个金手铐了吗?如果企业破产了,经理的股权就会大大贬值,而期权也就随之破产,成为一张废纸。所以,产权制度改革没有管理者持股,内部的监督是难以建立的。第三,产权制度创新可以降低国有资产的监督成本。国有企业尤其是竞争型的国有企业,要让政府在外部像防小偷一样地去监督经理层是极其困难的。世界上也没有成功的先例。那怎么办?就是通过制度安排,让管理者自己监督自己,或相互监督,将内部人控制转为内部人自我监督。第四,产权制度改革是造就合格市场主体、发育市场的必由之路。如果东三省大多数工商业企业不能自主经营、自负盈亏、自行成为社会资金的融资主体,那么东三省的市场机制的发育和完善就会被严重影响。没有合格的市场主体,就不可能有健全的市场机制,经济发展当然就比其他地方慢。所以,东北三省老工业基地的竞争型国有企业,如果不注重产权制度的创新,仅靠国家的政策帮扶,只能是空欢喜一场。这是我国几十年企业改革实践和国际上几百年企业制度的演变所证明的。

3. 社会保障制度创新

西欧一些国家的高福利制度现在已陷入了困境。可以设想,如果一个国家的福利制度安排,失业工人的收入与在岗工人的收入相差不大,这种制度不是养懒汉的制度吗?从我国的实际情况看,应花本钱创造一种创业促进型的社保制度,通过鼓励创业来解决就业问题。东北三省尤其是沈阳这样的老工业基地,面临的一个巨大压力就是下岗工人太多。目前能够解决这一类问题的办法,就是国有企业职工买断工龄,农民承包土地30年不变。东北某省委的文件中规定,农民落户进城,其承包的土地要收回,由集体组织重新发包。我认为这条政策一定要改。如果不改,农民是不会进城的。因为农民的土地产权实际是他的福利安排,不管干什么,30年的土地承包权是他个人拥有的。农民一旦在城市务工失败,还可以退回去经营土地。这是对农民进城冒风险的一种社会保障制度安排。如按该省的政策,农民出来经商务工就把土地收回,农民就不愿进城了。这对城市化的推进、生产效率的提高和促进自主创业都是不利的。同时,城市和农村的住房产权明晰化,也很重要。对城镇大量的农房,应该逐步地完善产权制度,给予农房产权证书。农民的住房有了产权证,才能抵押向银行贷款,才能使资本流动起来。资本流动起来才能创造财富,因为在我国绝大多数地方,劳动力属富余生产要素,而资本属稀缺要素。另外,要健全社会保障底线(如大病医疗,养老保险,短期的失业保险,包括工伤保险以及低保),但低保的政策也要有利于促进个人创业,不然就会造成新的不利现象。一个享受低保的失业者出去干活,赚到了100元钱,如果这100元钱要在最低生活保障费中扣除,那在一定时期之内失业者就不愿意去创业。

当然,还有很重要的一条,就是科技人员个人的创业促进政策。此项创业促进政策,对东三省几个中心城市尤为重要。例如,沈阳的科技人员占居民的比例在全国排第10位,但经济总量在全国排第16位。要促使这些科技人员个人创业,集群创业,把他们的生产力焕发出来,一项很重要的措施,就是采取孵化器+种子基金+奖励基金三合一来推动和激励他们创业。孵化器,就是政府或其他社会组织为创业者提供创业的场所,并在租金服务等方面提供优惠;种子基金,就是对好的项目,政府给予一定的资金支持;奖励基金,就是对做得好的进行奖励。像杭州市政府,建立了各种不同类型的孵化器,每年大约千万元的种子基金和几百万元奖励基金,前推后拉,对促进个人创业产生了很大的作用。

**(四)加快城市经济发展的同时,要着眼于培养城市的核心竞争力**

不要留恋于过去曾经取得的辉煌,要审视现在的竞争力是否符合未来的发展需求。城市核心竞争力的基本特征,第一是长期起作用的,而不是短期的;第二是有长期市场需求的;第三是有比较优势的,人家学不会、偷不走的;第四是具有渗透性;它可以渗透到其他行业,而像煤矿资源就没有渗透性,不管它销往何处，煤还是煤，不可能渗透到别的地方去。但是 IT 产业、生物工程、装备产业，如果技术上领先，它就有渗透性。如我国与日本的机械设备比较，在硬件上是差不多的，但在数控技术上就相差很大。数控包括在线检测、数据处理、执行反馈等环节，这三大系统落后，也就是设备的核心部件落后，至于铸造、锻造、热处理等工艺水平是差不多的。这说明 IT 产业具有很强的渗透性。第五是不可替代性。为什么煤矿工业、煤矿城市纷纷衰落，不要说煤资源枯竭，即使是有煤也将衰落。因为煤不是唯一的能源，可以被石油、天然气和核能所取代。许多城市的衰落是因为它只专注于单个产业，一旦这个产业可以被其他产业所取代，这个城市就会迅速地衰落。所以，培养城市的核心竞争力，应该基于以上五个方面，要立足于超越过去成功的模式。

那么核心竞争力与综合竞争力的区别是什么呢？城市竞争力充分反映城市生产力发展的水平、生产要素的集聚能力、社会全面进步的动力和可持续发展的能力，它还包含生态的各个要素。城市核心竞争力是把综合竞争力所包含的诸如城市的经济、政治文化、道德、精神文明、信息、价值观、知识体系的作用力归纳、抽象到诸如人才这样的主要子系统中。所以，核心竞争力是对单个城市而言的，综合竞争力往往是对超大城市、区域、城市群、都市圈而言的。城市群、都市圈内的各个城市各具独特核心竞争力，相互之间产生互补效应。这是都市圈和谐发展的内在要求。只有具有核心竞争力的城市才能与其他城市产生相互效应，而仅靠基础设施规划布局，或者计划经济专项专分定点形成的产业是远远不够的。正如苏联解体之前的东欧各国，按苏联的计划指令"专业化"生产某种产品并不能形成持久生产力一样。

### （五）扩大城市和都市圈规模的同时，要全面提升区域内城市的服务功能

从沈阳经济区的优势（Superiority）分析：①有较好的重工业产业基础，门类齐全，而且若干个产业的技术装备在国内处于领先水平。②有区位优势，是东北亚的地理几何中心，更具有区域核心的地位，正好是东北三省城市群的门户。③科技人员和技术工人的数量在国内领先。④有比较完备的、密集的城市群。⑤有比较健全的铁路和公路网。在沈阳经济区的城市基础设施建设规划中，将把这些铁路网变成城市群中的主要交通干线，这是很好的。应该向德国、英国、法国等欧洲国家和日本学习，它们用铁路网组成了城市间的大流量的交通干线，不仅成本非常低，而且迅速快捷准时。⑥有浓厚的历史文化资源的积淀。

从劣势（Weakness）方面分析：①制度创新滞后。正因为有上述六方面优势的存在，在某些方面会成为制度创新的包袱。同样的制度安排，在东三省特别是沈阳的创新成本要高得多。美国经济学家道格拉斯·诺认为，制度的变迁与成本相关。如果原来的发展模式规模很大，随后的创新成本就很高。②失业和退休工人的负担很重。现有的经济制度安排，所产生的失业和退休工人的负担由政府承

担，而在温州，这些负担基本是由社会来承担。整个浙江所有的国有企业的退休工人，80%集中在杭州市，其他城市的职工大都是农民当工人，不存在靠政府负担大量退休职工这回事。③旧的企业生产模式。这种旧的福特式的生产模式，在20世纪30年代有过辉煌的历史，但它与符合现代经济发展要求的大规模定制生产模式是完全不同的。曾培炎副总理就东北老工业基地振兴问题作过专门的批示，他认为"企业的制度创新是老工业基地振兴最重要的，我们应该倡导哑铃型的企业模式。"未来三种企业制度的模式是最有生命力的。一是哑铃型，就是两头（一头开发，一头销售）自己完成，把中间的制造环节脱离出来，让人家搞。二是专业生产型，大规模的柔性生产，大规模定制系统，只抓住企业生产流程的中间环节。生产线全部是柔性的，不管什么品牌或规格的商品，只要是同一类型的商品，都可以在生产线上大规模制造，也就是 OEM 时代❶。例如诺基亚公司，已把制造手机的组装线全都给了别人；戴尔电脑公司（DELL）没有一条电脑生产组装线，但却是世界上最成功的电脑公司之一，它最早实行 OEM 生产、因特网上销售，把制造过程全部转给别人，自己就管产品开发和品牌经营。把制造甩给人家，谁来接？如把它接到中国来，我们就要安排大规模的定制系统，来适应OEM 时代的到来。现在我国能够接 OEM 单子的企业主要分布在珠江三角洲和长江三角洲，环渤海地区很少，东北老工业基地则更少。东北要成为制造业基地，就必须迎接这个挑战。三是小企业集群。这三大模式最有优势，但目前我们被旧的企业生产模式所累。④城市间产业结构的雷同。东北地区城市间的产业结构雷同，比珠三角地区更为严重。珠三角地区单个城市中的产业结构看上去虽为雷同，但这是市场竞争的结果，城市之间和产业之间其实各有互补优势。而东北地区是硬碰硬的，国家定点时虽作了布局上的分工，但后来都趋于雷同。把每个城市的发展战略作一比较，基本上都是一个模式。⑤环境污染，水资源短缺。⑥缺乏大型的海港和大型的航空港。沈阳的桃仙航空港具有发展的潜力，但现在还远没有发挥出来。

从机遇（Opportunity）分析来看：①国际制造业的转移，特别是东北亚制造业的转移。沈阳处于东北亚的几何中心区，日本、韩国制造业转移的第一波有可能在这里承接。同时，沈阳原来有韩国人生活区、日本人生活区，现在这两大区实际上就成了文化上的互通区。迎接这种国际或东北亚制造业的转移，具有一定的基础。②国家关于东北老工业基地的复兴计划，现在已摆到与西部大开发同等重要

---

❶ OEM：英文 Original Equipment Manufacturer(原始设备制造商)的缩写，它是指一种"代工生产"方式，其含义是生产者不直接生产产品，而是利用自己掌握的"关键的核心技术"，负责设计和开发、控制销售"渠道"，具体的加工任务交给别的企业去做，亦称为定牌生产或授权贴牌生产。这种方式是在电子产业大量发展起来以后才在世界范围内逐步生成的一种普遍现象，微软、IBM 等国际上的主要大企业均采用这种方式。

的位置。③国家高速公路网的建设和改造。东北地区的铁路网是全国密度最高的，铁路运行及管理水平也是全国最好的。如果将铁路网都能改成类似日本新干线似的现代高速铁路线，那城市的辐射力会大大提高。④桃仙国际航空港及其产业。今后要发展大规模的定制系统，就要求快捷的运输交通，国际航空港的地位越来越高。国际航空港附近的工业区往往会成为新兴的产业区。这个产业区的机遇应该抓住。

从面临的威胁(Threat)来看：①环渤海经济区的兴起，包括长江三角洲的兴起，都将分流东三省的人才资源。沈阳有丰富的人才资源，但没有全留在沈阳，相当一部分流到别的地方去了。②京津唐的 2008 北京奥运会效应，推动了北京房价以一定的幅度上涨，说明越来越多的人愿意居住到北京来，2008 年的北京奥运会是一个重要因素。北京奥运会所产生的效应，再加上铁路提速，也将导致房地产业的新增长点从东北转移到了京津唐地区，这一可能性是存在的。在西方发达国家的城市化过程中，此类事件屡见不鲜。③长春都市区的生态和产业基础相当好，而且它现在采取的战略构思，也会对沈阳经济区产生一定的产业离心力。④周边所有的城市都处在极化阶段。根据城市发展的不同阶段分析，首先是极化阶段，而后是扩散。极化阶段的城市就像海绵一样，吸引着周边的人财物向城市集中；然后城市发展到了一定的程度，就必须要实施产业升级，把那些不适应的产业重新扩散出去，不断使自身的产业高度化。在我国所有的城市中，除了香港以外，都还处在极化阶段。像上海市，每年从浙江省流入的资金有 500～600 亿元，几万家企业到了上海，但它也没有达到扩散的阶段。据近 10 年的统计，上海从周边地区吸引了 3000 亿元的资金，而香港向周边地区扩散了 3000 亿资金。所以，我们周边的城市包括北京都处在吸收的阶段。

以上这四个方面威胁，在现阶段是存在的。采取的基本对策，应该是以"减少威胁，克服缺点，发挥优势，抢抓机遇"为中心的城市功能提升策略。具体的对策：

（1）优化都市圈硬环境的重大基础设施适度先导型发展。这是编制基础设施规划的根本目的，以达到生态环境共保、重大基础设施共建、生产力布局共构、城乡统筹发展的目的。

（2）发展以吸引人才为目标的房地产业的城市生态和人居环境建设。城市的繁荣，必须要有良好的人居环境，而且必须是一流的人居环境，否则城市所有的竞争功能都会衰退。

（3）提升城市产业服务功能和信息网络升级。城市的服务功能应立足于第三产业发展。第三产业有两种类型：第一种是间接服务型，第二种是直接服务型。影响城市服务功能的主要是间接服务型，如信息中心、资本金融中心、证券中心、法律服务中心、广告策划中心等这些都是间接型的，不是直接为市民服务的。但零售商业、旅游业、体育、文化等事业是直接服务型的。所以，在城市规划学中，专门有考虑区域安排的区位理论，就是把间接服务型产业集中在城市的核心部位，而把直接服务型的产业安排在城市次中心去，实现地理空间上的合理布局，这是基本规律。

（4）增强都市圈整体竞争力的区域协调机制重建策略。沈阳经济区城市基础设施建设协调机制的建立是一个难题，因为目前我国城市的财政体制、行政体制是各自为政的。珠三角、长三角地区都在研究如何增强互惠互利的城市间的协调，使大家可以相互模仿学习，相互合作，良性竞争，促进地区的共同繁荣。

（5）争夺东北亚产业转移基地的城市核心功能。城市能够产生远距离的吸收异地人财物的功能，这就是经济全球化时代的城市重要核心功能。应该针对东北亚的产业转移、自身产业组织的变革和中国将成为全球制造业中心等目标，来进行开发提升城市功能，而不是随便的"撒胡椒面"式的开发。

（6）加快实行决定性的制度创新。政府的主导力量非常重要。没有带强制性的主导改革的力量加入，没有现代领导敢冒风险、勇于创新的精神，城市原有的僵化式的企业制度变迁是很难实现的。

## 二、我国中东部地区都市圈规划编制要点——以武汉为例

历史上我国广大中东部地区曾经属于国家重点投资区域，并兼具矿产资源丰富、传统工业基础扎实、内陆交通便利、城市功能发育较早等优势。但改革开放以来，这些地区程度不同地相继陷入了经济体制陈旧、开放度低、经济增长速度相对迟缓的困境。当前的城镇化进程往往与当地的产业转型、国企改革脱困等地区复兴的措施紧密相连。编制这些地区的都市圈规划，必然要从现有的经济社会发展重大问题导向，提出有针对性的策略，充分发挥现有城镇尤其是大城市的增长极作用，进而带动区域整体的振兴。本文以武汉为例，从这类地区编制都市圈规划容易失误的若干概念入手，分析延用计划经济概念进行规划编制将会导致的错误，进而提出完善都市圈规划的若干意见和建议。

### （一）市场机制与有形市场

决定一个国家和地区发展的主要因素是什么？最近，美国经济学家杰夫·马德里克认为：从人类历史发展和世界范围内的研究结果来看，市场机制能否在一个国家和地区更好地发挥作用，决定了其繁荣的程度，而且是在诸因素中处于主导的地位❶。我国近20多年来的迅猛发展，正是纠正了前40年计划经济统率一切，而让市场机制逐步成长所造就繁荣的最好注解。因此，武汉城市圈的规划发

---

❶ 杰夫·马德里克(2003)认为：从历史上看，在中世纪，交易集市(有形市场)曾经是经济的中心环节，但它最终被城镇(无形市场)所取代。由于商品、服务和信息能够以低成本进行交易，无论是集市还是城镇都是本质上更具效率的市场。那时候，交易、运输和通信成本降到了最低点。城镇化成为英国和欧洲经济增长必不可少的推动力。总而言之，信息与市场密不可分，相比起其他因素，信息的可获得性和市场的规模发展更加接近经济繁荣的第一原动力。

展，首先要注意以下几个方面的问题：

一是有形的市场形态与市场机制。有形的市场形态，比较容易接受。在20世纪80年代，全国各地纷纷建立了许多专业商品市场，这实际上是对当时整体市场交易成本过高的一种自适应的产物。而现在有形市场的洗牌已经基本结束，对资源高效配置起作用的决定因素已移位于市场机制，再靠集贸类商品市场来求发展早已成为昨日黄花。我国有形的商品市场发端于温州，但现在已萎缩萧条。而义乌的中国小商品市场，则因为千万种日新月异的小商品仍存在信息的不对称性，所以还非常繁荣，年成交额300多亿元，同时还成为中国小商品出口的主要基地，年出口额10多亿美元。温州有形市场的消失，并不等于市场机制的消亡，而正是因为市场机制方面的重大突破，交易成本的持续下降，因而无需采用有形的市场贸易，区域经济也能顺利运转。事实证明，正是市场主体的成熟加上市场交易成本的下降以及市场范围的扩大，促进了温州经济的繁荣和发展。

二是城市集聚形式与市场交易成本。新兴古典主义经济学修正了其他经济学派的错误，较好地解释了大中小城市同时存在的原因❶。实际上，大城市是国际商品交易的平台，中等城市是区域性的商品交易平台，而小城市是周边城镇的交易平台，小城镇则是周边农村农副产品和工业品的交易平台。武汉城市圈的经济活力为什么不强？这是因为该区域只有从上而下的城镇化，而没有形成从下而上的城镇化，没有形成合理的城市体系结构。这一状况与该地区的市场发育程度的不足密切相关。浙江省之所以成为经济大省，也正是因为发先端的市场机制起着配置资源的主导作用，使全省物尽其用，人尽其才，并在全省形成了以杭州和宁波为中心，其他几十个城市互相配套的市场体系。

三是交通和因特网的发展与物流。物流（Logistics）是对原材料、中间产品、终极产品以及相关信息从生产地到消费地流动和存储进行规划、实施和控制的全过程，实际上是一种货物配送方式的进步。物流不是一个独立自主的产业，物流发展千万不能搞垄断经营。货畅其流，才能称之为物流。当前，许多地方把物流作为经济发展的新领域来拓展，而为什么不以加快交通、因特网的发展和商业运输业的产权制度创新来促进物流呢？市场是以信息的可获得性为特征的。拥有信息的可获得性、成本的下降和制度的约束，就可以促进市场机制的发育。市场主体的成熟程度、市场交易成本和市场范围是市场机制发挥作用的三大基础要素，而这与交通和因特网的发展紧密相关。

四是市场机制的形成与产权制度改革。产权改革促进市场主体的成熟。产权边界的明确性、可交易性、管理经营权和受益分配权等方面的组合，才构成完整的产权，缺少任何一项，就会导致产权的不明晰和主体的不健全。实践证明，只

---

❶ 参见：杨小凯，张永生. 新兴古典经济学和超边际分析. 北京：中国人民大学出版社，2000：121。

要市场主体不完善，市场难以迅速发育成熟。政府在市场中的作用就是保证交易公平公正，政府职能的合理定位是让市场主体充分发挥作用而不是取而代之。就我国政府而言，政府的作用边界体现在三个方面：对成熟的市场，政府的作用是保证交易的公平，也就是西方国家的"守夜人"；对成长中的市场，政府的作用是培育。例如对国有企业的改革，政府就要引导推动；对尚未发育的市场，政府就要主动进入。政府先期进入也是为了以后的退出。如公用事业建设，政府作为投资主体先进入，建设完成后通过拍卖等方式将其转移给其他真正的市场主体。如果政府一开始不进入，而采用BOT的方式来建设❶，那投资者是难以直接运作的。因为由外国投资者直接面对农民来处理征地拆迁的问题，难度是相当大的，这也是我国市场发育的初级阶段的国情所决定的。国外政府只有一个"守夜人"的角色，而我国政府必须发挥三方面的作用。

### (二) 体制创新与工业增长

诺贝尔经济学奖获得者美国经济学家道格拉斯·诺思认为：任何一种制度的变迁都是由变迁成本决定的。要改变过去曾经带来繁荣的制度，所要付出的成本是非常高昂的。正因为武汉过去拥有太多的优势，曾具有经济实力位居全国大中城市第三位的荣耀，所以要改变这样的工业增长模式，其难度就要比其他城市要大得多。浙江省的制度变迁比较容易，是因为没有老制度的沉重包袱。在制度变迁的过程中，许多地方往往会出现制度锁定，沈阳和武汉一样都出现了这样的问题，因为原来的一切实在是太美好了。老工业基地的发展都是带着这类沉重的脚镣"起飞"的，自然不同于其他地方轻装上阵来得快捷。例如在历次城市规划中，杭州一直被定位为旅游疗养城市，而杭州2001年的工业总产值已经超过武汉近1倍。为什么？就是制度因素。1999年，杭州市170多家国有工业企业500亿元的国有资产只有200多亿元的销售产值，后经全面改制后，这些工业企业的销售产值却达到了500多亿元，利润年增长率在30%以上。同样的物质资产，在不同的制度安排下，所产生的效益完全不同。

实践证明，产权制度的变更是生产效率变更的前提。没有产权意义上的国有企业改革，是白改；不按照产权规律进行创新，则是空创。产权的完整是绕不过去的一道门槛。过去建立现代企业制度，只是剥离了企业办社会的负担，根本就没有抓住产权这一改革的核心，结果事倍功半，最后无疾而终。党的十六届三中全会为此重新设立了轨道，抓准了改革的路子。

那武汉经济发展的道路，到底是选择江苏的发展模式，还是选择广东、浙江的发展模式？就引进外资的数量而言，浙江省不及江苏省一个苏州市的1/3，杭

---

❶ BOT：Build - Operate - Transfer，指的是由投资方（通常是取得政府基础设施特许经营权的企业）投资建设，自主营运，然后在一定的期限之后（通常为20~30年）无偿交还给政府。

州引进外资最多的一年只有5亿美元,而武汉2002年达到了10亿美元。但是浙江经济的发展靠的是"草根经济",就是农民自主创业,而且这种制度安排,一方面对外部环境的变化具有较强的应变能力,如较好地抵御了东南亚金融风暴的影响;另一方面促进了千百万农民成长为农民企业家。在外投资经商的浙江人,不仅遍布全国,而且东南亚许多国家包括欧洲都有浙江人的身影,在许多小商品领域"打败"了以善于经商著称的以色列人。当前武汉面对的一个重大问题是制度锁定,过去美好的东西,现在却成了包袱。像武汉这样的老牌超大城市,超越过去成功的经验是当前必须解决的问题。

### (三) 以人为本与以物为本

事实证明,仅靠资源不可能造就长远的繁荣,而资源短缺有时反而会促进繁荣。正是由于资源的短缺,促使了人们的行为方式和发展思路的转变。当今城市经济的发展越来越决定于对特定目标人口的吸引力,拥有一定数量的中产阶级、企业家群体与涌入大量的流浪人口,对经济发展的促进作用显然是不同的。对人才和企业家是否具有吸引力,决定于一个地方的制度安排和生活质量及其可持续性。商业繁荣、社会进步、经济发展、技术创新都与此密切相关。否则的话,现有的人才也会"孔雀东南飞"。为此,要注意以下几个问题:

一是生态环境。武汉只有创造比别的城市更好的生活环境和创业环境,才能在众多的城市间竞争中胜出。武汉城市圈正处于"承东接西"、"承上启下"、"承南启北"的位置,该区域内的城镇化发展,不仅要考虑本地区的农村劳动力的转移,同时还要考虑吸收西北地区人口的转移。另一方面,武汉又有"百湖之城"的美誉,湖光水色,风景秀丽,再加上历史悠久、人文荟萃和古迹众多,具有塑造一流宜居城市的自然条件,应充分加以保护和利用,尤其要以滇池为鉴❶,防止水污染。

二是第三产业的高度化。这对武汉城市圈尤为重要。正因为上海和香港两大国际大都市的作用和长江三角洲和珠江三角洲城市群的兴起,使得这两个区域的全球交易成本下降和城市间的功能日益相互配套,进而带领全国先机的繁荣。武汉的功能与上海、香港相比,差距非常巨大,不在一定的时间内缩短这方面的差距,武汉城市圈要成为我国第三或第四都市圈是困难的。

三是科技人员的就地个人创业。新型工业化的本质,就是人力资本的最大限度地发挥。各种生产力要素特别是资本和技术,是跟着人才流动的。如果没有企业家和科技人才,其他资源也不可能得到有效的利用和发挥。武汉应力争将自己

---

❶ 滇池——位于云南省省会昆明市西南,面积340km²,海拔1886m,南北长40km,东西平均宽约8km,水深平均约5.5m,是我国第六大淡水湖,被人们誉为云贵高原上的一颗明珠。但由于长期遭受城市污水和农业面污染源的侵蚀,多次爆发蓝藻,造成大面积的污染。由于该湖的污染已超过了"生态阈值",以至于形成了污染和蓝藻爆发的恶性循环,虽然已投资100多亿元人民币和大量的人力物力进行治理,但至今仍无成效。

造就成巨大的创业孵化器，使全国科技人才第三城的潜在资源优势就地"显性化"，转化为促进本地繁荣的第一生产力。

四是创业风气的形成对一个城市的发展至关重要。解决就业问题，政府要提供的是创业型的就业政策，促进民众的自主创业，而不是计划式安排就业岗位。如在温州，现在就没有人要求由政府来安排就业岗位。虽然以前温州也曾发生知识青年、复员军人为了就业而围堵政府大门的情形，但随着市场经济的发展，这种现象就再也没有出现。不是创业型的就业，是解决不了失业率居高不下问题的。

**(四) 小企业集群与大企业集团**

位于美国加利福尼亚州硅谷的发展，就是因为这里形成了六个层次的集群：第一层次是300多个中小城市组成的城市集群内城市间相互竞争和合作；第二层次是数十个相关产业组成的产业集群，集群之间相互促进，交易成本比较低；第三层次是每个中小城市都有企业集群落户成长。总数超过5万家中小企业相互之间形成细密的专业化分工与合作，构成了发展的主体；第四层次是全美60%风险资本集群；第五层次是几百万来自全球的IT产业人才集群；第六层次是模块化的创新技术专利集群。在这一技术集群内，每一项新技术的边界都非常清楚，这一技术可与其他技术迅速进行拼接，所以新产品的开发非常快。加利福尼亚州因而成为世界第五大经济实力区。若将硅谷地区以国家来衡量，其经济实力可名列世界第五位。这与集群的特征有关，完全超越了过去单个企业规模决定一切的模式。

哈佛大学经济学家波特(2001)认为，地区的产业集群决定了一个地区的竞争能力。这已被实践所反复证明。浙江经济发展之所以后来居上，其原因就在于浙江存在600多个企业集群(即块状经济)。这种块状经济对浙江经济发展发挥了很大的作用。在浙江，几乎每个小城镇都有一个企业集群，一个镇生产的产品，可以占全国同类产品市场的30%~50%，有些产品甚至占到全球市场的30%。这些企业集群的存在，一是使小城镇具有了核心竞争力，为城镇化的发展提供了强大的动力，使小城镇发展成为小城市，小城市成长为中等城市。而武汉地区的小城市发展就比较慢。二是超越了城市规模的限制，小城市在某一产业上同样可以拥有世界竞争力，可以单一的产品切入全球生产链，从而参与国际交换。三是低门槛创业，低成本创新。农民可以自主创业，变成工人，成长成为企业家。在集群内，高度的专业化分工和合作，可以实现零成本创新。四是高度的市场适应力。企业生产什么产品，完全由市场决定，并形成对外具有强大竞争力的"钻石结构"。而不是通过政府计划来指定哪个城市应以哪家企业为主，发展什么样的产品。

世界制造业正从过去的大规模制造(即福特式的大生产)转向大规模的定制。这种大规模的定制，使得应变快的企业可以吃掉慢的企业，新兴小企业可以吃掉老牌大企业，柔性生产企业可以吃掉刚性生产企业。目前，我国正面临着世界制造业基地转移的新机遇。这种大规模的定制模式，需要大量的零部件生产企业集群为之配套。如日本丰田公司的 Just in time 生产模式，就是围绕丰田公司的汽车总装厂，在其周边有许多生产汽车零部件的企业提供配套服务，并通过计算机联网进行定时、定量、定点供应，实现"零库存"高效率。武汉要成为中国汽车的底特律，在周边就必须有足够的零部件配套厂。美国通用公司的总裁曾放言，中国哪个地方形成了汽车零部件生产的企业集群，通用公司就会到那里投资设厂。因为有否零部件生产企业集群决定了汽车生产总成本的30%。而我国北方和中部地区因为没有形成汽车零部件生产的企业集群，所以也影响了这些老汽车工业基地的发展。

**（五）经济社会发展战略与城市空间规划**

一是城市群或都市圈的空间布局。规划学界有一名言：城市财富蕴藏在城市合理的空间结构之中。也就是说，城市空间结构是否合理，决定了一个城市的经济社会发展。对城市空间结构的描述，存在三种观点：第一是"投影说"，是城市经济发展在空间上的投影。这是前苏联在计划经济体制下的说法。第二是"载体说"，城市所有的基础设施建设和经济社会发展是以空间为载体的。第三是"支撑说"，合理的空间结构对城市发展有着巨大的反作用，这种反作用有助于形成城市可持续发展的良性循环。所以，要认真研究武汉城市圈的空间发展战略，规划要落地。

二是确定性与不确定性的关系。过去犯的错误，就是经常做一些自己不懂或无法了解把握的事。因为市场是乱码的，不确定性因素很多，如不能准确了解今后产业发展的变化。但反过来，对于那些确定性的东西，则是规划可以编制，而且是必须做的。哪些是确定性的东西呢？①稀有的或独特性资源的保护；②交通网络等重大基础设施布局；③城市空间布局和资源利用的关系；④土地资源的合理利用；⑤人文关怀和社会公正。这五个方面的内容不可缺少，而且是市场机制无法决定的。

三是区域空间功能的协调。武汉城市圈的建设，如果不是着眼于城市间的功能互补，那此项的研究将是失败的。武汉城市圈的成功与否，一方面取决于产业升级能否迅速高度化，能否超越周边城市的产业同构，但更重要的是其周边8个卫星城市能否形成足够的反磁力、核心竞争力和相互整合的能力。这与产业的纵向、横向分工和良好的空间布局密切相关，而这些只能是市场机制作用的结果，而不是政府聪明的"计划"。

只有把以上几个问题都落在城市圈的空间规划之中，才能使武汉城市圈的发展规划落到实处。

**（六）问题的发现与规划的编制**

我国各类"规划"众多，而且不少规划颇具"权威性"。但真正管用能落实的规划，却是少之又少。分析其原因，不外是：这些规划不是从问题导向，不能解决当地面临的重大实际问题，而只是从某些"空想"导向，文不切题，所以就只能落得个墙上挂挂、编完之日也是终结之时的命运。如果真正"权威"起来，恐怕更是因为与实际要解决的问题南辕北辙而"鸡飞蛋打一场空",还不如"一挂了之"。

在人文科学范围内,实践证明可行的、能发现"真正问题"的分析办法是 SWOT 法,可用该法来简略分析武汉的情况。

从 Superiority(优势)来看:武汉城市圈的能源、水和光能等资源搭配合理。科技人员数量位居全国第三位。区位优势明显。大企业集聚程度高,有较强的工业基础。都市圈内城市的合理分布,因为只有少于 1h 的交通圈才能有效发挥都市的集聚作用。

从 Weakness(劣势)来看:制度创新滞后。民营经济发展起步晚,企业家数量不足,工业产业竞争力不强,财源持久衰退。城市化发展动力衰竭,只有从上而下的城镇化,而没有从下而上的城镇化发展动力,导致省会城市的首位度过高。民间资本缺乏。开放度不够,中心城市国际化程度较低。

从 Opportunity(机遇)来看:进入 WTO 后国民待遇的实行,沿海地区吸引外资的优惠政策的效应减弱,这为地处中部的武汉城市圈提供了机遇。三峡工程、西气东输工程的建设以及交通枢纽包括航空港的建设,不仅改善了武汉的投资环境,而且也促进了该地区人民消费能力的增强。西部大开发所带来的消费品市场的扩大。国家对承东启西的中部地区发展的高度重视。世界制造业基地向中国转移等等。

从 Threat(挑战)来看:我国现阶段其他城市群和周边城市都处于集聚阶段,相互之间争夺资源和人才。珠江三角洲的崛起,与能从香港引进 300 多亿美元的资金有着很大的关系,但武汉没有这样的条件。城市内部整合能力较弱,没有形成产业互补。发展模式的锁定背上了沉重的包袱,没有超越过去成功模式的扎实规划。由于国际化程度低,容易在全球化的浪潮中被边缘化,即分得的资源和人才有可能会变得越来越少。

通过对以上四大因素的综合分析,就可以根据问题和目标导向进行规划编制,从而提出有针对性的战略措施。武汉的战略目标,应该是创造比别的城市更具吸引力的环境,即更强的资源聚集力;在人才的创新能力上,比其他城市有更好的创新氛围,成为学习型的城市;在开放的程度上,超越区域的限制,成为区域性的国际化大都市。这些目标都是至关重要的。总之,只有从方法论上进行优化,才能找准城市圈建设中的突出问题,从而才能制定可行的发展目标和有效的战略措施。

### 三、关于山东半岛城市群发展战略的几个问题

近段时期以来,我陆续参加了珠三角城市群协调规划、沈阳经济区发展规划、武汉城市圈规划、环杭州湾地区城市群空间发展规划的论证会。我国城市群发展规划的编制正可谓是风起云涌。这也是我国经济社会发展的必然要求。世界银行曾提出,城市化水平达到 30%、人均 GDP 达到 1000 美元的阶段,就意味着公用投资将超过私人投资,城市化将高速发展,经济社会的发展也将加速。我国

正处于这样的时期,上述地区包括山东半岛作为我国的城市密集带,现阶段以单个城市的发展已不能解决进一步对外开放和城镇化面临的问题。再者,实现区域可持续的发展,就要求综合解决人与自然、城市与农村、经济与社会、当代发展与下一代发展的矛盾。所以,必须从更高的层次和更广的区域来寻求解决每个城市或地区的可持续发展问题。这也是当前区域规划研究得到各地广泛重视的原因。过去的区域规划往往是城市总体规划的陪衬,或者是作为经济社会发展计划的一种分析工具。这种状况现在已有很大改观,从我所参加的几次规划论证来看,各地区域发展战略的研究方法日趋科学,采用数据较为翔实,观点日益鲜明,对策可行性逐步提高,为下一步的发展规划及其他相关规划的编制奠定了扎实的基础。山东半岛城市发展战略研究还应该注意哪些问题呢?

### (一)区位优势与开放模式

区位优势不等于开放模式优势。从某种意义上来说,一地的资源优势、区位优势恰恰有可能制约了其开放度的进一步提高。山东半岛是京津冀的门户,是黄河中下游广大腹地的出海口,拥有开放较早的深水港。同时又是我国离韩国、日本地理位置最近的省份。正因为有这四个方面的优势,山东半岛也成为当年帝国列强要求我国强制向西方开放的地区之一,"打开山东,可直取中原"。但从目前的现实情况分析看,该地区的城市群发展还存在着一些问题:

(1)山东的城市群作为自组织体系,其层次性、复杂性和多样性、城市密度和发育程度都没有达到作为世界标准的城市群要求,自组织式发展的能力较弱。

(2)城市群内市场配置资源的方式和程度较弱,市场化程度不高,与长三角、珠三角城市群的差距较大,群内的城市之间产业互补性不足,纵向与横向的产业互补性都没有达到作为城市群功能组合的要求。从全国各地市场化进程相对指数分析中也可以看出,1997年山东省的市场化相对指数为6.16,比第一位广东省的8.07少了1.97。1999年这一差距更扩大为2.17,甚至落后于河北、河南这些内陆省份❶。

(3)城市群与内陆腹地的联系和协调度不够。比较我国其他几个城市群,山东半岛城市群与腹地的联系最为薄弱,从青岛港出口的货物90%为山东省域之内,甚至比沈大城市群还弱。由此可见,山东半岛的区位优势与开放模式是不对称的。

鉴于以上三方面的问题,在发展战略上应着重处理好以下五个方面的关系:

一是城市群的开放应与群内核心城市产业高度匹配。山东半岛城市群发展战略中特别强调要培育龙头城市,通过核心城市产业高度的提升来带动整个城市群

---

❶ 该指数是以政府与市场的关系、非国有经济的发展、产品市场的发育程度、要素市场的发育程度以及市场中介组织发育和法律制度环境等五个方面评价各省省区的市场化相对程度。总共有119个指标或分指标构成。详细参见,樊钢、王小鲁、张立文. 中国各地市场化进程相对指数2000年报告,刊于《经济研究资料》,2001年第7期第3~11页。

的开放。以前山东半岛内城市间的产业高度趋于平均，没有形成区域间及跨国界的国际交流平台。按照新兴古典经济学的理论，国际化城市不仅城市规模大，而且产业要高度化，国际贸易的市场交易成本要低。但目前山东半岛的城市，无论是青岛还是济南都没有达到这样的要求。

同时，山东半岛核心城市的培育，还受到京津唐地区产业高度的影响。北京、天津虽可以作为半岛城市群的外核心，但其本身的产业高度也不够。在大珠江三角洲城市群中，广州和香港的作用是完全不同的。近20年来，香港向珠江三角洲城市转移了3000多亿元的资金，这是因为香港所具有足够高度的产业、人才、与国际接轨的法律体系、国际性港口、机场与商业环境，形成了"高山流水"之势，为整个珠江三角洲搭起了国际交流的平台。但山东半岛还缺乏这样的城市，这是目前面临的核心问题，也不是一朝一夕可以解决的。虽然青岛市可以朝这一目标前进，但没有10年、20年的努力是做不到的。对此，必须要有足够的认识。

二是内核的培育与外核的综合利用。在集中力量加速青岛的发展，使其成为该地区的核心城市的同时，不能忽视对北京这一外核的利用。济南虽然在经济总量和对外开放水平上不如青岛，但仍有很大的发展潜力，这几年的经济发展速度也很快，今后应充分利用自身科技人才和文化上的优势，依托京沪高速铁路的开通，充分利用北京这一国际交流的平台，也将会有第二次机遇。培育内核和利用外核两大战略是并举的，济南应该有信心。从地理空间上看，济南到北京的距离，比宁波到上海的距离更近，互补性更强。在编制珠江三角洲城市群发展规划时，如严格按照经济重力场分析，核心城市不是在广州，而是在香港。但出于某种原因，规划报告提出了双核城市，然而广州与香港对珠江三角洲经济发展的带动作用的比较上，远远不在一个层次上(表11-2)❶

财富全球500强公司的总部/分部在国内城市分布(2001年)　　　表11-2

| 城市 | 地区/本地办事处(%) | 中国地区总部(%) | 亚太地区总部(%) | 总　　和 |
|---|---|---|---|---|
| 香港 | 89(40) | 38(26) | 15(100) | 142 |
| 北京 | 36(16) | 71(48) | 0(0) | 107 |
| 上海 | 35(16) | 29(19) | 0(0) | 64 |
| 广州 | 15(7) | 5(3) | 0(0) | 20 |
| 深圳 | 4(2) | 0(0) | 0(0) | 4 |
| 其他 | 46(20) | 6(4) | 0(0) | 52 |
| 总和 | 225(100) | 149(100) | 15(100) | 389 |

❶ 详见赵晓斌：中国加入WTO对国内金融中心区域重组的影响．国外城市规划，2002．5．

三是韩国、日本与港台资本的利用。山东半岛引进的外国投资中，韩国投资占近40%，实际上已建立了与韩国经济交流的初级平台，但对引进台湾地区的投资也不容忽视。从产业高度与转移速度上看，日本、韩国和台湾地区同处一个层次，互补性更好。原来台商在我国东南地区特别是珠江三角洲地区投资较多，但现在这些地区人地矛盾突出，劳动力成本上升较快；再加上山东半岛2008年奥运会的正效应和两岸局势的变化等，对山东半岛吸引台商投资提供了新的机遇，应抓住不放，顺势而上。

四是外向型产业的培育要放眼长远。浙江省引进的外资并不多，但靠自己的内力，自营出口占到全省外贸出口额的60%。自营出口与来料加工出口的内涵是完全不同的，如果自营出口100亿美元，这100亿美元全部可以转化为对GDP有贡献的工业增加值。而来料加工值100亿美元，实际上只有10%可以转化为GDP，赚的只是加工费。看似都是大宗对外出口，实际上创造的财富数量是大不一样的。所以，山东半岛的外贸模式应逐步地向自营出口转变，当然来料加工出口可以作为先期带动项目。

五是城市群核心竞争力的构成与每个城市自身独特功能的培育。城市群要有核心竞争力与群内的每个城市的互补功能是非常重要的。这种功能互补性的城市，最早出现在荷兰，尔后在美国、英国、日本。如荷兰的兰德斯塔得（Randstand Holland）内有3个较大的城市各有自己的专业倾向和特长，位于莱茵河口的鹿特丹是一座港口城市，也是欧洲最大的港口。海牙是荷兰中央政府所在地，还驻有一些国际组织。而阿姆斯特丹则是商业、金融和文化中心。另一个例子就是日本的关西区战略规划，包括商业的大阪、文化的京都和港口的神户，这3座城市形成了"铁三角"，所以这一地区组合的竞争力就非常强。山东半岛应有这样的组合核心竞争力。

(二) 文化积累与制度转型

一个地方的经济发展，除了矿藏资源、科技资金投入外，与制度的变迁有着极大的关系。山东曾给人这样的形象：孔子在这里诞生，泰山在这里崛起，黄河在这里入海，气势是多么的雄伟，核心在于这三句话能把博大精深的齐鲁文化鲜明地展示出来了。泰山若没有悠久的历史文化的积淀，也只能沦为泛泛小山；黄河持续断流，所带来的水资源并不丰富，但它却体现着黄河流域文明，称之为中国的"母亲河"。正是几大文化交融孕育发展形成了齐鲁文化，其最大特征就是中庸协调，诚实守信。从商品经济的角度延伸，守信用可以降低商品交易成本。但其他方面也有负效应，如齐鲁文化讲求人的等级与商品经济的平等；集体主义与个人主义；守成与创新；重实业与轻商贸等方面都存在显著的矛盾。当年浙江人走南闯北时，山东人还不屑一顾，像鸡毛换糖、修皮鞋、卖眼镜之类的生意，算什么玩意儿！但10年后的今天，对此就不得不刮目相看了。这实质上是商品经济的一种信息流。引导一地的经济发展,必须善于把文化的因素与制度变迁联系起来。

美国著名城市规划学家,《硅谷和 128 公路地区的文化竞争——地区优势》一书的作者安纳科·萨克森宁(Saxenian, A)(1994)研究提炼出了硅谷文化。他认为,没有文化,反而容易产生新文化。美国东部地区相对西部地区,文化积淀较为深厚,因为东部地区是美国最早的欧洲移民地,而西部地区的硅谷,原来只是墨西哥的一块飞地,后随着淘金热的兴起,有着不同文化背景的世界各地移民在这里聚集和进行文化模式杂交,本地原来没有文化,却形成了硅谷文化,海纳百川。所以,厚重的历史传统文化具有两面性,对于观念更新推动经济的发展方面,犹如带上了一双沉重的翅膀;另一方面如真正能顺应商品经济的规律来发展改造,实行文化的创新,则又会发挥出其内核的合理作用。

山东每个大城市过去都曾有过太多的辉煌。按照美国经济学家、诺贝尔奖获得者诺斯(D. C, North)的理论,过去的辉煌将会带来一种制度锁定。他认为,任何一种制度变迁成功的可能性都是与其变迁成本成反比的。像在山东这样齐鲁文化非常深厚的地方,文化转型的难度和成本就特别大,国有企业改制的难度就尤为突出,以至于造成济南所有的上市公司全军覆灭。改革开放前,济南市的 GDP 比杭州高 1 倍,而现在,杭州的 GDP 高出济南 1/3 以上。原因之一就是济南是带着沉重的翅膀起飞,而杭州是轻装上阵。

开放的文化必然是融合的文化。广东为什么走在改革开放的前沿,从文化上来分析,当地文化属于客家文化,也就是外来文化,可以包容其他文化的长处。所以从某种意义上讲,开放的过程实际上是各种文化融合的过程,融合程度高,发展就快。如目前大约有 30 万台胞居住在上海,30 多万台胞居住在东莞,两地是大陆台胞最为集中的地方,自然就成为台资投入最多的城市。山东半岛对韩国开放,最大的竞争对手是沈阳,沈阳市区有一朝鲜族人居住区,大约有 6 万多人,这是沈阳吸引韩国投资的跳板。但山东由于齐鲁文化非常深厚,历史上把外来文化均视作低层次文化,相互之间的融合就比较难。再加上计划经济的束缚,要超越过去的成功和战胜制度的约束就有相当大的难度。任何一地经济的快速发展,实质都是制度转型的成功,而其背后就是文化转型,是由各类文化融合的成功所决定的。

### (三) 产业优化与组织创新

对此,要处理好三个方面的关系:

一是规模经济与范围经济的关系。山东省与东北地区一样,往往注重的是规模经济,而不讲究范围经济。所谓范围经济,是指资本多样化使用而取得的经济效益,是一种零部件的优势和综合产业优势的体现。而规模经济指的是单个产业、单个企业的优势,这两者是完全不同的。

二是大规模制造与大规模定制的关系。在经济全球化的大背景下,商品生产模式呈现出柔性化、小批量、多品种的变化,这与 20 世纪初福特式的大规模生产模式不同。大规模定制生产模式的基本特点是对客户需求变化作出快速反应的小批量、多品种的柔性生产。山东半岛包括我国整个北方地区老工业基地现有的生产模式与现代经济所需要的大规模定制生产模式存在很大的不适应性。

三是集团经济与集群经济的关系。山东比较注重集团经济的发展，有的城市甚至把许多不同行业的企业硬拼凑在一起，组建大集团。但实践已经证明，这样一种行政捆绑式的组合方式是失败的。山东目前缺少的是集群经济，即有许多相关产业在某一地域空间聚集在一起形成强大地区竞争力的经济组织。而这在广东、浙江等省份则非常多。

这三对关系的处理，是市场经济和经济全球化时代的经济发展新思路。实践已证明：哪个地方范围经济、大规模定制和集群经济越强大，经济发展速度就越快。按照哈佛大学波特教授的观点，这三类经济决定了一个地区甚至一个国家生存发展的命脉。这就要求我们必须从以下两个方面实行组织创新。

(1) 当地生产模式与国外产业转移的接轨。具体可以分三个步骤：一是硬性的贴牌生产(OEM)。如我国初期的手机产品采取的就是这一种生产方式。二是柔性的贴牌生产。建立大规模的生产流水线，在同一条生产线上可以生产多种不同品牌的产品。如丰田公司的汽车生产线，可以同时组装10种型号的汽车；台湾地区、新加坡的手机生产线，可以同时组装诺基亚、摩托罗拉等所有世界名牌的手机，这种完全是由计算机控制的灵活生产、敏捷制造模式与传统的生产有着质的区别。三是产品研发和销售中心的转移，这是核心生产模式，企业组织结构也变成了哑铃型。

从硬性的贴牌生产到核心生产模式的转移，必须逐步地推进，这与生产模式的创新是完全一致的。没有生产模式的创新，要把韩国、日本的产业转移到山东是不可能的。美国通用公司到中国设厂选址，他们并不注重厂址所在地土地价格是否便宜，或当地给予什么样的税收优惠政策等，而是以该地区是否具有足够的汽车零部件配套体系作为首要条件。他们认为，零部件生产体系是否完备，决定了整车生产成本的30%。丰田汽车之所以具有竞争力，就在于在其公司周边200km范围内，有着400多家汽车零部件生产厂商与之配套，各企业之间通过计算机网络控制，按照计算机的指令，将指定品种、规格、数量的零部件在指定时间送达指定的组装流水线的某道工序，实现了零库存、快节奏、低成本生产，而且技术创新的速度非常快。如果要对某型号汽车进行技术创新，可以将其分散到400余家厂商进行协作创新。经济学家将其称之为"零成本创新"。作为我国老牌汽车城市长春市也认为，如果不走丰田模式，就不可能成为中国的底特律。山东半岛的新兴工业城市，需要考虑这些问题。

(2) 外向型经济与草根经济相匹配。20世纪90年代，浙江企业的规模比苏南企业小1/3，引进外资的数量不及苏南的1/5，企业技术装备的档次和水平落后于苏南5年以上。于是就有人认为，江苏经济肯定超过浙江。但10年后的结果并非如此，浙江人均经济指标全面超过了江苏。什么原因？一是浙江经济是一种草根经济，内部联系非常紧密，组成了集群式的生产模式，交易成本极低。二是可以培养出一大批企业家。所以浙江省企业家的数量比较多。原来的农民进入集群以后，迅速成长，由个体加工户变成小企业家，而后又变成了大企业家。像德力西集团的胡成中、正泰集团的南存辉，当年只是两个修皮鞋、修自行车的小青年，如今却可以登上清华、北大的讲堂去讲课了，因为他们具有丰富的商战经验。企业家的才能不是从书本中学来的，而是在干中学会的，通过产权机制的激励作用才能促使其成长。而整个北方地区的企业家，尽管原有的文化知识水平很高，也许是高工甚至是教授级高工，但现在他们中的许多人的"武功"全废了，因为长期得不到正当的产权激励。三是抗风浪的能力不一样。包括苏南、广东的企业，遇到外部环境变化和国际市场波动，容易引发区域经济的大起大落。而草根经济适应转换得非常快。这种集群式小船队，既能快调头，又能抗风浪。四是资源利用和节约程度不同。草根经济大都是加工型的技术和劳动双密集的企业，没有高能耗的产业。五是对中小城市成长的促进机制不一样。浙江和珠江三角洲地区的城镇化基本上是从下而上的，专业镇、卫星镇快速发展。如广东东莞的长安镇，浙江温州的柳市镇、龙港镇等，人口都达到几十万，有多家星级酒店，经济实力比内地的一些地级市都强。迅速扩张的内力促使城镇成批高速成长。而这样从下而上的城镇化动力，在山东省就较为鲜见。任何一地的发展必须要把当地的文化优势转变为制度优势，制度优势转变为企业组织方式的优势，这样才能实行与世界产业的接轨。否则，只能为跨国公司进行零部件制造提供廉价的劳动力，不可能形成自己的核心竞争力，也就无法与国际产业转移的第二代、第三代组织模式接轨。

**（四）人居环境与经济竞争力**

人居环境与经济竞争力本属不同的范畴，但现代经济的发展和增长模式的转换，已使两者组合在一起了。其原因如下：

一是新型工业化和科学发展观的核心是以人为本。经济的发展是为了人，而不是人为了经济。山东的工业化发展现属于重化工阶段，但并不是说这一阶段不可超越。走新型工业化道路，实际上就意味着该地区重化工阶段是可以超越的，可以直接进入后工业化时代。关键是增长模式转换和产业升级的能力如何。世界上许多国家的成功也证明了这一点。如美国加利福尼亚州，从没有进入重化工阶段，但该州因为有硅谷的存在，其经济实力若以国家来衡量，仅次于日本、德国、英国、法国等国，居全球第五位，但这只是几十年发展的结果。这是全球化、新技术革命的浪潮所带来的机遇。在人才、技术和资金的关系上，人才是火车头，技术、资金都是跟着人才跑的。深圳之所以快速崛起，就是因为成功吸引了全国的许多人才南下创业，并带来了技术和资金。而海南岛为什么未能成功，核心问题就是未能留住当时的人才浪潮扎根海南创业。

二是居住的舒适性与人才价值的可实现性。人才只会朝着能实现自身价值最大化的地方流动。我国北方，北京、天津、西安等城市，大量"生产"博士、硕士研究生，但这些毕业生流向广东、上海的多，而留在北方地区的相对较少，除了薪酬的因素外，还有更重要的原因是创新成本和居住环境不同。因此，所有已编制的城市群规划中，大家都不约而同地把城市的宜居性作为规划的重要内容。山东半岛城市本身就具有人居优势，这体现在：①我国虽有漫长海岸线，但阳光、沙滩、海水景观比较好的，只有广东、海南和山东、辽宁的部分海岸。如把山东海岸的海滩、阳光、海水和园林景观四个要素完美地结合，再加上海洋性气候，这里的居住环境就非常好。而从福建一直到江苏沿海，海岸大都是泥涂滩，没有沙滩，也没有清澈的海水，无法形成宜人的居住环境。②深厚的齐鲁文化积淀。就历史文化底蕴而言，我国没有几个地方可以超过山东的。众多的历史文化遗迹和丰富的自然景观，无疑是满足人们日益增长的精神文化需求的最重要源泉。③独特的地理结构，造就了山东半岛城市自然形成了组团式的城市形态，没有出现摊大饼的迹象。这是非常好的发展基础。如青岛现在的城市形态就是组团式结构，城市风貌保护较好，还有烟台、威海等城市的形象都比较好。但济南作为历史文化名城，人文景观破坏较为严重，改革开放以来没有抓住历史街区和人文遗迹保护的机遇，该保护的，没有很好地予以保护，城市特色受到较严重的破坏，但近几年已重视这项工作。总之，山东半岛有可能创造我国一流的人居环境，即一流的人才聚居环境。④建设科技新城有基础。山东半岛的城市包括济南完全可以成为我国科技第一高地的扩散地。从东北亚接受产业转移，从北京引入科技人才，这两股力量可以在山东汇集。北京、天津是我国当然的人才第一高地，每年有无数的人才产生和汇聚在这里，但不幸的是，众多人才最后大都是"孔雀东南飞"，流向了南方城市。山东的地理位置非常适合，能否引入人才来济南等城市落户，关键是看该地能否为这些人才提供创业和实现自我价值的更好机会。

**（五）政府行政干预与市场机制培育**

我国城市化的过程包含着四个方面的转型：一是人口的空间转移；二是社会文化的转型，从农村文明转向城市文明；三是经济体制的转型，从政府配置资源为主转向让价值规律来配置资源为主；四是生产文明的转型，从农业文明转向工业文明，直至转向生态文明。这四个方面的转型，以经济体制的转型最为重要，也对山东提出了更大的挑战。

1. **政府的越位与缺位并存**

相对而言，南方城市政府的主要问题是缺位，而北方城市政府则是容易越位，也就是说北方地区城市政府力量较强大，而南方城市政府较弱。所以南方地区容易出现的问题是污染严重、违法建筑泛滥、基础设施布局混乱、公用设施建设滞后、生态环境破坏严重、土地资源浪费等。而北方城市政府做了许多政府不该做的事，扼制了市场机制的形成，同时也导致形象工程过多过滥，这些都是市场不能完成而只有政府才能实现的事情。所以，北方地区容易出现政府管制过度、从下而上的城镇化动力不足、企业家数量较少其积极性不能充分发挥等问题。而南方城市主要的问题是由于"无为而治"式的缺位。

2. 政府在转型过程中并存的三种功能

一是市场秩序的监管仲裁者。这是政府应有的功能。二是市场机制的培育者。通过政府的引导培育，促进市场发育，降低交易成本。三是市场缺陷的弥补者。市场调节本身存在许多缺陷，如市场不能解决环境污染、资源浪费、社会公平和保障、基础设施布局和种类、生态保护等诸多问题，而这些问题都需要政府通过规划和政策调节来弥补。我国各级政府都要充分的发挥这三大功能。山东半岛城市政府的调控能力和行政力量比南方城市强得多，但重要的是把政府该做的事做对做好。现在，南方城市政府是从"无为"转向"有为"，而山东的一些城市正好相反，要从"有为"转向适度"无为"。如产业发展的问题，政府不可能事先确定企业今后的发展方向，也不可能决定某个产业的长远发展，因为这都是市场决定的，甚至是国际市场和新技术革命决定的。政府自以为要比市场聪明，已被实践证明是荒谬的。政府应该做市场做不了的事，而不是替代市场去做。

3. 今后要着重做好的几项工作

一是要解决规划的缺位问题。山东半岛已经有了一个非常好的发展战略，接着就应集中精力做好战略性规划，解决规划缺位的问题。要结合这一发展战略，进一步完善省域城镇体系规划及半岛城市群空间发展规划。这样编制的规划才具有法律意义和可操作性。另一方面还要研究分析环渤海湾的沈大和京津唐等城市群重大项目对本城市群布局和发展的影响。例如，环渤海大通道、京津高速铁路的延伸衔接、渤海黄海油田开发和大型核电站定位等等。环渤海湾的3个板块的城市群之间存在着密切的互动关系，必须给予密切关注和持续地研究。

二是城际之间的交通规划，包括港口、机场、铁路、高速公路、市内市外公共交通、换乘枢纽和城区道路建设，都要系统地进行研究和合理布局。

三是编制几类物质性规划。如海岸区域保护与利用规划、历史文化区域保护规划、生态保护规划和重大基础设施布局等。美国许多规划都下放到地方政府，但是海岸线保护与利用规划、历史文化区域保护规划、生态保护规划则是由州政府编制，有的甚至需经联邦政府批准。对于此类规划，应将工作的注意力放在市场机制不可为的项目上。第一是明确哪些地方是禁止开发的，开发后将对整个地区的资源造成极大的破坏。如水源保护地、生态脆弱区、基本农田、历史文化遗产地等，必须禁止开发。第二是限制开发区域。如各类生态、景观敏感区等，必须通过严格的规划调控，限制开发项目的种类和建设强度。第三是允许开发区域。政府规划应对这三类的开发作出明确的规定。计划经济时期的规划，不是弥补市场的不足，而是代替市场机制做规划，就像政府代替市场编制产业发展规划一样，那当然是失败的。

四是解决实施机制的缺位问题。第一是建立省级专家委员会，充分发挥专家的作用。规划委员会的组成，50%以上的成员应由专家担任，其余的可由公务员担任，下设各专业专家委员会。规划委员会，对上作为预决策机构，为省域内重大基础设施布局和重大项目的建设提出决策意见，没有规划委员会的意见，省委省政府不予决策；对下可以作为都市圈、城市群规划建设协调的裁判。在山东各级政府行政力量很强的现实情况下，必须防止重大项目的急功近利和错误决策。北京首钢项目的建设就是一个弊大于利明显的例子。第二是加强利益机制的协调，建立城市群各城市之间平等协商的协调机制。第三是发挥市场化的互补作用，根据现有的基础，顺应市场经济的办法，建立产业联盟，实现城市功能、资源和利益共享。

## 四、珠江三角洲城市群协调规划要解决的问题

改革开放以来，珠江三角洲的各项工作都走在全国前头，建设部以前做规划经常参照、引用珠江三角洲的某些经验。所谓规划，就是对未来的预测、把握，既然珠江三角洲（以下简称珠三角）已走在最前面了，还能用什么来预测和把握未来呢？所以这是一个非常大的挑战。第二是前所未有的诱惑。因为既然珠三角是走在全国的前列，所以说对珠三角的发展前景、存在问题和解决手段，如果都找到的话，那么就可以找到整个中国通向繁荣富强的钥匙。这是前所未有的诱惑。第三是前所未有的机遇。这个机遇不仅存在于中央机关与地方政府之间的合作，同时也借助局外人的眼光来了解和判断珠三角的发展，这是一个非常好的部省合作的机遇。通过这样的合作，可以携起手来一起分析、预测未来的机遇，把握未来的机遇，也许可以创造未来的机遇。

那么，怎样使珠江三角洲城市群规划做得比过去好呢？我认为要着重处理好以下这几个方面的问题：

第一方面，规划能不能超越行政区域的限制。众所周知，编制规划，按城市规划法就不能超越行政区域的限制。但是任何规划的原动力都来自于经济因素和社会发展因素，或者是生态和区位的制约因素，这几大因素都超越了行政区划，尤其是在全球一体化的今天，必须立足于更广阔的区域，甚至必须在全球的大背景下来研究珠江三角洲的未来和当前存在的问题以及解决这些问题的手段。珠三角现在的竞争对手就是长江三角洲（以下简称长三角）。长三角有一个非常好的优势，就是广阔的腹地。他们自己讲就是长江的龙头。而长江和珠江不一样，珠江是又短，水流又急，洪水来得快，去得也快；长江是又长，水流又缓，延绵不

断,可以带动整个中国的腹地。珠江和长江的特点就反映了珠三角和长三角的差别,是非常形象的。它不仅是一个地理条件,而且也决定了未来的优势和现在的竞争力。而就珠三角来讲,我认为一个优势是长三角绝对没有的,就是未来东南亚联盟的排头兵。长三角是后向的腹地占优势,而珠三角主要是前向腹地和一部分后向腹地。现在欧盟的作用越来越明显,欧元的统一、交易成本的下降、资源的流动和重新分配促使整个欧盟未来有较好的前景。而第二个经济共同体有可能就发生在东南亚,朱总理在这方面做了大量的工作,而这个前哨阵地第一批能融入的就是珠三角。所以,珠三角未来20年或者30年的发展,其增长潜力的很大一部分,就在于这个共同体的广度、深度,这是长三角所没有的,而珠三角在这个方面应有什么准备?

从规划的前瞻性和可操作性角度来讲,城市群的协调应有四个层次:

第一个层次,就是我国的几大都市圈。这些都市圈就是城市的极化效应和扩散效应最密集的地方,在这最密集的地方就需要最强有力的规划控制手段,用法律的强制力来确保城市空间形态的合理性。因为城市的财富和发展的潜力体现在它的空间结构中,城市空间结构决定了城市的未来,所以这个城市圈在一定程度上就决定了城市群的未来。

第二个层次,是狭义的珠江三角洲。这个狭义的珠江三角洲的范畴内,根据周干峙院士的研究,珠三角的空间布局和某些重点项目的布局是不合理的。因为这个区域的空间结构决定整个区域的财富和发展潜力,所以我们要从区域整体来考虑重大基础设施的共建、自然资源协调共享、生态环境共保和产业优势共树,尽量减少恶性竞争和重复建设。

第三个层次,是广义的珠三角。广义的珠三角不仅包括港澳和两翼,包括广阔腹地。例如福建省也在讨论,福建的城市群要么融入珠三角,要么融入长三角。因为城市群聚合的密度和广度越高,影响和辐射的范围就越大,城市群中间的分工与合作的深度就越深,整个城市群的整体竞争力就更强。不能用小农经济的方法来考虑自己的发展。福建也遇到这个问题。所以应该考虑两翼的广度和深度,对跨省域的广义珠三角的宏观调控体系有所研究、有所考虑,特别是重大项目的布局。因为中国未来20年的发展,就取决于沿着太平洋海岸线,能不能建立一个人口相对集中、基础设施和生态都非常优秀的、有全球竞争力的、延绵不断的黄金海岸线城市群。如果福建自己独立搞,城市群不就成了中间的一个缺环了吗?他们也觉得要从更广的区域来考虑这个问题,珠三角应该有个应答。

第四个层次,就要考虑到东南亚经济共同体的发展。这不仅是国内的开放政策制定问题,而且我们还要研究国际的做法,要拷贝欧盟的一些做法,所以要尽早地考虑这些问题,就可以把眼界打开,研究问题就不会局限在原来狭义上的珠三角。因为,珠三角未来的发展机遇就在于能不能以更广的范围、更低的成本融入到全球经济中去。

第二方面，规划能不能超越单一学科研究的限制。建设部以前给人家的印象就是土木工程管理部门，土木工程简而言之就是又"土"又"木"。既然找了一个又"土"又"木"的参谋，他们能干什么好事呢？也许有些同志在这里迷惑。所以在承担这个协作重任的时候，挑战就在这里。建设部负责城市规划，城市规划其实不是在图表上做作业。城市规划按照最新的解释包含三个部分：第一，它是多学科的综合，按照建设部原部长、两院院士周干峙的说法是72个学科的综合。在国外发达国家的大学中，学习研究城市规划是没有本科生的，只有硕士、博士这个层次才研究城市规划，发达国家的学科设置已经到了这个程度。这说明它的高度综合性。第二，城市规划是政府的一种法治行为。它既要有法定的权威，又要协调各方面的利益；既要有强制力，又要有很大的亲和力和同化力。有的国家的城市规划出现了新的流派，叫做联络性规划，联络各方，体现公平。第三，城市规划又是一场文明的运动。它是从非科学到科学，个人专制到民主，少数人到多数人，人治到法治，单学科到综合学科的协同。珠三角的第一个问题，就是产业结构的升级、调整问题，因为产业的升级是城市化的动力、质量和可持续发展的主要手段。城市化靠什么支撑啊，难道它是靠人口聚大堆吗？不行，它完全靠产业发展去支撑，而产业的发展又决定我们人口的质量、法律制度安排、地理区域、原有产业结构的升级换代和社会的潜规则，所以这些东西组合在一起就形成了一个非常大的综合体。在我国当前面临着全球化，面临着生态危机，面临着社会分化，面临着经济竞争白热化的这些前提下，怎么样进一步提升城市化的动力，这就是一个很大的挑战。另一方面，合理的城市空间是支撑产业发展和升级的重要手段，是人居环境优化与创业创新、投资环境优化及产业升级互动发展的基本载体。所以，应该超越单一学科的研究，做到多学科的交叉、综合和协调，才能出好成果。

第三方面，规划能不能超越一般政策性研究和战略性研究的限制。过去也经常犯类似的错误，战略性研究往往讲一大堆各个地方都能用的话，讲一大堆过去、现在、将来都正确的话，这些话也许都是好话，但是成不了实际的行动。或者我们编制了一个物质性的规划，做一项政策研究，怎么样抓落实，抓什么东西来落实就非常缺乏。战略性研究和政策性研究经常是两张皮。所以把这两张皮有机地黏合在一起，这是很大的挑战。

本次规划不仅应具有前瞻性和科学性，有效地回答目前已经发生或将要出现的问题，而且更重要的是要通过对过去规划编制方法的比较做出两个方面的改进。一方面是规划的科学合理性，而且这种科学合理性并不是靠一次详尽的调研和优秀专家群精心编制预测所能解决的，因为当今世界的变化频度和幅度都是前所未有的，城市化正处在高速期，所以着眼于建立经常性的跟踪反馈和规划修改的机制及程序更为必要。要有专门的机构和专家群来对任何一项战略性政策和规划的实施进行持续性地研究，定期提出修改建议并按法定程序进行修编，才能保证规划的科学合理性，舍此并无其他良方。

另一方面是建立有效的落实协调机制。这方面对珠三角来说尤为重要。因为在历史上这一地区就没有城市间协调互动发展的经验（改革开放之前，中央政府的极少投资和城市化发展的滞缓及近 10 几年来的超常规发展），造成了"城自为战"、"镇自为战"甚至"村自为战"，再加上按外商投资愿望决定的"一商一策"和集体土地入股等自发利益取向的实践，在促使经济迅猛发展的同时，也带来了产业布局过于分散、城市蔓延过快、重大基础设施项目重复建设、资源浪费和环境污染严重的问题。解决这些问题（也是世界上各发达国家在城市化高速发展过程中出现过的问题），必须立足于以下三个方面：

一是法律制度的创新安排。要充分利用省级人大、特区城市的立法权，适时研究出台相关法规，以法律的强制力来保证珠三角城市群的协调发展。

二是行政监督管理制度的安排。将从上而下的行政管制功能与自下而上的自发城镇化的力量平衡起来，并力求与行政决策、实施、监督三分立，有效性优先的原则相衔接。

三是引入基于利益机制的新区域调控机制。要有体制创新，例如引入水权概念，引导和促进地方政府优化水质和水资源的积极性；学习北美容积率奖励办法，引入土地集中调控优化的新体制。不仅要全面总结前阶段珠三角借用香港制度安排所取得的成功经验，而且要以全球和发展的眼光超越其局限性，创立更适合于高速城镇化过程中的新管理体制。

第四方面，规划能不能超越过去成功经验的限制。在广东这一点尤其困难。因为就目前来说，珠三角市场化程度全国第一，开放度全国第一，城市化率全国第一，工业化程度全国第一，国际化竞争力全国第一，高新技术的产值全国第一，企业的创新能力全国第一，生态绿化园林城市的数目全国第一，这些全国第一几乎包括所有的领域。不少人认为，这个时候只有人家向你看齐，你还能拷贝谁呢？你要去向谁学习呢？在这个阶段，就会遇到前进方向上的迷惑，因为当地决策者会觉得一切都按照原来的规矩去做是最好的，这时危机就产生了。所有历史上曾十分强盛辉煌而现在没落的地区，都犯了这个常识性的错误，就是把自己的思维固定在原有成功的模式上，就产生了产业结构的锁定、制度的锁定和管理模式的锁定，就看不到面临的危机，就会对正在发生和可能发生的问题手足无措。

一是从珠三角所处的发展阶段来看，即将会遇到城郊的蔓延式扩张现象。因为，对我国来说，21 世纪是一个车轮上的世纪，在信息化、高速公路化、汽车化时代到来的时候，人与货物的空间移动的速率和效率大大提高，这个时候郊区化就会发生。而且郊区化蔓延就会导致城市化的经济成本和环境成本过高，这两个成本的提高反过来就制约了区域的发展。所以，美国的规划学家们在经历了30多年的痛苦反思后提出了 Smart Growth(精明增长方式)，出了一本2000多页内容的规划立法指导大纲，力求解决郊区化蔓延的问题。荷兰也最早提出了 Compact City(紧凑型城市)的概念，就是多功能的组团与良好的生态结合在一起，来降低土地资源的浪费和生态破坏。这就是面临的挑战之一。

二是房地产的危机。因为房地产的发展不仅是一个产业支撑和人口支撑问题，而且还与城市化率有关，它决定了什么时候最容易发生房地产危机。如果说某市房产的工程造价与它的售价之间有个差距，价格越来越高，但是有不断的需求支撑力，像雪球一样不断在滚，尽管这个雪球的一部分雪融化了，但是不断的新雪加入，这个雪球越滚越大，还可以滚下去。但是城市化率一旦达到了75%，城市化速率就会剧降，就没有新雪加进去了，那只有老雪的融化，需求支撑力就突然间没有了，这个时候房地产就极有可能走下坡路了。这就是造成日本房地产连续12年价格滑坡的主要原因，从而就会萌发金融的危机并带来房地产关联产业的萎缩，就会导致整个经济的衰退，现在的香港就有这个问题。在中国，最早有可能出现房地产危机的在什么地方？也就是城市化率最高的珠三角，这不仅是一个可怕的预言，也有可能是一个现实的危机。必须针对这些问题，尽早考虑当城市化率达到75%的时候，怎样才能实现平稳过渡。

三是人口素质的危机。良好的城市化是什么呢？应该具有一个经济发展、生态发展和人口的筛选机制，美国所有的城市群间的竞争都考虑到优质的人口全球性的掠夺；一般性的人口、中产阶层的鼓励移民，鼓励你留下来，为其提供税源；对无业游民，则有一定的限制功能。城市化有三种模式，其中有一个最差的模式就是非洲的模式，它就是大量的游民在城市里面找不到工作而到处造贫民窟，有的城市30%甚至60%的面积被贫民窟占据，城市非常的肮脏，萌发了严重的城市病和社会动荡。像墨西哥城，人口在全世界算是最大的城市之一，但竞争力是很小的，它有55%的地方被贫民窟占领了，这就是珠三角要避免的城市化模式。对于珠三角，一旦到了一般性的加工业竞争不过内地或竞争不过长三角的时候，1800万的低素质的人口有没有可能就转化为可怕的游民，这就是要研究的问题。怎么容纳他们，怎么改造他们，怎么吸引高素质的人去平衡他们，这也是珠三角面临的挑战之一。

四是产业结构锁定的问题。珠三角的产业有可能就锁定在当前的模式上。因为珠三角不是一个国家那样有国界的限制，珠三角会像海绵一样不断吸取别的地方的廉价劳动力，正面临着像著名经济学家刘易斯所说的二元定律的作用：无限的劳动力的供应。既然有无限的廉价劳动力供应，有钱可赚，产业结构还升什么级啊，所以有可能造成产业的锁定，产业结构就不能高度化，产业不能高度化对外来人口素质就没有选择机制，没有培训机制，没有"干中学"的强大促进力，人口的素质就不可能迅速地提高,高素质的劳动力还会被别的产业结构优化更快的地方吸引去,这将会带来珠三角地区竞争力的落后。另一方面,也有可能像日本那样过早地出现了产业空洞化,失去了制造业的支撑,仅靠第三产业的独立发展就等于将大厦建立在沙滩上,很容易助长珠三角许多投资者的短视流动行为。现实说明,在现阶段来说,工业化是不可逾越的发展阶段。此外,按一般规律,1个制造业岗位会产生2.5个第三产业的就业岗位。这当然与产业的高度化有关,如技术含量越高,制造业对第三产业的贡献就越大。这就是面临的另一挑战。

五是生态环境的危机。过去相当长一段时间,珠三角的干部容易陶醉于大自然的恩赐:全国最高的降雨量、濒临海洋可以"消毒"、地处温热带植物生物量年增长全国最高,到处郁郁葱葱……极易产生"一叶障目"的短视病。这次非典型性肺炎在珠三角某些地方的暴发,就给我们敲响了警钟。生态环境的危机具有全区域性,空气污染、水污染在珠三角各地甚至东南亚都会互相影响,具有渐进性和阀值性,一旦超过一定的限度就有可能引发恶性循环,造成物种急剧减少和环境病的暴发。另外,污染治理的艰难性。土壤和地下水一旦污染,需要漫长的时间才能恢复。

但是,尽管存在这些问题,如果能积极应对克服这些问题,珠三角肯定有一个非常好的前途,能够进一步发挥新优势,对全国作出新贡献。

## 五、杭州湾城市群规划编制的若干要点

我国沿海一带经济发展速度比内陆要快2~3个百分点,城市化率要高出8~10个百分点,而且在未来若干年内发展的速度与差距还将不断加大。但受全球化的影响,沿海一带的城市竞争对手已日益国际化。此时,沿海省份选择正确的城市经济和社会发展战略,不仅是带动我国内陆地区发展的关键之所在,而且也是这些城市保持良好发展势头的必由之路。与此同时,经济发展快的地区,其城市发展不能各自为战。应该是协同作战,才能增强区域的整体竞争力。杭州湾地区城市群空间发展战略规划就是在这一背景下展开的。

我认为这次规划的成功之处,体现在四个方面:第一,体现了综合性。把一些部门条条不能完成和各级城市块块难以做到的,或容易忽视的问题都写到了本子里。第二,展现了开放性。以前做规划是在行政区范围内做,这次是超越了行政区。同时,考虑到了杭州湾地区与长江三角洲区域城市群如何协调、如何接轨上海。第三,抓住了时机性。这一规划是在国家几大工程正在启动,本地跨杭州湾的几座大桥正在施工或正在酝酿,各个城市的竞争性越来越突出,产业转移的势头越来越猛这样的时机下提出的。第四,遵循了发展的可持续性和科学的发展观。规划是为了人,不能仅仅着眼于产业发展,产业发展也是为了人,而不能本末倒置。城市群规划非常复杂,国内外都有许多经验教训。因此,要在规划中不

断探索研究,并重视把握好以下几个问题。

## (一) 城市功能定位与产业分工

第一,要处理好接轨上海与培养特色的关系。如何接轨上海,我认为杭州湾地区应在接轨中形成自己的优势,融合中培育自己独特的功能,协调中弥补自身的缺陷。获得诺贝尔奖的美国经济学家斯蒂格利茨说过,在世界大产业转移中,中国不可避免地会成为世界大工厂。其他国家与之竞争是无奈的,因为中国有几个优势:一是富有企业家精神;二是资本雄厚;三是市场范围宽广;四是劳动力价格低廉。与中国竞争唯一的办法是提高自身的产业层次,避开中国的锋芒。这些话我认为不仅对国与国之间有用,地区与地区之间也有用。现在,上海要提升自己的产业,就着眼于与长三角其他城市纵向拉开产业分工的层次。杭州湾作为长江三角洲的精华部位,要在中国城市化的浪潮中作贡献,不能仅仅满足于现有的自我定位,应在整个中国的城市化和全球产业转移的浪潮中找到自己的最佳"生态位"。同时,要在产业提升的过程中,通过创造区域特色和互补结构来接轨上海。因为上海有三方面的优势是杭州湾地区难以与之匹敌的,一是国际商贸优势,二是信息优势,三是港口优势,尤其是航空港与海港组合的优势。

第二,城市之间应该协调互补。日本第五次国土整治规划提出,基于关西区经济社会竞争力较弱,而关东区又太强。因此,关西区不能只注重单个城市的发展,应注重关西区城市间功能互补,提出了关西区城市群规划,形成了港口的神户、文化的京都、商业的大阪,这三座城市组成"铁三角",具有世界竞争力。杭州湾在与上海接轨中,也要与上海及周边的城市形成功能的互补组合关系,只有这样,才能成为长三角最强大的区域,不能在某些低层次城市功能和产业上相互打混仗,这种紧迫性在珠江三角洲的规划中已显现出来。国外城市群的组合上也都有这个问题。最早且做得最好的荷兰城市群规划,几个城市之间互补,从目前来说是比较成功的,所以我们在这方面要吸取教训。

第三,城市内部要形成结构合理的城市等级体系。杭州、宁波这两个中心城市在浙江省内的地位,目前其他哪个城市都不能替代,因为这是城市等级自然发展所形成的。要梳理合理的城市等级体系,既要避免摊大饼,又要防止撒胡椒粉。最近,德国规划师对上海的空间发展作了整合规划研究,也提出了这个问题。上海、北京的城市发展都存在卫星城不强的问题,无法形成足够的反磁力,其结果就难以避免主城区的摊大饼;浙江省有比较好的地域传统文化和因此而形成的分散式城市布局,更要避免这种情况的出现。如果没有形成合理的城市空间体系,那么,其结果就有可能在中国城市化浪潮中的人口空间大转移过程中功亏一篑,而且土地的合理利用也会受到极大的危害。广东、浙江等沿海省份都有一个使命,即在中国的城市化浪潮中,其合理的城市化率不能只是以当地农村劳动力人口的转移为标志,而应以中国城市化空间整体人口转移所作的贡献来衡量。

美国在经历100多年的城市化浪潮中，50％州的人口增长了50％，40％州的人口降低了30％，这是难以避免的。所以，城市之间既要有纵向的合理分级，还要有水平的合理分工。杭州湾不仅要与上海形成合理的分工，而且还要有城市群内部的城市间的合理分工，这些都要提到空间战略规划的议事日程上来。

### （二）开发区与卫星城建设

目前卫星城的规划建设与开发区是两张皮，相互隔离脱节，开发区与各类园区各自为政，不能成为大城市有机疏散的组成部分。这种状况是由20年前改革开放初期的一些错误观念造成的。当时的"三为主"方针，即开发区项目以外资为主、出口创汇为主和工业为主，以及适度与主城区隔离以防资本主义思想的腐蚀等不合时宜的观念。这种单一产业状态，单一土地功能的开发模式在国外于20世纪50年代始就已经逐步废止。现代产业污染较少，卫星城建设和区域开发应追求混合使用，混合居住，才能从整体上提高土地的使用率。尤其是浙江这种人多地少、资源环境压力非常大的地区更应如此。现在杭州下沙工业区正在进行城市改造，如果仅仅是作为工业区开发，连接下沙新城与主城区道路的交通压力将会很大。因为，用地铁每小时也只能输送2万人，那规划拥有30万劳动岗位的下沙区与主城之间的上下班高峰期就需要20辆地铁同时输送，这是不现实的。

现在的城市规划总体上看存在三种脱节，第一是发展大城市与建立合理的空间结构之间脱节。这方面浙江省有几个城市是非常危险的，一是杭州，二是嘉兴，这些城市没有天然屏障。杭州往北没有天然屏障，最有可能是往余杭方向摊大饼，所以在总体规划中设置了良渚文化保护区作为屏障。嘉兴这两年发展势头很猛，很有可能在整个空间全面摊开。我国沿海一带现在的问题不是要不要发展大城市，而是要发展什么样的、空间结构合理的、可持续发展的大城市。台州、绍兴现有的城市形态就比较好，中间是绿心，有3个组团。所以"城市的财富隐藏在合理的空间结构之中"这句话是很有道理的。城市发展应以建立合理的空间布局为目标，光是越大越好就会堵了自己持续发展的后路。第二是产业发展与卫星城之间脱节。按照第三代英国卫星城发展的经验，卫星城的发展必须与开发区、大学园区有机地结合起来，使本区的居民80％就地就业。这样既可以节约土地，又可以避免钟摆式交通。目前，北京上海都在补这个课。北京的卫星城因为没有产业的依托而发展不起来，浙江有产业依托却又与卫星城分离。第三是企业集群与卫星城的发展和开发区之间脱节。以前提城乡规划时用了产业群这个概念，这个概念是不合理的。硅谷之所以会强盛，与其各类集群结构的形成有很大的关系。硅谷的集群形成了5个层次，第一个层次由300多个中小城市形成，集群城市相互之间展开激烈的竞争，在这个基础上，又有几百个产业聚合在一起形成产业群，在产业群内部还有3万多个中小企业形成的集群相互之间开展竞争，而且性质同类。在企业群中还有几万种积木式的专利技术所形成的新技术的集群，处于5层次集群最顶端的是来自世界各地的有不同文化背景、不同创新理念组成的几百万人才的集群。如果只有产业集群，否认了集群的多样性、复杂性、自主性，将会退回到计划经济的老路上去。所以，实践中应把企业这几类集群的培育与卫星城的发展组合在一起，使卫星城有很强的自我繁殖发展能力。

### （三）产业结构优化与城镇布局

杭州湾一带是长江三角洲的黄金带，是我国民族资本的发源地，市场机制的形成较早。政府要在各类产业快速发展、结构变化十分频繁的时期，创造一个合理的产业发展空间与市场失效相对抗，而不是让市场牵着鼻子走。在西部，市场机制发育不健全，当地政府主要着眼于培育市场，甚至在不少方面政府还必须"替代"稚弱的市场机制。而这里是全中国发育最好的市场，不是去搞一个产业发展计划来取代市场推动产业发展，这是把政府与市场的关系颠倒过来了。

所谓产业结构的高度化，不仅在总体上表现为由第一产业占优势向第二产业、第三产业占优势演进，而且更重要的方面在于，在加工业内部由低附加值的初级产品占优势逐步向高附加值的中间产品、最终产品占优势的方向演进。从历史的轨迹来看，这一过程包含了轻纺工业化阶段、重化工业化阶段、高加工度化阶段和技术知识密集化阶段。尤其在新技术革命和全球化的时代，一地产业结构成长过程日益摆脱了资本积累的局限过程，产生了向"后工业化"产业结构转变的机遇。无论从何角度来看问题，某一地的产业结构的演进、成长主要取决于三方面的因素：社会需求结构、资源供给结构和国际经济关系（包括国际贸易、利用外资）等。

从国际经济关系（实际上可将其看成是市场需求规模）来看：市场的规模通过对外开放不断地扩大，是新兴产业创立和成长的必要条件。同时，市场的交易成本与市场规模又是呈现高度负相关关系的，而市场交易成本的下降又有利于专业化分工，有利于企业内部分工转化为社会分工，从而造成经济集聚体内部的分工的细化和产业结构高效化。在这其中，城镇不可替代的作用就是提供了一个社会化分工的平台。

从社会需求结构来看：主要体现在需求结构的收入弹性对产业升级的推动作用上。收入弹性系数高的产业，增长的速度一般要快于全社会经济的平均增长速度，其在社会生产中所占的份额也就不断扩大。反之亦然。这也就是产业结构的变动趋势总是由农村为中心的基本生存资料生产领域的农业和轻纺工业不断转向以城市为中心的重化工业甚至高附加值加工业的根本原因。

从资源供给结构来看：首先表现为资源的种类和集中程度。其中劳动力要素必须从一般性的低价位、低水平转向技术型、熟练型和知识型。资本要素的重要程度从产业转型初期的高度依赖最后会转向第二位甚至第三位而让位于人力资本。而空间资源禀赋将随着人口和经济要素集聚能力的提高而更加引起重视。城市中心可达性良好的建设土地将越来越稀缺。这也是发达国家工业生产郊区化和我国许多城市产业结构变动过程中的"退二进三"的原因。其次，交通优势的塑造对于城镇发展的作用仍在发挥。能成为区域交通节点的城市往往是经济潜力和产业转型较好的城市。在全球化的今天，交通设施的相对优越和城镇的集聚能力会呈现相互强化的关系。

实践已经反复证明：在市场机制较为完善的地区，产业发展的速度和种类主要由市场力来决定，而产业的地理空间布局则基本是由城镇的空间布局决定的（我国城镇建成区用地中的20%～26%为工业产业用地）。由此可见，脱离城镇布局的二、三产业布局规划无疑是纸上谈兵。

### （四）人居环境与产业环境

按照党的十六大提出的科学发展观，经济的发展是为了人，而不是单纯为发展而发展，产业发展也要服务于人。要正确理解人才和技术、资金的关系，实际上只要吸引到足够的合格人才，城市和地区的发展就有了可靠的保障。资金、技术是跟着人才跑的。因此，规划中首先要把环杭州湾地区——中国最容易形成良好居住环境的地区，建设成为全国最吸引人才的地方，才能与今后的产业升级，提高城市竞争力，进而优化城市功能相匹配，才能在指导思想上防止城市盲目摊大饼。山东现在经济社会整体发展水平还不如浙江，但已经着手城市之间的快速铁路规划，因为规划建设城际快速铁路要把通道和接口用地预留出来。城际之间用快速铁路或快速公路相连接，其用地成本、运行效率和环境污染是大不一样的。因此，浙江作为经济发达地区的省份，更要学习欧洲的经验，早做规划，控制好专门的用地，编制好城际快速铁道规划和建设项目。这样，用地成本就会较低，城镇体系的布局结构也能趋向合理，区域整体的可持续发展能力也会得到增强。

尤其值得一提的是，拥有舒适的生活环境、丰富的生产资源和优越的对外开放条件也会使人们的观念和企业固步自封、不求进步、不愿创新，最终造成资源的浪费与配置缺乏效率；而人力短缺、资源贫乏、地理气候环境不佳，有时反而会刺激企业积极创新，不断寻找解决问题的新办法，闯出一条条新路来。世界上的芬兰、爱尔兰、新加坡和荷兰等都是这方面的典范。这也是浙江省较早进行市场取向的体制改革，大力发展非公有制经济，逐步形成小企业集群为模式的生产基地，从而奠定了出口配套、产业提升、市场繁荣、城镇发展相互推动的"四位一体"结构的基本原因。但近几年来，浙江经济的发展出现了一些不良前兆：如民间资本大量外流、劳动密集型产业升级乏力、政府的经济定位也左右摇摆、跨国企业区域总部和研发中心难以落户等困境。这就要求我们在规划方面超越过去经验的制约，又要避免"强政府"扼杀市场作用的错误，真正遵循经济全球化和区域市场化的内在规律，立足于解决"市场失效"而不是取代市场来创造新高层次的产业升级的优良环境。

### （五）生态、文态保护与进一步开放

资源保护包括自然生态与文化资源保护两个方面。根据京、津、唐城市规划建设的经验和教训，北京为什么摊大饼，一是因为北京在应该设置隔离带的地方没有设置隔离带，或设置了以后管制强度不够；二是卫星城的吸引力不足。因此，我们既要提高卫星城吸引力，又必须设置绿色隔离带、生态隔离带、文态隔离带。杭州与绍兴之间，杭州主城区与余杭、下沙之间，与嘉兴、宁波等的几个组团之间，都必须设置强制性保护区域，可用基本农田、国家公园、文化保护区、自然保护区、国家风景区等五大功能区进行隔离。北京现在在做这项工作，但晚了些，浙江现在开始做是最合适的。如果没有这种强制性的保护措施，城市的有机发展空间就难以实现，可持续发展和良好的投资环境也就无从谈起。

特别是在杭州湾地区，生态的脆弱性和可持续发展与目前产业的繁荣之间存在着非常尖锐的矛盾，因此，更要严格保护脆弱的生态区。按照国际上的规定，在一个区域的规划中，首先要规定哪些地方是禁止开发的，这是规划的首要任务；也是抵抗市场失效破坏力的基本策略。其次要规定哪些区域是文态和生态的敏感区，必须在严格限制的前提下进行开发；第三是可以开发的地方。但也要构筑合理的开发空间结构和强度。如果一个规划不能做到区分三类不同的开发调控模式，这种规划是无法操作的，也就失去了规划本质的意义。美国西部沿海地带有个叫卡迈尔的小城，地下的石油很丰富，但当地人不开发，因为他们觉得，地上100多年的建筑群比石油还宝贵，其海岸线2km之内的规划，由州政府的专门机构负责编制和进行项目审批，并严格规定建筑物层高不能超过3层，以保持海岸线的原生态风貌。我们应该学习国外的那种专门的物质性规划，强化生态、景观、文化敏感带的控制强度。

历史经验向我们昭示：在全球化的今天，越能保持自身的自然景观特征、地方文化特色和历史风貌的城市越具有全球的吸引力。从浙江省经济发展的"短腿"——跨国公司直接投资的角度来看，这种投资模式有三类，即**垂直型跨国投资、水平型跨国投资和"知识—资本型跨国投资"**。垂直型跨国投资是指将公司总部与工厂分别设立在地理位置、发展水平不同(资源禀赋不同)的国家，将一个复杂生产过程不同阶段的生产经营分散到各个国家进行。在此阶段，国外的技术和资本须与大规模的生产能力对接，而乡镇企业规模较大、城镇发育较早(城镇规模与企业规模正相关)的江苏省自然能获得跨国公司的青睐；水平型跨国投资主要是在经济发展水平和市场规模相似的母国与东道国之间，从事基本相同的生产经营活动。如日本三大汽车公司都在美国设立生产基地就是一例；而"知识—资本"型跨国投资是垂直型跨国投资的深化，母国主要从事标准制定、资本营运、战略策划和核心竞争力培育等，而将一般性的研发设计、生产销售都分散到世界各国，形成"大脑与四肢"的全球分工。作为力图要在这方面超越的浙江

省,应着眼于后两种模式,并尽早在法律体系、人才培育、公司总部环境、国际化、地方生态景观保护、总部基地规划(Business Park)等方面领先一步,才能在竞争中胜出。

### (六) 规划的持续性和可操作性

规划的科学性、可操作性和可持续性,是建立在规划修编和实施过程中不断反馈、不断研究、不断修改基础上的。以前,我们常常忽视这类问题,一旦规划批准了,墙上一挂了事,没有持续的研究,过段时间后觉得与发展的形势不符合就废止整个规划或重起炉灶。实际上,在高速城镇化期间,规划本身每年都要回顾检查,5年要大修改。所以,首先必须要有一个持续的研究机构和队伍,还要吸引外部多学科专家群进行多方位跟踪协调研究;其次要有一个规划操作机构。有些规划之所以会自动失效,关键是没有操作机构进行运作,特别是超越行政区的城市群规划。所以,应抓紧成立省一级规划委员会,在规划层面上组织专家进行协调,对未来发展提出指导性的意见,为省委、省政府提供决策依据;第三,这个委员会至少应有50%的专家组成,公务员不能超过50%;第四,在规划委员会下面要有不同性质和学科的专家委员会,形成综合性和多学科专家学者和政府官员的协同研究决策机制;第五,要依托建设厅这个机构建立规划委员会办公室,这样就可建成比较完整的协调落实机构;第六,讲求规划实施和修编的程序性。在规划实践中,修编、审批,包括项目的定点都要讲求法定程序,尤其要发挥建设项目选址意见书的作用和专家学者及群众的参与。

总之,过去那种"一锤定音"式的规划编制办法和盲目追求规划"权威性"的做法都是与规划的科学性背道而驰的。在城镇化高速发展的时代,任何高明的规划师都不可能准确预见将来发生的所有事情,只能在一定程度上减少不确定性和确保不可再生资源受到不应有的破坏。而且规划对不可预测的变化还应有一定的包容性。当然更重要的是建立和完善规划定期反馈、研究和修编的机制。只有这样,才能确保城乡规划在城镇化高速期的调控作用。

## 六、海峡西岸城镇群协调发展的若干重点

### (一) 海峡西岸城镇群发展规划的时机条件已经成熟

城市群是任何一个区域经济和社会发展的主要载体。也就是说,当某一区域进入了工业化与城镇化一定的阶段,城市就会成为该区域经济和社会发展的主要载体,即90%的GDP、90%的外资、90%的财政收入、90%的科技力量和人力资本都集中在城市。区域空间布局决定了资源的节约和合理利用的程度。如果空间布局合理,整个区域的社会和经济发展就比较和谐,人与社会、人与自然的关系处理也较为协调。城市和重大基础设施的空间布局一旦有差错,其错误是很难纠正的。美国的郊区化蔓延所带来的教训极为深刻,该国规划师们认为几代人都

不能解决这个问题；南美洲一些国家的过渡城镇化造成了贫民窟，即使50届总统的任期也解决不了。所以错误的空间布局一旦形成，便很难纠正，因其是刚性的。

城市群又是一个国家和民族竞争力之所在，是对外开放的跳板。城市群的协调发展意味着区域的协调发展，意味着人与自然的协调发展，意味着一个国家对外的协调发展。但不是说任何一个地方都要求编制城市群协调发展规划，它必须具备六个方面的条件：

一是区域已进入较高的发展阶段。就福建来讲这一条件已具备。过去很长一段时间内，福建作为战场第一线，国家在这里的投资很少，造成长期以来经济和社会发展迟缓；改革开放后，建立了厦门经济特区，尤其是近5年来，经济发展非常快，现在各项指标都已经超过全国的平均水平。在这样一个经济和城镇化加速发展的时代，我们认为这个时机已经基本成熟。

二是与城市化的发展阶段有关系。如果某个区域的城镇化水平高于35%，而且人均收入处于1500~2000美元之间，城镇化就会加速，区域和城镇的空间结构就面临着布局调整。同时城镇进入集聚性发展阶段，此时城市群的协调发展比任何时候都更重要。也就是说，在这个时候，适时编制和实施城市群协调发展规划，能够针对性地解决城市化加速期中影响城市与城市、城市与自然资源、城市与乡村之间空间格局的突出问题。现在，福建城镇化水平整体上已经接近50%，而且近五年提高5.5个百分点，按每年提高一个百分点以上的速度增长，城镇化水平高于全国。就一个国家来讲，城镇化水平达到75%以前一般都是高速增长阶段，所以未来20年福建的城镇化基本处于快速发展期。尤为重要的是，福建处在沿海经济发达地区，该区域的城镇化不仅要考虑当地农民的转移，同时要考虑到对全国的贡献。因为内地将有一部分移民来福建，所以城镇化率不仅是福建的城镇化率，而且要考虑对内地移民和人才的吸收。福建的实际城镇化率要加上内地省份的人口迁出率。像广东有的地方，按照目前的人口数字来计算城镇化率已达100%，但外来人口仍在增长。

三是区域具有良好的区位地理条件和自然条件。福建省的城市群在我国所有的城市群发展中，区位、地理条件较好。目前，我国已经形成的几个城市群的同步发展，如广东的珠江三角洲城市群，由于依托了香港，发展非常迅猛。据说，原来英国100多年前提出割占的不是香港，是要求大清政府割让舟山群岛，当时道光皇帝召集大臣商量后认为，舟山是个宝地不能割让。当年"不毛之地"的香港经过这100多年的发展，已成为繁华的国际性大都市。内地改革开放前10年，香港正好处于由工业化进入后工业化的经济转型期，产业的转移为珠三角地区注入资金达3000多亿港币。后来到了上海浦东的开发开放，就没有临近像香港这样的产业升级辐射源的地理优势，只有靠江浙民间资本为上海的经济腾飞注入

3000多亿人民币来奠定与国际资本对接基础。对于环渤海城市群，由于北京、天津、唐山这些城市都正处于工业化的阶段，正不断吸纳工业项目，区域发展的整体速度明显不如前面两大城市群。如果说开放的第四波到了福建海西经济区，就意味着我国又将建立一个有新技术辐射源地理优势的经济区。因为，当前台湾的产业结构正在加速调整，趋向于高度化、地区融合化。如果我国沿海对外开放第四波的重点定在海西经济区，这就又回到了有明显区位条件的地区。

四是要求区域地理位置在国家宏观布局上处于枢纽地位，有补缺的功能。建设部在编制全国城镇体系规划时，针对整个沿海发展带从北到南编制了辽沈城市群、山东半岛城市群、珠江三角洲城市群和长江三角洲城市群协调发展规划，唯独中间缺了一块。由此可见，福建可以自己独立搞一个城市群，还是承接长三角城市群和珠三角城市群，来为沿海开放带补缺。其实，这个环不是现在缺的，辛亥革命时孙中山先生提出的建国大纲中就把福州作为中等港，当时他确定的全国三大港为珠江口、上海和北方大港，与前面所提的三大城市群的地理位置正吻合。显然，"海西"城市群这个环节是非常重要的，因为有独特的区位条件，在宏观区位上有连接长三角和珠三角两大城市群的战略地位和枢纽地位，编制这个规划的时机已经成熟。

五是要求具有相对完整的城市等级体系。该区域应有一个自下而上形成的城镇体系，有"大齿轮"、"中齿轮"、"小齿轮"，城镇等级是较完整的。在为环渤海经济区做规划时，不少专家感觉到，该区域只有几个"大齿轮"，缺乏"中齿轮"。四川省也是这样，只有一个特大型城市——成都，没有50～100万人口规模的中等城市，大都是20～30万人口的小城市，城市等级体系中缺了几个传递的"中齿轮"，所以四川省的经济是一个"大齿轮"带许多"小齿轮"，区域整体竞争力较弱。一个城市群的分布应是金字塔形，分布要相对合理。不同等级的城市，其功能是不一样的，它们之间是互补共生的，所以形成了大中小城市协调发展的网络体系。纵观各个省的经济发展，凡是经济发展比较平衡、比较快速的省份，其城镇体系大中小城市一般呈较完整的正态分布。像浙江省，就是如此分布的，大中小城市数量较为协调，从下而上形成了较完整的城市体系，所以是大中小城市能协同运转。而在我国西部地区，城镇化是从上到下，主要是靠国家投资推动发展起来的，一个省域或地区，往往只有一个大城市，若干个中小城市。如新疆只有一个大城市，其他都是小型的城市，一个"大齿轮"直接带动许多"小齿轮"，整个区域发展就不均衡。福建省与浙江省有点相似，大中小"齿轮"相对来讲还是比较合理，主要由自下而上的城镇化来推动的，比较和谐的城镇体系基本已经形成，这种格局为编制和实施城镇群协调发展规划创造了条件。

六是存在历史性的发展机遇。海峡西岸经济区的提出、设立和协调发展，不仅仅涉及福建的竞争力提升，而且事关国家和民族的整体利益，既具有非常鲜明的时代特征,又是难得的历史机遇。这个机遇福建人民要抓住,全国人民也要关注,这才符合海峡两岸人民的长远利益。这个规划的编制和顺利实施,实际上能直接增加海峡两岸人民的福祉,促进双方的互惠共赢,会创造一个划时代的和平发展、两岸统一的巨大机遇。所以把握这个机遇,编制和实施这个规划,是因势利导的科学决策,而不是凭空想象出来的。

**(二) 编制这个规划会给福建带来什么**

编制和实施海峡西岸城镇群协调发展规划会给福建、给全国带来什么?我认为主要有四方面的影响。

1. 编制和实施这个规划有利于提升福建整体竞争力

全国经济重点开放领域从南到北,是从珠三角起步,然后长三角成为第二波开放的浪潮,最新开放的热点就是环渤海经济区。每次开发浪潮都有一个重点,珠三角重点当时放在深圳,深圳就成了全世界发展最快的城市,该市九个组团几乎是同时启动、齐步发展,短短20年就成了几百万人口的大都市。第二个圈的重点放在浦东,所以上海浦东现在已成为世界上发展最快的城区之一;第三个圈的核心区就是天津的滨海新区和曹妃甸,这一核心区的规划,中规院正在编制。将来会不会有开放的第四波?东北人提出应是图们江的开发。其实,图们江的开发,15年前联合国相关组织就提出过,涉及俄、日本、朝鲜、韩国、中国五个国家,开发的目的就是为了迎接东北亚地区产业结构调整来设立一个国际性的开发区。这个区域的开放,会给东北老工业基地的振兴带来巨大的机遇。但从目前形势来看,因为存在朝鲜的核试验等一系列的问题,这个机遇至今迟迟未来,这反倒为福建新一轮的对外开放带来机遇。下一步开发的重点是图们江还是海峡西岸经济区,作为国家发展战略重点来讲,很可能是海峡西岸。著名科学家巴斯德有一句名言:机遇只垂青有准备的头脑。这对个人和一个地区都是一样的,要积极做好准备,主动迎接这个历史机遇的来临,不失时机地提升福建的竞争力。要认真思考,福建有什么可以引起全国关注的?福建在全国城镇化发展过程中怎么样更好地分享"人口红利"?怎样为全国城镇化作出自己的贡献?在其他条件均等的前提下,任何一个地区的崛起和对外竞争力的提高,往往表现在这一地区容纳了多少外来人口,尤其是高素质的人才,决定这个地区的发展水平。当年海南岛,像明星一样崛起的时候,几百万人才涌到海南,但是海南没有抓住机遇,人才潮又回流了,造成了该省经济发展的一度停滞。但是"海西"就不一样,它的区域条件和基础设施与当年的海南有极大的区别。对福建来说,要总结兄弟省份的经验教训,对即将来临的机遇要有准备,用周密的发展规划来把握这个新的机遇。

此外,随着中国加入 WTO 后,我国承诺的外资企业国民待遇时代已经来临,内资的作用日益重要。通常认为调节经济"两只手",一为政府的"计划经济之手",一为"市场之手",但现在有人提出还有"第三只手",就是浙江民营企业投资的补充功能。浙江现在每年对外投资的能力约为 3000 亿，国家"十五"期间国债发放总量也只有 4800 多亿，说明浙江省民间资本力量之巨大。去年上半年，因为宏观经济紧缩，投资项目减少，在外投资经商的温州人主动把资金撤回来，温州银行回笼的资金达 480 亿。浙江还有 11 个城市，整体对外的投资实力非常强。其结果是全国各地都有浙江人，在东北，还有些浙江投资商被授予荣誉市长，因为仅一个温州商人到东北一个城市的投资总量就超过该市投资总额的一半以上。上海浦东的开发开放，没有香港作为依托，就是依靠 3000 多亿江浙的民营资本起步的。"海西"城镇群的协调发展和经济区的设立，可以把这"第三只手"引到福建来，福建有这么好的基础条件，能把台湾产业转移的机遇和国内大量的游资特别是浙江民间资本在福建进行融合，就有可能创造一个全新的发展机遇。所以该城镇群的协调发展，是提升福建整体竞争力的需要。

2. 福建海峡西岸城市群的发展能够为海峡两岸和平发展奠定基础

海峡两岸和平发展一个最重要的前提就是经济、社会、文化、人员的互动、融合，你中有我、我中有你，这既是经济繁荣的关键，也是政治稳定、减少冲突、和平发展的基础。所以，"海西"城市群协调发展规划的编制和实施，其实是主动接轨海峡东岸城市群几十年发展成果的桥梁，形成海峡两岸共生共荣、竞争互惠的关系，成为提升区域整体竞争力的关键。台湾作为"四小龙"之一，几十年的发展成果主要体现在东岸，现在他们东岸要实行经济发展的一体化，要实行一小时交通圈，台湾从南到北，一小时就可到达。这就为我们提供了一个契机，使"海西"的发展、海峡东岸的发展融成一个地区性的城镇群，构造了城市布局、经济关系、文化交流和人员往来的融合共享。借此机遇，"海西"城市群能够主动接收台湾知识产业、IT 产业转移和辐射，形成有国际竞争力的产业链和企业集群。台湾 IT 产业在国际上处于高端地位，它的进一步发展就要对外辐射、扩散，形成配套的产业链，而这个产业链延伸最近的路线就在福建。但前 5 年它的产业转移选择了长三角，这在地理位置上是错位的，主要是因为人为因素（陈水扁阻碍两岸三通）的阻隔。要通过编制城镇群协调发展规划，借助市场的力量，有望实现"近水楼台先得月"，先接受辐射，形成与之配套的、整体的产业链。正如哈佛大学波特所言的那样，一个国家、民族和地区的竞争力往往不是决定于国家的整体框架，而是决定于那些微不足道的"马赛克"。所谓"马赛克"，就是产业集群，这是城市和区域真正的竞争力所在。例如，福建的鞋帽城，全国能超过福建的基本没有，这就是国际竞争力所在。还有福建服装业的一批"土狼"，都具有国际竞争力，它们的产品占有国内同类产品市场的 40%～50%。如果我们主动引导这样的产业集群转型，形成与台湾的高端 IT 产业延伸和共生的关系，那就不仅能形成地区的竞争力，还具有国际竞争力。把"马赛克"从鞋子帽子改成 IT 产业，将会给福建带来什么？海西地区需要"马赛克"转型和升级。

**3. 主动实施海峡两岸互通互联，尽快形成你中有我，我中有你的一体化的经济区**

完成珠三角城市群协调发展规划编制后，广东省委、省政府在国务院的领导下，就提出了CEPA，就是大珠三角的融合发展方案，把香港与珠三角一体化，变成"9＋2"，获得国内外的热烈响应。当时尚在编制珠三角规划时，专家们提出在香港留下"空白带"，基础设施建设布局只延伸至香港边界，不延伸进去，因为香港有"基本法"，高度自治。到了规划完成后，广东省人大通过了这一规划，香港规划界便按捺不住。2005年我去香港访问时，在一个200人参加的聚会上，香港规划界纷纷对我提出问题，说欧盟能够实现一体化，而"一国两制"的香港却被珠三角城镇群规划留作空白地，为此提出抗议，要主动一体化。多年的期待，终于得到反应。如果当时编规划时，就要求与香港融为一体，可能他们会反对。现在他们主动要求接轨，就顺理成章了。为什么福建提出建设"海西"，道理就在这里。其实就是要主动接轨东岸。这种深度的一体化是全球化的大趋势，也是实现两岸和平发展最核心的一个问题，要和平发展，就要解决经济一体化问题，而且这种一体化必须是深层次的。胡锦涛同志高屋建瓴地提出解决两岸关系，只要承认一个中国，怎么都好谈。也就是意味着只要承认一个中国，两岸城市发展怎么一体化都行，这就为福建创造了有利条件。目前大陆已实行台湾农副产品零关税，已经使两岸受益，同样也意味着这种"零障碍"的一体化应普遍推广，才能形成两岸的共荣。要站在这个高度去理解海峡西岸经济区的发展前景和时代意义。

其次是大型基础设施的互通和对接。台湾在东岸实现城镇群一体化的时候，提出了机动化的概念，因为现在是机动化时代，要在最低耗能的情况下为民众提供最舒适、最便利的交通工具，这就为两岸大型基础设施的布局建设带来一体化机遇。海峡西岸要主动发展，而且要主动接轨，这就必须接受"先行者"的教训。珠三角规划中有一条从香港—澳门—珠海的"Y"形海上通道，这通道实际上已经设想十来年了，"Y"形海上通道有一只脚落在珠海城市密集区，要拆除大量新建筑，投资非常大，这就是没有预先规划所造成的损失。但这条"Y"形通道是珠江两岸均衡发展的关键性基础设施之一。东岸实际上已没有多少土地资源，西岸还有大量的土地资源，还可以再增加300万人口规模，但是与香港和深圳的交通不便。任何事情都是预则立，不预则废，规划是管几十年、上百年、甚至是永久的，在布局大型基础设施上要预留用地，这可减少很多损失，也会带来许许多多的便利。此外，每个城市不能各自为政，而应规划一个强项项目，从而组成非常强的至少具有国家竞争力的基础设施、有国家竞争力的教育体系、有国家竞争力的卫生体系等等，那么城市群整体就能体现国家水平。如果大家都搞自己小而全的"一摊子"，那福建整体的竞争力就会弱化，何谈两岸和国家竞争力。

再次是适应全球化背景，实行区域的深度对外开放。在全球化时代，地区竞争力实际上取决于这一地区的城市在全球城市网络中的地位。这个城市如果能挤进网络"节点"中去，就会成为信息流、人才流、资本流、技术流的中心环节和枢纽城市，整个区域的经济就会受到带动而繁荣昌盛。如果某个城市在全球城市网络体系中被边缘化了，那就会成为没落者。全球化是财富的新一轮分配的新机遇。这次分配的关键就是作为区域中心的城市在全球的地位及其辐射服务功能。如果城市群是整体协调健康发展的，就会在全球化的进程中分到一块很大的蛋糕；如果海峡两岸共同发展，就会分到更大的蛋糕；如果是双方恶性竞争，或者说不注意协调发展，那不仅蛋糕没有了，原来手中的蛋糕也会被别人拿走。所以说，要防止边缘化，提升城市的整体功能，首先要在全球化浪潮中主动关注城市群的协调发展，形成整体竞争力。像福建这样有优越区位的地方，不仅要考虑成为"世界工厂"，同时也要兼顾"世界办公"。成为有竞争力的"节点"城市，实际上有几个标准，如国际性的跨国公司总部所在地、区域总部所在地、研发中心所在地、国际资本所在地等等，这几个"所在地"就决定了某城市在世界城市网络中的地位。面对生态、能源等资源日益稀缺的形势，印度就提出，让中国去搞世界工厂，自己搞世界办公，直接进入后工业化时代。要警惕在这个领域成为落伍者。我认为台湾的产业发展思路值得我国沿海地区特别是福建省学习借鉴。不能重走重化工之路，急剧破坏环境，把资源也耗尽了，再慢慢地进行产业升级，结果把历史机遇丢掉了。我国完全可以利用新技术革命所带来的机遇直接进入信息化时代，其所带来的后工业化时代巨大的红利，比重蹈发展重化工产业老路可能会大出几十倍，甚至几百倍。

最后是要主动发挥沿海的优势，迎接我国有史以来最大一次"海归"的回归潮。目前我国在国外的留学生，大概有50万人，其中有80%定居在国外，大约有30～40万人都在考虑"一脚踩两地"或成批回国，"海归"上岸已经蔚然成风。台湾在20世纪70～80年代也遇到过类似的现象，正是当时的那批"海归"为台湾经济的起飞创造了条件。现在大陆的"海归"比当时台湾的"海归"数量要多，他们的回归登陆地主要就是沿海三大城市群。福建省加速"海西"城市群的协调发展，就可以分享"海归"带来的巨大知识财富。谁能更有效地争取到这批优秀的人力资本，谁就会奠定经济发展的基础。福建具有"五缘"优势，应在这方面着力争取。

4. 落实科学发展观和实现可持续发展的主要载体

城市群是否协调发展对资源节约型、环境友好型社会构建影响重大。大部分污染来自于城市，大部分的资源、能源消耗也发生于城市，因为伴随着工业文明所诞生的现代城市，与农村、农业社会最大的区别，就是前者对资源是掠夺、消费、排放是直线型的，后者则是循环利用的。所以，从农业社会进入工业社会和城市社会，急剧消耗资源、污染加剧的时代就不可避免地来临了。但是协调发展的城市和城市群又是解决这些问题的希望所在，关键是怎么编制和实施城市群协调发展规划来解决这些问题。

全国三个大城市群都已编制协调发展规划，珠三角的规划已基本进入实施，另外两个也已基本完成编制。中央提出科学发展观，要构建资源节约型、环境友好型社会的总体目标，但这三个城市群的空间布局框架已经基本确定，如何把它们转变到资源节约型、环境友好型，难度很大，因为它们的产业结构、城市空间结构已经定局。就像美国一样，正因为它的城市空间格局的不合理使得美国人均的汽油消耗是欧盟的5倍。我国前两个经济体的城市群协调发展规划，其实是在城市空间格局已定的情况下编制的，慢了一拍，到了第三轮环渤海湾开发、设立滨海新区的时候，再把它改造成生态化的、环境友好型发展区域也是难度极大，因为那地方是盐碱地，种一棵树要花几千块钱，还要换好几吨的土，代价十分巨大。福建的地理气候条件，俗称是插根筷子就能长出芽，生态环境的自我修复能力是北方的几十倍、几百倍，完全有条件实行资源节约型、环境友好型发展。在规划实施中，要注意生态、历史文化、自然遗产等不可再生资源的保护和利用，要在城市空间布局和基础设施布局上尽可能以最少的资源消耗和环境代价来获得最大的可持续发展。如果在规划编制和实施中，率先在全国开创资源节约型、环境友好型经济区的开发建设模式，提高国民经济中绿色产业、循环经济的比重，就可以主动走出一条落实科学发展观、尽可能循环利用资源的新型的城市化道路来。日本人曾向世人骄傲地宣布，它的GDP中有75%来自于循环经济作出的贡献。福建在海峡西岸城市群构建中，要主动地吸收这些成功的经验和前两个城市群发展的经验和教训。福建的森林覆盖率全国最高，生态环境条件全国最好，有条件成为构建资源节约型、环境友好型社会的全国典范。

**（三）可供编制"海西"城镇群协调发展规划参考的经验和教训**

（1）日本关西城市群协调发展规划。20世纪70~80年代该国"四全宗"规划提出，过去日本的发展过多地向东京圈集中，同时东京又是一个地震发展带，预计未来几十年内还会发生一次大的地震，经济中心必须向关西地区疏散转移。关西城镇群规划要求该区域成为日本新的"铁三角"，即：①港口的神户，神户港是亚洲最大的集装箱港。②文化的京都，就是要成为世界东方文化的中心。京都的历史虽然没有中国的历史悠久，但是其历史建筑风貌得到了妥善的保护，有15个世界历史文化遗产，城内所有建筑都不得超过十层，文化景观整体保存得非常好。③商业的大阪，800多万人口的大阪已具有国际商业都市的魅力。这样，商业的大阪、文化的京都、港口的神户形成一个有竞争力的"铁三角"，应对全球化的到来。用"铁三角"的规划来动员全日本之力，在全球化时代分享红利，值得海峡西岸经济区学习借鉴。

(2) 美国田纳西流域发展规划。这是一个区域规划历史上比较早的范例,可以找到正反两方面的经验教训。田纳西流域是美国水利资源非常丰富的地区,田纳西河长度为1000多公里,年平均径流量接近2000m³/s。1933年美国国会通过TVB法案,要对田纳西流域进行综合规划,整体对流域进行治理、开发和综合利用水资源。福建省具有独立的水系,称为"五江一溪",这些江河都有独立通海、自成体系的流域,与全国其他省份没有关系。而且每一条江的流域都形成了独特的地方文化、方言、自然景观、文化习俗和特色。在全球化时代,一个地方的经济,越具有地方特色,越是多元化,它的发展潜力就越强。地域文化特色非常明显,恰恰可以做文章。但是如果错误地接受人家失败的教训,把这些大江大河都进行改头换面的大整治,建造高高的防洪堤和拦水坝,那就有可能把具有各自优势的地理特征和自然特征、几亿年的自然遗存、上千年的文化遗存都毁灭了。这种错误绝不能犯。田纳西流域发展规划的第二步是在1945年,把能源(水电、火电、核电)的整体布局、土地开发利用、自然生态、旅游资源的开发利用结合起来,总结了经验教训。到了1972年,实施了流域的城市群协调发展和资源的保护。原有的大坝、江堤重新予以拆除,它的教训就是"必须还河流自然的生态,这是区域可持续发展的关键"。由此来看,"海西"的规划方案绝对不能急功近利。多年前,我在哈佛大学做访问学者时的导师克拉克是美国科学院的院士,他认为,在科罗拉多河所有的13条大坝中,只有一条胡弗大坝是利大于弊,其他都是弊大于利的,必须全都作废。为什么这种错误会"接踵而至"呢?因为,一条大坝成功了,就锁定了人们的思维观念,产生了"路径依赖",认为一条大坝成功,后面的大坝都会成功,结果后面的这些大坝全部是成事不足、败事有余的废坝。所有的这些教训都非常值得吸取。有些水利工程师热衷于在河流两岸建造高大防洪堤和大截流,把自然的河流、生态健康的河流变成人工的、不健康的、不能进行污染物自动削减的河流,水生态全被破坏了。对于洪水的防治,国际上流行"非工程措施"。什么叫非工程措施?洪水来的时候,通过及时准确的预报,如降水量多少、降在什么地方,哪些地方的居民需要疏散,哪些地方的建筑需要采取临时加固的措施等等,进行临时动员部署来有针对性地减少洪灾危害。不能简单地采取"一百年一遇"的建坝措施。为了一百年一遇这类小概率事件,就投入几百亿、上千亿资金来破坏生态环境。人家用"非工程措施"应对,就把洪涝灾害解决了。世界名城法国巴黎市塞纳河两岸护堤建设只有十年一遇的标准,十年、二十年来一次洪水,就采用非工程措施,让塞纳河畔的居民住到二楼去,洪水几个小时就过去了。福建的河流和北方地区不一样,洪水来得快,去得也快,不能为了这些小概率事件,就把那些永远增值、不可再生的景观资源、自然生态资源破坏掉。这些经验教训很值得借鉴。

(3) 荷兰的兰斯德塔地区城镇群。它是采用多中心的规划结构来分散城市化带来的压力。福建人多地少，还要迎接内地人口的转移，也面临多中心的城市化压力。兰斯德塔城镇之间保留了许多生态良好的绿色空间，是值得我们学习的。它们在城镇群中间形成一个绿心。这个绿心就成为荷兰花卉农业、精细农业、观光农业的基地，是相关城市的后花园，而且成为世界领先的农业产业的基地，一举三得。漳州的花卉业是全国领先的，如果"海西"城市群规划中，考虑吸收荷兰的经验，在空间布局上实施城乡协调发展，生态旅游、工业、农业和人居环境乃至城市与自然的协调发展就能够实现。

(4) 欧盟空间规划。该规划提出几个要点：一是加快城市功能提升，促进城镇整体网络的形成。二是实现更高区域的可达性，作为多中心城市发展的前提。从某种意义上讲，两岸城镇群的可达性是竞争性的。如何用最少的能源和资源消耗来获得最好的可达性？我相信西岸会走在东岸的前面。因为大陆的土地是公有化的，台湾的土地实行私有制度，他们建设基础设施的代价很大、速度较慢。三是发展城市走廊。要求主通道、主导交通方向都要非常明显，用地紧凑节约。四是强化边界城市和区域，不能在编制和实施城镇群规划的时候让任何一个城市边缘化。五是保护区域的生物物种和文化的多样性。福建有六大历史文化对应台湾的原住民文化，他们的根都在这里，这些都值得我们尽力去保护。欧盟的区域规划实际上克服了传统区域规划上的一些弊端，它突出了政府必须要做且市场机制无法发挥作用的几个重点管制领域，值得我们借鉴。

(5) 国内也有两个规划可供参考。一是珠三角规划，建设部当时在编制规划时，首先就考虑到四个方面的协调：经济增长、人文发展、资源消耗、环境代价四个方面的协同。这四个方面的协同就是科学发展观的内涵，"海西"规划编制实施可吸收了它的经验。其次是四个措施，一是城市之间的协调发展不能各自为政；二是公共事业和基础设施的建设要共建共享；三是通过地方立法来实现专家领衔、公众参与，把规划实施作为开放的调控过程；四是要通过监管、调控、协调、领导四个方面来加强规划的实施，也就是延伸拓展福建实施多年的城市联盟的功能。此外，还需要密切注意海峡东岸的都市发展规划，它有两个趋势，一是海峡东部城市群一体化，建立一小时交通走廊；二是，台湾地区的西部也在加快发展，西面现在几乎是城镇和产业的空白带，所以这个时候要密切注意、主动融合、共创机遇。加强两岸城市之间的联盟、文化的联盟、经济的联盟、人文的联盟，然后才能实现两岸和平共荣、统一发展的目标。

## (四) 海峡西岸城市群协调发展规划需要处理好七个方面的关系

### 1. 台海关系

台海关系是这个规划有别于建设部前期已经编制的其他几个城镇群规划的地方。本次规划特别之处就在于它是涉及海峡两岸的规划，涉及台海。海峡西岸和东岸的台湾地区，都在编制城镇群规划，东西两岸城镇群存在既竞争又合作的关系。而世界上复杂城镇群的关系无不如此，因此被称之为"竞合"关系。

说到海峡两岸的竞争，一是比基础设施建设的速度与质量；二是比生态环境的优化；三是比城市人居环境的改善，以吸引和争夺人才；四是比产业升级、产业配套和发展的潜力。在这四个方面都会存在竞争关系。

有竞争就会有合作。首先是产业的互补协作，存在海峡东岸的台湾地区向海西地区产业转移、升级和传递的关系；二是存在基础设施互接关系；三是存在资源共享关系；四是存在海峡生态环境共保关系。要注意到任一方城市群的空气污染、水污染都会影响到海峡的另一边。由于两岸城镇群存在竞争合作关系，因此编制西岸城镇群规划必须明确：形式上可能是竞争，而目的和过程方面则是合作。合则和平发展，促进两岸繁荣；分则两败，两岸的发展都会衰退。这就要求我们抓住这个历史机遇，通过促进"三通"来融合两岸经济，促进竞合关系，这也是避免台湾经济"空洞化"、"瓶颈化"的关键。

2. 城际关系

城市群规划非常强调城际之间关系的梳理。本次规划中心的城际关系涉及三类：①处于福建沿海城镇群主轴线上的城市之间的关系。"三足鼎立"也好，"四马齐奔"也好，都要注重协调发展的要求。海峡西岸城镇群是本次规划的主角。②主轴线城镇群对应的台湾地区西岸的台北、台中、高雄这些城市，与厦门、泉州、福州等城市之间的关系。③沿海城市与福建中部城市群的关系。

有的同志认为福建中部城市群是海西经济区的重要组成部分，也是海西地区发展的潜力所在。我认为，福建中部地区的城市群可以在初步研究的基础进一步深化，他们与沿海城镇群发展的道路应该不一样。首先应是专业化。这些城市必须走产业集中化、专业化发展的道路，而不是走城市规模扩大化之路。城市的服务功能必须变得很专业，即使规模较小，也有较高的效益；其次是配套化。如有的城市发展方向很清晰，就是为旅游发展服务，或成为沿海大城市的后花园。历史已经证明，这类与整体城市群配套性很强的城市发展就较快。如果引进与自身想要发展的产业相矛盾的企业，那就会两败俱伤；第三是城市面貌特色化。在这方面，我国有不少成功与失败的案例。如张家界市，就是失败的一例，城市建设没有任何特色，没有自己的地方风格，所以这样的城市就不吸引人。游客去武陵源景区游览后就不会回到张家界市，因为游客对它已不屑一顾，城市就难以繁荣。安徽省的黄山市就不一样，黄山市的风貌和黄山的风景就比较互补，回良玉当安徽省委书记时对黄山提的三条要求，现在还在实施之中：一是所有的徽派建筑要保留；二是所有新建建筑必须是徽派的，都要有徽派建筑的文化元素；三是所有非徽派的建筑要逐步改造。按这样三句话，坚持10年、15年的时间，黄山就会成为非常具有风貌特色的城市。这三句话体现了中小城市规划的精粹。武夷山为什么发展得好，也是因为在发展的同时追求了自己的特色。如果我国的城市都像张家界市那样，到处都是玻璃幕墙、陶瓷锦砖的欧陆式建筑，就没有吸引力。欧洲的城市为什么吸引人，就是有特色。城市之间应互补配套，避免同构竞争。因此中部的城市要实现健康发展，要在上述"三化"上下功夫。

总之，本次规划强调的城际关系就是"两岸融合、三线联动、四省受益"。两岸融合就是海峡两岸的城市群要融合；三线联动是指沿海城镇群、台湾西岸城镇群和福建中部的城市群要联合动作，走共同繁荣之路；四省受益就是指福建省全部和浙江省、江西省、广东省的某些地区都要共同受益，实现互惠发展。

3. 港城关系

港城关系主要是指海港，也涉及空港。港城关系的处理是非常大的一门规划学问，很多地方，港城关系没有处理好，要么是浪费港口资源、要么是城市发展没有受益于空港和海港。如南京和福州机场的选址就存在此类问题，南京机场的规模一直到现在都上不去。而杭州机场选址就较为合理，很好地把周边地区先富起来的人群都吸引过来。因此机场的科学选址很重要，与城市发展会形成非常强的互动关系。杭州机场除了空港建设外，还规划 $70km^2$ 的空港开发区，机场还预留了一条跑道，建成后，机场等级可以大大提高，流量可以增加70%。

除了空港建设，海港的建设更重要。目前，海西的港口建设还存在一些需要高度关注的问题：一是海港布局比较分散。二是优先发展的次序不清晰。要认识到发展次序不仅决定于原有的基础，而且决定于港城关系如何互动。三是基础设施建设和后方腹地的关系尚不紧密。基础设施建设和交通设施建设是由后方腹地决定的，也能起反作用。四是目标定位和目标实施能力问题。早期浙江的货物主要运往上海港，去宁波港很少，因为虽然宁波港口容量很大，但是货轮较少。外轮到宁波港一个星期才一班，到上海港一天就有两班，许多企业自然把货都运到上海港。所以，只有好的港口资源是不够的。如果别人先发展，形成先发优势，吸引了你的物流，那么你即使有资源优势，也仍然会失去发展机会。

因此，我认为港城关系，要处理好几个关系：一是要明确港城互动互利关系。二是海港、空港都要多功能。空港要有空港开发区配套，比如发展IT产业、生物基因和纳米材料等高科技产业，这类产品体积小、重量轻，有的企业半年的产量可能只有一集装箱，而且进口的原材料也很少，但是这些产品追求转运的快速，所以要临近空港。三是港城功能要多样化。世界上成功的港城，无不如此。如阿姆斯特丹、神户等大港，港区都是多功能的，甚至包括旅游、教育和文化等功能。因为港区附近资源的多样化程度往往是很高的，它们的用地往往也是混合的，不应只规划为单一的堆货场；四是要软硬结合。港口服务的软硬件都要跟得上，光硬件好，软件不行，货物压港时间太长，管理跟不上，港口就没有前途，进而会影响城市的发展。

4. 城乡关系

城乡关系分为三种模式：一是城乡一体化模式。该模式是指用城市规划建设模式来改造农村。福州、厦门、泉州和漳州等大城市的近郊区，农地已全部被征用为城市建设用地的村庄，可以用这种模式来发展。二是城乡互补型。就是农村要形成农村的特色，农村与城市的关系就像夫妻联姻，互补共同发展。这种模式适应于大多数的城乡关系。福建绝大多数农村是有深厚的文化积淀的，除了泉州以外，虽然绝大多数沿海城市的特色风格不明显，但是鉴于乡村基本上都仍然保留传统风貌特色，因此要着眼于城乡互补互利发展。现代城市规划学的鼻祖、英国社会学家霍华德就曾指出，"城乡要像夫妻那样联姻发展"。但我国许多地方却热衷于"一体化"，搞"同性恋"，那就发展不起来。三是城乡网络化配套发展模式。福建70%山区中，相当数量乡村仍然是相对封闭的，要通过网络化的基础设施建设促进其发展，同时在开发过程中保护和利用传统文化特色风貌。山区农村主要应采用这种城乡网络化的互补发展模式。总之，处理好城乡关系应侧重采用互补发展模式。

5. 产业与城镇协同关系

福建、广东、浙江包括江苏省等沿海地区的发展都有一个特点，即地方经济在空间上的发展基本上是由产业集群决定，有产业集群的城镇就繁荣，反之就停滞不前。产业集群是城市发展的主要推动力，许多配套基础设施、建设用地和城市主要产业的成长都是由产业集群来决定。国际著名的经济学权威——哈佛大学的迈克尔·波特教授曾指出：一个国家和地区的竞争力、经济发展的潜力，并不取决于统计学上那些大参数，如GDP、汇率、利率等，而是由毫不起眼的"马赛克"来决定。"马赛克"就是指地理空间上分布的产业集群，这是国家竞争力和地区竞争力之所在。我们过去常常空论城市与产业的关系，但是没有一个城市的产业发展是原定的按规划来实施的，没有一个产业是人为规划出来的，都是由市场决定的，例如我们就从来没有规划过晋江的制鞋业。以往的产业计划都是根据过去已有的基础来进行推论。事实上，市场经济远比人为计划更为聪明。而集群作为空间存在的一种经济组织形式，在地理空间上是可以规划的。集群与城市的关系，在很长时间内我们没有认真解读，哪些是可规划的，哪些是不可规划的，也鲜有研究。国外政府很少进行空间上的产业规划，他们的产业规划都是在整个国家和地区层面上的纲要性规划，并不落到空间上。具体到空间上怎么落实，完全由市场来决定。

6. 近期和远期的关系

近期的发展不能阻碍远期的发展，当代的发展要给下一代的发展留出空间，这就是可持续发展的核心理念。福建省作为一个以生态与经济均衡发展为目标的省份，历史的机遇是面向全球化、应对气候挑战，走向国际化。这就意味着所有城市的发展都要走尽可能生态城市的道路。福建省整个区域生态、气候环境基础条件是非常好的，但城市的生态水平并不高。所以，福建省能不能够可持续地发展，不是决定于广大的山区（这些地区的生态资源在全国都是独一无二的，"插根筷子就能发芽"），而是决定于选择什么样的城市发展模式，是可持续的还是不可持续的，是生态的还是非生态的。唯一可选择的道路，应该是让城市与大自然以和谐方式发展，城市的崛起过程应向大自然索取最少。正是基于这个概念，我不赞同福建将来引水 30 亿 $m^3$ 来解决缺水地区的用水问题，调过来的水将来肯定用不完，这都是有教训的。水利部老部长钱正英院士指出，历史上看，过去对城市需水量的预测基本上是错误高估的。事实上，现在华北所有的城市需水量的趋势都是持平的。从国际经验来讲，城市需水量一旦持平或下降，就不会突然再升高，反而会持续下降。因为这里最关键的因素，是水价提高促进了节约用水和循环用水的开展。水是一种需求弹性系数较大的商品，价格越高，用水量就越低，北京、天津的实际情况就是这样的。南水北调每年要调 130 多亿立方米水，进北京的将有 30 多亿立方米，结果实际测算下来，可能 5 亿立方米的水都用不了。近几年整个天津、河北地区的用水量不升反降。福建过去从山区调来的水，有一半以上被空放掉了，非常浪费，这主要是没有从城镇用水的规律出发。从水生态方面来看，一条河，年流量是 100 亿 $m^3$，传统上就认为可以调 10 亿 $m^3$ 的水，不能这样算。调水高峰大多出现在枯水期，这时候调水，不能超过河流那时平均径流量的 40%，如果超过 40%，水系的生态就会遭到破坏。这些都是经过众多国际经验反复证实过的一些规律，不能去违背，我们在这方面的历史教训已经很多了。

　　调水要计算三方面的成本：一是工程的建设和经营成本，南水北调工程方面成本算下来后，每立方米水的成本近 4 元，这是基于调出之水全部转化为自来水而得出的价格。如果仅 1/4 的原水被用于城镇生活、生产用水，那每立方米水价将达 15 元。通过海水淡化，每立方米水的成本也只有 5 元钱。二是要计及调出地的生态效益。三是要算沿途老百姓因工程建设迁移的社会成本。让城市以对大自然最小干扰的模式发展，是城市发展的生态目标。福建省将来这个战略能否成功，能否得到国际社会的认可，就决定于城市的发展模式是不是生态的、可持续的。所以近期和远期这对关系实际上是城市与自然的关系。

　　7. 刚性和弹性关系

　　城市群规划的内容应该刚柔相济。可由市场决定的内容，规划只能对它们进行弹性的适应和引导，在规划体系上可以做一些概念性和调控原则的描述，这也是城市规划 100 多年来演变的规律之一。刚性的内容，比如一是环境保护，要明确划定哪些区域是需要重点保护的。二是物种保护，那些海洋物种特有的繁殖地区，要加以保护，这类物种一旦消失了，整个太平洋的物种种群可能就会受到关联性破坏。海洋学专家知道有几类物种定点在这一海域排卵、哺育，就要重点保护。三是文化遗产。四是风景景观资源。无论是城市，还是区域，其自然风景或人文景观最好的部分，必须让公众占有，让子子孙孙享有。现在有的城市最好的景观被用于房地产开发或成了高级宾馆用地，仅为私人或少数人享受，这是违背规划学原则的。五是港口、岸线资源。六是重大基础设施用地。七是永久性的高产农田，还有那些非常具有特色的优质农产品的产生地，如漳州的香蕉、荔枝已经种植了很多年了，是福建的名产，如果遭到破坏，就会丧失福建的绿色资源。保护不可再生资源，在空间规划上要刚性地划定保护范围，认真加以保护。英国在编制空间规划时，就将此类需保护的资源分为几大类特殊的空间区域，从而成功地保护了这些不可再生的资源，其他无法预测的产业发展，都由市场来决定。我们一定要吸收和接受国内外空间规划编制的教训。

从另一个方面来看，任何科学的规划不可能是一定终身的，必须要经过定期修编，以动态地适应变化了的形势。我们说规划期限是 20 年、30 年，其实没有人能像"算命先生"那样，准确预计二三十年后到底是什么样。所以，规划是可变的，但"变"要通过程序，经过理性分析、定期跟踪研究进行修编，对规划实施的结果定期进行回顾，这样才会使整个规划不至于偏离发展实际而遭废止。所以，规划应该有合理的修编程序，修编的时间表，修编的基准。许多规划为什么编制以后只能是墙上挂挂，因为实际发展和原定规划成了"两张皮"。

# 主要参考文献

[1] 周干峙. 发展我国大城市交通的研究. 北京：中国建筑工业出版社，1997
[2] 吴良镛. 吴良镛城市规划研究论文集. 北京：清华大学出版社，1996
[3] 吴良镛. 人居环境科学导论. 北京：中国建筑工业出版社，2001
[4] 张兵. 城市规划实效论. 北京：中国人民大学出版社，1998
[5] 孙施文，邓永成. 城市规划作用的研究. 上海：同济大学出版社，1996
[6] 金经元. 近现代西方人本主义城市规划思想家. 北京：中国城市出版社，1998
[7] 郝娟. 西欧城市规划理论与实践. 天津：天津大学出版社，1997
[8] 同济大学. 城市规划原理. 北京：中国建筑工业出版社，1991
[9] 齐康. 城市环境规划设计与方法. 北京：中国建筑工业出版社，1999
[10] 谢小蕙等. 城市经济学. 北京：清华大学出版社，1996
[11] 王德禄等. 知识管理——竞争力之源. 南京：江苏人民出版社，1999
[12] 仇保兴. 地区形象理论及应用. 北京：红旗出版社，1995
[13] 仇保兴. 小企业集群研究. 上海：复旦大学出版社，1999
[14] 仇保兴. 让权力在阳光下运行. 北京：红旗出版社，2000
[15] 仇保兴. 人才·体制·环境——区域经济转型与对策选择. 杭州：浙江人民出版社，2000
[16] 仇保兴. 金华市城乡一体化发展规划. 杭州：浙江大学出版社，1999
[17] 同济大学建筑与城市规划学院. 教师学术论文集. 北京：中国建筑工业出版社，1997
[18] 王受之. 当前商业住宅区的规划与设计—新都市主义论. 北京：中国建筑工业出版社，2001
[19] 杨小凯，张永生. 新兴古典经济学和超边际分析. 北京：中国人民大学出版社，2000
[20] 倪鹏飞. 中国城市竞争力理论与实证分析. 北京：中国经济出版社，2001
[21] 张斌等. 城市设计与环境艺术. 天津：天津大学出版社，2000
[22] 段进. 城市空间发展论. 南京：江苏科学技术出版社，1999
[23] 陈友华. 城市规划概论. 上海：上海科学技术出版社，2000
[24] 赵和生. 城市规划与城市发展. 南京：东南大学出版社，1999
[25] 任致远. 21世纪城市规划管理. 南京：东南大学出版社，2000
[26] 董卫等. 可持续发展的城市与建筑设计. 南京：东南大学出版社，1999
[27] 刘滨谊. 现代景观规划设计. 南京：东南大学出版社，1999
[28] 阳建强. 现代城市更新. 南京：东南大学出版社，1999
[29] 张京祥. 城镇群体空间组合. 南京：东南大学出版社，2000

[30] 杨贵庆. 城市社会心理学. 上海：同济大学出版社，2000
[31] 马光等. 环境与可持续发展导论. 北京：科学出版社，2000
[32] 王景慧等. 历史文化名城保护理论与规划. 上海：同济大学出版社，1999
[33] 林广等. 成功与代价：中外城市化比较新论. 南京：东南大学出版社，2000
[34] 张曾芳等. 运行与嬗变：城市经济运行规划新论. 南京：东南大学出版社，2000
[35] 李其荣. 对立与统一：城市发展历史逻辑新论. 南京：东南大学出版社，2000
[36] 刘君德. 制度与创新：中国城市制度的发展与改革新论. 南京：东南大学出版社，2000
[37] 张鸿雁. 侵入与接替：城市社会结构变迁新论. 南京：东南大学出版社，2000
[38] 王祥荣. 生态与环境：城市可持续发展与生态环境控制新论. 南京：东南大学出版社，2000
[39] 顾朝林等. 集聚与扩散：城市空间结构新论. 南京：东南大学出版社，2000
[40] 叶骁军等. 控制与系统新论. 南京：东南大学出版社，2000
[41] 叶南客等. 战略与目标：城市管理系统与操作系统. 南京：东南大学出版社，2000
[42] 任平. 时尚与冲突：城市文化结构与功能新论. 南京：东南大学出版社，2000
[43] 靳润成. 中国城市化之路. 上海：学林出版社，1999
[44] 鲍世行. 山水城市与建筑科学. 北京：中国建筑工业出版社，1999
[45] 罗哲文. 罗哲文古建筑文集. 北京：文物出版社，1998
[46] 孙宗文. 中国建筑与思考. 南京：江苏科学技术出版社，2000
[47] 刘育东. 建筑的涵意. 天津：天津大学出版社，1999
[48] 杨永生. 建筑百家言. 北京：中国建筑工业出版社，1998
[49] 崔功豪主编. 中国城镇发展研究. 北京：中国建筑工业出版社，1992
[50] 顾朝林. 中国城镇体系——历史·现状·展望. 北京：商务印书馆，1992
[51] 汪德华. 中国城市规划40年. 东北城市规划信息中心，1990
[52] [美] 斯蒂格利茨. 政府为什么干预经济. 北京：中国物资出版社，1998
[53] [法] 让—保罗·拉卡兹. 城市规划方法. 北京：商务印书馆，1996
[54] [英] 哈耶克，邓正来译. 自由秩序原理. 上海：生活·读书·新知三联书店，1997
[55] [英] 哈耶克. 通向奴役之路. 北京：中国社会科学出版社，1996
[56] [古希腊] 亚里斯多德. 政治学. 北京：商务印书馆，1983
[57] [美] 刘易斯·芒福德，倪文彦，宋峻岭译. 城市发展史. 北京：中国建筑工业出版社，1989
[58] [美] 马斯洛. 动机与人格. 北京：华夏出版社，1987
[59] [美] 詹姆斯·马丁(James Martin). 生存之路——计算机引发的全新经营革命. 北京：清华大学出版社，1997
[60] [美] 威廉姆斯. 企业制度与市场组织. 上海：生活·读书·新知三联书店，1996
[61] [日] 关满博. 东亚新时代的日本经济——超越"全套型"产业结构. 上海：上海译文出版社，1997

[62] [英] 埃比尼·泽霍华德. 明日的田园城市. 北京: 商务印书馆, 2000

[63] [美] 埃罗·沙里宁. 城市: 它的发展、衰败与未来. 北京: 中国建筑工业出版社, 1986

[64] [英] P·霍尔. 城市和区域规划. 北京: 中国建筑工业出版社, 1985

[65] [英] W·鲍尔. 城市的发展过程. 北京: 中国建筑工业出版社, 1981

[66] [美] E·D·培根等. 城市设计. 北京: 中国建筑工业出版社, 1989

[67] [波] W·奥斯特罗夫斯. 现代城市建设. 北京: 中国建筑工业出版社, 1986

[68] [英] P·霍尔. 世界大城市. 北京: 中国建筑工业出版社, 1982

[69] [美] 帕克等. 城市社会学: 芝加哥学派城市研究论文集. 北京: 华夏出版社, 1987

[70] [英] M·帕西昂. 当代城市的困扰和出路. 重庆: 重庆出版社, 1989

[71] [德] G·阿尔伯斯. 城市规划与实践概论. 北京: 科学出版社, 2000

[72] [德] 汉斯·于尔根·尤尔斯等. 大城市的未来. 北京: 对外经济贸易大学出版社, 1991

[73] [美] 詹姆斯·特拉菲尔. 未来城. 北京: 中国社会科学出版社, 2000

[74] [美] N·J·格林伍德等. 人类环境和自然系统. 北京: 化学工业出版社, 1987

[75] [美] 罗伯特·文丘里. 建筑的复杂性与矛盾性. 北京: 中国建筑工业出版社, 1991

[76] [英] 比尔·里斯贝罗. 现代建筑与设计. 北京: 中国建筑工业出版社, 1999

[77] [英] 彼得·霍尔, 邹德慈, 金经元译. 城市和区域规划. 北京: 中国建筑工业出版社, 1985

[78] 阿·德芒戎. 人文地理学问题. 北京: 商务印书馆, 1993

[79] 阿尔弗雷德·韦伯. 工业区位论. 北京: 商务印书馆, 1997

[80] 阿玛蒂亚·森. 以自由看待发展. 北京: 中国人民大学出版社, 2002

[81] 阿莫德·波尔弗, 利夫·埃德文森. 国家、地区和城市的知识资本. 北京: 北京大学出版社, 2007

[82] 阿诺德·汤因比. 历史研究. 上海: 上海人民出版社, 1996

[83] 艾伦·W伊文思. 城市经济学. 上海: 上海远东出版社, 1992

[84] 安德鲁·M哈默, 琼汉尼斯·F林. 发展中国家城市化: 模式问题和政策//区域和城市经济学手册(第二卷). 北京: 经济科学出版社, 2003

[85] 奥蒂. 资源富足与经济发展. 北京: 首都经济贸易大学出版社, 2006

[86] 奥古斯特·勒施. 经济空间秩序. 北京: 商务印书馆, 1995

[87] 保罗·克鲁格曼. 地理和贸易. 北京: 北京大学出版社、中国人民大学出版社, 2000

[88] 保·克鲁格曼. 发展地理学与经济理论. 北京: 北京大学出版社、中国人民大学出版社, 2000

[89] 保·克鲁格曼. "新经济地理学"在哪里?//牛津经济地理学手册. 北京: 商务印书馆, 2005

[90] 保罗·诺克斯,史蒂文·平奇. 城市社会地理学导论. 北京:商务印书馆,2005
[91] 彼得·霍尔. 长江范例//崛起中的世界第六大城市群. 北京:中国建筑工业出版社,2005
[92] 滨田笃郎. 疾病的世界地图. 北京:生活·读书·新知三联书店,2006
[93] 陈平. 文明分岔经济混沌和演化经济动力学. 北京:北京大学出版社,2004
[94] 戴维·兰德斯. 国富国穷. 北京:新华出版社,2001
[95] 丹尼尔贝尔. 资本主义文化矛盾. 北京:生活·读书·新知三联书店,1989
[96] Edward W Soja. 后大都市:城市和区域的批判性研究. 上海:上海教育出版社,2006
[97] EL 格莱泽. 城市与区域增长的新经济学//牛津经济地理学手册. 北京:商务印书馆,2005
[98] 费尔南·布罗代尔. 文明史纲. 桂林:广西师范大学出版社,2003
[99] 费孝通. 江村经济——中国农民的生活. 北京:商务印书馆,2001
[100] 傅兰尼. 全球化世界中的城市. 北京:清华大学出版社,2006
[101] GL 克拉克,MP 费尔德曼,MS 格特勒. 牛津经济地理学手册. 北京:商务印书馆,2005
[102] 冈纳·缪尔达尔. 亚洲的戏剧——对一些国家贫困问题的研究. 北京:北京经济学院出版社,1992
[103] 哈罗德·德姆塞茨. 所有权、控制与企业——论经济活动的组织. 北京:经济科学出版社,1999
[104] 亨利·列斐伏尔. 空间:社会产物和使用价值//现代性与空间的生产. 上海:上海教育出版社,2003
[105] J 雅各布斯. 城市经济. 北京:中信出版社,2007
[106] Jeff Sapertein. 区域财富:世界九大高科技园区的经验. 北京:清华大学出版社,2003
[107] 杰弗里·埃德蒙·柯里. 国际经济学——理解国家市场机制. 北京:经济科学出版社,2002
[108] 杰里·贾诺斯基,罗伯特·哈姆林. 美国制造. 北京:华夏出版社,2006
[109] 卡尔·魏特夫. 东方专制主义:对于极权力量的比较研究. 北京:中国社会科学出版社,1989
[110] 康德拉·斯塔尔. 城市企业区位理论//区域和城市经济学手册(第二卷). 北京:经济科学出版社,2003
[111] 柯林·罗,弗瑞德·科特. 拼贴城市. 北京:中国建筑工业出版社,2003
[112] 林毅夫. 李约瑟之谜:工业革命为什么没有发源于中国//制度技术与中国农业发展. 上海:上海人民出版社、上海三联书店,1992
[113] 林语堂. 中国人. 上海:学林出版社,1994
[114] 马克斯·韦伯. 儒教与道教. 南京:江苏人民出版社,2003
[115] 马克斯·韦伯. 经济、诸社会领域及权力. 北京:生活·读书·新知书店,1998

[116] 马林诺夫斯基. 文化论. 北京：中国民间文艺出版社，1987

[117] 马歇尔. 经济学原理. 北京：商务印书馆，1964

[118] 迈克·克朗. 文化地理学. 南京：南京大学出版社，2005

[119] 迈克尔·波特. 区位、集群与公司战略//牛津经济地理手册. 北京：商务印书馆，2005

[120] 曼纽尔·卡斯特. 网络社会的崛起(信息时代三部曲：经济社会与文化，第一卷). 北京：社会科学文献出版社，2001

[121] 曼纽尔·卡斯特. 认同的力量(信息时代三部曲：经济社会与文化，第二卷). 北京：社会科学文献出版社，2003

[122] 孙中山. 建国方略. 河南：中州古籍出版社，1998

[123] 瓦尔特·艾萨德. 区域科学导论. 北京：高等教育出版社，1991

[124] 维特鲁威. 建筑十书. 北京：中国建筑工业出版社，1986

[125] 沃尔特·亚当斯. 美国产业结构. 北京：中国人民大学出版社，2003

[126] 小艾尔费雷德·D钱德勒. 看得见的手：美国企业的管理革命. 北京：商务印书馆，1987

[127] 伊曼纽尔·沃勒斯坦. 现代世界体系(第一卷). 北京：高等教育出版社，1998

[128] 约瑟夫·熊彼特. 经济发展理论——对于利润、资本、信贷、利息和经济周期的考察. 北京：商务印书馆，1990

[129] Sumuelson，P·A．，高鸿业译. 经济学. 北京：商务印书馆，1991

[130] McLoughlin，J·B．，王凤武译. 系统方法在城市和区域规划中的作用. 北京：中国建筑工业出版社，1988

[131] 吴良镛. 面对城市规划"第三个春天"的冷静思考. 城市规划，2002年第2期

[132] 敬东. 新土地管理法对城市规划法的影响. 城市规划汇刊，1999年第5期

[133] 梁鹤年. 规划战略：来自生态学的启发. 城市规划，2000年第5期

[134] 吴志强. 百年现代城市规划中不变的精神与责任. 城市规划，1999年第1期

[135] 夏勇. 法治与公法. 读书，2002年第5期

[136] 唐子来. 英国规划核心法的历史演进过程. 国外城市规划，2000年第1期

[137] 林本初，冯莹. 有关竞争力问题的理论综述. 经济学动态，2001年第3期

[138] 文一何，树青. 看不见的城市. 新周刊，2000年第6期

[139] 阮仪三，孙萌. 我国历史街区保护与规划的若干问题研究. 城市规划，2001年第10期

[140] 齐康. 关于城市建筑学的思考——整体. 城市研究，2000年第3期

[141] 蒋来文，考斯顿. 中国区域城市化水平差异原因探析. 中国人口科学，2001年第1期

[142] 何树青，窦建. 中国城市十大败笔. 新周刊，2000年第6期

[143] 苏珊·E·布罗迪. 土地使用与城市交通规划. 国外城市规划，1996年第2期

[144] 陈浮. 城市人居环境与满意度评价研究. 城市规划，2000年第7期

[145] 方可. 简·雅各布斯关于城市多样性的思想及其对旧城改造的启示. 国外城市规

划，1998年第1期

[146] 渡边俊一著，曹信受译．欧美近代城市规划的反思．国外城市规划，1989年第4期

[147] 邹兵．"新都市主义"与美国社区设计的新动向．国外城市规划，2000年第2期

[148] 程理尧．Team10的城市设计思想，世界建筑，1987年第3期

[149] Hightower, H. C, 1969, 转引自 Camhis, M, Planning Theory and Philosophy, 1979

[150] Benevolo, Leonardo: The Origins of Modern Town Planning. The M I T Press, 1967

[151] J. Schumpeter: Business Cycle, New York: Me Graw-Hill, 1939

[152] C. A. Doxiadis. Anthropopolis City for Human Development. Greece, Athens: Athens Publishing Center 24 Stratiotikou Syndesmou, 1975

[153] Pregill, Philip and Volkman, Nancy, 1993. Landscape in History. Van Nostrand Reinhold, New York.

[154] Newton, Norman T. Design on The Land: The Development of Landscape Architecture. The Belknap Press of Harvard University. Cambridge. MA. U. S. A.

[155] Aprodicio A, Laqnian for Cities in the 21$^{st}$ Century: Opportunities and Challenges.

[156] C. A. Doxiadis. Ekistics: An Introduction to the Science of Human Settlement. 1964

[157] Jane Jacobs: The Death and Life of Great American Cities. New York: Rondom House, 1961

[158] Friedmann, J., Planning in the Public Domain, Princeton University Press, 1987

[159] Hague, C., The Development of Planning Thought, Hutchinson, 1984 Banerjee, T. & Chakravory, S., Transfer of Planning Technology and Local Political Economy: A Retrospective Analysis of Calcutta's Planning, APA Journal, No. 1, 1994

[160] Castells, M., ed., High Technology, Space, and Society, Sage, 1985

[161] Catanese, A. J., The Politics of Planning and Development, Sage, 1984

[162] Cherry, G. E., Cities and Plans: The Shaping of Urban Britain in the Nineteenth and Twentieth Centuries, Edward Arnold, 1988

[163] Roeseler, W. G., Successful American Urban Plans, Lexington Books, 1982

[164] Sarin, M., Urban Planning in the Third World: The Chandigarh Experience, Mansell, 1982

[165] Self, P., Planning the Urban Region, The University of Alabama Press, 1982

[166] Taylor, N., Professional Ethics in Town Planning: What is a Code of Professional Conduct for? Town Planning Review, Vol. 63, No. 3, 1992

[167] Willis, K. G., ed., Contemporary Issues in Town Planning, Gower, 1986

[168] Abercrombie, P. Town and Country Planning. Oxford University Press, 1959

[169] Bourne, L. S. ed., Internal Structure of the City (2$^{nd}$ ed.). Oxford University

Press, 1982

[170] Cataness, A. J. The Politics of Planning and Development. Sage, 1984

[171] Chapin, F. S. Jr & Kaiser, E. J. Urban Land Use Planning (3$^{rd}$ ed.). University of Illinois Press.

[172] Donnison, D & Soto, P. The Good City: A Study of Urban Development and Policy in Britain. Heinman, 1980

[173] Friedmann, J. Planning in the Public Domain: From Knowledge to Action. Princeton University Press, 1987

[174] Hartshorn, T. A. Interpreting the City: An Urban Geography (2$^{nd}$ ed.). John Willey & Sons, 1992

[175] Jakle, J. A. et al. Human Spatial Behavior: A Social Geography. Waveland, 1976

[176] Jones, J. C. Design Methods: Seeds of Human Futures. John Wiley & Sons, 1980

[177] Meier, R. L. A Communications Theory of Urban Growth. The MIT Press, 1962

[178] Scoffham, E. R. The Shape of British Housing. George Godwin, 1984

[179] Short, J. R. An Introduction to Urban Geography. Rouledge & Kgan Paul, 1984

[180] Andrew Blowers and Bob Evans (edi), Town Planning into the 21 Century. Routledge, 1997

[181] Borja, Jordi & Castells, Manuei, Local & Global-Management of Cities in the Information Age. United Nations Center for Human Settlements (Habitat), Earthscan Publications Ltd., London, 1997

[182] Richard, T. Legate & Frederic, Stout (edi), City Readers. Routledge, N. Y., 1994

[183] Sassen, S., Cities in a World Economy, Pine Forge Press, London, 1994

[184] Perry, M. & Kong, L. & Yuan, B., Singapore: A Development City State, John Wiley & Sons, 1997

[185] Knox, Paul L. & Taylor, Peter J., (edi), World Cities in a World-System, Cambridge, University Press, 1995

[186] Clark, David, Urban World/Global City. Routledge, 1996

[187] Audretsch D. Agglomeration and the Location of Innovative Activity. Oxford Review of Economic Policy, 1998

[188] Fujita M., Krugman P., Venable A J. The Spatial Economy. Cambridge, MA: MIT Press, 1999

[189] Head, et al. Agglomeration Benefits and Location Choice: Evidence from Japanese Manufacturing Investments. Journal of International Economics, 1995

[190] Krugman P. Development, Geography, and Economic Theory. Cambridge, MA: MIT Press, 1995

[191] McDonald John F. Fundamentals of Urban Economics. [S. L.]: Prentice Hall Inc, 1997

[192]　Markusen A. Sticky Places in Slippery Space: a Typology of Industrial Districts. Economic Geography, 1996
[193]　O'Sullivan A. Urban Economics. [S. L.]: The McGraw-hill Companies Inc, 2000
[194]　Saxenian A. Silicon Valley's New Immigrant Entrepreneurs, 1999
[195]　Wolf H C. Patterns of Intra-and Inter-State Trade. NBER Working Paper, 1997

# 后　记

城市化既是人类历史上最大规模的变迁，它所造就的城市也是令人惊叹的景观和创新的集中地。但与此同时，不少城市以及许多城市的角落却是世界上最贫穷、最悲惨的地方。城市化既是经济发展的动力，也滋生了品种繁多的化学污染、人际冷漠、文化极端和社会不安定的根源❶。

我国城镇化的历程虽然经历了"内外交困"的局面（国内的资源短缺，城乡差异悬殊和国外石油、原材料价格攀升，金融动荡），但至今为止，以仅占全球7%的耕地和7%的淡水资源支撑了占全球21%人口的中国城镇化已经取得了举世瞩目的成就。以至于联合国人居署主任安娜·蒂贝琼卡近日在第四届世界城市论坛召开期间给出了这样的评价："中国政府做出了异常巨大的努力来使城乡关系趋于平衡，在与贫困作战的同时，25年间使得5亿人的日收入超过1美元，并大力建造经济型住房……与印度相比，在中国看不到夜宿街头的人"。她认为："我们可以从中国这些城市实现的巨大的发展中学到东西，尤其在当今世界面临金融危机的时刻。"❷ 任职于世界银行的经济学家沙希德·尤素福也在近日发表的长篇报告中指出："中国成功控制了人口的流动，使城市化有所节制。借助飞速发展的经济，城市贫困率被控制在4%～6%，远远低于其他国家和地区。"❸

但作为世界上迁移人口最为庞大的中国城镇化，正面临旁观者难以想象的极端困难与巨大风险。形势、国情都迫使我们探索出一条前人从未经历过的城镇化道路。这就是为什么将本书确定为阐述中国城镇化"C模式"系列著作第一部的原因。

本人有幸成为确保这场空前的人口大迁移有序进行的决策参与者，不仅在长达20年的基层城市工作生涯中体会到此项任务的艰巨性和挑战性，而且在担任建设部分管城乡规划、城镇基础设施建设以及建筑科技的副部长多年之后，更领悟到了保持我国城镇化有序健康发展的复杂性、地区差异性以及巨大的时代机遇。将对这一专题多年的思考、探索与实践汇总整理成为能较系统阐述我国城镇化的宏观、中观和微观问题以及相关策略的著作，无疑也是一场艰难的任务。好在几年前中国建筑工业出版社已经出版了本人在这方面的三本文集，才有可能在此基础上充实最近的理论研究成果与最新案例，并作为中国城镇化模式（C模式）

---

❶ 参见：世界观察所所长克里斯托弗·弗莱文为《2007，世界报告——我们城市的未来》所作的序言，中国环境出版社，2007年版。

❷❸ 摘自法国《世界报》2008年11月4日文章，原题：中国，联合国眼中的城市建设典范。

# 后　记

之宏观篇来付梓出版。

尽管本著作中许多思路、策略和行动方案经历了多方面的实践检验，但由于我国各地市情的差异和资源禀赋的不同，读者们仍难免会有隔靴搔痒之感。更何况本人的才疏学浅，文集内容的谬误之处肯定是俯拾即是。所幸的是本书出版的目的之一，就是抛砖引玉，旨在广招批评指正的意见为改进这方面工作之所用。所以，我首先要感谢的是已经或准备指出旧版文集错误之处的读者们。同时也借此机会，感谢我的导师陶松龄教授不辞辛劳地对我每篇文章发表之后所做的评论和指导；感谢建设部的老领导、两院院士周干峙教授在百忙中抽空为本书撰写序言。

本书在出版过程中得到建设部办公厅副主任斯淙曜同志和住房和城乡建设部、中国建筑工业出版社各位同事们的帮助，在此深表谢意。